爝火不息

文革民間思想研究筆記

下卷

爝火不息

文革民間思想研究筆記

下卷

錢理群

OXFORD
UNIVERSITY PRESS

OXFORD
UNIVERSITY PRESS

Oxford University Press is a department of the University of Oxford. It furthers the University's objective of excellence in research, scholarship, and education by publishing worldwide. Oxford is a registered trade mark of Oxford University Press in the UK and in certain other countries

Published in Hong Kong by
Oxford University Press (China) Limited
39/F One Kowloon, 1 Wang Yuen Street, Kowloon Bay, Hong Kong

© Oxford University Press (China) Limited
The moral rights of the author have been asserted
First edition published in 2017

All rights reserved. No part of this publication may be reproduced, stored in a retrieval system, or transmitted, in any form or by any means, without the prior permission in writing of Oxford University Press (China) Limited, or as expressly permitted by law, by licence, or under terms agreed with the appropriate reprographics rights organization. Enquiries concerning reproduction outside the scope of the above should be sent to the Rights Department, Oxford University Press (China) Limited, at the address above
You must not circulate this work in any other form and you must impose this same condition on any acquirer

ISBN: 978-0-19-082051-0

3 5 7 9 10 8 6 4 2

爝火不息：文革民間思想研究筆記
(上下兩卷)

錢理群

版權所有，本書任何部份若未經版權持
有人允許，不得用任何方式抄襲或翻印

目　錄

輯四

文革民間思潮

「文革民間思想」研究筆記

一、老紅衛兵的造反思潮
(1966年6–9月)

這裏說的「老紅衛兵」是指1966年6月開始出現的，以清華大學附中為發源地的中學生自發的民間群眾組織，其主要骨幹是幹部子弟，特別是高級的幹部子弟。所謂「老紅衛兵造反思潮」包括兩個側面：一方面，他們不滿學校教育對自身的壓制，接受了毛澤東關於「資產階級統治我們的學校的情況再也不能繼續下去了」的思想引導，因而起來「造反」。他們提倡「敢想、敢說、敢做、敢闖、敢革命」的「造反」精神，在當時中國的歷史條件下，對打破既定秩序，起到了思想解放的作用，就成了文革民間思潮的發端。另一方面，他們又堅持高幹子弟即所謂「紅二代」的利益訴求，以「打江山者坐江山」的血統論為理論依據，以維護自身「天生掌權者」的權利為己任，強調「暴力」與「專政」。這樣的「紅二代思潮」，不僅在文革初期起到主導作用，而且對以後中國社會的發展產生了深遠影響。

(一)讀清華附中紅衛兵「三論」

《革命的造反精神萬歲》(清華大學附屬中學紅衛兵)(1966年6月24日)

《再論革命的造反精神萬歲》(清華大學附屬中學紅衛兵)(1966年7月4日)[1]

《三論革命的造反精神萬歲》（清華大學附屬中學紅衛兵）（1966年7月27日）

「清華大學附中紅衛兵」是文革中第一個自發的民間組織，於1966年5月29日在北京圓明園秘密成立，並於6月24日和7月4日、7月27日先後貼出了《論革命的造反精神萬歲》和《再論革命的造反精神萬歲》《三論革命的造反精神萬歲》三張大字報，提出了自己的政治主張，隨即遭到了有組織的圍攻。直到在7月28日北京市委召開的中學生代表大會上，他們見到了江青，請她將大字報轉給毛澤東，這才發生轉機：7月31日，毛澤東給清華附中紅衛兵寫信，表示「熱烈的支持」，以後又決定由《紅旗》11期公開發表，將題目改為《無產階級的革命造反精神萬歲》、《再論無產階級的革命造反精神萬歲》、《三論革命的造反精神萬歲》，由此掀起了紅衛兵的造反運動。此時的紅衛兵是以幹部子弟，特別是高級幹部子弟為主，與以後興起的以平民子弟為主的造反派紅衛兵有着不同的政治訴求。因此，人們通常將以清華附中紅衛兵代表的文革初期的紅衛兵稱為「老紅衛兵」。「三論」所表達的，就是他們的政治要求與主張。

「三論」的核心是提出了「造反」的概念：「敢想，敢説，敢做，敢闖，敢革命，一句話，敢造反」。

其最引人注目之處，自然在引述毛澤東的話：「馬克思主

1　本節討論的三文，均見《紅旗》1966年第11期(1966年8月21日出版)。改題為《無產階級的革命造反精神萬歲》、《再論無產階級的革命造反精神萬歲》、《三論無產階級的革命造反精神萬歲》。

義的道理千頭萬緒，歸根到底，就是一句話：「造反有理」，強調「革命就是造反，毛澤東思想的靈魂就是造反」，造反是「無產階級黨性的基本原則」，並且直接指明：「今天的無產階級文化大革命就是一次革命的大造反」。

對此，可以做出以下分析。

一、這使我想起了1957年北大右派學生代表譚天榮所引用的恩格斯在《路德維希·費爾巴哈和德國古典哲學的終結》的一段話——「(我們)不承認任何種類的外界權威。宗教、自然觀、社會、國家制度，一切都要受到最無情的批判，一切都要站到理性的審判檯面前，或者開始證明其存在的理由，或者放棄其存在權利。思想和理性成了測定一切現存事物唯一的尺度」。

這裏所提出的「不承認任何種類的外界權威」的徹底批判精神，確實包含着「造反有理」的意思。

這自然也是符合毛澤東本人的思想，甚至是他的性格、氣質的。

而這樣的號召，及其內含的懷疑、批判精神，在當時中國的特定條件下，對長期束縛於「做黨的馴服工具」的桎梏中的知識分子和青年學生，就起到了思想解放的作用。(注意文章中對「循規蹈矩，唯唯諾諾」的批判)

對馬克思主義中內涵的懷疑、批判精神，在1957年與1966年的這兩次重現，自然不是偶然的。

二、如果深入討論下去，就會發現一些問題——

恩格斯強調的是「思想和理性成了測定一切現存事物唯一的尺度」；而今天「造反有理」的鼓吹者則宣佈：「我們的領導是黨中央和毛主席」，「我們的武器是戰無不勝的偉大的毛澤東思想」，「誰個反毛澤東思想，我們就大造其反」，這就在實際上宣佈了毛澤東思想的絕對真理性，毛澤東領導的黨中央(後來稱為「毛澤東為首的無產階級司令部」)的絕對權威性，這就陷入了新的迷信，而具有鮮明的非理性色彩，這與馬克思主義和一切思想啟蒙者的理性原則是背道而馳的。

三、因此，這樣的「造反」就必然是有資格的：「珍珠不容魚目來混雜，我們只許左派造反，不許右派造反！」這背後隱含的正是後來成為爭論焦點的「血統論」、「出身論」，也即封建的等級觀念，造反也就成了一種特權。

《宣言》強調「反正國家機器在我們手裏」，就在實際上宣佈這些所謂「造反者」與權力結構、既得利益集團的血肉關係。這是與後來的「造反派」(他們大都是1957年以後成熟了的一黨專政的權力結構的受壓制者)截然不同的，這就預伏着這些老紅衛兵和造反派紅衛兵之間的矛盾與鬥爭。

值得注意的是，「資產階級右派」這一概念，使得這些文革中最早的造反者(老紅衛兵)與1957年的右派在本質上的疏離。同時也蘊含着這場紅衛兵運動有可能被黨內一些人引向「第二次反右運動」的危機。

四、於是，就提出了一個尖銳的問題：這場造反運動的對象是什麼？要造誰的反？從宣言書看，有以下幾個方面：1，「修正主義黑線黑幫」；2，「舊思想，舊文化，舊風俗，舊習慣」；3，「統治學校十七年」的「修正主義」；4，「一切牛鬼蛇神」。這四個目標，是直接引發了紅衛兵的一系列的「革命行動」的。如「破四舊」、「批黑幫」、「鬥老師」(認為他們是十七年統治學校的「黑線人物」)、「衝擊蘇聯紅場」、對「牛鬼蛇神」(即所謂「地(主)富(農)反(革命分子)、壞(分子)、右(派)」)「抄家，掃地出門」等等。

可以看出，一方面，打擊面極寬，另一方面，卻在實際上卻放過了毛澤東所要打擊的「黨內走資本主義道路當權派」、

「中國的赫魯曉夫」，就有「轉移鬥爭目標」之嫌。這正孕育着這批自稱的「毛主席最最忠實的紅衛兵」與毛澤東之間的實質上的矛盾，這就決定了他們的最後被毛澤東拋棄的命運和結局。

五、《宣言》還宣佈：「只要階級和階級鬥爭存在，就要造反！只要有矛盾存在，就要造反！革命的造反精神，一百年需要，一千年需要，一萬年、一億年也需要！」宣佈要「一反到底」，這就把造反精神推到了極端。這永遠的懷疑和批判，確實帶有某種無政府主義的色彩，正是紅衛兵思潮中最為激進的部分。它一方面存在着將造反精神絕對化的問題，另一方面在中國的現實環境中，與毛澤東既要利用，又要控制紅衛兵的意圖發生衝突，而有些紅衛兵卻也因此對毛澤東及他所發動的文革產生懷疑，出現了衝出毛澤東製造的精神牢籠的可能性。但遺憾的是，真正利用了這種可能性的只是極少數。

六、宣言的非理性，最主要的表現在其暴力傾向：「我們就是要把火藥味搞得濃濃的，爆破筒，手榴彈一起投過去，來一場大搏鬥，大廝殺，什麼『人情』呀，什麼『全面』呀，都滾一邊去！」「我們就是要搞一場無產階級的大鬧天宮，殺出無產階級的新世界！」「你們敢造反，我們就立即鎮壓！這就是我們的邏輯，反正國家機器掌握在我們手裏」。

這裏對專政的強調，與前面造反的鼓噪，形成了強烈對比，但卻又是內在統一的，倒也道出了無產階級文化大革命的本質，是要實現無產階級的全面專政。這一方面充滿了反人道主義的嗜血性，同時又充滿了對「無產階級新世界」(一個矛盾的終結點，一個與舊思想、舊文化、舊風俗、舊習慣徹底決裂的毫無污染的社會)的嚮往，這正是專制主義與理想主義的奇特結合。

七、《宣言》的語言充滿了戰爭語彙，具有很強的煽情性，表面上語言華麗，「高屋建瓴，氣勢磅礴」，其實是以勢壓人，霸氣十足，甚至還有幾分流氓氣。這正是典型的「革命八股」，以後就形成了盛行文革的「大批判語言」模式。

仔細考察其用語，可以發現其幾個來源。首先自然是毛澤東的語言，即所謂「毛文體」：「我們就是要『狂妄』」，「糞土當年萬戶侯」，「革命就是孫猴子」，等等，都是從毛著裏引過來，或稍作發揮的。其次是六十年代國際共產主義運動大論戰中的「九評」語言，如「只許州官放火，不許百姓點燈，真是豈有此理，欺人太甚！」等。同時也可以依稀看出國際國內的革命文學的影響，如「讓我們像勇敢的海燕一樣在這場革命大風暴中翱翔吧」，「讓革命的大風暴來得更猛烈些吧」等等，《宣言》的作者——清華大學附中的學生們正是在這樣的語言訓練中成長起來的。

這樣的語言的背後，是一個絕對的非此即彼的二元對立的思維模式：「對待革命造反行動採取什麼態度，是鑒別革命和反革命的分水嶺。你是革命者麼？……你是反革命者麼？……」這是典型的「以我劃線」，同時也是把矛盾、鬥爭絕對化，口口聲聲反對「折中」，反對「改良」(其直接來源就是毛的一個批示)，拒絕一切妥協，協調，反對「和平過渡」，宣揚「不革命，就是反革命」的思維。而這樣的言說，是直接引向行動的，語言的暴力直接引向行動的暴力。比如「我們就是要把你們打翻在地，再踏上一隻腳」，這絕不是一般的誇張的修辭，而直接導致了後來的「紅色恐怖」的現實。

(二)讀老紅衛兵的幾篇宣言書

《自來紅們站起來了》(北大附中《紅旗》戰鬥隊)(1966年7、8月間)

《做頂天立地的人》(清華大學附屬中學高655班紅衛兵)
(1966年8月)

《中央、北京黨政軍幹部子弟(女)聯合行動委員會通告》
(中國共產黨中央委員會、中共北京市委革命幹部子弟,中華人民共和國國務院、人大常委革命幹部子弟,中共中央軍委、國防部革命幹部子弟,十六省、市委革命幹部子弟聯合行動委員會)(1967年1月)[2]

清華附中紅衛兵的《宣言》中,「只許左派造反,不許右派造反」,在這裏就具體化了。

一、在這幾篇文章裏,發生了中心詞的轉移,即由「造反」轉為「權力」。其中貫穿着兩個基本觀念:

1. 我們是「天生的造反者」:「老子的革命精神時時刻刻滲入我們的體內,我們從裏到外都紅透了」,「我們是純粹的無產階級血統」,「我們不但自來紅,而且要現在紅,永遠紅,紅到底」。——這是典型的「天賦造反權」,即造反也成為一種權力,一種特權。對造反權的壟斷,其根據即是天賦的血緣關係,即所謂「血統論」。這就是魯迅説的,「中國至今還有無數『等』,還是依賴門第,還是依仗祖宗」(《論「他媽的」》)。這正是建立在血緣基礎上的封建等級制度的「重來」。

問題是,這批高幹子弟的造反激情來自何處呢?據説是因為「工農革幹子弟們」在十七年的教育制度下,「受壓迫,受排擠,受打擊,受盡了淩辱,受盡了欺負」,「眼看着剝削階級的孝子賢孫興風作浪,赤膊上陣,屠殺我們階級兄弟」。這背後實際涉及非常複雜的共和國的內部矛盾,即中華人民共和

2 這裏討論的文本均收宋永毅、孫大進著:《文化大革命和它的異端思潮》,香港田園書屋,1997年。

國成立以後，存在着由革命向建設的過渡與轉變；如果革命主要依靠武器，建設就主要依靠知識與文化。而在這方面，被推翻的剝削階級與知識分子家庭是佔有優勢的，他們的子女在政治上不被重用，但在知識、文化上卻在事實上佔有優勢，在逐漸強調智育教育的十七年教育制度中，就依然保留着某種精神上的優勢。即《做頂天立地的人》一文中所說，「在精神上壓迫我們，而我們依然是敵人精神上的奴隸」。政治上的優越感與精神文化上的自卑感(即文中所說的「在敵人軟硬兼施、名利誘導的情況下，唯唯諾諾，不聲不吭」)，就構成了這些工農革幹子弟的內在心理矛盾。在1960年以後的「階級路線教育」的誘發下，自卑與妒忌心理就轉化為一種對非工農革幹子弟的所謂「階級仇恨」，由此而激發出一種造反的衝動。而這樣的衝動背後又是權力的慾望。於是，又有了第二個概念與命題——

2.「我們是天生的掌權者」：「革命的重擔落在我們肩上，大權一定要我們掌」。這又是一個「天賦權力」，其依據是什麼呢？依據有二：「老子拿下了政權，兒子就要接過來。這叫一代一代往下傳」；「大權一定要我們掌，這是毛主席給我們的最大權力」。

這是一個中國傳統命題，即「打天下」與「坐天下」的關係問題。「打天下者坐天下」，這幾乎成為一個傳統觀念，成為新政權合法性的全部依據。事實上，中國共產黨對中華人民共和國的絕對壟斷權力和統治合法性正是建築在此基礎上的。

在文革中，毛澤東曾經提出這樣的問題：「我們的權力是誰給的？」他的回答是：「是工人階級給的，是貧中農給的，是佔人口百分之九十以上的廣大勞動群眾給的。我們代表了無產階級，代表了人民群眾，打倒了人民的敵人，人民就擁護我們」。[3]

3　毛澤東：《共產黨基本的一條就是直接依靠廣大人民群眾》(1968 年)，《建這裏的問題是：一、他把公民分為階級，他的「廣大工人，貧下中農」只是公民的一部分；二、他的這一命題的背後，還隱藏着一個前提性的命題：工人、貧下中農的意志是要通過他們的「代表」即中國共產黨來體現的，在文革中更是發展為是通過黨的領袖，即毛澤東本人來體現的。這樣，所謂「工人，貧下中農」的授權，就變成了「我們的權力是黨給的」，或者如紅衛兵的文章裏所説，「是毛主席給我們最大的權力」，這裏實際上就是「我(黨)給我(黨)以權力」。而在實際生活中就變成了代表了黨的「上級」給我的權力。因此，只需要對上級黨組織和個人負責，而根本無需考慮「人民」(工人，貧下中農)的意志：這正是一黨專政的邏輯。

如果再進一步分析，在1966年中國社會環境下，紅衛兵如此強調自己是「天生的掌權者」，甚至是「天生的造反者」，其背後的心理動因，正是對有可能失去權力的恐懼感，至少反映了自信心的不足：「再這樣下去，剝削階級的孝子賢孫就會重新奪權，重新掌權，在精神上壓倒我們，而我們依然是敵人精神上的奴隸」。但事實上，當時的中國並不存在這樣的危機，這是紅衛兵和他們的父輩誇大出來的。

有意思的是，中國共產黨人總是時時被這樣的自造的或誇大了的「危機」的陰影所籠罩着，他們不斷給自己發出這樣的警告。比如在1948年即中華人民共和國成立前夕土地改革運動中，就出現了「大部分農村政權不在我們手裏」這樣的錯誤估計，而採取了「搬石頭」這樣的極端行為，提出了「貧雇農打江山坐江山」的口號。到了共和國成立了十五年的1964年的四清運動中，又重新作出了「大部分政權不在我們手裏」的錯誤估計。而具有諷刺意味的是這兩次「自己打倒自己」的「左」

國以來毛澤東文稿》第 12 冊，第 581 頁，中央文獻出版社，1998 年。

的傾向，劉少奇都是始作俑者，而他自己最後卻成了其邏輯發展的文化大革命的犧牲品。

中國共產黨人的這種自我恐嚇其內在的心理原因，固然與他們始終處於被包圍的狀態(無論是奪權時期，還是掌權時期)，因而產生「被圍」和「突圍」的衝動有關，大概也是因為他們自身的合法性是建立在造反成功即「勝者為王」的基礎上的，因而時時有被他者造反推翻的危機感，他們及其子女要壟斷造反權，其原因也在這裏。而壟斷造反派的核心是要維護自己已經掌握的權力，即所謂「保江山」。

這突出地表現在聯動的《通告》上。《通告》的中心，就是「保衛黨的各級組織和優秀、忠實的領導幹部」，即保衛「打江山」者用生命換來的權力。但打出來的旗號卻是：「我們肩負着黨和人民的重大歷史使命，肩負着歷史賦予我們的共產主義戰鬥使命」。這些莊嚴的大詞：「人民」、「歷史使命」，造成了強烈的道德崇高感，而且並不排斥某些當事人主觀上的真誠，但在背後，卻又是掩飾不住的維護權力的利益驅動，從而形成了道德與利益的荒誕結合。

二、這幾篇文章在文體上的特點，首先是繼續保持了《宣言》的霸氣，而且更為露骨，直言不諱：「我們要『神氣十足』、『作威作福』」，「凡出身非工農革命幹部子弟者，我們可以隨意找來談話。他們在我們面前必須矮三分！任何非工農革幹子弟對我們必須尊重一些，不許惡意中傷！」「打倒狗崽子！鎮壓流氓！」這已經將權力慾望和盤托出，其實行法西斯專政的意圖也昭然若揭。

值得注意的是流氓語言的強化，《宣言》裏只出現過一次的「這些混蛋們」的罵語，此時已是比比皆是了：「要問老子是哪一個，大名就叫『自來紅』」，「崽子們，你們的污蔑是我們的光榮！」「狠打狗崽子的威風，把他們整下去」。這正是顯示了以後的文化大革命的一個特點的：它所推行的是專制文化與流氓文化的結合，正是要把人性中最惡劣的因數全部誘發出來，惡性發展，實現人的動物化。

這幾篇文章中，還有兩點值得注意：

1.「敬愛的毛主席，您老人家放心，我們這些『自來紅』，一定要一輩子按你的指示辦事，一定把紅色江山給您保下來，把您的偉大紅旗插遍全世界」。——應該說，這些「自來紅」倒是抓住了毛澤東的兩個基本意圖：一是維護他對中國的統治，二是用他的思想來改造中國，以至全世界，以滿足他成為中國與世界的精神導師即「聖人」的慾望。由此產生了紅衛兵的世界革命的情結，這也是很值得注意的。

2. 在聯動的《通告》裏，提出「堅決，徹底，全面，乾淨地粉碎中共中央委員會，二個主席，幾個委員左傾機會主義路線，取締一切專制制度，召開中共全國代表大會，選舉中央委員會，保證民主集中制在黨內生活中得到堅決的貫徹，保證中央各級黨委黨員的生命安全」。這裏明確地把矛頭指向了毛澤東本人，並將毛澤東建立的體制概括為「專制」，提出「取締一切專制制度」的口號。這正是我們前面已經提到的「造反有理」、「一反到底」的邏輯發展。

但另一方面，具體到1967年1月聯動《通告》發表的歷史情境，這裏的「專制制度」是一種特指，即毛澤東在文革中所要建立、正在建立的「專制制度」，或者說是《通告》裏所明指的，毛、林及其支持似的中央文革小組所執行的路線，即所謂「左傾機會主義路線」，所要恢復的是毛的文革所要打倒的「劉鄧路線」。它的具體內涵就包括「鞏固三面紅旗，加強國防，保衛社會主義建設和無產階級專政」，「肅清中共黨內和國家機關中的反黨分子，蔣介石分子，赫魯曉夫分子」，其實質與毛的路線並無區別，所要維護的依然是一黨專政的體制。而所提出的「堅決地，全力以赴地打倒左傾機會主義路線產生的各種反動的造反組織」，更是把專政指向持有不同意見的群眾組織，顯示其專制性。

從清華紅衛兵到聯動，標誌着所謂「老紅衛兵」逐漸由具有民間的自發的造反越來越深入到中國共產黨最高層的內部鬥爭，聯動某種程度上成為被打倒的黨內派別在社會上的代言人。

(三)讀老紅衛兵「破四舊」的大字報和《通告》

《最後通牒——向舊世界宣戰》(北京二中紅衛兵)(1966年8月18日)

《「破舊立新」一百例》(毛澤東主義學校即原北京26中紅衛兵)[4]

這是老紅衛兵殺向社會以後的第一個行動，在「破四舊」的旗號下，製造了短期的「紅色恐怖」。這一時期所有的紅衛兵的大字報與《通告》，都高喊「革命造反精神萬歲」的口號。看看他們認定的造反對象、造反內容，以及背後的理想，是很發人深思的。

1.「一切非國營企業，立即籌備交給國家管理」——要求企業國家化。

2.「命令各民主黨派七十二小時內解散」，「你們不是老

4 《最後通牒——向舊世界宣戰》載1966年8月26日《人民日報》。《「破舊立新」一百例》，轉引自金觀濤、劉青峰：《毛澤東思想和儒學》，第129頁，台灣風雲出版股份有限公司，2006年。

老實實改造思想，而是利用這些組織大肆放毒，企圖不要黨的領導」——要求進一步加強一黨專政。

3. 「堅決要求重新改選北京市、區人民代表」，「北京市歷年的市、區人民代表都是地主、資產階級等剝削人民，吃人民肉，喝人民血的混蛋，王八蛋們，廣大工農群眾中活學活用毛主席著作的積極分子被排斥在外」(一張大字報調查了東城區人民代表的情況：全區代表共340名，其中資本家34名，約佔9.2%；民主人士37名，約佔10.3%；工人53名，約佔15%，其中產業工人僅17名；農民，無；解放軍1 名)

「他們用種種卑劣手段，如先制訂好候選的名單；在介紹候選人時，只談業務如何，根本不詳細介紹代表的出身和簡歷，根本不講活學活用毛主席著作和思想革命化的情況。在選出代表中，老代表佔代表的絕對多數，老年人比青年人佔絕對多數」。

要求「堅決執行黨的階級路線，要像巴黎公社那樣，必須實行全面的選舉制」，「一定要選出能代表我們廣大革命群眾的利益的代表，一定要選出廣大工農兵群眾活學活用毛主席著作的積極分子做代表，堅決取締地主、資產階級代表人物」。——關於「改選人民代表」的要求，實際上包括兩個方面的意義：一方面是所謂「純潔階級隊伍」，要求加強階級專政，對異己階級民主權利的剝奪；另一方面，也確實包含了對現行選舉制度不民主性的合理的批判。

4. 「資產階級房產股東，勒令你們十天內將房產交出」，「讓工農兵享受住房權」。「目前住房存在極為不合理現象，廣大工農兵群眾住房問題不能妥善解決。工農兵群眾終日為社會主義建設辛勤勞動，但是有的工農兵群眾住的房子狹窄簡陋，有的甚至幾代人擠在一間房子裏」，「可是房產主一家兩三口人佔有十幾間房子，有的寧願讓房子空着閑着也不出租」。——這是一個重要資訊：許多人參與文化大革命是出於利益的驅動，或者説利益的衝突。而這樣的實際利益的要求，後來就被稱之為「經濟主義」，而遭到批判。在這些經濟要求裏，既反映了十七年所積累下來的民生問題，又顯然蘊含着「劫富濟窮」的農民造反的邏輯。

5.「資產階級的豬玀們！混蛋們！你們這些傢伙們，解放前吃勞動人民的肉，喝勞動人民的血，你們這些混蛋們的每一個毛孔裏都充滿了骯髒的東西，你們是人民的敵人」，「你們吃人民的，穿人民的，卻幹着反人民的勾當，以你們骯髒的思想腐蝕教育你們的後代，讓他們成為你們的狗崽子，讓我們的國家變顏色！」，「勒令你們：(1)銷毀全部定息，股票及一切剝削人民的東西，每月上繳工資40%；(2)立即停止乘坐國家(和私有)給你們的汽車，每日步行上下班；(3)自己負擔起本單位清潔衛生工作」。——這裏透露的是強烈的反資產階級的傾向，這自然是六十年代興無滅資思想灌輸的結果。

6.「解放十七年來，我們還經常看到一些資產階級的少爺小姐大混蛋們，打扮得妖裏妖氣，趾高氣揚地坐在三輪車上，讓上了年紀的老大爺拉着，看到這些我們非常氣憤！」「因此我們通告全市，除老弱病殘者外，一律不許乘坐三輪車，如有違抗者，我們將採取革命行動！」——這使人想起五四時期對人力車夫的同情。文革中的重現，很有意思。

7.「凡是毒草，毒品，毒物，例如黃色書刊、黃色畫報、黃色照片等等，立即交出，送臭垃圾站。凡是資產階級奇裝異服立即拆毀，不得再用」，「各圖書館、租書店必須在七十二小時內把那些不符合毛澤東思想的一切壞書全部銷毀。各商店、郵局、出版社、印刷廠一切宣揚資產階級意識形態的信封、郵票、書簽、年畫、圖書、畫報、日曆、月曆、雜誌、商標、廣告等物，必須在七十二小時內全部銷毀」。——這是典型的「焚書」號召。這使人不禁想起法西斯的焚書，秦始皇的焚書，海涅們當年的憂慮終於變成了現實。

8.「打破不合理的師徒關係，不許稱地、富、反、壞、右、資本家、小業主為師傅，只需講這幫混蛋、王八蛋的名字」，「革命同志一律互稱同志，不許稱官道職，更不能稱兄道弟，不許認乾親」，「凡是集合站隊，民兵訓練，一律要向左看齊。建議解放軍站隊也要喊向左看齊，我們是革命的左派隊伍」，「凡是家中收藏有棺木者，一律砸碎」。此外還有建議改學校名，改街道名，不許養鴿子，不許賣蟋蟀賣蟬，取消私人武術社，「今後醫院一律不准給地、富、反、壞、右、資、黑幫分子等人輸用無產階級兄弟的血」，等等——這都可以稱之為「革命幼稚病」。

9.「凡是不為廣大工農兵服務的日用品(香水，雪花膏)，立即停止使用」，「不許資產階級混蛋隨便逛東遛西、逛公園」，「不許他們想入非非」——這些讓今人覺得很荒誕的命令，其所隱含的絕對平均主義，排除日常生活的、禁慾主義的所謂「革命化生活」想像，以及不許「想入非非」的單一化、模式化的思想管控，倒是哦道破了文革所要推行的「破舊立新」的某些實質性意圖。

10.「無產階級紅色恐怖萬歲！

誰要攻擊無產階級專政，無理，殺！

誰要與毛澤東思想唱對台戲，無理，殺！

誰要反對無產階級起來造反，無理，殺！

誰要抱住剝削階級的舊思想、舊文化、舊風俗、舊習慣的殭屍不放，無理，殺！

這就是無產階級的恐怖，紅色恐怖，是正義的恐怖，是必勝的恐怖。

對今天的紅色恐怖是歡迎還是詆毀，是順從還是背逆，是鑒別忠實於毛澤東思想還是反毛澤東思想的分水嶺。

紅色恐怖必將籠罩整個地球，整個宇宙！

讓我們以嶄新的戰鬥姿態迎接即將到來的更加空前，更加宏偉的紅色恐怖！」

——這並非只是幾個紅衛兵的叫嚷，而是文革中的現實。

這樣的紅色恐怖，自然沒有任何法律的依據和概念，完全是出於意識形態的目的，簡言之，就是殺異己者，這是以極端的形式將所謂「無產階級專政(即一黨專政)」的本質暴露無遺。

問題是，這樣的紅色恐怖卻是打着「正義」的旗號。其唯一的合法性依據，就是曾經存在白色恐怖：「革命人民起來鬧革命，爭人權，無理，殺！我們的先輩求解放，逐日寇，無理，殺！這就是反動階級的恐怖」。這即是所謂「以暴易暴」，也就是毛澤東經常說的「以其人之道還治其身」。

值得注意的是，這裏所有的「革命要求」，都事實上沒有涉及當權者。一份《告工農革幹子弟書》還提出「保護我們革命前輩，捍衛無產階級紅色政權」的口號，指責「許多資產階級狗崽子，偽裝紅衛兵，把矛頭指向老革命幹部」。這是典型的聯動思潮。

二、造反派紅衛兵的「新思潮」(1966年9月–1971年9月)

所謂「造反派紅衛兵」，主要是指在1966年毛澤東發動批判劉少奇、鄧小平的「資產階級反動路線」運動前後興起的，以在劉、鄧主持文革期間受到壓制的大、中學生為主體的紅衛兵，他們自稱「造反派」，和以後陸續參加的工人、教師、機關幹部、居民造反派一起，構成了文革中後期群眾組織的主導力量。造反派紅衛兵「新思潮」的出現，是隨著文革的深入，一部分更有獨立思想的造反者逐漸由單憑激情和衝動造反轉變成更為理性與自覺的造反。他們給自己提出了兩個問題：一是「為什麼以消滅壓迫、實現社會平等為追求與旗幟的社會主義的新中國，會出現特權階層和新的壓迫？根源是什麼？怎樣解決？」二是「文革究竟是什麼樣的革命？為什麼它非但沒有解決特權階層的問題，反而出現了新的特權壓迫？」這樣的「社會主義中國的問題」與「文革問題」就成為「造反派紅衛兵新思潮」的中心，並出現了多方面的思考，探索，提出了多種解決方案和設計，在不同時期與地區，形成了不同的社會思潮。

（四）關於「懷疑一切」思潮與對文革問題的獨立思考

《革命的「懷疑一切」萬歲》（清華大學「東方紅」南下革命戰鬥隊）（1966年9月7日）

《革命少數贊》（清華大學毛澤東思想者紅衛兵孫怒濤）（1966年8月22日）

《踢開中央文革小組，緊跟毛主席幹革命》（北京林學院《一二・九》戰鬥隊、《永向黨》戰鬥隊、紅衛戰鬥兵團、《永向東》戰鬥隊、《革命到底》戰鬥隊、紅衛隊、《好得很》戰鬥隊）（1966年12月2日）

《給黨中央、毛主席、國務院的公開信：造三個大反——用毛澤東思想改造舊世界，創造新世界》（喬兼武、杜文革）（1966年8月30日）

《公社早已不是原來意義的國家了》(李文博)(1966年10月17日)

《給林彪同志的一封公開信》(伊林，滌西)(1966年11月15日)[5]

老紅衛兵的造反運動到1966年8月「破四舊」達到高潮以後，又逐漸發展成「聯動」思潮，越來越捲入中央高層鬥爭，把矛頭指向中央文革小組，終於被毛澤東所拋棄。就在這樣的背景下，以平民子弟為主體的造反派紅衛兵開始興起。特別是1966年10月毛澤東和中央文革提出「批判資產階級反動路線」，剛剛成立的「首都大專院校紅衛兵革命造反總司令部」(「三司」)於10月6日召開誓師大會，就標誌着造反派紅衛兵正式登上了文革政治舞台。

也就在此前後，大約發端於1966年8、9月，在10、11月間達到高潮，「懷疑一切」成為文化大革命中風行一時的口號。[6]

5　本節討論的文本《革命的「懷疑一切」萬歲》收宋永毅等主編：《文化大革命和它的異端思潮》；《革命少數贊》(原題《少數贊》)，收孫怒濤：《良知的拷問：一個清華文革頭頭的心路歷程》，中國文化傳播出版社，2013年出版；《踢開中央文革小組緊跟毛主席幹革命》收宋永毅等主編：《文化大革命和它的異端思潮》；《給黨中央、毛主席、國務院的公開信：造三個大反——用毛澤東思想改造舊世界，創建新世界》，參看印紅標：《失蹤者的足跡：文化大革命時期的青年思潮》，第86–87頁，中文大學出版社，2009年。李文博：《公社早已不是原來意義的國家了》，原文已散失，參看印紅標：《失蹤者的足跡：文化大革命時期的青年思潮》，第87–89頁。《給林彪同志的一封公開信》收宋永毅等主編：《文化大革命和它的異端思潮》。

6　當時出現了一批提倡「懷疑一切」的文章，除我們這裏選載的清華大學東方紅南下革命戰鬥隊的《革命的：「懷疑一切」萬歲》以外，還有：北京航空學院紅旗戰鬥隊：《論「懷疑一切」》，清華大學東方紅南下革命串聯隊：《再論革命的懷疑一切——砸碎形而上學的謬論》，北京化工學院南下「東風團」：《對舊世界的宣判書——〈懷疑一切〉，為〈懷疑一切〉翻案》，毛澤東思想紅衛兵武漢中等學校紅色造反團武漢三中紅岩戰鬥隊政治宣傳組：《論懷疑一切》等。參看印紅標：《失蹤者的足跡：文化大革命

1.「懷疑一切」思潮的主要觀點是——

(1)宣佈「馬列主義、毛澤東主義的本質是批判的，革命的，『懷疑一切』是馬列主義、毛澤東思想的精華」。——這是把早期紅衛兵「造反有理」的理論的進一步深化。這一方面是對馬列主義、毛澤東主義的一種闡釋模式，也是對馬列主義、毛澤東主義成為國家意識形態以後，所可能產生的保守性趨勢的一種抵制和防禦。因此，他們同時對「天不變，道不變」觀進行了批判，強調一切事物都是「生動的，有條件的，可變動的，相互轉化的」，而非「凝固」的，並且這樣提出問題：「在毛澤東時代」，也即無產階級掌握政權以後，還應不應該懷疑一切？這個問題，也是1957年的右派所提出的(譚天榮的文章)，在1966年再次提出，自然是意義重大的。

將懷疑一切定為馬列主義、毛澤東思想的精華，在1966年的現實政治環境中，還有一個策略的考慮，即使得一切反叛性的思想，有可能在馬列主義、毛澤東思想的旗幟下，獲得某種合法性，從而起到自我保護的作用。

(2)重申毛澤東黨內在黨內對抗王明的權威地位所提出的「絕對不應盲從，絕對不應提倡奴隸主義」的思想，反對做「舊世界的順民」，這在當時是起到了思想解放的作用的。

(3)在批判奴隸主義的時候，強調它「扼殺了人們的革命自主性，把人們變機械執行某種『聖旨』的工具」，也即反對人的、工具化。——這裏的批判矛頭是指向在反右以後一直鼓吹的「馴服工具論」的，「馴服工具論」是劉少奇在《論共產黨員的修養》裏提出的，60年代《北京日報》曾有過「應不應該做黨的馴服工具」的論爭，它事實上成為我們所說的強化黨專政的「五七體制」的一個重要理論基礎，因此，文革初期對

期間的我青年思潮》，第70–72，135–136頁。

「馴服工具論」的批判是自有一種政治意義的。

(4)注意這一段駁論：「那些別有用心的人則扯起脖子嚷道：『你們反對黨』，先生們，別再賣『老子就是黨』的狗皮膏藥了，你們這撮陽奉陰違，兩面三刀，陰一套，陽一套，表面是人，暗中是鬼的野心家，陰謀家們，你們的保皇黨，修正主義黨，為什麼不能懷疑呢？」

——這裏，把黨分成「馬克思主義黨」和「修正主義黨」，未必準確，但對打破「黨迷信」是起了很大作用的，是一次思想的解放。

(5)強調「真理有時掌握在少數人手裏」，提出「保護少數」的原則。這在中國，特別是在六、七十年代的語境下，是有着特殊意義的。魯迅早在二十世紀初就提出要警惕和防止「以眾淩獨」式的民主，它與「以寡禦眾」的封建專制有着內在的相通。在毛澤東的時代，「以眾淩獨」發展到「群眾專政」的極端，藉口「多數人民的意志」壓制少數堅持獨立思考的人，而且這樣的事人們已經司空見慣。因此，「保護少數」原則的提出，同樣具有解放思想的作用。由此產生了一個倫理原則：「當他認為自己的少數觀點符合真理時，他必須有大無畏的鬥爭勇氣，敢於堅持少數意見，堅持真理，即使『光榮地孤立』到只剩下他一個人，他也能夠逆潮流而擁護真理，絕不隨波逐流。當他發現自己的少數觀點是錯誤時，他同樣必須有大無畏的精神，勇於向真理低頭，修正錯誤」。——這種不怕孤立，堅持真理，修正錯誤的精神，對文革中一代人精神影響是深刻的。

2. 但文革中的「懷疑一切」思潮還是給自己設立了一條基本防線：強調「用毛澤東思想去分析一切，衡量一切和批判一切」，表示「我們無限熱愛，無限崇拜的，只有黨中央、毛主席和毛澤東主義。對於其他人，其他東西，我們都要疑它一疑，檢(驗)它一檢」，「對還是不對，這必然要有一個客觀標準，這個標準是什麼呢？就是毛澤東主義」，「懷疑一切是建築在相信群眾，相信黨，相信毛澤東主義的基礎上」。——這裏實際上就賦予毛澤東主義和毛澤東所領導、代表的黨以終極的真理性。在提出「懷疑一切」的同時又提出用毛澤東主義「統率一切」，這不但在理論上走向自我否定，從反對一種形而上學、絕對論，走向另一在種形而上學、絕對論，而且在實際上，成為毛澤東及其所支持的林彪、中央文革小組打倒異己的一個工具。所謂「符合毛澤東主義的就堅決擁護，堅決照辦；違反毛澤東主義的，就堅決反對，堅決鬥爭」，這樣，就從「反工具」成為另一種形式的「工具」，從「反奴隸主義」成為另一種形式的「精神奴隸」。這正是「懷疑一切」的思潮的根本弱點，也是在這一思潮中興起的造反派的根本性、歷史性的悲劇。

這裏，有一個認識上的邏輯誤區：「懷疑，就是要檢驗，凡是久經考驗的，凡是已完全證明是正確的，就從懷疑中引出了相信。我們對黨中央，對毛主席的無比相信，無限敬仰，無限崇拜，無限熱愛，難道是憑空產生的嗎？這是從四十多年的光輝歷史中得到的」。——從表面看，這似乎是堅持「實踐是檢驗真理的標準」，但實際上，所奉行的是「一次檢驗論」，是「歷史上曾經正確過，就永遠正確，永遠可信賴」的邏輯，不過是一個狡辯術。

3. 但懷疑之路一旦打開，就會有人沿着開通的路一直走下去，得出倡導者所意想不到的結論。如有的研究者所概括的，「從懷疑反革命到懷疑最革命」。[7] 這大概是這樣一個過程：

7　宋永毅、孫大進：《文化大革命和它的異端思潮》，第219頁。

鼓勵別人去懷疑一切的人，其基本的潛藏邏輯是：「我是最革命的，所以我不怕(也不容)懷疑」。然而歷史的邏輯和他開了一個不大不小的玩笑，一旦這種懷疑的狂潮成為全民性的思維定勢，他們怎麼可能不成為被懷疑的對象呢？而一旦他們遭到了炮轟和懷疑，他們又必然會利用權力對被他們稱為「革命小將」的人橫加迫害，而狂熱幼稚的年青人正是在痛苦的迫害中才逐漸覺醒起來，從而進一步懷疑到整個文化大革命，毛澤東，乃至整個社會主義體制。從這一點來講，大概正是這一思潮所起的解放思想的作用吧。

於是，就有了所謂「十一、二月黑風」。這是包含了兩種對文革既定秩序與思想的質疑的。

首先是對中央文革小組的懷疑與批判。《踢開中央文革小組，緊跟毛主席幹革命》的大字報，一開始就根據「偉大領袖毛主席親自制定的十六條」提出的文化革命的權力機構的產生「要像巴黎公社那樣，必須實行全面的選舉制」，由此認定：中央文革的產生不符合這一精神，不具合法性。接着又指出：「中央文革小組的成員坐在上邊，不廣泛深入下層，不作調查研究，到處遊説，發議論，作指示。他們的講話不管對否到處傳抄翻印，拿到手裏視為珍寶謀取指導運動」，這也是違背《十六條》關於「無產階級文化大革命只能是群眾自己解放自己，不能用任何包辦代替的辦法」的精神的。——這是典型的文革懷疑思維：凡不符合毛澤東思想和指示精神的，一切人，一切組織都可以懷疑，都要批判。最後提出的口號是：搬開「絆腳石」，「自己起來鬧革命！」

對中央文革小組的懷疑，更多的是來自保守派。他們反對衝擊各級黨組織，批判「中央文革小組把黨説成是一團漆黑四分五裂的修正主義」；不滿於中央文革小組「抬高少數派(指造反派)，壓制多數派」，「挑動群眾鬥群眾」。這裏質疑和批判的就是毛澤東發動的文革本身了。[8]

更值得注意的，是紅衛兵造反派經過獨立思考，開始有了自己的文革理解。

據一位當年的紅衛兵造反派回憶，大概是在1966年9、10月期間，在衝擊了工作組和各級黨組織以後，造反派中一些真正有思想追求的人，就陷入了一種「焦慮困惑」之中：他們不滿足於僅僅做一個毛澤東的造反號召的響應者，而是要自己去思考和追問：為什麼要造反？文革面對的是什麼樣的「中國問題」，要追求什麼，達到什麼目的？也就是要有自己的文革觀。這樣，才能由僅憑激情與衝動的造反者變成理性、自覺的造反者，從而把文革的主動權掌握在自己手裏。就在這時，他們讀到了一篇題為《法西斯黨的危險就在眼前》的大字報，一下子「打開了思想的閘門」，就開始討論：「既然蘇聯那樣的法西斯黨已經在中國出現，那麼蘇聯修正主義的社會基礎——它的特權階層是不是在中國已經出現了呢？」而文革開始後黨的幹部，特別是高級幹部享受特權、腐敗的事實被大量揭發出來，已經讓這些從沒有接觸過黨的「陰暗面」的年輕人感到觸目驚心。現在上升為理性思考，就形成了他們對毛澤東的階級鬥爭理論的新認識。於是，大約在1966年10月下旬，中國科技大學的幾位學生就以「紅炮班」的名義，貼出了一張《毛主席的無產階級階級鬥爭學說萬歲》的大字報，對中國社會作出了自己的階級分析。大意是：根據馬列主義的理論，階級是按照人們在社會的經濟地位劃分的。解放後的十七年中階級關係發生了變動，以前的地主、資本家是剝削階級，所以是革命對象。現在壓迫和剝削人民的是特權階層，也就是幹部階層，所

8 參看印紅標：《失蹤者的足跡：文化大革命期間的青年思潮》，第39–41頁。

以走資派成了革命對象。文化大革命同以前的反對國民黨的革命不同，就是因為新的社會裏有新的階級關係和新的革命對象。[9] 這背後顯然有一個「1949年以後(即所謂「解放後」)中國問題」：為什麼以消滅壓迫與剝削為追求的社會主義的中國，會出現新的壓迫、剝削者即特權階層？其根源是什麼？應該如何解決？文革能否解決這一問題？這也可以說是在1966年10月、11月前後在部分勇於、善於思考的造反派中形成的「自己的文革問題」。

北京大學學生喬兼武、杜文革寫於1966年8月30日的《給黨中央毛主席國務院的公開信：造三個大反——用毛澤東思想改造舊世界，創建新世界》，應該是這樣的造反派獨立的文革理解的一個最初表現。據說前文提到的《法西斯黨的危險就在眼前》一文的作者也是喬兼武。可見他的思考是前後一貫的。這篇《造三個大反》提出的「取締黨團組織形式，代之以革命委員會」的激進主張的背後，就是對1949年以後建立的國家體制的不滿與批判。作者列舉了幾個弊端——

(1)「由於黨組織領導政府，對黨的各級組織，黨外群眾又無選舉權和各種權利，因而實際上沒有發動全民搞社會主義革命和建設，而是全黨在搞」，也就是說，政權是將黨外群眾排斥在外的，是權力的壟斷，剝奪了人民的民主權利，實際上是一個黨的國家、政府，而非「人民共和國」。

(2)黨官僚「不受群眾監督」。

(3)官吏「嚴重脱離群眾，高高在上，當官做老爺，嚴重地產生官僚主義」。

---

9 科大紅炮班的這張大字報已經失散。這裏依據的是大字報的主要起草人華新民的回憶。見印紅標：《失蹤者的足跡：文化革命期間的青年思潮》，第95–97頁。

(4)提出「保衛某某基層組織就是保衛黨中央」，「往往以反黨大帽子壓人」，實際實行「黨專政」。

(5)「人為地使政治與業務分開，形成黨組織是抓政治工作的，政府就是搞建設的反毛澤東思想的現象，而且造成國家機器龐雜，浪費人力物力，搞煩瑣哲學」。

(6)「砸爛從中央到地方的一切辦公室」的主張，看似極端，但卻包含着對科層制度的反感，批評這些機構「高高在上，嚴重脱離實際」，「脱離生產勞動」，「不知道群眾的要求和願望」，即所謂「三脱離」，這也正是毛澤東所不滿意的。

總之，這篇文章是以極端、粗糙的形式，對於黨專政和國家科層制度提出了懷疑和批判。而作者的正面主張，提出要實行「巴黎公社式的全面選舉制」，「取消黨團組織形式，代之以革命委員會」，則帶有濃厚的烏托邦色彩，這本身也很值得注意。

無論如何，制度變革問題的提出，就把「為什麼會出現特權階層」與「如何防止特權階層」的問題大大地深化了。延續着這樣的思考的，是1966年10月17日北京師範大學物理系學生李文博所寫的《公社早已不是原來意義的國家了》，集中討論國家機構的組織形式問題。大字報首先強調了制度變革的意義：「資產階級革命已經創造了使地主階級不能繼續存在，也不能再產生的條件、一種制度。無產階級則要創造一個使一切階級不能存在，也不能再生產的條件，一種新制度」。由此而引發的是對中國現行制度的尖鋭批判：「我們現在的制度是從資產階級那裏繼承來的組織形式，是一個沒有資產階級的資產階級國家。這仍然是產生資產階級、修正主義、官僚主義的溫床、社會條件。這個組織形式不能再繼續下去了」。李文博在私下寫的筆記裏就寫得更加明確：「我們國家目前的政體，也正是資本主義復辟的橋樑和跳板」，「我們現在的政體必須打碎」。於是，就有了後來產生了很大影響的政體改革主張：「文化大革命的任務是『鬥，批，改』。這裏的『改』是指革新社會主義制度，改善無產階級專政」。大字報還具體提出了構建「新制度」的理想目標，就是實現馬克思提出的「巴黎公社原則」：「巴黎公社原則主要有兩條：第一，官吏的工資不超過工人的工資；第二，人民有權隨時罷免官吏。總之，人民需要一個廉價的、廉潔的政府」，「文化大革命目的，就是要實現巴黎公社的原則」。[10]

李文博的大字報貼出後，引起了北京高校的熱烈討論。當時正值大串連的高潮，也就迅速傳播到外地。在上海、瀋陽的高校也引發了同樣熱烈的討論。這就引起了中央領導核心的注意。1967年2月24日，中央文革小組副組長張春橋傳達了毛澤東的指示：「『徹底改善無產階級專政』的口號是反動的，是推翻無產階級專政，建立資產階級專政。正確的說法是部分地改善無產階級專政」。[11]

引起了更廣泛的關注的，是北京農業大學附屬中學高三學生劉振忠、張立才於1966年11月15日以「伊林」、「滌西」的筆名貼出的大字報《給林彪同志的一封公開信》。其引人注目之處有二。

據伊林、滌西回憶，他們的大字報是受到李文博和喬兼武的影響而寫出的。[12] 因此，對林彪的主要不滿和批評，也在他

10 李文博的大字報原稿已經散失，現在是依據當時對他的批判資料裏所引述的原文，以及李文博本人的回憶而作的部分復原。見印紅標：《失蹤者的足跡：文化大革命期間的青年思潮》，第 87–89 頁。

11 《張春橋傳達毛主席最新指示》（1967 年 2 月 24 日），載《「文化大革命」研究資料》上冊。轉引自印紅標：《失蹤者的足跡：文化大革命期間的青年思潮》，第 89 頁。

12 伊林、滌西：《草根政治——一條至死不渝的道路》，《回憶與反思：紅衛兵時代風雲人物——口述歷史之一》，第 255 頁，中國圖書有限公司，

只強調「(無產階級)專政的正確方面」，「卻沒有敏銳地察覺到文化大革命以來未突出的問題，即『改善無產階級專政，革新社會主義制度』」。在他們看來，「黨和國家組織形式需極大的改變。十七年來，建立的人民民主專政的中華人民共和國已經陳舊，極需創造出一個適合中國歷史特點的，世界上從來沒有過的國家機器」，這才是無產階級文化大革命的根本任務。他們提醒和批評林彪：「毛主席多次提到公社，您也未必警醒，眼睛猶很朦朧，看不到官吏機器正在徹底完蛋，代表『中國』的東方公社的光芒已經露射在東方地平線了」。這裏表達的確實是一個不同於主流解釋的新的文革觀：期待文革進行國家組織形式的根本改革，創建全新的國家機器。

大字報的另一個要點，是明確提出：「如今在對待毛主席和毛澤東思想的問題上已經開始並繼續進行大分化」，並且直言不諱地指出，林彪關於「『毛主席比馬克思、恩格斯、列寧、斯達林高得多』的提法是不正確的」，進而點破問題的實質：「那種對毛主席和毛澤東思想估計不足的傾向固然是非常錯誤的，但那種估計超過歷史發展的傾向同樣站不住腳，也容易一頭栽入反毛澤東思想的邪路」。兩位年輕的中學生顯然認為林彪並不真正理解文化大革命，不是合格的毛澤東的接班人，因此向他發出忠告：「希望您特別深入運動，不然久而久之，也會有『靠邊站』的危險」，並且表示了這樣的憂慮：「如果毛主席的接班人不能像毛主席那樣成為無產階級革命導師，中國黨還會面臨法西斯黨的危險」。這些超前的警示自然不會被時人所理解，就被視為聳人聽聞之言了。

但他們還是要「公開」說出來：「有錯誤就要批評，不符合毛澤東思想的地方就要提出，難得您是不可以提批評意見

2011 年。

嗎？」所要爭取的就是「監督黨和國家各級領導人的『大自由』」。也許這就是這篇《給林彪同志的一封公開信》的真正意義所在。喬兼武當時就寫了一張《觸及林彪同志的靈魂》的大字報，讚揚兩位「革命小闖將」「衝破了一個大框框」，「更廣泛地實行了大民主」，一針見血地指出，認為領袖神聖不可侵犯，不可批評，不可反對的觀點，「到了我們社會主義的今天，就成了一種舊習慣勢力和奴隸主義，在這次文化大革命中(該屬於)橫掃之列」。[13]

1966年10、11月前後出現的喬兼武、李文博、依林、滌西的這批大字報，被視為是文革最初出現的「新思潮」的代表作。從本書討論的「文革民間思潮」的角度看，如果說在此之前的許多思想帶有很大的自發性質，基本上是對毛澤東造反號召的一種反應；那麼，從這時期開始，就有了真正的民間的獨立的理性的思考。

(五)來自軍營的質疑

《關於林彪「頂峰論」問題上毛澤東書》(胡全林)(1966年11月)

《對幹部問題的八點建議——致中共中央毛主席書》(胡全林)(1967年6月25日)

《對「中國共產黨章程」的兩點意見——呈黨中央毛主席》(1970年12月26日)[14]

13 轉引自印紅標：《失蹤者的足跡：文化大革命期間的青年思潮》，第93頁。

14 本文討論的文本均收余習廣主編：《位卑未敢忘憂國：文化大革命上書集》，香港時代出版有限公司，2006年。

在伊林、滌西寫的《給林彪同志的一封公開信》之外，同時對林彪提出質疑的，還有另外一封信，這就是時為普陀守備區6365部隊戰士的胡全林所寫的《關於林彪「頂峰論」問題上毛澤東書》，寫作的時間也是1966年11月。

據研究者介紹，胡全林是上書寫得最多的：文革前，即寫有：《關於時局和幹部問題上毛主席書》(1962年10月，未寄出)，《關於社教運動和幹部問題上毛主席書》(1965年3月25日)，《關於軍隊幹部支援地方社教問題和幹部問題上毛主席書》(1965年9月13日)；在文革中則寫有：《關於文化革命給中央文革的信》(1966年8月2日)，《對幹部子弟教育問題的三點意見》(1966年8月20日)，《關於林彪「頂峰論」問題上毛澤東書》(1966年11月26日)，《對幹部問題的八點建議——致中共中央、毛主席書》(1967年6月25日)》，《對「中國共產黨章程」的兩點意見——呈黨中央、毛主席》(1970年12月26日)，《關於無產階級政黨幹部路線問題呈黨中央和毛主席書》(1971年5月20日)，《關於堅持黨的幹部路線反對幹部特權上毛主席書》(1971年9月9日)，《防修反修問題的建議提綱——呈黨中央毛主席》(1971年10月25日)，《淺論「天才」》(1971年11月18日)，《對剝削階級子女教育及使用的意見：紀念馬克思誕辰154周年——呈黨中央毛主席》(1972年7月1日)，《關於基層幹部問題的建議提綱——獻給偉大的中國共產黨成立51周年》(1972年7月16日)，《若干點建議——呈黨中央毛主席》(1972年8月30日)，《無產階級革命與修正主義》(1973年1月12日)。可以說，從文革準備階段的社會主義教育運動到文革的全過程，胡全林都寫有上書。本來，在文革中許多普通的工人、農民、士兵、學生、幹部響應毛澤東「你們要關心國家大事」的號召，私下議政已成為習慣，但像胡全林這樣不停地向毛澤東和黨中央反映自己對國家大政和時局的看法，似乎也成了習慣，卻很少見。

胡全林並非不知道自己這樣上書，而且是頻繁上書，可能帶來的風險。在我們這裏要討論的1966年11月寫的第一封信《關於林彪「頂峰論」上毛主席書》裏，就清醒地提到「我的這些舉動，尤其是這封信，也許要被某些人看作是犯罪的，是反黨反毛澤東思想的」；在1970年12月寫的《對「中國共產黨章程」的兩點意見》裏，他甚至説自己是「又一次伸出脖子」準備接受「更大砍殺」。事實也是這樣，他就因為中央文革派人到部隊調查他的上書問題，於1968年被強制轉業，到地方當小學和中學教師。1970年12月他寫的這封對黨的章程提出「兩點意見」的信被抄家，發現他的筆記裏，有對毛澤東的不滿，對江青、陳伯達、康生等「奸臣后黨」的「惡毒攻擊」，而受到隔離審查，時任公安部長的華國鋒還作了專門批示，要求「嚴肅查處，堅決打擊」。胡全林對此是有充分的思想準備的，他在寫給毛澤東的信裏就這樣講：「我不怕有這些罪名。革命，在被革命的人看來，就是犯罪的。革命就是以這種『犯罪』為自己的神聖職責和鬥爭內容。我們的革命先輩，如果沒有這種犯罪的勇氣和精神，那麼也就沒有革命，也就沒有今天的新中國，也就沒有中國和世界的偉大革命導師您老人家」。毛澤東早有「幹革命要有五不怕」，其中就有「不怕坐牢殺頭」的説法，在文革前就廣為傳達：胡全林這樣的毛澤東思想培育下的革命青年，就真信，真做了。

於是，我們就注意到，胡全林在1966年11月給毛澤東的信的前面寫的一段《政治宣言》：「為真正的人民——這個人民不是政治招牌，而是真正的勞動人民；為人民的紅色祖國；為人民的真正領袖毛主席而戰！」這裏引人注目地連用三個「真正」，表示自己願意為之戰鬥、獻身的是「真正的人民」(「真正的勞動人民」)和「人民的真正領袖毛主席」。他這樣強調，自然是有針對性的：在他看來，在中國現實的政治，包括文革的現實政治裏，「人民」和「毛澤東」，都是「政治招牌」；他要做的，就是要尋找與恢復「人民」和「毛澤東」的真實面貌和應該有的真正地位，並以這樣的「真正的人民」與「真正的毛澤東」作為精神支柱，以此為職責所在，並因此給自己兩個命名：「人民的兒子」和毛澤東的「衛兵」、「哨兵」：這構成了胡全林的所有上書的內在線索和精神內涵。這在那個時代的自覺的青年革命者中也是有一定代表性的。

仔細考察胡全林的上書，可以看出，他時刻縈懷於心，反復申說的，其實只有兩個問題：對毛澤東思想的評價與態度，以及黨的幹部問題。這其實是抓住了中國政治，文革政治的關鍵與要害的。

首先是對毛澤東思想的評價。胡全林的信一開始就亮明觀點：他認為毛澤東思想是「繼承和發展了的馬克思主義，是反帝反修的強大的思想武器」，這就明確表示了對文革主流意識形態的認同，這是胡全林的基本立場與出發點。值得注意的是，他同時提出「大立毛澤東思想」可以「徹底剷除殖民地和半殖民地造成的洋奴思想和民族自卑感」，也就是更強調毛澤東思想的民族性，這或許是構成胡全林的毛澤東思想觀的一個特色吧。但上書的重心卻在反對林彪的「頂峰論」，什麼「毛主席比馬克思、恩格斯、列寧、斯大林高得多」，「馬克思列寧主義經典著作中，我們要99%學習毛主席著作」等等，胡全林一針見血地指出，這是「把毛澤東思想和馬克思主義對立起來」，根本否認「毛澤東思想是馬列主義中的一個部分」，試圖「用毛澤東思想全盤代替馬列主義」。他明確表示：「如果在『破洋』的口號下連馬列主義也列為破的範圍之內，這就大錯特錯了」，在他看來，這是一種「籠統的排外主義」，反對馬列主義的「反動」思潮。

與此相聯繫的，是對毛澤東和毛澤東思想的態度。胡全林第一封信裏就提到《解放軍報》裏的「不適當的說法」：「毛主席的書，政治、軍事、經濟、文化各方面都有，照辦就是了」，指出這樣的「照辦」論，是一種「教條主義的思想」，並不符合馬列主義和毛澤東思想。他特意引述了列寧的一段話：「使一種新的政治思想聲譽掃地，受到損害，其最有效的方法就是以維護為名，把它弄到荒謬絕倫的地步」，在胡全林這樣的毛澤東的「衛士」看來，文革中毛澤東思想正面臨着被「幫倒忙」、遭歪曲的危險。在《對「中國共產黨章程」的兩點意見》裏，他就更點名批評林彪鼓吹對毛主席的指示「理解的要執行，不理解的也要執行」，毛主席的話「句句是真理，一句頂萬句」，提倡的是「毛主席極力反對的『盲目執行』和『奴隸主義』」，「扼殺了民主精神，創(制)造了政治上的恐怖主義」，「恰恰是修正主義的篡黨篡政所需要的法寶」。他也因此堅決反對在黨章上把林彪法定為毛澤東的「接班人」，不僅因為「這顯然是違背了馬列主義毛澤東思想的哲學觀點，陷入了唯心主義和形而上學的泥淖」，而且也是選錯了人：林彪的「思想作風不太符合馬列主義毛澤東思想」。《兩點意見》的另一個重點，是根據黨章在幾個關鍵處都只談「馬克思主義」，不提「列寧主義和毛澤東思想」，指出「黨章起草者是別有企圖的，這是一個政治上的大陰謀」，這大概是對張春橋、姚文元等的懷疑吧。胡全林最後說，他寫出了自己對毛澤東可能面對的敵人的批判與懷疑以後，就「盡了哨兵的責職」。

胡全林上書中有八封信都是談幹部問題，這當然不是偶然的。他在寫給毛澤東的信裏曾談到，他最初要上書的動因就是「由於社會上某些現象的刺激和政治上的敏感」，對「部分黨政機關和幹部」產生懷疑和不滿。這是出於一個根本憂慮：「我擔心中國的革命事業會葬送在幾個『蛀蟲』和幾個『火盜』的手裏，葬送在『敗家子』(即幹部子弟)手裏」。胡全林顯然也是從這一角度理解與擁護毛澤東發動的文化大革命的，但他依然表示，自己「對我們國家和人民的命運還是十分擔憂的，我擔心蘇聯的悲劇會在中國重演。就現在來看，這種可能性還是相當大的」。前文談到胡全林對林彪，以致張春橋、姚文元的懷疑與警惕，就是基於此種擔憂。在他看來，「防止幹部的變色是防止我們黨和國家變色的關鍵所在」，而防止幹部變質的關鍵，又一在防止幹部的特權化與等級制，二在「接班人」的選擇與培養絕不能搞封建「世襲」，他因此尖銳批判了所謂「革命家庭論」、「烈士子女論」等「血統論的變種」，一再提醒「中國幾千年敗家子的歷史是應該引之為鑒的」。有意思的是，胡全林提出的解決幹部問題之道是：「尊重勞動人民」、「定時參加集體生產勞動」、「吃『平民飯』」、「住『平民房』」，「穿平民衣」之類。這背後就有前文談到的他的「真正的勞動人民」的立場，最後發出的呼喚是：「幾千年來的官，人類文明史上的特殊階層，人民的吸血鬼，見鬼去吧！我們招手迎接勞動人民新型的『官』——勞動人民的新型勤務員」。(《對幹部問題的八點建議》)

這都證明了：「胡全林上書特點是在正統馬克思主義和毛澤東思想理論體系下，提出自己的看法和意見」。[15] 這是與許多作為異端的民間思想者不同之處。但因為他堅持自己的獨立思考，也不為文化大革命的文化專政所相容。

15　余習廣：《簡介》，收《位卑未敢忘憂國：文化大革命上書集》，第 114 頁。

（六）讀《出身論》

《出身論》（「北京家庭問題研究小組」即遇羅克）（1967年1月18日）[16]

老紅衛兵的造反是建立在血統論基礎上的，即所謂「只許左派造反，不許右派翻天」。因此，造反派紅衛兵要在文革中獲得造反權利，甚至取代老造反派，就必須突破血統論的藩籬。就是在這樣的背景下，時為青年工人的遇羅克初稿於1966年7月的《出身論》於1967年1月在北京四中學生牟志京等創辦的《中學生報》上發表，立即引起異乎尋常的強烈反響：三萬份報紙一售而空，又加印專刊六萬份。正是一紙風行，京城紙貴，全國各地紛紛翻印，大街小巷廣為散發。[17] 不但招來老紅衛兵的激烈反對，連中央文革也宣佈其為「大毒草」，並將遇羅克逮捕（1968年1月5日）、槍殺（1970年3月5日）。遇羅克成了文革民間思想者中最早的犧牲者。

16 本節討論的文本有：北京家庭出身問題研究小組（作者遇羅克）：《出身論》（原載首都《中學文革報》創刊號，1967 年 1 月 18 日出版），《出身論之二：談「純」》（原載首都《中學文革報》第 2 期，1967 年 2 月 2 日），《出身論之三：「聯動」的騷亂説明了什麼——兼駁清華大學紅衛兵〈評〈出身論〉〉》（原載首都《中學文革報》第 3 期，1967 年 2 月 10 日出版），《出身論之四：論鄭兆南烈士的生與死》（原載首都《中學文革報》第 4 期，1967 年 2 月 21 日出版），《出身論之五：談鴻溝》（原載《中學論壇》，1967 年 2 月 27 日出版），《出身論之六：反動血統論的新反撲——駁〈大毒草〈出身論必須連根剷除〉》（原載首都《中學文革報》第 5 期，1967 年 3 月 6 日出版），《出身論之七：為哪一條路線唱頌歌{再評北京輕工業學院東方紅公社的反動立場}（原載首都《中學文革報《第六期，1967 年 4 月 1 日出版》，均收徐曉、丁東、徐友漁主編：《遇羅克遺作與回憶》，中國文聯出版公司，1999 年。

17 宋永毅等：《出身論：黑暗中的人權宣言》，《文化大革命和它的異端思潮》，第 111–113 頁。

一、在《出身論》裏，最引人注目的，是「人權」這一概念的第一次出現。文章把「搜身，辱罵，拘留，毆打等」視為「剝奪(一部分青年的)政治權利」，「嚴重侵犯人權的行為」，作為中國「嚴重的社會問題」提了出來，這在反右以後的中國，是一個突破。

文章強調，「在表現面前，所有的青年都是平等的」，宣佈「任何通過個人努力所達不到的權利，我們一概不承認」，這背後正蘊含着「天賦人權」的理念，與前述紅衛兵的「天賦權力」，是截然相反，針鋒相對的。

文章尖銳地揭示了：在社會主義制度裏重新形成了新的披上偽裝的特權階層，「一個新的特權階層形成了，一個新的受歧視的階層也隨之形成了，而這又是先天的，無法更改的」，這是「反動的種姓制度，人與人之間的新的壓迫」。文章因而提出了「反特權」、「反迫害」的要求，強調要「勇敢地向尚有強大的社會勢力的反動的唯出身論宣戰」，提出要「衝決束縛他們的一切」，「把以前受壓迫最深的這一大部分革命青年徹底解放出來」。——這樣，作為青年工人的遇羅克在文化大革命的一開始，就提出了底層的受壓迫者「反特權，反迫害」和「解放」的要求(包括思想的解放和政治的解放)，自然是意義重大的。

二、文章另一個鮮明特點，是反復強調「老子英雄兒好漢」的「出身論」，是「從封建社會的山大王竇爾敦那裏借來的」，「發展下去與美國的黑人，印度的首陀羅，日本的賤民等等級制度有什麼區別呢？」這裏實際已經提出了一個在社會主義條件下，繼續反封建的問題與任務。

三、文章同時還尖銳地提出了鬥爭的矛頭主要指向誰的問題，強調「鬥爭主要矛頭主要是指向黨內走資本主義道路的當權派，指向他們所包庇的牛鬼蛇神」，這正是與前述紅衛兵的要求截然相反，而是符合毛澤東的意圖的。

《出身論》提出要「捍衛黨的階級路線，既不容許修正主義集團從右的方面歪曲它，也不容許反動路線從『左』的方面攻擊它」，因此，他同樣批判所謂「反革命修正主義分子肆意包庇地富反壞右分子，包庇資產階級分子」，「把資產階級權威老爺拉進黨內，給某些五類分子厚祿高薪」。《出身論》同時強調要以「是否是真理——是否符合毛澤東思想」作為衡量一切言論的標準。這都表明，《出身論》作者並沒有完全走出毛澤東思想體系，從中衝決出來。這是歷史的局限，無法避免。

四、《出身論》還在實際上提出了無產階級文化大革命的依靠力量的問題。文章呼籲：「一切受反動勢力迫害的青年，在毛澤東思想旗幟下，團結起來，組織起來！你們受資產階級壓迫最深，反抗應該更堅決，在批判他們的時候，你們最有發言權」，「你們是掌握自己命運的在主人」。作者明確說明：「受壓迫的青年，不僅是出身不好的青年，也包括與走資本主義當權派對抗的工農出身的青年及其他革命青年」。這也是和老紅衛兵的「天生造反者」論針鋒相對的，這是他們之間的另一個重要分歧。而對《出身論》的批判，就引發了後來的「造反派思潮」。

五、《出身論》的出現，是有着深厚的背景的。

它首先與1957年的民主思潮(右派思潮)有着直接的聯繫。1957年人們在觀察、思考中國社會問題時，就已經發現了這樣的現象：「憲法名義上規定公民一律平等，然而在日常生活中各種待遇(不論工作，學習，遊玩，吃飯……)均論等級，顯易可見不平等」(周大覺：《論「階級」的發展》)。一篇題為《談無產階級社會中人的等級》的文章(作者：沈迪克)則明確提出了「按出身劃分等級」的問題，對新形勢下的「人種論」提出了尖銳的批判。

而對右派的所謂「反擊」，正是加強了這種不平等。中共中央《劃分右派分子的標準》中就明確規定：「惡毒地攻擊共產黨和人民政府的領導機關和領導人員，污蔑工農幹部和革命積極分子」的都是「右派」。上述言論自然就屬於「惡毒攻擊共產黨」，「污蔑工農幹部和革命積極分子」之列。事實上，在反右鬥爭中，每一個單位都作了「左，中，右」的劃分。「右派」自然被列為敵人的範圍，「中間派」，特別是中間派裏的右派即所謂「中右」，就列入不可信任的的隊伍中，「左派」(文件中所說的「革命積極分子」)不僅成為可信任的依靠對象，而且事實上享有政治的與經濟的某種特權。這樣，左、中、右就成了三種等級的劃分。劃分的標準當然是以反右運動中的政治表現為主，但同時也包含了出身的因素。1961年陳毅曾經説到「出身不同的青年之間，不應該存在一道不可逾越的鴻溝」，這正是説明，在反右以後，到1961年鴻溝就發展得十分嚴重了。

到1964年前後，當毛澤東和中共中央提出「培養革命接班人」的時候，出身問題就更突顯了出來，於是就有了所謂「階級路線」，人為地將人民群眾(包括青年學生)劃分許多等級，並給予完全不同的待遇。這就是遇羅克在《出身論》裏所揭示的「每年大學招收完畢，高教部總是發表公告：『本年優先錄取了大批工農子弟、革幹子弟』，不少大學幾乎完全不招黑五類子女，大學中的重要科系就不用提了。學校則以設立『工農革幹班』為榮。不少大學設立『貧協』一類組織，與團組織並列」，「工廠裏凡是最近三、四年提升的行政幹部，幾乎無一例外是出身好的，就連先進工作者候選名單上也有出身這一欄」。「農村中修正主義代表人物搞過四清運動的，把地富子女劃分了一下成份，表現不好的，出身就是成份，表現一般的，是農業勞動者，表現好的是中農」，「出身不好，便不能做行政、財會、保管等各項工作，也不能外調」。《中共中央關於農村社會主義教育運動中一些具體政策的規定》中，就規定地富子女「一律不能擔任本地的基層領導幹部，一般也不負責會計、記分員、保管員等重要職務。「北京街道近兩年改選居民委員會，出身是一個首要條件，連街道辦事處印製的無職青年求職登記表上也有出身這一項」。「『出身壓死人』這句話，一點也不假」。

在《出身論》發表以後，一位司機交來一份《學習駕駛員的條件》的文件，規定「駕駛員的培養對象要貫徹階級路線，以廣大工農兵、革命幹部、烈軍屬子弟為主，對家庭出身於地、富、反、壞、右、資本家的，原則上不培養」。

一位銀川煤礦的工人看到《出身論》後，也寫信來表示「你們所反映的問題是普遍存在的，而且是嚴重的」，並且舉出例來，他所在的礦山領導人「從他們掌權以來，把大部分地富家庭出身的子女、青年工人(有好多爸爸是地富分子，母親還是革命幹部)都調離了機電單位去幹採煤工作」，每年的補助，「凡地富反壞右分子家庭出身的子女或與其家庭有關係的，不管這個人的工作表現如何，困難再大，一律沒有，把他們和地富反壞右分子等同起來看待」，「工資改革，級別調整，幾乎也拿出身問題作為一個先決條件」，「出身不好，好像就要低人一等，成了先天罪人，終生悔恨」。由此提出的問題是：「這不是人為地要在工人階級內部製造階層嗎？」據説一位書記還在大會上公開説：「黨員團員不要和地富子女結婚，已經結過婚的要加強教育，沒有結婚的就不要再結了」。

這一切，都使得文革前夕，中國社會各個利益集團的關係已經十分緊張，在利益受損的階層裏，不滿和反抗情緒鬱結已久，《出身論》不過是一個理論上的突破，是有着深厚的群眾基礎的。

六、這些孕育着不滿情緒的群眾，在當權者眼裏，自然都是1957年右派的再生。因此，文革開始時，黨內相當部分的幹部都是把這次運動當作是一次清除黨內異己者的時機，試圖發動另一次反右運動。正是在這場所謂新「反右鬥爭」中，許多有獨立思考能力的師生，許多家庭出身不好的師生都受到殘酷的迫害，被打成「右派」或「假左派，真右派」。

但正如劉少奇所説，他們這些「老革命」遇到了「新問題」。因為在毛澤東的戰略計劃中，文化大革命絕不是第二次反右運動，相反，文化大革命正是要解決他在反右運動中沒有解決的問題。因此，毛在提出要開展文化革命以後，轉而去南方，讓劉、鄧來領導這場運動，正是讓劉、鄧表演，劉、鄧果然上當，發動了一場「第二次反右運動」，正好為毛澤東所抓住，毛澤東一句「鎮壓學生運動絕無好下場」，就將受迫害的群眾抓到自己手裏，通過發動「批判資產階級反動路線」而將劉、鄧輕易地置於死地。

但作為基層的群眾，並不瞭解上層權力鬥爭的種種內幕。毛對劉鄧所發動的新的反右運動的批判，對受迫害的師生無疑是一次解放，遇羅克的《出身論》這樣的思想才得以產生和廣泛傳播，並真正打開了思想的牢籠，成為繼1957年學生民主運動之後，對於反人權、反民主、反法制的極權等級體制的又一次思想衝擊。有意思的是，《出身論》這樣的具有反叛性的思想，在文革初期的特定情境下，開始時，卻在一定程度上得到默許或在支持。《出身論》的命運也是和中國共產黨黨內鬥爭密切聯繫在一起。但《出身論》及其作者內在的反叛性，也決定了作者最後依然沒有逃脱慘遭殺害的結局。

七、《出身論》的文風也很值得注意，與前面的紅衛兵的文章完全相反，《出身論》儘管面對的是十分殘酷的血淋淋的現實，但他的語言卻是冷靜，盡量説理的。文章反復強調：「從毛主席著作和社會實踐中尋找答案」。對社會實踐的重視：「人的思想是從實踐中產生」，「究竟一個人的思想是好是壞，只能從實踐中檢驗」，就已經孕育着後來的「實踐是檢驗真理的標準」的思想。

《中學生文革報》在發表《出身論》時，強調「由於作者掌握毛澤東思想的水平有限，由於對社會進行、調查研究不夠全面，《出身論》必定存在着不少的缺點和不完美的地方」，這種自我反省的態度，也是和紅衛兵的文章裏所絕不可能有的。

可以説，《出身論》是文革的全民性的非理性的狂熱中的一個理性的聲音。

分析《出身論》的思想資源也很有意思。首先自然是毛澤東的思想(如作為基本論據的外因與內因關係的思想，即從毛澤東的《矛盾論》來)。其次是馬克思列寧主義經典作家的著作，據他的親友回憶，他讀過馬克思的《政治經濟學批判》，恩格斯的《反杜林論》，列寧的《哲學筆記》，《斯大林全集》和《馬克思主義哲學原理》。其三，是西方經典著作，除《世界哲學原著選讀》外，還重點讀過盧梭的《論人類不平等的起源和基礎》，並寫有「智慧！遠見！偉大！矛盾！不足！」這樣的批語，他的《出身論》所受盧梭的天賦人權論的影響是顯然的。此外，他也受到魯迅的影響，並讀過《史記》、《資治通鑒》這樣的中國傳統史學經典。應該説，遇羅克的知識結構在文革中的思想者裏，是有一定代表性的。

讀遇羅克其他論述的零星筆記

讀《談「純」》

此文有兩點值得注意。

1. 提出要區分「造反有理」和「造反有利」：「前者要粉碎的是它賴以存在的基礎，他們說：『我們要取消一切特權階層』，後者要取消的只是它表面的一部分，他們說：『為什麼你是特權階層，而我不是』；前者要擴大革命隊伍，並把表現傑出的同志吸收進來做中堅，後者則採取關門主義，惟恐人多手雜碰掉他們自封的烏紗帽」，「同是造反，本質不一樣」。

——這裏已經把造反的目標定為「取消一切特權階層」，使其具有鮮明的「反特權」，並「粉碎其賴以存在的基礎」的意義。同時，與「取而代之」式的「造反」劃清界限，這是有極大的理論和實踐意義的。——魯迅曾對中國「取而代之」的農民造反有過深刻的批判。

2. 在否認以出身作為「純潔階級隊伍」的標準以後，提出以「光輝的毛澤東思想」作為標準：『擁護他的，我們吸收；反對他的，我們不要」。這就顯示出了一個局限：中國的反叛者最初都是從毛澤東那裏吸取養料和支持，因而成為他的信徒的；能不能最後走出毛澤東，就成了一個問題，一個考驗。

讀《「聯動」的騷亂説明了什麼？》

1. 提出「新型的少爺階層」的形成問題，還有「物質上的特權階層」、「精神上的特權階層」的説法。有意思的是，關於「物質上的特權階層」，舉出的例子是當時一個工人能維持生活所需費用為每人每月12元，而哈軍工(許多高幹子弟都是該院學生)學生補助為每月18——25元，相差最多一倍。九十年代末來看這些數字，對比今天的貧富差距，真不知從何說起！

2. 尖銳地揭露了聯動「嗜血成性」的「紅色恐怖」，令人髮指。

3. 提出「文化大革命階段，激化了的主要矛盾是什麼」，否認是「反右鬥爭時期資產階級右派分子和廣大革命群眾之間的矛盾」之說，強調「在目前主要矛盾是百分之九十五以上的人民群眾和黨內走資本主義道路的當權派之間的矛盾」，這是和毛澤東當時的意圖一致的。但有意思的是，在現實生活中，這些被打倒的「走資本主義道路的當權派」正是1957年反右運動的主要執行者。

4. 再一次提出要「承認出身不好的革命青年的平等的革命權利」，這其實就是《出身論》的主要訴求，是和老紅衛兵要壟斷造反權針鋒相對的，也符合毛澤東要最廣泛地發動青年來反對黨內反對派的策略。

讀《論鄭兆南烈士的生和死》

揭露、批判了幾種制度：1，小彙報制度；2，「重在表現」政策，其實質是「把群眾分成三、六、九等，把非對抗性矛盾擴大化，以便分而治之」；3，控制群眾「多數」。

作者的理想：「那時的天下，是真正無產階級的天下；那時的人們，是最敢想敢說敢幹的真正大無畏的人們；那時的思想，是真正用毛澤東思想統一起來的思想」。——在某種程度上，可以說遇羅克是文革初期的「青年毛澤東主義者」的一員。

讀《談鴻溝》

1. 尖銳地指出：「血統論變成統治階級賴以維持統治的理論基礎」。

2. 明確提出：「在我們今天社會中，封建的東西還有廣大的市場」，「社會主義制度幾乎是超越了資本主義這一社會發展階段，因此，幾千年來維持封建社會生存的血統觀念帶到了今天，是不足為奇的」。——這也是1957年的右派提出過的命題(見林希翎在北大的演講)，許多人是通過文革才懂得這個道理；遇羅克在文革初期就提出了。

讀《〈出身論〉對話錄·翻案篇》

注意：提出了「公民權利」的概念：「(對出身不好的青年)剝奪了他們作為中華人民共和國公民應該享受的許多權利和履行義務的權利」。

遇羅克日記裏的閃光思想

1. 弄清楚「聖人可以企及，聖人並不是生而知之的，是學而知之的，這就把學術公開化，而不是神秘化了」。——有趣的是，毛澤東正是想做聖人的；打破對「聖人」的迷信，也就在實際上打破了對毛澤東的迷信。

2. 「陳(伯達)亦不可稱為高明的理論家，其頌毛為『智勇雙全』、『彌天大勇』足令人齒冷——依陳的推理，毛豈不是成了獨裁者了嗎？人民的力量何在呢？」

3. 「(不能)把真理當成宗教。任何理論都是有極限的，所謂無限是毫無道理的」——這說明，遇羅克一開始就破除了對毛的迷信，他堅持的是科學的態度，追求真理的立場。

4. 「這根本不是階級鬥爭，而是領導與被領導之間的矛盾。為什麼群眾會『哄』起來？那是積了多年的怨氣，這次導而發之，正因為客觀上解決了這兩個階層之間的問題，社會才得以進步，才會出現某些大快人心的現象」。——這是遇羅克在參加了工廠批鬥「走資派」的大會以後寫的日記。他的觀察，有兩點都很到位：一方面，工廠確實存在領導與被領導的矛盾，長期積累下來，工人中確有「怨氣」，應該正確引導予以解決；但另一方面，文化大革命卻把它引導為你死我活的「階級鬥爭」，這就引向了群眾暴力專政。這正是文革的問題所在。

5.「這跟文化毫無關係，也跟階級毫無關係」，「要求的是『革命空想主義』」，「熱情帶有很大的盲動性」，「誰掌握了報刊，誰就掌握了工農兵」，「好一個焚書坑儒」——遇羅克對文化大革命的批判，從一開始就達到的高度，令人驚異。

6.「五四是出人才的時代，今天的文化大革命是無法比擬的」，關鍵是要「自由地闡述自己的思想」。——遇羅克的追求和五四的關係，值得研究。

(七)北京中學生造反派紅衛兵中的「新思潮」

《論新思潮——四三派宣言》(北京「四三派」紅衛兵張祥平、張祥龍)(1967年6月11日)

《為了防止資本主義復辟》(「四三派」紅衛兵)(1967年7月25日)

《在無產階級世界觀新光芒的照耀下》(四三派紅衛兵)(1967年8月7日)[18]

時間到了1967年7、8月。《四三戰報》編輯部在他們的文章裏明確表示，要「對一年多以來革命群眾運動所提供的極其豐富寶貴的經驗作一點理性上的概括和提高」，要把對毛主席

18 本節討論的文章均收民間印行的上海市上海中學《思潮集》(1968年)。《論新思潮——四三派宣言》為《文化大革命和它的異端思潮》一書選錄。

領導的文化大革命由「樸素的理解和我熱望上升到自覺的認識」，並且將自己的新認識命名為「新思潮」。

所謂「新思潮」的核心概念是「財產與權力的再分配」。這一概念的來源是毛澤東在江青在軍委擴大會議上的講話上加寫的一段話：「這篇文章(指《戰國策》中《觸讋説趙太后》一文)，反映了封建制代替奴隸制的初期，地主階級內部財產和權力的再分配。這種在分配是不斷地進行的，所謂『君子之澤，五世而斬』，就是這個意思。我們不是代表剝削階級，而是代表無產階級和勞動人民，但是我們如果不注意嚴格要求我們的子女，他們也會變質，可能搞資產階級復辟，無產階級的財產和權力就會被資產階級奪回去」。這些中學生紅衛兵抓住毛澤東的這段話，由此出發，將在此之前的紅衛兵的革命要求，推進了一步——

1. 如前文所討論，1966年底「懷疑一切」思潮與1967年初的《出身論》已經開始了對「社會主義中國為什麼會出現特權階層？應如何防範？」的造反派自己的文革問題的獨立思考，並且提出了制度改革的要求；現在新思潮的理論家，就把探索深入到「財產與權力」的領域，指出所謂「特權階層」產生的根本原因在於「當權派的蜕化變質」，「他們手中暫代管的財產和權力逐漸不受人民支配而變為私有，為他們及他們的家庭、子女和反革命復辟集團服務「。應該説，從政治權力和經濟分配的層面，指出特權階層的形成來自「權力和財產的私有化」，這是抓住了要害的，這就將之前的制度問題的追問，更加深入了一步。

這樣，他們也就對紅衛兵一直鼓吹的「造反」賦予了更明確的含意，即是「進行財產和權力的再分配」。這包含了以下內容——

(1)明確提出「現在社會上的最主要的矛盾是無產階級和廣大勞動人民同特權人物的矛盾」，「這次文化大革命就是要解決一小撮特權人物同人民群眾的矛盾」，要「毫不含糊地向走資本主義道路的當權派奪權」。

(2)「採取一個又一個的變革行動來促使財產與權力的公有化」，以「最後達到財產和權力的真正公有」。他們把這樣的要求概括為「促成財產、權力的再分配，促成社會的革命變動，打碎特權階層」，也就「將一己抗爭提高到反抗特權統治，建立理想社會」的社會理念的框架。

(3)他們並且將這樣的造反賦予一種永恆性，也就是說，「革」和「保」的矛盾，要求「財產和權力再分配」與「阻止實行再分配」的矛盾與鬥爭是永恆的，因此，也就「不斷地要『革』」。

2. 在進一步的理論闡釋中，作者強調「我們所說的財產和權力的再分配，實際上就是指國家機器的不斷變化和變革的具體內容和具體過程」。並且有這樣的分析：當權派的蛻化變質產生的根本原因在於「剛剛從資本主義脫胎的社會主義國家帶有舊的國家機器的痕跡，不能不由少數人——當權派的某個領導班子來指導和管理國家」。由此而提出了這些造反者的理想，即實現「巴黎公社的原則」。

(1)「廢除常備軍，而用武裝的人民來代替」；

(2)「由普選出來的代表組成公社，代表對選民負責，隨時可以撤換，其中大部分自然是工人，或者是公社的工人階級的代表」；

(3)「一切公職人員，都只獲取相當於工人的薪金，國家各級官員所享有的一切特權，以及支付給他們的辦公費，都隨着這些官吏的消失而消失」，「也可靠地防止工人們去追求升官發財」；

(4)「不僅廢除常備軍和警察這兩種舊政府物質權力的工具，而且要摧毀精神壓迫的工具即僧侶勢力」，要反對「專橫和以勢壓人的學閥」，反對思想和理論的特權。

(5)「公社不應當是議會式的機構，而應當是同時兼管立法和行政的工作機構」；

(6)「把依靠社會供養而又阻礙社會自由發展的寄生贅瘤——國家迄今所吞食的一切力量歸還給社會機體」，「在公社的初期也要進行革命的再分配」；

(7)「變生產資料私有制為公有制」；

(8)消滅「腦力勞動和體力勞動的對立」這樣的「現代社會不平等的最重要的根源之一。

以上諸點中，最具有現實意義的，顯然是摧毀舊官吏享有的各種特權和精神壓迫的工具和普選的原則。

引人注目的是沒有涉及「生產力的發展」，儘管作者申明「向共產主義過渡需要思想認識的提高和生產力的發展」，表示「如果有機會我們還將專門論述」，但在實際上，卻基本上是將生產力問題排除在思考視野之外，這就構成了一個極大的漏洞，並最終要為這樣的忽略付出代價。

作者認為，巴黎公社的以上原則，在中國的實現還有一個過程；作者反復強調的是，馬克思的革命原則和具體實踐、具體特點的結合，因此，必須繼續保留軍隊，警察，人民代表大會也不是兼管立法和行政的機構，「還不能做到社會全體成員或至少大部分成員學會自己管理國家」，「不能取消高薪制，代以供給制」。但他們仍堅持這樣的理想：「無產階級當權派充分運用權力，對國家機器的不完善部分進行一次又一次的改革，最後使全體工人、貧下中農和其他勞動人民都直接地參與管理，取消三大差別」。

作者將自己的「新思潮」概括為「部分地改善無產階級專政」，宣佈和反對改善的「機會主義」和主張徹底改善的「無政府主義」劃清界限：「在馬克思主義者看來，無政府主義只考慮破壞舊的國家機器，卻不分析應用什麼來代替和怎樣來代替要破壞的舊的東西，認為一天之內就可以廢除國家」。

3. 最值得重視的是，在「新思潮」裏，幾乎將毛澤東的「無產階級專政下的繼續革命」理論作了初步的概括。作者這樣談到他們的文章的寫作過程，立場，觀點和方法：「我們是在毛主席談到《觸讋説趙太后》時那段最高指示啟發下，在學習毛主席的有關論述，以及列寧的《國家與革命》，馬克思、恩格斯的《法蘭西內戰》引言的過程中，主要根據一年來無產階級文化大革命的鬥爭實踐，聯繫十七年，把我們對毛主席怎樣在無產階級專政下仍然要革命，這個革命對國家的任務等一系列大問題上天才地、創造性地全面繼承、發展了巴黎公社和十月革命的原則，因而怎樣正確地提出並解決了從根本上防止資本主義復辟這個當代頭等重大問題的，作為心得體會寫出有關習作的」。他們總結的毛澤東的無產階級專政條件下繼續革命的思想，有以下要點——

(1)矛盾、鬥爭是永恆的，因而階級鬥爭也是永遠存在的。值得注意的是，新思潮的作者提出的階級鬥爭的事實和依據是：「匈牙利事件，蘇共二十大，費孝通之流的進攻，鬼戲，罷官戲，一些地方群眾生產積極性不高，甚至大規模地出現圍剿革命派的白色恐怖」，這都是毛澤東眼裏的階級鬥爭。

(2)「社會階級關係變化」：「官僚主義者階級與工人階級和貧下中農是兩個尖鋭對立的階級」，是「社會主義兩個階級，兩條道路的矛盾的集中表現」。

(3)「公開地，全面地，由下而上地來揭發我們黨內的黑暗面」。

(4)「一個代表新的生產關係，新的社會制度的革命是不可能一次完成的，而必須不斷革命，反復革命，徹底革命」，「掌了權的革命造反派務必充分注意，一定要不斷前進，讓毛澤東思想佔領靈魂深處，不然，辯證法的懲罰同樣是無情的」。

在新思潮倡導者看來，所謂不斷革命，其「焦點始終是政權——國家機器」，其本質就是「財產和權力的再分配」，而「歷史上每一次財產和權力再分配，都要引起思想上的分裂」，即所謂「合久必分」。

因此，新思潮反對「無差別境界」，即「凡事只有肯定的一面，而無否定的一面；只有理想的一面，而無尚需革命的一面。如果還有什麼變化，那也只有量的增減而無質的變化了」。新思潮所要堅持的是革命鬥爭哲學：「必須始終立足要鬥爭，要批判，要革命這個馬列主義、毛澤東思想的基本點」，「必須積極進攻，絕不能消極防守」，「暫時的，局部的，必要的鞏固和防禦，我們並不反對，但作為一個長過程，用無產階級的宇宙觀來看問題的話，那麼整個世界，不就是在大風大浪大動盪大亂大分化大改組中發展起來，革命的秩序才是最正常的秩序」，因此要反對「徹底鞏固論」。

4. 新思潮在涉及社會主義經濟基礎的再分配問題時，引述的是毛澤東的論述：「在社會主義社會裏的按勞分配、商品生產、價值規律這些經濟範疇，難道是永生不滅的嗎？難道是只有生長、發展，而沒有死亡、變化嗎？」

作者們理解的「經濟基礎內部矛盾」是什麼呢？「這裏不僅包括社會對自由地長期使用權和收益權那樣的個體經濟體

系，而且也包括集體和全民所有制之間的矛盾」，「同樣是全民所有制企業，實行不實行中央和地方分權，那些企業用誰去管理，這仍然是重要的問題」，「所有制問題解決以後，最主要的是管理問題——這也就是一定所有制下人與人之間的關係問題。我們對全民所有制企業的管理採用集中領導和群眾運動相結合，黨的幹部和工人群眾相結合，幹部參加勞動，工人參加管理，不斷改革不合理的規章制度——這一套」，「兩參一改三結合」不僅只是對企業管理革命化而言的，其核心是一個「社會主義制度之下，如何看待勞動者的權利的問題」。——應該說，這也是新思潮所關心的一個核心問題。

有批評者提出質問：「難道說，我們無產階級專政中的無產階級和廣大勞動者沒有財產權力嗎？(只不過)這種政權和財權集中於國家領導機關，它代表人民掌管運用」。

新思潮的作者在回應時引述了毛澤東的觀點：「我們不能把人民權力問題理解為只是由部分人管理，人民只有在某些人管理下面享受勞動、教育、社會保險等等的權利」，「人民必須有權管理上層建築」，「在講到勞動者權利時，沒有講勞動者管理國家，管理各種企業，管理教育的權利，這是最基本的權利，沒有這種權利，就沒有工作權，受教育權，休息權等等」，「如果幹部不放下架子，不同工人打成一片，工人就往往不把工廠看成是自己的，而看作是幹部的」，由此提出的，是一個「多數人民直接參加管理」的理念和任務：要發展「無產階級大民主，群眾自己教育自己，自己管理自己」。而作為這樣的新型的「無產階級的大民主」的管理體制的對立面，就是「層層又層層」的「城市老爺發號施令」的管理，「科長，段長，局長，部長——這些機器本身就將被打碎！」因此，在這些新思潮的倡導者看來，這些都是「資產階級法權」的表現，絕不能「用社會分工的合理性偷換資產階級法權的不合理性，從而否認革命」。

有意思的是，新思潮把《出身論》的作者看作是「封建社會主義者」，說他「把我們無產階級專政看作像種性制度一樣的黑暗」，從而「反對無產階級專政，死保私有制」。

5. 如何評價新思潮所理解的毛澤東的「無產階級專政條件下的繼續革命」理論，這是一個複雜的問題。這裏只談幾個認識要點。

(1)其中有某些合理因素，如強調勞動者的權利，特別是管理國家的權利，反對特權等等。

(2)其中有不徹底處，如未能涉及「一黨專政」這一根本的實質性的問題。

(3)含有「左」的成份，如理論上將矛盾與鬥爭絕對化，就必然導致階級鬥爭絕對化，以及一系列「左」的思想，如對社會主義價值規律、按勞分配、商品生產實質上的否定等，所謂「走資本主義道路的當權派」和「無產階級當權派」的概念、界限都不清楚，實際生活中就打擊了大量持有不同意見，或有錯誤的幹部，同時導致了「黨同伐異」的宗派鬥爭。

(4)含有某些烏托邦成份；

(5)對生產力發展，經濟文化建設的忽略；

(6)內含專制成份。

新思潮所支持的毛澤東的「財產和權力再分配」的理論，在中國的社會實踐中，變成了「權力就是一切」的權力崇拜，導致了無休止的「彼可取而代之」的權力鬥爭，後果是十分嚴重的。

正如研究者所說，「紅衛兵新生代所共同接受的階級鬥爭和思想鬥爭的思想灌輸，沒有脫出階級鬥爭和階級路線的時代窠穴，這不過是以惡易惡，想以新的階級鬥爭和新的階級路線取代原有的階級鬥爭和階級路線」。[19]

(八)湖南「省無聯」思潮

《中國向何處去》(省無聯一中紅造會鋼三三一九兵團《奪軍權》一兵即楊曦光)(1968年1月12日)
《我們的綱領》(中南礦冶學院學生張玉綱)(1968年3月)
《省無聯關於目前湖南無產階級文化大革命若干問題的決議》(1967年12月21日)
《長沙知識青年運動考察報告》(紅中會長沙一中《奪軍權》一兵即楊曦光》(1967年11月16日)
《關於建立毛澤東主義小組的建議》(紅中會長沙一中《奪軍權》一兵即楊曦光)(1967年10月)[20]

「省無聯」的全稱是：「湖南省無產階級革命派大聯合委員會」，成立於1967年10月11日，是一個和湖南省革命委員會籌備小組對立的激進造反派組織。《中國向何處去》僅作為「徵求意見稿」散發了二十餘份在內部傳閱，《我們的綱領》也只是一張大字報和傳單，卻被省革委籌備小組上報，中央文革小組康生、陳伯達、姚文元和周恩來卻據此公開點名省無聯為「反革命組織」，《中國向何處去》也被定性為「實質是極右的」。楊曦光等隨即被逮捕，《中國向何處去》也作為「反面教材」在官方和群眾報紙刊載，在全國範圍開展了對「省無

19 楊健：《紅衛兵集團向知青集團的歷史性過渡(1968年秋–1971年秋)》，轉引自宋永毅等：《文化大革命和它的異端思潮》，第246頁。
20 本節討論的文章均收《文化大革命和它的異端思潮》。

聯極『左』思潮」的批判。[21]

發生在1967年底和1968年初的這一思潮(「省無聯思潮」)提出的新概念是「暴力推翻新官僚資產階級的統治」，「徹底砸爛舊的國家機器」。這是起端於1966年末，形成於1967年7、8月的「新思潮」發展到極端的產物與集中表現。

和前述「新思潮」使用「走資本主義道路當權派」這一概念(另一面是承認有「走社會主義道路的當權派」)不同，使用的是「紅色資本家階級」的概念，並且明確指出：「90%的高幹已經形成了一個獨特的階級」，「已經完全成為阻礙歷史前進的一個腐朽的階級」，「一個具有獨特的『自己的利益』的腐朽階級」，「他們與廣大人民的關係，已經由領導和被領導變成統治與被統治，剝削和被剝削的關係」，「紅色資本家階級的特權和高薪是建築在廣大人民群眾受壓抑和剝削基礎上的」。

從這樣的基本判斷和基本立場出發，他們提出了許多「人們根本不敢異議的社會問題」，「觸動一些社會制度」的問題，如「合同工、臨時工這種資本主義的僱傭勞動制度，修正主義的上山下鄉運動」，並且提出了一系列激進的主張，如文化大革命必須「觸及軍隊」，因為「一些軍隊在革命中不但改變了解放前軍民血肉一般的關係，甚至變成鎮壓革命的工具」；要發動「局部國內戰爭」，「武裝奪取政權」，建立「工人階級的武裝」，實行「群眾專政」；「既要革命，就要有一個革命黨」；「在一省或數省首先奪取真正徹底的勝利，推翻資產階級改良主義的產物——革命委員會的統治」。

他們由此提出「最低綱領」是實現社會的「徹底的變動」，「這就是推翻新的官僚資產階級的統治，徹底砸爛舊的

21 參看宋永毅等《湖南省無聯：巴黎公社式民主的憧憬》，《文化大革命和它的異端思潮》，第267–268頁。

國家機器，實現社會革命，實現財產和權力的再分配」。他們的「最高綱領」是「建立新社會——中華人民公社」。其理想為：建立「沒有官僚的社會」；建立「軍就是民，民就是軍，軍民打成一片，軍隊擺脱官僚控制的社會」。

值得注意的是，《長沙知識青年運動考察報告》第一次提出了處於「社會底層」的人民的要求，揭露了「極不合理的現象：城市剝削農村，腦力勞動者剝削體力勞動者，工農業產品價格過分懸殊」，知青(實際包括廣大農民)「他們成年勞動都養不活自己，他們上無片瓦下無插針之地」，甚至「把知青當農奴搞變相販賣」，「有些農村，農民個人收入大於集體收入」，到處存在「同工不同酬的現象」，造成「社會中的階級分化」，「農村中走資派的壓迫剝削的花樣(如工分上玩的花招)都是對富裕農民有利，而不利於貧下中農和知青的」，「存在着變相剝削」。因此而提出：「要求更偉大更徹底的社會變動」。

省無聯的思想家們把「毛澤東主義」概括為「在無產階級專政條件下，推翻新生資產階級的革命的一整套理論」。

(二)同時揭露的是這樣的現實：「『毛澤東思想萬歲』這句口號在不少場合幾乎變成了攻擊毛澤東主義的擋箭牌」，人們實際上是把毛主席最激進、最革命、最生動、最活潑、最本質的思想嚴密地封鎖起來，只傳出一些一般性的內容」，「千方百計地把毛澤東思想這個光輝的名稱搞成一個神像似的東西，千方百計地閹割和歪曲毛澤東思想的革命靈魂」，「在今天的中國，真正的，而不是抽象的信仰毛澤東主義(真正接受了毛主席關於無產階級政治大革命的思想)的人，真正的毛澤東主義者是很少的」。

文章的作者強調儘管文化大革命已經發動了一年多，「群眾基本是自發的，是中央文革下個指示，才能前進的，是毛主席、林副主席、中央文革扶着我們，把着手前進的，我們還不自覺，還不能完全掌握自己的命運」，「全國二十多個省市前一段只有革命群眾組織，還沒有革命政黨」。於是第一次提出建立革命政黨的要求，並且說：「現在經過一年多的革命鬥爭，革命人民不但廣泛地發動起來了，而且還逐漸鍛煉出了自己的政治思想武器，無產階級革命先鋒分子逐漸成熟」，也就是建立新的激進革命政黨的條件也正在成熟。——這就完全突破了文革的框架：文革中毛澤東給予群眾的結社自由是限制在本單位、本系統的範圍內，連跨行業、跨地區，特別是全國範圍的群眾組織都絕對不允許，更不用說結成新的政黨了。

由此提出的是激進革命者的聚集，並成為獨立的政治力量的任務：「無產階級文化大革命大大解放了人們的思想，無產階級文化大革命走過的驚心動魄的路程教育了千千萬萬的群眾」，「中國各地出現了那麼些激進分子，而且還出現了好些好文章，這些激進分子雖是極少數。但思想越來越完整，激進分子逐漸趨向於形成獨立的政治思潮和派別了」。

他們自稱「毛澤東主義者」，或稱「青年理想主義者」，並且有這樣的自我描述——

> 「他們並非因個人身受壓迫而反抗，亦非為既得利益而喧囂，而是為了人類絕大多數人的幸福與最為普遍的道義觀念而無私獻身」。
>
> 「一切決心獻身於這場偉大的徹底的無產階級政治革命的革命戰士，一切有研究政治的決心，真正信仰毛澤東主義，趨向新思潮，立志改革的激進分子，一切忠於毛澤東主義，關心中國向何處去，世界向何處去，關心中國社會各階級狀況，注重於社會調查的實幹家，一切善於學習，

敢於想，敢於獨立思考的人，組織起來」。

「改造中國與世界——這就是我們的宗旨！

毛澤東主義——這就是我們的最高信仰！

與工農相結合——這就是我們堅定不移的方向！

理論與實踐相結，更勇猛地投入實際鬥爭，並起先鋒作用——這就是我們的作風！

對於毛澤東主義的真正學習，對於政治的徹底研究，對於中國社會的認真調查——這就是我們的工作！」

以上的自我描述，十分重要。這是一個無可懷疑，不容掩飾的事實：文化大革命「解放了人們的思想」，從而出現了一批「當代革命者」。

後來，九十年代頗有影響的經濟學家何清漣這樣回憶她所接觸到的這樣的「新人」：「六十年代中期的(湖南)邵陽市，曾生活着一批頗有『鐵肩擔道義，妙手著文章』之志的青少年，這批人後來成了該市文革中兩大圈子的核心人物。一個小圈子是以一批知青為核心的『小兵』圈子，另一個是以該市的重點中學二中六六屆高中學生為核心的『誰主沉浮』圈子。他們的才華在文革特殊產物大字報上盡展風采。讀到這些大字報時，我還是一個小女孩，也被他們的文章的氣勢所震懾，更為那種被革命英雄主義和道德理想主義陶冶出來的英雄氣質所感動。我是直到十五六歲，那兩個圈子因其核心人物星流雲散而不復存在時，才和其中的一部分人交上朋友。那時他們已經不再有文革初期那種激情和浪漫主義，多了幾分成熟和凝練。從他們那裏，我常常借到一些19世紀俄羅斯古典文學和法國啟蒙時代的文學作品。——這段時間的思想營養以及影響我一生的那種道義責任感，幾乎全得益於這個圈子的一些朋友。我無法估計這些朋友對我的影響，但我知道自己的思想成長史上確實打上了這段友誼深深的烙印：在他們中間，我懂得了什麼是人生的責任，萌生了人道主義思想的萌芽。由於時代原因，這些朋友只有少數幾個後來能進入大學深造，但這些人也幾乎沒有在中國當代思想史上留下痕跡。近十多年來，與這些舊友偶爾見過幾次，我常常為他們今日思想和生活的黯淡而傷神。他們在青少年時代表現出來的那種敏銳的思維，博大的志向，對社會深切的關懷，使我有充足的理由相信，如果生長的環境正常，他們原本可以出不少奇才。也許是因為他們思想生命史上不應該有的夭折，我常常覺得自己現在做人做事，並不是代表我自己。我現在用這本《現代化的陷阱》來祭奠我青少年時期的友誼和那批『思想史上的失蹤者』。我永遠記得他們當年以知青和中學生的身份憂國憂民的赤子情懷」。

這樣的「思想史上的失蹤者」是不應該忘記的。

談到這批人，就必然要涉及他們與毛澤東及毛澤東思想的關係。

一個當年的紅衛兵說得很好：我們反省文革當時似乎無可懷疑的個人迷信狂熱，「其實都以不同的社會階層利益為前提基礎，眾口一詞的『毛主席』，實質有着不同，甚至對立的含義」：「遭受資產階級反動路線迫害的造反派把毛澤東作為永生不背叛民眾的革命家和領袖，作為反抗特權階層壓迫的正義帶頭人，毛澤東具有革命戰友的意味」；「有一種紅衛兵對毛主席的擁戴、崇拜實質也以自身的既得利益為立場，在那種似乎完全是理想觀念性的革命歡呼與流行的『樸素階級感情』表白中，蘊含着對自身利益的肯定和守護，以及將此既得利益昇華為普遍觀念，並在觀念中保持着對『一小撮地富反壞右』的階級專政的合法性和自信心，內神聖化的毛澤東將上述普遍觀念聚集為人格化象徵」。[22]

但這些青年理想主義者卻走上了不同道路。一部分如省無聯的這些思想者們，實際上是把毛澤東思想中最富有革命性的部分(也就是他們所說的「最革命，最生動，最活潑，最本質的思想」)發揮到毛澤東本人也不能承認的極點，實現了作為一黨專政的現行體制的創造者與代表者的毛澤東本人不可能有的突破，並且用毛澤東和中國共產黨人當年對付國民黨政府的一切手段來對付他們自身，這自然是不能被現行體制所容忍，這批真正的革命理想主義者就為此付出了沉重的代價。

這些革命理想主義者的悲劇還在於，當他們對毛澤東實行「以其人之道還治其人之身」同時，也就接受了毛澤東的邏輯，陷入了「以暴易暴」的歷史循環，自身也就受到了傷害。

更大的悲劇是，當他們沉浸於徹底的革命邏輯中時，卻忽略了民心所向正在發生的變化：當他們高喊繼續革命、徹底革命時，卻不知大多數文革參加者已經對文革所造成的大動盪感到厭倦，而渴望穩定。當他們仍然熱衷於政治、革命時，他們也忽略了民眾對於生產、建設、經濟發展、改善生活的渴望。當他們繼續大揪走資派時，民眾卻感到文革中的新貴的荒唐，還不如懂得常識的老官僚的穩健。這樣，他們事實上就走上了一條自我孤立的道路，再不能登高一呼，引領潮流了。

(八)武漢地區「北，決，揚」思潮

《北斗星學會宣言》(武漢地區決派聯絡站)(1967年12月10日)

22　尤西林：《文革境況片斷》，收徐友漁主編：《1966：我們那一代的回憶》，第631頁，中國文聯出版公司，1998年。

《浠水農民運動考察報告》(魯禮安)(1967年12月30日)

《無產階級文化大革命和叛徒考茨基——為捍衛五一六通知的原則性與純潔性而作》(新華工決戰決勝戰鬥隊)(1968年5月16日)

《怎樣認識無產階級政治革命》(《揚子江評論》第10期評論文章,未署名)(1968年6月12日)

《決派宣言》(武漢地區決派聯絡站)(1967年2月10日,1968年1月25日)

《無產階級文化大革命中各種派別的分析》(《揚子江評論》11、1期評論文章,未署名)

(1968年6月20日)[23]

這裏要討論的「武漢北、決、揚思潮」,它與前文所討論的「湖南省無聯思潮」都是在1967–1968年間具有全國影響的思潮。在此之前,引領全國的民間思潮大都發端於北京、上海,現在,中部地區的武漢、長沙的造反派發出了獨立的震撼全國的聲音,這本身就很有意義。

所謂「北、決、揚」的全稱是「北斗星學會」、「決心把無產階級文化大革命進行到底的無產階級革命派聯絡站」和《揚子江評論》。它其實是一個人數不過千把的,以青年為主體的讀書組織及所辦的刊物。其所以引起官方警惕,在民間也產生巨大影響,是因為它有兩個特殊的背景。

1. 首先要注意的,是他們的宣言:「我們的隊伍,也時時有人退隱,有人落荒,有人頹唐,有人叛變,更有人結集在一起,奮勇地前進」,「要當官的就讓他爭席位去罷,要保命的就讓他搞什麼雞血療法罷,自有一大批自強不息的革命小人物

23 本節討論文章均收《文化大革命和它的異端思潮》。

永遠聯繫在一起，為未來的鬥爭準備彈藥和武器」。這裏道出了一個事實：文化大革命發展到1967年下半年，人心、民心，社會思潮的一個巨大變動。這就要對1967年的文革歷史作一個簡要的回顧，這確實是一個不平靜的年頭：先是「一月革命風暴」的全國大奪權；接着是中央的「二月逆流」與地方的「二月鎮壓」中造反派、保守派和軍隊的激鬥；最後導致武漢地區的震驚全國的「五二〇事件」；隨後是全國大亂，武鬥不止，逐漸發展為後來毛澤東所說的「內戰」。在這樣一個全國大亂的背景下，許多人都在重新考慮自己對文化大革命的態度，作出新的選擇，於是就出現了全民大分化。這種分化是有兩個層面的。首先是普通民眾，也包括青年學生，面對無休止的鬥爭，普遍產生厭倦情緒。文革前期的全民參與的局面，從此結束，大部分人都逐漸自覺、半自覺地退出，當了「看客」，成了「逍遙派」。這就是宣言裏說的「要保命的大搞雞血療法」：就在1967年夏天，全國民間突然流行喝雞血包治百病的保健法，一時間大江南北到處雞飛狗跳。決派的年輕人就是在這樣的時刻，發出了「決心把無產階級文化大革命進行到底的無產階級革命派聯合起來」的呼喚，更高地舉起了「革命造反」的旗幟。他們深信「真正有希望的是那些善於思考問題的人」，「歷史證明了，未來不是屬於陳獨秀、瞿秋白這些五四時期曾經大喊大叫一時的風雲人物。歷史還將證明下去：只有那些永遠善於思考，善於學習，緊跟毛主席的偉大戰略部署的，方是將來歷史舞台上的主將」。也就是說，他們要通過重新學習與思考，尋找將文化大革命進行到底的新的途徑、道路，使自己成為一個自覺的革命者，真正將文化大革命的命運掌握在手裏。這就是他們要以成立讀書會、辦刊物的方式聚集起來的原因。

他們要做的第一件事，就是要進一步確立文化大革命的理想、目標。於是就有了《宣言》裏的「我們從來都把這場空前偉大的中國無產階級文化大革命看作是空前偉大的世界革命的引子和序幕」的命題的提出。一位紅衛兵這樣說：為着「人類絕大多數人的幸福」，這是「我們那一代精神根基中一個關鍵性觀念」。這涉及到中國的文化大革命和世界的關係這樣一個大問題。這是可以做幾個方面的分析的。

毛澤東發動文化大革命的動因之一，就包括了這樣一個判斷：絕大部分社會主義國家和共產黨已經變成了修正主義，因此，要通過文化大革命，保證中國不變修，就可以使中國成為所謂「世界革命」的可靠的根據地和國家共產主義運動的堡壘與中心；就毛澤東個人而言，就自然成為世界的領袖與導師，用當時流行的話來說，就是使全世界都成為「毛澤東思想的大學校」：這是毛澤東最終實現他的影響全世界人的思想的「大聖賢」的夢想的關鍵一步。

在這樣的指導思想培育出來的青年毛澤東主義者，自然就會有這樣的所謂「為人類絕大多數人的幸福而獻身」的理想和抱負，當時也確有許多紅衛兵奔赴所謂反帝第一線的越南、緬甸參加「世界革命」。但如上所說，他們的理想和抱負是建立在兩個前提下的：一是全世界人民都生活在「水深火熱」之中，急需自己去解放。應該說這是一個虛假的想像性命題，是長期與世界隔離的自我膨脹；另一方面又隱含着一個「輸出革命」的理念與妄想：這就決定了這樣的世界革命的抱負與理想的虛幻性與盲目性，以及本質上的反動性。但也必須承認，「為人類絕大多數人的幸福」這一理想本身是含有合理的因素的，儘管在文革的特定歷史條件下，它的具體內涵出現了迷誤，但它所賦予這一代人的世界眼光和胸懷，對他們以後的發展，還是具有積極意義的。而中國文化大革命本身也確實對世界發生了複雜的影響，更是需要作專門的具體的研究和討論的。

2. 決派面臨的分化，還有第二個方面，即造反派內部的分化。前引《宣言》中所說「要當官的就讓它爭席位去罷」，講的就是這樣的造反派的分化。這就涉及決派產生的第二個背景，即文化大革命發展到1967年初的奪權，建立所謂三結合的「革命委員會」，就已經陷入了權力鬥爭，各省都圍繞革委會的組成即「哪一派進入權力機構」來爭奪地方權力。到1968年中國共產黨第九次代表大會前後，上層也陷入了幾個利益集團(主要是林彪集團、江青集團，周恩來集團)爭奪最高權力的生死搏鬥。如果說，文革初期的造反還塗上了濃重的理想色彩，到了中後期就變成了赤裸裸的權力鬥爭。在這樣的形勢下，圍繞如何認識與對待文革所建立的新的權力機構革命委員會，造反派就發生了分化。大多數造反派對革委會這個「新生的革命政權」都持肯定、支持的態度，這不僅是因為建立革命委員會是毛澤東的戰略部署，更因為大家都希望進入革委會，以分享權力，並由此分裂成不同派別。但決派這樣的堅持獨立思考的少數造反派，以自己的革命理想來衡量、要求，就發現文革中建立的「革命委員會」只是一個「各派政治勢力組成的臨時權力機構」，並且是「直至今天仍在襲用的資產階級國家機器」，完全不是自己所期待的「嶄新的國家機器」。而且造反派一旦陷落進去「爭席位」，就有可能成為新的既得利益者，而事實上這樣的「文革新貴」已經出現。這是這些徹底的革命者最為警惕，絕不能接受的。於是，就有了對革命委員會的批判，以及「革命委員會這種由革命群眾自己創造出來的新事物，必將由革命群眾自己把它消滅掉」的新的革命任務的提出，並且斷言：「嶄新的國家機器誕生之日，是臨時權力機構被群眾運動推翻之時」，他們期待「通過臨時權力機構——革命委員會——的過渡」，建立一個巴黎公社式的新的國家機器，即「一個劃時代的產物——北京人民公社」。為此，決派提出要推動一場新的「無產階級政治革命」，並有這樣的闡釋：「十年來，中國社會形成了新的官僚資產階級」，「要徹底讓工人階級獲得解放，就必須號召無產階級革命派聯合起來推翻這個階級」，「在無產階級革命中，無產階級革命派要有戰鬥的，朝氣勃勃的革命政黨」。而在他們看來，中國共產黨正面臨變質的危險，因此，「在革命的關鍵時刻，中國和世界各國都面臨着重新改造、重新組織黨的隊伍的嚴重任務」，而「無產階級左翼隊伍，將是整頓後的中國共產黨的基本隊伍。隨着這樣一支隊伍的形成，中國革命和世界革命才有可能獲得最後勝利」。這就意味着他們準備建立以自己為核心的新的政黨，還有新的軍隊。在這一點上，決派與省無聯派是完全一致的：他們都成了研究者所說的「不同政見」的政治反對派，[24] 對文革既定秩序形成巨大挑戰，自然為統治者絕對不容。於是，就有了1969年9月27日中共中央《關於武漢北、決、揚的指示》，宣佈其為「妄圖推翻無產階級專政和社會主義制度，破壞無產階級文化大革命，搞反革命復辟」的「反革命地下組織」，「必須堅決取締」。[25] 其主要負責人魯禮安等人也因此被捕入獄。

3. 決派的文化大革命觀，還有一個重要方面，即是對「農民運動」的重視與期待：「中國最大的戰爭，無疑是農民戰爭。中國最大的運動，無不是農民的運動。震撼世界的我國無產階級文化大革命運動倘離開了五億農民，豈非大半成了廢

24　宋永毅等：《文化大革命和它的異端思潮》，第387頁。

25　轉引自《文化大革命和它的異端思潮》，第335頁。

話？」「從學生運動，發展為工人運動，最後走向波瀾壯闊的農民運動，我國現代史上的這一規律，畢竟全部地在我們面前展開了」。這顯然受到了毛澤東「以農村為革命根據地」的思想的影響。

但是這批決心與工農相結合的知識青年中的激進者，他們對農村的認識，卻從一開始就發生了錯位。他們在宣言中宣佈自己的目標是：「清洗中國農村中幾千年堆積起來的垃圾贓物，在我國農村大樹特樹起毛主席和毛澤東思想的絕對權威」，並積極支持農民造反組織「浠水縣巴河區第一司令部」的「新農村」的社會實踐，寫有《浠水農民運動考察報告》。其具體做法是「小隊並大隊，實行三集中：耕牛集中，牲畜集中，匠人集中」，「辦合作社，搞綜合廠」，「拆除原有房屋，集中地蓋起平房，便於管理，便於生產」，「造成一個五八年似的大革命的高潮」，這幾乎是要重複剝奪農民的「左」的錯誤，是嚴重脫離農民要求的。

但是，無論如何，對農村問題的關注，卻是顯示了一種歷史發展的趨向的。事實上，在以後的七十年代，隨着知識青年的上山下鄉，這些「當代革命者」終於走向了中國的大地，到八十年代中國的改革從農村開始，在這裏已經透露出了消息。

4. 決派也同時表現出某些局限，主要有兩個方面。

(1)提出「無產階級文化大革命中各種派別的分析」，明確提出各種派別，各種派性，其實都是代表着不同集團，不同階層的利益、觀點和要求，進而分析保守派是「某種利益集團」，「安於已有制度，不願意改變這種制度」，「總認為無產階級革命派打亂現有秩序的目的是想復辟以前那種勞動人民陷於饑寒交迫的舊秩序，而不是爭取一個更美好的新秩序」。這些分析對今天認識文化大革命仍有一定意義。

但他們由此提出的主張卻使自己陷入無休止的內鬥之中。如「保守派是歷史發展的阻力，必須徹底瓦解、壓垮、吃掉保守組織」，必須「反對右傾機會主義」，中派(主要指造反派中的溫和派)「目前他們成了革命事業最重要的危險，在今後很長一段時期內，和他們的鬥爭成了革命的中心任務」。以中間派為主要打擊對象，這本來是斯大林的主張，如今在中國文化大革命中由這些自命的左派再度提出，是耐人尋味的。

(2)強調「武裝奪取政權」，鼓吹「國內戰爭」，不僅不可能實現，在現實的文革政治中，必然對已經越演越烈的武鬥起到了推波助瀾的作用。

9　清華大學造反派分化和「四一四思潮」

《周泉纓談話紀要》(周泉纓)(1968年)
《四·一四思潮必勝——給河南造總一戰友的一封信》(四一四東方紅戰團一戰士即周泉纓)(1967年8月3日)
《無產階級大奪權萬歲》(蒯大富)(1967年)
《權術三十六條》(蒯大富)(1967年)[26]

前文談到的造反派分化，在1967年春已出現，主要是分化為「激進派」和「溫和派」兩大派別，這是一個全國性的現象。據説河南「二七公社」、長沙「湘江風雷」、哈爾濱「炮轟派」、成都「八二六」、重慶「反到底」、武漢「工造總」及「三鋼」、貴州「四一一」等都屬激進派；河南「河造

26　本節討論的文本：《和周泉纓談話紀要》、《四一四思潮必勝》，收《文化大革命和它的異端思潮》。《無產階級大奪權萬歲》、《權術三十六條》，收《邊緣記錄：〈天涯〉民間語文精品》，總題為《蒯大富權術三十六條》。南海出版公司，1999 年。

總」、長沙「高司」、哈爾濱「山上派」、成都「紅成」、重慶「八一五」等則屬於溫和派。清華大學在1967年5月造反派的政治分歧導致組織分裂，形成激進的「團派」與溫和的「四一四派」，在全國是有一定代表性的。

1. 清華大學兩大派論戰雙方的文章的中心詞，在我看來，都是「權力」問題。這是《四．一四思潮必勝》中的關鍵字：「一切的一切，為的是掌握政權，鞏固政權」，而蒯大富的《無產階級大奪權萬歲》裏則說得更加明確：「一切革命家，他的全部活動只有一個目的，就是為他本階級奪權」，「政權是中心，政權是根本 ，政權是方向，政權是命根子，一句話，政權第一。如果誰不明白這一點，那他就是十足的馬大哈，或者是不可救藥的糊塗蟲」，「階級鬥爭說到底就是奪權鬥爭。因此人們經常用『奪印』來形象地表達階級鬥爭」。

而且他們雙方都毫不猶豫地宣佈，必須由自己的派別來掌握政權，以自己為「核心」。已經掌握了權力的蒯大富的團派，自不消說；還屬於在野的四．一四也說得理直氣壯：「無產階級革命派要從一小撮走資派手中把權奪過來。並且穩固這個權，就必須以四．一四這樣一支真正的最符合毛澤東思想的革命派為核心」，「成為政權的穩固基礎的，成為大聯合的核心的，只能是四．一四派」，「統一戰線的領導權必須掌握在符合毛澤東思想，符合無產階級長遠利益的革命派手中，四．一四當仁不讓地應當擔負起這個歷史任務」。

可以很明顯地看出，當代革命者的理想主義、浪漫主義已逐漸退去，而變成了現實的政治鬥爭，為現實的利益驅動而進行的鬥爭。

2. 四．一四派將自己掌權的合法性建立在什麼基礎上呢？宣言也直言不諱：「從組織上看，四．一四派的隊伍是比較整齊的。造反派大多數的工農兵基本群眾和勞動人民家庭出身的知識分子，以及大多數的黨團員和幹部，都是鐵桿的四·一四派。而團派的隊伍是稱不得整齊的，還經常攙雜着走資派，特別是沒有改造好的地富反壞右以及代表他們的知識分子」——這正是老紅衛兵的血統論、出身論的復活。

因此，再一次提出了「打天下」和「坐天下」的問題。

從表面上看，四·一四派主張的是「打天下的人不能坐天下」，但他們所指「打天下者」指的是文革中的造反派，他們提出這樣的質問：「造反不造反，究竟是不是革命、不革命的標準？」他們的結論是：「造反派不能坐天下」。因此，他們的主張的實質還是「共產黨打天下坐天下」，與老紅衛兵是同一個論調。

於是他們提出了「階級關係基本不變論」：「無產階級文化大革命是在無產階級專政條件下的大革命」，「我們的國家是無產階級專政的國家，從根本上說，當權的還是無產階級，中華人民共和國十七年來以毛主席為代表的無產階級革命路線是佔統治地位的」，走資派「他們在黨內政權機構中未佔統治地位，他們也未形成新的資產階級，特權階層」，「十七年來我國的階級陣線基本是穩定的，經濟基礎基本上是共產主義化的」，「十七年掌權的是工農兵，還是工農兵，十七年受壓迫的資產階級，地、富、反、壞、右，還是資產階級，地、富、反、壞、右」。——這就十分清楚地表明，他們要維護的是「十七年」的統治秩序，特別是1957年以後完善和強化的一黨專政的「五七體制」，這就從根本上否定了文化大革命的前提。

於是就有了對「財產與權力再分配」論的質疑與批判：「在無產階級專政的條件下，什麼人沒有權力和財產呢？什麼人對此具有激烈的要求呢？只能是被推翻的剝削階級，只能是已經失去了生產資料的資產階級，以及被取消了政治地位的地、富、反、壞、右。這樣的『再分配』乾脆改名為反動階級的『反奪權』，不是更能説明問題嗎？」——這就真正回到「不許右派翻天」那樣的「反右」邏輯上去了。

因此，四．一四提出的下列宣言是不可忽視的：「我們必須有革命的魄力和鐵的手腕」，「在奪取勝利後，穩定混亂狀況，用鐵的手腕打擊那些在大革命中『露頭角』的壞分子」。這就明白地宣佈了：恢復十七年的舊秩序，穩定舊秩序，就必須以血的鎮壓為基礎，實行鐵腕統治。——可以説，呼喚以恢復十七年體制為目的的新的鐵腕，以「穩定」一黨專政的統治秩序，這就是所謂「四．一四思潮」的實質。鄧小平在七十年代復出以後，所推行的「整頓」，在某種程度上正是對這樣的呼喚的一個回應。在這個意義上，四．一四思潮又是為鄧小平這樣的鐵腕人物在文革中被打倒以後重登中國政治舞台，作了思想和輿論的準備的。有意思的是，鄧小平在八十年代以後真正執掌了中國政權，其所推行的路線中，這樣的以「革命的魄力和鐵的手腕」來維護一黨專政的思路依然佔據了主導地位。而且這樣的統治思路，是一直影響到鄧小平之後的執政者的。當年四．一四派中的一些骨幹以後成為鄧時代以及鄧以後時代的掌權者，並不是偶然的。事實上，「四．一四」思潮在中國，最終確實「勝利」了，當年這一思潮的理論家宣佈「四．一四必勝」，並非虛言狂語，原因就在於，他們所代表的「十七年既得利益集團」在中國共產黨中始終是佔有主導地位的。

3. 但在1967、1968年的中國的具體歷史情境下，四．一四思潮也還是有其合理的方面，因而也是有相當的群眾基礎的。這主要是兩個方面。一是對中央文革(其後台是毛澤東)所推行的極左路線，其所代表的文革新貴的批判，二是提出了「休整，鞏固，妥協」的政策和「解放大多數」的政策，提醒陷於狂熱中的激進主義者：「事情的過程必須是波浪形的，有高潮，有低潮，有峰有谷——不能老是向前進啊」，「突變和衝擊很必要，但不能老突變，老衝擊」，這正是符合文革後期的人心、民心的。這就是研究者所分析的：「第一，1967年『一月奪權』以後造反派的迅速為權力所侵蝕與腐化，使他們(指參與運動的普通群眾)中相當一部分人對此相當失望；第二，毛澤東及其追隨者們在中央的殘酷權力鬥爭越來越使青年人看清楚政治鬥爭的黑暗；第三，文革引起的群眾運動和群眾鬥爭的無序性與無規則性使人們甚至覺得還是文革前的舊秩序更為安定。無疑，四·一四代表了一種舊秩序復辟思潮，而這一思潮的產生，卻是以反復辟為己任的文化大革命群眾運動的直接後果，這真是莫大的歷史諷刺」。[27]

4. 儘管四·一四思潮實質上是反映了十七年既得利益集團的利益和要求的，但這並不妨礙他的成員，甚至主要成員也是一個「當代革命者」。如四·一四的主要理論家周泉纓就明確表示：「對小人物不要蔑視，對大人物不要迷信，這是我的一貫法則」，「我們能夠修正自己在前進道路上的錯誤，在困難和挫折面前，我們決不動搖，決不消沉，決不頹喪。我們更要千百倍地振奮，更加猛烈，更加巧妙地實現我們的政治主張」。

有意思的是，正是這個周泉纓，後來思想發生了轉變，這是發生在他被捕又下放農村以後——

「在我們國家最基層縣城農村，我繼續通過實際生活來反思文革。通過大量調查研究，我發現共產黨的幹部隊伍和組織機構與經濟建設是相悖的」，「幹部抓生產原則上都外行領導

27 宋永毅等：《清華四一四思潮：河歸舊道十七年》，《文化大革命和它的異端思潮》，第370頁。

內行，不但沒有科學可言，而且不是浮誇就是腐敗。幹部只從意識形態方面向黨內的上層負責，因此手中的生產管理權力沒有任何實在的約束，很容易轉化為特權，或者在物質上大搞特殊化，或者是打着階級鬥爭的旗號，不擇手段地排斥異己和迫害群眾」，「這些殘酷的現實使我非常痛苦，我在成安(一個地方小縣城)的十多年中經常想，歷史發展的趨勢似乎在證明蒯大富對共產黨的總估計是正確的，而我們四派似乎估計得過分樂觀。看來基層的情況證明，對共產黨來說，要不變質只有一個辦法，就是讓老百姓不斷造反，不斷搞大翻個兒，即不斷地改朝換代，否則共產黨要不變質是難上加難」。——這樣，周泉纓又回到蒯大富所信奉的毛澤東的「財產和權力再分配」的理論與實踐那裏。

周泉纓之所以有這樣的轉變，據他自己介紹，是因為他從小的心靈裏就從外婆那裏埋下了「造反有理」的種子：「我從感情上壓根兒對當官的一見老百姓對他當官資格發生懷疑，就要把老百姓打成反革命很反感；同時對一面高喊為人民服務，一方面又千方百計讓人民當他的馴服工具的理論更反感」。周泉纓這樣描述自己這樣的文革「革命者」：「我在文革中的全部政治方面的言論和行動，歸根到底，也就是來源於這顆『造反有理』的種子。用文革的語言講，我當時認為『只有解放全人類，才能最後解放自己』的信條，才是文革『造反有理』的理論的唯一正確的解釋」，「我認為任何人只要鎮壓老百姓，不管他以前多紅，他那時就是黑的；他若不向老百姓認罪並將功補過，那麼紅的也可以變黑」。正是這「永遠不去欺壓老百姓」這一信念，成為周泉纓這樣的「青年的人生最重要的理性起點」，這也是周泉纓和「當代革命者」根本相通之處。[28]

28　周泉纓：《我心中的文革》(1999 年 1 月 10 日)，網上刊物《華夏文摘》增

5. 還需要討論的是蒯大富的悲劇。

蒯大富是來自社會底層的，他的造反無疑是要為社會底層爭取自己的權利，但在奪權勝利，自己也掌握了權力以後，他卻落入了權力崇拜，或者說落入了一個「沒有革命的革命」所依然保留了的舊體制的大染缸裏，不能自拔，使自己事實上成為了一個新的統治者。看看他的「權勢三十條」的某些條目——「得到政權後就得運用，而且不容得稍稍猶豫，正是『一朝權在手，便把令來行』」；

「無產階級對待資產階級必須選擇在適當時間給以毀滅性打擊，能現在消滅的就不要等將來。在政治上只有頭腦而沒有良心，菩薩心腸在階級鬥爭中站不住腳」。

無獨有偶，一位也是在文化大革命中掌握了一方大權的農民政治家王保生也有如下「掌權經」——

「1. 要爭(針)鋒相對；

2. 要爭主動權，要奪主動權，不要打被動仗；

(1)要有對敵鬥爭的勇氣，志氣，手段；

(2)要學會製造輿論；

(3)要敢於用權。你敢於用權，人家才服權，你不敢用權，人家當然不服權；

(4)矛盾是前進的動力，困難是前進的台階，鬥爭是前進的加油站；

(5)當幹部要當秦始皇，要高度集權，這是符合黨的民主集中制的；

(6)黨支部要成為幹社會主義、想共產主義，帶領農民向共產主義邁進的戰鬥指揮部；

刊「文革博物館通訊」第 55 期。

(7)加強意識形態領域的鬥爭。」[29]

這是一個又一個的「小毛澤東」，中國傳統的帝王、權勢家的現代版本。結果就如周泉纓所說，「文革依靠大民主的無產階級專政理論培養和扶植起來的新幹部階層比依靠槍桿子的無產階級專政理論，在戰場上篩選出來的老幹部階層，在抗拒特殊化和吸取代表社會生產力進步力量等方面的能力都大為減弱，相反，在搞階級鬥爭惡性內耗方面的能力則反而增強。而這種一代不如一代的現象，在體制上根本找不出自我調整的可能性」，以至「老百姓從實際和理論兩個方面都看不到文革的結局比文革前有什麼更好的地方」。[30] 這也是「四·一四必勝」的一個原因。

這裏最根本的原因，就是前文所說的，文化大革命儘管口號極端激烈，實際是一場「沒有革命的革命」，它始終堅持的，如周泉纓所分析，是「無產階級專政」和「計劃經濟」，還應加上「意識形態的控制」，實際上就是黨在政治、經濟、思想文化上的全面壟斷權。其實在文化大革命一開始，毛澤東就已經給自己規定了一個基本任務，就是要實行「無產階級的全面專政」。因而雖然毛澤東同樣有種種激進的設想，但卻是在一黨專政這樣的大系統內進行的調整。而事實證明，「在任何系統內，通過自我調整內在結構去適應環境的變化的能力是有限的。這種自我調整的限度一旦暴露出來，就意味着這種系統已經行將滅亡」，「文革的偉大功績在於它以極高的歷史的加速度，使無產階級專政理論和計劃經濟體制，在全球範圍內迅速地完成了自己的歷史使命。換言之，文革是一種歷史的瘋狂，它以瘋狂的高速度結束了七十年來人類烏托邦大實驗」。

29 轉引自盧躍剛：《大國寡民》，第 291 頁，中國電影出版社，1998 年。

30 周泉纓：《我心中的文革》。

但是，也不能認為，經過文革一切就自然走到了盡頭。正如周泉纓所說，「文革發動極快，並且全國長期處於大亂之中而不崩潰，更說明共產黨當時還是很有生機的。最令世界上所有的執政者驚訝的是，龐大的中國共產黨無論如何震盪或甚至不滿，始終圍繞着毛澤東的無產階級專政理論權威在旋轉，整個中國社會始終沒有出現任何能與共產黨相抗衡的政治力量」。[31]

6. 文革思潮，以及毛澤東，對於這一代青年反叛者的消極的負面的影響，精神烙印，是不可忽視的。

我們在文革中的紅衛兵那裏發現了天使與魔鬼的並存與轉換；現在我們又在掌了權的造反派這裏發現了天使向惡魔的轉換：這正是文革真正的黑暗面，它在極端的革命旗號下，將人性中的惡毫無顧忌和變本加厲地釋放出來。

我正在讀的《紅與黑——牟其中為什麼毀滅》，也提供了一個個案：文革和毛澤東對造反者的精神傷害，怎樣訓練出了一代「奸雄」。這裏姑且抄錄一些分析——

「奸雄有一個大的特色，就是永不洩氣，戰鬥個沒完。他不論多麼失敗，都絕不做失敗主義者，不論處境多糟，但絕不灰心，絕不意懶，絕不懷憂喪志，絕不『不來了』」，「但從有韌性，有鬥志，有毅力的觀點看，奸雄的成功，其實也全非作惡，在性格上，的確有着堅忍不拔，越挫越奮的成功條件」(李敖：《為黑吃黑舉一個例》)

「牟其中那代人沐浴了五十年代新中國的朝氣蓬勃和風雲變幻，經歷了六七十年代的巨大政治動盪，可以說是血管裏都烙上了政治參與意識和毛澤東的烙印。即使在後來否定毛澤東的錯誤時，那偉岸的政治英雄形象仍在靈魂深處不斷鼓動那些

31　周泉纓：《我心中的文革》。

有雄心有抱負的中國男人」。

牟其中的《南德視界》裏的「名言」：「假話不可以說，大話不能不說。大話還說得不夠。從普通人的智力而言很難區分假話與大話的區別，但在領袖級的人物是能夠把握好二者之間的分寸的」。

「荒誕滑稽和認真莊嚴，經濟上的貧困與政治上的高遠，現實的無奈和語言的磅礴，巧妙地糅合在一起了。」

「牟其中的流氓習性似乎可以從他所敬慕的劉邦、朱元璋等身上找到源頭。中國傳統文化崇尚『勝者為王，敗者為寇』，這種主流文化意識在每一個朝代都造就了一批不擇手段，不講道義，只求成功的黑心流氓英雄，這種崇尚流氓英雄的意識至今在中國社會還有市場」。[32]

「從1967年夏季開始，社會底層的武術團體，甚至流氓幫夥，逐漸成為各派拉攏的對象。這些人將自己的語言、習氣逐漸帶入文革社會，特別是這些流氓與某些紅衛兵在草莽蠻橫自負方面很快接近起來，形成了深刻影響文革的痞子文化氣質」，「顯示了文革與痞子社會深層關聯的一面」，「至今仍影響着中國社會各個階層」。[33]

以上諸點：政治激情，野心，謀略，政治想像力……，所造成的人的政治化；大話，假話；流氓氣，帝王氣……等等，都無不與文革的薰陶有關，對文革中成長起來的這一代人的精神氣質的影響應予高度重視，特別是他們中許多人正在掌握着當下中國的政治、經濟、思想、文化權力。

32 吳戈：《紅與黑——牟其中為什麼毀滅》，經濟管理出版社，1999 年。

33 尤西林：《文革境況片斷》，徐友漁主編：《1966：我們那一代的回憶》，第 11–12 頁，中國文聯出版公司，1998 年。

(10)上海新思潮

《反復辟學會創立宣言》(草案)(反復辟學會)(1967年8月5日)

《中串會：一切為了九大》(「中串會」紅衛兵毛兵)(1968年)[34]

我們在關注北京、長沙、武漢等地的新思潮時，不可忽略「上海新思潮」。這裏討論的兩篇都是其代表作。

上海新思潮的出現，有一個大背景，即1967年1月28日和1968年4月12日，上海地區造反派紅衛兵掀起過兩次大規模地炮打當時的中央文革小組副組長、上海市革命委員會主任張春橋的熱潮。結果都遭到了殘酷鎮壓。如研究者所說，「迫害造成思考，思考產生異端」。於是就出現了「反復辟學會」與「中串會」(「中學運動串連會」)這樣的組織。「反復辟學會」由原來復旦大學紅三司炮打張春橋核心戰鬥組「反復辟」的學生骨幹陳琦惠、胡安寧等組成；「中串連」是毛兵、紅鷗、楊志東、魏威等中學運動中的炮打積極分子組成，他們辦了一份影印版的《紅衛戰報》，《一切為了九大》就是在上面發表的，立即遭到了張春橋、徐景賢等的嚴厲批判。[35]

1. 讀二文最強烈的印象是「世界中心主義」，關鍵字變成了「世界革命」和「中國革命」。這也是文革思潮中值得注意的一個問題：

「全世界進入了以毛澤東思想為偉大旗幟的新時代」。

34　本節討論的兩個文本，均收《文化大革命和它的異端思潮》。

35　宋永毅等：《上海新思潮：在炮打張春橋的背後》，《文化大革命和它的異端思潮》，第417–421頁。

「我們的時代是以中國為代表的革命營壘和以美帝蘇修為代表的反動營壘短兵相接的時代」。

「現在的中國是世界矛盾的焦點，是世界革命風暴的中心，是世界上起決定作用的國家」。

「(中國)是帝國主義走向全面崩潰，社會主義走向全世界勝利時代的偉大的世界無產階級革命的明燈，它將永遠成為放射毛澤東思想燦爛光輝的革命聖地」。

「如何學習—運用—傳播毛澤東思想？——這是世界人民的根本利益所在。」

「以鮮血和生命保衛毛澤東思想的故鄉——中國，是高於一切，重於一切，壓倒一切的戰鬥任務」。

「東方巨人——紅色中國擔任共產主義運動的主角。偉大導師毛主席是駕馭整個歷史進程的最高統帥」，中國是「世界革命根據地」，「世界是我們的」。

「關鍵的中國，起着舉足輕重的作用」。

——這裏包含着的是雙重狂熱：世界革命的狂熱和中國中心的狂熱。前者具有烏托邦色彩，後者實際上是一種狂熱的民族主義情緒。在這一點上，與二十世紀末關於「二十一世紀是中國的世紀」的狂想其實是前後呼應的。狂熱的民族主義是中國的痼疾頑症，是隨時都會因不同緣由以不同形式表現出來，是應該時刻警惕的。這也揭示了文化大革命的另一面：它實際是根植於狂熱的民族主義情緒之中的。它的反帝、反修情結，很值得作進一步研究。

2. 從總體上説，這些文章依然在毛澤東的「無產階級專政條件下繼續革命」的理論的籠罩下，但仍包含了若干叛逆的因素——

「要求每一個成員充分發揮革命的積極性和主動性，深刻意識到自己是『革命的主體』——把無產階級文化大革命進行到底」。

「(應該)善於運用毛澤東思想的立場、觀點和方法，善於運用毛主席關於無產階級專政條件下進行大革命的學説，一邊搞運動，一邊搞理論，在毛澤東思想指引下，作出合乎中國革命和世界革命需要的理論性創造，才是理論和實踐結合的根本意義所在。」

「尤其歡迎加着狂妄稱號的『狂妄人』參加。他們應當是無限熱愛我們偉大導師、偉大領袖、偉大統帥、偉大舵手毛主席的，無限忠於無產階級革命路線的，充滿着鬥爭精神和犧牲精神的，具有衝天革命幹勁和相當研究能力的」。

——這裏充滿了矛盾：一方面仍然受制於毛澤東思想，並且實際上處於被利用的地位，只要看他們同時把矛頭指向比自身更為激進的「反復辟學會」即可知。但另一方面卻要求自己的主體性與主動創造性，其中真正獨立思考者，最終必然走出毛的陰影。這就是他們要被視為「逆流」而遭迫害的原因。

《一切為了九大》的理論基礎仍然是「中國社會變動，階級變動」論，但由此出發，卻提出了「奪黨權」的任務，從而對一黨專政的統治提出了挑戰，構成了威脅——

「我們應當很好地分析階級關係的變化，徹底摧毀小資產階級革命派的階級隊伍上的理論基礎，為我們奪好黨權，迎接九大作好輿論準備」。

「從根本上結束資產階級知識分子底統治。——集中砸爛舊的國家機器，砸爛走資派的舊班底」。

「被走資派所發現和組織的十七年來的『左派隊伍』，並非完全是真的——其中有一些是右派，為數眾多的是中間派」。

「毛主席也發現和組織了一批左派隊伍，這就是在大風浪中湧現出來的新生骨幹力量」。

「非黨員要比黨員好，非幹部會比幹部好。走資派排斥了大量優秀的革命分子，越是基層，越是黑線影響小的同志，比較接近生活，比較尊重客觀，尊重真理，也就比較能接受毛澤東思想」。

「教育界的走資派在1957年反右鬥爭以後，在青年幹部中物色對象，其中有的成了修正主義的苗子，有的成了新資產階級分子——(他們)是走資派的極重要的工具」。

——毛澤東發動文化大革命，是有一個線的，就是要維護和加強一黨專政。這裏儘管沒有提出突破一黨專政的問題，卻提出要「奪黨權」，即根本上打亂並改造共產黨特別是在1957年反右以後所組織起的階級隊伍，不但根本觸犯了「五七體制」下的既得利益集團的利益，而且也過了毛澤東的線。

3.《一切為了九大》同時還批判了「造反派只能打天下，不能坐天下」，「真正掌權的還得靠十七年來的真正的革命派，真正的老左派」的觀點，以及「以知識分子為主要革命對象」，「專門喜歡揪鬥地富反壞右以及具有資產階級世界觀的一般知識分子」的傾向。

——這大概是能反映上海地區的激進派與保守派的分歧的，這又和他們在十七年，特別是「五七體制」中所處的不同地位，不同利益直接相關，又是和幾乎同時發生在清華大學的團派與四·一四派的論爭相互呼應的。

同時在上海出現的，還有所謂的「胡守鈞反革命集團」，他們中的主要骨幹都是復旦大學炮打張春橋司令部的成員，他們在遭到鎮壓以後，又以讀書會的形式，開展對「文化大革命的意義」、「政治鬥爭的黑暗」等問題的討論，認為「文化大革命實質是一場權力鬥爭」，「紅衛兵是被毛主席及中央文革小組利用的工具」。他們私下傳閱的《第三帝國的興亡》、《斯大林時代》等書更使他們意識到文化大革命對「中國國家體制進一步法西斯化」的作用，並開始對西方民主體制有所好感：這都反映了文革中的一部分紅衛兵的某種發展趨向。[36]

(十一)農村青年思想者的思考和呼聲

《上毛澤東萬言書》(蕭瑞怡)(1968年5月–6月)

《提交中共中央的對社會的認識》(權佳果)(1967年10月–1968年1月31日)[37]

我們在考察1967、1968年間的民間思考時不能忽視鄉村知識分子中的一些思想者。人們似乎對我們這裏討論的兩篇上書的意義認識不足。二文在文革民間思潮中的特殊地位，在於它真實地反映了中國農民的呼聲，和中國普通老百姓對於文革的感受與他們的要求。

應該說，文革中的一部分激進派，如前面所談及的「省無聯」與「北，決，揚」都在不同程度上注意到農民問題。但他們基本上都是從毛澤東的農民問題觀出發的，他們所要求的，實際上是按毛的思想去改造農村，這突出地表現在前述《浠水農民運動考察報告》裏。事實上毛澤東改造農村的烏托邦計劃是脱離了中國農村實際，違背了農民的要求和願望的。

36 宋永毅等：《上海新思潮：在炮打張春橋的背後》，《文化大革命和它的異端思潮》，第419頁。

37 本節討論的蕭瑞怡的《上毛澤東萬言書》，收《位卑未敢忘憂國：文化大革命上書集》，權佳果的《提交中共中央的對社會的認識》，摘引自印紅標：《失蹤者的足跡：文化大革命期間的青年思潮》，第319–326頁。

而農民由於自身缺乏文化，很少能發出自己的聲音。我們現在所能看到，並且彌足珍貴的，是1962年5月10日陝西盧縣的三位農民的《當前形勢懷感》，其中心就是代表農民提出了自由的要求，用該文的語言就是要求「放鬆」對農民，對國民經濟的控制。他們提出了四大要求：要求「恢復單幹」，給農民以自願選擇土地制度的自由；要求「自由貿易」；要求「中小型工商業的自由生產」；要求「百分之百的不折不扣的民主」：總之，要求「退」到「新民主主義」階段去。但這樣的要求，卻被毛澤東判定為「一個明目張膽的，比較系統的，要求資本主義復辟的反動綱領」而橫遭批判，執筆者楊偉名因此在文革中受迫害致死。

文革中對所謂劉少奇的「三自一包」、「四大自由」的批判(其實這也是橫加給劉少奇的罪名，劉的思想和毛在本質上並無區別)，反而使一些農民自覺地意識到自己的利益所在，以至在福建竟出現了一個「中國共產黨幸福委員會中央軍事委員會66027司令部」，聲稱由劉少奇直接領導，秘密串聯，成員竟達290多人之多，其主要綱領就是「起來爭自由爭幸福」，「堅決打消一切不合理的制度，反對統購統銷」，「擁護交公糧，擁護三自一包，四大自由」。——這是以中國農民傳統的秘密結社的形式，又在中國的現實條件下，打着「中國共產黨」的旗號，利用黨內鬥爭，以「劉少奇」的名義，來表達農民自己的願望與要求。

蕭瑞怡文革中是湖南新化中學高49班的學生，出身在一個貧農家庭。萬言書寫在畢業後留校「復課鬧革命」期間。作為一個農村知識分子，一個有高中畢業文化程度的農村青年，則把農民的這種意志和要求，表達得更為全面，也更科學、系統。他的《上書》寫於1968年5月–6月，離寫於1962年5月10日的陝西農民的《當前形勢懷感》，正好相距六年。

在這封《上書》裏，蕭瑞怡更加明確地提出「酷愛自由是人的本性」，更充分地表達了農民、普通人的自由要求：

1. 要求「獨立自由地生產」，反對「將農民當作農奴一樣鉗制在集體」，把人民公社的「集體生產制度」視為「束縛自由的桎梏」，要求從根本上改變現行土地制度，實行「借田借土的土地制度」，實行「包產到戶」，即土地國有，農民充分享有耕種之權，以「解放勞動力」，進而解放生產力。

蕭瑞怡還由此展開了對「空想社會主義和貧困的社會主義」的批判，認為「不能單提倡主義而丟掉了真理，不能單考慮平等而置生產力性質而不顧」，他也同樣提出了類似楊偉名的主張：「退是為了進」。

2. 反對「人為的階級鬥爭」，主張建立一個「大仁大義的制度」，反對「隨便做什麼事總要將成份放在前面考慮」。

3. 明確提出「廢除個人崇拜活動，解放人民思想」，反對將「思想束縛在牢籠中」，反對實行「個人獨裁，兩口子獨裁，小集團獨裁」，指出「一個觀點，一個框框，人民的思想被禁錮得鐵緊，這就是當今思想界的實況」，強調「任何人不會是真理的化身，任何思想也不會是真理的終點」。

4. 提出「法要嚴，刑要嚴」的主張，指出「社會災難，激起一些志士憤懣，因而成立想反政府的組織或集團，是不能對這些人也要誅掉的」，這「是社會造成的，是(黨的)方針、政策有錯，應由執政者負責向人民深刻提出檢討，該判罪就要判罪，並同樣要予以重刑」。——這裏實際上已經提出要求成立反政府的組織或集團的自由，執政者必須受到法律制約，違法也應受懲的思想。

可以說，蕭瑞怡的《上書》，全面地提出了經濟自由，政治自由與思想自由的要求，這在當時是不多見的。

此外，《上書》提出的「實行幹部參加勞動的制度」，雖然並沒有超出毛澤東思想的範圍，但其自有明確的指向，即反對「幹部自認高人一等，把自己當作官老爺，吸人民膏血以肥己」，這與同時期反特權的思潮是一致的。

《上書》關於「實行革命的軍國主義」的建議，則反映了作者的民族主義情緒，這在民間青年中是十分強烈的。建議「發展工業，包括國防工業，發展科學技術，獎勵科學家的發明創造，使我國迅速強大起來」，這也是反映了已經厭倦於「革命」的普通百姓的要求的。

作者說：「引起我最反感的，也是點燃我思想之火的，就是語錄操。……我好似五臟來血，氣得真想拔劍斬地：難道我們都是奴才不成？……我歎息毛主席主觀、武斷、個人專制、忠奸不分」：這也是反映了當時普通人的文革感受的。

作者在《我的上書回憶》裏談到他的思想發展歷程，值得注意。他的「做一個社會改革家」的志向，「一個人確立了理想，就必然會為之去奮鬥」的精神，在文革中都有一定代表性，他和城裏的某些紅衛兵、造反派一樣，都是「當代革命者」。

權佳果出生於陝西蒲城縣農村，1962年小學畢業讀了七個星期的初中，就因缺糧短錢而輟學回家務農。文革中是一個普通農民，但他一直保持讀書的習慣，到1967年已經讀遍了縣文化館收藏的馬恩列斯的著作，以他對馬克思主義的理解，對照在社會底層觀察到的社會現實，認定黨的領導人在一些問題的認識和執行上犯有錯誤，於是，就決定寫出一份「提交中共中央」的文章，以表達自己「對社會的認識」。主要有四個方面。

1. 質疑與批判「唯階級觀點」。他認為共產革命不是階級鬥爭，而是把生產關係由私有制變成公有制。他質問：「現在人們對於生產資料基本上處於相同的地位，基本上都是憑勞動力吃飯，究竟憑什麼如何剝削着誰呢？誰是剝削者，誰是勞動者呢？階級存在的社會條件究竟在哪兒呢？」他進一步追問，今天依然按照解放前的狀況劃分階級依據何在？「憑什麼能認為解放前的生產關係、生產方式與今日的生產關係、生產方式一模一樣呢？在這樣的情形下分階級，真是一場滑稽戲」。根據這樣的階級劃分，實行階級路線，就是人為的將人們劃分等級，而且是世襲社會等級，一切都要看家庭出身。他反問道：貧下中農確實翻着身，但是「共產革命就僅僅是被壓迫者翻身對壓迫者實行鎮壓嗎？這就是共產社會嗎？這就是人類幸福嗎？」結論不能不是：「中國共產黨今日實行的階級路線，乃是一個完全錯誤的路線」。

問題更在於，從「唯階級論」出發，就以通過無休止的階級鬥爭，以鞏固政權為唯一任務，而忽略、放棄了發展社會生產力。權佳果有針對性的指出：「在最初奪得政權的時期，鞏固政權便在我們的日常生活中佔主要的位置。政權愈鞏固，我們便愈應把力量集中到組織生產與生活上來。現在正是主要工作方針實行這個轉變的時候。可是我們黨還是在僅僅高喊着鞏固政權」。

2. 關於社會的分配與管理。

權佳果不滿專業技術人員和幹部明顯高於工農的工資，認為這是人為地造成體力勞動與腦力勞動的對立，是「聰明人對粗笨人實行公開的剝削」。他對幹部的高工資尤其不能理解：「幹部的生活水平一般地高於普通群眾。在幹部之中，則是級別愈高，生活水平愈高，也就是官愈大，錢愈多」。「幹部過這樣的生活究竟憑什麼呢？憑昔日之功吧，共產革命不是論功行賞。憑今日之勞吧，並未見得比群眾作更勞累的工作」。

「幹部的高工資比科學技術人員的高工資更沒有道理。這只是造成了生活的不平衡，這只是實行着私有社會的原則，只是製造貧富對立，只是在經濟上也將人分作等級」。

他對林彪大力鼓吹的「政治思想工作第一，促進人的思想化」，「破私立公」等等，也提出質疑：要求農民「不要為個人，不要爭工分」，喊起來容易，可是不讓人們為自己的生活想辦法，誰來安排他們生活呢？「存在決定意識，社會產生思想」，不「改造社會生產生活方式」、「社會環境」，「改造思想」是不可能的。

3. 關於文化大革命。

在權佳果的眼裏，文化大革命的作用，在「揭破了政治家們歷來迷惑群眾的一些謊言，即民主，群眾路線，各級政府的權力屬於人民之類。他們現在自己承認了，各種工作的各項政策完全是由我們的幹部老爺的意志決定的。我們生活和工作中的一切都是由我們的幹部老爺來擺佈的」。但即便如此，權佳果依然認為，文革把矛頭指向個別當權派，不解決「當權集團」的問題，不從整個社會入手進行改革，是根本錯誤的。以「鬥一批幹部，換一批幹部」來回鬥與換的方式，「人工製造的運動，無論是文化革命還是社教運動，或是以前以後的其他審美運動，決不會把社會向前推進一步」。

4. 反對迷信馬克思主義和毛澤東思想，反對個人崇拜。

權佳果強調：「對待馬克思主義，象(像)對待任何其他一種學說一樣，應持一種批判的態度」，「應該用客觀世界來檢驗這個學說。如果經過我們的分析研究，經過檢驗證明了這個學說是正確的，我們就按這個學說的結論去改造世界，如果證明是不正確的，我們就應該拋棄這個學說」。

他更尖銳地指出，「現在的毛澤東思想」，「首先，它是神聖的，它是天生的真理，任何人對它只能服從，不准反對；只能跪拜，不准辯駁；只能歌頌，不准指責。其次，它是以法律和強力作為掌握人、征服人的手段的，對於任何反對它，不贊同它，不歌頌它的思想和行為，都要用法律和強力進行懲罰」。權佳果質問道：「這於掌握群眾，改造社會有什麼作用？」

最不能容忍的，是個人崇拜：「不問青紅皂白，不講去從由來，不問什麼目的，不講什麼原因，只要是毛主席說的，我們堅決照辦。誰要是膽敢反對毛主席，我們就砸爛他的狗頭，就要堅決打倒他」。在權佳果看來，文化大革命中的「毛澤東的個人崇拜到了前無古人的、曠古未有的、史無前例的空前地步」，「最嚴重地損害了我們的革命事業」。

如研究者所說，「權佳果的思想走在時代的前列。他的突出的特點是以小學畢業的學歷，回鄉知識青年和農民的社會身份，在整個社會被捲入政治漩渦難以自拔的時候，在遠離政治喧囂的農村進行理性的思考」。「可以說，權佳果具有天生的理論素質，是難得一見的農村青年思想者」。[38]

（十二）反思文革

《王蓉芬上毛澤東書》（1966年9月24日）

《姜明亮等上中共中央、毛澤東書》（1968年4月）

《中國人民保黨反「派」委員會宣言》（劉振武）（1968年7月15日）

《對當前全國各地兩派爭端的意見》（劉振武）（1968年7月20日）[39]

38　印紅標：《失蹤者的足跡：文化大革命時期的青年思潮》，第326頁。

39　本節討論的四篇文章均收余習廣主編：《位卑未敢忘憂國——「文化大革

這裏的幾份文件的特點，是把懷疑、批判的矛頭指向了毛澤東本人，以及他所發動的文化大革命本身。

王蓉芬的《上書》寫於1966年9月24日，大概是最早地對文革的質疑之一。「文化大革命不是一場群眾運動，是一個人在用槍桿子運動群眾」：這是擊中要害的。而作者因此宣佈「退出中國共產主義青年團」，也許是更值得注意的。這至少表明這位青年對共青團及其指導者中國共產黨的一種懷疑：「你將把中國引向何處去？」被質疑的豈只是毛澤東一人。

姜明亮等的《上書》主要是揭露林彪、江青，指出：「林彪才是黨內的『定時炸彈』，且他們(林彪集團和江青集團)互相勾結，互相利用，有野心。而林彪所要搞的只能是封建王朝」。同時，其批判鋒芒也是指向文革的：可以說，到姜亮等上書的1968年，已經有越來越多的人，對毛澤東發動的文革本身進行質疑，構成了這一時期民間思想的重要方面。姜明亮等的文革批判主要集中在兩個方面，都是要害。其一是批判「現代個人迷信」，批判「奴隸主義」，批判「和孔孟之道如出一轍的『民可使由之，不可使知之』的愚民政策」，「遠遠超過了封建社會，令人震驚」。其二是批判「群眾專政」：「在群眾專政口號下，可以隨心所欲整人，無法無天」，「順我者昌逆我者亡」。

「中國人民保黨反『派』委員會」則比較複雜。一方面，對毛澤東在文革中所推行的極左路線有尖銳的批判：「所謂『政治第一論』，實際上就是個人第一，個人高於一切的封建主義的君主治國的理論」，「『做個人的好學生』、『三忠於個人』，就是封建主義的役黨、役兵、役民的奴化政策」，「一本書，一齣戲，一首歌的文化政策，是派性中央的愚民政

命」上書集》，湖南人民出版社，1989年。

策的重要組成部分」。但另一方面，他們又堅持「黨高於一切」，「黨委領導一切」，「個人服從組織，少數服從多數」的鐵的紀律與「根本制度」，強調「我們無產階級組織的最高形式是中國共產黨。無產階級的群眾組織是在黨直接領導下的工會、共青團、婦代會、農民協會、學生會等，離開無產階級的這一切階級組織，去另起爐灶，成立別的組織，都被認為是分裂無產階級的派別組織，必須展開批判」。本文這樣概括了他們的立場：「到底是應該支持無產階級『黨高於一切』的黨性原則，還是支持資產階級的『個人高於一切』的謬論？到底是應該支持無產階級政黨的民主集中制，還是支持資產階級的個人獨裁制？到底是應該堅持『三忠於革命』的馴服工具論，還是支持封建主義的『三忠於個人』的奴化政策？」——其立場是接近「四．一四思潮」的，應該説在黨內老幹部中是有群眾基礎的。特別是明確提出要「堅持八大路線」，這正是後來鄧小平的路線的基本要求。

（十三）走出毛澤東

《陸蘭秀獄中遺文》（1969–1970）

陸文秀在1949年以前，就參加了反對蔣介石的鬥爭，在國民黨鎮壓民主人士的「下關慘案」裏還受過傷。[40] 文革時，她是蘇州圖書館的副館長，是有一定的社會地位的。她不但支持

40 1946年6月23日，上海各界群眾十萬人舉行集會遊行，歡送上海人民團體代表團去南京進行和平請願，以馬敍倫為首的代表團乘火車抵達南京下關車站時，遭到國民黨特務數百人毆打，是為「下關慘案」。作為代表團成員之一的陸文秀也在事件中被暴打。

共產黨，而且敬佩毛澤東，虔誠而認真。文革中就在思想上和毛澤東發生了極其糾纏的關係，並且一度發生精神錯亂。經歷了巨大的精神痛苦後，最後走出毛澤東，對毛澤東進行了無畏的批判，並因此而罹難，於1970年7月3日慷慨赴刑場。

應該說陸文秀的思想是有一個發展過程的。如編者所說，這是一個「從恐懼到無畏的心路歷程。」大體上經歷了這樣幾個階段：開始時陸文秀是努力去適應文化大革命的，在現存的陸文秀勞改日記裏，她是那樣虔誠地懺悔過，甘願承受種種磨難，並且一定程度上參與了這場對人的迫害和人與人的相互殘殺。而她的覺醒也就是由此而開始。她發現自己正在「走向反面」：「用揭發領導，出賣同志，爭取自己的『解放』，是對革命的叛變，也就是被逼上了梁山」。她更由此得出一個結論：壓迫他人者，自身也不可能真正解放。她正是據此而提出了「解放毛澤東」的命題：這一命題是有其內在的深刻性的。對於陸蘭秀來說，這是一個重要的覺醒，十分類似於當年魯迅筆下的「狂人」關於「四千年來時時吃人的地方，今天才明白，我也在其中混了多年——我未必無意之中，不吃了我妹子的幾片肉，現在也輪到了我自己」的覺醒。她也是由此出發，對文化大革命產生懷疑的。她在一篇《思想彙報》裏這樣寫道：「世界已整個顛倒着」，並預計自己要「說出真話」，就「暫時會被看作反革命」，但她堅信「顛倒的歷史總有一天會被重新顛倒過來」。她同時也做好準備：「毛主席教導我，為人民利益而死，就是死得其所」。

人們自會注意到，她在這裏仍然引用毛澤東的「教導」來激勵自己。這樣，她就必然要面對一個困惑：她要懷疑、否定文化大革命，又擁護毛澤東，而這場革命正是毛澤東所發動的。但暫時她還不能完全走出崇拜毛澤東的思想陰影，於是就歸之於自己「跟不上」：「好像是走進太虛幻境，或海市蜃樓裏一樣」，「我有時不免想，毛主席的頭腦是特別材料製成的——他能發動這樣一場神秘莫測的偉大革命戰爭，使用這樣新穎的鬥爭藝術，超出我，恐怕也超出全世界革命人民想像能力以外，他能想能幹，而我跟都跟不上」。在另一篇彙報裏，她還表示「我對文化大革命中創造的語言，沒有好好學習過，不太會使用」——對文革語言的重視，是陸文秀思想的一大特色，值得研究。她最後勉力作了一個解釋：「毛主席是在用反面教育審查自己的幹部和全國億萬人民，也鍛煉全國人民」，這是毛澤東特意使用的「反面教育法」，以對全黨，對所有幹部進行一次特殊的「考驗」，也可以説是一次「考試」。

在這一時期，她曾經一度陷入思想混亂，以致失常，在錯亂中視毛澤東為其夫，表示「願和他同吃同住同勞動」。這其實是表明她內心渴望和毛澤東進行心靈的對話，以釋去她內心的矛盾和痛苦。

在她清醒的時候，她只得採取暫時不去質疑毛澤東本人的前提下，去質疑文化大革命的策略。但她的質疑卻是越來越全面而深入的。這集中體現在她這一時期所寫的九篇長達兩萬三千字的《學習毛主席思想的幾點體會》裏。下面略作分述——

1.《關於什麼是毛澤東思想的問題》。

她所面臨的是毛澤東思想「相互矛盾，甚至(存在)絕然分歧」的現象。她作出的解釋是：「要看到毛主席的整個思想體系和現階段的發展」——把所謂「毛澤東思想體系」和具體思想強作區分，肯定前者而否定後者，和後來鄧小平的解釋不謀而合。鄧小平當時也面臨着既要批判毛，又要從根本上維護毛的矛盾。陸文秀還進一步將毛澤東思想抽象化，泛化，提出

「凡能促進共產主義社會早日實現的，就是符合毛澤東思想的，就是正確的；凡是阻礙共產主義早日實現的，就是違背毛澤東思想的，就是不正確的」。

2.《關於階級和階級鬥爭》。

「如果不講條件，不講限制地講造反有理，中國社會將永無寧日」，「應該說，馬克思主義的道理千頭萬緒，歸根到底，就是一句話：解放全人類」。——這是對毛澤東發動文化大革命的理論基礎的質疑。

「階級敵人究竟是少一些好，還是多一些好，我想是越少越好，最後全部消滅」。

「(毛主席)認為社會主義社會，對抗不可能完全消失。我體會，這應該是客觀存在的對抗，不是人為製造的對抗；對抗也只易化解，不易激化」，「矛盾的對立應該是相對的，而矛盾的統一，則是絕對的」。——這都是對毛文革理論基礎的階級鬥爭論、矛盾對立絕對論的質疑和批判，是對文革中人為製造對抗，擴大打擊面的一個批判。

3.《關於消滅工農差別的問題》。

文章在解決農業問題上提出了「農業的高度工業化」問題，發展「現代化工業」的問題，認為「這個問題不解決，工農業生產品價格的剪刀差，城鄉生活水平的懸殊，總是難以消滅，工農之間的矛盾也將長期存在」。這實際上就是向毛澤東的「從改變生產關係入手，不斷提高農村生產關係中的公有製成份，來解決農民問題」的思想的一個挑戰，而提出了「從發展生產力入手，來解決中國農業問題」的新思路。這一思路後來就成為中國改革的一個先聲。

在本文還提出「擴大外貿」，「輸入農產品」的主張，也和毛澤東強調「一切自力更生」的思路不同，也可以說是最早提出的「開放」之路。

4.《關於文化藝術和科學技術問題》。

首先尖鋭地提出了民主和科學發展的關係，民主權利的問題：「在沒有消滅階級鬥爭以前，憲法上規定的各種民主權利，如集會，結社，言論，出版等自由，實際上只是一句空話」，「沒有一定的條件，民主集中制也是一句空話」。

文章還強調：「在科學探討上應該不設任何禁區。在文學藝術上，應該允許各種流派和風格的存在」，「辯論和真理的探索，只有在絕對平等的基礎上才能進行」，而絕不能認為「凡是真理，總是存在於統治者一邊」，因此，「百花齊放，百家爭鳴的先決條件，是實行真正的民主制，全國人民在政治上一律平等。在這樣的情況下，人們可以自由地思考問題，討論問題」。

5.《關於外交政策和外貿關係問題》。

文章提出要「盡量避免對華戰爭的發生，要利用一切可能和國際條件，增強自己的自主」，要「瞭解外國最新科技情報，利用外國的科學技術加強本國建設」，「對被壓迫民族一般不作經濟上的支援」，「集中力量把經濟建設搞好」。——這些思想，都是和毛澤東的「反帝、反修，支援第三世界，自力更生」等思想針鋒相對，接近於文革中所批判的「三和一少」思想，也包括了以後的「開放」的思想。

6.《關於現階段文化大革命形勢的認識》。

提出「運用毛澤東思想來獨立思考」，説明陸文秀還沒有解決她的基本矛盾。

但她更強調的是「自己解放自己」：「壓迫者自身也必定同時是被壓迫者」，「毛主席完全有權在一定階段解放全國人民，同時解放他自己，因為解鈴還須繫鈴人」，「如他不願打主動仗，那就只有等待全國人民都解放後，再來解放他」。

陸文秀進而提出「應該互相解放自己的對立面」，「解放反對或敵視過的人」，「和一切反對、甚至壓迫自己的人團結一致」。——這與當時的造反派邏輯，也即毛澤東主張的「以其人之道還治其人之身」的邏輯，是完全對立的。

這裏已經隱含了對暴力統治邏輯的質疑：「從來的統治者都必將在人們的思想中撒布仇恨的種子，人為地製造人們的分裂和戰爭，製造國際緊張局勢以利統治。社會主義仍然沒有完全消除這種舊思想」。

7.《關於幹部問題》，提出「幹部人身自由被剝奪」的問題，儘管陸文秀仍支持對幹部中的「走資本主義道路的當權派」的批判鬥爭，但反對用「暴力革命的方式」來解決幹部問題。

8.《再論階級和階級鬥爭》。

首先，反對「在無產階級奪取政權以後，特別是經過土地改革和對資本主義工商業進行社會主義改造以後，仍然沿襲暴力革命的方針政策」。這樣的理解和執行的結果，「不僅直接阻礙了社會生產力的發展，還影響社會和諧和安定」。提出「到了目前這樣的階段，應採取一些新的政策方法，來消除過去暴力革命時期遺留下來的對立情緒，適當處理與他們的關係」。

其二，指出階級產生的根源在「不平等的分配制度」。這既是對毛澤東按照人們的政治態度來劃分階級的理論與實踐的一個反撥，同時也抓住了新的特權階級產生的一個要害，這其實是從1957年「右派」開始的許多民間思想者一直關心的問題。

其三，提出要「立即解除文化大革命加給人民的各種政治束縛，恢復祖國原來的語言和是非標準」。——這裏對語言問題的再次提出，極有意思。

陸蘭秀的以上批判已經涉及到文革的主要方面，特別是其理論基礎，即毛澤東的無產階級專政條件下的繼續革命的理論。她因此遭到了更大的迫害。在她1970年1月20日被關進了以施行酷刑著稱的工糾總部以後，在更加殘酷的迫害下，她的思考更加深入，開始直接給全國人民寫信，寫文章，全面聲討並號召人民起來抵制文化大革命，表明她自己也逐漸擺脫了毛澤東。這一時期的主要著作有——

1.《為知識青年上山下鄉問題給革命家長和各級領導同志的一封信》。

在知識青年上山下鄉的熱潮裏，陸蘭秀提出兩點提醒，一是「從來沒有一個農業國可以發展成為世界上最先進、最強盛，能左右世界局勢的國家」，二是「農民是屬於小資產階級的範疇——他們自身是應該向無產階級學習的」。

陸文秀還用毛澤東的話來反對毛澤東，號召知青和他們的家長「對錯誤的領導應堅決抵制，不應該盲從」，「真理在誰手裏就聽誰的」。——這是一個典型的例子：將毛澤東思想中的反叛因素堅持到底，就會最終指向他自身。

2.《為結束文化大革命告全國人民書》。

針對林彪關於「把文化大革命進行到底」的號召，本文旗幟鮮明地提出「要結束文化大革命」，召喚全國人民的「覺醒，掙脱各種枷鎖的束縛。真正用毛澤東思想統一思想，拿起大民主的武器，自己解放自己」。

由此展開了對文化大革命的全面批判——

(1)「利用各種美妙的詞語，製成各種貌似公正的理論來蒙蔽欺騙人民，使人民永遠不明事實真相，受盡壓迫剝削而不自覺，再加上武裝鎮壓，使人民雖有覺悟而不敢反抗」——精神欺騙與控制和武裝鎮壓的結合：這就是文革中極大強化與發展了的「無產階級專政」。

(2)「塑造一個共產主義的神像，讓人們每天祈禱神給人們以理想的幸福世界」。——文化大革命的「造神運動」，既是精神的神(毛澤東思想)，又是肉身的神(毛澤東本人)。

(3)「挑動群眾鬥群眾，挑動幹部鬥幹部，挑動幹部群眾互相鬥爭，利用社會歷史遺留和造成的各種問題，在人們中撒布互相仇恨，互相敵視的種子，甚至破壞向來是親密無間的同志友誼和家庭關係，利用種種馬列主義的詞句來證明這種現象是應該的，正確的」。——這是點到了毛澤東在文化大革命中發展到極致的所謂「群眾階級鬥爭和群眾專政」的要害的：把日常生活中的矛盾政治化，變成你死我活的階級鬥爭，同時也就把專政滲透落實到人們的私生活與家庭中。

(4)「採取愚民政策，利用各種宣傳機器編制美麗的謊言，把人民變成自己的俘虜和馴服工具，把本來心地善良的人們和各工廠的優秀工人驅使成壓迫人民的工具，剝奪了他們原來的人的尊嚴和原來的崇高的無產者的特點」。——這裏說的是對毛澤東的依靠對象，歷次運動的積極分子(他們大都是「心地善良」的工農)的精神欺騙、控制與利用，這是另一種形式的奴役。

(5)「鼓吹建立新農村的口號，把大批知識青年和青年工人驅使到農村去，使原來已經比例過大的農業人口更加增大，變中國為落後的農業國」，「阻止社會進步」——這是延續了之前對知識青年上山下鄉運動的批判。

(6)「利用邊境問題，製造緊張空氣」，「甚至不惜挑起戰爭，以緩和國內矛盾」——這是對中蘇邊境衝突的反應。

(7)「國庫收入下降，文化藝術的封鎖，青年教育的紊亂，民主生活的窒息，政治派別的末路」：這是一個政治、經濟、思想、文化的全面倒退，「倒退到了解放前的半殖民地、半封建的落後狀態」。

而本文的最大價值，還在以下兩個方面：

一是第一次重申《共產黨宣言》裏「每個人的自由發展是一切人的自由發展的條件」的思想；

一是明確提出，要從「毛主席揮手我前進」，「一切緊跟毛主席，一切服從毛主席」的思想枷鎖下解放出來。

這都是文革中民間思潮的重要思想成果，遠遠超出了同時期的造反思潮。

3.《再告全國人民書》。

在前文基礎上進一步指出：「向毛主席祈求解放，不會得到任何結果」。

如何實現自我解放，陸文秀提出了一個很有意思的思路，就是要用毛澤東本人提出，而事實上又被他否定了的思想，作為自己的思想武器。因此，她重申毛澤東提出的如下思想原則——

「國家機器對於人民來說，只是人民意志的加工廠」；

「國家機器不是保護既得利益階層的機構，國家工作人員不是統治者」；

「人民要管理國家大事，實行真正的民主制」；

「破除迷信，要獨立思考，不要怕權威，不要怕大人物」；

「六億人民盡舜堯，學生要賽過先生」；

「社會主義社會的一個重要標誌，就是人民是社會的主人，而不是統治者的奴隸」。

這就是陸文秀的追求和她的獨特之處：她所要做的，是發掘與發揚毛澤東思想中最具革命性的方面，或者說，要求毛澤東履行他自己的承諾。同時，她又號召「黨中央的同志」「帶頭抵制毛主席的一切反面教員和不合理的行政命令，並協助人民共同抵制」——「抵制」與「發揚」，在陸文秀這裏是統一的。

4.《也論幹部插隊落戶的問題》。——除再次強調「貧下中農本身更需要接受無產階級世界觀」之外，又提出「展望將來，人類將在全新的環境裏，向大自然進軍」。

5.《論清理階級隊伍的政策》。——引人注目地引述魯迅的觀點：「革命不是教人死，而是教人活的」，強調「要避免戰爭的爆發和使用暴力革命手段，以保護人民的生命安全」：這裏提出的重視人的生命的思想，是極為重要的，是文革民間思潮的重要部分。

6.《批孔融、范仲淹——仿大批判專欄》。——這是篇遊戲之作，卻包含了對文革中盛行的「大批判語言」和「大批判思維」的反思，其中提到「文化大革命中，每一個人都在別人面前做種種自我表演」，這樣的「演戲」，是魯迅早已批判過的，在文革中又有了大發展。

7.《對當前宣傳工作的一些意見》。——提出要反對鼓勵青年「作出不必要的犧牲」，這其實也是文革的一個要害：所謂「青春政治」是極容易被利用的。

8.《多思》。——本文可以看作是「破除現代迷信，從毛澤東思想束縛下解放出來」的宣言書。

「每一條戰線，每一個部門，每一個人，都可以在自己的工作中，發展馬列主義、毛澤東思想」，「一定要爭取超過毛主席」。

「文化大革命破四舊的闖將，什麼都不怕，卻獨怕馬、恩、列、斯和毛主席的經典著作，認為書上講的每一句話都是真理，於是思想上先做了俘虜，不敢攀登世界革命科學最高峰」。

(對毛主席的話)「可以探索它，研究它，甚至懷疑它，發展它」。

「把人們的思想局限在毛主席已經講過的詞句的範圍內，

造成了全國只有一種語言，一種思想的現象」，「在強大的無產階級專政壓力下，缺乏民主空氣，因而人們為了求得安全與保障起見，只說毛主席已經說過的話」。

「把無產階級使用暴力奪取政權的手段，特別是階級和階級鬥爭的學說來處理向無階級的共產主義過渡的問題，是不完全恰當的」，要警惕「過渡到修正主義，或其他類型法西斯主義」，「『左』的修正主義」。

「面對着目前文化大革命出現的各種複雜問題，要求人們多思」。

9.《毛主席和柳亞子先生詩讀後感》。

「單純要求知識分子下鄉勞動，而不把工農群眾知識化提到首要地位，是本末倒置，要求歷史放慢速度和倒退的辦法」。「農村需要文化，需要科學，馬克思主義反對無產階級把討飯籃作為旗幟」。

10.《弔岳飛之死》。

「岳飛，屈原，以及一切歷史上用文字記載下來的英雄，比之文化大革命算得了什麼」。

「歷史事實的驗證，往往在幾十年以後」。

11.《戰爭論》。——陸文秀對國際問題的關注與意見，很值得注意。

「(要承認)資本主義國家永遠是一刻不停地向前發展的」。

「蘇聯激發科學技術發展的方法，是物質刺激，一方面給全國人民以同等享受教育的權利，一方面根據不同的科學技術發展的要求，給與不同的待遇」。

「採取一些辦法，改善與蘇聯和美國的關係，也沒有什麼不可以」。

「在取得政權以後，應該集中力量，爭取時間進行經濟建設和國防建設；這時候，戰爭應該不再是最高的政治手段，而是最後的政治手段了」。

12.《居中》。——這裏有陸文秀對社會主義的一些重要思考：

「在社會主義社會，究竟社會矛盾的統一是絕對的，還是社會矛盾的對立是絕對的，也就是説，究竟全國人民的大團結是絕對的，還是人壓迫人的制度是絕對的，這是區別真社會主義，還是假社會主義的根本標誌」。

「在社會主義社會，正確的政策，必定是同時兼顧到矛盾的兩個不同的對立面，把兩方面的利益，統一在同一政策之中，既是對立，而又同時兼顧，就必然居於兩者之中」。

「把封建時代的忠孝節義塗上一層社會主義色彩，是最容易不過的事」。

「解放，不僅是受壓迫者的呼聲，把腳踏在別人身上的壓迫者，同樣是沒有自由的。馬克思主義認為，無產階級是解放全人類的，是勤勤懇懇為人民服務的，在奪取政權以後，並不以新的統治者的面貌出現」。

「即使對馬、恩、列、斯，毛主席的理論和政策，提出不同的看法，只是科學的探討，稱不上叛逆、反革命之類。科學探討從來沒有叫叛逆的，任何理論都可以辯駁，不能成立的 理論，自然經不起時間的考驗，因而會被淘汰」。

13.《人之初》：這是陸文秀關於社會主義思考的另一個方面：她認為，現行社會主義的根本問題在於「社會上存在着森嚴的階梯，存在着各種特殊的物質享受」，導致少數人「做官當老爺，騎在人民頭上」，他們「置身於高官厚祿之中，授予各種特權，而又要求他們出於污泥而不染，保持普通勞動者身份，豈非緣木而求魚？」這是必須「改革」的根本理由。但她認為，其最基本的原因，在於生產力的不發達，因此，關鍵在於「着力於發展生產力，改變人們的生存環境，改變不合理的社會制度」。「努力通過發展生產力，最後消滅各種社會的階梯」——這就是陸文秀所提出的改革思路。在猛批所謂「唯生產力論」的文革中後期，提出發展生產力的要求，自然是有它的現實針對性；而且這也是當時許多民間思想者，包括一些知識分子(如顧準)和被貶抑的黨內老幹部(如張聞天)也都在思考的問題。文革後事實上中國也走了「經濟建設為中心」的道路，其歷史的進步意義和作用已被歷史所證實。但當初的設想中就隱含着「經濟決定論」的因素，以後的中國改革實踐更發展為「經濟發展就是一切」，只顧發展生產力，而陸文秀等先驅所同時提出的「消滅各種社會階梯」的要求，則被擱置，卻在「一部分人先富起來」的口號下，出現了新的更為嚴重的「階梯」。這大概是陸文秀們所未曾料及的。

14.《請革命委員會負責人電轉毛主席黨中央》——在某種程度上，此文可以看作是曾經是毛澤東的信服者的陸文秀與毛澤東的決裂書：「自從毛主席親自發動和領導的文化大革命以來，無論是加之劉少奇頭上的『資反路線』，或毛主席名義下推行的『革命路線』，一左一右，都是鎮壓人民的國民黨路線；兩種商標，實質上都是毛主席的反面教育」。值得注意的是，陸文秀沒有像許多人那樣，由反毛澤東而轉向劉少奇，而是同時把他們的路線視為「鎮壓人民的國民黨路線」。陸文秀當年是因為反對國民黨的法西斯專政而轉向支持共產黨，並在「下關事件」中流血的，現在她發現共產黨在鎮壓人民方面和國民黨竟是一丘之貉，不難想像其內心的沉重，但她也因此堅定了自己的反抗意志：誰鎮壓人民就反對誰，這是她這樣的真正的革命者的基本原則。

15.《再電毛主席》。

「目前的中國——是國民黨中央黨部統治下的法西斯專政的社會」。

「我不是向毛主席乞求恩賜」。

「文化大革命是你親自領導，是逃避不了的」。

「真理究竟在哪一邊？究竟誰的力量強？」

「我死於獄中之日，也就是歷史為文化大革命定案之時。這是不以任何人的意志為轉移的客觀規律，不論你本人願意與否」。

「我為全人類的解放獻出生命在所不惜——。何去何從，請即決定，時間已不容你拖延了」。

——以上都可以看作是陸文秀對曾經的教父毛澤東的最大膽的挑戰與宣判詞。

16.《親痛仇快》——這是陸文秀對直接迫害她的所謂「群眾專政」的機構「工人糾察總部」的一個宣判詞：

「你們的糾察總部和解放前的特務機關有何兩樣?!」

「現在究竟是無產階級領導下的社會主義社會，還是始終停留在農民起義的階段呢？」(在《再電毛主席》一文中，陸文秀還說：「不忘階級苦，牢記血淚仇，血債要用血來還——這是狹隘農民意識的反映」)

17.《人民的要求》：「和你們進行絕食鬥爭，不是為了求死，而是為了大家都活，而且活得比以前更好」。

18.《陸文秀代遺書》。

「凡我中國人民，中華民族的兒女子孫，都應世世代代牢記這一血的沉痛教訓，清算這場禍國殃民的文化大革命，而且永藏史冊，以儆後人」。

「我為真理受盡苦難，或將死於獄中，故要求全國人民，後代子孫，認真研究它的發展，求其實現」。

這是真正的「遺囑」，今天依然有力！應該使我們後來者羞愧！二十年了！我們對陸文秀提出的兩個遺囑，都繳了白卷！

19.《給女兒朱虹的遺書》。

「我現在和共產主義運動同命運，共存亡，寧為玉碎，不為瓦全！」

——文革中，事實上是留下了這樣一份光輝的精神遺產的，即為了真理，為了自己的理想信念，不惜獻出一切，包括自己的生命，「寧為玉碎，不為瓦全」，絕不肯苟活於世。這實際永遠為後人懷想的。

20.《自由》。這是陸文秀最後一篇未完成的文章，也是她的理論思考所達到的最高點。

她高揚《共產黨宣言》裏的基本觀點：「每個人的自由發展是一切人的發展的條件」，並且尖鋭地指出：「由於先進的人們對自由的真正含義不理解，由於這些人掌握政權以後，隨着地位的改變而引起思想的改變，自由仍然沒有來到，人們不過是從一種不自由，改變到另一種不自由」。——這幾乎是對共和國歷史的一個高度概括。

她指出：「在新憲法上已明文規定給人民許多自由權利的社會主義的中國，人民並沒有享受到充分的自由，則還是人們還沒有認識到的」。

值得注意的，是她對不自由的原因的分析——

「(在社會主義)，依然存在着各種不同的經濟地位，存在着各種不同的政治待遇。於是就產生了一種普遍現象，人們想通過各種手段，謀求更高的經濟地位和政治待遇。在這樣的環境中生活，或者説生活中自覺地或受外界條件支配地追逐經濟利益和政治待遇，人們是不可能有真正的自由的」。這會形成一種「社會風尚」，「日益剝奪人們的自由，對這種社會風尚的抵抗力越弱，自由的被剝奪就越嚴重。直到從思想的不自由，轉化為人身的不自由，達到不自由的頂峰」。

這是陸文秀對文化大革命的一個總結：在她看來，文化大革命最嚴重的後果，就是對人民思想自由與人身自由的全面剝奪，達到了「不自由的頂峰」。

「社會主義社會意識形態裏的不自由，並不比舊社會的情況好得多」，「舊社會不跟蔣介石走的很多，而新社會不跟毛澤東走的極個別」，「使人們受到奴役，而完全不自覺被奴役的，還有被教條化的馬列主義、毛澤東思想，其中特別是被人們稱為『紅寶書』的毛澤東著作和毛主席語錄」。

這是陸文秀對現代迷信的一個獨特認識：其要害是剝奪作為人民最高權利的「自由」。

最後，陸文秀提出了自己的理想——

「消滅了一切經濟上、政治上的不平等制度，實現使全體公民真正平等的共產主義社會」，「每一個公民都是以一個獨立自由的個體和整個社會相結合，而社會也就成為每個自由個體的集合體。只有在這樣的社會制度下，自由才會真正降臨人間，成為人民第一次享受到從未享受到的權利」。

這可以說是陸文秀思想的最高昇華，這已經超越了現實思考，進入了形而上的追求。而且在我看來，至今仍是我們的奮鬥目標與可以接受的價值理念。總結本世紀的歷史，我們仍要回到「獨立自由的個體」這一基點上來。而陸文秀在二十年前中國最黑暗的，也是本世紀最黑暗的時代，達到了這樣的精神境界，並且因此而義無反顧地獻出了自己的生命。這是真正令人驚異，也令人佩服的。

這又是一份二十世紀重要的精神遺產！

而她最後的審判中的表現，則是這樣一種無私無畏精神的昇華——

「權在你們手裏。我不懂。我只知道歷史自有它發展的規律」。

「按照真理辦，就對」。

「是毛主席、共產黨寫下的歷史。這段歷史是抹不掉的。」

「中國共產黨要由歷史來檢驗。歷史的本身就是鏡子嘛」。

「我從來不知道自己的歷史。我是小人物。歷史上只有帝王將相的歷史。我是反動的：這是你們的語言，我學來學去學不會」。

「當然我自己負責。我還叫誰負責？」

「我這個人，生命不值錢。我自己一無所有，是無產階級。」

「等歷史結束再下結論。」

「我只想中國應該向什麼方向發展，講了幾句真話。」

三、文革後期的民間思想
1971年9月–1976年10月

(十四)重新思考與探索一切

《1971年學習總結》(S)(1971年12月1日)

《理論通訊》(S、Y、B、F)(1972年6月–11月)

《論個人崇拜》(不平)(1971年1月15日)

《論自由的階級性》(不平)(1971年以後)

《反對特權》(徐水良)(1973年10月初稿，1974年2月、1975年1月修改)

《關於理論問題的問答》(徐水良)(1975年8月)[41]

在陸文秀1970年7月從容就義後一年，1971年9月發生了「林彪事件」：無論從那一方面説，這是文化大革命的一個轉捩點。我們這裏討論的「文革民間思潮」就更是如此。

S是北京一所重點中學的初中生，1968年到內蒙插隊，在1971年底(或1972年初)到呼和浩特一家小工廠作學徒。他在年底寫的《1971年學習總結》裏，這樣談到他和同伴們對林彪事件的反應：「林彪叛黨叛國事件，激起了人們的憤恨，同時把人們推入一個疑惑的深淵。雖然為人們準備了許多現成的和完美的理解方法和『結論』，但是，不，人們要用自己的腦子來思考了」，「林彪反黨集團的出現，驚雷般地震醒了人們，人們又朝着思想解放前進了一步。舊的武器不能解決新的矛盾，新的武器就要出現了」。

這裏提供了兩個重要資訊：一是「人們要用自己的腦子來思考了」。這意味着，意識形態的嚴密控制終於打開了缺口，曾經幾分盲目幾分狂熱地跟着毛澤東造反的年輕人被震醒，已經開始質疑文革的民間思想者更進一步把他們的懷疑與批判，深入到更自覺更根本性的追問。一切都要重新思考，而且是

41 本節討論的文本，《1971 年學習總結》係作者從筆記本中抄錄下來，列印成文，提供給文革研究者印紅標；《理論通訊》有幾封被延安公安部門查抄，為組織批判，曾油印了部分書信原文，或作摘錄，印紅標書中的引文即據此批判資料。以上兩文摘引見《失蹤者的足跡：文化大革命時期的青年思潮》第 310–315 頁。《論個人崇拜》和《論自由的階級性》均由作者收入自編文集《肥田集》，未公開出版，也由印紅標摘引，見《失蹤者的足跡：文化大革命時期的青年思潮》，第 343–347 頁。《反對特權》、《關於理論問題的問答》，曾由作者在南京街頭張貼，後收入南京市委宣傳部1975 年 9 月編印的批判資料，由印紅標摘引，見《失蹤者的足跡：文化大革命時期的青年思潮》，第 413–419 頁。

「用自己的腦子」獨立思考：關於文革，關於毛澤東，關於中國的問題，以及自己的理想、信念。這樣的覺悟，確實具有「思想解放」的意義。不可忽視的還有另一方面的醒悟：「新的武器就要出現了」。林彪的出逃，在很多人的心目中都意味着文革的失敗，用暴力革命的方式來解決中國問題和世界問題，這條路走不通了，那麼，又該走一條什麼路？「舊的武器不能解決新的矛盾」，就需要新的探索，新的理論創造，新的實踐。也就是說，「中國向何處去？世界向何處去？自己向何處去？」這樣的問題十分尖銳地提到了這些民間思想者的面前。具體的說，文革後期的民間思想者面臨着兩個任務：一是要在文革初期和中期思考的基礎上，把「文革問題」與「中國問題」的討論上升到新的理論高度和深度，進行更根本的檢討與追問；其二，要對「中國改革」的方向、道路進行新的探索，新的理論創造，為必然到來的中國思想與社會、歷史的大變動(這是當時許多人都強烈感覺到的)作思想準備，鑄造理論武器。為完成這樣的自覺意識到的歷史任務，文革後期的民間思想者在不再允許成立組織的情況下，就以私下串聯或書信討論的方式進行交流和傳播，這就是後來被研究者稱為的「民間思想村落」。[42] 同時，也有更多的人堅持孤獨一人的獨立閱讀與寫作。

首先要做的，是對文革錯誤的檢討與內在的制度性問題的追問。S和他的朋友在《理論通訊》裏就展開了一場關於「社會主義社會性質」問題的討論。這同樣是出於一種理論自覺：他們認為，現行的關於社會主義的理論和學說「還是不完備的，還需要繼續發展，社會主義的實踐不夠，在全世界的範

42 參看朱學勤：《思想史上的失蹤者》，《1966：我們那一代的回憶》，第322頁。

圍來說，還只是萌芽」，「這就給了我們一個繼續前進的任務」。於是，就有了「什麼是社會主義社會」的爭論，一種意見認為「社會主義社會是資本主義的新形式，或曰資本主義在落後國家的必要補充」；另一種意見則認為，社會主義已經是「一種新的社會形態，一種繼資本主義之後在本質上有根本差別的新的階級社會，(奴隸社會、封建社會與資本主義社會之後的)第四個階級社會」，並且有這樣的說明：在社會主義的中國與蘇聯，幹部(主要是高級幹部)他們的「階級地位遠遠地高於和脫離社會其他成員，處於一種極其特殊的地位，也有它特殊的利益與權力。它儼然成為社會的主人了」，他們已經不是一個「階層」，而是一個「階級」，一個具有自己獨特財產佔有方式的、獨特經濟地位和政治地位的，與其他社會的統治階級相區別的「新階級」。問題是「新階級」產生的原因。他們認為，根子在「社會主義條件下計劃經濟本身」，現行的所有制並「不是『全民所有制』而是『國家所有制』。也就是說，生產資料不是屬於全體人民的，而是屬於國家的」，掌握了國家的幹部就掌握了生產資料，這正是關鍵所在：「其實，現在的工業勞動，絲毫也為沒有超出僱傭勞動的範圍，是國家僱傭制」，「無產階級和勞動大眾是生產關係中處於被剝削和壓榨的地位。在工廠，勞動者就變為機器的奴隸」，「一般勞動人民(工人和農民)，在政治上和經濟上的權利，實際上已經所剩無餘了」。——「國家僱傭制」概念的提出，並以此作為特權階級產生的經濟根源，其所挑戰的，是文革中盛行的把問題歸咎於外國帝國主義的和平演變陰謀和國內剝削階級思想的腐蝕的官方意識形態宣傳，顯然是認識上的一大突破。

當內蒙的S和他的朋友將特權問題與社會主義制度本身的問題聯繫起來思考、討論時，南京的徐水良(他本來是浙江大學造反派的頭頭，此時分配在南京製藥廠當工人)也在進行同樣的探討。他在《反對特權》與《關於理論問題的問答》裏，提出的理論解釋是：社會主義制度存在着「政治權力、經濟權力的無產階級內容和它的特權形式的矛盾」：「我們的國家權力、經濟權力和政治權力，就內容來說，基本上是無產階級的」，「但就權力的形式說來，還是資本主義的，還是少數人掌握的權力，還是私有制基礎上產生的特權制或者說『官僚制』形式，而不是巴黎公社式的無產階級民主制。還存在一個專門『管理他人的人』的特殊階層即幹部階層，並且這個階層是以相當嚴格的等級制形式組織起來的」，這就為特權階層(階級)的產生提供了條件。在徐水良看來，「在無產階級取得政權的初期，尤其在一個資本主義大生產和資產階級民主不發達，廣大群眾受民主訓練較少的國家，而且在少數人識字，多數人是文盲和半文盲的條件下，要一下子消滅、根絕特權現象，一下子消滅官僚制，或特權制形式，這是困難的，不可能的。無產階級不得不保留少數『管理他人的人』的特殊階層，即幹部，來代替廣大工農群眾行使無產階級的權力」，這是必要的，具有一定的歷史合理性。但絕不能將其凝固化，必須看到其根本上是一種「勞心者治人，勞力者制於人」的私有制形式，必須加以限制，逐步擴大勞動者對國家「管理的參與和監督之權」，並在這一過程中「逐步學會管理的經驗」。徐水良認為，「隨着社會主義公有制的建立，隨着革命的發展」，這樣的「特權制的管理形式與生產資料公有制的矛盾，就逐漸變得越來越不相容，互不適應。這種形式就逐步化為保守、落後和反動的外殼，而必須在革命中予以粉碎和剝除」。在他看來，這本應該是文化大革命的任務：「消滅生產管理上和政治上的特權制，實現巴黎公社式的民主制」，但文革的實踐完全背離了這樣的目標，最後變成權力再分配，「用新的特權官僚來代替多少還保留着革命傳統的老幹部」，「這樣做，是越換越壞，換得快也就修得快」：這是抓住了文革要害，而且代表了相當多的老造反派的新的覺悟，反映了人心的變動。

同時期的上海66屆高中生、此時在崇明農場做農工的「不平」所寫的《論個人崇拜》和《論自由的階級性》抓住的也是文革的兩個要害。而且言辭尖銳，直抵問題的實質：「中國出現的個人崇拜」，不只是吹捧、神化個人，「而是用武力強迫人們接受某人的思想，用反毛、反革命、階級敵人等莫須有的罪名強迫人們對某人崇拜，用全黨共誅之、全黨共討之相威脅，以專政包括監獄、死刑作為後備軍強迫接受」。同時堅決宣佈：「任何時候我們都不需要個人崇拜」，「人與人之間可以自由地進行爭論、辯論、討論，誰也沒有權力強迫別人接受自己的觀點。這就是因為人與人的關係是平等的關係，而不是上帝與人或神與人的關係」。「不平」同時挑戰的是「自由的階級性」的權威論述，即所謂「有了無產階級和勞動人民的自由，就沒有資產階級的自由」，一針見血地指出，這不過是一種托詞，用「資產階級」的帽子，「壓制人民對黨和政府錯誤缺點的批評，壓制學術界的自由討論」，這就是「我們的制度」：人民的自由，就是「緊跟大人規規矩矩革命的自由」，「不服從大人的指揮，亂説亂動的就是反革命」。「不平」毫不含糊地表示：「我們所要的自由，不過是輿論不一律的自由，不過是唱對台戲的自由，不過是批評和反批評的自由」。這字裏行間壓抑不住的是對自由與平等的渴望，可以説經過文革的「洗禮」，人們，特別是年輕一代越來越清楚，自己所要追求的是什麼，而且態度越來越堅決，立場越來越鮮明：這一代人，終於成熟了。

(十五)讀李一哲大字報

《關於社會主義的民主與法制(序言)——獻給毛主席和四屆人大》(李一哲)(1974年11月7日)
《關於社會主義的民主與法制(本文)》(李一哲)(1973年9月13日初稿，1973年12月12日二稿，1974年11月7日定稿)[43]

「李一哲」是三位青年的合名。他們是「李」：李正天(廣州美術學院油畫系學生)；「一」：陳一陽(廣州十七中高中學生，時已下鄉務農)；「哲」：王希哲(廣州十七中高中生，時為某工廠工人)。在大字報醞釀、寫作、修改過程中始終參與的還有廣東省中共老黨員郭鴻志，他也是作者之一。

1974年11月10日，《關於社會主義的民主與法制》由六十七張白報紙組成，作為一張大字報張貼於廣州市最熱鬧的北京路口。大字報一出，市民圍觀，水泄不通，車輛改道。入夜還有用手電筒照着讀的，大家爭相抄錄，四處流傳。大字報空白處，寫滿了「說出真正問題」、「表達了人民的聲音」的讀者批語。而且立刻掀起了擁李與反李的大字報論戰。廣州省委上報中央，引起高層重視。據說毛澤東手持此文，在某中央會議上詢問出席會議的中央要員們能否「批倒李一哲」。中央政治局決定把這份大字報印發中央委員人手一份。這樣，李一哲大字報，就在批判聲中不脛而走，傳遍大江南北。赴秋季廣州交易會的外商和港澳同胞也紛紛將其帶到海外，「成為1968年群眾運動結束以後，最具時代特徵、影響最廣泛的民間思想文獻」。[44]

---

43 李一哲《關於社會主義民主與法制——獻給毛主席和四屆人大》序言與本文均收《文化大革命和它的異端思潮》。

44 印紅標：《失蹤者的足跡：文化大革命時期的青年思潮》，第380頁。

李一哲們宣稱自己「讀馬列很少，主要是受了嚴酷現實的教育，懂得了一點，説幾句坦率的話」。事情確實如此，嚴酷現實的教育，終於使人們覺醒，開始發出自己的聲音。

我認為，李一哲大字報的主要意義在於，他們對「文化大革命的精神」提出了自己的理解、闡釋，提出了自己的利益要求，表達了自己的意志。

而且他們是自覺於此的——

「(四屆人大)它所要制定的國家根本大法——新憲法裏，它將怎樣表現經過文化大革命的中國無產階級和廣大人民群眾的意見呢？現在人民群眾在想些什麼，要求什麼呢？」

這裏，李一哲們實際上是提出了一個新的價值理念與標準，即人民的利益與權利：「我們必須對誰是革命派，誰是假革命派，誰是反動派，誰是被打成『反革命派』，作認真的分析。分析的標準只能是看誰的社會實踐代表了廣大人民群眾的根本利益，而不是對待所謂『天才』的態度」。

而縱觀全文，李一哲們所謂的「人民群眾」，主要是指「工人，農民，革命知識分子」，也就是他們所説的「創造了歷史的奴隸們」。這在文革民間思想史上是一個重要的突破。如前面許多札記所分析，文革一開始，儘管已經提出了「造反有理」這樣的具有一定革命性的思想，但同時又設置了一個思想的牢籠：以對毛澤東及其思想的態度作為衡量一切的標準。這裏是有一個邏輯的：一切為了人民的利益——毛澤東及他所體現的黨的領導，代表了廣大人民利益——因此，擁護毛澤東及黨的領導，就是維護了人民的利益。這樣的邏輯背後，有一個「人民本位」向「人民代言人本位」的轉變。而現在，李一哲們否定了這一代言人的邏輯，恢復了本來意義上的人民本位，這自然是有重大意義的，而其背後支持他們的，是這樣的歷史觀：

「幾千年來，凡是損害了人民利益的人，終究是要被人民打到的」。這頗類似於西方的宗教改革，即是打破教士作為「上帝代言人」的壟斷地位，而讓每一個教徒直接和「上帝」對話。

從這樣一個社會物質和精神的創造者的人民，普通底層群眾的利益的本位出發，李一哲們對文化大革命精神作出了一個新的解釋——

「從戰略的觀點來看，與其說無產階級文化大革命所要解決的首要任務是揭露和摧毀劉少奇的資產階級司令部，不如說是為了鍛煉人民自己解放自己的精神。『革命就是解放生產力』，還有什麼能比無產階級和廣大人民群眾精神振奮，意氣風發的議論國家大事，批評錯誤路線更能成為生產力解放的標誌呢？」

把文化大革命的精神概括為鍛煉人民自己解放自己的革命民主精神，進而解放人的生產力，這就突破了毛澤東為文化大革命制定的，也是為後來造反派所奉行的「鞏固無產階級專政，建立毛澤東思想的絕對權威」的目標框架。毛澤東也確實提出過文化大革命是終於找到的「公開地，全面地，由下而上帝發動廣大人民群眾來揭露我們的黑暗面」的形式，他也提倡過大民主，但是，在他那裏，這都是達到自己目的的一個手段；而李一哲們在這裏卻將發揚革命民主精神達到人這一生產力要素的解放作為文化大革命的基本目標，是根本不同的。

李一哲據此得出兩個重要結論——

1.「承不承認中國正在出現一個如蘇聯那樣的特權階層(劉少奇、林彪等不過是他們政治上的代理人罷了)，這是肯定還是否定文化大革命的基本理論問題。必須首先指出，我們的黨員多數是好的和比較好的。但是，這個特權階層是客觀存在的，是我國社會經濟條件下所不以人們的意志為轉移而產生的」。

「在我們中國，對據說為革命流了許多血汗的老幹部實行某種特殊的照顧，即使是傳統所允許的，老百姓也沒有表示多大的異議的話，但是我們能夠輕視對政權的腐化作用和對新的社會關係帶來的影響嗎？我們能夠對正在產生和形成的新貴族、新的資產階級熟視無睹嗎？」

他們進一步分析了特權階級的形成——

(1)「某些領導者將黨和人民給與的必要特殊照顧膨脹起來，變為政治和經濟的特權，並無限地蔭及家族、親友，乃至實行特權交換，通過『走後門』之類渠道，完成其子弟在政治、經濟上實際的世襲地位。」

(2)「新的資產階級佔有方式的本質，就是在生產資料社會主義的條件下，化公為私，黨國家和事業的領導人，將無產階級的財產和權力按照資產階級的面貌實行再分配時，他便在實際上將這部分財產和權力實行了新的資產階級的佔有。」

(3)「他們為了維護已得的特權和爭取更多的特權，他們必然要打擊堅持原則的正直的革命同志，鎮壓起來反對他們特權的人民群眾，非法地剝奪這些同志和群眾的政治權利和經濟利益」。

「這樣他們便完成了『人民公僕』向『人民主人』的質的轉變，成為我們稱之為『走資本主義道路的當權派』的人們了」。

他們的結論是：「黨內走資派和野心家的社會基礎是從特權腐化出來的，新生資產階級在現代中國的社會條件下，他們只能搞封建性的社會法西斯專政，而不可能與被打倒的老地主、老買辦們瓜分既得利益」。

正是從反特權階級與反封建性的社會法西斯專政出發，李一哲們是肯定文化大革命的。因此，認定「李一哲大字報在客觀上是對整個文化大革命的批判，而對毛澤東思想的挑戰」，是片面的。

應該說，他們對文化大革命的如下讚頌是真誠的感受——

「上了憲法的人民群眾的言論、出版自由，集會自由，結社自由，以及未上憲法的串聯自由，都在這場文化大革命中真正實行起來，並得到毛主席為首的黨中央的支持，這是中國人民數千年來從來沒有過的，生氣勃勃的，這是革命的奇勳」。

但他們也同時指出了毛所發動的這場任何大革命的一個基本矛盾——

「這是一個極大的矛盾：一方面黨的無產階級的領導絕不能動搖，一方面運動的重點是整黨內走資派，而這些走資派恰恰是他們把持的地方和部門的一元化領導的具體體現者」。

這也是毛澤東的矛盾。

這裏需要討論的是，李一哲們對毛澤東的態度。在他們的大字報裏，是把毛澤東和林彪作了區分的，而把主要的批判鋒芒指向了「林彪體系」。

這就產生了一系列的問題。比如，毛體系與林體系是否同一的？林體系其實是包含了對毛的某些批判內容在內的。比如所謂《五七一工程紀要》裏就有對毛澤東專政的尖銳批判。而林彪採取的策略正是「以其人之道還治其人之身」，以「擁毛而反毛」。對林彪其人其思想的評價，至今仍是文革研究中的一個謎，許多事實材料並未公開，目前也只能作為世紀之謎而留給下一個世紀。

而毛的思想體系中含有理想的成份，確是實實在在的。在我看來，毛發動文化大革命的根本綱領是體現在他的「五七指示」裏的，他的目的是要把全中國與全世界辦成一個「毛澤東思想的大學校」，以實現他成為「人類的聖人」，即從根本上改造中國人，以及世界人的目的。這也就是他在四十年前所寫的「數風流人物還看今朝」裏所説的，中華人民共和國的 成立，這是他平生要做的第一件事：完成「豪傑大業」；文化大革命是他真正要做的第二件大事：實現「豪傑」向「聖人」的轉化。而「聖人」對毛澤東來説，是有雙重意義的，一是要代表大多數人的利益，二是要從根本上改造人的思想。在他發現黨內出現了特權階層以後，確實想剷除(更準確地説是打擊、遏制)這個階層，以致不惜將他所建立起來的黨的秩序，國家的秩序打亂，造成「天下大亂」的局面。這正是把他身上的「猴氣」發揮到了極致。這樣也就造成了他代表了在這個秩序下受壓迫者的利益的假象，在文革中造反派也就因此把他視為「永生的不背叛民眾的革命領袖，作為反抗特權階層壓迫的正義的帶頭人」。李一哲們在批判林彪體系時，對毛體系的批判有所保留，原因即在於此。

但在事實上毛又是黨專政體制的代表，這些黨官僚正是他要實現自己的聖人理想、抱負的基本依靠力量。也就像他自己後來説的那樣，他的真實意圖不過是要借群眾的力量，對黨官僚進行一次大衝擊，以使他們更加忠實、臣服於自己，更無阻礙地實現自己的理想，他確實沒有把他們全部打倒的意思，在文革中出現的全部打到的局面是他也未曾預料的。這樣，一旦群眾的造反，要威脅到「黨的一元化領導」時，他就必然要反過來加以遏制。這就是在上海提出要建立「上海人民公社」時，他提出「在人民公社體制下，黨怎麼辦」的問題的原因。他事實上是要把黨官僚和群眾都控制在自己手裏，讓他們聽命於自己。如果群眾「不聽招呼」，他就立即以「反革命」的罪名無情鎮壓，而絕不手軟，顯露出他身上的虎氣這一面，人們這才發現他事實上是既得利益集團的既得利益的代表：這是毛澤東的本質。這正是以後這個黨一直到今天還把他視為自己的領袖的原因。

應該說，李一哲對毛的虎氣這一面，也是有所批判的。但他們仍然堅持，並希望「建立一個完美、理想的社會主義民主制度」。他們相信這個制度會優越於資本主義，「關鍵是在説服毛澤東」。這裏固然有李一哲自己後來所反省的「並沒有突破共產黨所領導的社會主義制度這個框架，並竭力表示對它的忠誠」的局限性，但這也同樣表明他們是一個馬克思主義者，還在堅持自己的理想。因此，把李一哲們納入「反共」的陣營，是不符合實際的。他們堅持的「維護工人、農民、革命知識分子的利益」的立場，仍是社會主義的，或者說是社會民主主義的，並不同於英美式的自由主義。

2. 正因為他們堅持的是自己的理想，因此，他們必然將理想的邏輯貫徹到底，而得出兩個重要結論——

(1)「這場無產階級文化大革命並沒有完成無產階級文化大革命的任務，因為它並沒有使人民群眾牢牢掌握住廣泛的人民民主專政的武器，沒有實現真正的革命民主」。

在他們看來，這樣的轉折發生在1968年夏季。他們分析，這是由於林彪在1968年夏季前後，確立了自己的地位，並以此作為文化大革命「全面勝利」的標誌，就宣佈要「正名」，要建立「新秩序」，而正是在這個新秩序下，人們失去了在文革中獲得的四大自由，並奉行「政權就是鎮壓之權」，從而開始了「一場社會法西斯主義的演習」。他們的結論是：林彪體系實際上是在文革中建立起來的一個新的特權階層統治，一個新的社會法西斯主義統治。「(文化大)革命非但不能完成自身的任務，相反為資產階級野心家所利用，而人民群眾所獲得的只是新的枷鎖」。——這正是對文化大革命在中國的實踐結果的一個符合實際的概括。

李一哲認為，文革中的「人民革命運動」(即通常所說的「造反運動」)，實際上成了林彪集團「實行篡權復辟的『借用力量』」。而之所以發生這樣的被利用的悲劇，根本原因在於運動一開始「對待『天才』的態度這個準則，代替了走社會主義道路，還是走資本主義道路這個準則，『共誅之』『共討之』和『誰反對就打到誰』的原則，成了保衛『天才』絕對崇拜的尚方寶劍」——這樣，李一哲的思想就超越了造反思潮，具有更徹底的性質。

(2)但李一哲仍然肯定了，在林彪體系在文革「達到極點」的同時，它也「造成了自己的反動，即造成了一個新興的社會力量。他們是在這場大革命中，在毛主席的啟發下，懂得了馬列主義、毛澤東思想的人們」。李一哲並且這樣表達了他們的要求——

「他們要求繼續革命，要求人民的革命大民主，要求恢復社會主義法制」。

這是李一哲大字報的點題之筆：它提出了文革造成的「新興革命力量」所要進行的新的社會變革兩個最基本的要求與目標：社會主義民主與法制。今天可以看得很清楚，歷史的下一階段——改革開放的時代就孕育在這一目標裏。這確實具有劃時代的意義。

在這兩個大目標之下，又提出了一系列的主張和要求——

(1)「要法制，不要禮制」，將人民的民主要求法制化：「四屆人大應當明文規定，除了殺人，放火，流氓，盜竊等刑事犯和挑動武鬥，組織陰謀集團分子必須實行專政外，應當保護人民群眾的一切應有的權利」，要允許「反對派」，包括政治上的反對派的存在，要取消政治犯，言論罪。

(2)「限制特權」；

(3)「保證人民對國家的管理權」，「人民群眾對黨和國家各級領導的革命監督權」，「當某些幹部，特別是中央機關的高級幹部失去了人民群眾的信任的時候，人民隨時可以撤換他們」。

(4)「必須對鎮壓人民者實行鎮壓。四屆人大應當明文規定，制裁那些知法犯法，執法犯法，製造假案，公報私仇，私立專案，私設監獄，大興肉刑，草菅人命，罪大惡極的『大人』們」。

(5)「落實政策」；

(6)「各盡所能，按勞分配」，「我們在看到特權膨脹的同時，同樣清楚地看到了工農勞動群眾在所謂『公產主義』的口號下，他們許多合理的經濟利益遭到了剝奪」。

(7)反對對人民思想自由的剝奪和思想控制，「不准思想，不准研究，不准探索，不准對任何一個問題『問一個為什麼』，『天才史觀』簡直取消了八億大腦」。

不難看出，這些都是人民群眾在文革中提出的要求，其中就內含着造反派追求的「巴黎公社三原則」，李一哲企求的是將這樣的人民意志寫進憲法，獲得法律的保證。而這樣的法制，在文革的現實中是具有雙重意義的，既具有「制約當權派的功能」，反對賦予當權派以超出法律的權力，又反對「無法無天」的群眾專政。這兩方面，都是文革專政的要害，人們早已深惡痛絕，李一哲的呼喚自然大得人心。

應該説，民主與法制到文革後期已經成為一種普遍要求，成為許多民間思想者討論的中心話題之一。原北京中學生紅衛兵、時在山西插隊的盧叔寧也在和同學的通訊裏提出要制定

「人民民主的憲法」的要求，他設想「這個憲法應當是由下而上制定出來的。它應當反映人民的利益要求」，「既成的憲法應當成為全中國每個公民的『約法』，應當具有完全的法力和約束力」。[45] 盧叔寧同時還提出要發動「無產階級啟蒙運動」的呼喚。一定意義上可以說，「民主」、「法制」和「啟蒙」是文革後期民間思想的三個關鍵詞。在這方面，盧叔寧是一個重要代表。我們另寫有《思想史上的倖存者與失蹤者》的專文，這裏就不多說了。

最後要討論的是李一哲大字報的歷史地位與作用。

李一哲們完全自覺到他們與五四先驅者的血肉聯繫：「在我們看來，既然封建的社會法西斯專政是我們無產階級專政的在主要危險，反封建依然是我們繼續革命的一個重要內容。——如果五四運動的『打倒孔家店』是提出了徹底的反封建的口號，那麼我們今天的批孔運動就應該是思想政治戰線徹底實現反封建的任務了」。

李一哲大字報還談到了他們的體系和1957年右派的關係。據說他們的批判者就是指責他們「拾起了1957年右派的餘唾」。李一哲的態度是雙重的：一方面他們承認「民主、法制的口號是右派高呼過的」，並且指出：「自從1966年以來，革命造反派和人民群眾所呼喊過的口號，『炮轟黑省委』『反迫害，反鎮壓』，不是至今還讓那些無產階級文化大革命的反對派把無產階級文化大革命視為『右派翻天』嗎？」，但另一方面，他們也竭力和右派劃清界限：「五十年代後期我們無產階級專政的主要危險是從舊社會包下來的右派，而六十年代初期以後，這個主要危險就是黨內走資派了」。他們的這些不必

45　盧叔寧日記（1972年7月），《劫後殘篇》，第205頁，中國文聯出版社，2000年。

要的劃分當時就受到了質疑，一位署名「又一哲」者有這樣的眉批：「黨內走資派不是一夜之間形成的，可以追溯到五十年代，四十年代，甚至更久遠，其根源深植在作為官僚組織的黨的本質之中。五七年的反右運動，不過是加強了黨的官僚化。黨內走資派從來就是黨和國家的主要危險」。

事實上，李一哲們正是1957年的民主戰士的繼承者。

更有意義與價值的是，李一哲一方面在呼籲「繼續革命」，但在具體實現手段上卻有了新的思考，新的選擇，即是強調法制，強調新憲法的制定。某種程度上，他們在呼喚一個新的制憲運動。但他們同時又指出：「新憲法的規定只是再給我們一個武器，要真正實行還要靠廣大人民自己的鬥爭」。他們清醒地指出，中國憲法規定的人民民主權利之所以不能真正實現，除了存在「鎮壓人民的反民主勢力」外，「另一方面也由於人民對這民主權力運用得太少了」，「比較缺乏民主精神」，這就提出了一個教育人民，啟發人民覺悟的問題。這同樣是對思想解放的啟蒙運動的呼籲。這樣，李一哲們事實上就成為八十年代思想解放運動的先驅。

李一哲大字報最後寄希望於「街頭的理論家，政治家，法律家，哲學家，批評家，觀察家們」，這正是表明，他們所期待的思想解放的啟蒙運動，是一個自下而上的運動。因此，李一哲們也就自然成為以後西單民主牆的先聲。而他們自己也在以後對自下而上的民主運動的鎮壓中遭到了新的迫害。

(附錄)讀《王希哲回憶錄》

1.「九評」的影響

「從此發生了我對馬克思理論的興趣。在後來的李一哲駁宣集文的大字報裏，還能找到『九評』對我的影響」。

2. 1963年14歲的中學生對姚文元文章的評價：「我更嘆服姚文元的膽魄和邏輯推理的戰無不勝」。

3. 文革最初降臨時對「第一張大字報」的反應：「結合蘇聯變修的宣傳，那真是『山雨欲來風滿樓』了」，「十七中(王希哲所在的中學)再也放不下一張平靜的書桌了」。

《法西斯黨的危險就在眼前》——紅色江山危急乎殆哉，文化大革命真是太及時了！

4. 1968年：「文化大革命到今天，已經到了必須在理論上解決什麼叫『進行到底』的問題了」。

「(毛澤東視察大江南北的講話)他把造反派瓦解保守派取得勝利的上海模式，轉變為兩派無差別的大聯合模式」。

「清華有個『四·一四思潮』，它認為『造反派能夠打江山，不能坐江山』，天下是共產黨的，造反派不等於共產黨，因此造反派在衝擊了資反派，批判了當權派以後，就應主動退出歷史舞台，讓那些雖受了批判，但並非叛徒、特務的幹部重新上台執政。這個觀點其實很接近毛澤東此時的態度。但大多數造反派並不同意這樣的觀點，他們堅持希望像上海一樣能夠讓造反派掌權。但造反派本身也劃分有許多不同的派系，都堅持自己成為具有掌握最終的核心的資格和權力」。——這一分析，是抓住了毛在文革中的真實思想與意圖的：「天下是黨的」，因此，是保守派，而不是造反派更懂得毛澤東。對毛澤東而言，文化大革命的「底」，就是鞏固共產黨的絕對領導，鞏固他對共產黨的絕對領導。

5.《中國向何處去》的影響：「省無聯的特徵是造反派乾脆把這個江山打爛，換個江山，然後坐上去。楊曦光他們獨立地探索和回答文化大革命的理論問題的勇氣和思路，開闢了一條新的道路」。

6. 1968年的「毛澤東思想學習班」的討論：「文化大革命的目的是什麼？什麼是走資派？有無『主觀走資派』和『客觀走資派』之分？中國十七年，特別是教育部門的十七年，究竟是紅線還是黑線佔統治地位？文革的兩派的實質和解決它的正確方針是什麼？這一系列問題的深化討論，又不可避免地觸及了過去沒有觸及過的哲學領域的一些問題，如毛澤東思想是否也可以一分為二？——當時辯論的某些前提即使荒謬，但對我們這些已經為文化大革命付出那麼大的代價，並希望理解文化大革命的青年學生來説，是一次重要的啟蒙。可以説，這次關於文革理論的討論，幾乎決定了我後來一生的道路和命運」。

7. 毛澤東《讀政治經濟學筆記》的影響——

「我若獲至寶，把它推薦給陳一陽和其他關係密切的同學。我讀了它後感覺如果説馬克思透過商品發現了資本主義的規律和社會主義革命，毛澤東則通過社會主義的分配問題，發現了劃時代的文化大革命。這篇《筆記》，我從推崇它到後來批判它，整整影響了我十年。」

「以後的批判：它是毛澤東政治、經濟極左理論的集大成。什麼『越窮越革命』，『社會越落後，過渡越容易』，以及用大規模的階級鬥爭、政治運動的方法進行所有制的不斷升級和改造等理論，都可以從那裏找到根源」。

8. 在知青時期，面對中國現實以後，這些紅衛兵的新的思考——

「在樟木頭收容所的二十幾天裏，我天天讀着毛主席的《中國農村的社會主義高潮》，天天思索着為什麼這個社會主義那麼難以戰勝資本主義，為什麼勞動的工人、農民偏偏不願意留在『天堂』，而要冒死奔向『地獄』？」

9. 林彪事件的影響——

「這個事件對中國人民心理的衝擊，用天塌、用地陷來形容也只能道其萬一。從此，神聖的共產黨消失了，人民看到了路線鬥爭的帷幕後面的赤裸裸的權力爭奪和政治仇殺。他們開始厭惡和遠離官方的政治和道德説教，他們感到最應該關心的還是自己。以此發軔，形成了日趨氾濫的利己主義、保守主義的潮流，社會從此走向自私，走向腐化。中共十一屆三中全會以後，胡耀邦雄心勃勃，試欲挽瀾回天，亦已乏術了」。「但是，毛澤東神聖不可侵犯的光環被打碎，也正是林彪事件進步意義之所在」

——林彪事件是文革中人民覺醒和知識分子覺醒的重要關鍵。

10. 王希哲從林彪事件中得出的結論——

「不但要提高馬列水平，還要提高堅持真理，奮不顧身的精神。有了馬列水平，又有了這種精神，才是反修防修的可靠的保障」。——如何看待文革中「為堅持真理而奮不顧身的精神」：這是寶貴的思想遺產，還是精神的迷誤？這裏的關鍵是「真理」是外加給自己的，即別人向自己宣示的真理，還是自己獨立探索所認識的真理？應該説，早期紅衛兵的「為真理而獻身」大體上屬於前者，當然不足為法；而在文革過程中，紅衛兵逐漸擺脱毛的影響，努力探討真理而煥發出的獻身精神，如李九蓮、王申酉那樣，那是極其可貴的傳統。在九十年代以來已經失落，當然，也是因為人們現在已經不知道什麼是「真理」了。

「為了保證黨和國家今後不再上當受騙，遭到法西斯式的蹂躪，就應該提倡黨內民主和廣泛的人民民主。而要恢復民主，首先就必須批判、摧毀他們的用以支撐自己的政治特權的那些『神聖原則』：『誰反對毛主席就打到誰，誰反對毛澤東思想就打到誰』。這也就形成了我後來的《關於社會主義民主和法制》大字報的思想雛形」。「這是我劃時代的文章，開始了 渴望已久的我的戰鬥。我這一炮，是瞄準了統治中國社會思想達五年之久的林彪專制主義權威原則，轟出來的。當然，我是下了最大的決心，希望它能夠對中國人民的思想的解放有所貢獻，希望它對宣傳馬克思列寧主義、毛澤東思想有所貢獻。我希望它能夠成為——在某種意義上說——費爾巴哈的《基督教的本質》——青年黑格爾派在黑格爾倡導體系中彷徨、探索多年之後的那一次突破。『青年毛澤東派』的突破，就是摒棄了『誰反對毛澤東思想就打到誰』的原則，宣佈從此不再把毛澤東視為絕對的，神聖不可侵犯的東西了。魔法被解除了，體系被炸開了，而且被拋在一邊。矛盾既然僅僅存在於想像之中，也就解決了。」「我認為提『青年林彪派』要更準確一些。文章的精華，思想發展的脈絡是，一開始大家都狂熱地相信毛澤東思想是絕對的，神聖的，因此大家都是林彪派，但把毛澤東思想絕對化本身就不是毛澤東思想；逐漸一部分青年在學習和實踐過程中，對此發生了懷疑，開始了獨立的探索，這便形成了青年林彪派，突破了林彪體系，掌握了真正的毛澤東思想，成了毛澤東派」。

——確實是「魔法被解除了」，但仍不夠徹底，因為仍把自己歸結為「毛澤東派」，並且提出了「真毛澤東思想」和「假毛澤東思想」的概念。這是青年們思想解放的第一步，以後還會有若干步。

11. 林彪「五七一工程」的意義：「文革中的既得利益集團，他們是所謂『新貴』，是1968年『全國山河一片紅』後形成的新的特權階層」，「他們承認了這座江山，並第一次向人民揭露了這座江山，卻不能不是『五七一工程紀要』的歷史貢獻。從此，『民富國強』的口號，『反對秦始皇封建專制』的口號，便為李一哲大字報所接受，並星火一般向『天安門運動』，『79中國之春運動』、『86學潮』、『89民主運動』——一波一波傳下去」。

——這是一個很有意思的問題，是一個文革研究中繞不過去的問題。

12. 郭鴻志的出現及其意義：「他非常讚賞我關於林彪事件的教訓，表明中國共產黨的問題，是民主問題而不是什麼馬列主義水平的問題的看法。我原來以為中共的民主問題，是從1959年廬山會議批彭才開始嚴重起來，郭卻毫不猶豫地把這個問題追溯到毛澤東中央紅軍與張國燾四方面軍的鬥爭。——他又說，中共黨史這樣，蘇聯黨，國際共產運動也是這樣。蘇聯的不民主，也不是從斯大林開始的，列寧的第三國際整孟什維克，整第二國際就是派性，只許搞布爾什維克主義，不許搞社會民主主義，說人家第二國際已經破產，但人家一直到現在，社會民主黨執政的國家越來越多，可第三國際自己早就沒了。社會主義陣營也完蛋了。共產主義內部不民主，對社會經濟發展造成了極大障礙，搞到現在快五十年了，還趕不上美國，若到本世紀末，還是趕不上人家，只能證明第二國際是對的，中國革命多此一舉」。老郭的這番話對我真個是震聾發饋，耳目一新。我們受着共產黨的正統教育，多年來我們只能讀到正統的黨史，我們無法知道掩蓋在這黨史背後的實際的陰暗面，而只有真實地瞭解過去，才可能真實地瞭解現在。

——郭鴻志的出現，有重要意義：這是李一哲這些成長於文革的青年知識分子於具有叛逆思想的老共產黨員的一次相遇，並從此相互聯結起來；這一結合，使李一哲們的思考由現實升入了歷史，產生了以下效果：(1)引發了對毛澤東本人及其思想的進一步懷疑；(2)引發了對共產黨專制體制及其傳統——布爾什維克主義傳統的懷疑，並且注意到馬克思主義的另一個傳統，即社會民主主義的傳統，而社會民主主義傳統以後就成為中國的年輕一代的馬克思主義者關注的中心。這樣，李一哲的批判鋒芒就最終指向了「布爾什維克主義——斯大林——毛澤東專制體系」，納入了對共產主義運動的思考。

13. 批林批孔的另一方面的作用、效果：「我們進一步從社會主義民主的問題討論到了法制問題。這是好幾個因素促成的：一是正值高潮的批林批孔運動，越來越抬高了先秦法家的地位，把它說成是延續中國兩千多年封建時代的『革命路線』的正確代表。雖然知道這裏有着不可告人的陰謀，但無論如何，反對禮制，主張法制的口號我們是可以接過來充分利用的。另一方面，我們討論了赫魯曉夫非斯大林化以後蘇聯理論界對貝利亞、維辛斯基迫害蘇聯法制造成的嚴重後果的批評，更重要的當然是實踐，是文革中對林彪、黃永勝在廣東製造的大量冤案、血案。」

14. 造反派們對李一哲大字報的反應：「所謂『造反派』實際上是最大的保皇派，他們造反，要保的就是『布爾什維克主義——斯大林——毛澤東的專制體制』。他們和宣集文一樣，敏感地發現了李一哲萌生的自由化民主思想，他們甚至是比官方更不能容忍的」。

15. 李一哲讀《資本論》以後的轉變，所得出的新結論：

(1)「社會經濟形態的發展是一個自然的歷史發展過程，它不能跳過，也不能用法令來取消這個自然過程。因此，無論是蘇聯的社會主義，抑或中國的社會主義，無論建立它的動機多麼崇高，試驗多麼偉大，在自然經濟運動規律的面前，它們是最終要失敗的」。

(2)「一個國家的現代化生產，不可能脫離世界市場，強大的，自然的，高效率的資本主義世界市場最終要把行政強制的社會主義市場吸引過去」。

(3)「無產階級專政是不可能的」。

16. 對鄧小平1980年取消「四大」(大鳴，大放，大字報，大辯論)的反應：「我認為鄧的主張，其性質就像馬克思《法蘭西內戰》中所説，資產階級和無產階級結盟，取得政權第一個信條，就是解除工人的武裝。大字報正是人民手中唯一武器。」

附：王希哲《毛澤東與文化大革命》一書的要點

1.「打擊黨外『右派』不過是毛澤東對黨內『右派』的一個警告」。

2.「1966年下半年，人民群眾反官僚主義的利益還從屬於毛澤東發展專制主義的利益，人民群眾本能地反官僚主義制度的要求，卻被毛澤東披上了為國家更加專制獨裁而戰的戰袍。『誰反對毛主席就打到誰』的口號是林彪提出的，誰高喊了它呢？是人民，但這根棍子最後把誰打痛了呢？還是人民。」

3.「陶裏亞蒂曾經把法西斯主義描述為一種群眾性的反動政權，它是反動的，但卻是一個贏得廣大群眾擁護的政權」。

4.「在毛澤東看來，民主是一種手段，而且只能是一種掌握在他手裏翻雲覆雨的手段，他壟斷了一切，當然也壟斷了人民：他的『民主』就是人民的『民主』，他的為所欲為就是人民的為所欲為，誰要是不贊成，他們就不是人民，是人民的敵人。在他把劉少奇永遠開除出去的非法擴大的八屆十二中全會上，雖然有人對他的權力的合法性提出了質問，他傲慢地 回答説：我們的權力是誰給的？是人民群眾給的，我們代表了人民，打到了人民的敵人，人民就擁護我們」。

5.「林彪事件發生，立即把九大以來天下大定的局面搞亂了，人們的眼界一下子被大大地打開了，社會各種被壓制的潛流迅速活躍起來。1971年批極『左』，已經成為廣大幹部和群眾自發的爭取自身解放的歷史潮流，它標誌着中國共產黨內的改革力量和中國人民已經開始認識到自己的利益，並開始維護自己的利益的獨立的力量(的結合)。」

6.「任何一個專制的統治，在他的最高統治層中，一定要有正義的代表者存在。因為它是被壓迫的下層人民和下層官僚們在受到委屈時受到保護的最後指望。如果這個正義的燭光被撲滅了，那麼，大亂就即將臨頭了」。

7.「李一哲大字報代表了文革中所產生的一代與毛澤東御用革命的決裂和對這個革命的反省」。

8.「毛澤東為了打垮黨內民主改革派，實現他個人專制，不得不鼓動人民群眾向他和他的小集團之外的整個官僚階層發起了衝擊，這樣就帶來了兩個結果。一種是毛澤東達到了他個人專制的目的，一個卻是人民群眾，特別是青年們與中國數千年的長官的傳統的決裂。他們在官僚面前再也不感到自卑了，而這正是實行民主改革的精神前提，甚至他們還敢於從制度上來考察中國社會的各種問題了。文化大革命是造就了一代敢於獨立思考國家大事，敢於承擔社會責任的青年。思考的一代在中國崛起，不過是毛澤東和文化大革命的副產品。」

9.「楊曦光是中國思考的一代的理論先驅。但我不滿意他們對當時中國社會政治形勢所作的估計。——人們對激進的革命者林彪，中央文革的憎恨是遠遠超過了對『走資派』的憎恨的」。

10.「(文革)第一階段1966年紅衛兵和小部分工人是跟毛澤東走的。第二階段袖珍版的文化大革命，當年的紅衛兵幾乎全體，工人階級都不理睬毛澤東的話了。第三階段，1976年，紅衛兵和工人不但不聽話，反而統一造反了。伴隨着毛澤東的每一個勝利，都是人民對他的認識的進一步加深和抵抗的進一步加強。經過了1966年至1971年感性認識的積累，終於在1976年4月3日爆發了人民自己的文化大革命。只要中國的斯大林式官僚制度不被真正的人民民主共和制度代替，這場『文革』就永遠不會結束」。

(十六) 從農村尋找新的社會變革的突破口

《中國農民問題學習——關於社會主義體制問題的研究》(張木生)(1968年秋)[46]

張木生是一名高幹子弟，他寫於1968年秋的這篇約三萬言的長文，曾在高幹子弟和知青中廣泛流傳，引發了激烈的討論和爭論。它是紅衛兵作為知青下鄉以後繼續探討中國發展道路的最初成果，但由於它的影響延續到文革後期的民間思想，並和李一哲大字報一樣具有開啟以後的改革開放新時代的意義，因此我們把它放在這裏討論。

其可注意之處有五；

1. 張木生在辯論中，對自己的批判者說了一句話：你們不要給我亂扣帽子，「我們無非是要把事情弄好一些，讓老百姓過好日子」。這句話說得極其樸實，卻道出了時代思潮的巨大

46 筆者所見到的張木生的文章是油印的記錄稿，可參看印紅標：《失蹤者的足跡：文化大革命時期的青年思潮》，第 295–298 頁，他所依據的是一位在山西插隊的北京知青日記裏的抄錄稿。

變化。人們已經從革命狂熱回到現實，從烏托邦理想回到生活常識：最重要、最根本的，就是要「讓老百姓過好日子」。

2. 問題是，怎樣使老百姓過上好日子？張木生的回答也十分明確：根本的問題是「發展生產力」。張木生讀了德熱拉斯的《新階級》以後，在討論如何防止特權階級的產生時，說：「不保存(資產階級法權)，實行平均主義、戰時共產主義，也行不通。靠思想革命化嗎？沒有物質基礎，怎麼有思想？」這是和政治體制改革派不同的另一種思路：首先要解決物質基礎問題，要從發展生產力入手。

3. 接着的問題是，此種以發展生產力為中心的改革，要從哪裏突破？張木生和他的同伴把目光轉向農村，把中國變革的重心、起點和希望放在農村。這顯然是知青到農村去，對中國農民的疾苦，對中國的國情，有了深切的體察、瞭解的一個必然結果。

由此產生的改革新思路的要點有二：一是從農村改革入手，二是走體制內改革的道路。張木生因此與胡耀邦於1973年有一次見面。胡耀邦當時雖還沒有完全「解放」，但已經在思考未來中國的發展，因此注意到張木生的文章，認為講得很有道理，支持他回到北京，進行農業問題的研究。這樣的民間思想者和高層的互動，對以後中國發展的影響，是明顯的。

4. 農村改革從哪裏入手？張木生的文章，中心意思就是強調「解決體制問題才能解決發展生產力、幹部群眾關係等問題」。張木生說，人民公社體制最初是毛主席定下來的，特點是一「大」二「公」，「大」是形式，「公」是內容。「公」是公社核算，事實證明行不通。後來就退到三級所有隊為基礎。其實公社只是個鄉政府了。隊為基礎又僵持了十多年，仍然沒有出路。生產力無法向前發展，因為生產關係不適合生產力。張木生指出，蘇聯和中國的病根都是「為工業化的原始積累而剝奪農民。農民的一切都統購統銷，統收統分，哪有價值規律？農民永遠是低收入，低效益」。無論是人民公社或統購統銷的制度，都是對農民的剝奪。因此要解放農民，就必須從這兩個體制的改革入手，把土地經營權，收穫、分配權都交給農民。——可以看出，八十年代中國農村改革已經呼之欲出。

5. 仔細研究張木生的文章和講話，就可以發現，他在回顧中國農村問題的歷史時，明顯地傾向於彭德懷和劉少奇，認為他們對農村問題的主張是有道理的。這正反映了文革後期人心的一個重大變動：正在從文革的發動者毛澤東和他所支持、利用的林彪集團、江青集團，向文革被打倒對象，劉少奇、鄧小平、彭德懷，以及實際傾向於他們的周恩來傾斜。

(十七)讀王佩英、李九蓮、鍾海源、張志新的泣血文字

《致男友的信》(李九蓮)(1969年2月)

《日記言論摘抄》(李九蓮)(1968年九大前後)

《獄中自白》(李九蓮)(1969年5月1日–15日)

《「投降書」》(李九蓮)(1975年5月–6月)

《我的政治態度》(李九蓮)(1976年12月)

《我的那些看法談不到是犯罪》(張志新)

《一個共產黨員的宣言》(張志新)

《關於「黨內民主生活」等問題的看法》(張志新)[47]

---

47 本節討論的李九蓮的文字見朱毅編：《李九蓮、鍾海源35祭紀念》，自印本；張志新文字見自印本。李九蓮、鍾海源案參看胡平：《中國的眸子》，載《當代》1989年3期，戴煌：《胡耀邦與平反冤假錯案》，中國工人出版社，2004年。王佩英案參看郭宇寬：《王佩英評傳》，自印本。

王佩英、李九蓮、鍾海源、張志新，以及我們已經討論過的林昭、陸文秀，都是在文革中為堅持信念而犧牲的女傑。

王佩英是北京鐵路專業設計院的清潔工，是1951年入黨的黨員。她在1962年七千人大會以後，就認為毛澤東應該為大躍進的錯誤引咎辭職，讓幹得好的人(指劉少奇)上去，並揚言「毛主席應該退出歷史舞台，不然他以後沒有退路」。到1965年，她更提出要求退黨，理由是：共產黨已經「站在人民頭上壓迫人了」，「我再不退黨，我的罪就大了」，而「領導共產黨變質的就是毛主席」。在文革中她更是旗幟鮮明地支持劉少奇，反對毛澤東。最後以「現行反革命」的罪名，於1970年被公開處決。

李九蓮是江西贛州市第三中學的學生，文革前是學校團委與學生會的幹部，文革開始後就響應毛澤東的號召，起來造反，成為學校造反派組織「衛東彪戰鬥兵團」的副團長，為捍「衛」毛澤「東」和林「彪」而「戰鬥」。但到了1969年，她就產生了懷疑。她在2月29日寫給自己的男朋友信中，表示「經過半年多的複雜生活，碰到一系列事物，想到了很多問題。首先是對國家前途發生懷疑」，「對今後的天下到底屬於誰，林彪到底會不會向赫禿(按，指赫魯曉夫)一樣，現時的中國到底屬於哪個主義等項問題發生懷疑」。——應該說，文革從1966年發動，到1969年，經過近三年的大動盪，普通老百姓，包括緊跟毛主席幹革命的紅衛兵、造反派都普遍產生了厭倦情緒，並開始對文革初期堅信不移的許多觀念、做法，以致文化大革命本身，都產生了不同程度的懷疑。但像李九蓮這樣，自覺地提出懷疑，追問不止，並公開說出，卻並不多見。或許李九蓮的價值就在這裏：她說出了那個時代普通人和思想者的懷疑，就為後人認識這段歷史，留下了寶貴的記錄。

她的懷疑，首先指向文化大革命：「我不明白『無產階級文化大革命』到底是什麼性質的鬥爭，是宗派鬥爭還是階級鬥爭？我感到中央的鬥爭是宗派分裂。劉少奇好像有很多觀點是合乎客觀實際的，是合乎馬列主義的，又覺得對劉少奇是『欲加之罪，何患無辭？』」

「我對林彪早有看法，早有警惕。一個真正的馬克思主義者怎麼老講這一套呢？他講毛主席比馬、恩、列、斯都高——就覺得不像一個馬克思主義者。赫魯曉夫也是吹斯大林，貶低馬、恩、列，斯大林死了，他連斯大林的墳都挖了」，「我不理解毛主席為什麼不能抵制林彪的『三忠於』，「火熱的『三忠於』配合着極左政策，將給人民的思想帶來什麼？根據我的痛切體驗：一，將割裂黨和群眾的血肉聯繫；二，將破壞黨的民主集中制；三，將真正損害領袖在群眾中的崇高威望」，「我擔心林彪是利用文化大革命搞宗派集團，要不然為什麼這麼多老前輩對林彪如此反感，説明林彪在中央不得人心啊！」「可恨乎？宮廷裏指鹿為馬，無人敢言。老百姓難斷是非，何必跟着瞎跑？」「那時候快要開『九大』，都公認林彪是最好的接班人，又要當黨的副主席，我就擔心，這個國家就要敗在他手裏了」。

「抓階級鬥爭有什麼用呢？只是使人敢怒不敢言，老老實實，不亂説亂動罷了。『一抓就靈』，有的時候也會失靈。比如下鄉工作中的階級鬥爭吧，是根本錯誤。抓學生中的右派，原來不是取消了嗎？通過無產階級文化大革命，人們乃至青年的資產階級思想是少了呢？還是多了呢？我看還是多了，把政治那一套都看透了」，「現在人們是得過且過，而在心裏都在期待着……」。

「幹部下放勞動，這期間血淚何其多？青年學生到農村去，這期間的痛苦和絕望又何其多？知識分子們呢？不幹了。我國的知識分子並不是太多了啊！」

「後來下放，城市居民下放，小商小販下放……弄得我更悲觀。下放時，在體育場送行，許多人都落淚了。…… 上頭有鬥爭。有不滿，下面又人心惶惶，我就擔心」。

「殘冬的太陽餘光還是明亮的，略有溫暖的，然而實在是無力的，不能持久的。儘管是這樣，即使是穿着棉襖還在發抖的人們，仍不得不讚歎……在人群中說：『啊，多麼偉大，多溫暖的太陽啊！』為的是……只有那些還沒有棉衣的『無產者』才能大膽地說：『它並不偉大，也並不溫暖。不然，我怎麼會冷得發抖呢？』」

「資本主義與社會主義的根本區別在什麼地方？既然是搞社會主義，為什麼人們逐漸陷入痛苦和貧困，難道這是所謂的『共產』嗎？」

「人們都在問，活着有什麼意義？都渴望戰爭，希望在戰爭中消滅自己」。

最後兩個問題，就已經超出了文革本身，或者說，涉及文革的後果及更深層次的問題。

但正如一位論者所說，「懷疑精神，是人類進步的動力；而在我們國內，你一旦開始懷疑、質疑，就走上了犯罪的道路」(王荔蕻)。李九蓮對此是有充分思想準備的。她在寫給男友的信裏透露自己的懷疑時，就說了這樣一段話：「馬克思說過：『使人生具有意義的不是權勢的表面的顯赫，而是尋找那種不僅滿足一己私利，且能保證全人類都幸福和完美的理想』。我決心按馬克思所說的去度過自己的一生。所以不能保證自己不走向『反面』，成為『罪犯』」。也就是說，李九蓮為了堅持自己的「為人類謀幸福」的理想，是決心「走向反面」，充當文革的「反對派」，同時付出「成為『罪犯』」的代價的。——這樣，李九蓮就不僅對現狀大膽懷疑，而且具有了為自己的懷疑和理想獻身的精神：這或許是她更大價值所在。

儘管作好了最充分的思想準備，但現實卻遠要嚴峻得多：李九蓮的男友——昔日的紅衛兵戰友，此時的光榮的解放軍戰士，接到她的吐露心跡的信以後，立即上交部隊領導，轉到當地革委會，於1969年5月15日以「現行反革命罪」將李九蓮逮捕，其主要罪名是「全面、系統反林副主席」。直到1972年7月林彪事發，其江西死黨下台，李九蓮才獲釋放，結論卻是：「現行反革命性質，按人民內部矛盾處理」。李九蓮多次抗爭無效，就於1974年3月批林批孔運動期間，在贛州公園貼出《反林彪無罪》等大字報，並將自己當年給男友的信公之於眾，立刻轟動全市，得到當地老百姓廣泛支持，她的大字報上寫滿批語：「人民支持你，李九蓮！」「中國少的是李九蓮，多的是奴才！」萬分驚恐的當局將李九蓮秘密逮捕，這又激起了民眾更大的反抗。當地二百五十九個單位，二千多人連夜舉行集會，並發表聲明：「李九蓮以對林彪的及時洞察表明她是酷愛真理，關心祖國前途，無私無畏的好青年！」會後數千名群眾自發湧向地委辦公樓。淩晨幾百名群眾又乘車奔赴關押地，要求釋放李九蓮。以後又頂着高壓，成立「李九蓮問題調查委員會」，堅持聲援行動長達七個月之久。李九蓮的懷疑反抗竟引發了如此規模的群眾抗爭運動，足見人心所向，卻因此驚動高層。在王洪文、張春橋指示下，1975年5月，以「現行反革命罪」判處李九蓮十五年徒刑；並牽連四十多人被判刑，六百多人受刑事、行政、黨紀處分。這樣的發生在江西贛州的群體反抗與被鎮壓事件，早於1976年的天安門四五運動將近兩年。

但這還沒有結束。1976年10月四人幫被捕，李九蓮依然以懷疑的眼光，看待這一巨變。12月，她在獄中寫下了《我的政治態度》一文，認為「華國鋒把黨政軍大權獨攬於一身」，「是資產階級野心家」，「寄希望於江青」。——應該説，李九蓮的這一反應，是有一定代表性的：許多文革中的左派(他們中許多人都是「毛澤東主義者」，李九蓮反對林彪，對毛澤東的「不察」也有看法，但仍是寄希望於毛澤東的)，都把華國鋒抓捕四人幫判斷為「右派政變」。而在抓捕四人幫以後，又開始「大樹特樹華國鋒」，這更容易引起李九蓮這樣的對個人崇拜高度敏感的革命者的警惕，她尖鋭批判華國鋒「把黨政軍大權獨攬於一身」，「是資產階級野心家」，就是這個道理。至於她對江青寄以希望，則恐怕是基於「江青是忠於毛澤東的」這樣的判斷。更重要的是，李九蓮是把她的懷疑精神堅持到底的：對任何政治事件，那怕是萬民歡呼的粉碎四人幫事件，她也要堅持自己的獨立思考，獨立判斷，即使有失誤，也不人云亦云。而且她也一定要公開説出懷疑，因為這是自己表達不同意見的權利。但這恰恰是文革和文革結束後的中國政治所絕對不允許的。這樣，李九蓮在文革中先因懷疑林彪而入獄，又因堅持批判林彪極左路線，被王洪文、張春橋下令再度判刑；現在，在文革結束以後，又因懷疑華國鋒而以「惡毒攻擊英明領袖」的罪名被判處死刑。這裏，「懷疑者必有罪」的邏輯是貫徹始終的，而李九蓮的堅持、反抗也是一以貫之的，那怕因此付出沉重代價，以致生命：這恐怕是李九蓮最令人崇敬之處。

這一切，李九蓮都是高度自覺的。於是，她留下了兩段遺言——

「反潮流是馬列主義的原則。我做到了不怕開除廠籍，不怕解除婚約，不怕坐牢，不怕殺頭……。凡真理，都有三種遭遇：用得着時，便奉為至寶；用不着時，便貶為糞土；非但用不着而且有『害』，就像狗一樣關進籠裏——這就是現實，這就是真理的遭遇。誰準備用真理的花環裝飾自己，誰就得同時準備用糞土包裹自己純潔的靈魂！」

「『活不如死』，在這個天地裏，很難做一個清白正直的人。我只是像杜鵑似的啼出血來，又有何用？我向冰冷的鐵牆咳一聲，還能得到一聲回音。而向活人呼喊千萬遍，恰似呼喊一個死人！！」(聽到死刑判決書以後李九蓮的自言自語)

「這就是(中國的)現實」。——我們有勇氣正視它嗎？

還有更嚴酷的結局：1977年12月14日上午，年僅三十一歲的李九蓮被綁赴刑場。她的嘴巴裏塞着一塊竹筒——禁止她發出最後的反抗的聲音！

李九蓮遇害四個月之後，另一位贛州奇女鍾海源，也於1978年4月30日被判處死刑，罪名也是「惡毒攻擊華主席」。

鍾海源只是一名普通的小學教師，她不認識李九蓮，只是為李九蓮精神感動，在她的大字報上寫了一句話：「李九蓮，你是我們女姓的驕傲」，於是就自願地投入聲援戰鬥：先是在「李九蓮問題調查委員會」盡義務；在調查委員會被宣佈為反革命組織後，就在家裏起草了《強烈抗議》、《緊急告全市人民書》等傳單，自己刻，自己印，自己到劇院散發，因此被捕。在1976年四五事件後，她在監獄裏公開說「華國鋒不如鄧小平」，結果被判十二年有期徒刑。她在嚴刑拷打下，被打斷小腿骨，居然站了起來，拖着沉重的鐐銬，在監獄的牆上寫下了「打倒華國鋒」的口號，因此被判死刑。她毫不猶豫地在判決書上簽了名，把筆一甩，扭頭就走。法院的人問她，有什麼後事要交代，她平靜地說：「跟你們講話白費勁，我們信仰不同」。

最令人髮指的，執刑者竟然活剝她的腎臟，以供一位腎功能衰竭的飛行員使用，而這位飛行員正是一個高幹子弟。

文革女傑中，人們更為熟知的，是張志新。她在獄中所寫的自白裏，提出文革是以毛澤東為代表的「左傾路線」，和以劉少奇為代表的「正確路線」之間的鬥爭，她因此以「反毛澤東」、「反文革」罪被判死刑。她和我們已有討論的林昭、林希翎、陸文秀不同，始終是站在黨內鬥爭的角度思考問題，她是真正的「黨的女兒」。在審訊中，她始終咬住一句話：「我是共產黨員」，「我要找黨，找真正的共產黨」，「前提與目的只有一個：捍衛黨的原則和革命利益」。也就是說，當她發現黨已經不再是黨，背離了自己原初的目標的時候，她要堅持「黨的革命性」。因此，她堅持：黨任何時候都要不能忘記自己的階級基礎、群眾基礎——工人、農民的利益，「忘記就是背叛」；任何時候都要實行黨內民主，「個人任何時候都不能凌駕於黨之上」；共產黨員「對任何問題都要問一個為什麼」；共產黨員任何時候都應該「講真心話」；共產黨員「要敢於正視真理，不管真理使人多麼痛苦」；共產黨員要永遠堅持「革命」就「應當是強者」：「走自己的路，讓別人去說吧！」她說：「這就是一個共產黨員的宣言」。但恰恰是在文革中，絕大多數的黨的幹部和黨員，都屈從於毛澤東的專政，背離了自己原初的宣言。這就是為什麼張志新在黨內引起的反響特別強烈，許多老黨員在她面前感到羞愧的原因所在。可以說，在文革中，當許多人都陷入盲目的崇拜時，她保持了清醒，大膽提出懷疑和批判；當許多人都被迫沉默或說假話時，她大聲說出了內心的真話；當許多人都屈從於權勢，她卻堅持為真理而獻身。在這個意義上，可以說，在民族精神沉淪時，是張志新，還有林昭、陸文秀、李九蓮、鍾海源、王佩英這樣的民族英傑、聖女，拯救了民族的靈魂。

張志新因堅持黨的革命性而在文革遇害，這背後有一個張志新與毛澤東的關係問題。就主觀動機而言，毛澤東在1962年以後，一再發動階級鬥爭，以致文化大革命，都是為了保持黨和國家的「革命性」；而張志新的命運卻證明，當一個真正的共產黨員，要自覺地保持和維護黨和國家的革命性時，就一定會像張志新這樣，對毛澤東的思想、路線、行為提出質疑和批判，而這又是毛澤東所絕對不能相容的。因此，當張志新被毛澤東所建立和維護的一黨專政體制所殺害的時候，也就暴露了毛澤東所謂「永遠革命」的理想的實質：它決不允許以自身為革命對象。而判斷是否為真正的革命思想和革命，恰恰是要以是否具有自我批判精神，能否革自己的命為標準、標誌的。這或許是張志新的命運給予我們的最大啟示。

(十八) 終於產生的理論著作

《論無產階級民主革命》(陳爾晉)(1974–1976年初)[48]

1974–1976年初，一位雲南青年陳爾晉(1945－)寫了一部十二萬字的著作，原叫《特權論》，定稿時改為《論無產階級民主革命》。這是一部終於產生的理論著作，是文革民間思想中「最後的，也是最具系統化和理論化的制度批判」著作。[49]

這樣一部重要的理論著作，卻是出於中國最邊遠地區一位青年一人之手。陳爾晉是自學成才的，是雲南小縣城曲靖工廠裏的工會幹部。他沒有參加任何民間思想村落的討論、交流，完

48 本節討論的陳爾晉的《論無產階級民主革命》後公開發表於1976年《四五論壇》，筆者所見為其影本。

49 印紅標：《失蹤者的足跡：文化大革命時期的青年思潮》，第464頁。

全依靠孤獨一人的獨立閱讀與思考，就寫出了代表時代認識高度和深度的理論著作，這實在是文化大革命中的一個文化奇跡。

他的理論發現和論述有以下幾個要點——

1. 其核心是提出了「新型的剝削制度」即「修正主義制度」的概念，並概括了其主要特點：

(1)「官僚壟斷特權階級所有制」；

(2)「集體壟斷，共同佔有」；

(3)「特權資本化」——「官僚壟斷特權階級通過政治、經濟一體化，集政治領導和經濟支配權力於一身，將整個社會人力、物力高度組織、高度集中起來，具有巨大的競爭能力的資本積累制度」，「將公有制社會生產必要的集權特權化，又將特權資本化來進行剝削」。

(4)「糖衣砒霜和帶血屠刀相結合」。「掛着社會主義招牌」；「狹隘的愛國主義和民族主義」，「福利主義」；「用國外戰爭轉移國內視線」。——這三點抓得很準：這正是「官僚壟斷特權階級所有制」的意識形態特徵。

(5)「勞動和特權的尖鋭對立」：「勞動者淪為無條件絕對服從物，一切聽從當權人物即所謂『組織』的擺佈」(單位所有制)。

(6)「法西斯寡頭、騙子政治，社會法西斯主義」，「神化黨，強化官僚軍事機器，殺人和説假話」，「一小撮黨閥兼軍閥、財閥、派閥的寡頭政治」。

(7)「特殊類型的帝國主義：社會帝國主義在政治上的全面反動。否定一切民主的這一特徵，在修正主義制度下，得到了最完備的體現。」

——這都是極為重要的概括，至今仍具有生命力。

2. 關於產生修正主義制度的原因。文章明確提出，不能簡單地把一切歸之為「資本主義復辟」，「產生修正主義制度的根本原因，不在於資本主義殘餘勢力在國內的影響，也不在於國際資本主義的包圍和壓力。而在於生產資料實行公有制以後，社會生產方式內在的特點及其基本矛盾的惡向發展。」

於是，就有「處於叉路的社會主義社會」的概念，並分析其基本特點是：「高度集中壟斷，組織化的社會生產」，「把整個社會的人力、物力全部納入一面極為嚴密的網中，實行政治、經濟一體化領導，政治權力支配和管理整個國民經濟的生產、分配和交換過程」，「實行有組織的生活和有組織的思想」。——「政治權力」對國民經濟的生產、分配、交換的全面「支配與管理」，對國民「生活」與「思想」的「組織化」，這大概是對「中國特色的社會主義」的高度概括，而「有組織的思想」更是抓住要害的；而作者又特意強調：這裏所說的「政治權力」就是「黨權」，這更是點明了實質：「黨權」無所不在，控制一切，正是「中國特色的社會主義」的最重要、最基本的特色。

問題是：如何認識這樣的政治、經濟、思想、社會「一體化」的領導體制？

作者認為，此種體制的「優越性」在於「極有效率地動員社會力量組織整個社會財富和發掘整個社會生產資料，使之投入有計劃，按比例的發展」，「高度集中，高度壟斷，高度組織化」，就有可能產生「巨大的生產能力和巨大的競爭能力」，這對生產落後的「第三世界國家是有吸引力的」。

問題在於，這樣的領導體制下的「公有制本身含有國家資本主義的屬性」，這就必然「造成生產對權力的極大依附關係，造成經濟基礎和上層建築的作用和反作用的過敏性反應」，「政治權力的易於異化，權力分工成了高度組織起來的政治一體化的公有制社會生產過程的關鍵所在」，而「是依靠創造歷史的勞動人民大眾自己選擇領導，還是將領導強加給他們？這就是在起關鍵作用的權力分工上的核心問題」。

作者認為，這種「領導權固定化壟斷」在「社會主義革命第一階段(即將生產資料私有制改造成公有制階段)曾經是生產力發展的形式」，是「無可非議的進步行動」，但從一開始又「落入了特權腐蝕劑中」，「權力一般有向特權膨脹的必然趨勢。公有制社會勞動過程所必要的集權職能，之所以向大量地佔有無償勞動，剝削社會勞動過程的特權轉化，就實質來講，正是叉路的社會主義社會生產方式本身的特點」。

作者更進一步指出，這樣的向特權轉化，主要是通過以下途徑來實現——

(1)任命制——「在權力被少數人強制性固定化壟斷的生產關係下，任命制造成了當權者只為他們的烏紗帽和提拔他們的上司負責，不為他們領導下的人民群眾負責。任命制加強了政權的保守性和反動性；強化了專橫跋扈的官僚政治；培育了無恥透頂的奴隸主義；滋生了政權體系內的宗派主義，並導致了宗派主義的戰爭，將勞動者、人民群眾的主權剝奪殆盡。」

——對「任命制」的批判，至今仍具有強大的批判力：是實行黨層層授權的「任命制」，還是按照憲法的規定，實行公民「選舉制」，依然是政治體制改革的一個關鍵問題。只要堅持一黨專政，就絕不會放棄黨授權的「任命制」；事實上，當黨失去了理想、信仰的凝聚力以後，「任命制」就成了維護黨的紀律，官僚機構順利運行的重要法寶，在這個意義上，今天黨的統治的有效性已經離不開「任命制」。而只要堅持「任命制」，當權者就必然「只為他們的烏紗帽和提拔他們的上級負責，不為他們領導下的人民群眾負責」，這裏所說的一切弊端就無法避免，黨的腐敗只會不斷滋生，而不可能根本杜絕。

(2)等級制——這是「官僚軍事機器的標誌」，「等於明明白白地重新劃分階級」。這裏所指，是反右運動以後，黨所實行的按照政治態度與家庭出身在群眾中劃分「左、中、右」的新階級路線與政策，從而在每一個單位都形成了一個等級結構。處於核心位置的是黨的第一把手支部(黨委)書記；第二層是支部(黨委)委員；第三層是黨員，即當然的左派；第四層是群眾中的左派；第五層是群眾中的中間派；最低層的是右派。處於所有層次的人都要絕對服從黨的書記，而每一層之間，下層對上層也有服從關係，至少不能輕易得罪，而上層對下層則有監督的權力和責任。而單位書記也要絕對服從於他的上級領導。這裏存在着兩個等級服從關係：單位內部個人逐層服從領導；單位外部逐層服從上級領導，最後全黨服從中央，中央服從最高領袖毛澤東。整個官僚軍事機器就是建立在這樣的逐層服從的等級結構基礎之上的。

(3)「國家機關自治化」。這就使得「國家政權為了自己的特殊利益，從社會公僕變成社會的主人」，「人民則無權、無法、無力監督當權者」。——這「三無」是道盡了所謂「人民」共和國，人民的實際地位與處境的。「入黨做官」的誘惑力，就在於它「入黨」就可以「做官」，而「做官」，就可以憑藉掌握的國家權力，「不需要一文錢，就能夠索取到很多貨幣的特權」。

作者由此而提出了一個極為重要的「特權資本」的概念，他指出：「在叉路社會主義社會裏，貨幣資本轉化成了特權資本」。而這樣的由「權力(特權)」向「資本」的轉化，正是道破了在社會主義社會(作者說的「叉路社會主義」)產生特權階級的秘密。——「特權資本」概念的第一次提出，標誌着由

1957年校園民主運動開始提出特權問題，到文革中造反派和民間思想者關於社會主義制度下產生特權階級原因的持續探討，終於有了一個理論上的重大突破和收穫。如果聯繫到今天中國體制中成為主要問題的「權貴資本」，就更顯示出了陳爾晉這位邊遠地區的青年在30多年前，提出「特權資本」概念的超前性。

(4)「神化黨」。——「首先將黨的領袖偶像化、菩薩化，然後進一步將黨的各級組織，甚至將個別黨員偶像化、菩薩化」。「神化黨在不允許人民客觀看待黨的同時，也不允許黨清醒地正視自己的客觀情況」，「這些人往往藉口維護所謂上帝的權利，其實就是維護他們自己的利益，希望自己永遠受到尊重，而對人民的血則毫不吝惜」。——這裏說的「上帝」，在黨的宣傳裏指的是「人民」，黨是以人民的「代表」自居，而且是唯一的，具有壟斷權的「代表」，並以此獲得統治的合法性的；但如作者所說，實際維護的是「他們自己(黨)的利益」，無妨以此來解讀黨的許多宣傳的真實含意，如「為人民服務」落實下來就是「為代表人民的黨，甚至領導個人服務」，「維護人民的權利」就是維護「代表人民」的黨的權利等等。

3. 作者更為關心的是，這樣的「叉路社會主義」的「特權資本」統治下，勞動者的實際地位。

他指出，「貨幣資本主義原始積累，使生產者在和生產資料分離的同時，變成了自由勞動者。而特權資本的原始積累，則是使勞動者在和他的勞動條件的所有權分離的過程中，變成了直接從屬於生產資料之列的『會說話的工具』」。「勞動者已經不是作為自由勞動者，而是在組織中的勞動者，勞動力的所有權已不屬於勞動者自身，而屬於政、經一體化起來的組織，屬於社會。勞動者已經失去了自主性，勞動者在生產組織中是處於無條件服從的地位。」——這恐怕是對社會主義中國工人階級的實際地位的第一次明確揭示。

但作者又接着指出，在毛澤東時代，勞動者，特別是工人階級，在政治和意識形態上，一直被宣佈為共和國的「主人」，是國家的「領導階級」。這就出現了矛盾：「勞動者在生產組織中的這種(無條件的服從)地位與其在思想上的主體意識和在分配上的商品性質是矛盾的」。這樣，在所謂「中國特色」的社會主義極權體制下，工人、勞動者就陷入了「一身兼具政治與意識形態的『主體』與生產組織裏的『無條件的服從物』、分配上的『商品』」的「雙重性」。結論是：「處於叉路的社會主義社會，生產方式的基本矛盾作用於勞動者，使勞動的兩重性不但表現為使用價值和價值，而且表現為自主的勞動和被迫的勞動，勞動者成了矛盾的混合物」，「這導致了勞動者在奴化勞動中日益消沉」，使社會生產力受到了嚴重破壞、以上關於勞動者，工人階級在社會主義中國的實際地位與矛盾的討論，應該是陳爾晉思想中特別值得關注的部分。因為在我們已經有過討論的以往的民間思想裏，關注的中心，都集中在農民命運上，而較少論及工人問題。陳爾晉作為一個邊遠地區的基層工廠的工會幹部是有他自己的優勢的。

更重要的是，他由此而提出的「新的階級對立代替舊的階級對立」的命題。而這樣的命題是建立在「叉路社會生產方式的基本矛盾」基礎上的：這種基本矛盾就表現在「高度組織的政經一體化公有制社會生產與權力被少數人強制性固定化壟斷之間的不相容性」，「這種不相容性突出地表現在共產黨、勞動者和階級關係這三方面的大變化上，尤其是反映在官僚主義者階級和廣大勞動人民尖鋭對立的階級鬥爭上」。

4. 問題是如何認識和對待這一新的階級對立？於是，作者提出了對對他所說的「改良主義」的批判。作者指出，「這種改良主義的路線，發端於統治集團中的左翼，立足於小資產階級的革命立場」——現在可以看得很清楚，作者這裏指的是文革中佔據主導地位的「四人幫」，甚至包括毛澤東本人：他們「不是打碎，而是把官僚軍事機器從一些人手裏轉到另一些人手裏。用青年人一定勝過老年人的進化論冒充辯證法，代替階級論；從強調精神變物質過了頭的唯意志論冒充唯物論，代替存在決定意識；用形而上的鬥爭方式代替革命辯證法的鬥爭方式」，「一方面強調勞動者的主人翁意識，因而也就等於否定特權的統治；一方面又強化官僚主義階級的『一元化領導』，因而也就等於強化勞動者的奴隸般無條件服從的地位」。

由此而論及「無產階級文化大革命的局限」：「只在既成形式的框子內尋求改變，而沒有突破既成形式的框子去進行變革。沒有針對權力為少數人強制性固定化壟斷這個上層建築最根本、最主要、最致命的弊病。只是針對這個弊病的表像，而沒有針對弊病的根源；只針對走資派，而沒有針對產生走資派的真正原因」。這樣，「無產階級文化大革命所開展的文藝革命、衛生革命、教育革命、國家機器的改革，上海一月革命風暴以及限制資產階級法權，統統是在少數人強制性、固定化壟斷權力的支配下進行的，這就造成了舊東西在新形式下復活的方便條件」。

因此，文革所實際建立的社會，恰恰是一個新形態的專制社會：1.「在階級鬥爭旗號下，用昨天的資產階級剝削來掩蓋今天的官僚壟斷特權階級的壓榨」；2.「在堅持暴力革命的號召下，強化官僚軍事機器」；3.「在『加強無產階級專政』名義下，專政無產階級」。

這大概是在文革後期許多文革理想主義者的一個共同判

斷：文革是一場「沒有革命的革命」：不觸動「少數人強制性、固定化壟斷權力」，即黨的權力壟斷，就不可能是真正的革命。

他們對文革也有肯定：「暴露了現有生產方式存在的基本矛盾，展現了無產階級民主革命的廣闊前景，粉碎了對黨的神化，撕開了假社會主義的面紗，激化了生產力和生產關係的矛盾」。——在他們看來，文革是為真正的社會主義革命作準備的：這就是這裏已經說出的「無產階級民主革命」。也就是說，陳爾晉之所以將中國現行的社會主義制度概括為「叉路的社會主義」，是試圖指明，毛澤東領導下，已經建立起了「高度組織起來的政、經一體化的公有制」，同時又內含「國家資本主義」屬性的體制以後，中國面臨着兩種可能性：或者走上「權力資本主義」的修正主義道路；或者通過「無產階級民主革命」走上以人民權利為中心的「民主社會主義」的道路。

5. 陳爾晉為中國未來發展的設計，對「無產階級民主革命」的呼喚：「必須打碎舊的官僚軍事機器和權力被少數人強制性固定化壟斷的體制，必須徹底打碎黨神話，把奴隸總管黨變成奴隸工具黨，必須提供合理的環境，使階級鬥爭能夠以最合理最人道的方式，經歷它的幾個不同階段，必須健全法制，還我人權，刻不容緩的無產階級民主革命必須積極進行」。

在陳爾晉的設計裏，無產階級民主革命的任務是要「建立無產階級民主制度」，並有以下要點——

(1)「生產資料公有制和通過人民自己實現的人民管理制度相結合的新型的社會主義制度」，「不斷加強國家計劃經濟和社會自治市場經濟的科學結合」；

(2)「社會主義國家的最高領導是馬克思的成法憲法」，要「確立憲法的至高無上的地位」，「使共產黨成為忠實執行憲法的工具，而不能成為任意玩弄和篡改憲法的老爺。要做到這一點，首先必須使共產黨一黨制確立為共產黨兩黨制」，「黨的領導不可不要，必須考慮黨的領導究竟以什麼方式體現，最根本的不是組織的領導，是正確的思想和政治路線的領導」。

(3)「堅持巴黎公社原則」，「在事實上而不是口頭上使人民大眾真正享有言論、出版、集會、結社……的自由」，「政治自由，集會、結社的權利和出版自由，就是我們的武器」，「在無產階級民主制度下，如果說馬克思主義的成文憲法是國家的最高領導的話，那麼，每一個勞動者都享有選舉權和被選舉權的人民民主共和普選制，則是整個國家權力的基礎」，「一切權力機構的建立和法律制定，以及當權人物的任免，都必須徵得勞動者大多數的同意和批准」，要「將任命制、等級制、國家機關自治化，以及黨的神化通通掃進歷史垃圾堆」，「無產階級再也不能容忍任何政黨把自己的宗派利益、小集團利益，淩駕於整個公有制社會人民利益之上了。無產階級只有從政黨的奴役下解放出來，才能解放全人類」。

6.「自由傳達思想和意見是人類最寶貴的權利之一」，「當前，歷史的發展已經將人權問題提到了顯著位置，無產階級不能掉以輕心」，「無產階級唯一實際可能的解放是從宣佈人本身是人的最高本質這個理論出發的解放。在特權佔有制下，官僚主義者階級的暴虐血腥統治迫使億萬無產階級和廣大勞動人民的心聲匯成了最強烈的時代召喚：我們要做人，我們決不做牲口，還我民主，還我自由，還我平等，還我人權！」——這裏顯然包含了文革的血的經驗，這是將文革的「爭人權，反迫害」的鬥爭提到新的理論高度。

7.「無產階級民主制度是歷史的產物。因此，它對於歷史積累的一切迄今合理的因素，決不抱形而上學的排斥態度。在人權問題上對待資產階級反封建的綱領性文件《人權宣言》的一些主張，就持革命的揚棄態度」。還要注意「吸取歐美社會制度的長處」：「美國通過成文憲法，取消任命制，實行普選制，兩黨制，年度選舉，總統任期限制，軍隊從屬文職當局。立法、行政、司法三權分立，達到權力相互制約」，對歐美社會制度的這些方面同樣應該實行「革命的揚棄」，「吸取對我們有益的經驗」。因此，陳爾晉對未來社會主義民主制度的設想，是在堅持馬克思主義的社會主義原則基礎上，包含了對西方政治思想、政治制度的自覺借鑒。這一點，在當時「與西方資本主義決裂」的時代潮流下，是十分難得的，這或許和1972年中美改善關係，中國打開了和西方交往的大門這一背景有關，因此，陳爾晉的思考又是直接開啟了八十年代改革開放的時代思潮的。

這樣，陳爾晉就在文革後期的最黑暗的年代，就舉起了「法制，民主，人權」三大旗幟，並最後歸結為「馬克思主義成法憲法的至高無上性「，同時將勞動者的權利，特別是管理國家的權利提到很高的位置，並具體提出建立「無產階級兩黨制」、「國家計劃經濟與社會自治市場經濟的結合」的設計，這既是對以往的民間思想與訴求的一個集大成式的總結與提升，又具有極大的超前性，是直指以後、以致今天的中國現實的。陳爾晉強調：「無產階級民主制度乃是基於先前的生產方式和社會關係發展進程所造成的新的偉大社會需要」，「千千萬萬受盡官僚主義者階級的壓迫和剝削，在黑暗中痛苦不堪的人們，將奮起向光明進軍。新的偉大的社會需要定能得到滿足」。這樣的「社會需要」應該說在新世紀的中國，是更加迫切了。

更值得注意的是，陳爾晉將他對中國社會主義內在矛盾的揭示，置於全球性的社會危機的大視野下。在他看來，「整個世界現存社會制度都在自身內在的弊病支配下，鑽牛角尖，走死胡同。因而整個世界都在渴望，都在期待新社會的出現」。這樣的認識同樣是超前的。恐怕要到世界經濟危機發生以後，人們才會意識到這一預警的意義。

(十九)讀顧準

《新生日記》(顧準)(1969年6月–1971年4月)
《從理想主義到經驗主義》(顧準)(1973–1974年)[50]

顧準無疑是文革民間思想者的主要代表，他的《從理想主義到經驗主義》更是文革民間思想的主要理論收穫。我們有專門的討論。[51] 這裏僅從文革民間思想發展歷史的角度，對他的貢獻作一些提示性的說明。

1. 顧準反復強調，「經濟建設確是唯一的中心」，「這是社會生活正規化的唯一道路」。

顧準明確提出「對外開放」和「對內改革」的建設思路。

顧準主張「制度」的改革，認為「五十年代搬進來的一套四十年代蘇聯制度就完全不能適應，而要有大刀闊斧的改革」。

以上三個方面，實際上已經提出了八十年代以後的改革開放的基本思路。而在六、七十年代文革時期的中國，都屬於異端邪說。

50　本節討論的文本《新生日記》收《顧準日記》，中國青年出版社，2002年。收入經濟日報出版社1997年9月出版的《顧準日記》時編者命名為《息縣日記》。《從理想主義到經驗主義》收《顧準文集》，貴州人民出版社，1994年。

51　參看收入本書的《1969–1974：顧準的思考》一文。

2. 顧準文革時期的思考，主要集中在兩個方面。一是對「東方專制主義」的批判，一是探討「娜拉走後」的問題，即「中國革命取得勝利，掌握了國家權力以後」的問題：「為什麼從革命理想主義、集體英雄主義出發，最後走到了專制主義？」

與同時期的文革思想者的思考相比，顧準的貢獻在於，他把文革所面臨的「黨專政」、「特權」等現實問題，提升到了理論的高度，提出了「東方專制主義」的命題，並且進行了歷史和哲學的批判。可以說，顧準對現行體制的歷史、哲學批判，與我們已有討論的王希哲的政治學批判，以及陳爾晉的政治經濟學批判一起，構成了文革後期民間思潮的三大高峰。

顧準的另一個重要貢獻，是從中國傳統文化中去尋找東方專制主義的根源，他發現了「史官文化」的傳統。所謂「史觀文化者，以政治權威為無上權威，絕對不得涉及超過政治權威的宇宙及其他問題的這種文化之謂也」。

顧準的更大貢獻，是對現實中國的東方專制主義，即具有中國特色的東方專制主義作了更為深刻的批判，指出：這是一種「一個主義，一個黨的直接民主」(文革中叫「大民主」)，即打着「民主(甚至是直接民主)」旗號的「一個主義，一個黨」。這是一種特殊類型的東方專制主義，這在是文革中發展到了極點，以致至今還有人認為文革中曾經有過真正的民主。因此，顧準對「毛式民主」觀念的批判，特別值得注意，如「把民主解釋為『說服』的方法」，「把民主解釋為下級深入地無拘束地討論上級的決定」，「同時強調少數服從多數，下級服從上級，全黨服從中央，以及不允許有反對派存在」，「以民主集中制為最高原則」等等。顧準一針見血地指出，這些「都是權威主義，而不是民主主義」。

顧準最後討論了「東方專制主義(政治權威主義)的哲學基

礎：「第一原因和終極目的，則恰好是哲學上的一元主義和政治上的權威主義的依據」。

3. 關於「理想主義」前提的追問，「絕對真理」、「終極目的」的追問，對於馬克思主義的一些理論前提的追問：這是顧準思想中最引人注目的部分。

顧準指出，馬克思所追求的，正是要在現實生活中建立真善美一致的人類世界，也就是要將彼岸世界此岸化。而他的信徒們就理所當然地將自己所建立的社會——這一理想的現實化，如蘇聯，如中國，特別是文化大革命中的中國，視為「真善一致」的社會。這樣的將現存秩序「真善一致」化，就會導致一系列的後果：「從政治上說，它賦予了社會主義、共產主義革命以神聖性」，「從哲學上說，它將辯證唯物主義變成唯理主義的唯物主義」。這些唯理主義者、革命理想主義者因此而自認掌握了「絕對正確」的真理，「心有所安」；他們因堅持「真就是善」，為自認為的絕對真理奮鬥，而獲得一種道德的崇高性，即絕對真理的哲學變成了道德哲學。他們也因此才能夠「理論與實踐一致地勇往直前」。但實際上，他們自以為的絕對正確的真理，卻是某個真理的化身(黨與領袖)灌輸與強加給自己的。這樣，也就在事實上走了奴隸主義，而為真理化身者的專制主義開闢了道路。悲劇就是這樣產生的

4. 顧準宣佈他由「革命理想主義」走向「經驗主義」。他的經驗主義有幾個要點——

(1)「真理是相對的」，「一切判斷都得自歸納，歸納的結論都是相對的」。

(2)「至善是一個目標，但這是一個水漲船高的目標，是永遠達不到的目標」。

(3)「沒有什麼終極目的，有的只是進步」，「民主是與不斷進步聯結着的」。

(4)「每一個人有他的哲學。以一個人而論，是以偏代全；多少人的『偏』湊合起來，也就接近於『全』了。——不過要求新聞、言論、出版的自由。人類就是在這種偏來偏去、巔巔拐拐中蹣跚行進」。

(5)「至於弊病，哪一種制度都有，十全十美的制度是沒有的，這個人世間永遠不會絕對完善。我們所能做的，永遠不過是『兩利相權取其重，兩害相權取其輕』。還有，弊病不怕公開罵，罵罵總會好些」。

(6)強調政治、哲學思想上的多元主義，「黨外有黨，黨內有派」，實行「社會主義的兩黨制」。主張「互相激蕩的兩股力量(指社會主義與資本主義)，都直接推動歷史的進步；兩股力量正在互相滲透。滲透的結果，都促進它們向前進。沒有激蕩，沒有滲透，進步就不可想像了」，絕不能用「我吃掉你來解決」。

5. 顧準思考的內在精神力量：

「歷史的探討，對於立志為人類服務的人來說，從來都是服務於改革當前現實和規劃未來方向的」。——這是顧準為自己確定的人生志向(「為人類服務」)和研究方向與道路(「歷史的探討服務於改革當前現實和規劃未來」)。

「五四的事業要有志之士來繼承。民主，不能靠恩賜，民主是爭取來的，要有筆桿子，要有用鮮血作墨水的筆桿子」。——這是顧準給自己的歷史定位：五四科學與民主精神的繼承人，「用鮮血作墨水的筆桿子」，思想文化戰士。

「有一種個人主義在中國很少見：像布魯諾那樣寧肯燒死在火刑柱，不願放棄太陽中心說」，「中國(的志士仁人)只有一種類型：文天祥、史可法之類。而這已是中國專制政治到了末日的時候的從容就義，不是社會上升進步中的殉道精神與自我實現」。——這也是顧準的自我定位：不同於中國傳統的「志士仁人」，他是現代知識分子：為堅持真理，推動社會進步而獻身，並因此而實現自我價值。

最能說明顧準的價值的，還是顧準的女兒引用的愛因斯坦悼念居里夫人時說的話——

「第一流人物對於時代和歷史進程的意義，在其道德方面也許比單純的才智成就方面還要大。即使是後者，它們取決於品格的程度，也遠超過常人所認為的那樣」。

2015年7月24日–8月2日陸續整理輸入。
這是搬進養老院以後寫的第一篇文章

(二十)作為文革對象的知識分子和幹部的思考與呼聲

《平凡的道理——略談個人崇拜》(惲逸群)(1973年8月3日)
《論新八股》(惲逸群)(1973年8月4日)
《「文化大革命」由來》(吳江)(1976年前半年)
《文革日記》(馮毅之)(1967年2月–1968年1月，1973年4月–1976年10月)[52]

文革一開始，在《中國共產黨中央委員會關於無產階級文化大革命的決定》(即《十六條》)裏即明確規定以「走資本主

52 本節討論的文本：《平凡的道理——略談個人崇拜》、《論新八股》，作者生前均未發表，據手稿收《惲逸群文集》，江蘇人民出版社，1986年。《「文化大革命」由來》，當時未發表，後由作者附錄於《中國的新路》一書中，香港鏡報文化企業有限公司，1998年。《文革日記》由作者編入《陽春勿忘三九天》一書中，為《風雨滄桑一百年》第6卷，收第三冊，筆者所見為複印本。

義道路的當權派」和「資產階級反動學術權威」為革命對象。因此，在運動前期和中期，各級幹部和知識分子都處在被無休止的批鬥的困境裏，根本被剝奪了思考、言說、寫作的權利。這樣，就形成了我們這裏討論的文革中的民間思想裏知識分子缺席的現象，這是十分荒唐並令人痛心的。

到了發生林彪事件、文革進入後期，整個政治、思想環境才有所鬆動。一些幹部與知識分子陸續被「解放」，就開始了新的獨立思考和探索，包括對文革，以致中國革命和建設的反思，並產生了以顧準《從理想主義到經驗主義》和張聞天《肇慶文稿》為代表的重要理論著作。這自然是彌足珍貴的。我們已另有專文討論。但不可否認的，是這樣的知識分子的思考成果畢竟比較少，這裏討論的幾篇也是多方收集而來。這背後的問題，如研究者所說的，「長期在(封閉的)意識形態陰影下生活的中國知識分子的思維能力」的整體下降，以及在無休止的政治運動打壓下，「噤若寒蟬」的知識分子精神的萎靡狀態，或許是更令人擔憂的。[53] 由此造成的後果更無法迴避：整個中國思想界批判意識和理論創造的缺失，無法為新的社會變革提供思想、理論的支撐，只能由文革前和文革中成長起來的這一代人(我曾經稱其為「半大孩子」)來承擔這一歷史使命，這自然是有限的。就本文討論的文革民間文本而言，儘管不乏思想的閃光，但就總體而言，仍缺乏足夠的深度與系統性，這是無可諱言的。這樣的思想理論準備的不足，就造成了以後終於出現的改革開放的歷史巨變的一個先天性的缺憾，而且影響至今。

瞭解了這樣的背景，就不難看出，我們將要討論的產生於思想禁錮年代的知識分子的僅存的思想文本，及其背後的知識分子精神的特殊意義與價值。

53　丁東、謝泳：《中國文革民間思想概觀》，《思想解放的先聲》第 537，541 頁。

先說惲逸群，這位1926年的老黨員，老地下工作者，曾擔任《解放日報》社長的思想文化新聞戰線的老戰士，蒙冤入獄十餘年以後，於1965年年底被發配到江蘇阜寧中學擔任圖書館管理員，在文革中受盡折磨，但仍堅持信念，知識分子獨立思考的本性不變。他在寫給周恩來的一封信裏，這樣寫道——

「文化大革命中怪論層出，憂心如搗。強自抑制。自念既被剝奪發言權，也就沒有發言的責任。以中國之大，何待於『罪人』之喋喋不休，終不能忍。……惲逸群逐出黨已逾廿一年，戴上『反革命』帽子已逾十八年，理合謹小慎微，依違從眾，唯唯否否，以終餘年，庶幾邀人憐憫，復為庶民。但平生既恥為鄉願本不慣於趨合潮流，榮辱禍福，久置度外。心所謂危，不敢不言。苟於黨於民有毫髮之益，則摩頂放踵，亦所不吝」，「……深感平日在黨內侃侃直陳，觸人痛瘡，當引以為戒，但本性難改。……終認為隱瞞自己的認識見解，即對黨不忠實，仍直陳所見」。

即使「被剝奪發言權」，仍「心所謂危，不敢不言」——真可謂「本性難改」！

在另一封給老朋友胡愈之的信裏，惲逸群如此表白自己的心跡——

「弟之遭遇，非楮墨所能宣。但既未抑鬱衰頓而畢命，亦未神經錯亂而發狂。平生以『不為物移，不為己憂』自律，經此二十年檢驗，幸未蹈虛願」，「居常欽佩羨慕陸務觀(即陸游)老馬伏櫪精神，而鄙杜子美(即杜甫)嗟老歎貧之想，終日碌，亦頗怡然。唯此，我不至貽故人羞耳！」

「老馬伏櫪」而又終日「怡然」，惲逸群和他那一代人是無愧於時代和自己的。

「心所謂危，不敢不言」的是什麼呢？請看這篇《平凡的道理——略談個人崇拜》：「凡是把國家最高領導人(不論他的稱號是皇帝、國王、元首、總統、主席、總理、首相、總書記或第一書記)神化的(不論說他是『天縱聖明』，是『救世主——大救星』或是『幾千年才出現一次的天才』)，必定是奸人弄權，篡奪權力。這是古今中外絕無例外的普遍規律」。奸人篡權手法有二：「一方面用無數面凸鏡包圍最高領導人，讓他終日陶醉於欣賞自己的高大形象，逐漸脫離群眾；一方面就利用最高領導人的信任，以封住群眾(從人民到領導機構的成員)的嘴(因為『一句抵一萬句』，非權威的人說上一灘船管什麼用)。領導成了偶像，群眾成了崇拜偶像的愚民，天下大事就不難任憑他們為所欲為了」。——這裏的危機感是雙重的：既來自上層「偶像」，也來自下層「愚民」，這確實是文革的兩大根本問題。重心卻在對領導人的告誡：「聰明的領導人不是不犯錯誤，而是能及時發覺錯誤，及時糾正，不讓錯誤發展。中國古代的政治家、思想家留下了許多格言，說明這個道理。三千六百年以前，仲虺告誡成湯，不勉其無過，而勉其改過。二千六百年以前，詩人歌頌周宣王中興君臣，不稱讚他比闕，而讚美他能補闕」，「周人宣佈商紂的罪狀，說他『予知自聖』，自以為聰明，自以為是聖人，就是招致亡國殺身的大罪惡。國君如『言莫予違』(說的話，沒有人違拗，人人都服從)，就會是亡國之道(『一言喪邦』)」。講到「亡國之道」，話就說得極重，足見憂慮之深了。

作為一個曾經的報人，一個知識分子，惲逸群更敏感的是文革的言語方式，就有了《論新八股》一文：「『文化大革命』以來，出現了一種新文體：不論什麼內容，首先引用幾句革命導師的話，然後再入本題；以下每一段又引用一兩句革命導師的話，再加發揮。我把這種文體叫做『新八股』」。而新八股「它比老八股更八股化」：「老八股並不注意內容，只是作文字遊戲」，「新八股卻是在講道理，更符合『代聖立言』的主旨」；而且「它比老八股的危害性要大得多」：「老八股的害處在用它取士，使知識分子耗費幾十年精力於文字遊戲，造成一大批無知無識無能的官吏」，「至於八股文本身，則僅是無用的廢物而已。新八股卻不然，它是在宣傳某種政治主張的，而且是在馬克思主義、列寧主義、毛澤東思想的旗號下宣傳某種政治主張的」。於是，就有了這樣的警言：「『八股文』和『八股風』是很頑固的。戊戌變法(1898年)時革了它的命，馬上就復辟；五四運動(1919年)又革了一次，後來又改頭換面出現了；1942年整風運動革得徹底些，現在又借屍還魂。好像法國大革命後幾次出現帝制，直到巴黎公社以後才不再出現皇帝。現在對八股化文風來一次徹底革命，應該是到時候了」。「新八股」背後的「帝制的復活」，這大概才是最讓這位黨的老戰士、老知識分子寢食難安的。

這樣的危機感，到了另一位黨內老知識分子吳江這裏，就變成了一個歷史的追問：文化大革命的由來，它究竟是怎樣發生的？吳江1937年入黨，屬於後來被人們稱為「一二九一代」的黨內老幹部。上個世紀五十年代開始從事學術研究工作，先後擔任中國人民大學哲學系主任，中共中央理論刊物《紅旗》雜誌編委。作為一個黨的理論工作者，身處「狂亂無盡無窮、革命言詞和實際情況嚴重矛盾的幽暗的迷宮之中」，發現「運動中積累起來的雜亂無章而且是看起來是偶然的彼此不連貫的矛盾實在太多了，令人覺得無論如何難以理解」，看到「每個人都好像經歷了精神上的浩劫，心情沉重，胸懷戒心」，無所適從，他覺得自己的歷史責任，就是進行理論的清理，追溯歷史的本源，即使還不具備真正認識「歷史的本來面目」的條件，「多少瞭解一般歷史事實的人有責任在可能的範圍內對這些事實加以記述，並盡可能作出適當的分析」。於是，就在1976年前半年，開始寫《「文化大革命」的由來》。這時候文革已經進行了十年，黨內鬥爭的內幕逐漸揭開，毛澤東及所發動的文革的錯誤與危害也得到了充分的暴露，不僅有必要、也有一定條件進行或一程度的總結；而吳江所要做的，就是對毛澤東的錯誤路線進行歷史和理論的清理，在他看來，這是認識和清算文革錯誤的關鍵。

吳江在他的文章裏，從文革上溯二十年，把中國革命與建設分為兩個時期。歷史的敘述從1947年12月毛澤東發表《目前形勢和我們的任務》，宣佈中國革命「從防禦轉入進攻」開始，「從那時到1957年的十年間，中國革命可以說是處在不斷進攻之中」：從奪取全國政權，到將中國「引上一條特殊的社會主義道路」，雖然已經出現了空想社會主義的「最初表現」，但畢竟使中國發生了天翻地覆的變化。「十年巨變使中國革命的聲譽達到了極高的程度，同時也使領導這個革命的領袖人物的威望達到了極高的程度」。

在吳江看來，歷史的轉折發生在1957年：「十年巨變所導致的幾乎是不停頓的輝煌勝利，使毛澤東頭腦迅速膨脹起來，他的想像越來越脱離現實。十年巨變之後，在探索未來變革的問題上，開始在兩個方面產生越來越明顯的偏差：一是對現存階級關係的估計上，一是對未來變革的任務和速度的估計上」。第一個問題最後發展到1962年八屆十中全會上，毛澤東提出在由資本主義過渡到共產主義的整個歷史時期(這個歷史時期包括兩個過渡，即由資本主義過渡到社會主義，再由社會主義過渡到共產主義)，無產階級和資產階級的矛盾，社會主義道路和資本主義道路的矛盾，都是社會的主要矛盾。「這是

『左』傾的空想共產主義思想的突出表現」，「毛澤東發明的這個『主要矛盾』把狂亂的階級鬥爭之神召喚到了黨和人民內部來了」，就帶來了以後一系列的後果。第二個問題方面，則提出了「不斷革命」和「高速度」的概念，這也是從「左」傾共產主義或理想式的社會主義本身引導出來的。提出這兩個口號是「符合當時的邏輯的」，但此後其真實內容就逐漸暴露：「所謂『不斷革命』就是不斷進攻，不斷反右，就是超越階段」，最後就發展到「不顧一切地向全公社所有制和全民所有制甚至共產主義過渡，強調公社越『大』越『公』越好，造成生產關係上的極大混亂」；「在產品分配上，實行一條所謂『破除資產階級法權』、推行供給制(或者叫部分供給制)，包括『吃飯不要錢』的平均主義路線」；「普遍推行『組織軍事化，行動戰鬥化，生活集體化』。在勞動方面採取軍事組織，實行軍事強制，認為軍事化是最優越的社會主義乃至共產主義的勞動組織」。而盲目的高速度的要求和對高速度的主觀主義的估計，則導致高徵購，剝奪農民口糧以及浮誇風、瞎指揮風，這是導致大饑荒的直接原因。

吳江認為，又一個「轉捩點發生在1959年夏季廬山召開的八屆八中全會」，因為彭德懷提出批評意見，就由「本應反『左』卻繼續反右」，在全黨普遍開展反右傾機會主義運動，也就把空想社會主義的「左」的錯誤推向極端，「在中國共產黨的歷史上，這可以叫做『毛澤東晚年』的時代」，「其主要特徵之一，就是法令罔常、堅持錯誤和破壞黨的民主生活」。這就「造成並且加深黨內一場深刻的政治危機。雖然不同意見被壓制下去了，但自上而下，隨着危機的加深，黨內分歧在增大，其中包括領導核心的分歧」，而毛澤東「沒有勇氣承認錯誤，把個人的聲譽和威望放在第一位，力圖保持路線正確的外表，因而開始脱離黨內外群眾，在黨內造成一種極不正常的近乎君臣父子式的關係，逐漸形成了封建專制局面」。這就是「毛澤東晚年現象」：「真理在一個傑出人物身上失落，封建幽靈在他身上越來越發揮威力。這當然不單是個人的不幸」。

在吳江看來，最後導致文革的發動，除了這是前述歷史發展的必然結果，「也不能忽視發動這場運動的人物的性格，特別是其晚年的性格，以及其他起推波助瀾作用的偶然因素，例如那些突然擠到歷史舞台前來的往往是極其渺小的次要角色的作用」。他對此作了具體分析。例如，毛澤東「他是把自己和整個黨看做一體的，這個概念在有些創造革命大業的領袖人物頭腦中往往是很自然地歷史地形成的。這樣的人物當領導鬥爭獲得非凡成就並且手裏集中了很大權力的時候，就往往把個人聲譽和威望看得重於一切，一切以對自己的態度為轉移」。「特別是在1958年至1960年受挫以後，他對『反對個人崇拜』這種做法在中國的影響(包括蘇聯進行暗中慫恿活動的可能性)表現出高度的警惕。開始把它當作修正主義的惡行來批判。這種警惕性無疑使他的晚年的性格變得更加多疑」。還有所謂「逆反心理」：「這種個人威望的神聖不可侵犯性，甚至達到這種程度，即當確實存在錯誤被指出時，如果他覺得那是一種反對他的行為，或者冒犯了他的威嚴，觸犯了他所忌諱的東西，那麼，錯誤不但不改正，反而要公開堅持並加以發展。『見過不更，聞諫愈甚』，他不怕進一步走極端。『反正天塌下來，地球照樣轉』，他是無所畏懼的」。與此相應，更有「反過來講」：「你說我超越階段，你才是停留在民主革命階段而反對社會主義革命的資產階級民主派呢！你說我『左』傾冒進，你才是十足的右傾機會主義者呢！如此等等」，「就精通策略權謀並且總是能夠出奇制勝地克服對手這一點來說，我們遇到的是一個真正無與倫比的巨人」。正是在毛澤東「重建他的絕對權力，消除內外威脅，貫徹他的主張」的極端意志下，出現了林彪這樣的「罕見的玩弄兩面手段的人物」。從後來尋找出來的他的筆記本裏，人們發現他早就看透毛澤東「為面子而彌天大謊，隱惡揚善，曲解誇大，抵賴，無中生有，捏造，諱莫如深，三真七假」的本性，但同時為自己立了三條「應帝王術」：「不建言」(避爭權之嫌)「不報壞消息」(以免懷疑為隱射現實)「照上面辦」，「不置可否」，「不干擾他的決心」：這樣的「大忠即大偽」的林式人物，正是毛式統治的必然伴隨物。但也不會是毛澤東的真正依靠對象。起着「特別的助手作用」的，卻是江青「這樣一個女人」，「由藝術舞台轉上政治舞台，再把政治舞台當作『藝術』舞台。在一個當權的大政黨內扮演如此重要的角色，在世界近代史上是少見的。在社會主義國家歷史上更是僅見的」。

最後的結果只能是這樣：「毛澤東作為偉人已屆情緒化的晚年，他的行動很大程度上已不受理智控制，他的所作所為別人無法限制，他自己也不能限制。在這種情況下，沒有任何一種力量能夠阻止他依照自己的意志做他想做的事，利用他想利用的一切惡人。一場禍國殃民的空前的大災難終於降臨了」。

應該説，這是第一次對毛澤東的左傾路線的理論與實踐進行徹底清理，將對文革的反思追溯到文革前的二十年。其實，文革發展到最後時期的「1976年上半年」，這樣的清理與批判已經是提到議程的歷史任務，被有着高度理論自覺與責任感的吳江抓住了。在某種意義上，他的這篇寫於文革最後時刻的《「文化大革命」的由來》是為1978年「實踐是檢驗真理的標準」的討論中對毛澤東錯誤的批判作了理論準備的，當時擔任胡耀邦領導下的中央黨校理論研究室主任的吳江，也積極參加了這場決定此後中國命運的討論與批判，絕不是偶然的。

最後要討論的是，抗戰前參加革命，曾任山東省文化部門領導，1957年被打成右派的馮毅之的「文革日記」。這背後同樣有一段可歌可泣的歷史：「我從青年時代就有寫日記的愛好和習慣。抗日戰爭前寫過洋車夫日記，抗日戰爭後寫過抗戰日記和解放戰爭日記，一直沒有停過筆。文化大革命是1966年開始的，到了1967年，我已感到事實將證明它的發動是錯誤的，必然要失敗；覺得不把這段歷史真實地記錄下來太可惜了。我也知道寫這樣的日記，一旦被發現，不是坐牢就是殺頭，要冒生命危險的。但時代向我召喚，未來顯示着光明，真理賜給我勇氣，冒險變為力量，我動筆了。我的寫作方法是，尋找時機寫在一頁頁的紙上，把它藏在衣縫中。後來逃跑回到老家把它整理在本子上。就是如此小心，還是發生了悲劇：濟南煙廠的造反派用酷刑逼迫我的愛人朱平，要她交代出我的『黑材料』(指的是日記)。紅衛兵押送她到我家去取，她被迫跳井自殺了」。這正是「亂世寫史」的中國傳統：當失去了一切公開發表言論的可能，有責任感的知識分子只有秘密記錄下一切，作「歷史的見證」，「把自己的真實和歷史的真實留給後人」，並不惜付出一切代價，包括自己和親人的生命。

那麼，馮毅之這樣的黨內老知識分子要記下的是怎樣的文革歷史真實呢？我們不妨直錄他的日記的片斷——

「文化大革命的宣傳有三個內容：一是革命，二是文化，三是民主。但實際情況完全是背道而馳：一是反革命，二是消滅文化，三是獨裁。實實在在的情況是，『數風流人物還看今朝』，一人想升天做上帝而已」。

「有人說，建國以後，官僚主義的作風、做官當老爺的風氣逐漸上升，這樣搞一下有好處。我不相信，採取比官僚主義更落後更壞的獨裁主義的辦法，會克服官僚主義。文化革命只能加深領導與群眾的距離，主子與奴隸的關係，一邊是為所欲為，一邊是悲憤和沉默」。(1967年2月26日日記)

「虛偽欺騙和說謊是文化大革命中最大的特點。嘴裏說得都是甜言蜜語，心裏卻在罵娘，對一切指示報告明明思想不通，卻說完全英明正確，一百個贊成擁護。人們是這樣思想，造成這樣的社會風氣，這場運動能持續多久呢？」(1967年3月4日日記)

「我讀毛澤東著作已失去興趣。我發現毛主席言行不一，說的和做的完全是兩回事。就說這次他親自發動的殘酷的文化大革命吧，你能在他的著作裏找到殘酷的根據嗎？他的著作是提倡民主反對獨裁，提倡實事求是反對主觀主義，提倡愛護幹部治病救人，反對一棍子打死人——這些真理原則在現實中能找到嗎？談它學它有何用？」(1967年3月26日日記)

「我們的黨變成了宗教，開會都有一定儀式——讚揚歌頌就更肉麻——庸俗化、概念化和形式主義已經發展到最高峰，這就是文化大革命的時代精神。」(1967年3月26日日記)

「文化大革命不但糟蹋了文化，連語言文字也污染得不像樣。文章不但充滿了教條概念和謊言，還充滿了恐怖威脅，殺氣騰騰」。(1967年4月5日日記)

「文化大革命會產生哪些結果呢？(一)在文化大革命中。正面和反面的都在大揭發大暴露，一切都暴露在光天化日之下，使人們看得一清二楚，給人以思考和分辨是非的時機。人們看到了和聽到了從來沒有看到和聽到的事情，學到了許多新的東西和經驗，思想認識會大大提高。(二)個人崇拜和專制獨裁對國家和人民的危害，其罪惡已徹底暴露證實。人們永遠不會忘記這慘遭的教訓，民主生活和民主政治更使人嚮往重視。

社會不會倒退，它是永遠向着光明前進的。(三)這次運動的複雜性和反復性，誰也看不清吃不透。誰掌權誰是革命派。也和賭博一樣，今天是紅的明天又成黑的，今天是革命派明天又成反動派。命運掌握在幾個少數人手裏，社會永遠不能安定。人們得到的教訓是，不但民主重要，人人應該遵守的公共道德共同制定和共同的法律更重要。總之，人民受了痛苦災難不會白費」。(1967年4月5日日記)

「我忽然想到四十年前的『四·一二』事變，和現實情況一聯繫，就更氣憤。誰想到國民黨完了，四十年後，共產黨人自相殘殺呢？文化大革命一來，被殺害和被迫自殺的，絕不比『四·一二』時少，這才是真正的歷史悲劇」。(1967年4月12日日記)

「這些日子我參加了省文化局批判鬥爭大會。……會議上也暴露了一些人的自私自利損人利己的醜惡靈魂。尤其是過去得寵的紅幹部，現在成了知情人，為了和過去崇拜和擁護的上級劃清界限，表現自己的轉變和覺悟，態度就更加兇惡，語言就更狠毒，想盡辦法要踏着別人的屍體跳過災難的壕溝」。(1967年6月17日)

「紅衛兵什麼都管，什麼樣的通牒通令都有，現錄一二例，以作歷史見證」：「遼寧省開原高中紅衛兵向農民提出『破舊立新五十條』：(一)地裏的墳墓一律平掉；(二)三十五歲以下者必須立即戒煙戒酒；(三)凡是建築物上和箱櫃上有才子佳人封建迷信的雕刻圖畫，應立即塗掉粉碎；(四)古戲古書不准再演再說；(五)凡是不符合社會主義要求的帶有封建性的鎮名村名和人名，立即改換成新的；(六)禁止說下流話，幹下流事，亂搞男女關係，一經查出，立即遊街示眾，絕不寬恕；(七)再生孩子不准起舊名；(八)每個社員家庭必須掛毛主席像，社員每天要讀毛主席語錄，大門前掛毛主席語錄牌；(九)自行車、手推車、膠皮車、鐵輪車……都得在車前掛毛主席語錄牌，沒有不准通行……」。(1967年7月5日日記)

「在平常的日子裏，損人利己的是少派人，捨己為人的更是少數。最大多數人是利己而不想損人，但到了非常時期，不損人就危害到自己的生存的時候就變了。文化大革命證實了這一點，許多人已經發展到不知羞恥的地步，學習『老三篇』，嘴裏喊着毫不利己專門利人的口號，卻在出賣自己的同志和朋友」。(1967年7月15日)

「(回到農村的老家)農村不像城市統治得那麼嚴，樸實真誠的農民很少顧慮，説話很大膽，敢説心裏話。尤其是在抗戰時期和我一起工作，現在退休或復員在家的戰友，他們一看到我 ，就表示對文化大革命不滿，提出疑問：『文化大革命搞的一套什麼？毛主席老糊塗了。過去有人説，共產黨推完磨殺驢吃，現在真是這樣了。』有的説：『文化大革命真皮厚，誰也看不清摸不透』。有的説話更大膽直率：『毛主席的心真狠，劉少奇和他革了一輩子命，現在搞得人不像人，鬼不像鬼，他心裏一點也不難過。十個元帥也都要打倒，他就不想想，沒有十個元帥，怎能打倒日本鬼子蔣介石，建立新中國？』這時我插嘴説：『十個元帥還有林彪呢。』聽到這話就更氣憤：『林彪真是個大奸臣，在毛主席面前打順風旗，光會説好聽的。毛主席説葫蘆他説瓢，毛主席説黑的，他説墨的，只要毛主席愛聽就行，這樣還能辦出好事來？』有個六十多歲的婦女，聽到廣播喇叭裏喊『毛主席萬歲！毛主席萬壽無疆！』時，很不耐煩，她很有意思的説：『到什麼時候再也聽不到這些，天下就太平了』。有的人看法還有獨到之處：『文化大革命把上上下下的當權派通通打倒了，沒有瞎指揮的了，老百姓想種啥就種啥，想什麼時候種就什麼時候種，沒人管了，今年收成不壞』。在家住了這兩天，聽到許多不曾聽到的話知道了許多不曾瞭解的情況」。(1967年10月5日)

「據說這次整黨和恢復黨組織生活最重要的條件是，要忠於毛主席和忠於毛澤東思想。這就不能不使人憂慮與擔心，將來要建成一個什麼樣的黨？是忠於國家全心全意為人民謀福利的黨呢，還是維護個人利益和少數人權勢的黨呢？若是後者，那是很難建成的，建成了也不是黨員和人民的幸福，而是災難」。(1967年10月30日)

「我回憶起舊社會，那時言論沒有自由，但對家人或親友無論說什麼也不會大禍臨頭。寫作沒有自由，但寫出來不出版卻不會招來災難。那時候革命是要殺頭的，但在此地犯了案逃到另一個地方，因軍閥割據不統一，就無人追究。現在能逃到哪裏去？一根剪不斷的繩索緊緊捆住你，只有忍耐受煎熬。目前統治之嚴，已經發展到歷史的高峰，是空前也是絕後」。(1967年11月25日)

「愚民政策就是要全國思想統一，只准有一種思想，只准讀一種書。這一點，中國文革進行得比過去任何時代都成功，空前絕後。請看1967年10月26日的《人民日報》用特大字刊登的消息。一年來任何書刊都停止了出版，《毛澤東選集》卻出版了八千萬部(人民解放軍出版的五千六百萬冊不在內)，《毛主席語錄》出版了三億五千萬冊。《毛澤東著作選讀》出版了四千七百五十萬冊，《毛主席詩詞》出版了五千七百萬餘冊。全國印刷廠幾乎只印這一種書，全國人民自然也只能讀這一種書，你能不說這是空前絕後的奇跡嗎？」(1968年1月2日日記)。

「機關的造反派不但仇恨我和家人，連孩子養的一隻貓也

被踢斷了腿，躺在火爐邊，一動不動地受着痛苦。這就是我革命四十年的結果」。(1968年1月19日)

「現在中國的實際情況是有兩個中國，一個是表面的中國，一個是實在的中國，兩個中國有着本質的差別」。(1973年2月12日)

「凡事都以階級觀點去分析，必然要走向教條主義。——不承認人性，完全用階級觀點認識問題，行不通。在文化大革命中，階級觀點和階級鬥爭觀念已發展到頂峰，成了神聖不可侵犯的律條。其實是，對自己有利有用的都是好的，不利無用的都是壞的，這就是他們的階級觀點和階級鬥爭觀念的實質」。(1973年2月12日)

「自從實行反蘇政策以來，中國同資本主義國家的關係有了急劇變化……報紙廣播書刊上的調子也變了，雖然還沒有讚揚資本主義的理論，但過去認為資本主義是一錢不值，社會的倒退、人類的災難、到處是黑暗骯髒的宣傳卻不見了。相反，通過《參考消息》和內部發行的刊物報導的訪問歸來者介紹的情況，不能不承認人家科學的進步，生產力高，人民生活富裕，以及社會的自由民主。談到這些，當然不是直言不諱，還是有所顧慮的。有個到美國訪問歸來的人，就解釋說：『我是根據毛主席的教導說話，黨派我去訪問，就應把看到和聽到的情況，實事求是地說。可不要給我扣崇洋媚外的帽子』」。「中華人民共和國成立二十餘年，是閉關自守。對資本主義國家的情況，更嚴加封鎖。是誰把大門闖開的？是尼克松。現在的情況，好像又是一次鴉片戰爭。鴉片戰爭的影響的結果是滿清王朝的滅亡。這次『鴉片戰爭』雖然沒有槍炮聲，也沒有死亡和災難是和平而愉快的。但它的影響和效果是同樣的，將促進專制政治、貧困社會的滅亡。明知糖衣炮彈的厲害，卻無法

避免而自中，這也是一條不可抗拒的客觀規律吧」。(1973年2月25日日記)

「文化大革命是反動的，是歷史的倒退，造成的惡果也十分明顯，但因中國封建社會的歷史太長，基礎太深；人民的文化程度低，也沒有民主自由的傳統；統治者的緩和態度和手段，個人迷信的流毒還起作用，看情況，到清算日期的來臨還遠，在主席死之前不大可能」。(1973年3月22日日記)

「社會是發展的，人們是前進的，法制和民主將來必然會取得勝利」。(1973年8月10日日記)

這就是馮毅之日記最後傳遞的資訊：文革終將結束，一個新的變革時代正在孕育中。

(二十一) 來自社會底層的呼喚

《給同志們介紹兩篇文章》、《我愛我的祖國》、《試問，到底是哪家的「主義」？——評張春橋〈破除資產階級法權思想〉》(白智清)(1976年2月)

《對目前形勢和新的歷史任務的幾點看法——給毛主席、黨中央和全國人民的信》(李洪剛、郭成望等7人)(1976年3月3日)

《關於再造中國致華國鋒總理書》(武文俊)(1976年4月22日)[54]

把這三組文章放在一起討論，是因為它們有四個方面的共同點：其一，時間都集中在1976年2月到4月間，正是1976年1月8日周恩來去世，1976年4月5日發生「四五運動」之間，這是中國政治鬥爭最為激烈，幾乎是短兵相接的最為敏感的時期。其

54 本節討論的文本均收余習廣主編：《位卑未敢忘憂國：文化大革命上書集》，香港秦德時代出版有限公司，2006年。

二，作者都來自基層：白智清是重慶鋼鐵公司機修廠技術員，李洪剛、郭成望等7人都是貴陽製藥廠、無線電廠、精密電錶廠、印刷廠的青年工人，而武文俊則是湘西漵浦縣低莊公社楊和坪大隊小學的公辦教師。有人把他們的大字報和上書看作是「來自社會底層的呼喚」，是有道理的。其三，作者分別地處四川、貴州和湘西，都是中國西南邊遠地區，他們的大字報在成都、貴陽街頭貼出以後，都引起社會強烈反響。有人要用大標語覆蓋白智清的大字報時，遭到群眾怒不可遏的衝擊，還引發了震動全國的「成都三．五事件」。其四，作者都遭到殘酷鎮壓，為他們的仗義執言，付出了巨大代價。白智清貼出大字報後，曾轉移到一個僻靜小縣城，以完成《二評張春橋〈破除資產階級法權思想〉——要馬列主義，不要修正主義》的大字報，但未及完稿，即於1976年6月2日被捕，被押往成都、重慶等地批鬥。王洪文辦公室催着要將他處死，遭到四川省委抵制未能得逞。李洪剛等人的大字報也被定性為「反革命事件」，但在有關單位和社會各界保護下，作者也倖免於難。武文俊卻在四人幫垮台以後，以「攻擊偉大領袖毛主席和英明領袖華主席」的罪名，於1977年1月9日被槍殺在縣城對河的沙坑裏，時年49歲。[55]

白智清的大字報的矛頭是直指四人幫的。他早在1974年、1975年就化名「心赤客」寫信給江青、周總理、葉劍英和鄧小平。他直斥江青「害國家，誤民族，遠遠超過楊貴妃、趙飛燕」，警告說：「不管你頭上戴了多少頂堂皇的桂冠，也不管你現在是如何不可一世，末日就在眼前」。他苦口婆心地勸說

55　參看楊建立：關於白智清的《簡介》。郭成望等：《現代化：來自社會底層呼喚》，向繼東：《一封信和一個人之死》，收《位卑未敢忘憂國：文化大革命上書集》。

周恩來、葉劍英：「黨內黨外，軍內軍外，上上下下就連造反派中百分之九十九都恨不能食江皇后之肉，喝王洪文之血」，「『慶父不死，魯難未已』，敬愛的總理，為了國家的富強，為了民族的昌盛，切勿手軟啊！當斷不斷，反招其亂！該決不決，自辱其滅！」「葉帥，農夫惜蛇被蛇咬，放虎歸山虎傷人。是幹的時候了」。在鄧小平出任副總理後，他又直接上書，稱「不甘心民族重遭奴役、國家重受破碎的中國人，都把希望寄託在您和你們身上」，「要想自強，不除四賊，終歸妄想」。到1976年這三張大字報，就集中公開批判張春橋的「破除資產階級法權的思想」。這是有幾個背景的：一是1976年2月上海街頭公開刷出「要馬列主義的理論家張春橋作總理」的標語，這就使早已對國家前途充滿憂慮的白智清感到了揭穿張春橋「馬列主義的理論家」真面目的迫切性；而正是在1975年張春橋奉毛澤東之命，在《紅旗》上公開發表了《論對資產階級的全面專政》的文章，再一次提出他在1958年即已鼓吹的在當下中國實行「破除資產階級法權思想」的主張；而在白智清看來，正是這樣的空想社會主義的理論導致了文革中分配制度的混亂和生產力的破壞，他在大字報裏還特意提到了1974年鋼產量的大幅度的下降，這是他作為鋼鐵行業的職工最感痛心的。現在，白智清所要追問的，就是張春橋鼓吹的「到底是哪家的『主義』」。他通過對張春橋1958年文章的分析，尖銳地指出：「他硬要在生產資料都還沒有全部為社會所有的歷史階段上，塞進他的『徹底破除資產階級法權思想的』『共產主義供給制』」，實際上就是要以此「代替或部分代替馬列主義的『不勞動者不得食』這個社會主義原則，代替『按等量勞動領取等量產品』的社會主義的原則」，這是「利用人民對共產主義的嚮往，利用極左的口號來反對馬列主義」，這是擊中了要害的。

李洪剛等的大字報《對目前形勢和新的歷史任務的幾點看法》，所討論的是一個全局性的問題，而且是直接響應周恩來的號召的。文章明確指出，「中華人民共和國已故總理周恩來同志在去年元月舉行的第四屆全國人民代表大會上，再度提出了一九六五年三屆人大上曾經提出的發展我國國民經濟的兩步設想，這就是：『第一步，用十五年的時間，即在一九八〇年以前，建設一個獨立的比較完整的工業體系和國民經濟體系；第二步，在本世紀內，全面實現農業、工業、國防和科學技術的現代化，使我國國民經濟走在世界的前列』」，並對此作出評價：「周恩來同志所提出的這兩步設想，在中國人民中間引起了經久不息的巨大反響；它深刻的表明：中國人民的最大利益和最根本的利益，只能而且必然是把我國建設成一個繁榮昌盛的社會主義的現代化強國」。把李洪剛等人的這番表態，放在周恩來去世以後的中國黨內外、上層與下層的複雜反應和鬥爭這樣的歷史背景下，就不難看出其重要意義。周恩來在1975年重提文革前1965年提出的「四個現代化」目標，顯然是要發出一個要結束文化大革命，開始一個新的建設時期的信號。儘管這是經過毛澤東批准的，毛澤東也發出過「要把國民經濟搞上去」的指示；但毛澤東顯然並不想放棄他的文化大革命的理想與目標，他在1974年12月還發表過一個《關於理論問題的談話要點》，提出對「八級工資制、按勞分配、貨幣交換」等「跟資本主義差不多」的制度要「在無產階級專政下加以限制」，前文提到的張春橋關於限制資產階級法權的文章，就是按照毛澤東的這一指示寫出來的，表明毛澤東和緊跟他的四人幫，還要堅持空想社會主義理想，堅持「無產階級專政條件下的繼續革命」。這樣，在1974–1976年，中國就面臨着兩條道路的選擇：是堅持以階級鬥爭為綱的文革「無產階級專政下的繼續革命」，還是轉變為「以實現四個現代化為目標的經濟建設為中心」的路線。圍繞這兩條道路的選擇，黨內展開了激烈鬥爭：毛澤東和四人幫堅持前者，周恩來和鄧小平等顯然力主後者。李洪剛等人的大字報旗幟鮮明地表明，作為普通工人，他們是堅決站在以現代化建設為旗幟的周恩來、鄧小平這一邊的：「我們認為：調整我們的戰略重心，把主要精力放到發展我國社會生產力方面來，使我國經濟達到世界先進水平」，「以提高全體人民的物質生活水平，這乃是我國在目前時期的首要和中心任務」。文章還提出了「完成任務的途徑和方法」，其中最重要的就是「堅持優先發展重工業，同時注意發展農業和輕工業的經濟建設路線」，「堅定地實行社會主義的『各盡所能，按勞分配』制度」，「既要反對劉少奇的『物質刺激』，又要反對林彪的『政治刺激』」，這裏的批判鋒芒所向也是很清楚的。因此，張春橋看了他們大字報的摘要後，立即寫下「看來修正主義已後繼有人」的批語：他也是看清了問題的實質的。

武文俊的上書，其實是批判毛澤東的檄文。但卻用民間傳說的形式，講了一個「熊精借屍還魂」的故事：「須知熊精變化無端，要人倒地，鬼神莫測，若稍猶豫不慎，就會遭險。它打着『為人民服務』旗號，掛着『為人民造福』的牌子。騙取了五湖四海的人信任之後，因而有了殺人之權，置人於死地，只要一句話。經常思考着殺人之術，治人之道，整人之法，竭力煽動鼓勵人們之間的鬥爭，說是階級鬥爭，使人們自己打自己，自己消滅自己，這就是它經常宣揚的『鬥爭哲學』，也就是它的全部學說的宗旨。所謂革命，按照它的打算，先革有產者之命，再革無產者之命。一時運用這股力量，打倒一方，一時運用那股力量打倒另一方，以逐步達到消滅人民之目的」。——這都是對毛澤東階級鬥爭學說，鬥爭哲學，以及在文化大革命達於極致的「階級鬥爭為綱」的極左路線的有力批判，也都抓住了毛澤東思想與文化大革命的要害。

更值得注意的，是對毛澤東主導下的中國社會體制的揭露和批判，明確將其概括為「社會奴隸主義制度」，並表示不同意林彪「五七一工程」所作的「社會封建主義」的判斷，認為中國的現實社會「不如封建社會進步，而是倒退到奴隸社會去了」。其理由與問題有五條之多：1.「經濟不如封建社會富裕」；2.「一切人的行動都不自由」：「職業不自由，不能由自己選擇職業。人身不自由，處處有約束，連勞動生產都不自由(反對生產自由種植，反對勞力自由支配)，生活不自由，生存不自由，生育不自由」，「痛恨人民有後代，實行截代滅種之法，完全把人民當作牲畜，侮辱殘害明殺人，暗殺人數目之多，無可統計」，「就是當官的也不見得比老百姓自由多少，都被當作奴隸管得死死的。利用奴隸管奴隸，這是一種巧妙的奴隸制度，人們都成了奴隸」；3.「人民沒有政治地位，沒有政治權利，沒有言論自由，只有熊精的邪說，盈櫃滿架。這種奴隸主義社會，阻礙了人們的思想進步和學術的發展」；4.「徭役賦稅之多，史無前例」；5.「專門吹噓成績，鼓吹這種社會奴隸制度的『優越性』，從來沒有講過半點缺點錯誤，使人們看透了這種虛偽的實質，因而產生反感，都不相信」。對於武文俊這樣的農村知識分子，這裏的每一點，都出自他的直接觀察與切身體驗，說不定還浸透了他和家庭的帶血的經驗，這就特別觸目驚心。而他自己，卻為說出這一切，付出了寶貴的生命。

關於在文革結束前的民間思想者的考察與討論，還有兩點餘論。一是這一時期的民間思想與上層的鬥爭似乎有着更為密切的關聯，形成了上下互動，幾乎可以看作是「毛澤東——四人幫——周恩來、鄧小平」之間的博弈的基層回應。這是能夠反映文革的特點的：一方面，黨的內部，特別是高層的鬥爭不再蒙上神秘的面紗，隨時會捅到社會上；另一面，普通的群眾，包括底層老百姓，對政治，包括高層政治的關注程度和參與熱情，對國家與民族前途的責任感，也是空前的。白智清的一張大字報的題目就叫《我愛我的祖國》，一再高聲疾呼：「多少個關心自己國家前途、憂愁自己的民族命運的中國人，心裏心急如焚、肝膽俱裂啊！」

這一時期的民間思想還表現出一種傾向：這些民間思想者的大多數本來都是文革的擁護者和積極參與者，像白智清在大字報裏，就一再提到自己的「造反派」身份，李洪剛等七人中大多是或大或小的紅衛兵的頭頭，在進工廠前，他們有的是紅代會的成員，有的是校革委會常委；但到了文革結束前，他們都不約而同地對毛澤東發動的文化大革命，產生了懷疑和不滿，在以毛澤東為首的文革激進派和周恩來為代表的溫和派之間，越來越遠離前者，傾向後者，以江青為首的四人幫更引發眾怒，越來越多的人更進一步開始對毛澤東產生懷疑，以致批判。在1976年2月到4月的這一批大字報正是反映了群眾懷疑、不滿情緒的鬱結，4月5日因周恩來去世而引發的天安門運動，就是這樣的不滿和反抗的大爆發。在「四五運動」所提出的口號：「我們要民主，不要法西斯；要繁榮富強，不要吹牛皮」，「中國人民是中國歷史的主人」，「秦始皇的封建社會一去不復返了」等等，在我們討論的這些大字報裏都已見端倪，這當然不是偶然的。而正是1976年的「四五運動」最終埋葬了文化大革命運動。

2016年11月18–20日補寫

思想史上的倖存者與失蹤者

——讀盧叔寧：《劫灰殘篇》[1]

本書的作者盧叔寧是北京師大附中1966屆的高三學生，文革初期「滿腔熱情、滿腹義憤地投入運動」，擔任過中學紅代會下某個小報的主編，[2] 應該是「四四」派的紅衛兵。但很快就成了冷眼旁觀者，但仍緊張地思考一切。1969年後在山西漳河邊一個叫李家莊的小村當了五年艱辛備嘗而又快樂的農民，繼續他的獨立觀察與思考。本書收集的主要是他在農村生活時期的日記及和朋友的通信。稱為《劫灰殘篇》，是因為這背後有一段不堪回首的記憶：林彪折戟沉沙以後，盧叔寧於1971年10月回京探親，為防意外，隨身帶上了幾本重要日記和書信，其中一篇和友人的通信無意間被母親與哥哥看見了，信中有「必須對文化革命進行一次新的評價和估計」這類違禁的言論，[3] 就引發了極大的恐慌。盧叔寧的父親因為當過國民政府的中層官吏在文革初期就因難忍非人之凌辱而自盡，全家也因此成為驚弓之鳥，如盧叔寧再因言罹禍，那就超過了承受的極限。「母親兄長的淚水，哭訴，以致要跪在面前的絕望的乞求」，使盧叔寧「不得不將日記化為灰燼了」。但仍然將其中一部分偷偷撕了下來，「這倖免於火的和未帶回京的，便成了這一本殘編的主體」。盧叔寧不無感慨地說，這「缺肢斷臂的殘體」，

1　《劫灰殘篇》，盧叔寧著，中國文聯出版社，2000 年。

2　盧叔寧：《〈劫灰殘編〉自序》，《劫灰殘編》，第 1 頁。

3　盧叔寧：《致德龍》，《劫灰殘編》（1970 年 10 月），第 260–261 頁。

「證明了當年的恐怖何甚，人民的驚恐何甚！」[4] 和盧叔寧同在山西插隊的學者丁東則評論說，盧叔寧因此也就成為了「思想史上的倖存者」，並且斷言：「今後人們研究這個時期的思想史的時候，他的文字有可能進入歷史的視野」。[5] 本文的研究興趣也在於此。

那麼，盧叔寧的「劫灰殘編」在文革思想史上的意義何在呢？這就需要注意其文體：它是「知青日記與書信」，用丁東的話說，它是盧叔寧個人「(文革)十年中思想變化發展的記錄，其特色在於思想過程的展示」，[6] 但同時也代表了一部分知青的心路歷程。有研究者談到，建國後的「第三代人」的成長，經歷了三個階段：紅衛兵運動，上山下鄉運動和改革開放運動。[7] 在某種意義上可以說，知青生活在這一代人的成長中，處於承上啟下的地位，是一個關鍵時期。因此，我們在研究這一代人的思想發展、精神成長歷史時，知青階段是一個不可忽視的環節。在這方面，盧叔寧的《劫灰殘編》是一個絕好的文本：在下文討論裏，我們可以看出，盧叔寧的思考具有更強的自覺性、獨立性，也就更有助於我們對文革中知青思想進行更有深度的考察。

在進入具體討論之前，我們還需要對文革中的知識青年上山下鄉運動，作一個宏觀的考察。在二十世紀，五四時期，三十年代，抗日戰爭，以及五十年代，先後有過四次「知識分子到農村去」的運動，每一次都有歷史的與知識分子內在的深

4 盧叔寧：《〈劫灰殘編〉自序》，《劫灰殘編》，第 4–5 頁。

5 丁東：《思想史上的倖存者——讀〈劫後殘編〉》，見《丁東自述：精神的流浪》，第 205 頁，台灣秀威資訊科技有限公司，2008 年。

6 同注 5，第 206 頁。

7 米鶴都：《我看「第三代人」》，《回憶與反思：紅衛兵時代風雲人物——口述歷史之一》，第 394 頁。中國書局有限公司，2011 年。

刻原因。文革時期的「知青上山下鄉」是第五次，它既是二十世紀知識分子傳統的一個繼承與發展，更有其時代背景與特色：它是由毛澤東用黨、國家、軍隊的力量直接發動的，其動因大概有四：一是把文革初期放出的「小鬼」(紅衛兵)在失去其利用價值以後全部趕到農村，使其再無聯合造反添亂的可能；二是實現一次大移民，既減輕城市的負擔，又把城市文化帶到農村；三是出於毛澤東的民粹主義信念，強迫青年知識分子到農村接受貧下中農「再教育」；四是出於毛澤東打破社會分工，實現人的全面發展的理想，知識青年當農民，民兵，又參加階級鬥爭，是培養接班人的最好途徑。這裏似乎存在某些合理性，又顯然存在反文化、反知識的因素，是需要作更複雜的分析的。[8]

值得關注的是盧叔寧對到農村去的意義的理解。他在插隊兩個月以後，寫給朋友的信裏，談了三點想法，都很有意思。其一是關於「自己主觀世界的改造」，如何「使自己的感情和貧下中農融成一片，愛他們所愛、恨他們所恨、急他們所急」，如何「通過勞動培養勞動人民感情」，看來他是領會、接受了毛澤東的意圖的。但他又提醒自己，要注意並正確看待「農村中的舊習慣勢力和農民(包括不少貧下中農)由於落後生產力決定的私有落後觀念」。那麼，他對民粹主義又是有所警惕的。其二，他對農村的意義更有自己的獨特見解。他指出：「農村歷來是戰略退卻的終點和戰略進攻的起點，是最好的學校、後方和課堂，是政治上不易控制的薄弱環節，是很好的避風港，多少年來失意或憤世者都以此為退隱之地。但對革命者卻不只是避風港，而是隱蔽所和戰壕」。他首先強調：「我們

8　錢理群：《毛澤東時代和後毛澤東時代：歷史的另一種書寫》(下冊)，第115–116頁，台灣聯經出版事業股份有限公司，2012年。

應當充分利用這些特點」。[9] 這是因為他在下鄉之前，就已經對文革產生了懷疑，被太多的問題所困惑，一時找不到出路，而陷入深刻的精神苦悶之中；同時文革中家庭的遭遇又給他極大的精神壓力，再加上自覺「異端」而時刻有不安全感，他明白：「以我的思想、性格在皇帝腳下是決無善果的。只有農村是我得以自由思想、得以自由表述而又較安全的處所」。[10] 對盧叔寧來說，來到農村不僅是「戰略退卻」的「避風港」，更是要以農村這所大學校作為根據地，進行更深入的學習，更冷靜的觀察，更獨立自由也更根本的思考，更充分的準備，並以此作為「戰略進攻的起點」。並同時警戒自己：農村的「特點也會轉化為缺點。那就是意志薄弱者會為強大的習慣勢力所衝垮，從而喪志，消極，頹廢」，「因為農村的蔽塞落後，我們的到來會引起極大的注目，我們的為別人不解的苦讀會引起包括一些知青在內的疑惑。所以我們必須謹慎」。這都顯示了盧叔寧的清醒與成熟：他選擇農村是作好了各種精神準備的。其三，盧叔寧還作了具體的設想：「現在我深感缺乏的是文革以來從中央到地方，從高官到低微小民的變化、思想動態及各階層各流派的反映」，「真實的第一手材料幾乎是一無所有，這樣就不能用來檢驗審核自己的觀點」。[11] 盧叔寧顯然期待能夠在社會的底層，獲得文革究竟給中國帶來什麼的「真實的第一手材料」，以此檢驗自己在京城形成的關於文革，關於中國的種種既定「觀點」，以此作為自己「重新思考一切」的起點。

這使我想起了魯迅在二十世紀二十年代中國青年第一次「到民間去」時的一個獨特觀察。他說，真正到了民間，就

9 盧叔寧：《致Hy》(1969 年 3 月 18 日)，《劫灰殘編》，第 255–257 頁。

10 盧叔寧：《〈劫灰殘編〉自序》，《劫灰殘編》，第 2 頁。

11 盧叔寧：《致Hy》，《劫灰殘編》，第 257 頁。

「可以知道：我們的『民間』怎樣；青年單獨到民間去時，自己的力量和心情，較之在北京一同大叫這一標語時又怎樣？」「將這些經歷牢牢記住」，將實實在在的「民間」和在城市裏想像中的「民間」相比較，「或許有若干人要沉默，沉默而痛苦，然而新的生命就會在這苦痛的沉默裏萌芽」。[12] 現在，在六十年代第五次到農村去的運動中，盧叔寧們似乎也在經歷類似的精神歷程：對真實農村和中國現實的零距離觀察、感受和體驗，將成為他們的「新的生命」的起點。

我們將從三個方面，來描述與討論這一過程。

一、懷疑——反思文革，反思中國社會主義

盧叔寧從京城來到山西邊遠農村，身子和心從天空落到了大地，他看到了什麼呢？

「生產下降，物質匱乏，也許是物質全化成了精神吧，但精神又何在？激情變成了麻木的冷靜，敢想敢說敢幹變成了小心畏懼，高尚的理想變成了庸俗的追求，如饑似渴的求知代之以空泛的說教，現實生活被口號所充斥，形式主義成了生活的主要外衣與必需品。幹部(沒有野心的)再不願幹了，只企望成為無罪的公民，而野心家們則躍躍欲試得以出頭露角，老實人默默無語，狡猾者唾星橫飛」。(1969年4月28日日記)[13]

「運動以來的大清洗，(使得)上下震盪，民心困頓。——人民處於彷徨、不解、牢騷、怒而不言的麻木中。精神疲憊不堪，不再是幹勁衝天、朝氣蓬勃，過去的幹勁都漸消以致化為

12　魯迅：《忽然想到・6，「到民間去」》，《魯迅全集》第3卷，第100–101頁。人民文學出版社，2005年。

13　盧叔寧：《劫灰殘編》，第85頁。

烏有」。(1969年4月16日日記)[14]

「現今人們普遍的膽小怕事謹慎小心，不敢言、不敢怒的原因，完全是這幾年來鬥爭的結果，是運動的重要副產品之一，是運動的嚴重的後遺症之一。……只要對方是絕對可靠者，是絕無告密可能的知心，那麼任何一個人都可以不停地向你訴說整整一天而不盡：老幹部、老革命一一被鬥、打倒、撤職；中層幹部逐個清洗；下層百姓被蒙蔽利用，動輒是反革命，壞分子……鬥類之多難以數計；今日在台上，明日成階下囚；今天是真理，明日變謬誤；今天説黑，明日成白，後天又不知將變成什麼；……有幾個幹部僥倖尚存，有幾個百姓幸逃厄運，有幾家大小團聚，有幾個人心安氣平？更不知今後將怎樣，是陰？是晴？是吉？是凶？這便是百姓擔憂、害怕的根據和緣由。」(1971年1月21日日記)[15]

「運動所造成的在經濟上的嚴重後果，不是已經在逐步轉嫁到人民頭上嗎？」(1971年2月3日日記)[16]

「現在的勞動者的積極性不高(公認的事實)，其原因也只能歸結為現在的分配方式是不先進的，是不利於生產力的發展的」。(1973年2月日記)[17]

「人民渴求穩定。極度的動盪變亂已把大家搞得苦不堪言，他們需要安定以便整理自己的生活和破攤」。(1969年4月26日)[18]

「人們吃夠了苦，看夠了戲。……人們一面在躲着，一面

14 盧叔寧：《劫灰殘編》，第72頁。

15 盧叔寧：《劫灰殘編》，第132，133頁。

16 盧叔寧：《劫灰殘編》，第133頁。

17 盧叔寧：《劫灰殘編》，第214頁。

18 盧叔寧：《劫灰殘編》，第84頁。

在看着，清醒的結果是人民將會起來。而且同着千千萬萬的人一道起而鬥爭」。(1971年1月21日日記)[19]

「所作所為完全是把中國拉向後退。而實際上已是如此：人心浮怨、生產停頓、經濟凋敝、文化教育僵死——這些都是『左』傾機會主義所造成的直接後果，而且發展下去是不堪設想的」。(1972年4月)[20]

面對這些嚴峻的現實，可說是血淋淋的真實，盧叔寧說，「原來的京城的學生的夢至此可以說是完全破滅了」。[21]

如果說，盧叔寧在1967年還在當紅衛兵時，就已經「初萌了懷疑」；[22] 那麼，1969年以後已是知青的盧叔寧，在魯迅所說的「北京大叫」裏想像的文革與中國和在底層看到的現實文革與中國的比較中，夢想破滅，就在「沉默而痛苦」中產生了更為深廣而根本的懷疑。

首先是對自己曾經狂熱地迷戀過的「文革意識形態」的懷疑與追問。

我曾經將「文革意識形態」概括為「三崇拜」：一是「領袖崇拜」，這就是林彪所說的「毛澤東思想是當代最高最活的馬克思主義」，「用毛澤東思想統帥一切」，「誰反對毛主席，反對毛澤東思想，全黨共誅之，全黨共討之」；二是「革命崇拜」，而且是革命暴力崇拜，這就是文革中流傳的毛澤東的名言：「革命不是請客吃飯，不是做文章，不是繪畫繡花，不能那麼雅致，那樣從容不迫，文質彬彬，那樣溫良恭儉讓。革命是暴動，是一個階級推翻一個階級的暴烈的行動」；三是

19 盧叔寧：《劫灰殘編》，第131，133頁。

20 盧叔寧；《劫灰殘編》，第162–163頁。

21 盧叔寧：《〈劫灰殘編〉自序》，《劫灰殘編》，第2頁。

22 盧叔寧：《〈劫灰殘編〉自序》，《劫灰殘編》，第1頁。

「群眾崇拜」，這就是林彪所說，「革命的群眾運動，它天然是合理的」，以群眾的思想和行為為絕對價值。而「三崇拜」又是以「領袖崇拜」為軸心的。[23]

盧叔寧在文革初期，「滿腔熱情、滿懷義憤地投入運動」應該就是以這三崇拜作為精神支撐的：大多數紅衛兵也都如此，甚至可以說，這是一次全民性的精神亢奮與狂熱。

因此，最初的覺醒，也要從走出這樣的意識形態狂熱開始。盧叔寧在1967年10月10日的日記裏，就出現了這樣的記載：「不知為什麼，現凡看到激烈的言詞行動就感到一種莫名的厭惡，並由厭惡變為不自覺的抵制。大抵因感到在華麗的辭藻後面有一種浮誇和虛假隱藏着。」[24] 這樣的對運動的狂熱的厭惡和抵制，從積極投入變成冷眼旁觀，在1967年秋是一個重要的思想文化動向。而盧叔寧這樣的有着內在革命(變革)要求的知青，就不只是「看表演」，還要追問「華麗的辭藻後面」的「浮誇和虛假」隱藏着的東西。

首先發現的，是「群眾崇拜」後面隱藏的「借群眾運動而利用群眾、操縱群眾，把自己欲幹的事讓群眾去替自己完成，自己卻坐收漁利」的政治陰謀。因此提出，「要辨別真正的在馬列主義指導下的作為歷史推動力的群眾運動和在黑手操縱下的運動群眾」。[25]——打着「群眾運動」的旗號「運動群眾」：這是對文革本質的一個重要揭示；其鼓動群眾崇拜，宣揚「群眾運動天然合理」論，不過是要賦予文革以合法性。作為文革初期的群眾政治(紅衛兵運動)的積極投入者，最終發現自己不

---

23 參看錢理群：《毛澤東時代和後毛澤東時代：歷史的另一種書寫》(下冊)，第029–032頁。

24 盧叔寧：1967年10月10日日記，《劫灰殘編》，第7頁。

25 盧叔寧：1967年11月17日日記，《劫灰殘編》，第15頁。

過是被「利用」與「操縱」的政治野心家手裏的工具，思想上受到的震動，是可以想見的。

而盧叔寧到了農村，和底層的老百姓有了直接的接觸，又有了一個重要發現：自己在書本上及抽象的理念裏的，多少被神聖化、神秘化的「群眾」、「人民」，應該是實實在在耕耘在中國大地上「直接參加社會生產，直接創造物質財富的勞動者」；[26] 而他們卻處於政治上沒有權利，物質與精神極度貧困的狀態中。——這一發現所產生的震撼可能是更巨大也更根本的。反過來看那些將「人民」、「群眾」吹捧上天的激烈言辭，就不難看出，這不過是新的「精神的訓(馴)化，思想的愚昧」，「借人民之手愚弄自己」，讓他們在「當家作主」的幻覺中充當馴服工具；同時又在其內部製造矛盾，「讓他們相互猜忌、揭發、鬥爭」。這樣的打着「為人民」的旗號的愚弄、分裂人民，是一種新的奴隸主義。[27]

當盧叔寧把他的這些發現進一步追問到體制問題(我們在下文會有詳盡討論)，又有了一個重要的概括與提升：這不過是「借人民的名義對人民民主的專制」。[28]——這是真正的要害所在：所謂「人民至上」的「群眾崇拜」，不過是「借人民的名義」對人民實行「專制」。

「人民」的名義之外，還有「革命」的名義：這可以說是文革的兩大旗幟，也是其「正義性」的基本依據。但同樣是一個精心的政治謊言與陰謀。盧叔寧同樣一語道破：「從整個文化大革命看，其目的就是要全面打倒和排除異己，從而從上至

26 盧叔寧：《致丁東書》(1973年4月1日)，《劫灰殘編》，第276頁。

27 盧叔寧：1970年12月28日日記，《劫灰殘編》，第104頁。

28 盧叔寧：《致丁東書》(1973年4月1日)，《劫灰殘編》，第286頁。

下樹立個人和其整個集團的專制統治」。[29] 盧叔寧作出這樣的概括，依據的就是我們前文提到的，他在底層看到的文革現實：「老幹部一一被鬥，中層幹部逐個清洗，下層百姓動輒是反革命」。這些聽從領袖的號令，打着「造反有理」的旗號奮起革命的紅衛兵，到了農村底層，才發現文革是一場沒有革命的革命，對中國社會、體制沒有任何觸動與變革，不過是一場罷官運動，整人運動。以革命的名義，排除異己，製造紅色恐怖：這同樣顯示了文革「革命崇拜」的本質。

最重要與根本的是「領袖崇拜」的破產。這是一場更大的欺騙：「以捍衛毛及其思想的鬥爭，其實質不過是從根本上污辱、褻瀆、敗壞它，以建立自己個人的另一個獨裁統治」。[30]

盧叔寧最為關注與痛心的，依然是對人民(也包括他自己)的精神的傷害。他一針見血地指出：「個人崇拜窒息人的思想，麻木人的靈魂，壓制人民的創造性」。[31] 這是製造新的「奴性」，只不過「披上了『忠於』、『信仰』、『緊跟』諸如此類的紅外衣」，借此「進一步愚化人民，使人民不敢言不敢怒不敢思不敢想，使人民不會思不會想。以達到如以往一切統治階級一樣的愚化人民，從而建立和鞏固自己的統治」。[32] 這同樣擊中要害：「領袖崇拜」，以及「革命崇拜」、「群眾崇拜」這些文革新意識形態，都是一種新的「統治術」。

這就自然要引向對文革主事者的追問：是誰在製造這三大崇拜？他們要達到什麼目的？這就涉及黨的高層的鬥爭。如前文所說，文革本身就是高層鬥爭的產物，進入中後期以後，這

29 盧叔寧：1971 年 1 月 2 日日記，《劫灰殘編》，第 113 頁。

30 盧叔寧：1971 年 9 月 26 日日記，《劫灰殘編》，第 157 頁。

31 盧叔寧：1969 年 4 月 6 日日記，《劫灰殘編》，第 69 頁。

32 盧叔寧：1970 年 12 月 28 日日記，《劫灰殘編》，第 102，103 頁。

樣的鬥爭就更加激烈與複雜。這也是盧叔寧所關心的：即使是身處底層，他依然在緊張地關注、思考，分析(其中自然有許多猜測的成份)上層的鬥爭。這或許是盧叔寧和他周圍的大多數知青的不同之處。

盧叔寧說：「我日思的起點是從對林彪的懷疑開始的。對他的目的、手段、階段性戰果及演變都作了較準確的分析和預測。」[33] 在九大召開的前夕，盧叔寧就在他的日記裏談到「(黨的)上中層幹部中野心家(假毛派或所謂新毛派)、革命派(真毛派和老毛派)與真正的反革命派的鬥爭」，並且明確提出，有野心家「直接地利用毛主席的威信，打出一面旗子招牌，同時剽竊其內容斷章取義，為自己的行動找理論根據，用以欺騙人民掩蓋自己。並用軍管的方法把一切重要部門操縱在他的手下。使中國實際上變成一個軍人統治國，黨領導軍隊只成為一紙空文一帖假藥」。[34] 這就把批判的矛頭直接指向了林彪軍人集團。1968年4月九大的召開，是被宣傳為文革勝利的標誌的；而在盧叔寧看來，這只是「權力鬥爭一方勝利」，「是對權力地位進行一次法律上的再鞏固的大會」，同時也是新的權力鬥爭的開始，「說是一個中心，實則各自為政」，「一方面是近乎專制的集中，一方面是極度的鬆懈渙散」。[35] 他為之憂心忡忡：「中央內部的爭權鬥爭，使得一個馬列主義的團結的政黨變成了分裂的離心的黨；由一個戰鬥的黨變成內亂的黨；而且，對內對外的政策也在變化着和走向極端化。人民處於彷徨，不解，牢騷，怒而不言的麻木中」。[36] 他看到的是黨的危機，國家的危機。

33　盧叔寧：《〈劫灰殘編〉自序》，《劫灰殘編》，第 4 頁。

34　盧叔寧：1969 年 4 月 1 日日記，《劫灰殘編》，第 63–64，64–65 頁。

35　盧叔寧：1969 年 4 月 28 日日記，《劫灰殘編》，第 81，85 頁。

36　盧叔寧：1969 年 4 月 16 日日記，《劫灰殘編》，第 72 頁。

他更加明確地提出：「現在中央實際是兩個派系：一個是以毛主席為首的文革派，一個是以林為首的軍人集團。現在，這兩派還都在擁護毛主席旗幟下合作着，但這是不能長久的，這只是這場運動的一個暫時的歷史產物」。於是，就有了對各派系的具體分析。在他看來，「目前的軍人集團並不是什麼真正的毛主席的擁護者，只不過是以吹捧、擁護為幌子為階梯為手段而實現其政治野心」，在他們「順利地甚至超出其預料地」打倒了曾經「掌權的劉鄧」以後，「新上任的文人政客」就會成為主要對手。盧叔寧指出，這批「新上任的文人政客」即所謂文革新貴是「不可能成為政治舞台上的主人常客」的。他具體分析說：「陳(伯達)只是一個很不高明的理論家，這在激鬥的政治舞台上只顯出他的迂腐懦弱」。「康(生)則以整人為專長，手腕是有一點的」，這「只是資產階級政客的習性」，最後「就會出現貝利亞的結局(按，貝利亞是斯大林時代的特務頭子，斯大林去世後首先被清洗)」。「江青，說是政治家、革命家簡直是可笑，只不過是以毛的夫人的身份被林有意拉上來作為一個在某種意義上勝於毛的第二個擋箭牌而已。而其本身沒有政治家應有的冷靜與理智，只是狂熱和逞能。而這也是林在運動中所需要的」。「姚(文元)更不足論，靠文章起家，純粹的一個被御用的文人」。結論是：「這些人大部分也許是擁毛的，但沒有經驗能力，作一個普通革命者，在適宜的崗位上也許會有更大的貢獻，但放在這麼大的一個黨一個國家的領導地位上是不合適的，完全不合適的」。對處於軍人集團與文人政客集團之間的周恩來，盧叔寧也有如下評價：「總理是被人民所共同擁戴的對人民鞠躬盡瘁的忠臣，是一個極有能力的大管家。但是通過運動使我失望，沒有鬥爭性，缺乏原則性，當然也許是他的地位決定了他不得不作『二無』人物的歷史悲劇」。[37]——這些鞭辟入裏的分析與判斷都是盧叔寧在1969年4月15日日記裏作出、寫下的，卻被以後的歷史發展所證實：無論是1970年九屆二中全會上，軍人集團與文人政客集團矛盾公開化，陳伯達被拋出；1971年林彪出逃，林彪集團被清洗；以及1976年文人、政客集團以「四人幫」的罪名被捕，似乎都在預料之中：這都是最能顯示盧叔寧過人的膽識，也是他的插友們感到「驚訝」與佩服的。

丁東對盧叔寧的「超前思維」有過一個分析：除了他自身的才份外，還特意強調了他對馬克思原著研讀所下的功夫，他基本上是立足於馬克思主義立場、觀點與方法進行獨立分析與批判的：「對於馬克思主義來說，他沒有離經叛道；但對於(文革)主流宣傳來說，他已經在離經叛道的路上走得很遠了」。丁東還談到盧叔寧對魯迅原著的熟悉，魯迅的「獨立的，批判的懷疑精神」對他的影響。[38] 這都是關鍵。我注意到的是，盧叔寧的同期日記裏提供的一個細節：1969年3月21日日記裏，提到他和下鄉所在地的村主任從縣城回村同車聊天裏，瞭解到農民「對中央這麼多老幹部倒台是不理解的，尤其是對劉、朱、賀等在農村廣有威望的人，但『俺們管不了也省不下，有毛主席呢』是農民們唯一解釋」。在談到當時山西省的兩派鬥爭，農民們發現根子在省革委會主任、軍區政委劉某和省軍區司令張某之間的矛盾，而劉與張又分別得到毛主席與林彪的支持。「聰明的百姓」就這樣「提出了一個嚇人的也是危險的問題，難道毛、林也是兩派嗎？這樣一個可致殺頭的問題就讓一個普通的農民提了出來」。盧叔寧立刻敏感到，「這個問題實際上

---

37 盧叔寧：1969 年 4 月 16 日日記，《劫灰殘編》，第 75，76，77 頁。

38 丁東：《思想史上的倖存者——讀〈劫灰殘編〉》，第 207，208，209 頁。

總括了運動中的一切問題，一切疑問都可以在這裏找到。而且以後這個問題還會更明顯地提出」。盧叔寧更由此想到，「以前以為只有知識分子才能想到的問題，人民有時比我們看得更尖銳明瞭。所以應當從各個方面去學習，去接觸，去瞭解，把自己永遠放在小學生的位置上」。[39] 這至少說明了盧叔寧是十分自覺地從底層普通農民那裏去吸取政治智慧的：這應該是他的思想的重要來源。

這裏談到「毛林兩派」的問題，並且把它看作是文革的基本問題，是顯示了盧叔寧文革觀的基本方面的，也就是我們一直沒有來得及討論的，盧叔寧對毛澤東的看法與態度，這一或許是更重要，更根本的問題。從前文的介紹裏，我們也不難發現，盧叔寧是把文革中的所有問題(包括我們一開始討論的「三崇拜」的文革意識形態)都歸之於林彪這樣的文革「黑手」、「野心家」。對林彪軍人集團的痛恨，對江青文人、政客集團，以致周恩來的不滿，盧叔寧都溢於言表，態度鮮明。但對於毛澤東，評價，態度，感情都要複雜得多。一方面，他對毛澤東的錯誤看得很清楚，也並不迴避。比如一再談到「毛錯誤地選擇了接班人，造成了歷史的悲劇和毛個人的悲劇」，「毛的錯誤及後果在一定程度上是他自己造成的」，[40] 談到「他(毛)在實際上早已成為被崇拜的偶像，並不像所吹噓的那樣能起真正的決定的作用」，[41] 他更從毛的錯誤與悲劇裏總結教訓：「任何時候，任何政黨，任何個人都不能只看到自己好的先進的一面，不能只向人民宣揚自己的偉大，不能自我陶醉在成績和頌揚聲中。如果這樣，就會成為一個固步自封、專制專

39 盧叔寧：1969 年 3 月 21 日日記，《劫灰殘編》，第 52，54，55 頁。

40 盧叔寧：1971 年 1 月 2 日日記，《劫灰殘編》，第 110 頁。

41 盧叔寧：1971 年 10 月 1 日日記，《劫灰殘編》，第 159 頁。

斷、而不清醒的革命者，就會使自己變得虛浮臃腫，結果是非常危險的」。[42]

但無論怎樣批判，總結教訓，盧叔寧對毛澤東始終有一個基本判斷：「毛主席之所以偉大就在於他把自己溶於民眾中，他瞭解人民，人民也瞭解他。人民並不把他虛幻地看成什麼『救世主』『神仙』，是高不可攀的，而首先把他看成是自己的親人，因而其感情就是真摯的而不是虛偽的，是自覺的而不是隨勢應景的，是激奮的而不是麻木的」。因此，在他看來，林彪鼓吹「領袖崇拜」，最大的陰謀就是將毛主席「凌駕於一切之上，只可仰視膜拜頌揚，這實質上是把他與人民分開，抬離於人民，舉之以『神』的高位尊供於天，從而達到疏離領袖與人民之間的關係的目的。這是一種對領袖似仰揚實抑的最好方法，也是最巧妙最陰毒的方法」。在盧叔寧看來，這是「馬列主義毛澤東思想的勝利逼得他的敵人不得不採用這種陰險毒辣的手段，這也是一種歷史辯證法吧」。[43] 而他這樣的真正的毛澤東思想的信仰者的任務，就是要衝破文革野心家製造的個人崇拜的迷誤，還原毛澤東思想與路線的本來面目：「什麼叫毛主席的革命路線呢？就是一切為了人民，相信人民，尊重人民，一切於民有利的則行則堅持，反之則反對則抵制，這就是毛主席路線的實質」。他提出，「怎樣區別這真正的毛主席革命路線的執行者和拉大旗作虎皮的偽善者呢？這很簡單，就是到人民中間去，聽他們的議論，看他們的表情，聞他們的褒貶，察他們的喜怒。人民是最清醒的也是最聰明的，他們知道哪些是真的哪些是假的，哪些是遭斥的真言哪些是漂亮的欺騙」。[44] 前引日記

42 盧叔寧：1972 年 7 月日日記，《劫灰殘編》，第 190–191 頁。

43 盧叔寧：1969 年 4 月 23 日日記，《劫灰殘編》，第 80–81 頁。

44 盧叔寧：1970 年 12 月 23 日日記，《劫灰殘編》，第 99 頁。

裏提到的村長表達的老百姓對毛主席的基本信任，大概也會加深盧叔寧的這一體認吧。

正是出於這樣的對毛澤東與人民關係的認同，盧叔寧堅持毛澤東始終是一個「人民領袖」，即使在文革中犯了嚴重錯誤。而且「這些錯誤雖然使幾十年的偉功毀於一旦」，但與林彪的陰謀所犯下的罪行，「是完全不同性質的」。他堅信，「鷹總是鷹，雞總還是雞」，「毛主席終究還是人民的毛主席」，「同時人們會正確地指出毛後期的錯誤及由此錯誤所給整個中華民族造成的影響」。[45]

但盧叔寧仍有隱憂。他在日記裏多次談到毛主席「百年之後」，「當文化革命所進行的一切重新翻轉過來，受到更加痛苦的複雜的評價、審判的時候，(毛)及其思想也必將受到重新的估價和評判」。他預見到，「那時候，有人會利用騷亂，利用人民的不滿，利用思想的混亂，利用派別的鬥爭，利用不少人的糊塗不明，而將一切罪過和錯誤偷偷地不知不覺地全部推到其原有的崇拜者身上。讓人們把憤怨把罪責歸之於毛，自己卻在一旁觀戰並以此顯示自己的正確」。在盧叔寧看來，「那時候才是真正熱愛毛主席及其思想的人真正痛心的時候，才是真正的馬列主義者在紛亂的叫囂中，歷史地、辯證地、唯物地分析毛主席的功過及其思想的時候，才是真正需要出來捍衛作為一個人民領袖毛主席的時候」，「如同現在的對他(毛)的做法有所異議或疑惑需要極大的勇氣一樣，到那時候就更需要百倍的勇氣加一個清醒的頭腦」。「這將是一場有史以來最混亂、最複雜的大爭論，這一天遲早會到來的」[46]。——盧叔

45 盧叔寧：1971 年 1 月 2 日日記，《劫灰殘編》，第 109，110 頁。

46 盧叔寧：1971 年 1 月 2 日日記，《劫灰殘編》，第 109，110，111 頁。參看 1969 年 3 月 14 日日記，《劫灰殘編》，第 48–49 頁。

寧的這一番預言，是在1971年1月2日的日記裏作出並記錄在案的。也同樣為後來的歷史發展所證實：不僅毛主席百年、文革結束的1976年提出了對文革與毛主席的重新評價，而且這樣的重新評價引發的爭論，至今(四十年後)也沒有結束。在重新評價中確實出現了盧叔寧所擔憂的對毛全盤否定的傾向；但同時也還有將毛的錯誤當做神明重新供奉起來的傾向，這大概是盧叔寧料所不及的。

盧叔寧這樣的既批判毛澤東的錯誤，又捍衛毛澤東基本思想的立場與態度，在文革民間思想者中也是有一定代表性的。我自己和我的朋友當時在貴州的小城裏，也在思考着和盧叔寧同樣的問題。我們的立場與態度就是，既反對林彪軍人集團和江青文人、政客集團這些文革新貴，同時又對周恩來、鄧小平代表的舊官僚保持高度的警惕，我們把希望寄託在毛澤東身上，以為他是超越於二者之上，代表底層人民利益的。在這個意義上，我們都是毛澤東主義者。[47] 這樣，我們，也許也包括盧叔寧，就有一個「如何走出毛澤東」的問題。這是我們這些人思想發展下一個階段必須面臨和解決的問題，已不在本文討論的範圍之內。

盧叔寧的可貴之處，就在於他並沒有因為自己捍衛毛澤東的立場而減弱對文革的批判力度與深度。我們發現，正是在林彪問題逐漸暴露以後，他對文革的思考，就從原先的對以「三崇拜」為核心的文革意識形態的反感與批判，更提升到文革的極左路線的批判。在1972年7月的長篇日記裏，有一個全面而深入的闡述。

一、他首先指出，「從歷史的經驗來看，極左派中除極個

47　參看錢理群：《毛澤東時代和後毛澤東時代：歷史的另一種書寫》(下)，第217–219頁。

別外，無一不是兩面派，無一不是假公濟私，無一不是拉大旗作虎皮，包着自己嚇唬別人，無一不是想借革命而行自己私利的陰謀家、野心家。所以我們看到那些默默無言的人不用害怕，而看到那些大喊大叫、指手劃腳以示他是最革命的人就必須注意了」。——這應該是對文革經驗教訓的最重要的總結之一。許多人(包括盧叔寧自己和他的紅衛兵夥伴)都是被革命的激烈言辭所蠱惑而上當受騙的。現在，終於看清楚：「『極左派』以革命的旗幟、革命的口號而全面徹底地扼殺了革命；以為人民服務、為工農兵服務為招牌，將人民置於無權利、無自由的受壓制的奴隸地位上；他們以維護、信仰、崇拜領袖為幌子，而將領袖、政黨、階級與群眾的關係顛倒混淆，從而將領袖與人民對立起來，孤立起來。這一派如果得勢，所造成的對革命對國家對人民的損失是不可估量的。它將是我們無產階級和全體人民最大和最危險的敵人」。

二、極左路線不僅有它的故作激烈的兩面派手法，更有一整套極左理論。盧叔寧概括為九個方面。1.「脫離開物質奢談精神的絕對作用」；2.「離開一定的生產力談生產關係的變化」；3.「離開人們一定的覺悟程度，談立竿見影的所謂思想革命化」；4.「有意過分強調階級和階級鬥爭，將一切人民內部或可以用人民內部的方法解決的矛盾，擴大為敵我矛盾，以攪亂陣線，混淆視聽」；5.「將以後應當做的和以後才可以辦到的事硬拉到現在來做」，「錯誤地認為一切資產階級法權都應當劃除」，「又用現在的甚至是將來的觀點來衡量歷史上的人物」；6.「只強調專政強調集中，而將人民民主、自由置之不顧」；7.「在文學藝術上，用單一的簡單的生硬的政治口號代替豐富多彩的反映實際生活、鬥爭」，「所謂為工農兵服務更只是欺騙百姓的一副空方」；8.「在教育上不是辯證地看待德、智、體之間的關係，而是用過分抬高一方致使另二者窒息的方法來扼殺黨的全面教育方針」；9.「在精神上，扼殺一切積極性，主動性，將一個『永遠正確』、『萬古不變』的思想緊箍套在你的頭上，使你動輒得咎」。由此得出的是三大教訓：1.「過分強調了上層領域內的鬥爭，從而相對忽略了產生這些鬥爭的基礎原因」；2.「過分強調了政治與思想的作用，從而相對忽略了政治、思想不過是經濟、生產力的一種反映」；3.「過分急於用先進的思想一下子使中國來個巨大的改變和革命，使中國得到快速的發展，使人的精神面貌出現一個根本的改變，從而相對忽略了中國落後生產力的影響，以及封建勢力根深蒂固的影響」。「由於以上三種傾向，就造成了理論與實踐的脱離，思想與行動的脱離，精神與物質的脱離，上層建築與經濟基礎的脱離；造成了上與下的脱離，領導與人民的脱離，集中與民主的脱離，政策與實情的脱離。這自然是一種十分危險而且危害極深的傾向」。

三、盧叔寧更探討了極左思想、路線產生的根源。就國內而言，主要是「封建的農民意識」，「容易搖擺、善走極端以及中國落後的生產力決定的人們普遍存在的愚昧、狹隘，奴性」等國民性的弱點。而國際環境裏，「帝(國主義)、修(正主義)、反(動派)聯合反對中國」的嚴峻形勢，「也成了容易偏左的國際條件」，「而中國人的急於將國家建成世界強國的願望和明哲保身等落後意識的結合，也為『寧左勿右』口號的興起奠定了現實可能」。盧叔寧的結論是：「由此看來，林(彪)的思想體系在中國的根基是很深的」。[48]

今天來看，盧叔寧在1972年對文革極左路線所作的這些全

48　盧叔寧：1972年7月日記，《劫灰殘編》，第186–188，191，192，189，193頁。

面分析，都是擊中要害的。在感佩其思想的超前的同時，我們也能發現其中的不足：盧叔寧將文革的極左路線完全歸之於林彪，這顯然缺乏説服力。其實盧叔寧所分析的極左表現，根子都在毛澤東那裏，林彪只是迎合了毛澤東的意圖，以更為極端的形式表現出來。把毛的錯誤僅僅歸結為錯選了接班人，而不對毛澤東思想的極左傾向進行徹底批判與清理，是不可能真正總結文革的教訓的。對於盧叔寧來説，他對文革極左路線的批判已經相當深入，只是沒有最後捅破那層窗戶紙，他自己要最終走出毛澤東，是遲早的事。

盧叔寧的思考並沒有就此止步，他進一步指出，文革極左思潮的出現，是中國共產黨黨內鬥爭的產物；而黨內不同派別的鬥爭，是「圍繞這樣一個問題進行的：那就是什麼是社會主義？中國應當怎樣搞社會主義？」[49] 這樣，盧叔寧的思考與追問，就由對文革極左路線的批判，上升到一個更深的層面，即對「中國社會主義」的追問與反思。

追問中國社會主義，更是盧叔寧和知青這一代人回歸中國的大地，瞭解了中國的國情以後，必然提出的問題。盧叔寧在總結自己的知青歷程時，説了這樣一句話：「到了山西沁縣一個叫李家溝的小村，我才知道什麼叫中國，才知道了我們的百姓是多麼的苦又多麼的好。原來的京城的學生的夢至此可以説是完全破滅了」。[50] 這十分樸素的「老百姓多麼苦，多麼好」，是高度準確地概括了中國基本國情的，是盧叔寧們住在京城裏完全不瞭解，也無法理解的。現在在下鄉上山的實踐裏終於懂得這一點，就具有非同小可的意義。如我在《毛澤東時代和後毛澤東時代：歷史的另一種書寫》裏所分析，盧叔寧

49　盧叔寧：1972 年 4 月日記，《劫灰殘編》，第 168 頁。

50　盧叔寧：《〈劫灰殘編〉自序》，《劫灰殘編》，第 2 頁。

們由此「建立了他們和底層人民的一種深刻的精神聯繫和感情聯繫，這對這一代人的成長，以及未來中國的發展，自然是意義重大的」；同時，也促使他們「由此出發，重新思考中國問題，思考中國的改革」，思考中國的發展道路。首先提出，並必須回答的，就有兩個根本性的問題：「第一，為什麼自稱讓農民翻身的、由毛澤東領導的中國革命，以及自認要解決農民吃飯問題的中國社會主義改造與建設，不但沒有根本改變農民『多麼苦』的狀況，卻製造了無數新的苦難，包括幾千萬老百姓的非正常死亡？第二，毛澤東早在1958年就宣佈：『中華人民共和國九百六十萬平方公里上面的勞動人民，現在真正開始統治這塊土地了』，[51] (按，盧叔寧們在京城讀書時對此是堅信不疑的)，但知青們在農村看到的現實，卻是勞動人民並沒有改變被奴役的狀態，甚至更加嚴重了。為什麼這些『多麼好』的農民百姓，始終不能成為掌握自己命運的中國土地上的真正主人？」對「現實農村問題的追根溯源」，就必然對中國現行的社會主義體制，產生不同程度的懷疑和反思。[52]

盧叔寧的思考從一個最基本的問題開始：「什麼是社會主義？」這一代人對社會主義的理解與理想，一是「最基本的(主要的)生產資料歸國家或人民所有，是消滅了私有制」；二是「最廣大的人民(主要是工人，農民)當家作主」，「這就決定了這一制度的首要和主要受惠者應當是佔人數最多的勞動者。這便是和以往一切制度的根本不同之處」。[53] 以這樣的社會主義理念、理想、信仰，來對照現實存在的「中國社會主

51　毛澤東：《介紹一個合作社》(1958年4月15日)，《建國以來毛澤東文稿》第7冊，第178頁。中央文獻出版社，1998年。

52　錢理群：《毛澤東時代和後毛澤東時代：歷史的另一種書寫》(下)，第117，118頁。

53　盧叔寧：1973年2月日記，《劫灰殘編》，第210頁。

義」，盧叔寧就發現了兩個根本問題。一是「我們的領導，我們的組織機構，我們的路線」都是「為了達到維護和保障其特權統治」，「它極力縱容和培植這些大大小小的特權之果，使之成為鞏固其統治的基礎，社會為此付出的代價是腐爛、停頓和整個勞動者的苦不聊生」。[54] 其二是所謂中國「社會主義民主」是「有主無民」，即「只有主人的自由」、而「無人民的權力」，出現了權力與義務的脱節：「脱離了義務的權力」成了「特權」，「失去了權力的義務，而成了奴役」。[55] 一個少數人的「特權」，一個大多數人(特別是廣大勞動者)「失去權力」，這兩個方面都從根本上背離了社會主義理想的基本原則。而且這是「一小撮特權分子借人民的名義對人民民主的專制」。[56] 也就是說，這是在「人民民主」的旗號下剝奪人民的權利，在「反特權」的旗號下大搞特權：旗號與實際的完全背離，這大概就是「中國社會主義」的特色。文革就是如此：它最初是以「反走資本主義道路當權派的特權」和「發揚人民民主」的口號來動員群眾(主要是紅衛兵)投入造反運動的；但造反的結果，卻是製造了新的特權，形成文革新貴，對人民實行變本加厲的專制壓迫，並導致了生產力的破壞，造成了民眾新的愚昧。這四個方面：特權的形成，人民權利的被剝奪，生產力的下降，民眾的愚昧，就構成了社會主義的中國現實形態的基本問題。在盧叔寧看來，這就是中國必須進行「根本的改革」的原因和理由：[57] 一個全新的改革思路已經呼之欲出。我們在下文再作討論。

54　盧叔寧：1973 年 4 月 1 日日記，《劫灰殘編》，第 285–286 頁。
55　盧叔寧：1972 年 7 月日記，《劫灰殘編》，第 201，204 頁。
56　盧叔寧：《致丁東》(1973 年 4 月 1 日)，《劫灰殘編》，第 286 頁。
57　盧叔寧：《致丁東》(1973 年 4 月 1 日)，《劫灰殘編》，第 291 頁。

二、困惑——追問「做什麼人，向何處去」

盧叔寧這樣的具有極強的反思能力的民間思想者，他們在感到嚴重的社會危機時，同時也感到了自我生命的危機。也就是說，他們對社會的質疑與批判，最終都會轉化為對自身的質疑與批判；他們對「中國向何處去」的探索，也會轉向「我向何處去」的追問。

前文提到，盧叔寧是在文革初期的狂熱已經過去，整個社會情緒落入低谷的情況下，來到中國社會底層的。他在發現了現實的種種黑暗的同時，也發現了人心的灰暗。在1971年1月17日的日記裏，他就談到了「目前，大家尤其是青年，最關心的問題是前途的問題。這裏的前途是指狹義的職業即謀食之道而言的。這是一個普遍的問題。『革命』以後的今天，這一問題就像其它許多問題一樣，變得更普遍、更複雜、更尖銳、更棘手。大家都在苦悶着」，「學生時代的理想、幻想、夢想頓時破滅。環境的驟然改變，生活條件的殊異困苦，造成了思想精神的極度不適應。又由於沒有得到適當的教育管理，加上農村的貧窮，習慣勢力的強大，更使得這些人的思想亂到了極點。思想的混亂表現在精神上是頹廢的、苦惱的，萎靡不振的，以此出現了插隊中的幾多：抽煙、飲酒者多；打架偷竊者多；從各方面尋求刺激者多；不安心勞動，回家閑養者多。由於對自己處境的極度不滿，就極易引起對社會的不滿。最起碼是加深着其原有的疑慮。他們或牢騷滿腹或愁悶寡歡。大部分人則有今日無明天地當一天和尚念一天經地捱日頭」。[58] 身處在這樣的環境、氛圍下，盧叔寧陷入了深刻的矛盾中：一方面，他對插友們的苦悶，不僅感同身受，而且也有深刻的理解與同

58 盧叔寧：1971 年 1 月 17 日日記，《劫灰殘編》，第 121，124 頁。

情：他知道，這都是對文革初期的革命狂熱的一種反撲，甚至報復。但另一方面，他更深知，在文革野心家的肆虐下，國家與革命已處於極度危機中。如果大家(特別是青年)都這樣消沉下去，而不奮起鬥爭，「國家倒退了，革命被引上的邪路。那時候，在黑暗中，到哪兒去尋找你個人的光明呢？」[59] 他更清楚，自己面臨着一個艱難的選擇：在這日趨頹敗的世風之下，是隨波逐流，放棄理想，還是頂風而上，堅守信念？他還承受着家庭的巨大壓力。在1971年1月21日的日記裏，盧叔寧就寫到，只因自己「不聽規勸，不去學習、研究技術，卻只管看那些無用的書，學些什麼可以涉險遭禍的主義，寫些可致殺身的文章，引起全家極大的不滿和不安」。但他又這樣說服自己：「如果每個人都因為自己的苟活而不敢有所思、有所議、有所為；每個父母都因怕自己的子女遭到不幸而只讓他們安分守己，那麼結果是有更多的人獲『罪』，有更多的人添憂。而只有徹底根除『罪』之本，『憂』之根，天下方能太平。人民方能安居樂業。父母、子女方能同享天倫之樂」。[60] 他最終作出了這樣的選擇：「不再為自己的前途與職業而苦惱；不是成日鑽在自製的愁容中；不是只貪求個人的榮祿；不是只滿足於自己的苟且偷安；不是只憂歎個人的不幸遭遇；不是只渴求於自己的可憐安康；而是想一想自己的國家；想一想由複雜鬥爭決定的革命在向何處發展；想一想中國是在向何處前進；想一想找一找造成個人不幸的原因；想一想祖國的命運是什麼；從而奮力而起，團結一致，為祖國的革命的光明前途而奮鬥。只有這樣，才會在鬥爭上找到幸福」。[61] 這樣，盧叔寧就走上了一

59　盧叔寧：1971年1月17日日記，《劫灰殘編》，第130頁。
60　盧叔寧：1971年1月21日日記，《劫灰殘編》，第130，131頁。
61　盧叔寧：1971年1月17日日記，《劫灰殘編》，第129–130頁。

條為祖國的發展，為革命的理想，不斷探索、奮鬥的自覺獻身之路。

問題是要為這樣的堅守建立更堅實的基礎，尋求新的動力。

盧叔寧在1972年4月30日的日記裏，這樣談到他的下鄉體會與收穫：「插隊數年和勞動人民有了實際的接觸，更感到他們是最可貴的。別看他們笨嘴拙舌，但比起那些妙筆生花口若懸河的人不知要高尚多少倍。雖然他們不會講什麼唯物唯心的字眼，但比起那些披着馬列外衣的冠冕堂皇者不知要誠實多少倍。只有他們是不會掩蓋真理的，愈是低下的人也就愈誠實、愈聰明。那些鄙視這些粗手粗腳滿面塵灰的人實際上是最該受鄙視的。一個政權也如是，只有當他們瞭解人民體貼人民不斷為人民謀福利的時候才是人民的政權」。[62] 這裏處處將社會地位「低下」的「勞動者」與「披着馬列外衣的冠冕堂皇者」對比，後者是在文革初期曾迷惑過自己的虛幻的引導者，前者才是來到農村之後發現和找到的可以信賴的力量源泉。這樣的轉變同樣非同小可。在另一篇日記裏，盧叔寧更有一個理論的闡述：「最廣大的與物質生產有直接聯繫的勞動人民——工人和農民們，他們是唯物主義這一大廈的基石。唯有他們在任何風浪面前是一動不動的。因為他們沒有什麼需要欺騙，他們不需要通過欺騙別人、剝奪別人來取得維持自己的物質利益。他們的一切都是自己親手創造的。他們的卑微的物質利益只會被別人搶奪的可能，而絕無強騙別人的企望。所以他們是最可愛的最樸實的也是最廣大的唯物者」。盧叔寧接着指出，「代表了勞動人民利益的知識分子即革命家，他們也是唯物主義者」，但要堅持到底也並不容易：在「處於底層處於被壓迫地位時，

62　盧叔寧：1972 年 4 月 30 日日記，《劫灰殘編》，第 265 頁。

他們往往是唯物主義的捍衛者。他們不怕真理，尤其不怕揭示真理和將真理交給群眾」；但「當他們取得了鬥爭的果實，得到了相當的地位以後，便容易為維護己得之利，為滿足自己的私利而或多或少地揀起曾被自己反對打倒者的武器」。[63] 在盧叔寧看來，要永遠堅守揭示、捍衛真理的唯物主義的立場，就必須從「與物質生產有直接聯繫的勞動人民——工人和農民」這裏尋求支持與力量。「智者在民，明者在下不在上」[64]，永遠立足於民間，和底層百姓站在一起，推動自下而上的社會變革：盧叔寧們終於落地了。

於是，就有了一代「新人」：經過了文革的種種磨難，尤其是底層的鍛煉，更經歷了痛苦的反思，也就有了全新的思想品格、思維與情感——

他們始終保持與中國大地的主人勞動者的血肉聯繫。——「一切無不和人民息息相通」，[65]「忠誠地作人民的僕人。但記住，這一僕人的含意不是伺者，不是奴僕，而應當是捍衛主人利益的戰鬥者，應當讓人民認識自己的主人地位」。[66]

他們願為探索真理而獻身。——「真理的探索不僅是艱難的勞苦的，而且往往是危險的。一旦你踏上這條道路，那麼就有如神話中所說的『不許回頭』。無論後面是什麼聲音：是親人的勸導，是朋友的呼喚，是知己的告誡，是局外者的請求，是無知者的冷嘲，是庸迂者的說教，還是敵人的恐嚇，都一概不要去理」。[67]

---

63 盧叔寧：1972 年 11 月 29 日日記，《劫灰殘編》，第 209，208 頁。

64 盧叔寧：1974 年 2 月 4 日日記，《劫灰殘編》，第 222 頁。

65 盧叔寧：1974 年 2 月 23 日日記，《劫灰殘編》，第 223 頁。

66 盧叔寧：1974 年 10 月 13 日日記，《劫灰殘編》，第 237 頁。

67 盧叔寧：1970 年 5 月 30 日日記，《劫灰殘編》，第 95 頁。

他們目光遠大而腳踏實地。——「我們應當把現實的革命運動不斷引向更高階段，不僅看到現在，更要預示未來。在現實鬥爭面前，不聞不問無動於衷的人，不是自恃清高者就是麻木的土偶。而僅僅拘於甚至為時浪所逐的人，則不僅是個傻瓜而且是個短淺無識的大傻瓜」。[68]

他們既有理論興趣和自覺，又有行動能力。——「我們的時代需要的是理論，真正的從事實出發的能反映事實本來面目的理論。事實的時代，一定要由理論的時代來代替」，[69]「想了就説，説了就幹。我絕不等待」。[70]

他們有極強的求知慾，保持着對未接觸的新知識與未知世界的濃厚興趣。——「我是那樣的渴望學習。人類的不斷發展，使知識也成為無限的。我們想要在這無限中加進自己有限的創造與貢獻，就首先要竭力去瞭解、去學習、去接近這一無限的寶庫。因此，我不僅感到，我要學文學、學語言，還要學歷史，學哲學，學經濟，學政治，還要學自然科學。凡是人類所創造的東西，凡是人類所賴以進步的東西都要學習」。[71]

他們自有創造力，想像力，充滿理想主義、浪漫主義，乃至英雄主義的氣息，又深知自己的限制，自覺追求限制中的發展。——「生命的象徵是勞動，是創造」，「懂得生命意義的人」，就要「為別人也為自己，創造出更多的物質和精神財富」。[72]「人在愛的時候，想像力是最豐富的」。[73]「你還沒有完成你的使命。國家、人民、親人是需要我的，我不是我

68 盧叔寧：1974 年 3 月 5 日日記，《劫灰殘編》，第 224 頁。

69 盧叔寧：1974 年 2 月 3 日日記，《劫灰殘編》，第 222 頁。

70 盧叔寧：1974 年 8 月 26 日日記，《劫灰殘編》，第 236 頁。

71 盧叔寧：1974 年 7 月 19 日日記，《劫灰殘編》，第 235–236 頁。

72 盧叔寧：1974 年 2 月 3 日日記，《劫灰殘編》，第 221 頁。

73 盧叔寧：1974 年 7 月 15 日日記，《劫灰殘編》，第 225 頁。

的」。[74]「人類最可寶貴的：獨立，榮譽和尊嚴」，「世俗的羅網是如此之廣密：小心！」[75]「人是在限制中獲得發展的」，人只能在「客觀限制下」發揮「主觀能動作用」。「一個有成就的人，一定是個刻苦的人，一定是個嚴格要求自己的人。這種刻苦就是給自身的一個限制，但正是這一限制，成就了一個人」。[76]

這是那個時代留下的寶貴的精神財富，也是盧叔寧的《劫灰殘編》的價值的一個不可忽視的方面。而且正是文革中磨練出來的這一代人，在以後的中國改革開放的年代發揮了重要作用。當然，他們也自有局限，而這些局限對以後的中國發展也有負面的影響，不過已不在本文討論的範圍。

三、展望——思考「中國向何處去」

前文談到，在林彪事件發生以後的全民困惑中，盧叔寧就在給插友的通信裏提出「必須對文化大革命進行一次重新的評價和估計」，[77] 同時提出的是：「中國應該怎麼辦」也即「中國向何處去」的問題。他說這是「現在每個尚對共產主義堅信的人，每一個還將祖國的命運視為自己的命運的人」都會這樣想的。[78] 盧叔寧預感到一個「全面改革」的年代的臨近，於是，就在和知青朋友的討論中「朦朧地提出了一些改革的想法」。[79] 他自身的思想探索也就上升到一個新的高度和深度。

74 盧叔寧：1974 年 11 月 29 日日記，《劫灰殘編》，第 242 頁。
75 盧叔寧：1974 年 11 月 29 日日記，《劫灰殘編》，第 241，242 頁。
76 盧叔寧：1974 年 7 月 20 日日記，《劫灰殘編》，第 227，231 頁。
77 盧叔寧：《致德龍》(1971 年 10 月)，《劫灰殘編》，第 260–261 頁。
78 盧叔寧：《致丁東》(1972 年 11 月 2 日)，《劫後殘編》，第 272 頁。
79 盧叔寧：《〈劫灰殘編〉自序》，《劫灰殘編》，第 5 頁。

在討論一開始，盧叔寧就在給朋友的信裏提出，儘管在林彪事件引發的震動過去「需要有一個療養、喘息、恢復的安定時期」，「從這個意義上講，改革，穩定的改革是需要的」，但「卻是遠遠不夠的」。他強調，「如果不是帶有革新革命之光的改革，則往往會變成是在瓦礫場上修補老例的悲劇，而無法在舊的廢墟上建造嶄新的東西出現。」他承認這「新的東西」「到底是什麼東西，人們也還模糊得很」，卻堅信「這種要有新的空氣、新的變革的要求是強烈的，如冰底下的巨流，雖不可見卻有衝決一切的偉力」。同時清醒地看到，「在這種新東西沒有到來之前就必然是苦惱、疑惑、埋怨和頹唐，必然是學習探索苦思和追求」。由此產生的是一種強烈的歷史責任感：「我們這第三代第四代應當怎樣接這個班呢？接力的終點馬上就要安排，而接班的起點是什麼？」[80]——這封信寫於1972年11月，正是在林彪出逃一年以後。在最初的震驚過去以後，在中國大地上確實出現了一股「探索苦思和追求新的變革」的「冰底下的巨流」，像盧叔寧這樣的喜歡思考、富有責任感的人們(主要是青年)紛紛以不同方式聚集在一起，讀書，討論，寫信，記日記，交換思想筆記，形成了鬆散的「民間思想村落」。盧叔寧和他的插友也曾多次聚會，主要是用通信的方式，交換思想，應該也是「冰底下的巨流」中的一個部分。而且他們有幸保留下了部分通信，因此，我們也有了對之進行討論的可能。

於是就注意到，在1973年4月1日的一封通信裏，曾有過對W提出的「治理方法」的討論。先是M在信裏主張：「現在只能靠強有力的革命專政，一方面限制社會差異的肆意發展，限制掌握權力的人把權力變成謀私利的工具的傾向，另一方面限

80　盧叔寧：《致丁東》(1972年11月2日)，第270–271，273頁。

制群眾中的自發傾向，無政府主義」。盧叔寧對此作出了強烈的反應。他尖鋭地問道：「『強化專政』用來對誰呢？」「我們現在所説的社會上出現的各種問題應屬人民內部矛盾，怎麼可以用專政的大棒呢？它只會更多地剝奪人民殘留的一點積極性，使人民在恐懼中生活」，「現在要『強化』的正是其相反的一面：人民民主」。針對「限制差別和特權」的説法，他指出，「社會差別不是靠限制所能奏效的，特權的傾向更不是能限制住的」，「限制特權」實際上就是「變相地維護特權制，是給特權以營業執照」。他也不同意「對群眾自發性傾向的限制」，因為在他看來，「自發也好，無政府也好，都是對機會主義的一種懲罰，是群眾對機會主義的反抗，是對社會現實不滿的自然的流露，是合理的正常的」。如果不根本解決路線的問題，對群眾的這些傾向橫加限制，不但不能解決問題，「反會更快地以各種形式滋生蔓長」。這實際上是一條「暴君與牧師兼而有之」的開明專制的改革路線，因而是盧叔寧堅決拒絕的。他期待的是「一些根本的改革，而且是由廣大人民參加的改革」。最根本的是「通過切實有效的辦法去消滅特權，去提高人民的權力」。[81]

在討論中，盧叔寧提出了他的具體的改革設想與主張，主要有四個方面。

(1)盧叔寧明確提出：「要從生產力能否得到發展，人民是否滿意，這一社會實踐效果來判斷一個國家、社會的基本性質」，「社會主義本身就是促進生產力發展的積極因素」，「社會主義與資本主義在經濟、生產領域的競賽，它的成敗極大地影響政治制度領域內的鬥爭」，「忘記了這一唯物主義的最基本的原理，我們就會墮入困網，我們就會駛入不知所往

81 盧叔寧：《致丁東》(1973年4月1日)，第288–291，292頁。

的茫茫大海」。[82] 在他看來，文化大革命之「墮入困網」，就是因為極左派「脱離開物質奢談精神的絕對作用」，「離開一定的生產力談生產關係的變化」，他們「過分強調上層領域的鬥爭，從而相對忽略了產生這些鬥爭的基礎原因」，「過分強調政治與思想的作用，從從而相對忽視了政治、思想不過是經濟、生產力的一種反映」，這就根本背離了唯物主義的基本原則。[83] 盧叔寧指出：「離開現實的生產力與經濟基礎去建設什麼理想的社會，不過是在又一次進行烏托邦的試驗」：[84] 這就抓住、點出了文革的要害。這樣一條帶有濃重的烏托邦主義色彩的極左路線，導致了文化大革命變成一場「打擊一切，破壞一切」的「大清洗」，完全打亂了社會、生產秩序，更嚴重地損害了勞動者的利益，打擊了他們的生產積極性，造成了生產力的大破壞，從根本上動搖了社會主義的基礎。盧叔寧據此而提出，中國改革的當務之急，就是要首先在思想上擺正物質與精神，經濟與政治的關係，回到馬克思主義的唯物主義基本點上來。他提醒人們警惕那些「讓別人去信什麼上帝、精神原子彈，自己卻盡情享用切實的物質利益」的唯心主義的「高級騙子」，要作一個「徹底的唯物主義者」，依靠「最廣大的與物質生產直接聯繫的勞動人民——工人和農民」，調動他們的生產積極性，理直氣壯地發展經濟，「以最快最穩健的速度發展生產力」，維護老百姓的物質的「切身和現實利益」，改善他們的生活。這樣，才能充分發揮社會主義的優越性，並獲得人民的支持，從而為改革奠定堅實的經濟與政治基礎。在他看來，只有「拉到地面上，拉到物質面前，拉到實踐面前」，才

82　盧叔寧：1973 年 2 月日記，1972 年 7 月日記，《劫灰殘編》，第 215，175 頁。
83　盧叔寧：1972 年 7 月日記，《劫灰殘編》，第 186 頁，191 頁。
84　盧叔寧：1974 年 3 月 5 日日記，《劫灰殘編》，第 225 頁，210 頁。

能辨清「真與偽，是與非，善與惡」，才會有真正的改革和社會進步。[85]

(2)發展生產，進行改革，從哪裏開始？盧叔寧依然堅持他最初的選擇：以農村作為「唯一可以突破的地方」，「進攻的唯一起點」：如果他在1971年1月作出這樣的選擇，是出於「未來的鬥爭」的需要，[86] 那麼，在林彪出逃後的1972年7月，他顯然感覺到這樣的鬥爭，全面的改革已經提上日程，於是，就有了更深的思考與討論。他在日記裏詳盡討論了中國黨內鬥爭中「不同的階級、政治集團因不同的地位不同的經濟利益而產生的不同的治國論和發展論」，並特別關注他所說的「穩健派」與「激進派」的主張。他分析說，激進派「強調突出工業尤其是重工業的發展。在徵稅、徵糧、勞動力的安排上都認為農業應當無條件地服從工業，一切為重工業的發展服務」，「在農業上則應當盡量快地集體化以至全民化」；而穩健派則認為，「中國是這樣一個落後的農業國，有這樣眾多的仍和落後的生產力相聯繫的農民。因此，中國經濟的發展不應當也不能是急進的。工農業的步調應當是穩健而相協調的，工業發展的速度決不能離開農業的步速過多。在農業上則應當逐步地加以提高和改造。所以農業政策應當重在如何發揮農民的積極性上，絕不能用生產力已極度發達後的共產主義的要求來強硬地加在還是落後的貧窮的農民身上。因為這樣勢必會大大地打擊農民積極性。而打擊了農民積極性就是打擊了中國工業的發展，結果會欲速而不達」。[87] 盧叔寧顯然認為，穩健派的主張，是更

85 盧叔寧：1972 年 11 月 29 日日記，《劫灰殘編》，第 208，209 頁。參看 1971 年 4 月 30 日日記，《劫灰殘編》，第 148 頁。1975 年 6 月 10 日日記，《劫灰殘編》，第 245 頁。

86 盧叔寧：1971 年 1 月 17 日日記，《劫灰殘編》，第 125 頁。

87 盧叔寧：1972 年 7 月日記，《劫灰殘編》，第 184–185，182–183 頁。

符合中國的國情的；因此，在他看來，要發展中國經濟，促進生產力的發展，就必須從發展農業生產，調動農民的生產積極性，根本改變農村的落後狀態入手：「一個有廣泛的落後的農村的國家在工業上是不可能得到高度的發展的」，發展農業生產，調動農民積極性，也是為中國工業化奠定基礎。盧叔寧的這一思路，更來自他在農村生活的感受與經驗。他實際觀察與體驗到農民早已失去了生產積極性，其原因就在農村現行的農村生產關係與分配方式，並不能調動農民生產積極性，「並非是好的」，甚至「並非是真正的社會主義」，因此，必須進行根本的改革。[88] 也就是說，盧叔寧是在實際生活裏感受到了農村變革的迫切性的，選擇以農村變革作為中國改革的起點與突破口是順理成章的；可以說這已經成為知青探索中國改革道路的一個共識。

(3)前文談到，盧叔寧提出改革的要求，是基於對中國社會主義現行體制的四大問題的認識：生產力落後，人民陷入新的愚昧之外，主要是「少數人的特權」與「廣大人民無權」。而「是不是通過切實有效的辦法措施去消滅特權，去提高人民的權力，是區別一個政權是什麼性質的最好試金石」。這就是說，中國以回歸社會主義性質為目的的改革，不僅要有以發展生產力為中心的經濟體制改革，還必須有政治體制改革。而在盧叔寧看來，「消滅特權」與「實現人民民主權利」是一個問題的兩面：「只有充分發揮人民民主，特權就無以生存，人民的主動性積極性就能充分調動起來」。這就是說，「揭露消滅特權惡症的主力軍不是別人，正是被特權所唾棄所剝奪的最廣大的勞動者，是社會權力的當然所有者，而決不是靠什麼其它

88　盧叔寧：1973 年 2 月日記，《劫灰殘編》，第 214 頁。

東西，其它力量，其它精神」。[89] 中國政治體制改革的核心就是「提高人民的權力」，或者說將權力回歸它的當然主人。

那麼，怎樣實現人民民主權利呢？盧叔寧提出，「首先，要有一個人民民主的憲法」。「這個憲法應當是自下而上制定出來的。它應當反映人民的利益和要求，同時又根據中國自身的特點以及需要，再借鑒外國的經驗加以制訂。而更重要的是，既成的憲法應當成為全中國每個公民的『約法』，應當具有完全的法力和約束力，而不能使其成為一紙娓娓動聽的公文」。盧叔寧回顧憲法歷史，指出：「資產階級革命時期，在廣大人民參與下，在革命風暴的急捲下制定出來的民主憲法，就曾對革命起過極大的促進作用，就曾喚起人們進一步的覺醒。而黨一旦害怕動搖自己的基石的時候，就會首先踐踏與取締民主的憲法，而以法西斯恐怖的專制代之」。盧叔寧強調：「我們共產黨人是徹底的唯物主義者，是不應當有『恐民』症的。因此，我們制定的憲法就應當成為全國一切事、一切人行動的大綱。應當保證憲法得到切切實實的落實與貫徹。應當保證憲法規定上的人民的權力」。——這可能是文革中第一次提出制定「人民民主憲法」，以及使憲法「成為一切事，一切人(按：當然包括執政黨在內)行動的大綱」，並保證落實與貫徹的要求，應該是爭取人民民主鬥爭在思想理論和行動上的一個重大發展。

更要討論的是，憲法應當包括哪些人民民主權利？盧叔寧提出，「第一便是普選權」，「同時又有罷免那些不稱職的代表的權利；「其次，憲法應當保證人民有批評、監督政府的權利」。[90] 可以看出，盧叔寧們心目中的「人民民主」，無論是

89 盧叔寧：1973 年 4 月 1 日，《劫灰殘編》，第 289，292，286 頁。

90 盧叔寧：1972 年 7 月日記，《劫灰殘編》，第 203–205 頁。

普選權，罷免權，還是監督權，都是文革初期就提出，但從來就沒有認真實行的「巴黎公社三原則」的體現，現在就要求將文革中紅衛兵與民眾的民主訴求寫進憲法，以獲得法律的保障，這自然是特別有意義的。

值得注意的是，盧叔寧在另一封通信裏，明確提出了要保障勞動者「直接參加社會管理」的權利。[91] 這個問題最早是毛澤東提出的，他在1959年寫的《讀〈政治經濟學教科書〉筆記》裏強調：「人民必須有權利管理上層建築。我們不能夠把人民的權利問題瞭解為國家只由一部分人管理」，「勞動者管理國家、管理軍隊、管理各種企業、管理文化教育的權利」，「這是社會主義制度下勞動者最大的權利」。毛澤東的《筆記》在文化大革命中廣泛流傳，就成為許多自覺的造反者民主訴求中的主要內容。現在，盧叔寧要求寫進憲法，同樣具有重要意義。這就意味着，他所設想與期待的以維護憲法民主為中心的政治體制改革，首先關注的是勞動者的民主權利，這是最能顯示在文革中產生的這些與底層人民有着血肉聯繫的改革者的政治思想的特色的，也是其特殊價值所在。

(4)經濟、政治體制改革之外，還有思想文化體制的改革。從前面的討論中可以看出，盧叔寧在觀察、思考、批判文革意識形態，極「左」思潮、路線時，都注意到了其群眾基礎。他指出，「落後生產力造成的國民素質不高，以及愚化教育等為這些極左的東西能夠肆無忌憚地橫行造成了有利的客觀條件」。而極左思潮的特點之一即是「過分強調了阿Q要革命的積極因素的一面，而相對忽視了落後勢力以及封建奴役在他身上打下的深刻烙印」，目的卻是在美化人民的旗號下，推行新

91　盧叔寧：《致志栓》（1972年11月11日），《劫灰殘編》，第281頁。

的奴隸主義。[92] 因此，盧叔寧在思考中國問題時，始終把對國民性的批判放在重要的位置。這顯然受到了魯迅的影響。比如他多次談到，「中國人的王權思想太重」，「王權思想的另一面，則是奴化思想。這是中國人最突出的兩個方面。明白了這二者，於中國方真通矣」；[93]「統治者的話永遠是中國人的信條」，「中國人信奉的第二個信條，就是習慣」，「中國人不信仰上帝，但每個統治者都是上帝，都是聖人，同時也是最高教主」，[94] 等等。這樣，盧叔寧在選擇了和底層人民，特別是他所說的「直接參加社會生產勞動，直接創造物質財富」的勞動者站在一起的民間立場時，並沒有將勞動者和民間社會理想化，既反對脱離民眾的精英主義，又沒有落入文革中盛行的美化人民的民粹主義的陷阱，始終保持了批判知識分子的清醒與獨立，這是十分難得的。正因為如此，盧叔寧在探討改革之路時，在提出要維護勞動者的民主權利，恢復其主人公地位的同時，又提出要發揮「革命知識分子」的「啟發人民，教育人民」的作用，發動「無產階級啟蒙運動」，也是順理成章的。[95]

問題是，此時的中國需要怎樣的啟蒙運動？

盧叔寧為此對中國以往的啟蒙運動作了一個歷史的考察。他尖鋭地問道：「細究起來，中國何曾有過啟蒙運動呢？相反有的是蒙昧時代。自然啟蒙也是有過的，但一旦啟蒙者也坐上了以往自己所攻擊的王位寶座時，啟蒙者就變成了蒙昧者，啟蒙運動也就為蒙昧的教育所替代了。往日的市野上的革新者一

---

92 盧叔寧：1972 年 7 月日記，《劫灰殘編》，第 194，191–192 頁。

93 盧叔寧：1973 年 11 月 11 日日記，《劫後殘編》，第 219 頁。

94 盧叔寧：1974 年 2 月 14 日日記，《劫灰殘編》，第 223 頁。

95 盧叔寧：1971 年 1 月 2 日日記，1972 年 11 月 11 日日記，《劫灰殘編》，第 118，281 頁。

變而成了王族、幸臣、侍從。」盧叔寧還談到了中國「唯一的一個」「真正的啟蒙者」魯迅的命運。在盧叔寧看來，「魯迅的偉大在於他是第一個將中國看透的人，第一個將中國的真相揭示袒露在人們面前的人」。但無可迴避的事實是，「魯迅在生時無限同情又無情地批判憎惡的阿Q們，還有那魯迅用厭惡與蔑視之筆劃下的聰明人們(奴才，假洋鬼子等)在魯迅死後，倒反過來將他『聰明地』『阿Q』化了。這是怎樣的一種諷刺和怎樣一種痛心的悲哀啊！」

問題是，新時代的新啟蒙，怎樣才能避免重踏「啟蒙者變成蒙昧者」的覆轍？怎樣防止啟蒙者被利用與曲解的悲劇？

盧叔寧在總結歷史經驗教訓的基礎上，提出了他的啟蒙觀，其要點有二。

其一，「不讓人民認識自己，自己的缺陷，自己的力量，自己的信心，自己的前途，這是最可怕的愚昧和奴化」；因此，「啟蒙運動的意義目的，我看就在於讓人民認識自己，使人民成為一個自覺的社會成員，而不是一個盲目的人類生存者」。這裏的關鍵，是要使人民獲得「自覺」，根本改變「盲目性」，其前提是正確地「認識自己」：不僅是自己的力量，更是自己的缺陷，這樣才能建立起真正的自信，真正把握自己的前途。這樣的啟蒙，顯然不同於「竭力掩住人民的耳目，混淆他們的視聽，卻將自己裝扮成人民的代表的統治者」，那是「騙子和強盜」；也不同於美化人民，大談「阿Q的傷疤有獨特之美」的吹捧者，那也是一種欺騙；同時也區別於以救世主的姿態，「我啟你蒙」的居高臨下者，那是假啟蒙主義者。只有「不僅相信人民的力量，而且竭力使人民認識自己的力量、缺陷，使人民成為自己的主人者」，才是真正的啟蒙主義者。

其二，啟蒙不僅要使「患者認識自己是病人，進而認識自己的病因病根，使他震醒」，而且「要將如何更自覺地根治這社會與人們的病症的方法昭示給人們」。這樣，就能夠使每個人都成為自己與他人的醫治者，即使他們明瞭自己的義務和權利，而且明瞭自己有這種能力並應當去爭取這種能力的充分發揮。使他們明瞭自己不是被施恩者，不是單純的被療救者，他們自己就同時是創造者、療救者和創造物的所有者。這便是現今啟蒙運動(如果有的話)的任務」。

簡言之，一要有思想上的自覺，二要有充分的民主權利，這才能成為真正掌握自己命運的主人。在盧叔寧看來，「勞動者一天不覺悟，一天不能認識自己的地位，一天不能掌握自己的命運，一天不能直接參加社會生產的管理，那麼他們一天也就不能結束自己過去那種被人奴役擺佈的可悲地位。新的『資產階級』就一天不會放棄他們的特殊權力，勞動者一天不會成為自己實際的主人(而不是主義上的)」。[96]——使勞動者成為「自己實際的主人」，這大概就是盧叔寧所設想的新啟蒙運動的出發點與歸宿。

在通信裏，盧叔寧和他的朋友不僅討論改革「應該怎樣」，也談到了「如何進行」。盧叔寧指出，我們「需要改革或某種意義上的革命」，但「我們不能脱離群眾，脱離現實來搞什麼革命，否則這樣的革命是一定行不通和要倒楣的」。於是，就討論到了如何看待和對待文革中被打倒的老幹部的問題。盧叔寧明確表示：「老幹部不一定都是保守的。逆流派(按：指1967年所謂『二月逆流』對文革提出批評意見的老帥和老革命)他們在許多方面是正確的。他們代表了老一輩中堅定的一派」，「他們是不會反對正確的改革的」。這就已經暗含

96　以上關於新啟蒙運動的討論，見盧叔寧：《致志栓》(1972年11月11日)，《劫灰殘編》，第277，274，275，280，281頁。

了在未來的改革中黨內，特別是黨的領導幹部中的改革派的作用問題。這都是極有遠見的。在通信裏，盧叔寧還提出：「真正的左派應當是腳踏實地、聯繫群眾的，按中國的實際國情考慮群眾的要求、情緒制定政策，而又膽大敢為、扎實深入的革命家；是既能既往又能開來的具有遠大目光的新式的革命家。尤其是在現在，我覺得要能根本改觀需採取兩種看來矛盾的政策：一方面(主要是政治、文教等上層建築)改革應當是大刀闊斧，敢改敢為，一方面(主要是具體的生產、分配政策等)則要取進兩步退一步的以退為進的辦法。這二者的結合，我想回取得一定的效果」。[97] 這確實是一代既有遠大眼光，又腳踏實地的新的改革家。盧叔寧顯然認為，應該由文革中鍛煉出來的「我們這一代」來接班，主導新的改革。在周恩來去世以後，他在一封給友人的信裏，就及時指出：「總理的死就我看標誌着第一輩革命家在卓越地完成了他們的事業後已經到了退出歷史舞台的時候」，「新的擔子用舊的扁擔已不行了，即使是改良了的木犁也得終究不能代替拖拉機的作用了。而這新的任務就要落在我們這一代身上」。[98]《劫灰殘編》以寫於1976年3月24日的這封書信結束，自然是意味深長的。

現在，我們可以對盧叔寧的改革思想作一個小結。可以看出，盧叔寧在1972–1976年間所作的改革設想，是一個全面改革的思路：從經濟，到政治，再到思想、文化，全部覆蓋在內。在當時，這也是民間思想者的共識。如早在1968年北京知青張木生在《中國農民問題學習——關於社會主義體制問題的研究》一文裏，就提出了「發展生產力，從農村體制改革作為改革突破口」的設想；1974年廣州青年工人王希哲等貼出《關於

97 盧叔寧：《致丁東》(1973年4月3日)，《劫灰殘編》，第295，296頁。
98 盧叔寧：《致丁東》(1976年3月24日)，《劫灰殘編》，第299–300頁。

社會主義民主與法制——獻給毛主席和四屆人大》的大字報，提出以推動社會主義民主與發展法制建設作為中國改革的突破口，並提出了要將文革期間提出的人民民主要求寫進憲法。盧叔寧的改革設想顯然是和這些改革呼聲相呼應的；但他的思考與設計似乎更為全面，更具有理論性，而他對新啟蒙運動的探索則更具特色。在這個意義上，我們可以說，盧叔寧應該是文革後期民間思想者的主要代表之一。

四十年後的今天，回過頭來看包括盧叔寧在內的這些民間思想者的設想，可以很清楚地看到，他們所提出的民主、法制、啟蒙要求，以及以經濟建設為中心，從農村體制改革入手的改革路線，不同程度上為鄧小平等黨內改革派所接受，事實上構成了八十年代以來，中國改革的基本內容與方向。在這個意義上，我們可以說，七十年年代的民間思想，確實為文革結束以後中國的改革開放，作了思想與理論的準備，他們是中國改革開放的真正的先驅者。

但作進一步的考察，也不難發現，民間思想者所提出的許多重要的，甚至是根本性的思想和要求，如盧叔寧所提出的「人民民主憲法」，他所強調的「使人民成為自覺的社會成員，勞動者掌握自己命運」為中心的啟蒙理想，在八十年代以來的民主、啟蒙運動中，事實上被忽略了。而他的思想中最為核心的「反對特權」和「勞動者的權–利」問題，則因政治體制改革的滯後，則基本被擱置。[99]

這樣的跛腳改革，導致了以後四十年的中國，一邊在經濟改革上取得重大成就，生產力得到了迅速發展；另一面，特權問題越發嚴重，權力與資本的結合，形成了特權資本階層，同

99　以上討論，參看錢理群：《毛澤東時代和後毛澤東時代：歷史的另一種書寫》（下），第140–143頁，第136–140，147–148頁。

時發生的是勞動者的政治、經濟權利的全面喪失，並實行新的愚民政策，形成嚴重的兩極分化。這就意味着，盧叔寧當年發現並為之憂心忡忡而苦苦尋求出路的「中國社會主義」的四大問題：經濟落後，人民愚昧，少數人的特權與人民，特別是勞動者民主權利被剝奪，除經濟發展，思想獲得一定空間之外，其餘的愚昧、特權、民主問題都越發嚴重，並成為今天中國社會發展的瓶頸，中國改革仍須解決的迫切問題。在這樣的背景下，先驅者的思想遺產被遺忘，而且是強迫遺忘，就幾乎是必然的。我們說過，盧叔寧當年部分日記與書信，被保留了下來，經過他自己和朋友的努力，於2000年出版了《劫灰殘編》，這都屬於萬幸，我們因此稱他為「思想史上的倖存者」；但此書出版以後，卻少有人注意，和其他民間思想者的倖存著作一樣被思想界、學術界所忽略，更不為社會所關注，年輕一代對他們已經茫然不知。在這個意義上，盧叔寧們又依然難逃「思想史上的失蹤者」的命運。我們今天重拾《殘編》，雖然有挖掘文物之感，但還是能感受其思想的虎虎生氣和歷史與現實的銳利的批判力。

2015年9月25日–10月6日，寫於泰康之家

一個青年馬克思主義者的命運

——讀《王申酉文集》[1]

王申酉是工人家庭出身的大學生，他的父親是上海閘北工商聯勤雜工人，母親是火柴廠的女工。1962年秋，十七歲的王申酉高分考入華東師範大學物理系，這是他家祖祖輩輩和所有親戚中第一個大學生。他在入學不久的日記裏，就表示：「我非常崇拜『個人奮鬥』的科學家，我最崇拜在刻苦的環境，在污泥中自拔，永遠謙虛、勤奮中培養出天才的科學家，而我將在這方面永恆的奮鬥」，而在他的理解裏，科學的目的是「為了人類的幸福」。[2] 在1965年8月31日日記裏，他又這樣寫道：「永遠記着我廿一歲的第一天許下的誓言：永遠為窮人的翻身而努力！因為我是窮人。」[3] 這是一個有抱負、有理想、有志氣的青年，而且他還有很強的獨立思考的能力與習慣，有永遠不滿足現狀的懷疑精神，這都是科學創造最重要的精神素質；這都表明，王申酉確實是一個創新型的科學研究人才的好苗子。但他卻生不逢時：就在他考入大學的1962年，毛澤東在八屆十中全會上發出了「千萬不要忘記階級鬥爭」的號召，提出「階級鬥爭要年年講，月月講，天天講」；在1964年又作出了「要以階級鬥爭為主課」的「教學改革」的部署。在階級鬥爭的弦越繃越緊的氛圍下，王申酉「凡事有自己見解」的特性，

1　《王申酉文集》，金鳳、丁東編，王申酉著，香港高文出版社，2002 年。

2　王申酉：1962 年 12 月 13 日日記，金鳳、丁東編：《王申酉文集》，第 132–133 頁。

3　王申酉：1965 年 9 月 17 日日記，《王申酉文集》，第 150 頁。

就引起了高度警惕。住在同一寢室的班長趁王申酉不在時偷看了他的日記，發現了他的那些不滿意現狀的片言隻語，上綱上線為「反革命言論」。從此，王申酉成為黨組織認定的「反動學生」，一直作為監控、打擊對象。1965年因為不肯交出全部日記，而拒絕他入團。1966年王申酉和全校同學一起到北京接受毛主席檢閱，臨出發時，他和幾個資產階級子弟一起被趕出隊伍，押回上海。1968年在「清理階級隊伍」運動中，王申酉被隔離審訊、抄家，慘遭毒打，最後送進上海第一看守所，關了一年零三個月。1970年「一打三反運動」(即「打擊反革命分子，反對貪污盜竊、反對投機倒把，反對鋪張浪費」運動)中，王申酉因為同情一位被批判的同學，又在「思想小結」裏反復表達了自己想學習一點知識的願望，又被工宣隊橫加「猖狂攻擊文化大革命」、「破壞一打三反運動」的罪名，由上海革委會文教組定為「敵我矛盾性質，不戴帽子，留校監督勞動」，因此大學畢業而不予分配工作。11月，就被送江蘇大豐縣的五七幹校監督勞動，達一年七個月之久。1976年「四人幫」垮台以後，王申酉依然處於待分配狀態，並受到嚴密監視。1976年9月10日，王申酉正在給自己的女友寫信，表白自己的世界觀和政治觀點，受命監視他的工人突然衝進來，並再次將其逮捕入獄。在審訊時，王申酉根據辦案人員的要求，重寫這封沒有寫完的「情書」，作為「供詞」，長達六萬多字，這實際上是他留給後人的「政治遺囑」。而當局也就根據這份情書(供詞)，由當時的上海師大黨組上報，普陀區法院黨組、區公安局分黨委聯席會議決定，由上海市委常委會最後批准：判決王申酉死刑，立即執行。歷史的悲劇就這樣發生了：王申酉因為堅持自己的信仰而被槍殺，時間是：1977年4月27日。[4]

4　參看金鳳：《血寫的囑託——王申酉和他的〈供詞〉》，收《王申酉文集》。

可以說，王申酉是一個純粹的「思想犯」，他之有罪，就是因為他有自己的不同於執政者和輿論的獨立思想；他的全部罪證，就是他的並沒有公開的私人日記和書信。而且他還是一個自覺的「思想犯」。他很清楚，自己生活在一個沒有思想、言論自由的國家。文革一開始，他就在一篇日記裏寫道：「看來『興文字獄』還算是好的。現在拼命在『興話語獄』，凡說錯話的都可以揭發批判，平時話多的也就更倒楣」。5 早就有人勸他「不要寫日記，否則要喪失一生的」，王申酉說：「但我還是忍不住要寫」，因為「一個人不能坦率地發表自己的政治觀點，甚至偏要逆自己的觀點去寫東西發表，沒有什麼比這更痛苦的了」。6 他在給女友的信中這樣說：「我自信自己是為了追求超越於個人範圍內的人世間中像知識、真理、正義等等一切美好事物自願作出犧牲的。我現在的命運實在是我原來想像中的最佳命運了。我對自己的命運從來不抱悲傷的心情」。7 他深信，「我的價值正好在於這些被宣判的『罪行』上」。8

仔細讀王申酉的《供詞》，可以發現，王申酉的思想有一發展過程。開始，他的懷疑、批判都是對現實的即時反應，雖不乏鋒利與深刻，但都是零星、片段的，而且他自己也還處於矛盾與惶惑之中。但在1970年11月到1972年2月，他在大豐幹校期間，有機會接觸馬克思主義經典原著，他如饑似渴地讀了兩遍《資本論》，還閱讀了一系列馬克思主義政治經濟學著作：馬克思的《政治經濟學批判導言》、《剩餘價值學說史》，恩格斯的《反杜林論》，列寧的《俄國資本主義的發展》、《什

---

5 王申酉：1966 年 7 月 5 日日記，《王申酉文集》，第 160 頁。

6 王申酉：1967 年 4 月 39 日日記，《王申酉文集》，第 170 頁。

7 王申酉：《書信摘抄》（1976 年 7 月 10 日），《王申酉文集》，第 171 頁。

8 王申酉：《親筆供詞》（1976 年 11 月 24 日），《王申酉文集》，第 117 頁。

麼是「人民之友」以及他們如何攻擊社會民主主義者》，《關於帝國主義的筆記》，斯大林的《蘇聯社會主義經濟問題》等等，一年零七個月的時間，他讀了大約有幾千萬字，寫了一百多萬字筆記，還抄了二十七萬字的《世界通史》和厚厚一本《馬克思傳》。王申酉後來說：「在現代化大工廠最先進的生產方式中工作的工人，最接近、最容易接受馬克思主義的理論觀點」，9 作為工人的後代，他讀《資本論》等馬克思主義經典自然有一種難言的親切感；更重要的是，他是帶着文革中積累的無數問題去讀的，他迫切地希望重新認識自己所生活的中國與世界。他現在在馬克思主義這裏找到了「透徹地解釋一切社會現象」的「方法和立場」。他後來在《供詞》裏說，「我在文化大革命中看別人運用馬列主義詞句，自己也在大字報中運用馬列著作的詞句，總當作工具看待，根本沒有意識到它是一門科學」；只有在閱讀了馬列經典原著以後，才「慢慢產生了真正的興趣，逐步發覺馬克思主義確實是一門人類來理解社會發展的唯一正確的科學」，「從此我的世界觀發生了重大的轉折，開始用馬克思主義的觀點去看待、分析一切社會問題」。在《供詞》裏集中呈現的他對「中國社會主義」，對文革的許多批判，就不再停留在感性現象形態，而具有更強的理論性，更加全面，系統，也更深刻：這都是他用馬克思主義歷史唯物主義和科學社會主義學說來觀察、思考、分析現實社會問題的成果。王申酉也有充分理由說：「接受了馬克思主義的觀點，(我可以)自認為馬克思主義者了，那實在是我人生真正的轉捩點」，「我從三卷《資本論》中獲得了我一生中從未有過的巨大的精神享受。我驚歎人類會創造出這樣美好的精神食糧——可惜絕大多數人不理解這一點。從此，我對整個人類社會，一

9　王申酉：《親筆供詞》(1976 年 11 月 24 日)，《王申酉文集》，第 116 頁。

切社會現象換了一種看法。馬克思完全把我帶進了另一個精神世界。我第一次相信它會把人帶到真正崇高的境界」。[10]

這裏談到的王申酉這樣的民間思想者，在文革煉獄裏的精神成長，或許是我們應該更加注意的。從馬克思主義那裏吸取思想資源，是文革時期民間思想者的一個共同特點，如當時我們那個民間思想村落的一位朋友所說：「馬克思主義作為我們這一代的意識形態繈褓，是每一個喜歡理性思辨的人都無法捨棄的精神資源」，「馬克思主義實際上成了新一代思想者共有的精神起跑線」。[11] 而王申酉則更為自覺，執著，信仰也更堅定。這樣，王申酉的命運就具有了「在文革中成長的青年馬克思主義者」的命運的典型意義。這正是本文研究的興趣所在：王申酉是經歷了怎樣的精神歷程，才找到馬克思主義的？他怎樣用馬克思主義的基本觀點、立場與方法，來批判中國社會主義和文革的？他的這些思想有什麼價值與貢獻？他的命運——一個馬克思主義者在號稱社會主義的中國被槍殺，這背後隱含着怎樣的體制問題？

一、王申酉怎樣從文革的懷疑者發展成馬克思主義的批判者？

王申酉曾這樣談到自己最初的思想狀況：「就我個人而言，從小學讀到大學，是國家一手培養。尤其是讀大學，在同年齡的青年中只有七百二十分之一的人才有希望上大學，可以說是有不少既得利益了。我從小在安穩平靜的生活中長大，感到社會很好，國家很好，用不着我們去考慮國家大事，只要一心讀書，將來好好建設國家就成了。因此我從小用功讀書，

10　王申酉：《書信摘抄》（1976 年 7 月 10 日），《王申酉文集》，第 172 頁。

11　杜應國：《走向民主——王希哲回憶錄〈走向黑暗〉讀後》，見列印稿。

尤其是進了大學後，暑來寒往，把全部精力撲在自然科學上面」。這個樸素的敘述說出了真實：這位國家一手培養的工人的兒子，本應當和讓他感到「社會很好，國家很好」的社會主義中國之間，有一種天然親和關係。

但王申酉接着又說：「慢慢發現，社會並不那麼好，甚至不允許我們好好讀書。六四年主席春節對毛遠新的講話，強調學生要『以階級鬥爭為主課』，從此後，學校就沒法安寧讀書了」。[12] 就像他在日記裏所說，「自從『教學改革』以來，教育是一塌糊塗，倒退了好幾年，學習的東西實在太少了。本學期學的東西，不誇張地說，如果一概省去浪費的時間，一個月可以學會。學習效率遠不及一二年級。學習的深度、廣度實在叫人心酸。大學五年，學到的是啥東西呢？」[13] 那麼，不滿與懷疑正是從「不讓讀書」開始的：「我弄不懂為什麼多鑽研一些業務知識也可能影響我們對共產黨的忠誠程度而被輕視和反對」，「也實在不懂為什麼他們不瞭解用人的有限生命去掌握科學的某一領域的完整知識要通過幾代人的千錘百煉而形成，須要的時間多麼寶貴。難道他們為了政權的鞏固而不需要科學麼？」[14] 在他看來，不讓讀書，就意味着「我們被剝奪了甚至獲得充分知識的自由」，[15] 這是和他「渴望自由，特別是思想自由」[16] 的內在欲求絕對不相容的。可以看出，王申酉對1964年前後逐漸蔓延的反知識、反科學、反文化、反知識分子的極左思潮，極度的敏感，這絕不是出於個人不能讀書的不滿，而

12　王申酉：《親筆供詞》(1976年11月24日)，《王申酉文集》，第117頁。

13　王申酉：1965年5月9日日記，《王申酉文集》，第147頁。

14　王申酉：1964年10月23日日記，《王申酉文集》，第143，144頁。

15　王申酉：1965年5月12日日記，《王申酉文集》，第148頁。

16　王申酉：1963年6月23日日記，《王申酉文集》，第134頁。

是從一開始就看出了其內在的社會問題。王申酉由此而感悟到「政治和科學發展是相當密切的」，據說他原來認為這兩者是「平行發展」的，現在才認識到「科學的發達，對政治有極大的依賴性。當然科學的發達也促進了政治上的變化，不過主要是前者」。於是，就有了這樣的問題：「在一個什麼樣的國家裏科學才能得到最快的發展？？？？？？」[17]

這連打六個問號的問題，在王申酉的思想發展中，是一個重要關節點：從以主要精力集中於科學技術發展問題的思考，到逐漸關注和思考社會問題，國家發展的全局。

其實，在此之前，他的日記裏，已經談到了一些國家與社會的重大問題，如「馬列主義越來越窮，修正主義越來越『富』。連牙膏、草紙都憑票，只有我們國家才能做得出來」；[18]「我是信仰共產主義和社會主義的。但我覺得，現在的所謂社會主義或者共產主義的概念已被他們這批野蠻的傢伙弄混淆了，他們依照自己的頭腦來理解一切東西，又把這些強加於千千萬萬成萬成億人的身上」；[19]「我真誠地希望(上層建築)應徹底改一下。他們整改的第一步，就是大量開放自由，使人民取得應有的自由」；[20]「我特別同意在國家裏實行平等。在我們國家裏明顯存在着『革命』功臣與廣大平民的不平等，強調歷史、家庭成份」，[21] 等等。從這些主要寫於1963年的日記裏，可以看出，年僅18歲的王申酉內心深處對自由、平等的渴望，對有意混淆共產主義、社會主義概念的「野蠻傢伙」的警

17 王申酉：1964年8月11日日記，《王申酉文集》，第138頁。

18 王申酉：1963年5月4日日記，《王申酉文集》，第133頁。

19 王申酉：1963年6月23日日記，《王申酉文集》，第134頁。

20 王申酉：1963年6月26日日記，《王申酉文集》，第134頁。

21 王申酉：1963年6月26日日記，《王申酉文集》，第134–135頁。

惕，以及對越講馬列主義，國家「越來越窮」的社會怪像的疑惑與追問。這都構成他思想的底氣，同時顯示的是他思想的敏銳與深度，這都預示着王申酉此後不尋常的命運。

在1964年以後，王申酉把他的視野進一步擴大到對中國社會的關注與思考時，他的憂憤也愈加深廣。他追問歷史，談到1957年反右運動「不明不白失去政治生命或軀體生命又何止千萬呢？」；[22]「毫無疑問，中共在十五年中所有的建設方針並不多是正確的。大躍進造成的經濟失調，五八年在經濟上、五七年的反右鬥爭在思想上直接造成了三年的舉國災難」；[23]「今天談人民公社，又想起了七、八年前吃飯不要錢的食堂，而今落得遺臭萬年。三面紅旗一舉出，三年困苦降臨到六億人頭上」；[24]「三年中生產的失敗是因為人民的思想面貌被估計得過分誇大，以至於所用的社會所有制形式及上層建築超脫了限制，發生了不合拍的情況，以致產生了經濟上的巨大的困難。」[25] 他面對現實，就看到，在四清運動中，「拼命地揪住職工不放，要他們交待。不交待或交待少了就是工作做得不到家。我從來沒有想到搞四清會搞到這種名堂。」[26] 他還看到「對知識分子的排斥」，[27]「苦的永遠是勞動人民」。[28] 還有無所不在的「個人迷信，個人崇拜」，在他看來，「這是玩命傷。二十世紀了，人類的腦袋已高度發達了，絕對是化不了

22　王申酉：1964年9月25日日記，《王申酉文集》，第142頁。
23　王申酉：1964年10月24日日記，《王申酉文集》，第144頁。
24　王申酉：1965年5月12日日記，《王申酉文集》，第148頁。
25　王申酉：1964年9月25日日記，《王申酉文集》，第141頁。
26　王申酉：1965年10月21日日記，《王申酉文集》，第152頁。
27　王申酉：1966年3月5日日記，《王申酉文集》，第153頁。
28　王申酉：1966年2月13日日記，《王申酉文集》，第153頁。

的」。[29] 可以說，共和國歷史與現實所有的重大問題，都引發了他的懷疑與思考。最後，就歸結到最根本的問題：「『資本主義和資本家是臭的』，這一觀念深深在我的腦海中留下了印象。『社會主義是香的』我還沒有體會到。難道千千萬萬人妻離子散，千千萬萬人過着勉強維持的生活，人必須過三十歲的黃金時代再結婚，就是社會主義制度的組成部分嗎？——坦白說，我實在弄不清社會主義制度是什麼制度。」[30] 中國是社會主義國家嗎？中國社會主義是什麼樣的社會主義？歸根到底，自己追求的社會主義理想是什麼？王申酉陷入了思想的絕境。但也就為以後接受馬克思主義作了鋪墊。

王申酉還感到了思想的極度困惑。在1964年9月19日的一篇日記裏，他一方面，對中國式的集權體制作了一針見血的揭示：「舉國上下只能存在一個思想，一個政體，一個力量」，「完全以毛澤東的理論獨裁一切，置一人之思想於億人的腦袋」，「要求全心全意、一心一意、一個思想、一個目的地拋棄自己一切而忘我工作」，「六億人民完全必須受到空前的思想及行動上的壓抑，要不顧一切地拼命立起來。六億五千萬人民身上凡是可以抽出的有價值的東西幾乎已經被集中起來了。人除了獲得最低的生活條件以外，一切剩餘價值都被點滴地集中積累着，以便將這位點滴的東西匯合成大量的資金，從而通過最合理最有效的途徑去使用，獲得更多更大的物質基礎材料。用來建設，用來保衛自己」。這就是後來人們說的「集中力量辦大事」的體制。王申酉承認，「在六萬萬人的、佔地球六分之一土地的陸地上以一個同類生物的思想作為神聖的意志來主掌一切，這一成功實在是難以想像的」，但他同時又設法

29　王申酉：1964 年 12 月 27 日日記，《王申酉文集》，第 145 頁。

30　王申酉：1964 年 9 月 25 日日記，《王申酉文集》，第 143 頁。

為之辯護，強調「這是鞏固政權的、不至於崩潰的極其必要的步驟」，中國人民必須為了「建設一個世界上從來沒有過的新型國家」而「忍受精神與物質上的窒息」。[31] 這樣的「為國犧牲論」顯然和王申酉的個體獨立、自由的思想不相容，他要説服自己也並不容易。

1966年5月14日日記，也同樣呈現了王申酉內心的兩個側面的矛盾。日記首先寫到本月10號中國爆炸了一顆氫彈，給他的思想的震動。他想到，「世界就是如此辯證地存在着。世界各國聯合起來遏制中國，反而激起了自力更生、奮發圖強的決心，反而造成了中國作為世界強國的地位。相反，中國放棄原則圖好日子，反而有朝一日再成為外國的殖民地。六億中華子孫就要做人的牛馬」。他似乎從中感受到了為國家富強而犧牲一切的必要性。他因此由衷「感謝毛澤東，是他締造了一個強大的中國，是他喚醒了我們作為中國人的自豪感」。但一回到現實，王申酉又必須承認並正視自己和「我們這個社會之間的距離是相當大的。我不適合這個社會，我無力改造自己使之適應這個社會」。[32] 他坦然承認：「我很迷惘。——是的，我對這個社會有過危險的叛逆思想，現在怎麼樣呢？——我心已灰矣！」[33]

幾天以後，王申酉在5月25日的日記裏，第一次談到了「極其轟轟烈烈的文化大革命」(一般認為，1966年5月16日《中國共產黨中央委員會通知》即《五一六通知》的發佈，是文革正式開始的標誌)。他對文革的最初反應有二。一是認定「中國共產黨是在幹着一場極其空前、極其史無前例的事，它把中國引

31 王申酉：1964 年 9 月 19 日日記，《王申酉文集》，第 139，140 頁。

32 王申酉：1966 年 5 月 14 日日記，《王申酉文集》，第 156 頁。

33 王申酉：1966 年 4 月 13 日日記，《王申酉文集》，第 155 頁。

入一條與全世界截然不同的道路。我帶着不知所措、惶惑的心情看着它將如何發展下去」，並且發出質問：「要使中國富強難道非要這樣辦不可嗎？從此以後，中國將與整個世界隔絕起來」，「這種『只許州官放火，不許百姓點燈』的醜劇到處都是，又不許別人批評，只是要壓服人絕對地盲從才罷」。其二是認定「在這場『革命』中，我也是罪劫難逃的分子」，「誰知道這場『文化革命』幾時開始來革我的命?!」[34]

在此後的日記裏，更是時時處處發出質疑，就像他自己所說：「我一個廿一歲的青年，就敢於對現實提出懷疑。我是一個血性青年，不是無聊的應聲蟲。不是為了上升而昧着良心盲從的、有魄力的剛強的人」。[35] 他宣稱：「我是大膽的懷疑派，我一切都不怕，為了維護真理，個人的一切又有什麼可考慮的呢？」[36] 於是，他把批判鋒芒指向文革期間達到極致的個人崇拜與獨裁：「言必論聖旨，看必是聖旨，聽到的必是聖旨，到處是聖旨——中華民族今後將是怎樣的呢？」[37]「古今中外從來也沒有出現過如此瘋狂的大獨裁者」。[38] 他更為文革造成的文化劫難痛心疾首：「秦始皇『坑儒焚書』的劣跡、千古難消的罪孽在二千年後的今天重現了」，「可歎，四千年的文明將喪於一旦！」[39] 文革對國民精神的錯誤引導和毒害，也讓他憂心如焚：「一切人都在寫大字報，中國人別的不會，『罵』和『捧』是最會的」，[40]「唉！中國搞得越來越不像話，

34　王申酉：1966年5月25日日記，《王申酉文集》，第156，153頁。

35　王申酉：1966年6月16日日記，《王申酉文集》，第159頁。

36　王申酉：1966年6月27日日記，《王申酉文集》，第159頁。

37　王申酉：1966年7月13日日記，《王申酉文集》，第164頁。

38　王申酉：1966年8月19日日記，《王申酉文集》，第167頁。

39　王申酉：1966年8月9日日記，《王申酉文集》，第166頁。

40　王申酉：1966年6月27日日記，《王申酉文集》，第159頁。

會見風使舵，會拍馬奉承的都越來越有勢力，稍有一點與上面出入的人都被扼殺了政治生命」。[41] 更讓他寢食難安的，是國家的混亂，停滯，前途的渺茫：「這場文化大革命使整個文藝界、意識形態界、文教科技界進入了癱瘓階段，當然也蔓延到其他各界去了」，「不知何年何月再走入穩定的狀態，難道就這樣循環下去麼？」[42]「在中國的歷史中，現在這一段歷史將怎樣載入史冊呢？」[43]「我實在弄不清中國究竟要走什麼路」，[44]「中國正處於迷惘中。這頭巨獅是醒來了，但不知所措地徘徊着，怎樣走呢？到處都是陷阱」。[45]

對於王申酉這樣的思想者來說，所有外在的社會危機都會轉化為內在的精神危機。在一篇日記裏這樣敘說自己在文革中的處境與心境：「我很痛苦，自從六二年入學以來，讀了兩年安穩書，學到了一點真正的東西。但自三年級期就破壞了這種平靜的生活。在生活道路上走的是朝三暮四的道路。前途，國家、民族的前途越來越渺茫。生為一個熱血青年，一腔熱血無處可灑。每天被逼花兩個小時讀當今天子的聖旨——古今中外第一件如此暴虐的行為」。[46] 王申酉曾經說過，自己是「自由主義者」、「功利主義者」、「厭世主義者」和「共產主義者」的混合體。[47] 在極度絕望中，他一度試圖逍遙躲避，在一篇日記裏這樣寫道：「嗟乎！近幾日我數小時鑽在宋詞裏欣賞避世的詞語。我願終身漂泊於荒山野嶺、青山綠水中，駛一葉

41 王申酉：1966 年 7 月 18 日日記，《王申酉文集》，第 165 頁。
42 王申酉：1966 年 7 月 11 日日記，《王申酉文集》，第 161 頁。
43 王申酉：1966 年 6 月 27 日日記，《王申酉文集》，第 159 頁。
44 王申酉：1966 年 7 月 12 日日記，《王申酉文集》，第 162 頁。
45 王申酉：1966 年 7 月 14 日日記，《王申酉文集》，第 164 頁。
46 王申酉：1966 年 6 月 29 日日記，《王申酉文集》，第 160 頁。
47 王申酉：1966 年 3 月 9 日日記，《王申酉文集》，第 154 頁。

扁舟，蕩在碧波中。我對一切皆失去興趣矣，對名利心已淡極淡極」。但緊接着又說了一句：「我知道我的想法是很危險的」，[48] 強烈的使命感使他無法消極。於是，他又試圖投身於文化革命，他寫了一篇揭發批判學校黨委書記的長達一百四十多張的大字報，轟動全校，多少人圍觀傳抄，還被印成小冊子向全國散發。[49] 而他自己卻在日記裏寫道：「唉！我拼命在動腦筋寫大字報，對那些人作人身污辱，但這有多少出自內心的呢？不這樣幹又有什麼辦法呢？」[50] 他還參加了紅衛兵，被推為一派組織的頭頭之一，上海學生「炮打張春橋」他也參加了。[51] 但他很快就退出了，並在日記裏寫道：「我疲倦了！本來我是完全可以從此捲入到政治生涯中去的。——但是，我退了！」[52] 他又陷入極度困惑之中。在我們現在可以看到的1967年5月22日寫的最後一篇日記裏，依然在憂國憂民：「幾十萬大學生，幾千萬中學生，近萬萬小學生在虛度着光陰，更有幾萬萬人在消極怠工，這一次起碼逼死了幾萬條人命，使中華民族的文明受到空前的浩劫」。[53] 他最後還是堅守了自己在文革中發出的誓言：「我就是敢於追求真理！！！我祇服從於真理！我寧死，寧放逐到最危險最邊遠的地方去做奴隸，也不願放棄真理。我敢於對現實懷疑，任何暴虐暴政我都不怕。我不是反共人物，並不仇恨勞苦大眾的解放，而是希望勞苦大眾真正得到解放」。[54] 但王申酉很清楚，要真正追求、把握真理，不能

48　王申酉：1966年7月11日日記，《王申酉文集》，第162頁。
49　金鳳：《血寫的囑託——王申酉和他的〈供詞〉》，《王申酉文集》，第205頁。
50　王申酉：1966年6月29日日記，《王申酉文集》，第160頁。
51　施平：《王申酉昭雪記》，《王申酉文集》，第255頁。
52　王申酉：1967年4月16日日記，《王申酉文集》，第169頁。
53　王申酉：1967年5月22日日記，《王申酉文集》，第170頁。
54　王申酉：1966年7月12日日記，《王申酉文集》，第163頁。

僅僅停留在對現實的懷疑上，而是要對現實的問題，例如「究竟如何來評論目前中國發生的這一大動亂呢？」「中華民族向何處去？」這類全局性的根本問題，[55] 作出理論的分析與回答。

王申酉正是在渴求真理，為自己的懷疑尋找答案和出路的急切願望下，接觸到了馬克思主義經典原著的。最初，這完全出於偶然：他被發配到五七幹校，禁止讀馬列之外的一切書，而幹校圖書館恰好有不少馬列原著，他就如饑似渴地讀了起來。但一鑽進去，就打開了一番新的天地。

關鍵是他弄清了兩個問題：首先，什麼是「馬克思主義理論的核心？」他後來在《供詞》裏，就談到，「許多人在口頭上談論馬克思主義，但認真問問他什麼是馬克思主義理論的核心，恐怕不少人祇會扯什麼『階級鬥爭』、『無產階級專政』等等詞句，一百個人中沒幾個能真正答出這個問題」。王申酉根據恩格斯在馬克思墓前的演說，說明「歷史唯物主義和剩餘價值學說」是馬克思主義的兩大貢獻；又根據自己研讀的體會，特別突出了馬克思主義的「歷史唯物主義原理和科學社會主義學說」的意義：在他看來，這都是馬克思主義理論的核心。[56] 而王申酉對馬克思主義科學社會主義學說的重視，又顯然和他思考的第二個問題直接相關：他經過反復研究，認識到文革的問題，中國的問題，黨內鬥爭的問題，焦點就在一個問題上：「什麼是真正的社會主義社會，通過何種途徑達到社會主義社會」。[57] 他現在要做的事，就是抓住這個綱，用馬克思主義的基本原理，來分析中國社會：馬克思主義經典著作裏的「科學社會主義」是什麼？今天在中國現實存在的社會主義，

55　王申酉：1967 年 4 月 30 日日記，《王申酉文集》，第 170，169 頁。

56　王申酉：《供詞》(1976 年 11 月 8 日)，《王申酉文集》，第 32 頁。

57　王申酉：《供詞》(1976 年 11 月 8 日)，《王申酉文集》，第 63 頁。

又是怎樣的「社會主義」？毛澤東在文革中推行的路線、政策，將把「中國社會主義」引向何方？而這樣的思考，又必須與對中國社會實際情況的調查與瞭解結合：這也是馬克思主義歷史唯物主義的立場、方法所要求的。為此，王申酉在極端困難的條件下，還是對上海附近的金山縣營房大隊一個生產隊作了力所能及的調查。王申酉正是通過艱苦的理論思考和社會調查，提出了他對文革，對中國社會主義的批判。

二、王申酉對文革和中國社會主義的批判

這個批判有四個方面。

(一)王申酉在《供詞》一開始就簡單概述了馬克思主義歷史唯物主義的基本原理：「人類在從事任何其他活動以前，首先需要吃、喝、住、行，也就是需要必要的生活資料才能生存下來，再從事其他活動。人類必須謀取生活資料，即需要參加生產勞動，因此人類的物質生產活動是最基本的活動」；馬克思就這樣「第一次把人類的物質生產活動提到了與其他一切活動相比具有決定性的高度」。馬克思還「第一次為人類透徹地解釋了經濟基礎和上層建築之間的關係」：「任何人類社會發展階段的屬於上層建築範疇的東西，其發生和發展、變化的原因，都只能從這個社會的經濟基礎、進一步也就是在它的生產關係狀況中去尋找根源，而不能本末倒置」。馬克思主義同時強調，「在經濟基礎與上層建築，生產力與生產關係，社會存在與社會意識這幾對矛盾中，經濟基礎、生產力、社會存在是起決定性作用的，是矛盾的主要方面；但在一定的條件下，後面三方面會起主導作用」。[58] 這本來都是馬克思主義的常識，

58　王申酉：《供詞》，《王申酉文集》，第 33，34 頁。

王申酉的思想卻被其照亮，如此鄭重重申，是因為正是在文革的狂熱中，生產力與生產關係、經濟基礎與上層建築的關係，精神與物質的關係，完全被搞亂了。正像王申酉說的那樣，林彪公開鼓吹「精神因素第一」，「在他看來，只要在人的頭腦裏強制灌輸某種道德教條，就能產生社會主義意識，從而能建立社會主義制度了」。[59] 問題是這樣的完全違背馬克思主義常識的極左思潮卻在文革中暢行無阻，顯然得到了毛澤東的支持，並且在社會實踐裏導致了極大混亂，產生嚴重後果。

王申酉在《供詞》裏如此描述中國經濟「令人擔憂」的形勢：在工業上，「從中央到地方到基層的幹部很少敢抓生產，怕被批判是搞『唯生產力論』、『修正主義』」，「由於『利潤掛帥』帽子的壓力，再也無人過問利潤問題，生產處在無人負責狀態」，「崗位責任制、必要的規章制度被批為『管、卡、壓』，更造成勞動紀律的鬆弛」，「至於工廠的技術改造，既然那些專家、技術員多半被戴上資產階級『技術權威』的帽子下放車間勞動，閱讀、參考國外科技資料又被扣上『洋奴哲學』、『爬行主義』的帽子，自然也就成為很難的事了」，「在分配上，基本上實行絕對平均主義，甚至普通工比技術工的工資待遇高(在前二、三年中)，這種所謂的限制資產階級法權的措施，很難調動青年工人的積極性」。這就導致了工業生產的嚴重下滑，1974年全國企業的虧損達七十八億元。1970年鋼產量比1959年十一年內只增長了百分之十六，而日本同期內增長了三、四倍。[60]

「整個農業還是靠簡單的工具進行手工勞動，機械化程度非常低。由於農民由法律規定束縛在土地上不能離開，故農村

59　王申酉：《供詞》，《王申酉文集》，第 67 頁。

60　王申酉：《供詞》，《王申酉文集》，第 73–74 頁。

多餘勞動力沒有出路，使機器的使用成了障礙，幾百萬城鎮知識青年的上山下鄉使農業勞動力的過剩情況加劇。當全世界大多數國家，尤其是最發達的資本主義國家，其次是蘇聯集團國家的農業人口戰後以來急劇減少時，中國的農業人口不但絕對增加，而且相對也在增加，這是世界上甚至最落後的國家也很少見的情況」，「結果，中國人民只剛剛能維持溫飽」，1970年的糧食產量，只達到1957年的水平。按人口平均計算，中國每人只分得三百公斤，而蘇聯可分得八百公斤。在王申酉看來，「中國經濟的要命之點在農業上」，「每個農業人口的生產率只為工業人口生產率的十二分之一。究其原因公社制的生產關係是嚴重束縛農業生產力發展的。另外，國家又用行政權力把農產品收購價格壓在最低不變的水平上，而工業商品的批發價格並沒有相應降低(工業生產率相對比農業在增高)，結果工農業產品的價格剪刀差不斷擴大，農民是受苦最深的階層」。[61]

在生產力發展中起到決定作用的科學技術發展的狀況更令人擔憂。王申酉指出，「解放以來每次政治運動，知識分子都是首當其衝的衝擊對象，這次文化大革命衝擊更重大」，以至於「進口資料沒人讀，耗子讀，科學院每週只有四天半搞科研」，而且「科技隊伍後繼無人」。在科技研究幾乎無人問津的情況下，中國工農業生產的科技能力和水平的急劇下降，就是必然的。在七十年代初，中國一年電子元件產量是四千萬件，但同一年日本生產了十二億件」。[62]

最讓王申酉不安的是，「當中國在凝固狀態下渡過這十年後，國際社會卻在迅猛的發展」，特別是科學技術的發展導致

61 王申酉：《供詞》,《王申酉文集》，第 74–75 頁。

62 王申酉：《供詞》,《王申酉文集》，第 77 頁。

了「生產力以空前未有的高速度在發展」：「化學纖維的高速度增產已大規模代替了棉花，每小時二百多公里的高速火車已經運行，各國實驗室裏的氫聚變試驗正在向着放出比核裂變大幾千倍能量的過程發展，第四代大型積體電路電子電腦已在廣泛使用太空船登上了月亮，火星……」。[63] 中國經濟和科技在文革十年的嚴重滯後，在王申酉看來，在經濟和科技競爭日趨激烈的當今世界，已經造成了嚴重的民族危機。

當初「馬列主義越來越窮，修正主義越來越富」的困惑，現在得到了理論的説明：社會主義必須以經濟高速發展為基礎與前提，擺在社會主義中國面前的，只有一條出路：回到馬克思主義基本常識上來，重新強調生產力發展、經濟基礎發展的「決定性作用」，恢復其國家發展中的「主導地位」。同時，改變不適應生產力發展的生產關係，並在此基礎上，推動上層建築的變革。在生產關係的變革中，王申酉特別重視的是對現行的人民公社體制的改革。他認定，「中國農村的生產關係不發生根本的變化，中國農業經濟狀況永遠沒有改善的可能」。[64] 在他看來，以生產關係的變革推動農業經濟的發展，是更帶根本性，具有更大迫切性的，因為「農業勞動這是其他一切物質生產活動的基礎。人類只有首先最大地提高農業勞動生產率，把大批人力、物力從土地上解脱出來，才能大規模從事其他部門的勞動，再能進一步從事非物質生產活動，如國家管理、科學與藝術等活動」。[65]

(二)王申酉對文革的批判，主要集中在對毛澤東1966年5月7日《對總後勤部關於進一步搞好部隊副業生產報告的批語》

63　王申酉：《供詞》，《王申酉文集》，第 87 頁。

64　王申酉：《供詞》，《王申酉文集》，第 77 頁。

65　王申酉：《供詞》，《王申酉文集》，第 65–66 頁。

(王申酉在《供詞》裏誤記為「1965年5月7日寫給林彪的信」)裏提出的「改造社會的藍圖」的剖析，認為這「集中反映了他(毛澤東)的世界觀」，其實是可以視為毛澤東為文革制定的目標，是具有綱領性的。抓住它，確實抓住了文革的要害，這本身就是顯示了王申酉的眼光的。王申酉首先對毛澤東的設想目標，作了這樣的概括：「在他的理想世界中，社會應分割為一個一個彼此獨立的經濟共同體——公社。在這個公社中，工人，農民，戰士，學生不應有嚴密的分工，都既要學工，又要學農，學軍，還要從事上層建築的活動——即批判資產階級。」[66] 對此，王申酉作了三個方面的批判性審視，然後與馬克思主義經典的論述一一對比，發現它們都是違反馬克思主義的基本理論與原則的，並一針見血地指出，其實質是「空想社會主義」的，是與馬克思主義的「科學社會主義」相對立的。[67]

首先，王申酉指出，毛澤東設想的「這個公社的生產方式是集體性質的，交換主要發生在內部，因為現實中的農村人民公社正是如此」，「因而這樣的公社顯然是以自給自足的自然經濟佔統治地位的。當然它也與外界發生物質交換，但只是與國家交換，彼此之間是不發生交換的，不過根據現時的實際情況，這種與外界的商品交換只佔很弱的比例。公社內部的生產資料與生活資料多半是採取實物形式分配的」。王申酉分析說，「毛澤東在信中隻字不提這個集體生產方式需要用大機器進行物質技術改造，自然根據每個人要從事不同行業的勞動這一點來看，公社社員是不會被要求從事更大規模的分工的協作的」，而這樣的拒絕社會分工協作，正是要害所在。馬克思主義確實以消滅分工，消滅三大差別為共產主義理想，但「那

66 王申酉：《供詞》，《王申酉文集》，第63頁。

67 王申酉：《供詞》，《王申酉文集》，第63頁。

是要有物質基礎的」。王申酉特意提到，不但馬克思在《資本論》裏早已「天才地指出，人類的分工在人類歷史上曾經起過巨大的歷史作用」，恩格斯更明確提出，「當人的勞動生產率還非常低，除了必要的生活資料只能提供微小的剩餘的時候，生產力的提高、交換的擴大、國家和法律的發展、藝術和科學的創立，都只有更大的分工才有可能」，這正是「歷史的辯證法」：「為着達到消滅人類的分工，剛好需要先實行最大規模的分工」。而在「中國現時歷史條件下」，也即「一個農民只能提供滿足四分之一的個人的剩餘產品」的情況下，急於消滅三大差別，消滅社會分工，就只能造成社會的混亂，以致倒退。[68]

王申酉不僅作理論的辨析，還從文革在「消滅三大差別」名目下進行的試驗的實踐結果，揭示其危害與實質。他提到毛遠新提出瀋陽市農副產品要達到自給，這實際是「使經濟上形成大城市自給自足狀態，農產品不通過商品經濟形式發展到全社會範圍的社會化」，既「不利於工農業生產部門的進一步分工，在政治上勢必造成大城市與整個國家脱離的孤立狀態，為搞獨立王國創造條件」。而王洪文在上海提出「青年工人進廠後先去農村參加集體生產勞動」，此外還有「商業部門職工下工廠參加生產勞動，菜場職工去農村參加農業勞動」，「甚至在農業部門內部，也提出『菜農不吃商品糧』」等等，據説都是為了「消滅分工」，最後都成了形式主義的表演，「連上海也實質上沒人聽」。而最具諷刺意味的，是「文革後的城鄉差別達到了空前的地步」，「居民的遷徙自由只限於從大的居民點向小的集結點，農民是極難脱離土地移往城鎮的。這種城鄉差別還引致配偶選擇等等的嚴格差別」。[69] 而這樣的高喊「消

68　王申酉：《供詞》，《王申酉文集》，第64–65頁。

69　王申酉：《供詞》，《王申酉文集》，第80–81頁。

滅」實際上「擴大」差別，倒是最能顯示文革在生產力低水平下進行「消滅分工，消滅差別」的烏托邦實驗的實質的。

王申酉指出的毛澤東的「五七指示」的第二個方面的問題是，按毛澤東的設想，公社「在上層建築的活動，唯一的就是批判資產階級，而資產階級的階級本性來源於商品交換、貨幣經濟。結果這樣的公社自然會盡一切力量防止商品交換、貨幣經濟的侵蝕作用」。[70] 這裏提出的是一個如何看待和對待「資本主義生產方式中某些規律在社會主義社會裏的作用」這樣一個問題，這同樣是一個要害。[71] 在王申酉看來，毛澤東的問題正是在「他對資本主義生產方式的歷史作用、歷史必然性及其向社會主義生產方式過渡的歷史條件的認識是很不足的」，這顯然與毛澤東「沒有去過西方實地考察一下資本主義生產方式的現實狀況，解放前也大概沒有去過國內某個現代化工廠、大銀行考察過資本主義生產方式的現實狀況」對他的「世界觀的形成的影響」有關。[72] 毛澤東的世界觀裏，存在着一個「空想社會主義」的烏托邦理想世界，與王申酉在《供詞》裏分析的西方思想史上的空想社會主義的理論家頗為接近：「他們幻想建立一個社會經濟制度，既能保持資本主義生產力的高度發展，又能避免一切資本主義制度的固有症候，使無產階級免除殘酷的剝削與壓迫，他們幻想不要有資本家」。[73] 毛澤東同樣有一個擺脱不了的「反資本家，反資本主義」的情結。如王申酉所分析，建國初期，中國「無論城市還是農村都還十分需要徹底實行資本主義性質的變革，為資本主義生產方式的發展掃

70　王申酉：《供詞》，《王申酉文集》，第 64 頁。

71　王申酉：《供詞》，《王申酉文集》，第 70 頁。

72　王申酉：《供詞》，《王申酉文集》，第 71 頁。

73　王申酉：《供詞》，《王申酉文集》，第 40 頁。

清道路」，因此，「建國後三年(五零－五二年)的國民經濟恢復時期也就是資本主義充分發展的時期」。但在「一九五三年開始的互助組和一九五五年開始的合作化運動引起了黨內的爭論」，劉少奇批評「當時實行合作化是一種不切實際的農業社會主義思想」，毛澤東則主張「無產階級在掌握了大工業、掌握了政權的條件下」應當「借助於上層建築的力量」發動「一場社會主義性質的革命」，於是，就有了大規模的「農業社會主義的改造而隔斷了城鄉的資本主義聯繫」，並在「原料來源與銷售市場被(國家)控制」的條件下，於一九五六年順利實行了資本主義工商業的社會主義改造。王申酉從他對社會主義的信念出發，對這一段城鄉社會主義革命是持肯定的態度的。他認為問題在隨後的「一九五七年的反右鬥爭，基本上摧毀了資產階級民主黨派的力量，黨外資產階級從此基本上退出了中國的歷史舞台」。特別是在一九五八年的大躍進中，毛澤東「不顧中國現實歷史條件」，發動了人民公社運動，「大搞一平二調，共產風」，「農村實行了生產不計報酬，吃飯不要錢，家庭經濟也取消，貨幣經濟也瀕臨取消」，還提出要「限制商品經濟」，「破除資產階級法權」，大講「共產主義就在眼前」，實際上是進行了一場「空想社會主義」的烏托邦試驗。正是這樣的完全「不顧中國的現實歷史條件」的「盲目的狂熱」，導致了「人為的經濟災難」。毛澤東又反過來「指責各地幹部不懂價值規律，要求大家學點政治經濟學」。[74]——王申酉對「關於中國一九四九年以後歷史的看法」的這一番梳理，正是為了說明，毛澤東並沒有真正吸取歷史的教訓，他在經濟剛剛恢復的一九六六年發動文化大革命，其實就是堅持他一貫的「消滅資本主義」的路線，堅持他的空想社會主義的烏托邦

74　王申酉：《供詞》，《王申酉文集》，第56–61頁。

實驗，這一回是全面與徹底的最後決戰：不僅以他認定還有力量對抗自己的「資產階級知識分子」與「走資本主義道路的當權派」為主要革命對象，而已退出歷史舞台的資產階級雖不再是主要對手，但也屬於要掃蕩的對象；而且在「五七指示」裏提出工農兵和青年學生都要「批判資產階級」，實際上是要與資產階級意識形態，資本主義文明徹底決裂，同時全面拒絕資本主義生產方式中有普遍意義的規律，如商品交換，貨幣經濟，價值規律與利潤等等，並重新提出「破除資產階級法權」。

在王申酉看來，文化大革命的這一以全面消滅資本主義為目標的空想社會主義的烏托邦試驗，恰恰是根本違反馬克思主義的基本原理、原則的。他在《供詞》裏特意引述了恩格斯關於歷史唯物主義的一個基本論斷：「任何一種生產方式在它所能容納的生產力還沒有發揮盡作用之前不會發生變革，從而在這種生產方式的基礎之上豎立的上層建築也不會崩潰」。王申酉由此討論了馬克思主義者對資本主義的態度：「對於資本主義生產方式這樣一種歷史性經濟範疇，我們並不像資產階級辯護士所鼓吹的那樣，認為它是永恆的，但也不贊同一切空想社會主義者們的主觀意見，以為人類社會的發展過程可以跳過它或者在它沒有最充分地發揮盡它的歷史作用之前徹底拋棄它，可以在它沒有為社會主義創造深厚的物質基礎之前建立起社會主義社會。我們要做的是深入地研究和考察這種生產方式的固有規律與矛盾，盡可能充分發揮它的歷史作用並減輕它的禍害，縮短它的壽命，限制它的一切破壞作用，創造一切條件向社會主義社會發展」。[75]

王申酉並不滿足於理論的辨析，還對恩格斯、列寧等馬克思主義經典作家在社會主義革命實踐中對待資本主義生產方式

75　王申酉：《供詞》，《王申酉文集》，第 43，42 頁。

的態度，進行了歷史的考察。他指出，在馬克思、恩格斯的時代，「歐洲資本主義生產方式還處在上升時期，對歷史還有進步作用，恩格斯諄諄勸導無產階級不要忙於奪權政權，而應該充分利用資產階級的議會制、普選制等條件發展和壯大自己的階級力量，為未來的最後決戰準備條件」。後來列寧「在資本主義發展到帝國主義階段的歷史條件下」，提出了「社會主義革命有可能在帝國主義戰線最薄弱的環節——俄國首先獲得勝利，並在一國建成社會主義的理論」。但在當時的俄國，「資本主義的生產方式還沒有完全發揮盡其歷史作用。整個俄國農村，還是一個小生產經濟的汪洋大海」。在這樣的歷史條件下，列寧曾經試圖「消滅資本主義的生產、交換和分配制度，取消價值規律的作用」，「搞按需分配，取消商品交換和貨幣經濟」，結果導致「全國經濟處於困難的狀況，城鄉關係、工農關係緊張，蘇維埃政權也處於危險之中」。「列寧作為一個目光深遠的無產階級革命家」，立即改變政策，斷然「恢復了商品交換、貨幣經濟，允許城鄉資本主義生產方式在某種限度內得以發展」，這樣的「向資本主義作暫時的退讓」的「新經濟政策」，挽救了蘇聯經濟，為以後社會主義經濟的發展創造了條件。「無論在列寧、斯大林時代，還是後來的赫、勃時代，資本主義生產關係，至少是其變化的形態從來沒有在蘇聯絕跡過」，「資產階級法權還在城鄉起一定作用，在分配制度上，資產階級法權則起決定作用」。王申酉正是從這樣的歷史經驗的總結中，得出結論：「歷史事實已經證明，蘇聯社會主義革命的成功並不意味着社會主義的物質條件已經成熟，資本主義生產方式的規律已發揮盡歷史作用。在中國這樣一個社會主義物質條件比俄國更不成熟的條件下，可以想像，資本主義生產方式的規律更不可能完全發揮盡歷史作用，它一定會以各種形式起不以人們意志為轉移的作用。一個真正的社會主義者只能承認這種作用，周密地分析、考察，掌握它的規律，引導它在一定的範圍內發生有益的作用，使之為創造社會主義的物質條件服務」。[76] 那種不顧社會主義物質條件遠不成熟的現實，硬要實行全面消滅資本主義的空想社會主義路線和實踐，只能導致歷史的後退。

這正是王申酉對作為文革指導性文件的毛澤東的「五七指示」的批判的第三個方面。他一針見血地指出，毛澤東設想的「公社」，實質上是要將「自給自足的自然經濟」凝固化與理想化，拒絕社會分工和交換。而這也正是當下中國農村經濟「佔統治地位」的生產方式。王申酉在前文提到的金山縣營房大隊一個生產隊社會調查裏，發現其「經濟交換百分之八十發生在生產隊內內部，百分之二十發生在生產隊外」，而且主要是國家與生產隊之間，基本進入不了市場；在百分之五十的社員分配中，其中百分之九十左右是通過實物形式分配的，僅百分之十以貨幣形式分配給社員，到市場交換工業消費品」。[77] 王申酉指出，「既然生產方式是這樣的，那麼人與人的關係必然由這種生產與交換及分配方式決定是封建家長制性質的」，社員與生產隊、公社之間顯然存在依附關係。而「每個公社社員又由於法律規定是無法脱離公社的，世世代代要生活在祖傳土地上，從事各種勞動，並且永遠保持固有的生產方式，沒有任何改變的希望。」在王申酉看來，這樣的公社與馬克思所批判的東、西方歷史上都出現過的「村社」多有相似，而「誠如馬克思恩格斯所指出的，這種公社只是東方專制主義制度的社會基礎，只會造成農民永久性的野蠻、落後狀態，絲毫沒有

76　王申酉：《供詞》，《王申酉文集》，第 43，47，48，49，68 頁。

77　王申酉：《供詞》，《王申酉文集》，第 76 頁。

社會主義的因素」。[78] 這是最能顯示空想社會主義的反動性質的。如王申酉所説，「他們所倡導的社會主義按其內容來説，不外是企圖恢復舊的生產資料和交換手段及生產方式，從而恢復舊的所有制關係和舊的社會，或者企圖重新把現代的生產資料和交換關係硬塞進已被它們突破的舊的所有制關係的框子裏去。這樣，空想社會主義對社會只起到了反動的作用」。[79]——在「最最革命」的旗號下喧囂一時的文革空想社會主義試驗，在王申酉的層層深入的剖析下，終於露出了其拉歷史後退的反動本相。

（三）王申酉對文革的另一個批判性審視，集中在文革推行的鎖國政策上。王申酉在《供詞》裏特意談到，他在考察文革中國家對外貿易情況，也即「我國與國際之間的經濟關係問題」時，一個令他震驚的事實。這是他從《參考消息》上提供的第二手材料裏得知的：「據一九七二年訪華的義大利外貿部長上的談話，一九七一年中國的進出口貿易總額佔全世界進出口貿易總額的百分之零點五，據日本官方統計，這一年的中國進出口絕對數字分別為二十億多一點，總合約四十三億美元！僅僅百分之零點五，多麼叫人吃驚！」王申酉「據此和外國比較」，發現這一年，「美國是百分之十二，日本是百分之六，蘇聯是百分之四」。這意味着什麼呢？王申酉分析説，「可以設想，如果把美國從地球上抹去，會對世界經濟產生多大影響啊！日本、蘇聯也會起明顯影響。但把中國抹去，幾乎沒有什麼影響。這能説中國應當對人類有較大貢獻嗎？」王申酉由此得出結論：「中國人是世界上最閉關自守的民族了」，「就一國範圍而言，中國的經濟是典型的自給自足的自然經濟」，

78 王申酉：《供詞》，《王申酉文集》，第64頁。

79 王申酉：《供詞》，《王申酉文集》，第41頁。

從世界範圍看，「中國遠未進入世界市場。中國民族從經濟上說，遠未顯然地參加世界的歷史活動」：這都是文革中推行的一面揚言要「輸出革命」，一面為保證自身的「純潔性」，在「自力更生」的旗號下拒絕進入西方主導的世界市場的鎖國政策的必然後果。

但這恰恰是違背馬克思、恩格斯早在一百三十年前就指出的「世界各民族相互往來和相互依賴的歷史趨勢」，並與之相對立的。正是馬克思、恩格斯在《共產黨宣言》裏描繪了這樣的圖景：「隨着工業生產以及與之相適應的生活條件的趨於一致，各國人民之間的民族隔絕和對立日益消失了」，「(全世界各國的工業)所加工的已不是本地的原料，而是來自極其遙遠的地區的原料；它們的產品不僅供本國消費，而且同時供世界各地消費。舊的、靠國產品滿足的需要，被新的、要靠極其遙遠的國家和地帶的產品來滿足的需要所代替了。過去那種地方的和民族的自給自足和閉關自守被廣泛的國際聯繫所代替了。物資生產如此，精神生產也如此。各民族的精神產品成了公共的財產。民族的片面性和局限性日益成為不可能。於是由許多民族和地方的文化形成了世界的文化」。面對馬克思、恩格斯所高度評價的「世界市場」與「世界文化」的形成所展現的人類歷史發展趨勢，對照中國的文革現實，王申酉不竟發出呼喚和質問：「中國人民何時能脱離『自給自足的閉關狀態』而能與全世界人民自由地『互相往來』、『互相依賴』啊?!世界各民族的相互往來和相互依賴的趨向本來是由資本主義生產方式促進和推動的，是資本主義生產方式的歷史任務，難道我們到了社會主義發展階段不能比資本主義更好地促進和推動這種歷史趨向嗎?!是誰把我們用無形的萬里長城與世隔開的?!」[80]

80　王申酉：《供詞》，《王申酉文集》，第 79 頁。

王申酉更敏感到，世界歷史發展到二十世紀七十年代，「人類的物質和精神交往也以空前規模發展」，「從生產組合來看，聯合性的大工廠、大公司、大銀行等已越來越跨出國界線成為國際性的了，生產規模、銷售市場越來越成為世界性。西歐共同市場、東歐經互會及全世界各地區域性的經濟聯合組織越來越發展，使生產、交換、消費越來越走向統一」。可以看出，王申酉似乎已經預感到我們今天所說的「全球化」時代的臨近，由此感受到閉關自守的中國和中國人，歷史處境的尷尬與荒誕，並有了這樣的描述與想像：「一個在荷蘭僑居的南斯拉夫工人，可以在一家用英國貸款、西德的技術和用澳大利亞礦石煉出來的盧森堡鋼鐵作原料的機器廠裏生產銷售到非洲和東南亞的機床，領到工資後在一家西班牙人開的餐館裏喝蘇聯的伏特加酒，吃法國的牛排和麵包，再通過衛星轉播站看一場日本電視公司轉播的中國雜技團表演的電視節目消磨到黃昏。而我這個在世界聞名的大城市上海裏的一個居民，這幾年來唯一只看到過一樣外國商品——巴拿馬香蕉，迄今還沒機會看一場國際體育比賽」。這是可以視為一種象徵的：「當世界按馬克思、恩格斯的歷史性預言在形成更加密切、相互依賴的統一市場時，我國越來越成為封閉的自足自給的經濟體，並且希望各國也是這樣，成為一個個相互孤立封閉的經濟體」，[81] 這不僅是逆歷史潮流而動，而且更會造成中國被世界拋棄的民族危機：這正是王申酉最感焦慮的。

(四)王申酉所感受到的民族危機，不僅是經濟危機，更是文化、精神危機。他指出，「大批文革前出版的文學藝術作品，放映的電影，演出的戲劇都經批評而打入冷宮。與國際間的各種文化藝術交流被切斷了。中國人民不僅在物質交往上很

81 王申酉：《供詞》，《王申酉文集》，第 87 頁。

少參加全人類的歷史活動，在精神交往上更被切斷了與這種歷史活動的聯繫。中國人民比文革前更與世隔絕了」。這就涉及到文革中毛澤東所推行的「和一切傳統決裂」的文化路線。所謂「一切傳統」，就像文革中最為流行的「批判封、資、修」的口號所表明的那樣，包括「封建主義」的中國古代文化，「資本主義」的西方文化，以及通通被視為「修正主義」的蘇聯文化，中國現代左翼文化和文革前的共和國文化。也就是說，要和一切文化形態徹底決裂，切斷和整個人類文明的歷史聯繫，在文化廢墟上，重建全新的「無產階級文化」。對這樣一條的極左的文化路線，王申酉並沒有在他的《供詞》裏展開全面批判(他的重心在政治經濟學的批判)，而是抓住其理論依據，進行了學理的辨析。據説所有這些文化都是建築在舊的(封建主義的，資本主義的，修正主義的)經濟基礎之上，「當經濟形態發生變革後，原來的上層建築領域的一切東西都變成生產力的桎梏而應該拋棄」。王申酉説，「這是一個在文革中被弄得極其混亂和糊塗的問題」，而「馬克思主義教導我們，這個問題的答案是否定的！」他指出，馬克思、恩格斯在《論藝術》、列寧在《論藝術》、普列漢諾夫在《論一元唯物史觀》、《沒有地址的信——論藝術》等經典著作裏，都論述了文學藝術與經濟形態之間的獨特關係。他據此作了這樣的闡述：「像文學藝術一類的精神產品，一旦從經濟基礎反映到人類的觀念領域，它就會在一定程度上脱離經濟基礎，產生它獨立的發展道路，而且隨着人類經歷幾千年漫長的經濟形態而發展，這種經濟形態就越來越複雜，結果像文學藝術一類東西也越來越遠離經濟形態而發展，按它固有的規律發展」，「它絕不會像道德或法律、宗教觀點那樣帶有特定經濟形態的深深刻痕」，「往往可以從好幾代經濟形態中吸取養料」，並「可能成為人類永久性的精神財富，為世世代代的人類所享受、欣賞」。[82] 那種將經濟基礎與上層建築的關係作機械的理解，斷言「經濟基礎變了，包括文學藝術在內的精神產品都要拋棄」的高論，打着馬克思主義的旗號，其實是反馬克思主義的。

在收入《王申酉文集》的《給女朋友的情書》裏，他特意談到了音樂。他強調「音樂在人類的所有精神財富中佔據着一個特殊的地位」：「它與社會的物質變換方式相距更遙遠」，「它比文學藝術更具有高尚的普遍性的特點」，「更有理由被稱為『世界共同語言』」，「比其它藝術更能抓住人的精神」，「聯合人類」。王申酉因此對文革前《人民日報》發動的攻擊無標題音樂，也就是西方古典音樂的運動，對文革中那些「口頭上稱效忠馬列主義創始人」的左派，「關閉了全國無數個『莫斯科大劇院』式的文化基地，還對一切音樂家，像對其他一切藝術家一樣，進行了瘋狂的迫害」這一切倒行逆施的行為，表示了極大的義憤。他說他要「按馬克思主義、列寧主義的觀點對音樂問題專門寫一篇論文，其戰鬥性與學術的價值足夠壓倒這十年中一切打着馬列主義的幌子來瘋狂攻擊人類最高尚的精神財富之一——音樂藝術的狂犬亂狺」。[83] 這幾乎已經是怒不可遏了。

在《供詞》的最後，王申酉提出了一個無可迴避的尖銳問題：如果這樣的極左路線貫徹到底，用當時流行的話來說，就是「將文化大革命進行到底」，中國「將變成怎樣的怪樣子呢？」王申酉作了三個方面的預言與分析。

首先是經濟體制：「中國將成為一個大大小小的經濟封閉體的組合。每個大城市與它的郊區組成結合體，糧食、副產品

82　王申酉：《供詞》，《王申酉文集》，第 85，86 頁。

83　王申酉：《供詞》，《王申酉文集》，第 184，185，190 頁。

自給，不再吃商品糧。每個村鎮同樣割取周圍一點土地搞農產品自給。而廣大農村地區更是一個自足自給的經濟結合體。商品經濟、貨幣經濟將減少到最低限度。分工將越來越取消，每個人要從事許多種勞動，結果什麼勞動也搞不好。非物質生產性勞動將越來越取消，腦力勞動也將逐漸取消，勞動生產率將隨着分工的取消而降低。人們社會交往將越來越小」。

其次是政治體制。王申酉指出，要將這樣的經濟各自獨立、自給自足的，彼此交往很少的結合體統一為一個縣、一個省、一個國家，「非要有一個極強有力的中央政府才成，這種中央集權政府必然使用強大的國家機器來維持這種統一」。「這種政權建設當然排斥自由選舉，必須用秦始皇式的郡縣制，官吏由中央任命，並能隨時撤調、調換，收入來自中央。這樣的政權必然要用屠殺來維持生命。這樣的政權也必然採取特務警察統治，視人民如仇敵，最嚴密地監視人民的一舉一動，一言一行，使廣大人民生活在最狹隘蔽塞的圈子裏，失去最小的思想、言論、行動自由」。

其三是思想、文化體制：「這樣的國家統治者必然要徹底根絕一切不適應這種封閉經濟體經濟基礎的精神領域的東西，無論是國外、國內的一概排斥」，「這樣的政權必然像一百多年前採取封建閉關政策的滿清王朝那樣，把中國用一道萬里長城與世界各國隔絕起來，盡可能減少一切經濟與精神上的往來，害怕外來的高級意識形態進入各封閉體後發生瓦解作用。結果，這樣的國家將越來越專制、野蠻、落後、愚昧」。

王申酉說，「一想到中國未來的可怖圖景，我的心情無限灰暗，常獨自在廣場上盲目地散步、思考，半夜醒來仍是不斷思考……」。[84]

84 王申酉：《供詞》，《王申酉文集》，第 100–101 頁。

於是，就有了《供詞》結尾的沉重之語：「中國目前是處在解放以來最黑暗的時候，不知道何時會有盡頭。」但他仍然把目光轉向未來：「歷史看來在倒退，但總會前進的。」而且不忘自己的歷史責任，把希望寄託於後人：「我既然不能在天安門廣場流血，那麼就做一個歷史見證人、旁觀者，待有機會時，把我們一代人的經歷和思想記述下來，留給我們的後代，使我們的後代在回憶我們的生活時，會珍惜他們的生活，並啟發他們更好的生活吧！」[85]

其實，《供詞》，他在獄中寫的其他文字，以及他的日記、書信，都是他和他們「這一代人的經歷和思想」的「記述」，留給「後代」的政治和思想遺言。這樣，王申酉就自覺地留下了一份豐富而獨特的思想遺產，並在我們討論的「文革民間思想史」上佔據了一個重要位置。根據我的研究，他當之無愧地可以看作是文革民間思想者五大代表中的一個，其餘四位是張木生，李一哲，陳爾晉與盧叔寧。王申酉的獨特貢獻在於，他完全自覺地用馬克思主義的立場、觀點、方法，對文革，對中國社會主義，進行了批判性的審視。對其四大問題——歪曲精神與物質、生產力與生產關係、經濟基礎與上層建築的關係，破壞生產力和社會主義物質基礎；背離科學社會主義，推行空想社會主義；違背馬克思充分肯定的世界市場、世界文化的歷史發展趨勢，實行閉關自守的鎖國政策；以及曲解馬克思主義經濟基礎與上層建築關係的學說，實行「和一切傳統徹底決裂」的虛無主義的思想文化路線，進行了學理的辨析，達到了相當的理論深度。

王申酉更留下了豐厚的精神遺產。他如此描述他自己的精神與追求——

85　王申酉：《供詞》，《王申酉文集》，第105頁。

「我十分低微，絕不敢狂言我追求什麼偉大的事物。但我總感到人應憑信念活着，應該追求一點有價值的東西」，「我沒有地位，沒有權勢，沒有輝煌的『前程』，沒有體面的職業，沒有洋房、財產，甚至沒有最起碼的具體的日常生活的經驗。如果有一點脱離實際的學識吧，但過去我只關心自然科學方面，關心人類在取得對控制熱核能的成功方面的進展，關心電子技術在工業控制方面的成就，關心無線電技術在人類生活中的新應用……。後來，生活迫使我從自然科學領域轉入社會科學的領域，使我對哲學、歷史、經濟、政治產生濃厚的興趣，頭腦裏不斷在考慮馬克思主義的基本原理和歷史命運，關心西歐共同體和東歐經合會經濟和政治一體化的過程，關心中國在世界貿易事業中的經濟地位與外交政策的關係……而所有這些既不會給我帶來名譽、地位，也不會給我帶來財產、利益，更不會給所愛的女子帶來利益」，「人總得付出一種代價。但只在我們想到這種犧牲會帶來崇高的成果時，我們就會甘心情願地付出這類代價」。[86]——這是為信念，為思想而活着的精神動物，無論最初關心自然科學，還是後來轉入社會科學，他腦子裏都在思考和探索問題，而且是全局性的大問題，有一種超越國界的人類關懷，眼光與胸懷，他追求的是「崇高」的精神「成果」，而不惜為之付出一切犧牲。這樣的選擇是很難為人理解的，王申酉因此引述馬克思的兩段話為自己辯護：「(這)是他們時代的一定思想的代表，他們的動機不是從瑣碎的個人慾望中，而是從他們所處的歷史潮流中得出來的」，「我寧肯去研究重大的世界歷史事件，寧肯去分析歷史的進程，也不願同當地的要人、憲兵和檢察機關打交道。儘管

86 王申酉：《書信摘抄（1976年寫給女友的信）》，《王申酉文集》，第171–172頁。

這些先生們以為自己很偉大，但在現代的巨大鬥爭中他們都算不了什麼。如果我們決定同這樣的敵手交鋒，我認為，從我們這方面來説，這是一個真正的犧牲」。王申酉説，「還要我補充一句話嗎？不需要了。」[87]

「我曾經聽有人背後這樣評論我，説我『是黃魚腦袋，平民百姓去考慮應該由總理考慮的問題』。我總不同意這種話，決不能説平民百姓考慮了國家大事就是有野心」，「我常想，如果我們這一代青年再消沉、腐敗下去，下一代青年更單純、不懂事，中國的前途就更渺茫了。我們多少總得有點使命感」，「推動社會歷史前進，需要劍和筆，我希望能最低限度地用筆來做點有意義的事，推動社會歷史前進」。[88]——這確實是具有使命感的一代人：既是對民族進步的使命感，更是對人類社會歷史發展的使命感。這就決定了他們天生地關心國家大事，關心世界的發展，關心社會的問題，並且總是不滿現狀（王申酉説，「人類歷史就是由不滿於現狀的人們推動的」），[89]總有變革現實的欲求。因此總被看作是「不安分守己，多管閒事，愛惹麻煩」的人。王申酉説：「我是被這個社會宣佈為敵人的人」。[90]

王申酉還説：「我確處在社會最底層上，僅僅因為我堅信：『最主要的，在高處的事物不一定就高；在低處的也不一定就低。這是大自然這部偉大典籍教給我們的一條明訓』（狄

87　王申酉：《書信摘抄（1976年寫給女友的信）》，《王申酉文集》，第171–172頁。在另一封書信裏，王申酉還這樣表白：「我的心中沒有什麼私心雜念，一心沉浸在對人類社會真理的探索中，心中完全是人類的命運，社會的前途，每天都與思想上的收穫」。《王申酉文集》，第177頁。

88　王申酉：《親筆供詞》，《王申酉文集》，第111頁。

89　王申酉：《親筆供詞》，《王申酉文集》，第118頁。

90　王申酉：《親筆供詞》，《王申酉文集》，第117頁。

更斯：《在美國哈特福的演講詞》））。[91]——這不僅指王申酉是工人後代，他早就立下了「永遠為窮人翻身而努力」的誓言，[92] 更表明了他的「接地氣」，他的「底層」立場，眼光，方法和自尊、自信，以及他對「高層」政治的警惕。王申酉一再表示，「我與那類想在政治舞台上像小丑表演的丑角是完全隔絕的，我比大多數人更早地厭惡政治鬥爭了」，[93] 就是這個道理。王申酉還說過：「我永遠也不會想去介入現實的政治鬥爭，我的本性不能適應這種鬥爭的殘忍性和血污性，而政治鬥爭總是夾雜着無數血污和垃圾」。[94] 他選擇的是類似魯迅說的「精神界戰士」那樣的「用筆戰鬥」的方式。因此，他表示，即使有一天自己的思想與「變革後的社會調和起來，也決不做空頭政治家，而是要以有真才實學的知識分子身份加入社會生活」。[95]

正是這樣的信念、信仰，使命感，以及底氣，形成了一種強大的精神力量。王申酉說，自己「從來對一切橫逆持藐視甚至譏笑的態度，對一切攻擊污蔑若一種微風，毫不所動，最多像蛛網一樣抹去，從來也沒有讓其阻擋我，反而是推動我探索知識的真理，努力造就自己的步伐」。[96] 他公開宣稱：「對於人類社會中最強暴野蠻的精神統治，我是一頭堅強如鋼的雄獅」。[97] 他有充分的理由可以說：「我的精神世界多少超越同時代的青年人」。[98]

---

91 王申酉：《書信摘抄》，《王申酉文集》，第 181 頁。

92 王申酉：1965 年 8 月 31 日日記，《王申酉文集》，第 150 頁。

93 王申酉：《書信摘抄》，《王申酉文集》，第 176 頁。

94 王申酉：《親筆供詞》，《王申酉文集》，第 112 頁。

95 王申酉：《書信摘抄》，《王申酉文集》，第 180 頁。

96 王申酉：《書信摘抄》，《王申酉文集》，第 181 頁。

97 王申酉：《書信摘抄》，《王申酉文集》，第 177 頁。

98 王申酉：《書信摘抄》，《王申酉文集》，第 181 頁。

王申酉還意味深長地說：「我是屬於歷史的人」，並作了這樣的闡釋：「正是從全人類的命運及整個歷史的廣泛角度來觀察一切，才使我們的生命具有歷史的性質。我們較少關心注意我們在現存環境中的個人處境，即使關心也只是為了使我們有較好的條件來從更廣泛的角度來觀察人類及其歷史。顯然，我的意識形態很難與我生存其中的具有短暫歷史性的、屬於地球偏僻的一角的地方相適應」。雖然也「深切地感到我所經受的一切個人犧牲還是有價值的，還是被有思想的人們所理解的」，[99] 但真正要得到認識與承認，還需要留待歷史的檢驗。他在給女友的信中這樣寫道：「對我的人生價值的評價，讓歷史去判斷吧」。[100] 他還說：「我的歷史是會有真正見證人的！！！關於我是怎樣一個人，唯一可靠的就是那三個『歷史結論』(按，指他的三大罪狀：惡毒攻擊偉大領袖；吹捧劉少奇、鄧小平、彭德懷；攻擊反右運動、三面紅旗、文化大革命)，會永遠保留在我的歷史檔案上。我並不認為有罪，有思想的人認為這是我的價值所在」。[101]

在我們面前的，就是這樣的信仰堅定，具有創造歷史的自覺意識，精神力量強大的「新人」。這正是由革命所造就的：在王申酉身上，可以明顯地看出，俄國革命、蘇聯革命與中國革命對他的影響。他對女友特意談到俄國革命作家車爾尼雪夫斯基的《怎麼辦》，希望她能夠「理解和欣賞拉赫美托夫這樣一種人。許多革命家曾從他身上的優秀品質中得到借鑒」。拉赫美托夫為磨練革命意志，每天睡帶有鋼釘的床，這就給願意

99 王申酉：《書信摘抄》，《王申酉文集》，第174，175頁。

100 轉引自金鳳：《血寫的囑託——王申酉和他的〈供詞〉》，《王申酉文集》，第231頁。

101 王申酉：《書信摘抄》，《王申酉文集》，第182頁。

獻身革命的人樹立了一個榜樣；王申酉也是他的後續者中的一個，他在給女友的信中就說到，「我感到我一生要吃苦，得磨練意志。我整年用冷水洗澡，三九寒天也咬着牙用冰水沐浴洗澡。勞動時盡量光腳，以磨練意志」。[102] 王申酉在1959年十四歲時的日記裏，就鄭重抄錄了蘇聯革命作家奧斯特洛夫斯基的名言作為人生座右銘：「人最寶貴的是生命——為人類的解放事業而奮鬥」[103]，看來王申酉是堅守了這樣的諾言的。這樣一種革命理想主義、浪漫主義、英雄主義的精神氣質，是特定時代的產物，在此後的時代很難複製，而且也必然帶有時代的局限性(這需要專門另作討論)，但其對後人的啟示作用也不可否認：這是一份不可忽視的精神財富。

三、王申酉命運背後的體制問題

王申酉的最後「結局」：於1977年4月27日被判處死刑，當場執行，是讓很多人感到震驚的。

震驚之處有二。

其一，王申酉是工人子弟，而且是馬克思主義的信奉者，身體力行者，在宣稱以工人階級為領導，以馬克思主義為指導思想的社會主義中國，理應成為依靠對象和接班人，為什麼卻被無端槍殺？

這就涉及到兩個根本問題：我們所實行的，是怎樣的「工人階級領導」？是怎樣的「馬克思主義思想指導」？

在工人階級領導問題上，列寧主義是有明確的理論説明的：自發的工人階級運動只會引向工團主義；工人運動要由自

102 王申酉：《親筆供詞》，《王申酉文集》，第 114，116 頁。

103 王申酉：1959 年 5 月 27 日日記，《王申酉文集》，第 131 頁。

發走向自覺，就必須有代表工人階級的根本利益的馬克思主義政黨的思想灌輸與組織領導。也就是說，工人階級的利益是要黨來代表的，工人階級對國家的領導作用是要通過黨的領導來體現的，而黨的領導也是通過黨的最高領袖來體現的，而且。這樣的領導是不可質疑的。王申酉對黨的領袖毛澤東和黨發動的文化大革命提出批評，就構成「反黨罪」，而反黨就是對工人階級的背叛。在這個意義上，可以說，「反黨」的王申酉被處以極刑，就是工人階級的叛徒應得的懲罰：他的工人子弟的身份只會加重他的罪惡，黨的階級路線從來是「重在政治表現」的。這就是說，在「黨領導一切，用黨的思想統一一切」的鐵的邏輯下，王申酉這樣的不受黨的思想限制獨立思考的青年，就會被視為「黨的敵人」，只能有這樣的「下場」。

關於「馬克思主義思想指導」，也自有潛規則。這就是林彪在文革中宣示的兩句話：「毛主席比馬克思、恩格斯、列寧、斯大林高得多」，「馬克思列寧主義的書太多，讀不完，他們離我們又太遠。在馬克思列寧主義的經典著作中，我們要99%的學習毛澤東著作」。也就是說，在中國，真正作為指導思想的，是「當代馬克思主義」，即正在執政的黨的領袖的思想，在建國以後至文革期間，就是毛澤東思想。當然，在意識形態的宣傳中，黨的領袖的思想都是堅持馬克思主義的基本原則並且是發展了的馬克思主義，或者說是「具有中國特色的馬克思主義」。而這種對馬克思主義的解釋權與發展權，都僅屬於黨的最高領導。因此，在任何時候，都要99%的學習最高領導的著作或論述，100%的執行最高領導的指示，實踐最高領導的思想。做到了，就是堅持「馬克思主義思想指導」；沒有做到，或者還要質疑，就是反對「馬克思主義思想指導」。以這樣的實際發生作用的潛規則來看，王申酉那麼認真地學習馬克思主義經典，讀了兩遍《資本論》，本身就是大逆不道。在批鬥會上人們質問王申酉：「毛主席著作和規定的六本馬列著作你為什麼不看，要去看《資本論》？」還給他戴上一頂大帽子：「王申酉學習馬列著作是為了尋找資本主義復辟的規律和理論」，[104] 依據的就是這樣的潛規則。王申酉犯的是三重罪：一是越過黨的最高領導的小冊子，直接研讀馬克思主義經典；二是對馬克思主義有不同於黨的最高領導的自己的理解；三是還要批判黨的最高領導曲解了馬克思主義，這就真的罪不可赦了。這也是一個警示：在宣稱「以馬克思主義為指導思想」的中國，是不給有獨立見解、具有批判意識的馬克思主義者以容身之地的。

王申酉被槍殺，另一個令人震驚之處，是他死在1977年4月，即「四人幫打倒以後」，王申酉和全國人民「心中產生了希望」[105] 的時候。正像在王申酉被槍殺以後，有機會讀到他的《供詞》的一些理論界人士所說的，「他所提出的看法和主張，正是現在我們的看法和主張，正是我們已經開始實行或尚待實行的政策」。[106] 也就是說，歷史轉折剛剛開始，它的先驅者卻成為第一個受難者。這是為什麼呢？我們不妨看看這一切是怎麼發生的。起因是1977年初，中央傳來指示：「注意階級鬥爭新動向」，「凡是惡毒攻擊……必須嚴厲鎮壓決不手軟。對極少數證據確鑿，不殺不足以平民憤者則殺之」——根子就在「階級鬥爭」思維與路線；王申酉案，是由上海師大黨委上報，普陀區法院黨組、公安局分黨委聯席會議判決死刑，上海

104 金鳳：《血寫的囑託——王申酉和他的〈供詞〉》，《王申酉文集》，第 211 頁。

105 王申酉：《報告（幾點請求）》（1976 年 11 月 25 日），《王申酉文集》，第 125 頁。

106 施平：《王申酉昭雪記》，《王申酉文集》，第 268 頁。

市法院黨組批准，上海市委常委討論核定。——整個過程都是黨的組織決定，法院執行；最初判決的是「死緩」，但高級法院黨組書記為了怕上級批評自己「右傾」而改為「死刑，立即執行」[107]——所謂黨的決定其實就是第一把手決定，考慮的又是上級的意志，在黨的意志面前，個人的生命(或生或死)是微不足道的。可見，決定王申酉命運的，是整個體制，只要仍然堅持階級鬥爭，有「惡毒攻擊罪」，堅持黨大於法，堅持黨的意志高於人的生命價值，王申酉這樣的冤案就不可避免。

我們對王申酉的命運的討論可以告一段落了；但還有一個問題，這是《人民日報》高級記者金鳳在1981年寫完了《血寫的囑託——王申酉和他的〈供詞〉》的長篇報導以後，就提出的：「假如他今天還活着……」[108] 現在是2015年，又過去了三十四年，我們要追問的，也還是這個問題。

應該說，從1977年王申酉這樣的青年馬克思主義者被槍殺，到現在近四十年，王申酉當年批判的「社會主義中國」的四大問題，都發生了重大的變化：經濟的發展，一直被置於中心位置，還提出了「科學技術是第一生產力」的命題，生產力和科學技術都得到了迅速的發展，中國已經成為世界第二經濟大國；「空想社會主義」被徹底摒棄，王申酉所強調的「資本主義生產方式中某些規律」，如商品交換，貨幣經濟，利潤，價值規律等等，都得到了充分的利用與發揮；王申酉深感憂慮的閉關自守的局面被完全打破，中國融入了世界市場，並發揮了越來越大的作用；精神上與世隔絕的時代也已經結束，思想文化向世界開放與吸取已成不可阻擋的趨勢。可以說，王申酉

107 金鳳：《血寫的囑託——王申酉和他的〈供詞〉》，《王申酉文集》，第244–245頁。

108 金鳳：《血寫的囑託——王申酉和他的〈供詞〉》，《王申酉文集》，第247頁。

的主要訴求已經得到基本實現，王申酉期待的歷史結論已經作出：正確的是他，而不是他的批判者；他當年的「罪名」確如他所料，都成了他的歷史功績：王申酉無愧於改革開放時代的先驅者。王申酉如果地下有知，他應該感到欣慰。

但也有王申酉預想不到的另一方面的發展：經濟發展變成「經濟決定一切」、「發展就是一切」，在這樣的新形式的「唯生產力論」的影響下，生產分配的公平性被嚴重忽略，上層建築領域的改革，特別是政治體制的改革嚴重滯後，就導致第二個方面更為嚴重的問題。

當初王申酉們「深入地研究和考察(資本主義)這種生產方式的固有規律和矛盾，盡可能的充分發揮它的歷史作用，並減輕它的禍害，縮短它的壽命，限制它的一切破壞作用，創造一切條件向社會主義社會發展」[109] 的設想，同樣遭到了嚴重的歪曲：只談發揮資本主義生產方式的「歷史作用」，而根本無視「它的禍害」，更不用說「限制它的破壞作用」，結果就發展成了「國家資本主義」，實際是「權貴資本主義」，並造成了兩大後果。一是出現兩極分化：一方面形成權貴資本階層，權力與資本的結合，造成掌握了不受限制與監督的權力的黨的肌體的積重難返的全面腐敗；另一面勞動人民，特別是工人、農民的政治、經濟、文化權力、權利全面受損，形成下崗工人、失地農民等新的貧困階層，王申酉最為痛心的「苦的永遠是勞動人民」[110] 的狀況，不但沒有改變，甚至變本加厲了。其實，當年他就已經提出過警告：「在社會主義制度下，借助上層建築的無產階級性質，採取各種措施不使生產者與管理者之間、體力勞動者與腦力勞動者之間由於分工而造成的差別發展成資

109 王申酉：《供詞》，《王申酉文集》，第 42 頁。

110 王申酉：1966 年 2 月 13 日日記，《王申酉文集》，第 153 頁。

本主義社會裏存在的那種尖銳的階級對立，是一個需要十分重視的問題」，[111] 而現在不幸而言中，「尖銳的階級對立」的重新出現，正是説明王申酉這樣的馬克思主義者最為重視的「上層建築的無產階級性質」出了問題。

權貴資本主義帶來的第二個方面的問題，是資本主義思想的腐朽方面的全面氾濫。拜金主義盛行，物質慾望就是一切，中國迅速從「精神至上」發展為「物質至上」：精神與物質的關係受到了另一種形式的歪曲。同時出現的是極端利己主義，實利主義，以及實用主義，不擇手段地獲取個人物質利益，任意越過道德底線，中國出現了全面的道德危機，精神危機。這樣的資本主義腐朽思想的氾濫，是與對資本主義所積澱的人類普世價值的拒絕同時發生的，又與封建主義的「權力就是一切」的專制主義，社會主義的高度集權結合在一切，結果就形成了「最壞的資本主義」與「最壞的社會主義」的惡性嫁接。

這就必然導致當年王申酉就深惡痛絕的「最壞的社會主義」的弊端依然存在，而且有惡性的發展。王申酉曾經談到，像他這樣的「青年毛澤東的崇拜者」最感困惑的是，「為什麼青年時代的毛澤東曾那麼大力地與禁錮着他的精神發展的種種社會桎梏作鬥爭，但他走上統治舞台後卻為我們這一代青年戴上更嚴厲的精神桎梏」。[112] 而今天的青年，儘管生活在全球化的開放時代，卻依然受到「更嚴厲的精神桎梏」。如前文提到的對資本主義文化中所積澱的人類文明的普世價值的拒絕，王申酉多次表示無法忍受的對人民，特別是不同意見者的「一舉一動，一言一行」的「最嚴密的監視」，人民「失去最小的思

111 王申酉：《供詞》，《王申酉文集》，第 82 頁。

112 王申酉：《供詞》，《王申酉文集》，第 71 頁。

想、言論、行動自由」的狀況，越演越烈[113]等等。

以上四個方面：「經濟決定一切」，生產關係、上層建築改革嚴重滯後；權貴資本主義的發展，勞動者利益受損，形成新的兩極分化；封建主義和資本主義腐朽思想的氾濫；更為嚴厲的精神桎梏：這都是對馬克思主義的歷史唯物主義和科學社會主義原理、原則的新的扭曲和背離，也是和王申酉的理想相背離的。他如果活到現在，也一定會和他當年批判文革中發展到極端的「中國社會主義」的四大問題一樣，用馬克思主義的立場、觀點和方法，對這裏討論的四大新問題和其他問題，作出他的批判。

王申酉「如果活到今天……」的問題，實際上是一個「馬克思主義者在今天中國的命運」問題。這是我們最後想討論的問題。我相信，在今天的中國，王申酉這樣的馬克思主義的真誠信奉者，還是有的，對馬克思主義懷有尊重與理解的，更是大有人在。但必須承認，他們的處境是空前艱難的。在我看來，主要有四個方面的問題。

首先需要應對的是全盤否定馬克思主義的虛無主義思潮。本來，接受各種不同思想理論的批判與挑戰，是馬克思主義得以健康發展的必要條件，問題是今天許多人對馬克思主義的否定不是學理的，而是出於一種敵意，是情緒化的發洩，但卻受到相當部分因為對假馬克思主義者的反感而歸罪於馬克思主義本身的普通群眾的支持。因此，今天在中國堅持馬克思主義，就很難被理解，會遭遇孤獨的命運。

其次，是今天執政者對馬克思主義的態度。一方面，他們依然堅持以馬克思主義為國家意識形態，將其置於不可批評的地位，這其實是從一個根本方面歪曲了馬克思主義，是不利於

113 王申酉：《供詞》，《王申酉文集》，第 101 頁。

馬克思主義的健全發展的，是為真正的馬克思主義者所不取的。另一方面，他們依然如王申酉批評的那樣，堅持黨的最高領導人壟斷對馬克思主義的解釋權和發展權，他們真正堅持與執行的是打着「當代馬克思主義」或「中國特色的馬克思主義」旗號的黨的最高領導人的思想與意志，並且依然不允許對馬克思主義有不同於最高領導人的自己的理解。這樣，今天的獨立的馬克思主義者還是逃脫不了王申酉那樣的成為「思想犯」的命運。

其三，正是在執政者上述對馬克思主義的態度的鼓勵與支持下，當今中國出現了一批「假馬克思主義者」。他們依然如王申酉批評的那樣，根本不讀或很少讀馬克思主義的經典原著，以研讀、闡釋黨的最高領導的「當代馬克思主義」為己任，不過是「宣傳」與「做戲」而已。更重要的是，也是和王申酉這樣的真正的馬克思主義者根本不同的，是馬克思主義對於他們，不是一種信念與信仰，而是可以謀求個人利益的工具。不管口頭上喊得如何響亮，他們和理想主義是不相干、不相容的，最多不過是精緻的利己主義者，有的恐怕還是低俗的利己主義的庸俗之輩。但他們卻掌握着宣傳大權，經常以「馬克思主義的捍衛者」的名義，圍剿王申酉這樣的獨立的馬克思主義者，橫加罪名，置之於死地，一如當年王申酉的批判者。

最後，還有一個自身如何科學地對待馬克思主義的問題。恩格斯在《路德維希．費爾巴哈和德國古典哲學的終結》裏，對馬克思哲學的本質，有過一個經典的論述：「這種辯證哲學推翻了一切關於最終的絕對真理和與之相應的人類絕對狀態的想法。在它面前，不存在任何最終的、絕對的、神聖的東西；它指出所有一切事物的暫時性；在它面前，除了發生和消滅，無止境地由低級上升到高級的不斷的過程，什麼都不存在。它的革命性是絕對的——這就是辯證哲學所承認的唯一絕對的東西」。這就是說，馬克思主義本質上是一種批判哲學，因此，馬克思主義者最根本的品質，就是堅持徹底的批判性。而在我看來，批判是否徹底，是真批判還是假批判，就要看在批判外部世界的同時，是否把批判的鋒芒指向自身，確認馬克思主義也並非「絕對」與「唯一」，而且是需要在不斷質疑與批判中發展的。因此，我最感興趣的是，王申酉如果活到今天，他在隨着中國走出封閉狀態，有機會接觸到更廣泛的世界文化以後，對他當年所作的「馬克思主義是一門人類來理解社會歷史發展的唯一正確的科學」的論斷[114]，是否會有所修正？當然，更重要的是，今天的王申酉式的中國馬克思主義者必須根據與馬克思時代相比大大變化了的新的世界與中國的現實，對馬克思主義作出新的發展，馬克思主義也將在自我批判與發展的開放格局中獲得新的活力，這或許是可以期待的。

2015年10月10日–10月20日

---

114 王申酉：《供詞》，《王申酉文集》，第31頁。

1969–1974：顧準的思考

這裏要討論的，是1969－1974年間顧準的思考，所依據的主要文本是《新生日記》即《息縣日記》(1969年10月–1971年9月)，[1] 和寫於1973、1974年間的論文集《從理想主義到經驗主義》，[2] 這是顧準在與其弟陳敏之通信中進行學術討論所寫下的筆記形式的學術論文的彙編。這正是文化大革命期間，因此，集中了顧準在文革中的思考，自然特別引人注目。

一、讀《新生日記》：顧準的文革想像和「中國社會主義現代化」道路的設計

顧準把自己在息縣五七幹校進行勞動改造期間所寫的日記，命名為《新生日記》，在1969年6月12日寫的第一篇日記裏，就開宗明義：「《新生日記》的取名，是為了紀念三期學習班上，決心轉變立場，跟毛主席繼續幹一輩子革命」。[3] 他的這一表態，引發了所謂「兩個顧準」的爭議，有學者尖銳地批評《顧準日記》中的這個顧準，「其立論顯然不是獨立思考的，而是奴隸主義的；雖謂日記為『私人話語』，實則是官方話語的複製」，因而認為，體現在《商城日記》裏的顧準五、

---

1 《新生日記》，顧準著，收《顧準文存：顧準日記》，中國青年出版社，2002年。

2 《從理想主義到經驗主義》，顧準著，收《顧準文集》，貴州人民出版社，1994年。

3 顧準：《1969年6月12日日記》，收《顧準日記》，第265頁。

六十年代的思考「包含了許多富有鋒芒的思想內容」，在同時期，「除了張中曉，幾乎沒有人能夠寫出這樣的有識力的文字」；寫於文革後期(1972–1974)的《北京日記》「雖然簡略，卻也勾勒了一個思想者晚期緊張思考的軌跡」；唯獨《新生日記》放棄了獨立思考。這樣，「兩頭高，中間低，顧準思想的發展呈現出了一個『馬鞍形』」。[4] 於是，又有學者強調「只有一個顧準」，《新生日記》是「他的『思想彙報』或『思想收穫』的底本」，是「寫給別人看」的假話，也不排除個別地方「利用日記給自己的真實感受和思想留下一些密碼，以備日後考察、反芻之用」。[5] 這是一場很有意思的爭論，並有了「顧準之謎」之說。[6] 這裏實際存在兩個問題：一是如何看待《新生日記》這樣的文本？二是如何看待息縣時期的顧準及其思想？

1.「眾目睽睽」下「有所寫，有所不寫」的非常態寫作

首先要對顧準寫作《新生日記》的環境作一個簡單的考察。其實，他自己在到達息縣後的第一篇日記裏，就有明確的交代：「男宿舍在棉花倉庫和小學校，後者住一個排。棉花倉庫搭了架子，半數以上的人睡『高鋪』，其餘的人睡床板，處中間，行李箱籠放在架子下面」。顧準因此說：「這裏不可能有辦公室和家庭的二重生活，一切都無法隱蔽，於是口頭革命派就無所遁其行跡了」。而且「已經走上軌道的生活，是清河飼養場式的秩序，而不是贊皇、商城式的秩序。[7] 也有一些區

4 林賢治：《兩個顧準》，收《顧準尋思錄》，第 254 頁，作家出版社，1998 年。

5 李慎之：《只有一個顧準》，《顧準尋思錄》，第 261，262 頁。

6 有關爭論文章還有：沙葉新：《淚眼讀顧準》，陳敏之：《關於〈顧準日記〉的一點説明》，丁東：《顧準之謎我見》，曾彥修：《顧準『無謎』，惟人自造》，林賢治：《再説兩個顧準》。以上文章均見《顧準尋思錄》。

7 北京郊區清河飼養場是顧準 1960–1961 年下放勞動地，河北贊皇縣則是

別，清河飼養場的成員普遍情緒低落，普遍患有勞動懲罰論的包袱，這裏則是一片蓬勃景象，有活爭先恐後地幹」。[8] 一切都在眾目睽睽之下，「無法隱蔽」，這意味着日記隨時可能被別人看見，甚至被公開，這樣也就不可能完全暢所欲言：這是隨時被警惕的眼睛監視下的寫作。而且又身處在這樣的人人「爭先恐後地幹」的革命氣氛之下，自然就只能把自己最不合時宜，因而最「反動」也最有價值的思考，隱而不寫，而只寫在當時條件下可以公開的某些思考。這也就是再不能當「口頭革命派」(這顯然是顧準的自嘲)，即在公開場合顯示「革命」，在私下生活中暴露「真實」，而盡量使私密日記與公共表態統一起來。這是我們在之前的《商城日記》與以後的《從理想主義到經驗主義》這樣的研究筆記裏相對無所顧忌的寫作不同的「有所寫，有所不寫」，因而有些遮遮掩掩，吞吞吐吐的非常態的寫作。但這畢竟又是私人日記，而不同於同時期所寫的交代和思想彙報：那是奉命寫給別人(審查者、組織)看的。因此，我們如果將同時期寫的思想檢查與日記對照，就可以發現，那些違心的給自己潑污水的上綱之詞，如「從我形成、堅持我的反動世界觀之時起，我實質上已經背叛了革命。背叛比逃兵的行為更可恥」[9] 之類，都沒有出現在日記裏。他的息縣日記寫作依然堅持了盡可能的實事求是，同時也有限度、有選擇地的盡可能留下一些自己真實的思考的記錄，也自有其價值，這也正是需要我們在其既隱蔽，又顯露的複雜敘述中細心辨認的。

1958 年下放勞動地，1959 年又下放到河南商縣勞動改造。

8　顧準：《1959 年 12 月 26 日日記》，《顧準日記》，第 268 頁。

9　顧準：《我的反動世界觀和反動政治思想、經濟思想的初步清算》(1969 年 3 月 14 日)，收《顧準自述》，第 338 頁。中國青年出版社，2002 年。

2. 在「喪失了一切」以後的順從與堅守

我們更應該細心體察的，是在息縣勞動改造期間的顧準的真實處境。這一點，他自己也有明確的交代。就在他表示要「決心轉變立場，跟毛主席繼續幹一輩子革命」時，緊接着就說了一句話：「可悲的是，這種新生的心情，竟不能告訴采秀，而以前，我唯一述說我一切的人，只有她一個人！」「采秀」是顧準的夫人汪壁。這也是一位堅強的老革命者，1952年三反運動中，顧準被撤銷黨內外一切職務，1957年被劃為右派分子，她都堅持和顧準一起面對與承擔苦難，確實是顧準說的唯一可以述說一切的親人。但當1965年顧準第二次被打成右派時，汪壁就再也堅持不住，為了此時已經長大了的孩子們(三個男孩，兩個女孩)的前途，她只得與顧準離婚，從此不相往來。顧準從家裏搬了出來，以後再也沒有回過家門。即使是取回家中放着的圖書、衣物，家裏也事先把東西放在門外，堅不開門。顧準經常自稱「喪家之犬」，並以「白虎星」(意思是害了孩子)自責。[10] 在顧準準備下放息縣勞動改造時，突然聽到了汪壁早在文革初期即已自殺的噩耗，他在日記裏說自己「既覺意外，也不覺意外。意外的是，她愛孩子，為什麼給孩子留下一個『母自殺』的家庭環境。不覺意外的是，1965年秋，她已寫過遺囑。1967年5月(按，應為1968年4月)，她看來已經實在支持不住了」。顧準在日記裏，寫下了自己的哀痛：「吃了幾口飯，悲從中來，臉伏在飯盆上失聲大號」，「1944年在延安，我為父親服喪。這一回，我不服喪，因為我為秀服喪是終身的」，「我至少還要活二十年，三十五年的記憶，至少在我心裏還要活二十年」。同一天日記裏，顧準還寫到自己對孩子的思念，談到組織上曾準備在他下放前舉辦一個家庭學習班，

10 陳敏之：《顧準和他的兒女們》，《顧準尋思錄》，第 386 頁。

讓他談談思想，但幾個孩子都拒絕參加。[11] 而且兒女們始終堅持要與顧準劃清界限，表示「在對黨的事業的熱愛和對顧準的憎恨之間是不可能存在什麼一般的父子感情的」。[12] 這樣，顧準就如他的六弟陳敏之所說，落入了生命的絕境之中：「他喪失了除他自己以外的一切——名譽，地位，妻子，家庭，兒女……」。[13] 就在這樣的地獄般的處境與心境下，顧準宣佈，他的《新生日記》「增加了一重意義」：他要借此贖罪。「9日買了二十個信封和二十五張郵票，那是準備給稖頭、棣妹(按，他的兒子、女兒的小名)她們寫信的，現在把它擱起來，不到她們來找我，我決不用它。她們會來找我的，因為我既然決心新生，有朝一日，她們現在所有的一切顧慮就會打消」。[14] 這裏說得很清楚：他之所以要「新生」，是為了要重塑一個「改造好了」的自我形象，以「打消」孩子與自己接觸的「顧慮」，恢復應有的家庭關係，並以此告慰已經長眠地下的愛妻。對於「喪失了除他自己以外的一切」的顧準，「名譽，地位」可以不要，但「妻子，家庭，兒女」卻是無論如何也要找回的。這就是我在研究右派的命運時多次遇到的問題：「親子血緣之情，這是人的本性，人的底線，是人的情感中最神聖，最敏感，也最脆弱之處，可以說是人的精神的一個軟肋」，從這裏入手，株連家庭、子女，再堅強的人最後也得就範。[15] 顧準也是如此，他表示「決心轉變立場，跟着毛主席繼續幹一輩子革命」，以獲「新生」，就是為了使自己不至於被「革命」(具體

11　顧準：《1969 年 6 月 12 日日記》,《顧準日記》，第 265，266 頁。

12　陳敏之：《顧準和他的兒女們》,《顧準尋思錄》，第 390 頁。

13　陳敏之：《〈從理想主義到經驗主義〉序》,《從理想主義到經驗主義》，第 ix頁，三聯書店 (香港) 有限公司，1992 年。

14　顧準：《1969 年 6 月 12 日日記》,《顧準日記》，第 267 頁。

15　參看錢理群：《一個物理學家的「改造」》，載《炎黃春秋》2015 年第 2 期。

來說，就是眼下的這場「文化大革命」）拋棄，至少不要加重罪名，以免進一步連累子女，取得正在「跟着毛主席幹革命」的子女的諒解。他當然明白，要做到這一點，就必須做出妥協，但這樣的妥協，又不能過了自己的底線。因此，在日記裏，他又緊接着說：「我絕不做魏連殳，那是一個自暴自棄的人」。[16] 魏連殳是魯迅小說《孤獨者》裏的主人公，他原先也是反抗者，但最後自暴自棄，「躬行於先前反對的一切」，徹底背叛了自己。這自然是顧準所不取。面對文化大革命，顧準所要做的，既不能公開反對，甚至要作出某種順從姿態，又不能完全背棄自己，就只能艱難地去尋找自己的基本信念與文革之間的某些契合點，哪怕是表面的相通處。也就是說，顧準需要對文化大革命作出一個自己可以接受的理解與解釋，實際就是用自己的觀念與方式去想像文革。

我們在討論六十年代大饑荒時期顧準的思想時，曾經提到，他當時作出了一個「沉默自全，跟着走，記錄歷史，使這個時期的真相能為後世所知」的自我選擇與定位。[17] 現在，七十年代的文革時期，顧準實際上也還是在堅持這樣的選擇：一方面，「沉默自全，跟着走」，另一方面，又憑着「還要活二十年」的信念，作歷史的觀察者，思考者與記錄者。這不僅是出於自身的歷史責任感，更是出於對愛妻、子女的永遠的懷念與責任。因此，我們仔細讀息城《新生日記》，就可以發現，在其平實的記錄背後，始終湧動着一股感情的激流，大多隱藏着，只是偶爾噴湧而出：「這些『家務活動』，過去是寫給秀

16　顧準：《1969 年 6 月 12 日日記》，《顧準日記》，第 265 頁。

17　顧準：《1959 年 7 月 22 日日記》，《顧準日記》，第 186–187 頁。參看錢理群：《1956–1960 年間顧準的思考》，《拒絕遺忘：「1957 年學」研究筆記》，第 351 頁，香港牛津大學出版社，2007 年。

的資料，現在則『便縱有千種風情，待與何人說』」(1969年7月11日)；[18]「『人皆有父，翳我獨無』，當然不免想到別去五年，不知存亡的老母和孩子們，有幾夜，為之深夜不寐」(1970年4月30日)；[19]「節日酒醉，竟導致胃病，其間悼念亡妻，憶念家人，心情悽愴」(1970年5月15日)；[20]「昨晚夢見采秀，又哭醒了一次。 家裏一切人睽隔已久，度今年當一一得知消息。不過只要有思想準備，什麼消息我都受得了。充其量不過是死人，最親愛的人的噩耗我經受過來了，還有什麼經受不了的？」(1971年5月26日)；[21]「『孤老頭子』的淒涼感愈來愈深，懷念孩子，懷念死去的采秀」(1971年9月2日)，[22] 等等。正是為了亡妻愛子老母，顧準必須忍辱負重，順從又堅守，以待來年。此情可感，可哀，可歎，我們應有同情的理解。

於是，我們就注意到，顧準對所謂「新生日記」寫作的煞費苦心的設計。如《顧準日記》編者所說，《新生日記》有特殊的「記法」：「前邊一頁或兩頁為流水帳，逐日記錄，一日一行，記滿為止，十分簡單；接下來是以某個事件或問題為中心的詳記文字。如果將這前後兩部分視為一個單元，那麼整部日記就是由這樣一個一個單元組成的，單元內前後兩部分在時間上並不是完全對應的，詳記部分有時會記下一單元或者上一單元流水帳時間裏發生的事情」。[23] 這樣，顧準日記的每一單元都有兩部分：「流水帳」的實錄，記下的是顧準的實際生活，如某天「打夯，運泥，和泥，抬土」，某天「聽趙指

18 顧準：《1969 年 7 月 11 日日記》，《顧準日記》，第 277 頁。

19 顧準：《1970 年 4 月 30 日日記》，《顧準日記》，第 336 頁。

20 顧準：《1970 年 5 月 15 日日記》，《顧準日記》，第 337 頁。

21 顧準：《1971 年 5 月 26 日日記》，《顧準日記》，第 356 頁。

22 顧準：《1971 年 9 月 2 日日記》，《顧準日記》，第 410 頁。

23 《新生日記 · 編者注》，《顧準日記》，第 265 頁。

導員談『五一六』問題」，某天「寫思想彙報」，某天開「批判孫冶方大會」，[24] 等等，實錄而已，絕不多言具體經過，特別是自己的思想反應。而「詳記文字」，倒是寫每日所思所想，但絕少涉及現實的具體政治運動和人事關係，頂多記下領導報告的要點，略作公式化的表態，如「這場鬥爭是徹底清除『五一六』隱患的鬥爭，是鞏固無產階級專政，保證今後我國革命建設的一日千里地發展的重要之舉。我對『五一六』的罪行深感髮指，對於鬥爭的勝利熱烈歡呼」之類。[25] 這些部分是隨時可以公之於眾，或被別人查看的。「詳記文字」的主要內容，是顧準從報上的消息和他的觀察，引發的對國內外大事，中國與世界發展趨勢的思考，當然也只是他認為可以公開的部分。這樣，即使被注意到，革命群眾也會「覺得這與他好想大問題的習慣與身份相一致」，[26] 不至於惹出太大的麻煩。但卻給自己今後進一步的思考，留下一些記錄，這是顧準寫日記的初衷。今天來看，也是顧準息城日記最有價值的部分。在這些思考裏，顧準也同樣是在煞費苦心地尋找他的追求與文革那怕僅是表面的契合點。

3.《新生日記》裏的文革想像

顧準在1969年3月寫的《假四清和文化大革命中的表現》的「交代」材料裏，曾這樣談到自己對文化大革命最初的本能的反應：「我不能想像孫冶方是反革命修正主義分子，不能想像劉少奇是叛徒、內奸、工賊，長期以來黨內存在着以劉少奇為

24 見《顧準日記》，第 293 頁。

25 顧準：《本月 11 日以來的清查五一六運動》，《顧準日記》，第 348 頁。

26 李慎之：《只有一個顧準》，《顧準尋思錄》，第 261 頁。但李慎之斷言，所寫的這些分析，顧準本人是「不會相信的」，卻可商榷。

首的資產階級司令部這個地下獨立王國」。他承認自己「對社會主義社會中自下而上的群眾運動毫無思想準備」，因而「對於運動初期出現的許多現象是不理解的、抵觸的」。[27] 但同時寫的另一篇《思想清算》裏顧準也談到了1969年2月21日《人民日報》社論《抓革命、促生產，奪取工業戰線的新勝利》，談到的文化大革命新形勢對自己思想的觸動。據説從1968年年底前後，「工業生產的有計劃有步驟的新發展，已經在許多重要城市和地區出現。它的來勢比人們預料的要快，它的基礎比過去任何時候更深厚」。始終關注經濟發展的顧準對此「確信不移，並為之歡欣鼓舞」，「再來看看自己對運動的混亂的看法，充其量不過是庸人思想，其實還是害怕革命」，云云。[28] 因為是檢查交代，自然有誇大其辭的成份，但也不可否認還是反映了顧準思想的某些真實：他似乎從毛澤東為文化大革命制定的「抓革命，促生產」的方針，以後還有毛澤東提出的「鬥(爭)、批(判)、改(革)」的任務裏，看到了文化大革命在經歷「抓革命」、「鬥(爭)、批(判)」階段以後，會進入一個以「生產」與「改(革)」為中心的新階段的前景，這正是顧準所追求的：他真誠地期待着，「抓革命」的結果，真的會「促(進)」生產力的大發展。

可以説，正是這樣的文革期待與想像，構成了顧準息縣《新生日記》的貫穿性內容。他剛到息縣，「聽李副政委報告河南、信陽、息縣、東嶽環境」，瞭解到「第四個五年計劃，河南省的電力設備，從50–150萬KW，城市人口將增加二百萬

27 顧準：《假四清和文化大革命中的表現——歷史交代(二七，終篇)》，《顧準自述》，第300，306頁。

28 顧準：《我的反動世界觀和反動政治思想、經濟思想的初步清算》，《顧準自述》，第332–333頁。

人。1975年以後，看來步調還要加速」，立即從他的「經濟決定一切」的觀念出發，興奮地作出判斷：「這是(抓住)解決一切問題的關鍵了」。[29] 以後，他進一步得知包括息縣在內的信陽地區和信屬各縣地方工業在文革中有了「巨大發展」，「河南總的前景更為宏偉」，「由河南建設推想全國，三線建設的中心，如西南地區，規模當更為宏偉」，他更加堅信：「建設和備戰是一事的兩面：十年之後，祖國面貌當煥然一新了」。[30] 顧準反應如此強烈，還因為他在困難時期，就生活在信陽地區，親歷了大饑荒。這次重來，人們還不時談到當年勞動力大批死亡，「有些生產隊整個都不復存在，至今還看得見有些水渠環繞的宅基，那就是這些消失了的生產隊的遺址」，而「現在這裏機械極普遍，耕作面積擴大，一季蠶豆可收二百斤，人畜兩旺，創傷是完全恢復過來了」。[31] 這都給顧準造成了一個經濟發展的印象，開始用另一種眼光來看待文化大革命。

於是，就有了這樣的判斷與預測——

「蓋政治、法律、文化、教育與夫全部意識形態領域，大破以後，猶有待於大立」，中國將迎來「偉大的70年代」，「未來十年中，可望增長率大大超過50–60年代的日本」。[32]

「1971年，這四五的第一年，(總產值)也許將增加30%左右，這樣的增長速度，將是空前的記錄。開國以來的二十二年間，歷經除舊佈新，滌蕩污濁，二條道路，二條路線的鬥爭進行得如此徹底。從此以後，將是精神變物質的時期」。[33]

29 顧準：《1969年6月26日日記》，《顧準日記》，第268頁。

30 顧準：《1969年7月11日日記》，《顧準日記》，第274，275頁。

31 顧準：《1969年7月10日日記》，《顧準日記》，第273頁。

32 顧準：《1970年元旦日記》，《顧準日記》，第280，279頁。

33 顧準：《1971年4月15日日記》，《顧準日記》，第375頁。

「一打三反運動是鞏固無產階級專政，行見社會秩序將趨於十分整齊嚴肅，如此抓革命之後，生產躍進必將開創新紀元，一個新的時代行將開始了」。[34]

「聽説要傳達一個中央文件，是關於增產節約的。自6月初起，報紙上已經出現『增加生產，厲行節約』的通欄口號，報導了許多經濟戰線上的消息。由此推斷，全國中心任務，已經開始轉入經濟上的躍進了」。[35]

「(聽)傳達總理在一機部各學習班上的形勢報告。1. 焦作——枝江鐵路已於7月1日通車。2. 成昆鐵路，於7月1日通車。3. 長春第一汽車廠，現在是年產六萬輛的汽車廠。二汽規模，也許倍於一汽。4. 預計五年內石油、冶金、化肥、電力設備的生產，總量各為三千萬頓或千瓦，而1975年的年產量則為八百萬頓或千瓦。5. 大規模油田除勝利油田外，還有天津油田。看來，當前中心，已經明顯無疑地是經濟。五七幹校，理工大學，教育革命，鬥批改，整黨建黨，只能慢慢來，但是，這些都不會也不能影響經濟躍進。其實，經濟建設也確是唯一的中心。唯有建設的開展，才能吸收大量勞動力和『幹部』。所以這是社會生活的『正規化』的唯一道路」。[36]

「清查『五一六』運動發展到現在的階段，恐怕就算是最後階段了。圖窮匕首現，自此以後，路線鬥爭將進入愈來愈深入的階段，其中心內容是大寨、大慶、勤儉建國、多快好省地建設社會主義。這是一個偉大的破和偉大的立。」[37]

---

34 顧準：《1970 年 3 月 16 日日記》，《顧準日記》，第 292 頁。

35 顧準：《1970 年 6 月 11 日日記》，《顧準日記》，第 308 頁。

36 顧準：《1970 年 8 月 6 日日記》，《顧準日記》，第 314，315 頁。

37 顧準：《1971 年 2 月 21 日日記》，《顧準日記》，第 359 頁。

「一種政治安定和全力搞建設的局面已經出現，像現在這種狀況不可能長期繼續下去」。[38]

「開始要走一條新路了。以此類推，百萬青年下鄉的問題也將提上日程，文化、教育、學術的欣欣向榮，已經為期不遠了」。[39]

大破大立，精神變物質，「大破」(意識形態鬥爭，政治革命)是手段，「大立」(經濟建設)才是目的。到了七十年代，革命已到「最後階段」，應該進入「全力搞建設，謀求經濟躍進」的新階段——這大概就是顧準理解的文化大革命，他所描述的文化大革命的歷史進程，發展前景。

該如何評價顧準的這一文化大革命想像？我們可以作四個方面的討論。

首先，必須承認，他作為依據的文化大革命期間的建設成就，無論是他聽到的周恩來報告裏説到的鐵路、汽車、石油、電力等多部門的突進，還是他親眼看見的河南地方工業的發展，三線建設的繁榮，等等，都是事實。這就是説，我們必須正視在文化大革命期間，中國經濟仍有一定發展這一基本事實。經濟學家告訴我們：1965–1975年間，中國經濟的GDP增長率在4.7%，保持了中速增長；而且，文革期間，鋼鐵、電子等工業，交通、能源等基礎設施建設，農田水利基礎設施，農村工業，西部新興工業城市的建設，都取得了可觀的成就。這裏有一組資料：1965–1978年間，中國工業總產值增長3.53倍，佔國民收入的比例由1965年的36.4%上升為1978年的46.8%；農田灌溉面積在耕地面積的比例由31.9%提高到45.3%，高於同期美國和印度；機耕面積年增長率為7.7%；化肥施用量年均增長率

38 顧準：《1971年3月25日日記》，《顧準日記》，第364頁。

39 顧準：《1971年3月29日日記》，《顧準日記》，第365頁。

為12.4%；到1978年西部地區工業佔全國工業總量40.28%；西部地區鐵路佔全國的比重，由1964年的19.2%提高到了1975年的34.7%。這都為八十年代的改革開放的發展，奠定了物質基礎。[40] 顧準作為一個始終關注中國經濟發展，並有很高期待的經濟學家，對此作出強烈的反應，即使有些過度，也是可以理解的。

其二，必須看到，顧準對文革經濟發展的瞭解，主要是依靠報刊的報導和某些會議的傳達，這又是片面的，特別是這些報導與傳達都對中國經濟的現實有明顯的着意遮蔽。這就意味着，顧準作出判斷的依據，只是文革期間的中國經濟實際的部分事實，而不是全部事實，這就造成了他的文革理解、期待、想像的先天不足，根本缺陷。

顧準沒有看到的被遮蔽的事實，是文革經濟發展的大起大落，經濟資源的大浪費，經濟比例的大失調，經濟效益的嚴重下降。據經濟學家的計算，文革經濟決策失誤的經濟損失，大約佔經濟增長率的三分之一至二分之一，如果按正常發展，增長潛力應在9%左右，現在實現的4.7%的增長率顯然與可能達到的相距甚遠。而同是1965–1975年間，GDP增長率，日本是8%，台灣9%，新加坡11.2%，韓國11.6%，都遠高於中國大陸。在這個意義上，文革實際是延誤了中國經濟的發展的。更為嚴重的事實是，文革期間國民收入損失達5000萬億元，相當於中華人民共和國成立以來全部基本建設投資的80%；1966–1976年間，農村居民家庭恩格爾系數在70%左右，大大高於60%以上的絕對貧困型水平；更不用說文革造成的文化、教育事業的大

40　以上資料據胡鞍鋼：《毛澤東與文革》，香港大風出版社，2008年。參看錢理群：《毛澤東時代和後毛澤東時代：歷史的另一種書寫》（上）。第273–275頁。台北聯經出版事業有限公司，2012年。

破壞，以及全民性的政治大迫害。這就是說，文革時期即使經濟有發展，也是一種以對資源、環境的大摧殘，勞動者的大剝奪為代價的破壞性的發展。[41] 顧準的「大破而大立」的文革想像，迴避、甚至遮蔽了這些基本事實，不能不說是一個根本性的失誤：他的判斷，並沒有建立在全部事實的科學研究基礎上，而是僅僅依據部分事實就作出的主觀臆測，因此只是一種「想像」。

其實，顧準自己對他的判斷的局限也是有所認識的。在一篇日記裏，就說到「實際狀況的變化，報紙上所登載的不過十分之一二，其他情況一概不知道，全面的論述並無根據」。[42] 難能可貴的，是顧準依然保持着一種自我質疑的清醒。他有一篇題為《經濟發展速度質疑》的日記，說自己「幾個晚上細細分析已知材料，結論是，短期內難望『神武景氣』」。[43] 這是針對一個月前，他聽說「三峽上馬」而「浮想聯翩」，斷言中國將「猛烈擴大建設規模」，「『神武景氣』將見於我國」的樂觀估計。[44] 這一時期顧準日記充滿了這樣的樂觀情緒，諸如「今後兩三年將是花團錦簇的二三年」，[45]「1975前的五年，將是史無前例的大躍進」，[46] 等等。現在冷靜下來，「仔細想來，(都)大成疑問」。「舉例來說，初到河南聽報告，論二三年半內河南發電設備將自50萬–150萬WK，極其興奮，甚至以此推測全國。其實增長是由於丹江口水電站，是為全國建設中

41 據胡鞍鋼：《毛澤東與文革》，史雲、李丹慧：《難以為繼的「繼續革命」：從批林到批鄧(1972–1976)》，香港中文大學當代中國文化研究中心，2008年。參看錢理群：《毛澤東時代和後毛澤東時代：歷史的另一種書寫》(上)。第274–275頁。

42 顧準：《1971年2月21日日記》，《顧準日記》，第362頁。

43 顧準：《1971年6月20日日記》，《顧準日記》，第390頁。

44 顧準：《1971年5月23日日記》，《顧準日記》，第385，386頁。

45 顧準：《1971年4月22日日記》，《顧準日記》，第377頁。

46 顧準：《1971年5月16日日記》，《顧準日記》，第380頁。

心，決不可以為全國都將有同樣速度」，「又如三峽上馬，若10年內能建成1000萬KW的水電站，它在理想的『神武景象』中所佔地位還是相對微小的」。結論是：「我要放棄那種輕信態度，要深思，要分析了」。[47]

其三，人們都注意到，顧準在《新生日記》裏，不僅輕信經濟的發展，而且把這樣的經濟發展與文革中的路線鬥爭、階級鬥爭、無產階級專政聯繫起來，以經濟的發展論證文化大革命的合理性。從我們前引顧準論述裏，確實含有「『立』是目的，『破』也有必要」的邏輯。這是有的研究者認為有「兩個顧準」的重要依據。[48] 但這仍然是一個簡單化的説法，我們應該作更複雜的分析。顧準的論斷確實有很大的破綻：他只是簡單地斷定，「大立」是「大破」的結果，卻對經濟發展與階級鬥爭之間的因果關係，沒有作任何有説服力的分析和論證。這顯然與顧準的學者身份是不相稱的。因此，顧準自己也很清楚，他的論説，並不是在作學術討論，而是現實的需要。這就是我們在前文所説的，他要尋找的是自己的信念與文革現實之間的那怕只是表面的契合點。因此，他發現了文革中經濟建設確有發展的部分事實，就迫不及待地將自己的信念投射於其中，誇大其意義，並指認為文革發展的前景與方向。但他又不可能、也不願意公開否認已經和正在進行，甚至加諸於己的文革階級鬥爭和專政(如所謂清查五一六運動)，就只能不顧邏輯地加以抽象肯定，這大概就是對文化革命既定現實的一種順從，即所謂「跟着走」。但他又立刻預言其已經到了「最後階段」，而迅速轉入自己嚮往的「全力搞建設」的新時期，這又是肯定中的否定，又有所堅守。

47　顧準：《1971 年 6 月 20 日日記》，《顧準日記》，第 391 頁。

48　參看林賢治：《兩個顧準》，《顧準尋思錄》，第 249–250 頁。

但在這背後，也有顧準一貫的思路。我們在討論顧準在大饑荒時代的思考時，也談到他雖然看到了「用説謊、專制、嚴刑峻法、無限制的階級鬥爭、黑暗的辦法」來發展「糊口經濟」的非人道性，但又認為「中國除此，別無其他路可走」，「推動歷史前進的，本來是惡不是善，毛澤東時代又何能免此？」從而陷入了所謂「人道主義」與「歷史必然性」的矛盾中。[49] 值得注意的是，在文化大革命期間，顧準再一次用這樣的「歷史必然性」來説服自己：「中國從來沒有像現在這樣興旺發達，中國亂不得，不可以上下內外一齊來，要走，也要慢慢來。何況，一個基礎薄弱的國家要建成為現代化的社會主義國家，有千萬種困難有待於克服，無產階級專政即使是一個痛苦的過程，也是不可避免的歷史階段(所謂『歷史必然性』)。民主社會主義是我的理想，但是它的實現，要以高度發達的經濟為前提，它的逐步實現，要在二三十年以後」。他還表示：「我認為我在探索的是未來歷史發展的道路。當前這個歷史階段是必然要經過的，我決不應該妨礙歷史的發展」。[50] 這樣，顧準就從黑格爾的歷史必然性、決定論這裏找到了他認同文革現實的策略性選擇的理論依據；而他始終堅持用經濟的高速發展來觀察、想像文革又是出於他在骨子裏對民主社會主義理想的堅守。

其四，在我們確認顧準的「大破大立」的文革理解與想像，有着他的強烈的主觀意向時，還必須注意到，他的這一主觀意向，特別是其隱含着的期待：中國將迅速進入「全力搞建

49 見顧準：《1960 年 7 月 22 日日記》，《顧準日記》，第 186，187 頁。參看錢理群：《1956–1980 年間顧準的思考》，收《拒絕遺忘：「1957 年學」研究筆記》，第 374–375 頁。牛津大學出版社。2007 年。

50 顧準：《我的反動世界觀和反動政治思想、經濟思想的初步清算》，《顧準自述》，第 327，339 頁。

設」的新時期，以求「政治安定」，「社會秩序」的恢復，以及「文化、教育、藝術的繁榮」：這些都反映了文革發展到七十年代人心思定的民意，以及黨內外普遍的結束動盪，回到發展經濟的正常軌道的心理與願望。事實上，這也成為黨內鬥爭的一個焦點。就在1969年召開黨的第九次代表大會之前，政治報告的起草期間，林彪、陳伯達等就提出文革應該結束，轉入經濟建設，被毛澤東認定為鼓吹「唯生產力論」，而遭到批判，這就埋下了以後毛澤東與林彪的分裂的根子。在這樣的背景下，顧準的以發展經濟為中心的文革想像與期待，在黨內外都是有廣泛的基礎，並且是具有一定的反對文革以階級鬥爭為中心的主流意識的批判性的。

4. 顧準對「中國社會主義現代化」的設計

但就顧準個人而言，如其所說，他給自己規定的任務是探索未來歷史的發展道路，因此，他強調發展經濟，着眼點並不僅在其現實指向，他更着意的是由此而探索中國的現代化道路問題。這就是我們對《新生日記》的討論的第二個重點：顧準對「中國社會主義現代化」的設計。

於是，就注意到顧準日記裏的這一段話：「一個一窮二白的國家的現代化，究竟遵循孤立主義的和平經濟途徑呢，還是遵循戰時經濟的途徑？」顧準分析說，「19世紀的美國經濟遵循的是和平主義、孤立主義的道路。他們先發展農業，在人力稀缺的基礎上，以最高度的生產力發展經濟，吸引人力，直到1940年的第一次世界大戰為止，他們在政治上一直是孤立主義的」，「這樣做，美國經濟的發展，最大限度地減少了畸形和病態」。顧準同時談到了「二十世紀20年代以後的蘇聯經濟建設，是在和平時期按戰時經濟模型進行的建設。其結果是眾所周知的——蘇聯長期來成為國際軍火商，農業停滯，消費品生產永遠落後於購買力的增長。這種經濟上的畸形，延續五十年之後，簡直成了蘇聯經濟之癌」。[51] 顧準的關注點，顯然在中國：面對美國式現代化和蘇聯式現代化的歷史經驗，中國應該走出一條怎樣的現代化道路？在1968年所寫的讀書筆記裏，顧準又提出「社會主義現代化也是一種現代化的方式」的命題。[52] 這就是説，他要探索的是適合中國的「社會主義現代化」道路。

他首先指出，「東方專制主義是現代化的對立物」，並且具體指出，「中國在1958–1970年，多少是天朝威儀的不成體統的借屍還魂」，也即東方專制主義的復活。在他看來，儘管「這種幻影式的反映舊傳統，確實不代表任何傳統社會的利益，因為傳統社會的利益集團已經被徹底打垮了」，但卻有可能「造成新的特權集團」。結論是：「東方專制主義一天存在，福利國家的前景一日不會成為普遍目標，反過來，這就會導致現代化的阻滯」。[53] 顧準的這一論斷，是寫在其讀書筆記，而非日記裏，自然是因為他意識到這樣的思考的危險性，是我們在前文中所説的他必須隱而不説的部分，但也許是更能反映他的真實思想的。如這裏把中國從1958–1970年的發展路線，都視為東方專制主義的復活，這就和他在日記裏對文革的無產階級專政的肯定，大相徑庭。而這樣的批判，在他的筆記裏，還有多處。比如，他尖鋭地指出，「中國歷朝興衰」，都是官僚軍事機器「不絕腐化更新的歷史」，而「十月革命後，一切社會主義國家的經驗，都是這個官僚的和軍事機器的更進

---

51 顧準：《1970 年 1 月 2 日日記》，《顧準日記》，第 284 頁。

52 顧準：《現代國家建成以後，發展的不同方向》，《顧準筆記》，第 313 頁。中國青年出版社，2002 年。

53 顧準：《現代國家建成以後，發展的不同方向》，《顧準筆記》，第 313 頁。

一步的發展」。在他看來，「中國的現代化」，必須是「這個機器的徹底的改革過程」。[54] 這就是說，徹底改造官僚軍事機器(在另一處筆記裏，他概括為「(一)專制主義；(二)中央集權；(三)絕對君權三位一體的體系」[55])，應該是中國現代化的重要任務。這一思想的重要性，是不言而喻的。

但這樣的對東方專制主義的批判，在日記裏，只能含蓄地表現在對蘇聯式的戰時經濟的批評上。顧準指出，蘇聯式的現代化是「國家主義」的現代化，其發展國家經濟是「以國家的政治霸權為目標」，其走向片面化的發展軍事工業，導致「農業停滯，消費品生產水平落後」的畸形發展，絕不是偶然的。[56]「他們的經濟是有發展的，但是，這依然是備戰經濟體制下的發展」，「這種笨拙窒息的體制的關鍵是中央集權」，必然「敗壞腐爛了社會機體」。[57]

顧準強調，「東方專制主義一天存在，福利國家的前景一日不會成為普遍目標」，這說明他所追求的，是「福利國家」，也即北歐民主社會主義的發展道路，是以建立和發展民主體制為其前提的。[58] 這正是早在60年代他即已期待的，「經濟發展到一定水平以後，高度集中勢不可能長期維持，精雕細刻的發揮生產潛力成為迫切的要求，群眾的智慧要發生作用，任何事情也就不能在頃刻之間獲得定論，自由爭論，長期的政

54 顧準：《國家機器的完備化，爭奪統治權就是爭奪國家機器》，《顧準筆記》，第624，625頁。

55 股準：《歷史討論》，《顧準筆記》，第4頁。

56 顧準：《1970年1月2日日記》，《顧準日記》，第285，284頁。

57 顧準：《1971年8月2日日記：「十年來的蘇聯經濟」》，《顧準日記》，第402，403頁。

58 顧準在1974年所寫《民主與「終極目的」》裏，還特意談到「民主福利國家的潮流」。《顧準文集》，第273–274頁。

治鬥爭就成為繼續發展的生命力。這時候，沒有民主主義怎麼辦」。[59] 在顧準的「中國式社會主義現代化」設計裏，雖然在一定時期內(例如1958年大躍進，文化大革命的初期)，不能不走蘇聯式的「用野蠻的辦法在一個野蠻國家裏實現文明」的道路，[60] 但到了「經濟發展到一定水平以後」，就必須「真正的改弦易轍」，「以坦率、開明、寬恕、人道主義、文明的方向來代替目前的用說謊、專制、嚴刑峻法、無限制的鬥爭，黑暗的辦法來完成歷史使命」。[61] 在顧準看來，七十年代的中國，正是他期待已久的「改弦易轍」的時機，這是實現他的「民主社會主義」理想的關鍵一步。[62]

顧準的現代化設計的另一個重點，就是「以經濟為中心來建設中國」。[63] 這和政治、經濟、社會的全面民主化的要求，一起構成了顧準現代化思想的兩翼。

作為經濟學家，顧準對社會主義經濟的發展，有一系列的具體設想，但都沒有充分展開。我們只能就其日記與筆記裏的片言隻語，作一個初步的梳理。

1. 中國經濟發展要走一條工業和農業全面現代化的道路。顧準談到，「很長一段時期(包括今天)，(中國經濟發展的)主

59 顧準：《1960 年 3 月 2 日日記》，《顧準日記》，第 261，262 頁。

60 顧準：《1956 年 3 月 29 日日記》，《顧準日記》，第 67 頁。

61 顧準：《1959 年 7 月 22 日日記》，《顧準日記》，第 187，186 頁。

62 有研究者指出，應該區別「民主社會主義」與「社會民主主義」兩個不同的概念與社會模式。社會民主主義社會基礎結構是私有財產制度；而顧準堅持的民主社會主義，一方面主張民主政制，另一方面又堅持消滅私有制。見張曙光：《顧準：逆境探索的思想家(上)》，載《領導者》總 61 期，第 141 頁。在世界觀上，顧準一直堅持民主個人主義，但在文革期間，也有「破民主個人主義，而歸於集體英雄主義」之說。見《顧準：《讀〈天演論〉》，《顧準日記》，第 390 頁。在 1970 年日記裏，還談到經濟發展中應培養「集體主義的創業精神」，《顧準日記》，第 322 頁。

63 顧準：《1970 年 4 月 22 日日記》，《顧準日記》，第 331 頁。

導思想是古代的足食足兵，加上廣泛的農業經濟基礎上的一套自給上的國防工業體系」，連他自己「所敢設想的極限，是一半人口在農業、農產品自給的工農業大國」。但他認為，這「夠不上『現代化』的標準」，「是一種半現代式的設想」，「其實不能擺脱農村貧困和農村人口增殖率無法抑制的困境，也就是永遠達不到真正現代化的目的」。顧準認為，「人口與農業資源的平衡，在我國是可以達到的。但必定要通過一個發展工業，仰給外國，然後以十分先進的科學和機械裝備農業的過程，即饑餓出口—進口—自給的過程」。[64] 在另一篇日記裏，顧準也這樣談到了工、農業發展的關係：「唯有一個富裕的農村，才能提供最大可能的積累」，「問題的最後重點當然不在農業，而對於富裕的農村保證充足的糧食，無限的就業擴大，把中國建成一個最大的工業國，竭澤而漁，蘇聯可為借鑒」。[65] 中國是一個農業人口大國，「農村貧困和農村人口增殖率無法抑制」一直是中國現代化的困境。既不能對農民、農村「竭澤而漁」，又不能滿足於「一半人口在農業，農產品自給的工農業大國」的老路，如何走出一條工業、農業全面現代化的道路，確實是發展中國式社會主義現代化道路的一個關鍵。顧準在七十年代初就及時抓住，提出，這眼光是超前的。

2. 顧準在前引他的日記裏，提到中國經濟發展要經歷「饑餓出口—進口—自給」的過程。且不論他的這一論斷是否正確，他對中外貿易問題的關注，表現了他在考察中國經濟問題時的世界市場眼光，在那個片面強調「自力更生」的鎖國時代，無疑也是超前的。正是這樣的世界眼光，使得顧準在1970年報上刊載了「美乒乓球隊訪華」的消息以後，立刻聯想起之

64　顧準：《1970 年 4 月 22 日日記》，《顧準日記》，第 330 頁。

65　顧準：《1970 年元旦日記》，《顧準日記》，第 282 頁。

前公佈的毛主席與斯諾的談話，「印度支那三國會議和朝鮮關係得到改善」的外交事件，迅速作出了「我們外交方針」將發生「大轉變」的判斷，並預言：「自此以後，形勢還將急轉直下，聯合國問題七月份就要解決，在此前後，中美建交，越戰結束，這些大事變都將一一到來」。最重要的是，顧準由此而提出：「我國經濟是不是會有什麼利用進口技術以加速發展的可能？」[66] 這又抓住了中國經濟發展，現代化建設的一個關鍵問題。在考察中國經濟問題時，顧準始終認為，實行經濟自我封閉的鎖國政策，「願意援外，而不願有太多的技術進口」，一直是制約中國經濟高速發展的重要因素。現在他終於在外交政策的變化裏，發現了改變這一局面的機遇，由此而作出了一個重要預測：「也許今後注意力將逐漸轉向對外開放和內部發展」的新時期。[67] 這樣，顧準在1971年中國大門剛剛打開的時候，就提出了「對外開放」的歷史任務與時代新主題，這同樣是超前的。

3. 顧準同時提出了「內部發展」的問題，這也很值得注意。顧準在一篇日記裏，就談到為了經濟的健全發展，必須「用制度把群眾的創造鞏固下來」，他特意談到「經濟核算將是一種群眾性的運動。然而企業財務制度，企業內部的情報系統和統籌，以至財政制度、銀行制度(如基建生產的劃分、基建撥款等等問題)，50年代搬進來的一套40年代蘇聯制度就全部不能適應，而要有大刀闊斧的改革」。[68] 這樣，顧準在提出「對外開放」的同時，又提出了「內部的大刀闊斧的改革」的任務。而在他的改革設計裏，健全和發展「經濟核算運動」又居

66 顧準：《1970 年 6 月 23 日日記》，《顧準日記》，第 394，395 頁。

67 顧準：《1971 年 6 月 20 日日記》，《顧準日記》，第 391 頁。

68 顧準：《1971 年 2 月 21 日日記》，《顧準日記》，第 359 頁。

於核心位置。這當然不是偶然的。其實早在1957年所寫的《試論社會主義制度下商品生產和價值規律》一文裏，顧準即已提出：「社會主義經濟是實行經濟核算的計劃經濟」，「社會主義經濟是計劃經濟與經濟核算的矛盾統一體」，並科學地論證了，正是經濟核算制度的存在，決定了社會主義必然「存在商品生產」；也因為實行經濟核算，「使勞動者的物質報酬與企業盈虧發生程度極為緊密的聯繫，使價格成為調節生產的主要工具」，從而決定了「社會主義生產是價值生產，價值規律的作用也不能不影響及於經濟生活的全過程」，「價值規律在客觀上是制約着經濟計劃的」，因此，社會主義經濟必須自覺地運用價值規律，經濟核算是運用價值規律的基本方式之一。[69]研究者指出，顧準「在社會主義經濟理論的歷史上第一個完整地解釋了價值和價值規律的作用」，他雖然「並沒有使用市場經濟之類的概念，但市場機制已經活生生地出現在他的理論思維和政策思想之中」，因此，「完全可以說，在國內經濟學界，顧準是市場經濟第一人」。[70] 在70年代文革期間，顧準在設計中國社會主義現代化道路時，再次提到要發動一場「經濟核算運動」，要對「50年代搬進來的一套40年代蘇聯制度」，也就是他在50年代即已指出的否認價值與價值規律的「唯意志論」的計劃指令，到70年代造成了經濟的僵硬與混亂的計劃經濟體制，進行「大刀闊斧的改革」。他的這一思想，在他的筆記裏，就有更明確的表述：「甲、我們絕不能指望社會主義回到糊口經濟中去。社會再生產過程必須是十分迅速『成長』的

69 顧準：《試論社會主義制度下的商品生產和價值規律》，收《顧準文集》，第28，33，44，45頁。

70 張曙光：《顧準：逆境探索的思想家（上）》，《領導者》總61期，第128，129，133，134頁。

擴大再生產過程，所以，生產必須同時是一個價值增殖過程。乙、既是價值增殖過程，就必定1. 採取工資勞動，社會主義是工資社會主義；2. 全社會除一部分不可以採取經濟核算的事業——文化、教育、科學、公共行政、社會安全等等和一部分不能採取成本利潤計算的物質生活過程，例如道路、橋樑、公共衛生工程等等——而外，絕大部分物質生產與運輸及物質分配一律要實行經濟核算；3. 於是不論中央與地方分權方法如何，這種社會主義同時又是『國家資本主義』」。[71] 這裏所提出的「國家資本主義的社會主義」幾乎就預見了以後中國社會的發展。

其實，顧準70年代所作的中國社會主義現代化道路的設計，都是具有預見性的：除了民主制度的建設之外，他所提出的「經濟建設為中心」的指導思想，以及「對外開放」與「對內改革(由計劃經濟改革為國家主導的市場經濟，即實行「國家資本主義的社會主義」)的方案，都在八十年代以後的中國，得到了實現。應該指出的是，顧準70年代的這些思考與設計，也並非孤立的現象。前文提到的知識青年張木生在1968年寫的《中國農民問題的學習——關於社會主義體制問題的研究》的長文，幾乎與顧準同時提出了「以發展生產力為中心」的治國新路線。[72] 這也可以說是「人同此心」，或者是時代發展趨勢吧。

5. 更深層面的「強國夢」

對顧準來說，他的以經濟建設為中心的社會主義現代化道

71 顧準：《物化，異化：「需要資本但不需要資本家」是根本錯誤的；資本只能是一種社會關係即生產關係》，《顧準筆記》，第 578，579 頁。

72 參看錢理群：《毛澤東時代和後毛澤東時代：歷史的另一種書寫》(下)第 11 章第 3 節：《文革後期民間思潮的主要成果》，第 140–143 頁。

路設計，還有更深層次的動因，就是他始終縈懷於心的「強國夢」。早在1956年顧準就在他的日記裏期待「中國的建設速度在今後二十年內如能保持每年20%(工業)，5–7%(農業)的速度，二十年後我們便將成為世界第一等強國了」。[73] 我曾説過：「這樣的『強國夢』，對顧準(或許還有他那一代人)是帶有根本性的，是深刻影響他對中國問題的觀察與思考的」。[74] 因此，儘管在二十年後70年代的中國，遠沒有達到他期待的目標，但顧準抓住中國經濟得到某些發展的事實，就又繼續做強國夢，而且做得更大，並作了這樣的判斷：「世界(將就)進入『主要傾向是革命』的新時代，也應該是我國建設進入新的飛躍的新時代」，「在這種形勢下，倘我國經濟在四五年內進入四五千萬噸鋼鐵，十年內達到和日本相等的程度，經濟實力和革命中心的地位就能大體一致了」。[75] 這是一個以經濟發展為後盾的「中國世界中心」夢，幾乎貫穿了這一時期顧準的全部日記——

「可以設想另一種前途。亞洲大陸的社會主義中國愈來愈強盛。即使是資本主義的日本，也不敢設想與我抗衡。於是日本甘願——不，是形勢逼迫她不得不成為以中國為盟主的亞洲人的亞洲。而這個亞洲，在政治、經濟、文化各方面，在二十世紀的末期，都代替西歐北美成為世界的中心」，「在全世界面前宣告亞洲是世界中心，唯有中國才能擔當起來，這就是偉大領袖毛主席的歷史地位的一個方面」。[76]

---

73 顧準：《1956 年 4 月 29 日日記》，《顧準日記》，第 85–86 頁。

74 錢理群：《1956–1960 年間顧準的思考》，《拒絕遺忘：「1957 年學」研究筆記》，第 331 頁。

75 顧準：《1971 年 5 月 24 日日記》，《顧準日記》，第 305 頁。

76 顧準：《1971 年 4 月 11 日日記：「蠟山芳郎論 70 年代的國際鬥爭與日本問題」》，《顧準日記》，第 301 頁。

「今後若干年間，我國將獨佔世界棉紡織品的出口——也許還包括棉紡織設備的出口」，「這顯然是中國雄飛世界的開始」。[77]

「 中國肩負世界命運的責任，必須有與此相應的經濟實力。日本經濟的發展，1964年以前已經是嚴重的事實。文化革命的幾年中，日本經濟又向前走了幾步，到去年，日本是世界第二經濟大國的事實，已經明顯到無可忽視的程度。何況佐藤—中曾根的復活軍國主義和保持日美安全體系不變的之政策，不能不是我國的嚴重隱患。解決之道，是要在十年至十五年內超過日本，而且在工業實力上倍於日本。所以經濟問題提到了首要的地位。四五時期，完成五年計劃將成為壓倒一切的任務」，「再幹二十年，二十年後的中國就是雄飛世界的中國了」。[78]

「我國經濟發展將促進世界南方地區——拉美、撒哈拉以南的黑非洲、東南亞許多大島包括澳新在內的精耕農業(一部分是小麥，大部分是水稻)的發展。中國工業對於礦產原料的需求，也將促進這些地區的開發」，「這時候，世界將以中國為中心而活動」，「這些地區的開發，將由本地人、世界各地移民來進行，也不可避免將由一些中國移民來進行。坦贊鐵路，是這一長期趨勢的序幕」，「後代歷史家將要發現，中國(經濟上)打敗日本站了起來以後，天命中國要雄飛世界」，「這樣看待中國的前途，重心其實放在經濟發展上，要指望中國成為工業居主位的經濟大國，確實要有一些狂想的氣概」。[79]

「(在越南戰爭中)打贏美國，迫使美國承認敗局，在此基

77 顧準：《1971 年 4 月 11 日日記》，《顧準日記》，第 304 頁。

78 顧準：《1971 年 6 月 8 日日記：「國際形勢的新動向」》，《顧準日記》，第 341，342 頁。

79 顧準：《1971 年 4 月 22 日日記》，《顧準日記》，第 329 頁。

礎上建立一種平衡的相互關係，然後以三大國(按，指美、蘇、中)中的一員活躍於國際舞台，使我成為小國和大西洋諸發達國家革命人民仰望的中心，同時在這種全勝的鼓舞下加速經濟發展，以便在十年十五年中超過日本，在再長一點時間內超過美蘇。如此功業，彪炳千秋，在我國歷史中秦皇漢武唐宗都不能望其項背」。[80]

我們在四十五年後的今天(2015年)回顧1970、1971年間，顧準懷着「狂想的氣概」作出的這些規劃與預測，不能不有很多的感概。

首先我們驚異於顧準當年的預言竟是如此的準確：今天的中國，確實已經成為世界第二大經濟體，超過日本、蘇聯，而直逼美國；今天的亞洲確實成為了舉世矚目的「中心」地帶；就連顧準想像的細節，如中國經濟發展對拉丁美洲、黑非洲、東南亞、澳新地區的影響，中國移民走向非洲，都成為了現實。顧準的預言是建築在他對自己提出的中國社會主義現代化道路的自信與對中華民族、中國人民無盡的創造活力的信任基礎上的。歷史的路，就是這樣走過來的：他在70年代初提出的「經濟建設為中心」以及「改革、開放」的設想，在十年之後的70年代末和80年代初，成了國家發展的既定國策；再經過三十多年的奮鬥，他提出的國家發展目標得到了基本實現，儘管比所期待的十年、十五、二十年要晚二、三十年。像顧準這樣的高瞻遠矚，具有預見性的理論家，知識分子，在當代中國，真正是獨此一人。

同時，我們也感到深深的遺憾，因為顧準這些天才預測，僅僅存在於他的私人日記裏，根本不為世人所知，恐怕至今也還不被政治、經濟、思想、文化、學術界所注意，就更談不上

80　顧準：《1971 年 3 月 29 日日記》，《顧準日記》，第 365 頁。

對歷史實際運行產生影響，發揮作用。顧準只能充當歷史的觀察者、思考者、預測者，而不能成為歷史的參與者：這是顧準及其同類知識分子的悲劇所在。這正是中國的現行體制所致：這個體制不僅在政治、思想上認定顧準這樣的獨立知識分子為國家安全的隱患而嚴加防範，而且沒有提供公民和知識分子參與國家事務的制度保證，只能思考(因為禁止不了)，而無將獨立思考的成果轉化為實踐的權利，特別是這些思考違背了長官意志或不能被認識與認可的時候。這其實就是顧準所期待的民主體制的缺失的直接後果。也就是說，顧準的悲劇的背後，是有制度的原因的。

無可迴避的，還有顧準的思考本身的問題。在我看來，主要有二。

首先，顧準的強國夢的核心，是要使中國成為「世界的中心」，這本身即有「中華中心主義的中華帝國」傳統的明顯痕跡，這其實就是顧準後來也有所反思的極端民族主義：「強烈的民族情緒，一向具備着發展到征服世界上一切民族這麼一個至高點的」，[81] 這是應該引起高度警惕的。特別是當下中國如顧準期待的那樣，對世界的影響越來越大，就給這樣的極端民族主義提供了滋生的土壤，對此應該有一個清醒的認識與警覺。即使顧準這樣獨立知識分子，理論天才，也難以避免落入極端民族主義的陷阱，這個事實本身，也很值得深思。

其次，顧準的預測，在具體事實層面上，確實得到了實現，但他所期待的民主體制的建立，以及他的民主社會主義的理想卻落了空：中國依然是一個他所批判的官僚、軍事集權的國家。顧準確實天才地預見了中國經濟的「雄飛」，但這樣的

---

81 顧準：《希臘思想、基督教和中國的史官文化》，《從理想主義到經驗主義》，第4頁。

高速發展，卻是以資源的大浪費、環境的大污染，以及嚴重的兩極分化，底層人民利益受損為代價的：依然是一個破壞性的大發展。這都是顧準所沒有預見的。原因就在於顧準落入了「發展就是一切」的「經濟決定論」的陷阱。顧準強調經濟發展的意義，無疑是正確的；但過度誇大經濟的作用，就出了問題。我們從前引顧準60年代即已形成，在70年代更加強化的觀點，可以看出，顧準始終堅信，只要「經濟發展到一定水平，高度集中勢不可能長期維持」，政治和經濟，以及整個社會生活都必然走向「民主主義」，「必將以坦率、開明、寬恕、人道主義、文明的方向來代替目前用說謊、專制、嚴刑峻法、無限制的鬥爭、黑暗的辦法來完成歷史的使命」。[82] 歷史發展的事實證明，顧準這一「經濟發展能解決一切問題」的設想，不過是他的一個主觀幻想。僅有經濟的發展，沒有相應的政治、社會、思想、文化體制的改革，中國仍不能真正走向全面現代化的道路。而這也正是當下中國問題的癥結所在，用經濟的發展來掩蓋中國實際存在的政治、經濟、社會、思想、文化的嚴重問題，依然是一個需要警惕的危險。也就是說，顧準當年的失誤(我們也不能苛求顧準毫無失誤)，在今天，也依然有警醒後人的意義。

最後，我們還是回到歷史的現場。1971年9月2日，顧準用一句話結束了他的息縣「新生日記」：「幻想消失了」。這裏主要是指他對中國經濟和社會發展過於樂觀的估計。他意識到，自己不能「缺乏耐心」，而必須「立志要等」，「要等，

82　顧準：《1960 年 3 月 2 日日記》，《1959 年 7 月 19 日日記》，《顧準日記》，第 261–262，186 頁。

就要堅毅」，[83] 同時還要「追求真理」，[84]「放棄那種輕信態度，要深思，要分析」。[85] 由此而開始了他回到北京以後1972–1974年間的在更根本層面上的新的思考與探索。

二、讀《從理想主義到經驗主義》：對中國革命和發展道路的根本追問與反思

我們已經說過，《從理想主義到經驗主義》一書集中了1973年至1974年間顧準和他的六弟陳敏之通信中寫下的「筆記形式的學術論文」。我們首先要討論的，依然是：這是怎樣一個文本？

陳敏之這樣介紹他的寫作環境：「1972年至1974年，對顧準來說，是文革十年中難得的空隙。整個國家的天空雖然仍在一片陰霾的籠罩之下，但是他的小環境相對地還比較平靜」。1972初冬，陳敏之去看顧準時，他夏天剛從息縣勞動改造回來，「住的公共宿舍，當然稱不上什麼書齋，但是一個不算太大的房間內每一個人有一小塊領地，一架圖書，靜悄悄，各人讀書寫作，互不相擾，氣氛也還寧靜」。1973–1974年相互通信，也相對自由，「因為是兄弟之間對一些問題的討論，因此彼此可以直抒胸臆，無所遮攔，無所避忌」。[86] 在這個意義上，《從理想主義到經驗主義》的寫作，比之息縣《新生日記》，顯然更接近私密寫作，較少顧忌，也相對真實地反映了

83 顧準：《1971年9月2日日記》，《顧準日記》，第410頁。

84 顧準：《1971年7月17日日記》，《顧準日記》，第400頁。

85 顧準：《1971年6月20日日記》，《顧準日記》，第391頁。

86 陳敏之：《〈顧準文集〉序》，《顧準文集》，第6–7頁。貴州人民出版社，1994年。

顧準這一時期的主要思考。所謂「相對」，自然是說，也還是有所隱蔽。後來陳敏之在談及筆記的命運時說：「筆記，冒了一點風險幸而保存了下來；信，則全部毀掉了」。[87] 這大概是因為信的表達比較直露，筆記相對含蓄吧。

陳敏之還談到，顧準在和他通信裏曾經說「準備用10年時間，系統地研究(先是)西方的，(然後是)中國的歷史、哲學、經濟等等，在這個基礎上再作綜合比較，為的是尋找人類社會發展的軌跡，規劃未來的方向」。[88] 這一點，在1972年–1974年顧準的《北京日記》裏，可以得到證實。《北京日記》不同於息縣《新生日記》，不記每日所見所思，只記簡單的生活起居(如「六弟來」、「休息」等)，主要記每日所讀的書，列出的書名，確實都是西方和中國的歷史、哲學、經濟著作。[89] 更重要的是，由此決定了顧準在這一時期思考與寫作的特點。用他自己的話來說，就是「歷史的探索，對於立志為人類服務的人來說，從來都是服務於改革當前現實和規劃未來方向的」。[90] 這裏顯示的，是顧準思考的三個面向：人類——現實——未來，構成了顧準文革年代後期思考的主要特點。這標誌着，他已走出了《新生日記》時期的陰影，不僅不再存在任何幻想，更有了一個超越：既和現實拉開距離，進入中國文明和人類文明的高地，思考更根本、更長遠，事關中國與人類未來發展的大問題；又依然立足於現實，保持了新鮮、有力的批判鋒芒；

87　陳敏之：《〈從理想主義到經驗主義〉序》，《從理想主義到經驗主義》，第viii頁。

88　陳敏之：《〈從理想主義到經驗主義〉序》，《從理想主義到經驗主義》，第X頁。

89　見顧準：《北京日記》(1972–1974)，收《顧準日記》，第411–439頁。

90　顧準：《資本的原始積累和資本主義發展》，《從理想主義到經驗主義》，第68頁。

同時又深入自己靈魂的深處，進行人性的拷問：這是一個前所未有的精神境界，這在當時(文革時期)幾乎是絕無僅有的。

為了保持「現實」與「未來」，「中國」與「人類」之間的張力，顧準還找到了一種特殊的表達方式。這消息是他在論述盧梭的《社會契約論》的獨特之處時透露出來的：「它是一個高貴的18世紀歐洲人讀希臘史以後，也許還通過亞里斯多德的《政體論》，把希臘的歷史業績『當代化』為當時的政論」。並且作了這樣的闡釋：「盧梭的值得學習之處，就不一定是他的智慧和靈感，更值得學習的是『勇氣』和『技巧』了。其所以要學習他的勇氣，是因為在『王政』空氣下倡導『民主』，是不可以徘徊瞻顧的。其所以要有技巧，是因為僅僅介紹翻譯古代史，古代著作，那不過是學院圈子裏的事情——杯子裏起不了大風波。大風波唯有在大海裏才起得了。引起風波的是通俗的、煽動的、針對當代人的思想感情、為人民喜聞樂見的政論」。[91] 這裏說得很清楚：顧準可以說是完全自覺地要「學習」盧梭的「勇氣」和「技巧」，寫一本《社會契約論》那樣的把東、西方文明的「歷史業績『當代化』為當時的政論」的著作，因為他和盧梭有着類似的歷史要求：要「在『王政』空氣下倡導『民主』」，既期待「引起風波」，對現實政治產生影響，又要有自我的保護與思想的超越，最好的「技巧」就是在「歷史」與「當代」之間找到契合點，將中西文明史當代化。前者顯現在水面上，而後者深藏在水底下，這是需要認真辨認的。

由此決定了本文的討論方式。顧準的這部著作，有着豐厚的中外文明史的內涵，王元化先生在其序言裏，概括為六個方

91　顧準：《僭主政治與民主——〈希臘的僭主政治〉跋》，《從理想主義到經驗主義》，第26–27頁。

面：「對希臘文明和中國史官文化的比較研究；對中世紀騎士文明起着怎樣作用的探討；對宗教給予社會與文化的影響的剖析；對奴隸制與亞細亞生產方式的闡發；對黑格爾思想的批判與對經驗主義的再認識；對先秦學術的概述，等等」。王元化先生說，這些題目都是他「最感興趣的」。[92] 但這不屬於本文討論的範圍。我給自己提出的任務，是更注重顧準這本著作的「政論」性，努力揭示其東西文明史論述背後的「當代」指向與意義。

因此，我完全同意研究者的這一論斷：「顧準探索的時間跨度很長，論戰範圍很廣，但始終圍繞着一個中心，即『娜拉走後怎樣』，也就是革命成功以後怎樣的問題」。[93] 這就是說，當顧準面對現實生活中的文革問題時，他沒有就事論事，而是從中國歷史和中國革命與發展起點所內蘊的問題，去追問歷史的與理論、思維上的根本性失誤。這就意味着，如王元化先生所說，顧準要「反省自己的信念，提出大膽的質疑」，要「反省並檢驗由於習慣惰性一直紮根在頭腦深處的既定看法」。[94] 對顧準這樣的從生命起點時就參加革命的「來自馬克思主義營壘的思想者，在中國幾十年歷史變革實踐中誕生的思想者」，[95] 要面對這樣的原初信念、既定看法中的迷誤，可以說是另一場「革命」；顧準自己說，「面對它所需要的勇氣，說得再少，也不亞於我年輕時候走上革命道路所需要的勇氣」。[96]

92 王元化：《〈從理想主義到經驗主義〉序》，《從理想主義到經驗主義》，第i頁。

93 張曙光：《顧準：逆境探索的思想家(上)》，《領導者》總 61 期，第 145 頁。

94 王元化：《〈從理想主義到經驗主義〉序》，《從理想主義到經驗主義》第V頁。

95 錢競：《爭論使人想起顧準》，《顧準尋思錄》，第 80 頁。

96 顧準：《一切判斷都得自歸納，歸納所得的結論都是相對的》，《從理想主在我看來，顧準的反省、質疑主要集中在三個方面。

1. 對絕對專制政治的追根

文革時期最突出的政治問題，無疑是「個人崇拜」。而且這樣的無所不在的絕對專制政治，是每個中國人無時無刻都需要面對的，自然是顧準首先要思考的：他要追溯其源其根。首先想到的是——

(1)中國「絕對君權」的歷史傳統

顧準着眼於東西方文明的大視野，他將歐洲君主制與中國傳統中的君主制作了一個很有意思的比較。

其一，在歐洲，和君主的世俗權威相並行的，還有一個宗教權威。「兩種政治權威同時並存」，「這一點，對於歐洲政治之不能流為絕對專制主義，對於維護一定程度的學術自由，對於議會制度的逐漸發達，甚至對於革命運動中敢於砍掉國王的頭，都是有影響的。因為兩頭政治下最底層的人也許確實撈不到什麼好處，體面人物卻可以靠這抵擋那，可以鑽空子，不致像中國那樣『獲罪於君，無所逃也』，只好延頸就戮」。[97]——我們很容易就感受到顧準字裏行間隱含的現實指向：文革發展到極端的中國政體的最大特點，就是政治權威與思想、精神權威，道德權威三者的高度合一，就使政治權威同時成為國家、人民利益與真理、道德的唯一代表。文革期間盛行的「誰反對毛主席，就全黨全民共誅之」的絕對專制主義，就是建立在這樣的絕對代表權基礎上的。顧準因此針鋒相對地

義到經驗主義》，第 155 頁。

97　顧準：《希臘思想、基督教和中國的史官文化》，《從理想主義到經驗主義》，第 22 頁。

指出：「人類，或人類中的一個民族，決不是當代的政治權威有權僭妄地以為可以充任其全權代表的，斯大林説過一句好話，希特勒來了又去了，德國民族是永存的。這句話，對任何一個民族都是適合的」。[98] 這裏的批判鋒芒是很明顯的。

其二，顧準指出，在歐洲傳統裏，王侯與其治下的騎士的「封建關係，並不限於『授土』和『效忠』兩種」，「還成為關係兩方面都必須信守的契約，並不僅僅是受封者對授封者因其授土而負有義務」，「這就是説，騎士不盡義務不得享受權利而外，還有：王侯超額索取，騎士可以反抗」，「倘若上面對下面的權利是絕對的，不可反抗的，那就是絕對君權，就是專制主義，就不是封建制度了」。[99] 這是一個極為重要的概括：幾千年的中國傳統社會，並不是什麼封建社會，而是「絕對君權的專制主義」社會，與西歐的封建社會完全兩樣，是不可能「產生出來資本主義」的。[100] 而我們從「倘若——」的敘述語氣裏，依然可以感覺到顧準所指，不只是中國傳統社會，也內含了文革時期的「上面(當時叫『以毛主席為首的無產階級司令部』)對下面(包括顧準在內的知識分子進而普通老百姓)的權利是絕對的，不可反抗的」的專制主義。

其三，顧準因此特意談到，「繼承羅馬法傳統的歐洲法律，法首先是和權聯在一起。他們的封建制度，是具有嚴格身份等級的一種統治制度。可是，至少在統治集團之間，相互身份和關係，觀念上是認為由契約規定的，法學家稱之為『規定身份的契約』。中國，這類問題由簡單的16個字加以解決，即

98 顧準：《希臘思想、基督教和中國史官文化》，《從理想主義到經驗主義》，第 24 頁。

99 顧準：《歐洲中世紀的騎士文明》，《從理想主義到經驗主義》，第 61 頁。

100 顧準：《歐洲中世紀的騎士文明》，《從理想主義到經驗主義》，第 76 頁。

所謂『普天之下，莫非王土；率土之濱，莫非王臣』」，「羅馬法權傳統，國家是建立在公民權利基礎之上的，個人權利，在理論上是受到法律保障的，國家不得隨便加以侵犯。固然，這不過是紙面上的保障，然而紙面上的保障也是世世代代鬥爭結果的記錄。固然，這是特權階級的權利；可惜，在中國，在皇帝面前，宰相也可以廷杖，等而下之，什麼權利也談不上，所以，馬克思譏諷中國是普遍奴隸制」。[101] 而按黑格爾的說法，所謂「普遍奴隸制」就是「王和帝一個人是自由的，其他，連大臣也不自由——比如，絳侯周勃隨便就被下了獄，高帝『把他的問題弄清楚』了，又出來當丞相了，這在深具自由民主概念的西方是辦不到的——」[102] 顧準寫到這裏，大概會想起包括他自己在內的老幹部在文革中的命運吧。

顧準因此發出感慨：在中國，是不會有真正的「騎士精神」的：騎士的「忠誠」，其實就是「受誓約束縛」，「但也僅限於誓約，而不是無條件的忠誠，不是所謂『君命不可違』，『君，天也，天不可逃也』」。騎士更有「榮譽感」：「西歐人道主義的『個人尊嚴』觀念，其實是騎士精神的延續。騎士不許人家侮辱。如果受辱，他可以要求決鬥。長上對違命屬下的懲罰，也不得有損個人尊嚴」。顧準又想起了漢文帝抓捕周勃的故事，「結果，找不到罪證，只好釋放他，恢復他的爵位。」[103] 這其實就是文革中的「平反」、「落實政策」。顧準最感痛心的，是個人任人宰割的命運和人格的受辱，這在根本沒有個人權利與尊嚴的中國絕對專制政治傳統

101 顧準：《歐洲中世紀的騎士文明》，《從理想主義到經驗主義》，第 74，75 頁。

102 顧準：《統一的專制帝國、奴隸制、亞細亞生產方式及戰爭》，《從理想主義到經驗主義》，第 45 頁。

103 顧準：《〈馬鐙和封建主義——技術造就歷史嗎？〉譯文及評注》，《從理想主義到經驗主義》，第 63，64 頁。

裏，是必然如此的，今日的顧準們正是重複了漢王朝的大臣的命運。這樣，顧準就從中西文明傳統的比較裏，發現了中國從古至今，一以貫之的「絕對專制政治」傳統。這正是文革中的「個人崇拜」的本質，追求的就是歷代帝王的不受限制、不受監督的「一人自由，臣民無一人有自由」的「普遍奴隸制」，這本是「太陽底下無新事」。

而這樣的古今一貫的絕對君權政治，是建立在中國傳統文化基礎上的。顧準一針見血地指出，中國傳統文化是一種「史官文化」，這是范文瀾首先提出的，顧準的貢獻在於強調「所謂史官文化，以政治權威為無上權威，使文化從屬於政治權威，絕對不得涉及超過政治權威的宇宙與其他問題的這種文化之謂也」。[104] 它的要害在「把塵世的政治權威視為至高無上，禁止談論『禮法』之外的一切東西」。[105]

顧準也正是立足於對史官文化的批判立場，對中國傳統中的儒、道、法諸家進行了鋒利的剖析。

在他看來，孔子「他夢想的是一個周天王在發號施令，這個周天王下面有等級森嚴的一套貴族、諸侯、卿、大夫。他們都不同於庶人，是庶人之上的一個貴族階級，他們的尊嚴都是不可侵犯的」。顧準指出，孔子「他的政治主張，和他達到這個主張的手段是矛盾的。手段是仁、恕，目的是霸業。仁、恕一套誰也不會聽他的。不過，他若真的當起權來，他的做法其實和管仲、商鞅是一樣的。殺少正卯、隳三都，已見端倪。他自己心裏很明白，仁、恕是講給別人聽的，是教化芸芸

104 顧準：《希臘思想、基督教和中國的史官文化》，《從理想主義到經驗主義》，第 14 頁。

105 顧準：《希臘思想、基督教和中國的史官文化》，《從理想主義到經驗主義》，第 16 頁。

眾生的，至於當權的人要成霸業，不心狠手辣、芟除異己是不行的」。因此顧準堅信：「後代史家，說中國幾千年來的政治一直是內法(或荀)而外孔，以孔做羊肉，掛招牌，以荀或法做實際。這一套開始於孔子本人」。顧準還將孔子與孟子區別開來，認為「孟軻強調仁義，不惜得出『民為貴，社稷次之，君又次之』，以及『君視臣如草芥，則臣視君若寇仇』的結論。這種結論，是孔子絕對不會達到的」。[106]

顧準對韓非的批判，就更為嚴峻。他認為，「君主中心主義與利害關係二者相結合，而且以如此醜惡的方式相結合，必須歸罪於韓非」。他倡導「君主乘勢以術禦下，無限縱欲」，「他的法、術、勢是大一統所必要的」。而他的方法論，更「是片面主義的一元主義，是忠於自己所樹立的教條的教條主義」。這都是「在法家的全部武器庫中是積極作用起得最少、消極作用起得最多的東西」。[107]

我們知道，文革期間在毛澤東的指示下，一直奉行「崇法而貶儒」的思想文化路線，後來還有「評法批儒」的運動。顧準固然也認為法家在「教民耕戰、富國強兵」上有「積極的貢獻」，[108] 但對被視為法家的「集大成」者的韓非持如此嚴厲的批判態度，顯然是在唱反調。而他對孔子的批判，也不同於主流意識形態的批判，重點在孔子實際倡導「內法外孔」這一點上。這不僅表現了顧準思考的獨立性，其背後的價值觀——對君主絕對專制，以及一切為之鼓吹、辯解的理論的深惡痛絕，也許是更應該注意的。

顧準對老莊哲學的批判也同樣激烈。在他看來，「《老

106 顧準：《論孔子》，《從理想主義到經驗主義》，第 141，142 頁。

107 顧準：《評韓非》，《從理想主義到經驗主義》，第 149，147 頁。

108 顧準：《評韓非》，《從理想主義到經驗主義》，第 147 頁。

子》全書，決不是一個在野的聖人探索自然的奧秘(規律)，或人怎樣達於至善的哲學，它是不折不扣的政治哲學，統治哲學」，「老子是為侯王常保富貴出謀劃策，他的清淨無為是常保富貴的手段，他全書絕無半句遁世的話」，他「站在當時的『侯王』的立場上，警告他們必須知足、謹慎、無為，才足以保持既得利益，而且提出了一整套怎樣保持既得利益的愚民政策的辦法」。[109]——這裏所說的「既得利益」顯然是一個當代概念，顧準所要反對的，正是一切維護歷史與現實的既得利益者的「富貴」權勢的理論與學說，顧準最關注的是老莊哲學的現實影響。這正是他反復強調的：「我們還在照老子的無為政治和愚民政策辦事」，「有意識地因循守舊，反對物質文明的進步似乎也有無為政治的味道，而這正是我們現在所奉行的政策的一部分」。

結論是：我們的「歷史傳統的負擔太重」。[110] 在顧準看來，正是背負着歷史傳統的重擔，才使得中國人，包括中國知識分子比較容易地容忍、接受與屈從歷史與現實的絕對政治權威的統治。這大概是顧準反思文革，追溯歷史所得出的結論之一。這也就是顧準對他所說的史官文化所代表的中國傳統思想持特別嚴峻的態度的原因所在。

對此，顧準也有過反省。就在《論孔子》一文裏，顧準特意談到，自己「不免有點過分『時論化』而略感遺憾」。他還說，「我是一個『傾心』西方文明的人，我總有拿西方文明為標準來評論中國的傾向」。[111] 這也是今天有些學者批評顧準用

109 顧準：《老子的「無名」是反對孔子的倫常禮教的有名論的嗎？》，《從理想主義到經驗主義》，第 136，132 頁。

110 顧準：《老子的「道」及其他》，《從理想主義到經驗主義》，第 130 頁。

111 顧準：《論孔子》，《從理想主義到經驗主義》，第 145，146 頁。

西方文明作標準，「以『史官文化』涵蓋傳統文化，造成批判的武器偏宕」的原因，據說「王元化也持這一看法」。[112] 不過顧準當年就有過一個自我辯解：「若無歐風東漸，五四運動何能掀起，孔子怎能打得倒？科學與民主我們還是太少。第三世界的興起，若靠傳統的老本錢，我看還有問題」。[113]

(2)馬克思主義的唯理主義的獨斷論、一元主義的理論、實踐陷阱

顧準對文革中發展到極端的中國式絕對專制政治的追問，並沒有止步於對中國皇權政治的歷史傳統的批判，他更對作為指導思想的馬克思主義本身的問題，進行溯源式的追問，這是更加難能可貴的。

其實，這樣的追問，早在五、六十年代即已開始。在1959年3月8日的日記裏，他就發出了馬克思主義的「辯證唯物主義不能脱離神界」的警示，其內含的「絕對真理」論就「不外是神界或神界的化身」。他明確指出：「絕對主義——專制主義，原是與辯證唯物主義有血緣關係的東西」，並表示「這是不可以忍受的東西」。[114] 但這樣的思考，只能在日記裏留下片言隻語。此後，顧準又和中國人民一起經歷了大躍進、大饑荒，特別是文化大革命的種種磨難，對這樣的馬克思主義哲學裏的「絕對主義——專制主義」因素在中國革命和發展中造成的嚴重後果，有了更真切的體會，並上升為理論思考。於是，就有了更為系統的論述，構成了他文革思考的重要組成部分。

112 參看張曙光：《顧準：逆境探索的思想家（下）》，《領導者》總62期，第149頁。

113 顧準：《論孔子》，《從理想主義到經驗主義》，第146頁。

114 顧準：《1959年3月8日日記》，《顧準日記》，第120頁。參看錢理群：《1956–1960年間顧準的思考》，《拒絕遺忘：「1957年學」研究筆記》，第342–344頁。

顧準文革期間對馬克思主義的反思、質疑集中在兩個問題上，一是馬克思主義的目的論，二是馬克思主義的唯理主義特徵。我們先討論第二個方面的思考。

顧準指出，唯理主義本來是黑格爾的命題，因此，「《神聖家族》時代的馬克思，幾乎是反對唯理主義的，而就本性而言，馬克思這個革命理想主義者則不能不是唯理主義者。果然，《神聖家族》才寫完，馬克思通過《經濟學——哲學手稿》、《關於費爾巴哈的提綱》和《德意志意識形態》的寫作，從否定黑格爾又回到了黑格爾」。顧準具體指出，馬克思取自黑格爾的唯理主義，包含了「黑格爾的『真理是整體』，黑格爾的一元主義，以及『能思維的人』，『其思維，最終説來是至上的和無限的人』，是客觀世界的主人，亦即『神性寓於人性』之中的黑格爾加以哲學化了的新教精神。人是世界的主體，神性寓於人性之中，這個世界是一元地被決定的，真理是不可分的，這對於革命的理想主義確實都是不可少的」。[115] 仔細琢磨這一黑格爾的唯理主義，就不難發現其中蘊含着兩個理論與實踐陷阱。

首先是一種獨斷論。強調真理的整體性，一元性，這就必然導致「真理是絕對的」或「能夠是絕對的」的絕對真理論。[116] 這正是恩格斯在《費爾巴哈論》裏曾經批評過的「以為人的思維和行動的一切結果具有最終性質」，這就賦予了人的思維以一種「至上的和無限的」性質，也即「神性」。顧準因此説，「唯理主義者本質上不得不是神學家，因為正如狄慈根所説，理性的領域與神的領域之間，不可避免地是聯繫着

115 顧準:《辯證法與神學》,《從理想主義到經驗主義》，第 161，162–163 頁。

116 顧準：《一切判斷都得自歸納，歸納所得的結論都是相對的》,《從理想主義到經驗主義》，第 156 頁。

的」。[117] 這就是研究者所說的，這裏「包含着理性的膨脹。一方面認識超出了它所能認識的局限，導致理性的狂妄；另一方面，容易導致自大狂式的獨斷論，即以為人能夠掌握絕對真理，而且自己發現的理論是科學的真理」，而且是終極性的絕對真理。[118] 而這樣的理性的狂妄與獨斷，在實踐上就會導致兩個嚴重後果。

首先是將馬克思主義自身神學化。顧準尖銳地指出：馬克思主義的「『辯證法』作為批判的即『破』的武器，是有巨大價值的。一旦它成為統治的思想，它的整體性的真理，它的『一元主義』，都是科學的死敵」。[119] 也就是說，馬克思主義本來是一種探索真理的科學，而且是具有很強的批判性的學說；一旦將自身變成真理的掌握者，以致終結者，成了真理的化身，並以此「統治」人們的思想，那就走到了反面，不但失去了科學的本性，還會妨礙人們對真理的繼續探索，成了「科學的死敵」。

其次，如顧準所說，「全能的上帝，是哲學上的第一原因和終極目的的形象化，這也就是唯理主義的實質」。[120] 但這樣的「全能的上帝」，在現實生活裏是必然要被肉身化的；成為神學的馬克思主義也必然會創造出它的現實化身即教主的。也就是說，唯理主義賦予思維至上性與無限性的「人」，是要落實為具體的人的。於是，馬克思主義神學化的最終結果，就是對被稱為「馬克思主義第三個頂峰的偉大領袖」的毛澤東的

---

117 顧準：《辯證法與神學》，《從理想主義到經驗主義》，第 157，161 頁。

118 劉智峰：《探求歷史的真實》，轉引自張曙光：《顧準：逆境探索的思想家（下）》，《領導者》總 62 期，第 149 頁。

119 顧準：《辯證法與神學》，《從理想主義到經驗主義》，第 170 頁。

120 顧準：《辯證法與神學》，《從理想主義到經驗主義》，第 178 頁。

個人崇拜，中國的文化大革命就是這樣的造神運動。顧準說黑格爾「這位所謂內心蘊藏『革命憤火』的哲學家，其實不過是普魯士王室的有學問的奴僕而已」。[121] 文化大革命中那些同樣充滿「革命憤火」，卻起勁地鼓動造神運動的「理論家」(康生、張春橋、姚文元之流)也不過是毛澤東王朝的「有學問的奴僕」，顧準對他們是嗤之以鼻的。

馬克思主義的唯理主義特質，不僅會導致獨斷論即自身的神化，而且也必然發展為一元主義的專制，即壟斷真理，並用真理的名義，排斥與打擊一切異己者。在顧準看來，這正是許多(也包括他自己)的革命的理想主義的悲劇所在。他說：「唯理主義者，尤其是革命家們，是革命的理想主義者，他們唯有堅持『理想』是唯物的，有根據的，同時又是絕對正確的(或者謙虛一些，是組成絕對真理的某個重要成份)，他們才心有所安」。但他們也幾乎不可避免地將自己千辛萬苦找到的「馬克思主義真理」唯一化，把一切非馬克思主義的思想都視為異端，而加以討伐，美其名為「鬥爭」：不同於正常的思想學術爭論，而是要將其消滅的黨同伐異，一旦與權力結合起來，就成了「思想專政」。這樣，「革命的理想主義」就最終「轉變成保守的反動的專制主義」。這正是文化大革命所發生的悲劇。顧準說「我自己也是這樣相信過來的」，因此，他對這樣的最終導致專制主義的一元化主義的反省，是真正刻骨銘心的；而一旦覺醒，他就堅定地表示：要「為反對這種專制主義而奮鬥到底！」[122]

顧準也因此對試圖用被獨斷化、一元化了的馬克思主義來指導與改造一切的企圖都保持高度的警惕。他說：「馬克思、

121 顧準：《辯證法與神學》，《從理想主義到經驗主義》，第 164 頁。

122 顧準：《辯證法與神學》，《從理想主義到經驗主義》，第 176–177 頁。

恩格斯的眼鏡，從人類歷史來説，不過是無數種眼鏡中的一種，是百花中的一花。唯理主義者總以為他自己的一花是絕對真理；或者用另一種説法，理論(即唯理主義的理性)對於科學總具有指導意義。可是這種指導總不免是窒息和扼殺，如果這種理性真成了欽定的絕對真理的話」。可以説顧準對「有一種欽定的眼鏡，限定一切人全得戴上，否則……」的專政思維、邏輯與體制，是有一種近乎本能的厭惡與恐懼的：[123] 這是他天天必須面對的文革現實和體驗。

顧準對在文革前即開始提倡，到文革中發展到登峰造極的，用馬克思哲學體系來改造自然科學的做法，更提出了大膽的質疑。他毫不隱晦、毫不客氣地發出警告：「我認為，假如真正的科學家，讀了《反杜林論》而拋棄他原來習以為常的方法，而來徹底改造思想，成為辯證主義者，那麼，他的科學生命也就完蛋了」。道理很簡單：「自然界如此浩瀚廣闊，豐富多彩，你能添一粒沙子已經很不容易了。你妄想用一種什麼哲學體系來一以貫之，那簡直是夢囈」，「每一個真正的科學家，各有他自己的方法論與世界觀」，「方法論是在他自己的工作中摸索出來的，不是『承襲』得來的」，「從這個意義上説，新的科學發現，同時也是一種新的方法論的創造」，硬要用某一種「哲學來指導一切」，那就會扼殺科學的創造。這是悲劇，也是喜劇。顧準舉例説，「這幕喜劇，在中國排演了而未上演，曾經有過關於『阪田模式』的嘗試，這是一種包羅自然哲學體系在內的新的哲學體系的醞釀，為此，還曾指定專人組織對自然辯證法的研究。這種新哲學體系，現在大體收場了，不想演出了。這幕不會演出了的喜劇，更是喜劇化的喜

123　顧準：《辯證法與神學》，《從理想主義到經驗主義》，第 172 頁。

劇」。[124] 這裏所說的建立「阪田模式」的嘗試，是毛澤東在文革前夕的1964年8月《和科學家的談話》與《接見北京科學討論會的各國代表團的講話》裏提出來的，他借日本物理學家阪田提出的一個物理模式大做文章，提出要建立一個「包羅自然哲學體系在內的新的哲學體系」。這大概是反映了毛澤東的哲學雄心與野心的，是造神運動的一個新的表演。因此，顧準這裏的批判是直指毛澤東本人的。他最後說：「托爾斯泰說得對，人的自視是分數中的分母，分母值愈大，分數值愈小。居里夫人說『沙子』，我實在不由得敬仰她！」[125] 這自然是意味深長的。

顧準還對也是在文革中盛行一時的，用馬克思主義、毛澤東思想「破舊立新」，培養「共產主義新人」的運動，提出質疑。他說：「哲學家們是用不同的方式解釋世界，而問題在於改變世界。真的，『破』舊是為了立『新』，馬克思主義是有新可立的。他要立的，是相對於公民社會(個人主義的社會)的社會化了的人類，亦即『集體英雄主義，民主集中主義』的人類」。顧準對此作了理論與實踐兩個方面的考察。他首先注意到這依然是馬克思曾經批判，後又接受了的黑格爾哲學：「把概念看得高於具體事物，亦即把共性看得可以優於、超越於、可以淹沒個性」，這「是不對的」。他更指出，「社會化的人類我們也見過，經歷過了。你是承認今天『社會化的中國人』是中國人整體的無條件的共性，還是認為這實質上是恐怖主義的手段所強加於中國人整體的虛偽的共性？」[126]——如此一針

124 顧準：《辯證法與神學》，《從理想主義到經驗主義》，第 170，172，171，173 頁。

125 顧準：《辯證法與神學》，《從理想主義到經驗主義》，第 173 頁。

126 顧準：《辯證法與神學》，《從理想主義到經驗主義》，第 166，167 頁。

見血的批判是包含了深厚的歷史內容與痛苦的歷史記憶的。我讀了以後，就立刻回想起文革時期的「鬥私批修」，「狠鬥私字一閃念」，「早請示，晚彙報，向毛主席請罪」等等，這是幾代人的改造歷史，這是在「恐怖主義」威壓下的強制改造，當時就有「思想改造要刺刀見血」的要求，並不迴避其中的血腥氣。而改造的結果，確實出現了許多「毫不利己，專門利人」的先進典型，即所謂的「共產主義新人」，但所顯示的，不過是顧準這裏所說的「虛偽的共性」。這樣的專制主義的改造，對中國國民性的影響，是不能低估的，是埋下了今天的全民精神危機的根子的，只不過當年是「精神至上」，如今跳到了「物質至上」的另一個極端，但「扭曲人的本性」的實質卻始終未變，一以貫之。

對於一個真正的馬克思主義者(這是顧準始終堅持的基本信念與立場)，面對馬克思主義本身的專制因素造成的嚴重後果，他的內心的痛苦，是可以想見的。但也正因為如此，他才如此堅定地正視馬克思主義的問題，並在克服的過程中，發展馬克思主義。正像他自己所說的那樣，包括馬克思主義在內的「所有一切人類思想，都曾經標誌着人類或一部分人類曾處過的階段，都對人類進到目前的狀況作出過積極的貢獻」，這都是人類文明「一點一滴的積累」的過程，這樣的積累「是沒有止境的」。而「哲學上的一元主義和政治上的權威主義」都會妨礙這樣的本應無止境的積累與發展。[127] 包括馬克思主義在內的一切思想，要保持發展生機，就必須走向哲學與政治的多元主義。這就是顧準在總結歷史與現實的經驗教訓以後，所作出的選擇——

127 顧準：《科學與民主》，《從理想主義多少經驗主義》，第111，110頁。

早在1959年，顧準就指出，馬克思、恩格斯「指出了問題的癥結所在，卻看錯了歷史的進程」，「歷史違反了馬克思的預言」。[128] 在文革的思考裏，顧準再一次面對這一問題：資本主義沒有像馬克思預言的那樣，迅速走向滅亡，「還有生命力」。顧準思考與探索的重點，卻在其中的「原因」何在？顧準的回答更發人深省：原因就在「他們不限制，相反還在發展批判」。顧準舉例分析説：「假如1929年(經濟)恐慌時期，那些堅持前凱恩斯的經濟學説的政黨，下令禁止一切異端的思想，資本主義早就完蛋了。資本主義不這樣做，那裏有各式各樣的批判——越南戰爭、吸毒問題、青少年犯罪、種族歧視、水門醜聞、自由放任是恐慌的根源、3000美元或2000美元年收入以下的人是貧困線以下的人等等。這樣，就呈現出一個奇觀，資本主義是一大堆罪惡的根源，可是這一大堆罪惡不斷地被揭發，不斷受到注意，老是在作一些大大小小的改良，於是它雖然『氣息奄奄』了，卻老是混下去了，有的時候還顯得頗為活躍。甚至馬克思的《資本論》在資本主義體系中，也起了一種揭發批判、促進改良的作用」。顧準的結論是：「資本主義不會通過暴力革命消滅掉，這裏因為它在批評、改良。但是它會在批判——改良中一點一點滅亡掉」。[129]——仔細琢磨這段話，不難發現，其字裏行間是隱含着對「社會主義的命運」的思考的。這正是顧準最感痛心的：在價值理念上，顧準無疑更傾向於社會主義，研究者説他是一個「真正的社會主義

128 顧準：《1959 年 2 月 23 日日記》，《顧準日記》，第 102，101 頁。

129 顧準：《帝國主義與資本主義》，《從理想主義到經驗主義》，第 105，106 頁。

者」，[130] 這是符合實際的。但顧準更有勇氣正視實際社會主義運動，由於受到馬克思主義本身的獨斷論與一元主義的影響，一直拒絕自我批判、自我否定，甚至把一切批判、否定都看作是顛覆社會主義的危險。這樣，就從根本上杜絕了自身的改良、改革之路，以及向自己的對立面資本主義吸取合理因素，以補充、發展自己之路。這就必然導致自身的僵化與腐敗，埋下了自我顛覆、崩潰的根子。而在顧準看來，包括中國在內的社會主義運動的出路，應該是走出獨斷論與一元主義的束縛，恢復與發展馬克思主義本就具有的批判性：不僅要批判資本主義，更要批判社會主義自身。這樣，就可能出現一個前景：社會主義與資本主義都在進行「一點一滴的改良、改革」，向對方吸取有益的資源，相互補充，自我糾正，最後達到更高層面的「滲透」。早在1959年顧準就曾經表示，他基本上是一個「東西方滲透論」的信奉者，[131] 現在，他就更加自覺地要推動社會主義的自我否定與改革運動，推動社會主義與資本主義兩股潮流、兩種力量的「互相滲透」。[132] 這是最終達到世界文明綜合發展的關鍵。在顧準的理想裏，未來世界文明的發展，既是對現存的社會主義與資本主義制度的歷史的否定，即前文所說的「在批判改良中一點一點滅亡掉」，但又包含了各自的合理之處，因而可以視為是一種發展，是「否定中的肯定」。

為推動這樣的社會主義改革運動，顧準認為，首先要在理論上倡導「哲學上的多元主義」，而這樣的多元主義，又必須

130 張曙光：《顧準：逆境探索的思想家(下)》，《領導者》總 62 期，第 135 頁。

131 顧準：《1959 年 7 月 31 日日記》，《顧準日記》，第 212 頁。參看錢理群：《1956–1960 年間顧準的思考》，《拒絕遺忘：「1957 年學」研究筆記》，第 339–341 頁。

132 顧準：《直接民主與「終極目的」》，《從理想主義到經驗主義》，第 373–374 頁。

建立在科學精神的基礎上。在他看來，「所謂科學精神，不過是哲學上的多元主義的另一種說法而已」。[133]

那麼，什麼是顧準理解與倡導的「科學精神」呢？他有一個十分精當的概括，共有五個要點：「(1)承認人對自然、人類、社會的認識永無止境。(2)每一個時代的人，都在人類知識的寶庫中加一點東西。(3)這些知識，沒有尊卑貴賤之分。研究化糞池的人和研究國際關係、軍事戰略的人具有同等的價值，具有同樣的崇高性，清潔工人和科學家、將軍也一樣。(4)每一門知識的每一個進步，都是由小而大，由片面到全面的過程。前一時期不完備的知識A，被後一時期較完備的知識B所代替，第三個時期的更完備的知識，可以是從A的根子發展起來的。所以正確與錯誤的區分，永遠不過是相對的。(5)每一門類的知識技術，在每一個時代都有一種統治的權威性的學說或工藝制度；但大家必須無條件地承認，唯有違反或超過這種權威的探索和研究，才能保證繼續進步。所以，權威是不可以沒有的，權威主義必須打倒。這一點，在哪一個領域都不例外」。[134]——我一字不漏地抄下顧準關於科學精神的論述，因為在我看來，這裏的每一點，都包含了顧準對中國革命和發展的歷史經驗教訓的最深刻的理論總結。其一，許多人，包括顧準這樣的知識分子，在探索救國之路時，找到了馬克思主義，因而參加了革命，這本來是一個思想的進步。但卻將此作為一個「止境」，停止了對真理的繼續探索，就發生了前文所說的將馬克思主義神性化，以及自身思想僵化的悲劇。其二，悲劇更在於從此半自動、半被動地放棄了自己獨立探索、思考的權利，不再相信包括自己在內的每一個人都能夠「在知

133 顧準：《科學與民主》，《從理想主義到經驗主義》，第 110 頁。

134 顧準：《科學與民主》，《從理想主義到經驗主義》，第 108–109 頁。

識的寶庫中加一點東西」，而把創造新知識的權利交給了「天才領袖」，自己則充當接受與宣傳、闡釋領袖新思想的「有學問的奴僕」。其三，這樣，也就人為地在革命隊伍內部作出了「尊卑貴賤之分」：唯一領袖是「真理的發現者、發展者」，緊跟領袖的積極分子(左派)是「真理的捍衛者」，大多數中間派則是「真理的順從者」，少數堅持獨立思考的人被宣佈為「背叛真理的右派」而成為革命的對象。其四，在思想奴化以後，也就必然導致思想的絕對化，即將「正確與錯誤的區分」絕對化，不再承認，人類思想發展的某一階段的認識，那怕被認為錯誤的認識，都可能包含某些正確的成份，其合理性就可能成為思想發展更新階段的起點。而這樣的絕對化思維，就會導致對和自認為「唯一正確」的馬克思主義理論不同，因而永遠是「錯誤」的非馬克思主義思想的拒絕，甚至還提出了「和一切傳統思想決裂」，「徹底批判封(建思想)、資(產階級思想)、修(正主義思想)」的口號，從而使探索真理之路，越走越窄。其五，由此決定了政治權威、精神權威與道德權威三位一體的絕對統治，「大家都必須無條件的承認」，不允許有任何「違反或超過」。如有違反，更不用說超越，就要橫加「反對馬克思主義，反黨，反社會主義」的罪名，施以「無產階級專政」。如顧準所說，這樣的以專政權力作後盾的「權威主義」，是直接阻礙了思想和歷史的「進步」的。這正是說明，哲學上的一元主義必然導致政治一元主義，而一元主義就是一種專制主義。從另一角度說，要真正根除政治專制主義，就必須在觀念與思維方式上清除哲學一元主義，真正回到科學精神、多元主義上來：這也是顧準總結中國革命與發展的歷史經驗教訓，所得出的重要結論之一。

2. 對民主問題的反思

顧準寫有《科學與民主》的筆記，提出「我主張完全的民主，因為科學精神要求這種民主」。[135] 在顧準思想裏，科學與民主是密不可分的。在顧準文革筆記裏，「民主」是出現最為頻繁的概念之一。我在研究「1956–1960年間顧準的思考」時，就注意到「『經濟』與『民主』是1956年的顧準思考的兩個中心點」。[136] 文革時期依然如此，這是顧準思想的兩個主題詞。

而且，「民主」更是文革最重要的現實問題。如一位研究者所説，「在60年代末到70年代的中國，一方面是空前的『群眾性大民主』，一方面是人權和法制的徹底喪失；一方面是所謂『北京公社』、『上海公社』的招牌，一方面是林彪、『四人幫』赤裸裸的專制。作為革命隊伍中的一員，顧準不得不思索，當初的民主理想為何發展到自己的反面，毛病在什麼地方？」[137] 作為理論家的顧準，更要對文革中提出的有關民主的理論與實踐問題，例如所謂「直接民主」、「民主集中制」等等，作出回應與分析。

顧準對文革中「人權和法制的徹底喪失」的「赤裸裸的專制」的批判，在前文中已經多有分析。在顧準看來，「中國歷史上的法，是明君治天下的武器，法首先是刑，而不是和權聯在一起的」。[138] 但在文革期間，連這樣的「法」，毛澤東也不要了。他要「砸爛公(安)、檢(察院)、法(庭)」，即現行的一切國家法律機構，要「無法無天」，實行「領袖專政」與「群

135 顧準：《科學與民主》，《從理想主義到經驗主義》，第 108 頁。

136 錢理群：《1956–1960 年間顧準的思考》，《拒絕遺忘：「1957 年學」研究筆記》，第 337 頁。

137 徐友漁：《當代中國思想史的華章》，《顧準尋思錄》，第 62 頁。

138 顧準：《資本的原始積累和資本主義發展》，《從理想主義到經驗主義》，第 74 頁。

眾專政」的直接結合。這就是毛澤東所說的「直接民主」，也就是這裏提到的文革中盛行的「群眾性大民主」。因此。顧準在文革中，顧準對民主問題的思考，就首先集中在——

(1)對「直接民主」的質疑

顧準寫有《直接民主與「議會清談館」》一文，進行了專門的討論。

顧準首先指出，直接民主本是「西方文明的產物」，雅典民主其實就是「直接民主的原型」。而《法蘭西內戰》裏宣揚的巴黎公社式的直接民主就是要「復古——復公民大會之古，也是復共和羅馬之古」。它主張的「不存在執政黨和反對黨」的直接民主，徹底打爛「官僚機構」，「取消常備軍」，在文革期間都產生了很大影響，前述「北京公社」、「上海公社」都是這種思潮的產物。顧準指出，「今天人們對於『徹底打爛舊政權的機構』的意思，作了徹底的歪曲」。[139] 他也因此對這樣的直接民主提出了質疑。

他首先問，這樣做，「行嗎？」「要恢復雅典時代的簡直沒有行政機構的作法，你想想，行嗎？」「取消常備軍。這事實上是恢復雅典和共和羅馬的、民兵的、公民的軍隊，行嗎？」他因此批評說：「現在人們讀《法蘭西內戰》，對《法蘭西內戰》究竟說了什麼，歷史淵源如何，並不去深究，甚至一概不知道。至於拿它跟現實生活對照一下，用批評的眼光來觀察它究竟行不行得通，當然更是無從談起了」。[140]

他更要追問：「實行的結果」如何？於是就注意到列寧的直接民主實驗造成的後果：「蘇聯的軍隊是全世界最大的一隻

139 顧準：《直接民主與「議會清談館」》，《顧準文集》，第354，360頁。
140 顧準：《直接民主與「議會清談館」》，《顧準文集》，第360頁。

職業軍隊；它的官僚機構是中國以外最龐大的機構；以工廠蘇維埃為基礎的直接民主制，列寧生前已被工廠的一長制所代替；一切權力歸蘇維埃嬗變為一切權力歸於黨，再變而為一切權力屬於斯大林」。[141]——這裏已經說到了中國的官僚機構比蘇聯更為龐大，其實顧準的真意是要借蘇聯談中國：文革的「一切權力歸群眾」的大民主實驗，最後不也落實為「一切權力歸於黨，一切權力屬於毛澤東」嗎？

顧準還要作理論上的澄清，主要有兩個方面。首先是「行政機關，亦即官僚機關是取消不了的」。道理很簡單：「行政事務本身是複雜的專門行業」，「社會日趨複雜，國家機關不能沒有，打爛(其實是取消)國家機器是辦不到的」。這也就必然產生「一種職業政治家的精神貴族」，這又涉及一個政治精英在國家治理中的作用的問題。顧準說：「歷史是人民群眾創造的，一點不錯」，但對馬克思主義的這一命題不能作民粹主義的理解，不可否認「一部政治史，卻永遠是帝王將相、政治家、思想家的歷史」這一面，也就是說，歷史是人民群眾和精英共同創造的，他們是互為補充，而絕非截然對立，彼此不相容的。顧準因此對文革中風行一時的「反精英」的民粹主義思潮，進行了尖鋭的批判與嘲諷：「天天在反對精神貴族的中國，那些貴族們下鄉兩年回來以後，他們的貴族氣味打掉一點沒有？而現在高叫的是落實政策，其實是照顧貴族。農村裏冬天無鞋的孩子們，又提不到議程上來了」。[142] 這裏的觀察與批判是相當獨到與深刻的：在所謂「反精英」的背後，是「照顧貴族」，即對既得利益者的權勢的維護；而所謂「維護人民群眾的利益」只是口頭上的宣傳，實際是「提不到議程上來」

141　顧準：《直接民主與「議會清談館」》，《顧準文集》，第 361 頁。

142　顧準：《直接民主與「議會清談館」》，《顧準文集》，第 365，367，365 頁。

的。這正是文革中的民粹主義的鼓噪的偽善之處，是口惠而實不至。這正是顧準深惡痛絕的。

還有「人民當家作主」的空談。顧準指出，即使是被一些人吹捧上天的中國歷史上的農民起義，「農民群眾所扮演的角色是響應號召，當兵，戰死，其中極小部分有戰功，封侯，當了小官小吏等等。結果，廣大農民群眾的人處境改善了一些，活得下去了，但是在政治上當家作主，並沒有輪上他們。這不僅是專制主義的中國是如此，在大革命以後的法國也是如此。1949年以後的中國也是如此。哪一次和平的階級鬥爭，其結果也莫不如此」。沒有說出來的，是「文化大革命的結果更是如此」。結論是：「我們實際上不可能做到人民當家作主，那一定是無政府」，從馬克思起，實際主張與實現的只是「對人民的領導——說得最徹底的是列寧：『馬克思主義不是自發產生的，是少數人搞出來向群眾中灌輸的』」。因此在顧準看來，與其「奢求人民當家作主」，不如「考慮怎樣才能使人民對於作為經濟集中表現的政治的影響力量發展到最可能充分的程度，既然權威是不可少的，行政權是必要的，問題在於防止行政權成為皇權」，「人民群眾在政治上永遠是消極被動的，能夠做到當前掌握行政權的人不發展成為皇帝及其朝廷，已經很不容易了。奢望什麼人民當家作主，要不是空洞的理想，就會淪入借民主之名實行獨裁的人的擁護者之列」，[143]「直接民主就會被假民主所代替」，[144]「到頭來，只能成為實施『儀仗壯麗、深宮隱居和神秘莫測』的君主權術的偽善藉口」。[145] 這就把問題的實質點破了，尤其是「儀仗壯麗」的群眾政治與「神

143 顧準：《直接民主與「議會清談館」》，《顧準文集》，第 367，368 頁。

144 顧準：《民主與「終極目的」》，《顧準文集》，第 379 頁。

145 顧準：《希臘思想、基督教和中國史官文化》，《從理想主義到經驗主義》，第 32 頁。

秘莫測」的深宮政治的結合，更是說透了毛澤東的文革式的「直接民主」的特點與實質。

顧準最後將文革時期的「群眾大民主」概括為「『一個主義，一個黨』的直接民主」，並且指出：這「當然不可能，它一定會演化為獨裁」；而「唯其只有一個主義，必定要窒息思想，扼殺科學」。[146]

(2) 對「民主集中制」的質疑

顧準說：「民主的解釋可以是多種多樣的」，其中一個最具蠱惑性的民主理論，就是「民主集中制」。這是列寧所發明，毛澤東有大發展的理論，在中國革命與發展中，起到了極大指導作用。在文革期間是與「直接民主論」相互配合使用的：在文革初期發動群眾時，就強調「直接民主」即「群眾大民主」；在文革中後期需要強化黨的領導時，就強調「民主集中制」。但在顧準看來，兩者都有可疑之處。

先要追問的，是「民主集中制」中的「民主」。對此，毛澤東(顧準筆記裏以「有人」代之)有兩個說明。其一是「把民主解釋為『說服的方法』而不是強迫的方法」。顧準一眼看出，這樣的「說服」的民主，是有一個前提的，即認定「說服者所持的見解永遠是正確的，問題在於別人不理解它的正確性」，因此，在「貫徹這種正確的見解」時，就有一個如何使人「服」的問題。這就有了「強迫(服從)與說服之分」。如果說，採取「說服的方法」就是「民主」，那就有了兩個問題：「說服者的見解怎麼能夠永遠是正確的？」，如果說而不服，別人不接受你的「正確見解」，甚至提出不同的反對意見，能夠容忍和允許嗎？

146　顧準：《直接民主與「議會清談館」》，《顧準文集》，第369頁。

毛澤東的另一說法，「把民主解釋為下級深入地無拘束地討論上級的決定，並且指出這是動員群眾積極性，加強群眾主人公感覺的方法」。這看起來當然很好，但顧準也發現，這也是有條件的，即「同時強調少數服從多數，以及不准有反對派存在」。不管如何「討論」，哪怕是「深入地無拘束地討論」，最終還是要「服從」，不服從的權利是沒有的，更不用說成為黨內反對派。結論是：「實際上，兩者都是權威主義，而不是民主主義」，最多不過是「恩賜給你一些『民主』，卻保留權威主義的實質」。[147]

再來看「集中」。毛澤東對他的意見「永遠正確」，也是有一個解釋的：「因為他採取了『集中起來』的辦法，集中了群眾的正確的意見」。顧準反駁道：「你說『集中起來』這個集中，分明帶有(1)集中，(2)歸納這兩個因素。你主張你『集中起來』的是群眾中的正確的意見，你就是主張你歸納所得的結論是百分之百正確的。可是你的歸納，決不比別人的歸納更具有神聖的性質，你能保證你沒有歸納錯了？何況，這種歸納，實際上往往不過是『真主意，假商量』而已」。[148]這依然是「我領導，你服從」的思路，只不過用比較溫和的方式，讓你不那麼勉強地服從而已。骨子裏是一元主義的權威主義、專制主義，不是真正的民主，「充其量是半開門而已」。

顧準說：「我不贊成半開門，我主張完全的民主，因為科學精神要求這種民主」。[149]

那麼，顧準追求什麼樣的民主呢？

147 顧準：《科學與民主》，《從理想主義到經驗主義》，第 107，109 頁。
148 顧準：《科學與民主》，《從理想主義到經驗主義》，第 107，109–110 頁。
149 顧準：《科學與民主》，《從理想主義到經驗主義》，第 108 頁。

(3) 對「代議政治民主」的理解：至少要允許反對派存在

顧準的思考的問題意識就是前文所說的，「既然權威是不可少的，行政權是必要的，問題在於防止行政權發展為皇權」，如何才能做到這一點呢？在顧準看來，「唯一行得通的辦法，是使行政權不得成為獨佔的，是有人在旁邊『覬覦』的，而且這種『覬覦』是合法的，決定『覬覦』者能否達到取而代之的，並不是誰掌握的武裝力量比誰大，而讓人民群眾在競相販賣其政綱的兩個政黨之間有表達其意志的機會，並且以這種意志來決定誰該在台上」。正是在這個意義上，顧準表示同意考茨基的觀點：「當代行得通的民主，只能是保留行政機關(亦即保留官僚機構)實行代議政治，還要讓反對派存在」。

關鍵是要允許「反對派存在」。在顧準看來，這本身就是一個「娜拉走後怎樣」即「革命勝利以後怎麼辦」的問題。他說：「我讚美革命風暴，問題還在『娜拉走後怎樣』？大革命要求鐵的紀律，大革命滌蕩污泥濁水。不過新秩序一旦確立，那個革命集團勢必要一分為二，『黨外有黨，黨內有派，歷來如此』(按，這本是毛澤東的話)。這時候怎樣辦呢？按邏輯推論，任何時候，都要一分為二，你總不能用『我吃掉你』來解決啊。用『吃掉你』解決以後，還是會『一分為二』，不斷演變下去，勢必要像蜻蜓一樣把自己吃掉。」

這是兩個思路，兩種選擇：一種是實行「『一個主義，一個黨』的直接民主」(或美名為「人民民主」)，前提是不允許反對派存在，「反對派都歸入反革命派，加以消滅」。因此國家政治與政策是不允許「公開討論」的，「永遠是由『時代的智慧和良心』躲在警衛森嚴的宮廷裏作出決定」。另一種是實行「社會主義的多黨制度」(這是顧準1959年提出的概念[150]) 或

150 顧準：《1960 年 3 月 2 日日記》，《顧準日記》，第 261 頁。

「代議制民主」的「社會主義兩黨制」[151]，「不許一個政治集團把持政權，有別的政治集團和它對峙，誰上台，以取得選票多少為準。要做到這一點，當然要有一個有關政黨、選舉的憲法，好使兩個集團根據一套比賽規則(憲法，選舉法)變成球賽的兩方，誰勝，誰『坐莊』」。[152] 這裏，實際上已經提出了「依憲(法)執政」的思想，因此研究者評價說：「在中國大陸思想史上，顧準是第一個全面回歸半個世紀前(1920年以前)的憲政民主理念的人」。[153]

顧準指出，「1957年前後，我們這個一黨制的國家也響亮過『保護少數派』的口號」，其實這也是文革初期頗為流行的口號，但都是「口號」而已，在一黨制下是無法實現的。因此顧準說：「『保護少數派』是兩黨制的口號」，而「少數派所以要保護，是因為它的政綱今天不被通過，今天不合時宜，若干年後，倒會變成時代的潮流」。[154]

顧準始終是清醒的，他並沒有因此將代議制民主理想化。他承認，「議會政治必然有我們十分看不慣的地方。議會裏有一套『戰術』，為了阻擾議案通過，可以有冗長的演說發言，可以有議員互相拋擲墨水瓶，可以動武。通過一項法案時要『三讀』，討論法律條文時咬文嚼字。無關重要的議案，也按正式議事程序，可以有演說者對空座侃侃而談的奇觀。選舉時會有五花八門的『抬轎子』，請客，地方大亨(杜月笙這一流人物)包辦選舉等等。當然也少不了大大小小的賄賂。這些都不過

151 顧準：《民主與終極目的》，《顧準文集》，第370頁。

152 以上討論引文見顧準：《直接民主與「議會清談館」》，《顧準文集》，第368，361，363頁。369，360，358，365頁。

153 陳子明：《六十年來大陸憲政民主運動》，收陳子明主編：《中國憲政運動史》(下)，第859頁。香港世界華文出版機構，2014年。

154 顧準：《直接民主與「議會清談館」》，《顧準文集》，第364頁。

是形式。更使某些哲學家看不慣的是，這全套東西表明一個民族沒有領袖，缺乏領導，也就是等於沒有『主義』。而且，那種咬文嚼字的議會討論，真叫做庸人氣息十足」。但顧準仍然堅持認為，和「防止行政權發展成皇權」，導致極端專制主義代議制民主這一基本功能和作用相比，「隨着這種制度而來的一切可笑現象，只能認為是較輕的禍害。當然，這種禍害也要正視，也要逐漸減輕它」。在他看來，「無論『民主政治』會伴隨許多必不可少的禍害，因為它本身和許多相互激蕩的力量的合法性存在是相一致的，那末，它顯然也是允許這些力量合法存在的唯一可行的制度了」。[155]

顧準更要強調的是，「至於弊病，哪一種制度都有，十全十美的制度是沒有的。這個人世間永遠不會絕對完善。我們所能做的，永遠不過是『兩利相權取其重，兩害相權取其輕』。還有，弊害不怕公開罵，罵罵總會好些」。[156] 因此，顧準也不會把他自己的民主理念絕對化，凝固化，他並不認為自己已經找到了一條理想的民主之路，他不承認有「絕對完善」的民主模式，而着眼於不斷的探索和實踐。但有一些實踐證明了的基本觀念，他是要堅持的。例如一定要允許反對派(反對黨)的存在，以及相應的民主權利，如自由討論，發表反對意見，自由結社，爭取維護自己的自由意志與利益的權利，等等。在他看來，這樣的「學術自由和思想自由是民主的基礎」，是科學精神的基本要求，是絕對不能放棄的。[157]

---

155 顧準：《民主與「終極目的」》，《顧準文集》，第 375 頁。

156 顧準：《直接民主與「議會清談館」》，《顧準文集》，第 362–363，368，363–364 頁。

157 顧準：《科學與民主》，《從理想主義到經驗主義》，第 109 頁。

3. 對「革命理想主義」的追問

這是顧準必須面對的最為痛苦的現實：「今天人們以烈士的名義，把革命的理想主義轉變成保守的反動的專制主義」。[158] 這一命題的提出本身，就是顧準對文革現實的一個深刻的把握與認識。毛澤東發動的文化大革命，就是一場「以烈士的名義」，打着「保證紅色江山永不變色」的旗號，以「消滅一切壓迫，一切差別(工農差別，城鄉差別，腦力勞動與體力勞動的差別)，打倒一切帝(國主義)、修(正主義)、反(動派)」的「共產主義理想」相號召的，自稱最徹底、最純潔的，史無前例的「革命」。因此，在運動初期，文革對嚮往革命的青少年，也包括許多知識分子，是有吸引力的，至少是有迷惑力的，連顧準也不免心存幻想；但隨着文革的深入，就逐漸暴露了其「保守的反動的專制主義」的本質。顧準的這一認識，其實是反映了到文革中後期許多人的覺醒的。

顧準的不凡之處，在於他思考的徹底性：他要追問文革理想主義與文革專制主義之間的內在聯繫，而且要把這樣的追問，追溯到中國革命起點上的理想主義與專制主義的糾纏關係。

於是，他開始了更為根本的質疑，首先是——

(1)對馬克思主義的目的論的質疑

顧準指出，目的論本是西方宗教哲學的概念：「認為每一件事物是造物主為了某種預定的目的而安排下來的，這就是哲學上的目的論」，但「目的論不僅預定上帝，還可以推翻那個上帝，用人來代替上帝的位置，設定人具有神聖的使命，有其歷史的終極目的」，「就其唯理論的特色而論，這不過是沒有

158 顧準：《辯證法與神學》，《從理想主義到經驗主義》，第 177 頁。

上帝的基督教而已」。[159] 如前文所說，馬克思主義本來就具有濃厚的唯理主義特徵，因此，其承接宗教的目的論，也是很正常的，當然，要賦予更多的革命理想的色彩。馬克思主義也和基督教一樣，「設定了一個至善的目標」，宣佈「共產主義是這種『至善』的實現」，而「革命的目的，就是要在地上建立天國——建立一個沒有異化、沒有矛盾的社會」。[160]——對於馬克思主義這樣的共產主義觀，革命理想中的目的論，在革命者心目中，都是天經地義的，許多人恐怕正是為了這樣的理想目標而投身於革命的。而中國的革命者，對此更是十分熟悉。1958年的大躍進、人民公社運動，就是以「在地上建立天國」為旗幟的，所謂「共產主義是天堂，人民公社是橋樑」是當時最為激動人心的口號。但當人們都競相為保衛這樣的共產主義理想、革命目標而戰(這正是當時黨和毛澤東號召的「保衛三面紅旗」的實質)，顧準卻大膽地提出了質疑。他的質疑有三。

首先，顧準承認，「要使運動強大有力，這種終極目的是需要的」。[161] 那樣一個「沒有異化、沒有矛盾」的「至善」社會，對於身處重重矛盾，重重危機，真善美被假醜惡壓抑了的，異化的社會裏的年輕人、知識分子，自然有巨大的吸引力，自然成為他們批判、反抗黑暗現實的武器，投身革命的動力。顧準對此都有同情的理解，因為他自己就是這樣過來的。但作為一個成熟的理論家，卻要提醒不成熟的革命者注意：「至善是一個目標，但這是一個水漲船高的目標，是永遠達不

---

159 顧準：《希臘思想、基督教和中國的史官文化》，《從理想主義到經驗主義》，第19頁。

160 顧準：《民主與「終極目的」》，《從理想主義到經驗主義》，第374，370頁。

161 顧準：《民主與「終極目的」》，《顧準文集》，第374頁。

到的目標」。[162] 這裏所提醒注意的，正是「沒有異化、沒有矛盾」的「至善」理想的烏托邦性，它只存在於彼岸世界，是一個「水漲船高」，可以不斷接近，卻「永遠達不到的目標」。它是天上的北斗星，它的作用在於，也僅在於照亮此岸世界的黑暗，使我們永遠不滿足於現實，成為永遠批判現實黑暗的內在動力。但如果越過這條線，將彼岸世界此岸化，將烏托邦理想現實化，「在地上建立天堂」，那就會造成災難，製造混亂。因為「地上不能建立天國，(沒有矛盾、異化的)天國是永遠的幻想，矛盾永遠存在」，如果真的「至善達到了。一切靜止了，沒有衝擊，沒有相互激蕩的力量，世界將變得單調可厭」。[163] 烏托邦理想既然不能現實化，只能以最為荒誕、醜惡的方式，製造出新的黑暗，即所謂「地上建起的天堂，只能是新的地獄」，號稱「通往天堂的橋樑」的人民公社，後來出現的許多問題，包括顧準親歷的大饑荒，就是一個沉重的血的教訓。

顧準進一步質疑這種歷史目的論的理論預設，即黑格爾的「真善一致」論：「人認識真理，就是認識至善，真與善是一元論的，至善的即至真的，至真的也必是至善的」；以及馬克思主義對黑格爾的改造：「真善一致，即理論與實踐一致」，「歷史和邏輯的一致」，認定「歷史按邏輯的必然性而發展」，而所謂「邏輯」又是一個「先驗的結構」，「人應該在實踐中證明自己思維的真理性，即自己思維的現實性和力量，亦即自己思維的此岸性」，所謂「在地上實現天國」即依據於此。[164] 這就是研究者所說的，這是典型的黑格爾命題，認定

162 顧準：《民主與「終極目的」》，《顧準文集》，第 375 頁。

163 顧準：《民主與「終極目的」》，《顧準文集》，第 370，375 頁。

164 顧準：《辯證法與神學》，《從理想主義到經驗主義》，第 163，164，165，166 頁。

「歷史的發展過程與『絕對理念』在概念上的演化邏輯是一致的，或者說自然和社會的進程乃精神的外化。它的實質是以邏輯的合理性取代歷史的真實性」。而馬克思對黑格爾的「培根式」的改造，[165] 不過是將其「客觀唯心主義變成了客觀唯物主義」，[166] 即是用「革命實踐」將主觀邏輯中的先驗的「目的」(烏托邦理想)變成現實，「善的即是真的」，「在實踐中證明自己思維的真理性」。

事實也是如此，在馬克思主義的目的論指導下的革命，實際上就是一個「空想社會主義」的烏托邦實驗：這一特徵在毛澤東領導下的大躍進，以至文化大革命中，是表現得特別明顯的。而正如顧準所說，「革命家本身最初都是民主主義者。可是，如果革命家樹立了一個終極目的，而且內心裏相信這個終極目的，那麼，他就不惜為了達到這個終極目的而犧牲民主，實行專政。斯大林是殘暴的，不過，也許他之殘暴，並不100%是為了個人權力，而是相信這是為了大眾福利、終極目的而不得不如此辦。內心為善而實際做了惡行，這是可悲的」。這就是說，馬克思主義所說的實現理想的「革命實踐」，必然是專制的暴力，但又有許多的偽飾。顧準特意提到1917年十月革命的「一個無可辯駁的命題：『對敵人的仁慈，就是對人民的殘暴』」，還有「革命的恐怖就是人道主義等等」。顧準說：「這些命題，到這次文化大革命，依然還是有力的鼓動口號」。[167] 這都構成了顧準思考的現實背景：最美好的革命理想

165 顧準：「事實上『擷取了黑格爾合理內核』的馬克思主義的哲學，也確實是黑格爾和培根的神妙的結合」。見《辯證法與神學》，《從理想主義到經驗主義》，第 162 頁。

166 張曙光：《顧準：逆境探索的思想家（下）》，《領導者》總 62 期，第 148–149 頁。

167 顧準：《民主和「終極目的」》，《從理想主義到經驗主義》，第 375，372 頁。

主義就是這樣變成了最壞的專制主義，而且善良的人們(包括顧準這樣的當年滿腔熱血的革命者)面對這樣的專制主義的惡果，卻完全無力制止。顧準說：「一個人，手裏集中了為所欲為的權力，你用什麼辦法來約束他不亂搞？有什麼保證？」[168]

(2)對「革命的宗教狂熱」的反省

馬克思主義的目的論既然與宗教有着血緣關係，就很難擺脱宗教式的狂熱，以及宗教戰爭。顧準指出，基督教認定，「通道的人是上帝的選民，上帝的選民解放了自己，還有責任解放全人類」，因此，宗教狂熱必然要導致宗教戰爭，而「哪一次宗教戰爭，戰士們都認為是聖戰，是為解放被邪説蒙蔽沒有皈依主的那些可憐的人而戰，是解放全人類的戰爭的一個組成部分」。從表面上看，中國沒有宗教，就可以避免這樣的宗教狂熱，也沒有宗教戰爭。梁啟超當年還因中國沒有那種認真的狂熱，什麼事都幹得不像樣，而為中國的前途感到悲觀。顧準則回應説：「回想一下30–40年代我們的戰爭與革命，某種遠大的理想——超過抗日的理想，以及由這樣的理想而引起的狂熱，宗教式的狂熱，不是正好補足了梁啟超所概歎的我們所缺乏的東西嗎？」[169] 顧準沒有往下説的，是這樣的狂熱的宗教戰爭，在文革中，正在以空前的規模上演：紅衛兵不正是以「解放全人類」的反帝反修「戰士」自居，揚言要在全世界發動新的「聖戰」嗎？他們同時在國內發動新的「信教運動」，以「解放」據説被資產階級「邪説」蒙蔽，「沒有皈依主(毛澤東)」的「愚民(可憐的人)」。這樣的以革命名義發動的文革式

168 顧準：《民主與「終極目的」》，《從理想主義到經驗主義》，第370頁。

169 顧準：《希臘思想、基督教和中國史官文化》，《從理想主義到經驗主義》，第18頁。

的宗教戰爭，其破壞力也是空前的。

宗教的傳教，還有一個「贖罪」功能。顧準説，基督教「允許人們犯錯誤，錯誤了只要懺悔，就可救贖。不僅如此，它宣揚每個人生來就都帶來一份原罪，主耶穌用它的血救贖了人們的原罪」。[170] 顧準説這番話，自然也是有所指的：文革就是一個「救贖」運動。它宣佈，每一個人，特別是知識分子，都是有「原罪」的，因此必須「在靈魂深處爆發革命」，進行脱胎換骨的思想改造。所謂「改造」，就是通過對「主(毛澤東)」的「信仰」來自我「救贖」。而這樣的救贖運動，在文革中還建立起了一套準宗教的儀式，如「早請示，晚彙報，向毛主席請罪」之類。

顧準對以文革為極端形態的中國革命的準宗教性的發現與揭示，也標示着認識的一種深化。同時，更是一個自我審視。無論是「革命狂熱」，還是「精神救贖」，都是他的生命的曾經的有機組成部分。因此，對革命與文革宗教性的批判，也必然是一個自我批判，對此，顧準也是高度自覺的。

(3)對「斯巴達傳統」的審視

顧準在考察希臘政治史和希臘政治思想史時，注意到「有兩大潮流洶湧其間：雅典民主傳統和斯巴達『民主集體主義，集體英雄主義』的傳統」，「如果説雅典民主引起了世世代代民主主義者的仰慕，那麼，必須承認斯巴達精神也是後代人仰慕的對象。它的尚武精神，它的平等人公社，它的看來是『共產主義』的平等主義的生活方式，都使得她在古典希臘時代的政治生活中起重要的以至支配的作用」，在後世的共產主義運

170 顧準：《希臘思想、基督教和中國史官文化》，《從理想主義到經驗主義》，第 18 頁。

動中的革命者中的影響，也頗引人注目。顧準文章裏，就提到了馬克思的學生李卜克內西組織的「斯巴達團」(按，應為「斯巴達同盟」)。顧準本人大概也深受影響，他因此坦然承認自己「對斯巴達體系懷有複雜的感情。平等主義，鬥爭精神，民主集體主義，我親身經歷過這樣的生活。我深深體會，這是艱難環境下打倒壓迫者的革命運動所不可缺少的。但是，斯巴達本身的歷史表明，藉寡頭政體、嚴酷紀律來長期維持的這種平等主義、尚武精神和集體主義，其結果必然是形式主義和偽善，是堂皇的外觀和腐敗的內容，是金玉其外而敗絮其中；相反，還因為它必定要『砍掉長得過高的穀穗』，必定要使一片田地的穀子長得一般齊——它又不精心選種，不斷向上，卻相反要高的向低的看齊——所以，斯巴達除掉歷史的聲名而外，她自己在文化和學術上什麼也沒有留下」。[171]

應該説，這一審視是相當嚴峻的。顧準當然並不否認斯巴達精神裏的「平等主義和集體主義」的積極意義，它幾乎構成了人們通常所説的「革命精神」的主要內涵，是一切革命者必須具有的信念與品格，似乎是不容置疑的。但顧準的特殊之處，正在於他從總結歷史經驗的角度看，這樣的革命精神卻隱含着兩個陷阱，如果發展到極端，就會帶來災難。

其一，如果把集體主義推向極端，完全否認了個人慾望，利益，意志，情感與權利，那就會形成對人性的壓抑與扭曲。在嚴酷的革命紀律和奉行一元主義的寡頭政體下，實行所謂「軍事共產主義」，或許能收一時之效。但不可能持久，最後只能變成「形式主義和偽善」的表演，堂皇的「毫不利己」的「外觀」下，包藏的是「絕對利己主義」的「腐敗內容」，這

171 顧準：《僭主政治與民主——〈希臘的僭主政治〉跋》，《從理想主義到經驗主義》，第 29，31，29–30 頁。

是在中國革命，特別是文化大革命中屢見不鮮的事實。只是人們不願、不敢承認，現在被顧準一語道破，就成了駭世之言。

其二，如果把平等主義變成絕對平均主義，就必然像顧準這裏所講，「要使一片田地的穀子長得一般齊」，「高的向低的看齊」的結果，必然是降低整個社會發展的水平，甚至導致歷史的倒退。這早已是沉重的歷史教訓，但也只有在顧準這裏，才得以揭露和反省，就也顯得驚心動魄了。

這還涉及對馬克思主義的理解。顧準指出，馬克思對希臘文明的兩大潮流都有尖銳的批判：他儘管是「雅典精神的熱烈的讚揚者」，但「不滿意雅典存在奴隸這件事，更不滿意他所處的時代，資本主義狂飆突進時代的金權政治的空氣，所以他的共產主義以『克服勞動者從他自己所生產出來的產品中異化成為非人』為其根本條件」；同時，「他主張，在物質生產還不豐裕的時候，不可以實施平等主義，他認為，這種平等主義是僧院共產主義」。這就意味着，馬克思他既「要克服異化(按，這是資本主義必然導致的結果)，而又反對僧院共產主義、斯巴達平等主義」，顧準說，「這是非常非常高的理想，是一種只能在人類世世代代的鬥爭中無窮無盡的試驗與反復中逐步接近的理想。馬克思的學生中未必有幾個人懂得這一點」。[172] 而顧準卻是懂得的。可見顧準對馬克思主義，是既有尖銳的批評，更有堅定的堅守的：這才是真正的馬克思主義者。

(4) 從理想主義到經驗主義

這幾乎成了顧準的名言：「今天當人們以烈士的名義，把革命的理想主義轉變為保守的反動的專制主義的時候，我堅決

172 顧準：《僭主政治與民主——〈希臘的僭主政治〉跋》，《從理想主義到經驗主義》，第 30，31 頁。

走上徹底經驗主義、多元主義的立場，要為反對這種專制主義而奮鬥到底」。[173]

人們在將這一時期顧準通信中的筆記彙集成書時，就是根據顧準的這段話將書名定為《從理想主義到經驗主義》的。[174]以此來概括顧準思想的發展過程，也是大體準確的。

但如果把顧準思想的這一轉變與發展，理解為顧準對理想主義的放棄，就可能將顧準思想簡單化，導致新的遮蔽。

請看顧準自己的說明：「當我越來越走向經驗主義的時候，我面對的是，把理想主義庸俗化了的教條主義」；「人要有想像力，沒有想像力，我們年輕時哪裏會革命？還不是庸庸碌碌做一個小市民？不過當我們經歷多一點，年紀大一點，詩意逐步轉為散文說理的時候，就得分析分析想像力了」；「我轉到這樣冷靜的分析的時候，曾經十分痛苦，曾經像托爾斯泰所寫的列文那樣，為我的無信仰而無所憑依」；但最終「我曾經有過的，失卻信仰的危機也就過去了」，「我還發現，甚至理想主義也可以歸到經驗主義裏面去」，「歷史經驗也昭示我們，每當大革命時期，飄揚的旗幟是不可少的。所以理想主義雖然不科學，它的出現，它起作用，卻是科學的」。[175]

這裏的論述大體包含了幾層意思，都頗耐琢磨。首先肯定，由想像的「詩意」轉向「散文說理」、「冷靜分析」，即由理想主義轉向經驗主義，是必要與必然的，原因即在於理想主義有它「不科學」的一面，如前文所分析，它蘊含着思想的陷阱，存在着導致專制主義的危險。其二，但顧準又強調，他

173　顧準：《辯證法與神學》，《從理想主義到經驗主義》，第 177 頁。

174　關於《從理想主義到經驗主義》書名的確定過程，參看張曙光：《顧準：逆境探索的思想家（下）》，《領導者》總 61 期，第 144–145 頁。

175　顧準：《一切判斷都得自歸納，歸納所得的結論都是相對的》，《從理想主義到經驗主義》，第 155，154，155 頁。

所要批判、擺脱的，是「把理想主義庸俗化了的教條主義」，而不是理想主義本身。其三，顧準根據自己的經驗，又提醒注意：在批判被庸俗化的教條主義的理想主義的時候，確實存在「無信仰而無所憑依」的危險。這是需要警惕的。最後就歸結到：「理想主義也可以歸到經驗主義裏面去」，也就是理想主義與經驗主義的相互補充與結合。所以顧準説他「走向經驗主義」，同時又避免了「失卻信仰的危機」。

我理解，這裏的關鍵是要分清「彼岸」與「此岸」的界限，認清理想主義的彼岸性與經驗主義的此岸性。

理想、信念、信仰，至善的社會，都只存在於「天國」的彼岸，是「一個水漲船高的目標，是永遠達不到的目標」，[176] 但又是「在人類世世代代的鬥爭中無窮盡的試驗與反復中逐步接近」的目標。[177] 既「永遠達不到」，又可以「逐步接近」，這就是能夠構成人的信仰的真正的理想的特徵。它是高懸於此岸現實世界之上的「水漲船高而永遠達不到」的彼岸目標，因此可以成為照亮此岸黑暗的不斷批判和改造現實的思想動力；它又是可以在「無窮盡的試驗和反復中逐步接近」的，因此，也就能夠成為為理想而不斷奮鬥的精神力量。這樣的思想動力和精神力量，是人對世界的改造(革命和建設)不可或缺的：這就是理想、信仰的意義與價值所在。

在這裏，不妨談談作為顧準的同代人，我自己的經歷和經驗。我在年輕時候是堅定地以「消滅一切人壓迫人的現象」作為自己的理想、信念、信仰的，我理解的社會主義、共產主義

176 顧準：《民主與「終極目的」》，《顧準文集》，第 375 頁。

177 顧準：《僭主政治與民主——〈希臘的僭主政治〉跋》，《從理想主義到經驗主義》，第 31 頁。

就是一個沒有任何壓迫、奴役和剝削的社會：這大概就是顧準及我們這一代人共同的信仰與社會主義、共產主義觀，而且我們是堅信這樣的理想是可以在中國現實中得到完全實現的。但大躍進、文化大革命的實踐粉碎了我們的「在地上建立天堂」的烏托邦幻想。我們逐漸認識到，在此岸現實世界，壓迫與奴役是會不斷再生產的，所謂「完全消滅」是一個不可能實現的主觀願望。但我們卻又沒有因此認同這樣的不斷產生的壓迫與奴役的「合理性」，而陷入虛無主義和犬儒主義，而是仍然堅守「消滅一切人壓迫人、奴役人的現象」的理想，只是將其放在彼岸位置，成為一種反抗現實生活裏的來自一切方面的、不斷產生的各種形態的壓迫和奴役的精神資源，從而堅守了一種徹底批判的立場，並絕不放棄反抗壓迫與奴役的實際行動。在我看來，這樣的對理想主義既質疑，又堅守的態度，是一個真正的理想主義者應有的選擇，顧準正是這樣的理想主義者。

但在現實的此岸世界的變革裏，顧準又堅定地選擇了經驗主義。那麼，什麼是顧準理解的經驗主義呢？他大概是強調了以下幾點——

「按經驗歸納，人所掌握的真理，從來都是，今後也將幾近於完全是，相對的」，「經驗的概括，總只有或然的性質，而不是絕對肯定的」。[178]——這就徹底地與唯理主義的絕斷論、一元主義劃清了界限。這就是顧準所説的，「真正的，首尾一貫的唯物主義，必須是經驗主義的。即一方面承認人的頭腦(心智)可以通過觀察、直觀、實驗、推理等等一切方法來瞭解事物的過程，作出各種各樣的假設，這些假設的妥當性限制在哪個範圍，其或然率是高是低，唯有事實才能加以驗證」。

178 顧準：《一切判斷都得自歸納，歸納所得的結論都是相對的》，《從理想主義到經驗主義》，第154，155頁。

顧準將其稱為「唯物主義的經驗主義」，強調與「經驗的主觀化」的「唯心主義的經驗主義」的區別，[179] 這也就與一切先驗主義劃清了界限。

經驗主義認定：「沒有什麼終極目標，有的，只是進步」，「民主是與不斷進步相聯結着的，而不是和某個目的相聯結的」。——這裏，應該包含兩個意思。一是拒絕達到「終極目標」以後的「一切靜止」狀態，追求「不斷鬥爭向前」；[180] 二是拒絕為達到終極目標的徹底革命，而主張「不斷進步」，即持續的，逐步積累的，漸進的變革。

經驗主義是反對「神秘的唯理主義」的，認定「人可以自己解決真善美的全部問題。哪一個問題的解決，也無需乞靈於上帝」，這也就拒絕了「將塵世的權威視為至高無上」的絕對專制政治。[181] 也就是說，經驗主義不但建立在科學精神基礎上，同時也是通向政治民主的。

這樣，顧準也就在經驗主義這裏，將他所追求的哲學多元主義與政治多元主義統一起來了。

我們今天重新面對顧準的「從理想主義到經驗主義」的命題，依然感到它的生命力：他對理想主義的質疑與堅守，他在變革現實的實踐中的經驗主義的立場、方法與態度，都能給我們以很大的啟示。

我們因此想起26年前(1989年)王元化先生第一次讀到《從理想主義到經驗主義》時的感慨：顧準的思考，「整整超前了

179 顧準：《辯證法與神學》，《從理想主義到經驗主義》，第174–175，179，178，177頁。

180 顧準：《民主與「終極目的」》，《顧準文集》，第370，375頁。

181 顧準：《希臘思想、基督教和中國的史官文化》，《從理想主義到經驗主義》，第24，23–24，16頁。

十年」。[182] 在2015年的今天看來，他在1969–1974年間提出的許多命題，依然如此新鮮，那就超前了三、四十年。

更令人感慨與深思的，是他這些超前的思考背後的知識分子精神。王元化先生將其概括為「在艱苦條件下追求真理的精神」，「疾虛妄求真知的獨立精神」，以及「無拘無束地反省自己的信念，提出大膽的質疑」的精神。[183] 而今天，在種種高壓、收編與誘惑下，知識分子精神幾乎喪失殆盡。顧準所建立的精神標桿，就像一面明鏡照出我們靈魂的卑瑣與平庸，使每個人都無以面對。而我尤為感慨的是，儘管我們所處的全球化時代，遠比顧準時代開放，我們完全有機會接觸更廣大的世界文明資源，這都是顧準當年所不能想像的；但我們的精神世界卻遠比顧準狹窄：既沒有顧準那樣的佔領民族與人類文明高地的雄心與學養，也沒有顧準那樣的「人類—現實—未來」的大視野：或逃避，或粘滯於現實，而不能既投入又超越；或以「個人小小的悲歡」為整個世界，既缺乏人類、宇宙、未來、精神的根本關懷，也缺少整體性、根本性思考與把握世界，預測未來，想像、創造新世界的慾望與能力，我們的精神世界已經被形形色色的虛無主義、犬儒主義、消費主義、實利主義、極端利己主義壓縮得越變越「小」。這樣的中國知識分子的墮落，就使得顧準這樣的真正知識分子，不僅在文革時代，而且在今天以及可望的未來，都是「僅此一人」的孤獨的存在：我不知道這是顧準的光榮，還是中國知識界和當代中國文化的恥辱和悲哀？

182 王元化：《〈從理想主義到經驗主義〉序》，《從理想主義到經驗主義》，第v頁。

183 王元化：《〈從理想主義到經驗主義〉序》，《從理想主義到經驗主義》，第iv，v頁。

記得在顧準剛被發現時，許多知識分子都說：「我們有顧準」！[184] 這既是自豪，又充滿了辛酸。在顧準已經被許多人遺忘的今天，重讀顧準，特別是把他置於1949年以後的中國知識分子精神史的大背景下，就更感到他的難得與可貴。因為在這一段歷史裏，充滿了屈辱和精神扭曲，像顧準這樣堅守知識分子的本分：始終如一地探索真理，獨立思考，對既定觀念和體制提出質疑，是很少的；而能夠提出「娜拉走後怎樣」即革命勝利以後怎樣的問題，並進行批判性思考與理論提升的，更是絕無僅有。

我們幸虧有顧準！

2015年3月12日–3月27日

184 參看徐友漁：《當代中國思想史的華章》，《顧準尋思錄》，第60頁。

一個老共產黨人在文革中的思考

——讀張聞天寫於 1971-1974 年的七篇文章[1]

張聞天在文革中和很多老共產黨人一樣，受盡了折磨。據《張聞天年譜》記載，從1966年8月9日到1967年9月21日，張聞天先後被批鬥了20次，還戴着高帽子上街遊鬥，其中一次批鬥中昏厥過去，醒來後繼續挨鬥；還有一次，被圍鬥者一陣亂打，頭部被打傷，當場昏厥。1968年5月17日，北京衛戍區以「叛黨叛國」的罪名，對張聞天夫婦實行武裝「監護」，長達五百二十三天。1969年10月，又將其發送廣東肇慶，規定不准與外界聯繫，不准走出宿舍區，限制人身自由。直到林彪垮台後，才於1975年4月獲准遷居無錫。但正如《張聞天傳》作者所說，「他不為個人身處逆境而煩惱，依然勤於學習，憂國憂民」。他以魯迅的話自勵：「即使因為我罪孽深重——必須拿我來開刀，我也敢於咬着牙關忍受。殺不掉，我就退進野草裏，自己舔盡了傷口的血痕，決不煩別人敷藥」，又把列寧的話寫在檯曆上，作為座右銘：「為了能夠分析和考察各個不同的情況，應該在肩膀上長着自己的腦袋」。「幽居肇慶，使他有更多的時間從容思考。他常常站在住所旁邊，對着那叢綠衣舒卷的芭蕉(這是他栽培的)出神。到西江大堤散步，面對滾滾

1　七篇文章是：《人民群眾是主人》(1971 年 11 月)，《無產階級專政下的政治和經濟》(1973 年 9 月 20 日)，《衡量黨的路線政策的最高尺度》(1973 年 12 月 8 日)，《正確建立黨同國家的關係》(1973 年 12 月 8 日)，《黨內鬥爭要正確進行》(1973 年 12 月 8 日)，《對「批林批孔」的一點看法》(1974 年 1 月)，《關於社會主義社會內的公私關係》(1974 年 5 月 19 日)，均收《張聞天文集》(四)，中共黨史出版社，1995 年。

東去的江水，也常常陷入沉思」。從1971年10月12日起，他就不顧個人安危，在受到監管的情況下，秘密地寫作論述社會主義的文稿。[2] 他的夫人劉英後來回憶説：「這些文章，他知道是萬萬不能往上送了，而且連讓外人知道也不行，他把在上海從事地下工作時的一套施展出來，偷偷寫好文稿，秘密收藏起來」。後來外甥從上海來看他，就讓他抄錄，用塑膠袋裝好。張聞天希望「也許有一天我能在哪次會上談談。不然，就讓它們『藏之名山，傳之後人』吧」。他相信，「歷史最公正，是非、忠奸，這一切，歷史終將證明，終將作出判斷」。[3] 他還對外甥説了一句擲地有聲的話：「書可焚燒，書也可禁讀，但人的思想波濤是禁止不住的！不是嗎，我過去寫的讀書筆記，被掠奪一空，今天我又重寫了一大疊！」[4]

這一大疊文稿，收入《張聞天文集》第四卷(1995年出版)時，選載了七篇。夫人劉英説，這都是「歷史經驗的結晶。同民主革命時期的歷史經驗一樣，也是從億萬人民的革命實踐中來的，其中也攙和着鮮血和淚水」。[5] 傳記作者則認為，「它是十年浩劫期間中國共產黨人從理論上批判『左』傾嚴重錯誤，論述社會主義特點和規律的一部代表作，是用革命氣概和科學精神構築起來的一座理論豐碑」。[6] 還有研究者指出，張聞天的肇慶寫作，「已經採用地下方式，所以我們不把它視為政權內

---

2 程中原：《張聞天傳》，第749，751，752，753頁。當代中國出版社，1993年。

3 劉英：《聞天身處逆境的歲月》，收《回憶張聞天》，湖南人民出版社，1985年。

4 張培森主編：《張聞天年譜》(下冊)，第922頁，中共黨史出版社，2000年。

5 劉英：《聞天身處逆境的歲月》。

6 程中原：《張聞天傳》，第764頁。

兩條路線之爭，而視為民間思想」。[7] 這位被體制所放逐的老共產黨人的思考，自然屬於文革中的民間思想的重要組成部分，獲得了一種特殊的價值，這大概也是張聞天命運裏不幸中的大幸吧。

我們今天重讀這些當年的文稿，總不免要聯想起屈原：雖被放逐民間，卻心系朝庭故土，九死而不悔。讓張聞天憂心如焚的，始終是黨的危機和由此帶來的民族的危機：這在把個人生命與黨的生命、民族的命運融為一體的老共產黨人來說，是理所當然的。而在張聞天看來，這樣的黨的危機、民族的危機，同時又是社會主義的危機，馬克思主義的危機。對於一個以社會主義、共產主義為信仰的虔誠的馬克思主義者來說，是不能置之不理的，他有責任從理論上正本清源，捍衛社會主義與馬克思主義的基本原則、原理。張聞天在一篇文章裏，這樣寫道：「我這裏所說的，不過是一些唯物史觀的常識。所以要不厭其煩地重溫這些常識，是因為現在有些人已經把它遺忘得所剩無幾了。有人不是天天自稱『高舉』馬列主義、毛澤東思想旗幟嗎？如果連這樣一些常識都丟掉，那還算什麼『高舉』呢？那除了給國家和人民帶來越來越多的災難之外，還能帶來什麼呢？！」[8]

那麼，在張聞天的文革觀察、體驗裏，黨的危機，隨之帶來的社會主義的危機，馬克思主義的危機，以及最終導致的民族危機，表現在哪裏呢？主要有四個方面，在四大關係上出了問題。

7　丁東、謝泳：《中國文革民間思想概觀》。

8　張聞天：《無產階級專政下的政治和經濟》，《張聞天文集》（四），第335頁，中共黨史出版社，1995年。

一、黨和群眾的關係

作為一個老共產黨人，張聞天自然堅信黨「是從群眾中來的，代表群眾利益的」，「黨和群眾之間」存在着根本的「一致性」。但作為一個辯證唯物主義者，他同時清醒地看到，並且強調：「這種一致性，總是在兩者之間的矛盾中展現的」。為此，他還專門寫有文章，討論「關於正確解決無產階級和共產黨之間的矛盾問題」。而且在他看來，這樣的矛盾，如果處理不好，甚至有可能達到十分尖銳的地步，「黨最容易犯的錯誤，錯誤中最危險和致命的錯誤，是脱離群眾」。[9] 因此，張聞天在考察黨的方針政策，黨的狀況與命運時，最為關注的，是黨和群眾的關係，他最擔心的，也是黨脱離了群眾。在1959年廬山會議上，張聞天發言的一個重點，就是指出黨的方針政策脱離了實際，脱離了群眾：大颳「共產風」「造成階級關係的局部緊張，同農民關係的局部緊張」(這是毛澤東也承認的)；「什麼事都提『全民』，甚至要求『全民寫詩』，弄得老百姓不勝其煩」；對市場「供應緊張」、「物質缺乏」，「人民對這些情況是不滿意的。當然沒有到憤怒、仇恨的地步，但是不舒服，閒話不少」；虛報浮誇、強迫命令，「造成信譽損失，使我們黨在人民中，在國內外，失掉了信用」。[10] 而現在，在文革中，他發現這樣的黨脱離群眾，關係緊張達到了空前的地步，從而形成了前所未有的黨的危機。因此，他的文革思考，首先就集中在探討：黨為什麼會脱離群眾？黨和群眾的關係，

9　張聞天：《人民群眾是主人》(1971 年 11 月)，《張聞天文集》(四)，第 321，323 頁。

10　張聞天：《在廬山會議上的發言》(1959 年 7 月 21 日)，《張聞天文集》(四)，第 216，218，219 頁。

究竟出了什麼問題？應該如何走出黨的危機？

在他看來，主要有兩個方面的原因和問題。

他強調，黨脱離群眾「這種情況，在黨成為執政黨之前，固然容易發生；但在黨成為執政黨以後，在無產階級專政條件下，更容易發生，其危險性也更大」。——這是一個十分重要的發現與警示。張聞天對此作了兩個方面的闡釋。

從黨的角度説，「在無產階級專政下，黨是國家機關唯一的和最高領導者，黨的領導者也是國家機關的首長，他們做決議，下命令，領導一切，指揮一切。他們處在領導者和首長的一種特殊地位，工作特殊，生活也特殊。這種特殊情況，使黨和國家機關的某些領導者常常容易產生一種錯覺，似乎他們是站在群眾之上的官吏，他們有一種高人一等的優越感，似乎群眾有義務服從他們的領導和指揮，他們可以為所欲為，發號施令」，「由於某些領導者工作和生活的特殊性，加上舊社會地主、資本家、官僚政客的舊思想、舊作風的影響，有些人在思想上、作風上和生活上逐漸脱離群眾，最後蜕化變質為同人民群眾對立的官老爺」。

——這裏，不但揭示了黨的領導者蜕化為「同群眾對立的官老爺」的危險，而且涉及到了黨的領導者官僚化與「黨是國家機關唯一領導者」、黨「領導一切，指揮一切」的體制的關係。儘管張聞天始終堅持「不能放棄黨的領導」，而且他把主要原因歸之為「舊思想、舊作風的影響」，但他提出了黨的「特殊地位」帶來的特權可能導致黨的幹部蜕化變質的危險，接觸到了問題，這本身就有重要的意義。

張聞天同時指出，「在人民群眾方面，由於長期以來受盡地主、資本家、官僚政客的欺壓，有些人也容易以舊思想、舊習慣來對待現在的黨政領導者，把他們看做官老爺，認為他們有權有勢，往往對他們惟命是從，把一切革命勝利的果實，都說成是他們的恩賜，說他們是群眾的救命恩人、救世主，對他們歌功頌德，唯恐得罪他們而遭受懲處或迫害」，「人民群眾方面的舊思想、舊習慣，也是促使黨和國家機關的某些領導者驕傲自大、自以為是、脱離群眾的另一個原因」。[11]——這裏實際上是提出了在「舊思想、舊習慣」影響下的中國國民性裏的習慣於「救世主」的「恩賜」的奴化思想，這也是抓住要害的。文革中發展到極致的個人崇拜，顯然與這樣的國民心理有關。

在張聞天看來，關鍵還是沒有擺正黨和群眾的關係。他反復強調，「人民群眾是主人，黨是勤務員」，絕不能「把主人和勤務員的關係顛倒過來，像舊社會歷史上總是顛倒過的一樣，他們(黨的領導幹部)是主人，而群眾則是為他們服務的」，「革命勝利和幸福生活的獲得固然由於共產黨的領導，對共產黨人表示信賴和尊敬是正確的，也是自然的，但使革命取得勝利的根本原因是人民群眾自己的力量」。「這樣，就在無產階級政黨面前提出了一項任務，就是真正使人民群眾成為國家的主人，而黨和國家機關的工作人員是名副其實的人民勤務員」。[12]——這裏所提出的，正是何方先生在闡釋張聞天的民主思想時所説，是要由傳統的「為民做主」的民本主義，轉變為「由民做主」的現代民主主義，共產黨人絕不是人民的「父母官」，而只能是人民的「勤務員」。[13]

問題是，如何保證人民群眾真正成為國家的主人？在張聞

11　張聞天：《人民群眾是主人》(1971年11月)，《張聞天文集》(四)，第323頁。

12　張聞天：《人民群眾是主人》(1971年11月)，《張聞天文集》(四)，第322，323頁。

13　何方：《張聞天的民主思想與實踐》，《何方談史憶人：紀念張聞天及其他師友》，第66頁，世界知識出版社，2010年。

天看來，關鍵是充分而全面地實行人民民主。這樣的全面民主，應該包括三個方面。首先是群眾對黨的方針政策進行「鑒定和批判」的權利，特別是「發表不同意見」的權利。張聞天特意強調，「如果上層領導者」只是「喜歡人們講阿諛奉承和歌功頌德的話，而不歡迎人們講不同意見的話」，就「不能真正發揚民主」。他尖銳地指出，「這種把群眾當作阿斗的人」，他們和馬克思列寧主義、毛澤東思想「是風馬牛不相及的」，「害怕群眾，害怕批評，是一切機會主義者的共同點」。其次，張聞天堅持黨和國家「領導人的任命撤換，經過一定的會議討論決定，也是非常重要的」，也就是黨的幹部的權力，必須通過一定的民主程序，由人民授予，而不能由上級機關領導決定，這樣才能使黨的幹部真正對人民負責，而不是只對上級領導負責，這樣就能夠從根本上改變黨的上下級之間的依附關係，而使得「黨和國家機關的領導人經常處於群眾的監督之下，從而減少官僚主義、命令主義和主觀主義等各種脫離群眾的不良作風」。其三，張聞天主張，必須「吸收群眾參加國家的管理工作」，[14] 也就是說，人民群眾不僅要有批評、監督權，更要有管理權，這應該是一個更重要、更根本的民主權利。

張聞天民主思想的另一個重要方面，是強調民主制度的建立：「沒有民主集中制，就不可能有真正的群眾路線。民主集中制是形式，但這是正確表現群眾路線的內容的形式」，「表現黨的民主集中制的黨章黨法，和表現國家民主集中制的法制法紀，所以必須嚴格執行的原因，就在這裏」。[15]——這就是何方先生所分析的，「張聞天提倡堅持的首先是作為制度的民

14 張聞天：《人民群眾是主人》（1971 年 11 月），《張聞天文集》（四），第 324，325 頁。

15 同上，第 325 頁。

主，而不僅僅是幹部的民主作風」，「他認為，把發揚民主的希望，主要寄託在領導者的態度上，是對民主的誤解」。應該說，這是對黨的民主觀、群眾路線觀的一個重大突破。何方說，「按我們原來所學，群眾路線主要就是『為人民服務』、『密切聯繫群眾』、『從群眾中來，到群眾中去』，『集中起來，堅持下去』，以及虛心聽取群眾意見，『讓人說話，天不會塌下來』等等。其實，這只是視群眾路線為好的領導方法。在一定意義上可以說，連封建社會某些比較開明的君主和清官都多少能做到」，其基本思路就是前文提到的「為民做主」。這與現代民主也是風馬牛不相及的。張聞天提出「必須使民主『制度化，法律化』」即「法制化」(他所處的時代還很少談「法治」)，就徹底擺脫了將希望寄託於「好皇帝」、「清官」的「民主作風」的恩賜的傳統(既是封建傳統，某種程度上也是毛澤東所倡導的黨的傳統)，邁出了走向現代社會主義民主的關鍵一步，真正使「人民當家作主」得到制度的保證。[16] 因此，張聞天在文革中強調：「一切國家機關的重要決定必須通過人民代表大會，照人民代表大會的規則辦事。尊重人民代表大會的組織形式，就是尊重群眾的意見。把代表大會當作無關緊要的組織形式，就是不尊重群眾的表現」，[17] 是具有極大意義的。其時，人民代表大會的組織形式早已棄之如敝屣，而代之以領袖獨裁。在張聞天看來，正是這樣的對民主、法制的公開踐踏，導致了黨嚴重脫離群眾，與人民關係的高度緊張：這也正是黨的危機所在。

---

16 何方：《張聞天的民主思想與實踐》，《何方談史憶人：紀念張聞天及其他師友》，第 67，66 頁。

17 張聞天：《人民群眾是主人》(1971 年 11 月)，《張聞天文集》(四)，第 325 頁。

二、政治與經濟的關係

張聞天還指出，當「黨開始不瞭解或不甚了群眾的要求和情緒，提出的方針政策不符合或不完全符合群眾的利益，因而群眾不贊成或反對；或者群眾還不瞭解黨的方針政策是真正代表他們的利益的，因而也不贊成或反對」，這就會形成黨和人民群眾的矛盾，而這樣的矛盾也同樣會發展到十分尖銳的地步。[18] 張聞天還進一步發出警示：「無產階級的政治，脱離了群眾，不從群眾出發，不為群眾服務，不信任群眾，不依靠群眾，就一定要走向自己的反面，成為資產階級的政治」。「在無產階級取得政權之前，這種脱離群眾的政治領導，決不可能使無產階級取得政權；在無產階級取得政權以後，這種領導就會導致無產階級失去政權」，「黨的政治路線正確與否，對於革命和建設事業的成敗，具有關鍵作用」。[19] 而「群眾的實踐是衡量黨的路線和政策的最高尺度」，「凡是給群眾造成損失的路線和策略，就是錯誤的或有缺點的；相反，凡是給群眾取得成就的，就是正確的或有優點的」。[20]——這樣，張聞天就糾正了黨內長期存在的一個認識的誤區和盲點，即認為「只要黨決定了的東西，就一定是正確的」，因而「關心的總是黨的決定是否執行了，至於執行中對黨的決定的正確與否，優點與缺點，則漠不關心」。[21] 而張聞天如此鄭重其事地提出，黨的決

---

18 張聞天：《人民群眾是主人》(1971 年 11 月)，《張聞天文集》(四)，第 321–322 頁。

19 張聞天：《無產階級專政條件下的政治和經濟》(1973 年 9 月 20 日)，《張聞天文集》(四)，第 332 頁。

20 張聞天：《衡量黨的路線政策的最高尺度》(1973 年 12 月 8 日)，《張聞天文集》(四)，第 336 頁。

21 同上，第 336 頁。

定，路線、方針、政策有可能因給群眾造成損失而犯錯誤，自然是有針對性的：在他看來，在文革中，黨的路線、政治領導犯了「脫離群眾」的錯誤，因而形成了嚴重的黨的危機。

這是什麼樣的錯誤呢？張聞天並沒有全面展開，而着重討論了有關「政治與經濟關係」的兩大問題。

一、「現在有人怕談或有意迴避無產階級和人民群眾的經濟的，物質的利益，似乎這樣說了，就是離經叛道，就應該戴上修正主義、經濟主義、福利主義、改良主義之類的大帽子！」瞭解文革歷史的人都知道，這當然不是「有人」即個別人的偏激意見，而是佔指導地位的主流意識形態，也是批判張聞天這樣的「修正主義分子」的主要理論依據，並且在其指導下的黨在文革中的極「左」的政治、經濟路線，直接損害了廣大人民群眾的經濟、物質利益，引發了普遍的不滿。因此，張聞天忍不住厲聲怒斥：「同志們，再沒有比這更糊塗、更愚蠢、更有害的了！」

它的「糊塗」與「愚蠢」，首先在根本違背了「爭取無產階級的物質利益這樣一個馬克思主義的原則」。張聞天指出，「經濟決定政治」是歷史唯物主義的基本觀點，而「一個階級的經濟利益，就是那個階級的物質利益」，「階級鬥爭就是各階級為維護和爭取本階級的物質利益而進行的鬥爭」，「任何離開無產階級和勞動人民的物質利益的所謂政治，決不是無產階級的政治」。「因此，作為馬克思主義者，作為歷史唯物主義者，任何時候，都不能忽視或忘記無產階級的經濟的、物質的實際利益，而空談什麼抽象的政治或倫理道德原則。一切好聽的言論、聲明和主張，都必須考察其是否符合人民群眾的利益，而不能抱輕信的態度」。[22]

22　張聞天：《無產階級專政下的政治與經濟》（1973年9月20日），《張聞

——這樣，張聞天就為如何判斷真、假馬克思主義者，提供了一個基本尺規：就看他是否認真爭取與維護無產階級和人民群眾的實際經濟物質利益。

否定人民群眾物質利益的「糊塗」與「愚蠢」，還在於它違背了社會主義的基本原則。早在六十年代張聞天就多次撰文強調：「發展生產力，提高人民生活水平，是社會主義建設中的首要任務」，[23]「社會主義、共產主義就是為了人們生活得更好。怕說生活，怕生活好了就會資本主義化，這是一種錯誤的思想」，「說愈窮苦的人擁護社會主義愈堅決，愈富裕的人愈不堅決，這樣的觀點，應該有適當的修正」。[24] 而這樣的「窮社會主義」的高論，在文革期間就更是甚囂塵上，成為治國之策。作為老共產黨人的張聞天也因此不得不再三嚴正指出：「共產黨領導無產階級和人民大眾犧牲流血，進行長期的英勇的革命鬥爭，奪取政權，建立無產階級專政，如果不是為了在經濟上解放無產階級和人民大眾，不是如列寧所說的，『使全體勞動者過最美好、最幸福的生活』，不是為了最終實現消滅資本主義、建立共產主義的偉大目標，又是為了什麼呢？」他幾乎是怒不可遏地寫道：「如果不去努力提高社會生產力和人民群眾的生活，而一味醉心於『共產主義』的高調，那麼，共產主義就只能被糟蹋成畫餅充饑的魔術。這當然是對於崇高的共產主義事業的莫大污辱！」[25]

天文集》(四)，第 331–332，328–329 頁。

23 張聞天：《社會主義建設的首要任務是發展生產力》(1961 年 8 月 2 日)，《張聞天文集》(四)，第 233 頁。

24 張聞天：《關於按勞分配提綱》(1961 年 8 月 10 日、11 日)，《張聞天文集》(四)，第 235 頁。

25 張聞天：《無產階級專政下的政治和經濟》(1973 年 9 月 20 日)，《張聞天文集》(四)，第 331，334 頁。

問題是，這樣的明顯的違背馬克思主義和社會主義基本原則的「糊塗」與「愚蠢」之論，打着「最最革命」的旗號，一套極左言辭卻頗有迷惑力，造成了思想上的極大混亂，這就需要進行理論的辨正。

比如，「有人會說，人們不能光為物質利益而生活呀！人們要為崇高的理想而鬥爭呀！」張聞天的回答是：「任何階級的理想，都不能脫離自己的物質利益而存在，都不能不最終歸結為實現自己的物質利益」，「共產主義不是要我們像現在這樣生活得差，而是要生活得更好。理想不是空中樓閣，不是不可實現的虛無縹緲的幻想、神話或烏托邦，而是經過努力，完全可以實現的」。

「有人還會說，人們應該吃苦耐勞、犧牲奮鬥呀！」張聞天回應說：「今天吃苦耐勞、犧牲奮鬥，是為了明天的幸福生活，為了共產主義的偉大目標。但是，吃苦耐勞、犧牲奮鬥是達到目的的手段，而不是目的本身。我們並不是為吃苦而吃苦，為犧牲而犧牲，這也是很明顯的道理」。[26]

在思想上弄得最為混亂的是公與私的關係，張聞天因此專門寫了《關於社會主義社會內的公私關係》一文，有針對性地強調了幾點：其一，「社會主義只反對個人主義、自私自利的或假公濟私、損公肥私的那種私，卻不反對個人在社會主義社會應該得到的個人利益的私」；其二，「社會主義社會的公的集體的利益不僅不違反這樣的個人的利益，而且在公的集體利益內就包含了私的個人利益，即是公中有私，而不是公中無私」；其三，「要建成社會主義，沒有那些為了集體利益，不怕苦，不怕累，不怕死的『大公無私』、『公而忘私』的先進

26 張聞天：《無產階級專政下的政治和經濟》(1973年9月29日)，《張聞天文集》(四)，第329頁。

人物起模範帶頭作用，是不可能的。但他們在人民群眾中終究還是少數。而社會主義建設沒有最大多數人民群眾以至全體公民的積極參加，是不可能建成的。為此，必須堅決貫徹實行集體利益和個人利益相結合、公和私相結合的按勞分配的社會主義原則」，「個人在集體收入中所應得的份額的私，這種應得的私，是每個人應有的正當權利。反對這種私，或否認這種私，這是反對社會主義分配原則的『左』的空談。就是對那些大公無私的先進工作者，我們也要同樣實行按勞分配的原則，使他們得到應得的工資或勞動報酬，並在精神上物質上給以獎勵」；其四，「在社會主義社會內，不但公中有私，而且在一定範圍內，還允許公外有私。允許(社員)在不耽誤集體生產的條件下，利用業餘時間經營個人的自留地或搞一點副業，並在集市上按照合理的價格出售他們的產品」；其五，不但「私應該為公，公中也有私」，而且「公還要為私」，應該「實行社會保險和社會保障」，「一切有關人民實際生活的大大小小的問題，集體必須具體加以解決」，「要使人人為集體，必須集體為人人」，「這是社會主義高速度發展的一條重要規律」。[27]

最後，張聞天還特意提醒人們注意，要劃清一個界限：「為人民群眾的物質利益，還是為少數人的物質利益而鬥爭，是無產階級政治和資產階級政治的分水嶺」，要警惕修正主義者「攫取勞動人民的物質成果，使少數人發財致富，大搞特殊化」。[28] 這同樣是一個具有遠見的預警。

二、忽視人民群眾物質利益緊密相連的，是對發展生產力，經濟建設的嚴重忽略和貶斥，

27 張聞天：《關於社會主義社會內的公私關係》(1974年5月19日)，《張聞天文集》(四)，第347，348，349，350頁。

28 張聞天：《無產階級專政下的政治和經濟》(1973年9月20日)，《張聞天文集》(四)，第329頁。

而且同樣充滿混亂，什麼「社會主義革命比社會主義建設重要，鞏固無產階級專政比發展經濟更重要呀」，什麼「抓革命保險，抓生產危險」等等。在張聞天看來，這些「高談政治，而怕談經濟的『政治家』」，根本不懂得「政治是經濟的集中表現」這一「馬克思主義真理」，不懂得「社會主義革命的目的，鞏固無產階級專政的目的，就是為了發展社會主義經濟，滿足人民群眾日益增長的物質文化生活的需要」，「共產主義也是在高度發展的社會生產力的基礎上才能建成的」。因此，「在無產階級專政下，在沒有發生戰爭的條件下，黨的政治路線究竟正確與否，正確的程度如何，無產階級政權究竟鞏固與否，鞏固的程度如何，最後都要由社會主義經濟建設的成就和成就的大小來衡量」，「當政的無產階級，如果不努力發展生產，自己的政治統治就一天也不能存在」，這才是真正的「危險」所在。張聞天一針見血地指出：「如果政治上說得娓娓動聽，而經濟卻搞得一塌糊塗，那樣的政治，還硬要群眾舉手稱頌，群眾怎能不產生厭惡情緒呢？」[29]

群眾的不滿，這正是張聞天這樣的老共產黨人最為擔憂的：他從黨和人民群眾關係的緊張中看到了黨的合法性危機。而這樣的危機在文革中就達到了頂點。如前文所分析，在張聞天看來，這是由兩個方面造成的。一是對人民民主與法制的肆意破壞，導致享有特權的黨的幹部由「人民勤務員」蛻化變質為「官老爺」的危險趨向，二是推行無視經濟建設，生產力的發展，損害人民物質利益的錯誤的政治路線，引發了人民群眾的普遍不滿。而這兩個方面都是對馬克思主義基本原理的根本背離——張聞天一再指出：「經濟決定政治的觀點，和勞動人

29　張聞天：《無產階級專政下的政治和經濟》(1973年9月20日)，《張聞天文集》(四)，第332，334，335頁。

民創造歷史的觀點，是歷史唯物主義的基本觀點」；[30] 這同時也是對社會主義原則的背離——張聞天早就說過，幹革命，求解放，「一是為了發展生產，改善生活(即解放生產力)，二是為了當家作主，不受欺侮(也就是解放人本身，實現自由、平等和民主)」，[31] 這其實就是社會主義的兩個基本要義。問題是在文革中這些馬克思主義、社會主義的基本常識都被極左的漂亮言辭所淹沒，被遺忘與拋棄；張聞天所要做的，就是要重歸常識，促使黨重新回到馬克思主義、社會主義的正常軌道：這是擺脱黨的危機的唯一出路。

三、黨和國家的關係

在張聞天看來，黨在文革中的第三個危機是「黨和國家的關係」上出現了問題。

這個問題的提出，是由黨的執政地位決定的：「國家的一切決定、命令和法律，都必須得到黨的相應指示」，在這樣的體制下，黨和國家的關係極易發生扭曲，而且直接影響國計民生。針對文革中出現的，並造成嚴重後果的黨和國家的不正常關係，張聞天在《正確建立黨同國家的關係》一文裏，提出了三大警告——

第一，「黨不能超過國家，高踞於國家之上」，「黨的一切決議和決定必須通過人民代表大會及其政府討論、審議、補充、修改和接受，並作出適合於群眾自己的意見和需要的，並

30　張聞天：《無產階級專政下的政治和經濟》(1973 年 9 月 20 日)，《張聞天文集》(四)，第 331–332 頁。

31　張聞天：《人民代表會議講座》(1949 年)，轉引自何方：《張聞天的民主思想與實踐》，《何方談史憶人：紀念張聞天及其他師友》，第 66 頁。

具有法定的約束力的相應的決定、命令和法律，然後才能在全國範圍內和全國人民中公佈施行」。——這裏，有兩個要點：一是黨和人民代表大會及其政府的關係，雖然後者要接受黨的領導，但卻擁有按照「自己的意見和需要」對黨的決議決定進行「討論、審議、補充、修改」的權利，應該享有相對的獨立性。張聞天認為，這是「無產階級和人民群眾在黨的領導下自己當家作主、自己管理自己的過程」。其二，必須樹立國家的「決定、命令和法律」的權威性，「國家的一切命令和法律，對全國每一個人，包括共產黨人在內，都是有效的」，都具有「約束力」。黨絕不能「不顧無產階級和人民群眾代表的意志和決心而自己實行專政」。

第二，黨不能「包辦代替國家機關的工作，使國家機關成為黨的附屬機構」。張聞天強調，「無產階級的國家，是無產階級和人民群眾自己的政權」，「黨決不能靠少數黨員包辦代替國家機關的工作，相反，它特別應該注意的，正好是大量吸收、培養和提拔非黨的工人、農民、知識分子參加國家機關的各方面工作，特別是緊緊依靠工人群眾，使他們學會自己管理自己的國家，真正做到人民群眾自己掌握自己的命運，真正成為國家的主人」。——這裏所說，吸收非黨人士參加國家機關工作，絕不是工作方法、民主作風的問題，而關係到「誰是國家主人」的國家基本性質。因此，張聞天提醒說，絕不能「使少數官僚主義者和野心家利用國家機關為他們謀私利」。

第三，黨「不能代替國家機關採取鎮壓或強迫命令的方法」，黨只能「依靠說服教育的方法，來領導國家機關的活動」，「決不能因為是黨員就可以無法無天，胡作非為」。[32]

---

32 張聞天：《正確建立黨同國家的關係》(1973 年 12 月 8 日)，《張聞天文集》(四)，第 344，345 頁。

以上三個方面，自然都有極強的現實針對性：正是在文革期間，人民代表大會和國家機關幾乎陷入癱瘓狀態，所實行的是黨和領袖高踞於國家之上，完全不顧無產階級和人民群眾意志，不受法律制約，無法無天的黨專政和個人獨裁。這正是張聞天這樣的老共產黨人最感痛心的。

四、黨內的關係

張聞天更有切膚之感的，是黨內關係的不正常，不能正確解決黨內矛盾，處理黨內鬥爭的問題。這也是文革時期達到頂點的黨的危機的一個重要方面。

在張聞天看來，問題出在兩個方面

首先是如何判斷黨內矛盾和鬥爭的性質。張聞天強調，「黨內矛盾不僅是人民內部的矛盾，而且是為共產主義事業而奮鬥的革命同志之間的矛盾」。也就是說，黨內的分歧，是如何建設國家，發展社會主義，實現黨的目標的不同意見的「思想分歧」。儘管這樣的分歧可以發展為政治、思想路線的分歧，經過實踐的檢驗，也會有正確與錯誤的是非之爭，張聞天就從不迴避自己犯過左傾路線的錯誤；但這都不是你死我活的階級鬥爭。張聞天一再表示，絕不允許把黨內犯有思想傾向錯誤的同志，「說成是『黨內資產階級代理人』」，視為「階級敵人，為內奸、特務」，「這必然會導致把人民內部的矛盾誇大為敵我矛盾，把同志當敵人，給黨造成極大的危害」。

其次，如何正確處理黨的矛盾與思想分歧？張聞天提出了六條原則。

1.「黨的團結，是思想鬥爭的出發點和歸宿點」，「從團結的願望出發，通過批評和自我批評，達到團結的目的，即遵循『團結——批評——團結』的公式，是毛澤東同志歷來教導的黨內鬥爭的一條基本原則」。「那種從個人主義、宗派主義或其他不可告人的動機出發，利用各種不正當手段來達到其陷害、打擊或打倒革命同志的目的的所謂思想鬥爭，是同黨的這一基本原則相背離的，其中必然包含有不同程度的陰謀詭計。這種所謂批判，只能在黨內引起糾紛，製造派別，造成對立和分裂」。

2.「思想批判必須實事求是，以理服人」，「那種誇張的、武斷的、吹毛求疵的或人身攻擊的思想批判，是既沒有說服力，也不能教育同志、團結同志的。即使對於有錯誤的同志，也只能說服教育，絕不應該動手動腳，進行體罰和變相體罰」。

3.「為了正確解決黨內矛盾，弄清楚『左傾』和右傾的同異及其聯繫，是很重要的」。有的同志「認為『左』傾比右傾好，右傾是立場問題，『左』傾是方法問題，右傾危險，『左』傾保險，乾脆來個寧『左』勿右」，「這是一種錯誤的觀點」。「如果不顧社會條件的變化，把黨內兩條路線的鬥爭，只是歸結為反對右傾的鬥爭，因此只反右不能反『左』，『左』的傾向就勢必受到鼓勵而發展起來，在一定條件下甚至成為主要危險」。「特別應該注意的是，黨內還有一種兩面派分子，他們表面上好像擁護黨的正確路線，實際上則盡量利用黨內右傾，特別是『左』傾的錯誤，來進行反黨、反革命的活動」。

4. 正確解決黨內矛盾問題的關鍵，是要堅持黨內民主：「每個黨員，不論職位高低，在黨內都有發表不同意見和相互批評的平等權利」；「要切實保證他們向黨的各級領導提出批評和建議的權利」；在黨內思想鬥爭中，「如果批判是不正確的或不合事實的，受到批判的同志完全有申述和要求『翻案』的權利」。

5.「黨內民主集中制的原則，是保證正確解決黨內矛盾的組織原則」，「那種認為只要政治路線正確，可以不照組織原則辦事的觀點，是完全錯誤的」。「必須在廣泛發揚黨內民主基礎上，集中正確意見，作出正確決定，在相當的黨員群眾或其代表的會議上通過，然後付諸實行」，「我們需要的，是集體領導，而不是個人專斷，不是一個人說了算。按照少數服從多數的規定，少數持有不同意見的同志，也必須執行黨的決定，同時有權保留自己的意見」。

6.「黨內鬥爭和黨外鬥爭，在組織上也是應該有區別的」。「許多黨內的爭論，是不必向黨外公開的」，「黨內的問題不能由群眾任意決定，由群眾說了算」。[33]

經歷過文革的人，都能體會張聞天這裏所說的每一點，以及前文討論的社會主義時期作為執政黨的中國共產黨所面臨的「四大關係」問題，都是歷史的血腥教訓的總結，也包括了張聞天自己的痛苦經歷和記憶，它也因此具有了沉甸甸的力量。但經過張聞天的理論思考與昇華，同時具有了超越時空的普遍意義，能夠給後人以長遠的啟示。

2015年10月28日–11月1日

33　張聞天：《黨內鬥爭要正確進行》（1973年12月8日），《張聞天文集》（四），第337，338，339，340，341，342頁。

魯迅在文革中的傳播與影響

在1957年的鳴放中，魯迅最後一個論敵徐懋庸是一個相當活躍的人物。他發起了關於「小品文的危機」的討論，自己也寫了不少「魯迅風」的雜文，尖銳地批評「以『理論』為刑具的劊子手」，[1] 後來因此被打成右派。這也是魯迅接受史上的一頁吧。這裏要説的是，他在一篇文章裏提出毛澤東的關於正確處理人民內部矛盾的講話「裏面有苦悶的象徵」，強調「革命的導師」也會有苦悶：「對舊社會不感到大苦悶的就根本不會去革命」，革命勝利了，「面對現實而思索，也會遇到矛盾，引起苦悶」。[2] 或許這裏有故作驚人之論之嫌，但他對「革命導師」的內心觀察卻也自有其獨到之處。毛澤東作為一個政治家，他深知魯迅的影響，對魯迅採取了「利用，限制，改造」的「政策」，對不識時務的魯迅弟子則一再行使「鎮壓之權」。但作為個人，儘管大權在握，卻時時感到自己的抱負、追求不為人所理解的苦悶，這時候他常常要想起「在中國黎明前最黑暗的年代」裏孤寂奮戰的魯迅。1961年前後，毛澤東更有內外交逼之感，於是有「暮色蒼茫看勁松，亂雲飛渡仍從容」、「雪壓冬雲白絮飛，萬花紛謝一時稀」這樣的詩句；為「紀念魯迅誕辰八十周年」，他一連寫了《七絕二首》，一

1　回春（徐懋庸）：《武器、刑具與道具》，原載《長江文藝》1957年5月號。收《烏晝啼——1957年「鳴放」期間雜文小品文選》，530頁。中國電影出版社1998年版。

2　回春（徐懋庸）：《苦悶》，原載《長江文藝》1957年6月號。收《烏晝啼——1957年「鳴放」期間雜文小品文選》，533–534頁。

再吟誦：「刀光劍影任翔旋」、「憂忡為國痛斷腸」，這都是不準備發表的，帶有以詩明志的意味。毛澤東還抄錄了魯迅的詩以贈日本友人：「心事浩茫連廣宇，於無聲處聽驚雷」，多少透露了他內心的某些悸動。他終於決定發動文化大革命，這其中的動因自然是複雜的，需要作專門的研究與討論。但有一個事實卻是值得注意的：文革一開始，他就在著名的《五七指示》中強調要把全國辦成一所「大學校」，他後來儘管對林彪封給他的「四個偉大」(即「偉大領袖，偉大導師，偉大統帥，偉大舵手」)表示反感，卻欣然接受了「導師」的稱謂，這或許表明，他發動文化大革命的一個重要目標，就是把中國變成一所毛澤東思想的「大學校」，用他的思想來教育、改造整個民族的靈魂(文革中最響亮的口號之一，就是「鬥私批修，在靈魂深處爆發革命」)，進而影響整個世界：這就向着他年輕時就立下的「聖人」理想(更準確地說，是集帝王與聖人於一身，即所謂「百世之帝」)邁進了最關鍵的一步。這或許就是毛澤東把文革看作是他一生中所做的兩件大事之一，而顯然更看重文革的原因。有意思的是，在作出發動文化大革命這一對他一生具有決定意義的決策時，他再一次想到了魯迅。於是，在1966年7月8日寫給江青的信中，寫下了這樣一段話——

「晉朝人阮籍反對劉邦，他從洛陽走到成皋，歎道：世無英雄，遂使豎子成名。魯迅也曾對於他自己的雜文說過同樣的話。[3] 我跟魯迅的心是相通的。我喜歡他那樣坦率。他說，解剖

3　見魯迅：《〈准風月談〉後記》：「現在又很少有肯低下他仰視莎士比亞，托爾斯泰的尊臉來，看看暗中，寫它幾句的作者。因此更要使我保存我的雜感，而且它也因此更能夠生存，雖然又因此更招人憎惡，但又在圍剿中更加生長起來了。嗚呼，『世無英雄，遂使豎子成名』，這是為我自己和中國的文壇，都應該悲憤的」。《魯迅全集》5卷《准風月談》，411頁。

自己，往往嚴於解剖別人。在跌了幾跤之後，我亦往往如此。可是同志們往往不信」。

研究者已經注意到，毛澤東在寫於文革剛剛發動之時的這封著名的信中，不厭其煩地引用前人的話，除「世無英雄，遂使豎子成名」之外，還有「山中無老虎，猴子稱霸王」、「盛名之下，其實難副」、「陽春白雪，和者皆寡」等等，這「多少傳達出不可言狀的孤獨心境」。[4] 這本身就頗耐尋味。[5] 我們已經說過，毛澤東是在人生低谷的孤寂中走近魯迅的；現在處於事業的巔峰卻又「高處不勝寒」的毛澤東，再度反思自己時，又感到了與魯迅的「相通」。

當然，這裏的動因依然複雜，也包含了政治家的謀略。魯迅在《關於知識階級》一文裏，曾經談到，「革命政治家」在革命勝利以後，往往拋棄革命，強調維護現狀的穩定，而與永遠不滿足現狀的真的知識階級相對立，甚至將後者判處死刑。[6] 這是就一般的「革命政治家」而言；而毛澤東的情況就比較複雜，正如他給江青的這封信中的自我分析所說，他身上同時存在着「虎氣」與「猴氣」。作為「帝王」之虎，他和所有不受

---

4 毛澤東給江青的信，轉引自陳晉：《文人毛澤東》，647 頁。下文的分析也見陳晉：《文人毛澤東》，658 頁。上海人民出版社，1997 年版。

5 最能揭示毛澤東此時心緒的是寫於 1966 年 6 月的《有所思》：「正是神州有事時，又來南國踏芳枝。青松怒向蒼天發，敗葉紛隨碧水馳。一陣風雷驚世界，滿街紅綠走旌旗。憑欄靜聽瀟瀟雨，故國人民有所思」（《毛澤東詩詞集》，217 頁。中央文獻出版社，1996 年版）。正如研究者所分析：「一方面是『風雷驚世界』的感奮和期待，相信這場運動能夠拯救危機，改變寰宇；另一方面，這場運動畢竟剛剛開始，其命運如何，幹部和群眾能否理解自己的用心，是否真正擁護『文化大革命』這個決策，毛澤東不能不考慮，不能不擔心，不能不滲透些許深思乃至沉鬱的憂患神色，⋯⋯乃至帶出岳飛《滿江紅》一詞中『憑欄處，瀟瀟雨歇，仰天長嘯』般的悲壯氣氛」（見陳晉：《文人毛澤東》，645–646 頁。）

6 請參看本文第 3 節的有關分析。

監督與制約的強權政治家一樣，是不惜以強力維護自己的統治的穩定的，他對王實味、胡風、馮雪峰等的無情鎮壓，無不顯示了他的這種「虎氣」，而且，他此時發動文化大革命也是為了強化他個人的強權統治(他的邏輯是：只有強化他個人的統治權威，才能真正有效地實現他的「聖人」追求與治國理想)，因而也就必然與魯迅及其追隨者發生衝突。但毛澤東身上的「猴氣」，使他不同於一般掌權政治家，總是不滿足於現狀，有一種不斷地破壞、創造的慾望。他對於越來越體制化、官僚化的國家政權與黨的組織，越來越反感，以至在1964、1965年間的著作裏，出現了「官越大，真理越少。大官如此，小官也如此」、「官僚主義者階級與工人階級和貧下中農是兩個尖銳對立的階級」這樣的判斷，[7] 據毛澤東後來的說法，文化大革命是終於找到的「發動億萬群眾，自下而上地揭露我們的陰暗面」的最好形式。[8]——人們不難發現，此時毛澤東的主張，甚至某些用語，與當年的王實味確有相同之處，而且遠要激進得多。在這時候，毛澤東要想起「專與黑暗搗亂」的魯迅應該是可以理解的。也是在給江青的這封信中，毛澤東談到他自己成了二十世紀六十年代中國的「鍾馗」，被借用來「打鬼」；也可以說，毛澤東本人在發動文化大革命時，也想把魯迅作為「鍾馗」請出來打他心目中的「鬼」。

這首先是毛澤東認定是資產階級在思想文化界的代表的「閻王殿」(中共中央宣傳部)裏大大小小的「閻王」。於是，當年魯迅與他所稱的「革命工頭」、「奴隸總管」的「四條漢

7　參看毛澤東：《對劉少奇給江渭清覆信的批語和修改》、《對陳正人關於社教蹲點情況報告的批語和批註》，《建國以來毛澤東文稿》11冊，168，265–266頁。中央文獻出版社，1996年版。

8　轉引自席宣、金春明：《「文化大革命」簡史》，23頁。中共黨史出版社1996年版。

子」的鬥爭被重新發掘出來，並按照文化革命的現實需要，被賦予新的解釋：在毛澤東親自批准並作修改的《林彪同志委託江青同志召集的部隊文藝工作座談會紀要》中，魯迅被封為毛澤東正確路線的代表，而周揚為首的「四條漢子」則被加上「王明右傾機會主義投降路線」的忠實執行者的罪名。1958年版《魯迅全集》對魯迅書信的刪除自然成了周揚等「顛倒歷史，圍攻魯迅」，反對毛澤東革命路線的一個「鐵證」。

1966年10月19日魯迅逝世三十周年，正值文革高潮，由中央文革小組主持，北京舉行了盛大的集會，由文革「新星」姚文元作題為《紀念魯迅，革命到底》的主旨報告，號召「發揚魯迅『打落水狗』的戰鬥精神」，「對人民的敵人絕不寬恕」；「發揚魯迅堅韌、持久的革命精神」，任何時候都「不消極，不埋怨，不灰心，不逃避，不怕圍攻，不怕『孤立』，而是無所畏懼地相信真理，總結教訓，堅持鬥爭，堅決按照毛主席指出的大方向繼續前進」。[9] 郭沫若也在會上作了一個發言，仍然以他特有的敏感，一面按照最時髦的時代話語大談魯迅的「造反精神」，同時作了兩點説明與限制，一是造反要「服從黨的正確領導」，二是造反的最終目的是用毛澤東思想來「統一認識、統一意志、統一感情」。[10]——他算是把毛澤東的意圖摸透了。最引人注目的自然是許廣平的發言，她以《毛澤東思想的陽光照耀着魯迅》為題，反復強調一個意思：「魯迅的心，嚮往着毛主席，跟隨着毛主席，我們偉大的領袖毛主席，是魯迅心中最紅最紅的紅太陽」。[11] 魯迅由「黨的小兵」

---

9 姚文元：《紀念魯迅，革命到底》，載《紅旗》1966年14期。

10 郭沫若：《紀念魯迅的造反精神》，載《紅旗》1966年14期。

11 許廣平：《毛澤東思想的陽光照耀着魯迅》，載《紅旗》1966年14期。世紀末有研究者表示能夠理解許廣平的苦衷：在那樣一個個人崇拜的年代，過於強調魯迅的權威性是會帶來殺身之禍的。即使是遠行了的魯迅也不能免。

變成了「毛澤東的小兵」[12]：這都是頗耐尋味的。

這樣，在文革期間，魯迅處在一個相當特殊的地位，所產生的影響也是相當複雜的。一位當年的「紅衛兵」的回憶也許有一定的代表性——

「當文革期間，沒有什麼更多的書可讀的時候，魯迅的雜文卻成了文化大革命中除了《毛澤東選集》之外的最有力的戰鬥武器，那時的魯迅在我們心目中則是一個尖銳犀利、充滿戰鬥激情的鬥士形象。當然，他的老到、尖刻和冷峻，也成為那個時代的一種深刻戰法。這個其貌不揚但又高大偉岸的小老頭成為我們一代人的精神偶像。

「在那個瀰漫着戰鬥硝煙的嚴峻階級鬥爭的年代裏，讀《『費厄潑賴』應該緩行》這樣的文章，對一個十幾歲的少年來說，無疑是太深奧了一些。但是，那『痛打落水狗』的戰鬥主旨，也還是略通一二的，儘管這種誤讀扭曲過我們的靈魂，但它畢竟為我們以後更深刻地認識魯迅提供了一個參照系」。[13]

這裏正好保留了一本文革期間由七機部916革命造反兵團《造反有理》報編輯部編印的《魯迅語錄》。編印、散發這樣的魯迅語錄也是那個年代的一種時髦，我們可以通過對魯迅論述的選擇看出當時人們對魯迅的認識與把握。這本《魯迅語錄》首先編輯了《毛主席論魯迅》，又選載了前述姚文元、郭沫若的講話，還有陳伯達的講話與《人民日報》的社論。正文

12　一個有意思的細節是：文革時期上海人民出版社出版了石一歌寫的《魯迅的故事》裏，用了馮雪峰的「我想，做一個小兵還是能勝任的，用筆！」這段著名的回憶，隱去其名不說，還將說這話的背景由原來「談到了我黨和毛主席之後」改成「當談到偉大領袖毛主席的時候」。這是因為文革期間是將黨分為兩個司令部的，在文革初期甚至不惜將各級黨組織癱瘓，要建立的是毛澤東的個人絕對權威；到整黨以後才重新強調加強黨的權威。

13　丁帆：《「費厄潑賴」的背後》，《21 世紀：魯迅和我們》，7–8 頁。人民文學出版社，2001 年版。

魯迅語錄分了十二個小標題，即「一、對黨和毛主席的無限熱愛；二、階級、階級鬥爭；三、抨擊、批判舊世界；四、革命．革命者；五、橫眉冷對千夫指，俯首甘為孺子牛；六、無產階級硬骨頭精神；七、斥『正人君子』、反革命兩面派、走狗、奴才；八、反對折衷主義，痛打落水狗；九、文學藝術；十、讀書、學習；十一、青年、婦女、兒童；十二、其他」。不難看出，人們最為關注的是魯迅的批判的戰鬥的革命精神，與上文所引的回憶是可以相互印證的。

但那時人們對魯迅的批判的戰鬥的革命精神的理解與實踐，仍然受到權力中心(以毛澤東與中央文革為代表)的引導與控制，因而不免充滿誤讀與扭曲。主要是四個方面：首先是把魯迅的批判、戰鬥、犧牲精神納入到毛澤東思想體系中，是以不允許懷疑並最終要捍衛毛澤東及其思想的絕對權威性為前提的，這正是魯迅反對與嘲笑的「跪着造反」，甚至會被利用來排除異己(即所謂「誰反對毛主席就打倒誰」)。在另一方面，又將魯迅的批判、否定精神絕對化，推向極端。這也是魯迅所堅決反對的，其結果是「擺着一種極左傾的兇惡的面貌，好似革命一到，一切非革命者都得死，令人對革命只抱着恐怖」；在魯迅看來，「革命是並非教人死而是教人活的。這種令人『知道點革命的厲害』，只圖自己説得暢快的態度，也還是中了才子加流氓的毒」。[14] 其三，魯迅作為一個獨立的批判的知識分子，他是始終站在權力之上或之外的。他一再聲明，他的批判，只「注重於『論爭』」，即使「因為情不可遏而憤怒，而笑罵」，也是「止於嘲笑，止於熱罵」。[15] 他因此堅決反對

14 魯迅：《上海文藝之一瞥》，《魯迅全集》4卷《三閑集》，297頁。有意思的是魯迅的這段話，前述《魯迅語錄》「革命．革命家」一節竟沒有選入。

15 魯迅：《辱罵和恐嚇絕不是戰鬥》，《魯迅全集》4卷《南腔北調集》，453頁。

學術與文藝論爭中權力的介入，把妄圖借權力(以至武力)來「助一臂之力，以濟其『文藝批評』之窮」，稱之為「乏」。[16] 而文革期間，權力的介入卻達到了不可控制的地步：魯迅所有的論爭對象都被宣佈為「反革命」而施以暴虐的專政：這是絕對違背魯迅的意志，是他料想不及的。其四，魯迅作為批判的知識分子，他的選擇固然具有重大的意義，但也只是現代中國知識分子的眾多選擇的一個類型，他與其他選擇之間，固然存在着矛盾、衝突，但也相互補充與制約，從而形成中國思想文化領域相對合理的生態平衡。現在將魯迅的選擇唯一化，就不但破壞了這種平衡，造成了思想文化上的極大混亂與偏頗，而且也使魯迅選擇的合理性受到了損害。——應該承認，上述對魯迅批判精神的弱化、限制、利用，又使之絕對化、權力化與唯一化，都構成了對魯迅精神、形象的嚴重扭曲，並進而對國民的精神產生了消極的影響。如果說文化大革命對中國文化、中國知識分子是一場浩劫，魯迅也難逃此浩劫，只是形式不同而已。

但另一方面，正是在文革期間，魯迅的思想得到了空前的大普及。魯迅的著作逃脫了「焚書」的厄難，倖存下來就得到更為廣泛的傳播。1973年周恩來為恢復陷於癱瘓的出版事業，親自主持重印1938年版《魯迅全集》，分為國內普通本與出國本，以滿足國內外讀者的需求。[17] 同年，又出版了大量的無注釋

16 魯迅：《「喪家的」「資本家的乏走狗」》，《魯迅全集》4卷《二心集》247–248頁。

17 此次重印系重新設計裝幀，道林紙印，月白色護封。國內普通本為紙面藍布脊精裝，外套草板紙書套。出國本為布套精裝。在此之前，還出過一種大字線裝本，十卷共88頁，分為五大函，印製典雅端莊古樸，但印數不多。參看王錫榮：《〈魯迅全集〉的幾種版本》，收《魯迅著作版本叢談》，161，165頁。書目文獻出版社，1983年版。

的單行本24種，封面為月白色，稱為「白皮本」，很快就行銷全國，給饑渴中的中國知識分子與青少年帶來了雨露甘霖。

這都是留在許多人的心靈深處的抹不去的記憶——

「忽然有一天在書店裏發現上海出了一冊毛筆字貼。錄寫的竟是魯迅詩詞。我立刻以餓一頓午飯的代價買了回去，讓讀小學的孩子天天臨摹。借此機會大人們也可堂而皇之地吟哦玩味一番尚不致惹禍(我便曾因吟詠過一句『床前明月光』被批判了三個小時)。這字帖的第一首詩是『靈台無計逃神矢，風雨如磐黯故園。寄意寒星荃不察，我以我血薦軒轅』。這是我的孩子背的最熟的第一首『魯詩』，它又是多麼貼近我們成年人的心意和切合當年的時勢啊」。[18]

「1968年冬天，一場政治災難突然莫名其妙地襲擊我時，我幾乎不知所措。……我獨自在一件簡陋的農舍裏，忍受着憤激、無望和孤寂的折磨。我需要精神支柱。……當時我的手頭上還有一本群眾組織編輯出版的《魯迅語錄》，很厚，達五百多頁。我是那樣珍愛這本小書，竟然剪下了一個筆記本上的硬紙封面，把它改裝成『精裝本』，使它免受損害。每天，當『革命群眾』到農田幹活去的時候，我便從褥子底下拿出它來，通過它，去拜謁那個偉大的、睿智的、雄強的靈魂。……當我讀到先生一些精闢透徹、酣暢淋漓的論述時，多想用筆把這些段落畫下來，可是在當時我的家信也已受檢的情況下，我不能這樣做，我擔心他們會從中知道我『頑固不化』的『活思想』。不能標記下來，又惦念着，尋味着，這種隱蔽的欣喜，在我悒鬱的感情中，算是難得的一點亮色」。[19]

---

18 中英傑：《雜感與漫想》，《當代作家談魯迅》31 頁，西北大學出版社 1984 年版。

19 母國政：《小草仰望大樹》，《當代作家談魯迅》，40–41 頁。西北大學出

「1969年，我去了北大荒農場。在我能帶走的不多的書籍中，魯迅先生的作品幾乎佔了一半。在那周圍沒有更多的書籍，也不允許讀其他書籍的荒蕪的原野上，在寒冷而漫長的冬季的火爐邊，魯迅先生是一位倖存者，在身邊陪伴我們度過了那麼艱難的歲月。我有一本紅皮的《魯迅語錄》，是文革中不知哪一派摘錄下來作為戰鬥的武器的，這時也成了我的寶貝，其中那些警句我至今都能背誦下來。『石在，火種是不會絕的』，『忠厚是無用的別名』，『在生活的路上，將血一滴一滴地流過去，以飼別人，雖自覺漸漸瘦弱，也以為快活』，『苟活者在淡紅的血色中會依稀看見微茫的希望。真的猛士，將更奮然而前行』。在鏟地休息的時候，在麥田看管小麥，在顛簸的扒犁上，在水利工地……我心中默念着這些警句，翻來覆去，滾瓜爛熟，卻從來不覺得枯燥乏味，好像其中有無數道看不見的放射線，透視到我的靈魂裏去了。有的後來成了我的人生宗旨和信條。……」。[20]

「我又一次讀魯迅的書是批《水滸》和所謂『反擊右傾翻案風』的時候，那許多搞運動和政治學習的時間重又變得『雷打不動』了。為了排遣無聊煩躁，我又翻開了魯迅，堂而皇之，在上班時間，他的書成了我精神上的避風港。在那一片習以為常的『大批判』的喧囂聲中，你一旦進入這個港口，便可以獲得那份沉靜，他的書總能讓人潛心閱讀下去。他總能説出那些你想講而不能講或是感受到了卻講不出的話。他作品中的那種語言對一個讀書人來説又總給人以一種享受，而那時候確乎沒有多少享受可言。那怕是看戲，或者是根據樣板戲拍出來的樣板電影，都喧囂得令人難以忍受，就更別説當時報刊上的

版社，1984 年版。

20 張抗抗：《心靈的哺育者——魯迅》，《當代作家談魯迅》，138 頁。

那種文風了。一個正常人倘若成天同口吃者打交道，那正常人也會受到傳染，變得口吃起來。我覺得我那時候也已經變得口吃了。讀魯迅的書便矯正着我，説正常人的話。同時，也提醒我，我們這民族也有過現代的真正的文學，並非一切都得從零做起」。[21]

不難看出，這一切，都發生在文革初期的狂熱稍稍冷卻以後。如一位過來人的回憶中所説：「被『烈火』燒得焦頭爛額，在大風浪裏『滾了一身泥巴』，初期的狂熱急速冷卻，『戴着腳鐐的跳舞』的悲哀苦悶強烈襲來，『春雷』響過，『曙光』放完，『全國一片紅』了，我的心頭卻是從未有過的黑暗」。這時候，就與魯迅相遇了，「那些『大夜彌天』時留下的文字便深深地吸引了我。原先最發怵的、認為最難啃的雜文，此刻彷彿一下子都懂了，成了我最愛不釋手的一部分」。[22]這已經是被魯迅的接受史所一再證實了的：當人們陷入狂熱，就在實質上遠離了魯迅，儘管可以把魯迅的名字嚷嚷得高聳入雲；而一旦人們清醒過來，敢於面對真實的黑暗(既是現實的黑暗，更是本體性的黑暗)，或者被自己不能掌握的力量拋進黑暗的深淵，擁有了與魯迅相似的境遇與生命體驗，遠行的魯迅就會變得親近而可理解，一切強加於魯迅的外套就會脱落，以「真實的生命個體」進入人們的內心世界，進行對話，交流與撞擊。而每一個人對魯迅的體認，所受的影響，都會不一樣：一千個人心中就會有一千個魯迅。每一個獨立的生命個體都是通過自己獨特的路徑，用自己獨特的方式與魯迅溝通的。當

21　高行健：《我讀魯迅》，《當代作家談魯迅》(續集)，113–114頁。西北大學出版社，1986年版。

22　王毅：《隨風潛入夜，潤物細無聲》，《當代作家談魯迅》(續集)，7頁。西北大學出版社，1986年版。

然，也必然有更多的人永遠(或暫時)不願或不能與魯迅相遇：在任何時候，魯迅的真正的接受者、理解者都是民族中的少數，更不用說追隨者。

而文革後期，正是人們最容易接近魯迅的時刻。

這是由兩個方面的機遇造成的。首先是大批的知識分子與青少年被毛澤東趕到了中國的農村，這自然是一種反智主義的強制改造，完全不應該加以美化和理想化。但當人們離開校門與書齋，來到中國社會的底層，與生於斯、長於斯的中國最廣大的農民和普通民眾有了直接的接觸與體驗，在思想感情與認識上發生某些變化，也是真實的，也會對中國的未來產生深遠的影響。[23] 這是需要作專門的研究的。在本文論述範圍內，我們想要強調的是，當人們在現實的中國農村重新發現了未莊、魯鎮，發現了閏土、祥林嫂、阿Q時，他們就會發現：原來魯迅的靈魂，他的藝術生命的根是深紮在中國這塊土地上的，他與中國的底層人民有着血肉的聯繫；不瞭解中國底層社會，特別是中國的農村，永遠也不可能理解中國，以及他的最忠實的兒子魯迅。作家高行健談到自己文革期間曾到皖南山區的一個小鎮上的農村中學教書，「我發現他小說中描寫的那小市鎮和我在的這個小鎮仍然有許多相通之處，覺得十分的悲哀。我佩服他那準確的筆墨，卻承受不了這種鬱悶。我於是到附近山裏去轉轉，並且拍了數以千計的照片。印放出來，卻發現拍攝的這些小街巷和青石板竟然都印着魯迅的那些小說給我帶來的種

---

23 一位知青在給朋友的信中談到「我喜歡這種『底層』的生活，它把最淋漓最真實的人性揭示給我」，「野性的山林，質樸的民族，使我忘卻了一切個人的恩怨。人性的東西又在我身上復蘇了，我會哭了，會笑了，也知道什麼是感情了」(1976年6月16日寫，收《民間書信(1966–1977)》，402頁，安徽文藝出版社，2000年版。——實際的農村體驗及其影響自然更要豐富與複雜。

種情緒。他給予我的影響已經深入到我的骨髓，甚而至於到了意識不能到的地方」。[24] 作家白樺更以詩的激情談到：他是在發放到生育魯迅的紹興那片土地上，夜夜聽到「病兒的母親的叫魂兒」的聲音，彷彿自己的魂兒也被叫走時，才接近了魯迅的。[25]

當然，更重要的是1971年的林彪事件所引起的心靈的震撼與由此開始的苦悶，思索，與覺醒。很多人都談到那是一種「天崩地裂」般的感覺：理想的面紗突然脱落，露出猙獰面目，信仰的支柱陡然倒塌，人們再也不能不面對現實了，懷疑開始並且逐日增長了。

這是當年的知青趙振開、後來的詩人北島1972年2月18日寫給他的朋友的信——

「通覽信的全篇，那高昂的激情，戰鬥的姿態，激揚的文字，確實使我回憶起六七、六八年的生活。而且我相信永遠不會忘掉它。……你在為一種『崇高的理想』而奮鬥，你有着『無限的樂趣』『無限的愉快和幸福』。我不否認，這種信仰的力量是巨大的，而且你確實是誠心誠意地信仰它。你並不像我時常遇到的一些假道學先生。可是你卻忽略了一點，沒有細看一下你腳下的這塊信仰的基石是什麼石頭的，它的特性和結實程度，這樣就使你失去了一個不斷進取的人所必需的支點——懷疑精神，造成了不可避免的致命傷。接踵而至的『無限的樂趣』、『無限的愉快和幸福』不過是幾百年前每一個苦行僧和清教徒曾經體驗過的感情。我並不是一概否定信仰，人

24 高行健：《我讀魯迅》，《當代作家談魯迅》（續集），113頁。西北大學出版社，1986年版。

25 白樺：《體驗魯迅》，收《魯迅新畫像：魯迅是誰？》，新疆人民出版社，1997年版。

似乎總是需要一種絕對的東西佔據自己的靈魂之上。我相信，有一天，我也不免有信仰，不過在站上之前，我要像考古學家叩叩敲敲，把它研究個透徹的」。[26]

於是，就有了《回答》：「告訴你吧，世界，\ 我——不——相——信！」[27]——這一代人是從懷疑精神的重新獲得而走上思想解放之路的。

就在這樣的思想背景與精神需求下，魯迅開始從被強制納入的毛澤東思想體系中剝離出來，開始擺脱「黨的魯迅」、「毛澤東的魯迅」的強加形象，恢復了他的獨立的、自由的、批判的、懷疑的、創造的本性，[28] 並且參與到文革後期全民性的民間獨立思考中，成為新的探索的重要思想資源。[29] 歷史已經證明，這一次自發的民間思考，是為以後的以「實踐是檢驗真理的標準」為開端的思想解放運動，以至整個中國的改革運動，作了思想、理論的準備，以至骨幹力量的集結與訓練準備的。[30]

26 振開給金波的信（1972年2月18日），《民間書信（1966–1977）》，161–162頁。安徽文藝出版社，2000年版。

27 此詩寫於文革後期，在知青中廣泛流傳，1979年才公開發表於《詩刊》3期。

28 這樣的剝離過程，對比趙振開們年長的五、六十年代的知識分子是更為艱難、曲折的。作家母國政曾經談到，他們那一代人，是將毛澤東與魯迅同樣作為自己的精神支柱的，即使是在文革中受到迫害時，也依然如此。這樣，他們要科學地認識魯迅與毛澤東，必然伴隨着嚴肅與嚴重的自我審視與蛻變。參看母國政：《小草仰望大樹》，《當代作家談魯迅》，40頁。西北大學出版社，1984年版。

29 一位知青在1976年3月3日寫給朋友的信中，特地提到「魯迅在他題為《彷徨》的小冊子序言中引用屈原的詩句『路漫漫其修遠兮，吾將上下而求索」，而「上下求索」正是表達了此刻他們自己的心聲與欲求的。「屈原—魯迅—文革這一代」之間的這一精神聯繫線索是很有意義的。參看「峰」給「光明」的信（1976年3月3日），《民間書信（1966–1977）》，381頁。安徽文藝出版社，2000年版。

30 參看錢理群：《思想尋蹤》，《六十劫語》，105–115頁，福建教育出版社，1999年版。

當時，在全國各地都自發地建立起或顯或隱、或嚴密或鬆散的大大小小的「民間思想村落」，至於分散的通信談心更是不計其數，討論的中心是讀書，彼此交流讀書的心得，並由此展開十分廣泛的話題：「世界何處去，中國何處去」，個人人生道路、愛情的選擇，生、死、命運等等。「魯迅」自然是一個重要的不可迴避的題目。[31]

這是一位名叫盧叔寧的知青寫給他的朋友的一封信——

「你提到啟蒙運動，細究起來中國何曾有過啟蒙運動呢？相反有的是蒙昧時代。自然啟蒙也是有過的，但一旦啟蒙者也坐上了以往自己所攻擊的王位寶座時，啟蒙者就變成了蒙昧者，啟蒙運動也就為蒙昧的教育所替代了。往日的市野上的革新者一變而成了王族、幸臣、侍從。……

「中國也不是沒有真正的啟蒙者，魯迅便是唯一的一個。但是有多少人真正理解魯迅的偉大呢？魯迅的偉大在於他是第一個將中國看透的人，第一個將中國的真相揭示袒露在人們面前的人。……魯迅的境遇，在生時受到的是無窮的攻擊和暗箭，而在死後一些人則慶喜地將他忘卻掩滅，其心理是和唯一知道自己秘密的人死去後所感覺的一樣。更有一些人則以尊

31 有這樣的回憶：「我所在的學校離城中心比較遠，旁邊有一個水庫。每到假日，朋友們就一個一個地來到我的住地，白天爬山、游泳，餓了就煮一大鍋白菜湯，就着各人帶來的乾糧。晚上，拉起窗簾，圍坐在一盞微明的燈下，我們就開始讀魯迅的作品了。一般都是由我先講，然後自由地討論，有時也爭得面紅耳赤。當時討論了一些什麼，今天已經印象模糊了。但我還記得，我們最喜歡的，也是經常提及的，是魯迅在《彷徨》題辭裏引述的屈原的詩句；還有一句，是當時新發現的魯迅著作《在滬寧克復那一邊》中的話，叫作『永遠進擊』；我們最愛說的，還有文化革命中盛傳是毛澤東年輕時的格言：『在命運面前碰得頭破血流也絕不回頭』。這些格言式的語言，我們這批人大概終生都不會忘記，因為它已經連同那個時代，融入我們的生命中了」。參看錢理群：《知音在民間》，《走進當代的魯迅》，311–312 頁。北京大學出版社 1999 年版。

崇他的姿態將其擺在他們宗祠的祭壇上加以頂禮。其目的不過是用一個新的神像來裝飾自己的門面或驅斥自己的政敵。他們何敢回復其本來的面貌——無情地揭露入木的批判，不妥協的鬥爭呢？魯迅的向着自己、他人、社會刺去的解剖刀變成了專向不祈禱、不跪拜的異教徒的威嚴的法劍。魯迅在生時所無限同情又無情地批判憎惡的阿Q們，還有那魯迅用厭惡與蔑視之筆劃下的聰明人們(奴才、假洋鬼子等)在魯迅死後，倒反過來將他『聰明地』『阿Q化』了，這是怎樣的一種諷刺和怎樣的一種痛心的悲哀啊！而揭示這些該是新的啟蒙者們的任務之一吧。『還我魯迅』該是魯迅的真正繼承人的口號。『還我真貌』則是魯迅幽靈哀痛和深沉的呼號了。

「魯迅對於中國是太寶貴了。……中國在昏睡狀態中度過了幾千年，卻沒有一個人像他那樣瞭解他們所生活的社會，或者說沒有一個能夠和敢於將中國的真面目揭示出來。總是欺騙着別人也矇騙自己，騙着也被騙着，在無數的禮節和假面中活着，喘息地生存着。統治者高興在假面具後面將自己扮成人民的救星，上帝的使臣，人們則甘於在假面具後面求得苟活。而一旦人們試圖揭露那假面，看穿那統治者的猙獰貪婪的真貌時，則遭到最殘酷的鎮壓。於是在被血裝飾的假面後又恢復了雙方的平靜，雖然是像在森嚴的大殿裏一樣可怕的平靜。是魯迅第一個不僅揭露了統治者的醜惡真貌而且第一個更深刻地將自己所深摯熱愛同情的人們的被愚弄被歪曲被壓抑而畸形化的精神心理揭示出來。前者的揭示不是由魯迅始的，而且那種揭露是自有了階級以來就一直存在的，這是被剝削壓迫者的本能。而後者的揭示卻是魯迅獨特的偉大。歷來統治者不僅想隱瞞自己的真相，更惡毒比隱瞞自己更壞百倍的是，不讓人民自己認識自己，自己的缺陷自己的力量自己的信心自己的前途。

這是最可怕的愚昧和奴化。一些統治者用來世的幸福叫他的臣民忍受今世的苦痛，以保證統治者今生的奢侈，而中國的統治者則用更簡單得多的辦法，即讓他的臣民無知無識(甚至更進而用虛無的精神鴉片使臣民們自己覺得已經非常的幸福和自由了)，自然就可以免除妄動之憂了。而他們也就可以安心享用從愚者身上榨取的膏血了。所以我認為認識統治者的罪惡甚至不是最主要的，因為這是較明白的事。而讓人民認識自己，則要更重要得多。啟蒙運動的意義目的，我看就在於讓人民認識自己，使人民成為自覺的社會成員，而不是一個盲目的人類生存者。從這裏我們可以找到一個識別一切統治者的標準。竭力掩住人民的耳目、混淆他們的視聽，卻將自己裝扮成人民的代表者的統治者是騙子強盜。不僅相信人民的力量而且竭力使人民認識自己的力量、缺陷，使人民成為自己的自覺的主人者是人民的真正代表者。魯迅在揭露阿Q的瘡疤的時候似乎比那些說阿Q的瘡疤有獨特的美的人要遭到他人(甚至阿Q本人)的責罵。但真正愛阿Q的不是後者恰恰是揭露者的魯迅。……

「魯迅啟蒙的任務是讓患者先認識自己的病，並進而使他認識自己的病因病根，使他震醒。魯迅作為一個社會醫生很好地完成了他的任務。但是病人應當怎樣和自己的病尤其是怎樣和產生這種病的環境條件進行自覺的鬥爭，這便是魯迅的後人所應當完成的了。這就是說一方面我們要繼續魯迅的遺業，將對社會惡症的揭露，對社會給人們打下的烙印的揭露繼續下去深化下去，另一方面則要將如何更自覺地根治這社會與人們的病症的方法昭示給人們。……使他們明瞭自己的義務和權力，而且明瞭自己有這種能力而應當去爭取這種能力的充分發揮。使他們明瞭自己不是被施恩者，不是單純的被療救者，他們自己同時是創造者、療救者和創造物的所有者。這便是現今啟蒙運動的(如果有的話)任務」。[32]

我們可以說是情不自禁地抄錄了這麼許多，這是因為這篇寫於1972年11月11日的通信，幾乎掩埋在歷史的塵埃裏；儘管在28年後總算以《劫灰殘編》之名結集出版，

但其微弱的聲響依然被世紀末的狂歡聲所淹沒。但我們敢肯定，這將是魯迅接受史，乃至中國文革思想史上的重要文獻，它標誌着穿越建國以來，特別是文革的民族的與個人的苦難，中國的民間思想者對自己的精神同道、思想導師魯迅的體認，[33] 所達到的時代的歷史的高度與深度。很可惜，中國的輿論控制使得這樣的體認不能通過公開傳播轉化為社會思想財富，以至後來者不能在前人已經達到了高度繼續前行，而不得不不斷地「從頭開始」。這種魯迅接受史與中國現代思想史上的斷裂現象，應該引起注意與反思。

而且，盧叔寧對「啟蒙者」的魯迅的體認，只是通向魯迅的思路之一；也還存在着另外的心靈通道。從歷經艱辛於2000年出版的《民間書信(1966–1977)》收集的當年的書信中，可以看到，一些知青曾有過怎樣的「走向地獄」般的絕望體驗：「從學校出來以前，認為反抗的是校領導，走出自己的學校，

32 盧叔寧：《劫灰殘編》，274–277，279–280頁。中國文聯出版社，2000年版。

33 《劫灰殘篇》的作者在1998年為該書所撰《自序》裏回憶當年在山西農村「在只有三條腿的歪斜的桌子上，伴着一豆油燈讀至深夜」的讀書生活時，特別提到閱讀魯迅的體驗，深情地寫道：「他是我平生唯一敬重的人（我反對用崇拜二字，它是對虛無的神而言的）。讀他的小說、散文、雜文、詩歌，就彷彿他所痛陳的一切，他所憤怒的一切，他所蔑視的一切，他所悲愴的一切，他所熱切的一切，都直指我們所直斥着當世的非人的一切。我常常邊讀邊感到心靈的震撼」。作者最後說：「就是現在，在這太平興盛之世，魯迅仍是我們不可或缺的思想的導師。他的解剖刀，如果我們丟失了，或讓它成為一把裝飾刀、水果刀，那我們思想界就失去了最犀利的武器，這將是我們的悲哀」。參看《劫灰殘編》，3頁。

而到了草原才明白這是社會的產物」，「而走向地獄，用最冷酷的眼睛來觀察這個社會，拋掉那種行屍走肉還不能捨棄的裝飾，我得到的就是最真實的結論：凡是死亡的事物，都帶上了死亡的色彩，而這色彩，是用什麼顏色也掩蓋不住的」；[34]「苦悶，苦悶，無窮無盡的苦悶，苦，只有苦，你的信，又給我壓上了新的苦。這並不是『小資產階級』或其他什麼階級的感情，而是一個孩子般純正的，來自天性的感覺……心靈壓抑着劇烈的浪，淚水在眼圈裏一閃一閃……如果你願意聽，如果你願意信任——一個孩子在火山口上發出了嘶啞的哭聲，小手向天：『媽媽在哪兒？親人在哪兒？我的生命在哪兒？……』」；[35]「兩年，也就是整整七百多天，孤獨地一個人生活，這是我不曾有過的，一生不曾有過的。……我這時才感到最折磨人的不是艱險、困苦、失望，而是孤獨。它用一種極不讓人可耐的方法折磨你，使你簡直要發瘋。我真想歇一歇，命運向我要求的太多了。可我畢竟還是在向前走，我還夢想做一個生活的強者」。[36]正是在這極度的絕望、苦悶與孤獨中，人們走近了魯迅。前引書信的一位作者突然發現，他也面臨着魯迅的魏連殳的問題：我為什麼活着？或者說，我活着的理由、依據是什麼？「為那些願意我活下去的人活下去」麼？「為那些不願意我活下去的人活下去」麼？後者是魏連殳(一定程度上也是魯迅自己)的選擇。現在這位中國七十年代的知青說：「我曾幾乎走上了連殳那種結局的路，而卻被人拉住了」，他要「為那願意我活下去的人掙扎着，找尋活下去的路。因為他們願意我好好地活下去，我不能讓他們痛心。在這種活着比死更痛苦的時候，我個

34 李南致ＸＸ(1976年3月17日)，《民間書信》，388頁。

35 力致向(1976年6月5日)，《民間書信》，398頁。

36 其照致也夫(1976年6月16日)，《民間書信》，402頁。

人的抗爭還能顯出我是個活人」。在絕望中掙扎着做個「活人」，思考着「應該怎樣在這種時代中過認真的生活？」探尋着「怎樣才能像個樣子的活在這個世上？」[37]：這一代人開始自己起來反抗絕望時，他們就與魯迅相遇了。

這樣的相遇也發生在成長於五、六十年代、三、四十年代的部分知識分子與魯迅之間。

在這裏首先要提到的是在五十年代即已嶄露頭角的畫家裘沙、王偉君夫婦。他們以三十年的持續努力，建造了一座「魯迅思想殿堂」——《魯迅之世界畫集》與《世界之魯迅畫傳》，曾在八、九十年代引起國內外魯迅研究界、藝術界的巨大反響。而這一宏偉的思想藝術工程正是起端於文革的後期。兩位藝術家這樣回憶自己的精神歷程：在「一切聽從組織安排的年代」，自覺自願地做「馴服工具」，也曾按照報紙的宣傳去認識魯迅；直到經過文革的全民族的大苦難、大絕望，才拋棄了人們強加給自己的「假魯迅」的形象，而發現了魯迅的「立人」思想，認識並感覺到了「魯迅的世界」，魯迅成了他們在極度絕望中終於尋得的唯一的希望。他們的藝術、人生道路，以至整個生命由此發生了根本性的轉折：拋棄一切，「抱着自我毀滅的大決心」，將自己的生命投入「用圖畫再現魯迅先生震撼心靈的藝術世界」的神聖事業：這是一條永遠的不歸路。[38]

還有顧準。這位在90年代才發現並引起震撼的思想家，也是在那最黑暗的、幾乎看不到任何希望的年代，獨立地，孤立無援地，開始了他的精神探索：如他所說，這是一種「從頭思

37　李南致老周（1976年10月1日），《民間書信》，421–422頁。

38　參看錢理群：《生命融為一體——評裘沙、王偉君〈魯迅之世界全集〉》，《走進當代的魯迅》，325–329頁。北京大學出版社，1999年版。

考」，也即對於作為前提的、「終極目的」性的命題提出質疑。值得注意的是，顧準在承擔「科學地反思與批判社會主義文化」這一歷史性課題的一開始，即與魯迅的著名命題「娜拉走後怎樣？」聯繫在一起思考。他一再說：「我們也可以效法魯迅『娜拉走後怎樣』的口吻，問一下，羅伯斯比爾不死，而且徹底勝利了以後怎樣？」「革命取得勝利的途徑找到了，勝利了，可是，『娜拉走後怎樣？』」[39] 可以說，顧準是接受了魯迅的懷疑精神的影響，並且是自覺地「接着魯迅想下去」的。這其間思想與精神傳遞關係是明顯的。[40]

就在全民族處於空前的迷茫與饑渴的70年代初，魯迅徑直走向中國知識分子與年輕一代的心靈深處，並直接參與新的思想解放運動的醞釀與準備，獲得了新的生命；而毛澤東卻陷入了不可解脫的孤獨與無奈。林彪事件對毛澤東的打擊幾乎是致命的，他因此大病一場。這時候，毛澤東再次想起了魯迅。1971年11月，即林彪事件發生兩個月以後，毛澤東在武漢視察時，突然提出：「我勸同志們看看魯迅的雜文，魯迅的書不太好懂，要讀四、五次，今年讀一遍，明年讀一遍，讀幾年就懂了。我們黨內不提讀魯迅的書不好」。1972年，他又特意讓有關部門把58年版的《魯迅全集》十卷本排印成線裝大字本。在

39　顧準：《直接民主與『議會清談館』》，《民主與『終極目的』》，收《顧準文集》，359，372 頁。貴州人民出版社，1994 年版。

40　王元化先生在給顧準的《從理想主義到經驗主義》一書所作的《序》中即指出：「魯迅稱屈原的《離騷》：懟世俗之混濁，頌己身之修能，懷疑自遂古之初，直至萬物之瑣末，放言無憚，為前人所不敢言，他指他指出達到這種高超境界是基於思想的解放，擺脫了世俗的利害打算。倘用他本人的話說，這就是：靈均將逝，腦海波起，茫洋在前，顧忌皆去。我想，本書作者在寫下這些文字的時候，大概也是一樣，對個人的沉浮榮辱已毫無牽掛，所以才能超脫於地位、名譽、個人幸福之外，好像吐絲至死的燭一樣，為了完成自己的使命感與責任感，義無反顧，至死方休」。《顧準文集》，226 頁。貴州人民出版社，1994 年版。

遲暮之年，抱老病之軀，負眼疾之患，硬是通讀一遍，有的還讀了多遍，畫了不少圈圈點點。[41] 而尤其引人注目與深思的是，毛澤東在1971年11月的談話中，特地說了這樣一番話——

「魯迅是中國的第一等聖人，中國的第一等聖人不是孔夫子，也不是我，我是聖人的學生。」[42]

從年輕時即立大志要做中國(以至世界)的「聖人」，為此搏鬥一生，並因此與魯迅發生了相當複雜的關係的毛澤東，在生命的最後一程得出了這樣的結論，其心情自然是一言難盡。[43] 而魯迅此時遠行已久，「聖人」云云，早與他無關了。

這時候，距離文化大革命的最終結束也越來越近了。

41　以上材料與毛澤東原話轉引自陳晉：《文人毛澤東》，656頁，上海人民出版社，1997年版。作者在「後記」與「主要參考書目」中說明，有的材料引自中共中央文獻研究室部分毛澤東文獻檔案。作者還介紹，毛澤東一生閱讀與保存有三種版本的《魯迅全集》，即1938年版《魯迅全集》58號紀念本，1958年版《魯迅全集》注釋本，以及前述特印的線裝大字本。

42　轉引自陳晉：《文人毛澤東》，658頁。上海人民出版社，1997年版。

43　1972年毛澤東與尼克松會見時，尼克松說他讀了毛澤東詩詞與講話以後，知道毛澤東是一個思想深刻的哲學家，並認為毛澤東的思想理論「感動了全中國，改變了世界」。毛澤東立刻回應說，沒有改變世界，只改變了北京附近的幾個地區。這與「我不是(聖人)」的說法是一致的。參看陳晉：《毛澤東的文化性格》，298頁，中國青年出版社，1991年版。實際上，毛澤東對中國國民(包括知識分子)精神的「改造」仍是有成效的，其影響並不可低估。

輯五

地方、少數民族地區與基層文革

從地方文革看文化大革命

——讀《文革中的山西——山西文革親歷者的回憶與反思》[1]

文化大革命的一大特點是空前的廣泛參與性，不僅幾乎所有的中國人都被捲入，而且革命的風暴橫掃中國每一片土地。因此，我們對文革的考察與研究，就不能只集中在上層，更不能局限於北京、上海這樣的大城市，中心地區，而不可忽視遍佈神州大地的地方、基層文革運動。這恰恰是文革研究的一個薄弱環節。可喜的是近年來有越來越多的歷史的當事人寫下了自己的文革記憶與反思，他們中許多人都是所在地區的文革的領袖和骨幹，他們的回憶不但提供了已經逐漸被淡化、遺忘的非親歷者所不知的內幕與細節，而且其所作的對歷史經驗教訓的總結，更能給後來者以眾多的啟示。眼前的這本《文革中的山西——山西文革親歷者的記憶與反思》在類似的專著中論述最為全面、詳盡，正可以作為文革時期，甚至是整個毛澤東時代的「地方政治的一個珍貴樣本」[2] 來加以研究。

如研究者所說，山西文革最引人注目之處，就是「一月革命」奪權中，山西省「一·一二」奪權是「全國第一奪」，「最早得到中央承認和宣傳的山西奪權，就自然成了奪權的『樣板』」。[3] 本書作者告訴我們，奪權後建立的新權力機構命

---

1 《文革中的山西——山西文革親歷者的記憶與反思》(上、下冊)，石名崗執筆，香港天馬出版有限公司，2015 年。

2 丁東：《〈文革中的山西〉序》，《文革中的山西——山西文革親歷者的記憶與反思》，第 1 頁。

3 何蜀：《民間編寫文革史的可喜成果（序二）》，《文革中的山西——山西文革親歷者的記憶與反思》，第 6 頁。

名為「革命委員會」就是山西太原奪權時首創的；而《人民日報》發表的《山西省無產階級文化大革命的偉大勝利》社論在總結山西奪權經驗時，就強調了「山西的革命造反派」的作用和「山西省軍區和人民解放軍部隊」的「支持與援助」，[4] 以後又進一步完善為「革命幹部，軍隊與造反派群眾的三結合」，作為文革權力機構的基本模式。在某種意義上可以說，革命幹部、軍隊、造反派群眾也構成了山西以及全國地方文革的三大原動力，地方文革就是這三種力量在自己的本鄉本土演出的慘烈活劇。我們也據此作三個方面的敘述、分析和討論。

一、文革中幹部主導的地方政治

在討論幹部在山西文革中的舉足輕重的地位與作用之前，需要對山西幹部的特點略作分析，主要有二。首先是「山頭林立，派別甚多」。作者介紹說，「山西省幹部圈子裏流傳着這樣一句話：『太行的幹部，太嶽的黨，晉綏幹部後娘養，晉察冀幹部歇涼涼』」。說的就是山西幹部由歷史形成的四大派系與他們在山西現實政治結構裏所處的不同地位。他們都產生於抗日戰爭時期八路軍在山西建立的敵後根據地：其中賀龍率領120師在晉西北創建了晉綏根據地；聶榮臻率領115師在晉東北創建了晉察冀根據地；朱德、彭德懷、左權、劉伯承率領八路軍總部和129師在晉東南創建了晉冀魯豫根據地，以後八路軍總部、129師師部及新建的385旅多在太行山一帶活動，是為太行區；陳賡領導的386旅、薄一波領導的決死一縱隊多在太嶽山一帶活動，是為太嶽區。建國前後，晉察冀和晉綏主要高級幹部都紛紛調離，山西省遂由太行和太嶽的幹部主政，文革開始時

4 《文革中的山西——山西文革親歷者的記憶與反思》，第 145，141 頁。

的省委第一書記衛恒，省委第二書記兼省長王謙、省委常務書記王大任就分屬太嶽派與太行派。

山西還有一批外省籍的外來幹部。時任省委書記處書記、太原市委第一書記的袁振就是山東人，是冀魯豫區的幹部。此外還有因犯錯誤貶到山西的幹部，其中就有原國家民族委員會副主任、時任山西省副省長的劉格平，原全國人大副秘書長、也任山西省副省長和省委常委的劉貫一，以及原包鋼黨委書記、時任太原市委書記處書記、原籍河北的陳守中及其夫人劉志蘭(原左權夫人，時任山西省委農工部副部長)，等等。

由以上山西幹部的歷史淵源的考察，可以看出，作為老革命根據地的山西幹部與從山西出去的中央幹部都有着天然的密切聯繫：不僅山西幹部以與自己有歷史關係的老領導為靠山，這些中央幹部也是把山西視為自己的地盤的。山西籍的彭真、薄一波都是山西幹部的領袖級人物。由於晉冀魯豫根據地是以山西為中心的，山西也成了鄧小平的基地。劉少奇的幹將安子文是陝西人，但他長期在太嶽區工作，也算得上多半個山西幹部，他擔任中組部部長對山西籍的幹部也時有照顧，衛恒就是他培養的典型。而以上這些中央領導幹部在文革中都屬於主要打擊目標。這樣，也就使得山西幹部與文革從一開始就陷入了極其複雜的關係之中。[5]

這些有着不同背景與複雜關係的幹部，在文革中輪番主政，在一定程度上可以説，這些幹部的相互博弈，構成了山西文革的主要內容。因此，我們也可以按照他們的上台與下台，將山西文革分為五個時期。

5　以上關於山西幹部特點的討論，均見《文革中的山西——山西文革親歷者的記憶與反思》，第 55，106，604–605，103 頁。

(1)**衛恒、王謙、王大任領導文革時期**(1966**年**5**月**16**日**–1967**年**1**月**12**日**)

一切聽命於中央，這是文革前中國地方政治的最大特點；緊跟中央，就是基本的為官之道。因此，文革從黨中央發佈《五一六通知》開始，山西黨政領導也和全國其他各地的省委、省政府一樣，按照主持中央工作的劉少奇發佈的中央指示領導本地文化大革命，此時他們還不知道中央最高領導中存在着毛澤東和劉少奇兩個司令部。一切都按部(中央部署與歷來政治運動的慣例)就班：首先主動拋出黨內右派，實際上是黨內有獨立思想的知識分子幹部副省長王中青、著名作家趙樹理、李束為，把他們定為「山西三家村」，將其所謂「反黨反社會主義反毛澤東思想」的三反言行，在《山西日報》上公開點名批判；在群眾起來貼出《山西省委和北京市委一樣》的大字報，對省委提出懷疑時，就派出工作組，並在大中學校機關幹部、教師、學生中「劃分左中右」，被劃為右派和反革命的師生達三分之一之多：顯然是要把文革引向一場新的反右運動。[6]

但幹部中的敏感者已經察覺「此一時非彼一時」，文革不同於以往政治運動，重心在黨內。於是，就有了在5月20日召開的華北局會議上，「非李雪峰派」(李雪峰時為華北局第一書記，太行根據地的創建者之一，是王謙等山西太行派的老領導)的時為太原市委書記的袁振的「炮轟山西省委」，同時遭到山西省委與華北局的猛烈反擊，稱其為「野心家」、「伸手派」。袁振在高壓下一面趕緊檢討，還把陳守中等市委領導拉進他的「五人反黨集團」；一面在暗地裏「指導」不明內幕的中學生、大學生貼出《痛打衛恒黑幫》的大字報，提出「炮轟衛恒，支持袁振」的口號。[7] 這是文革中山西幹部的第一次公

6 《文革中的山西——山西文革親歷者的記憶與反思》，第58，73，74頁。

7 《文革中的山西——山西文革親歷者的記憶與反思》，第54–55，57，75頁。

開分裂，而且從一開始就帶有濃厚的派系鬥爭的色彩。這也是第一次幹部對群眾造反的參與和操縱，開了一個後果嚴重的先例。

在中共中央八屆十一中全會，毛澤東貼出《炮打司令部——我的一張大字報》公開了黨的最高層所謂「兩個司令部」的矛盾與分歧，特別是從1966年10月開始發動批判劉少奇的「資產階級反動路線」以後，緊跟劉少奇的黨中央的以衛恒為首的山西省委就處於極度被動的狀態，省委再度發生分裂。先是時為省委常務書記的王大任直接支持他們選中的某一造反派組織召開全市性的「批判資產階級反動路線大會」，徑直點衛恒的名。以後衛恒在與另一批造反派「辯論」17小時以後，簽字接受了造反派的某些要求。王謙、王大任等八名省委常委就聯名給周恩來、陶鑄、陳伯達、李雪峰等中央領導寫報告，指控衛恒向造反派妥協犯了「嚴重政治錯誤」，要求撤換其第一書記職務。八名上告者中有六人(包括發起人王謙、王大任)屬於太行派的幹部，這樣的公開上告屬於太嶽派的衛恒，就明顯地把山西的文革運動納入了派系鬥爭的軌道，對以後的山西文革發展的影響是十分深遠的。[8]

但無論如何，王謙和衛恒之鬥，還是山西派幹部的內鬥；而在當時的毛澤東與中央文革看來，他們都屬於劉少奇的幹部，是不可信任的。於是，就注意到了文革前貶到山西的外來幹部。尤其是劉格平，當年薄一波、安子文等六十一人按照經中央批准的劉少奇的指示發表聲明出獄，他是唯一的沒有簽字，留在獄中的幹部，在文革反對「劉少奇叛徒集團」的熱潮裏，他就自然成了抵制劉少奇的「英雄」，擁有很大的政治資本。毛澤東正是看中這一點，發出指示：「山西就讓劉格平搞

8　《文革中的山西——山西文革親歷者的記憶與反思》，第 99，98 頁。

吧！」據王力回憶，毛澤東決心以山西為奪權的突破口，除有劉格平這樣的幹部外，還因為有支持造反派的山西軍區第二政委張日清，以及毛澤東所欣賞的陳永貴等勞動模範，以後劉、張、陳這三位在山西文革中都扮演了重要角色。而一月革命中最緊要的是讓劉格平「站出來」，周恩來和中央文革的王力、關鋒都先後接見劉格平傳達毛澤東指示精神。1月6日劉格平受命回晉，立刻聯絡上了同為外來幹部的袁振、劉貫一、陳守中、劉志蘭、袁振等。串聯時的統一口徑是：「山西的領導幹部雖然派系很多，但是基本路線上是一致的」，都不足靠，只有外來幹部聯合起來造反。1月10日就貼出了劉格平領銜的五人大字報，點明「山西的文化大革命運動，已經不是再檢討什麼資產階級反動路線的問題了，而是屬於鑽進黨內一小撮走資本主義道路的當權的問題了」，實際發出了奪權的信號。經過一段在造反派組織中的緊張工作，得到了回應(王力、關鋒還專門在北京接見山西造反派代表，要求他們支持劉格平)，很快就在1月12日晚，宣佈成立山西革命造反總指揮部，奪了省委和省人委的權。1月25日，《人民日報》頭版顯著位置發表《山西省革命造反派總指揮部第一號通告》，並發表《山西省無產階級文化大革命的偉大勝利》的社論，代表中央表態承認與支持山西「一·一二奪權」。[9] 整個奪權過程表明，這完全是一場毛澤東下決心，周恩來、中央文革具體策劃、指揮的，自上而下的奉旨造反、奪權，而絕非自下而上的群眾奪權。而且同樣是利用一派(外來幹部)打擊一派(本地幹部)的派系權力之爭，而絕非宣傳中所說的「無產階級和資產階級兩個階級、兩條路線的鬥爭」。

9 《文革中的山西——山西文革親歷者的記憶與反思》，第103，104，106，107，109，111，122–124，141頁。

(2)**劉格平統治時期**(1967**年**1**月**12**日**–1969**年**7**月**)

劉格平掌權以後，立刻揮舞「無產階級專政的鐵拳」對對奪權持有不同意見的群眾組織進行無情打擊和報復，即所謂「左右揮舞」，「左一刀」砍向溫和造反派的工人兵團、山西大學八八紅旗，「右一刀」砍向保守派組織工聯、紅衛兵團，將其負責人逮捕入獄。[10]

在3月12日，在山西省革命組織代表會議選舉產生了山西省革命委員會，經中央批准，劉格平任山西省革命委員會主任，可以説牢牢掌握山西大權以後，他又迫不及待地對剛成立的革委會內部的不同派別大打出手。於是，就有了4月14日由群眾組織出面、劉格平幕後策劃、袁振支持的「炮轟劉志蘭」事件。劉志蘭是新被選為省革委副主任的陳守中的夫人，她自己也是省委核心小組的成員和辦公室主任。因此，炮轟劉志蘭，矛頭是指向革委會領導核心中的陳守中，還有劉貫一等人的。選擇劉志蘭作突破口，是因為劉志蘭參與了華北局「炮轟李雪峰」的行動，引起了支持李雪峰的中央文革的康生等的不滿，更因為劉志蘭和她的前夫左權與彭德懷夫婦關係密切，他們的孩子一直由沒有子女的彭德懷夫婦撫養，在彭德懷倒台以後，也依然有來往，這都為江青、康生等中央文革派所不容。而劉貫一也因為在華東局與饒漱石關係不錯而得罪過康生。劉格平正是看清了這一點，就要通過打擊與自己政見不合的陳守中、劉貫一、劉志蘭來進一步投靠中央文革派。所謂「政見不合」主要是指在省革委會成立以後，在文化大革命下一步發展方向上，劉格平(以及支持他的袁振)與陳守中、劉貫一(以及支持他們的張日清)之間發生的分歧。劉格平、袁振都是「繼續革命」派，主張追查衛、王、王的舊省委的「黑二、三線」，擴大打擊範

10 《文革中的山西——山西文革親歷者的記憶與反思》，第149–150頁。

圍；而張日清、劉貫一、陳守中都反對繼續追查，在他們看來，奪權以後，革委會的工作重心應該轉入恢復革命與生產秩序，劉貫一甚至提出，山西文革「已進入鬥批改階段，擬在三個月內完成，結束無產階級文化大革命」。這樣，他們也就站到了中央文革派的對立面。劉格平等敢於「炮轟」，有恃無恐地公開分裂革委會，就是看準了這一點。[11]

在「炮轟」事件裏，還有一個關鍵人物，這就是劉格平的夫人丁磊。文革前她只是省人委信訪局的一個普通幹部；因為參與謀劃奪權，革委會成立以後，就擔任了省人事局局長。瞭解內情的當事人回憶說，「此人看起來比劉格平小許多，個子不高，是個權欲熏天、不甘寂寞、策劃於密室、點火於基層的主。一直受壓制的劉格平在山西掌了權，是她在政壇上嶄露頭角的千載難逢的機會，她呼風喚雨，躍躍欲試，她的家成為山西實際的權力中心，後來山西一系列事件，都有她濃濃的影子」。[12] 這樣的夫人參政構成了一個重要的文革政治現象，我們在下文會有專門討論。

而且矛頭很快就直接指向了掌握了軍權的張日清：劉格平清楚，這才是他的真正對手。但要真正打倒張日清並不容易。這裏有一個細節：北師大附中學生盧叔寧文革中到山西漳河邊的李家溝插隊，當地農民談到山西的兩派鬥爭，都認為根子就在省革委會主任、省軍區政委劉格平和省軍區司令張日清的矛盾。這就難辦了，因為他們的「後台都太硬」：劉格平是毛主席支持奪權的幹部典型，張日清是林彪軍隊支左的典型。有的

11 《文革中的山西——山西文革親歷者的回憶與反思》，第185，188，182，179，229–230，179頁。

12 《文革中的山西——山西文革親歷者的回憶與反思》，第182，196頁。

老鄉甚至由此而提出疑問：「莫非毛、林也是兩派？」[13] 老百姓的這一觀察是抓住了要害，道破了山西文革、全國文革的關鍵。但到了7月，卻出現了轉機。毛澤東發出指示：「69軍在山西文化大革命中地位很重要，要和69軍同志們說一下，要站在劉格平同志一邊，堅決支持劉格平同志」。以謝振華為代軍長的69軍原駐紮在河北保定，1967年2月被調防山西，在山西領導幹部和群眾組織的兩派鬥爭中一直持中立態度，現在毛澤東指示他們支持劉格平，實際也是對劉、張之爭中對劉格平的支持。再加上緊接着發生的武漢「七二〇」事件，在毛澤東的默許、林彪的支持下，中央文革掀起一股「打倒軍內走資派」的反軍浪潮，張日清就自然被視為「山西的陳再道」，以致在中央解決山西問題的七月會議上，中央文革的關鋒公開表態，支持「打倒陳再道，警告張日清」的口號。最後在1967年8月6日通過、毛澤東批准的《中共山西省核心小組擴大會議紀要》裏，就作出了這樣的結論：劉格平、袁振、陳永貴等「執行了毛主席的無產階級革命路線」，「炮轟劉貫一、陳守中、劉志蘭，大方向是正確的」，張日清「犯了方向性錯誤」。[14] 劉格平終於在毛澤東和中央文革支持下，取得全面勝利。

劉格平也因此利令智昏，在接下來的近兩年的統治裏，犯下了一系列錯誤。主要有三。首先是先後發動「八月大掃蕩」和「九五血染」，對支持張日清、反對劉格平的縣武裝部和溫和派造反派組織進行殘酷打擊和報復，從此大失民心與人心。其二，在軍隊問題上制定了一條「依靠025、027、8731，團結4642，鬥爭山西軍區」的錯誤路線。所謂「025、027」是山西

13　盧叔寧：《劫灰殘編》，第54，55頁，中國文聯出版社，2000年。

14　《文革中的山西——山西文革親歷者的回憶與反思》，第274，289，302頁。

兩所航校的代號，8731是駐紮在山西的總後的後勤部隊，本身就沒有多少實力和影響，依靠他們的支持，顯然起不了作用；4642是69軍代號，劉格平居然將毛澤東「69軍地位很重要」的警示置之腦後，把他們作為「團結」對象，就等於將其推向對立面；而明確以山西軍區作為「鬥爭」目標，更是不智的樹敵行為。夫人丁磊還在9月11日將此路線公之於眾，從此走上了一條自我孤立之路。而全國形勢的變化大概也出乎他們意料：毛澤東突然把中央文革的王力、關鋒、戚本禹拋出，高呼「還我長城」，試圖在軍隊與文革派之間尋求新的平衡。這就將地方上劉格平這樣的緊跟中央文革與軍方作對的幹部置於極尷尬的不利地位。到又一次解決山西問題的「12月會議」上劉格平就受到了嚴厲批評。會議專門決議成立新的山西省軍隊支左領導小組，指定謝振華為組長，張日清任第二副組長。自此以後，謝振華領導的省支左領導小組和劉格平領導的省革委往往意見相左，尤其是軍隊進入地方和大企業進行軍管以後，從上到下都形成兩個對立政權，並引發了持續一年半的「局部國內戰爭」。這其間，還發生了袁振與劉格平的分裂，即所謂「紅色政權的第二次分裂」，劉格平就真正成了孤家寡人。

其三，劉格平在12月會議上受到批評，還有一個重要原因，就是劉格平、丁磊夫婦支持編寫《踏遍青山人未老》一書，大搞個人崇拜。書中多次稱劉格平為「毛主席的好學生」，丁磊為「紅岩上的紅梅」，吹噓劉格平「對我們的偉大祖國，對整個國際共產主義運動，立下了不朽的功勳，閃射着不可磨滅的光輝」。這就不僅犯了文革之大忌，更暴露了劉格平要在山西大搞「獨立王國」的野心，這就自然為毛澤東的中央文革所不容。於是，就有了最後的結局：1969年7月，在山西局勢到了不可收拾的地步的情況下，除頒佈《七・二三》佈告

(我們在下文會有詳盡討論)外，又由周恩來代表黨中央宣佈：由謝振華接替劉格平，擔任中共山西省核心小組組長兼革委會主任。同時中央軍委也任命謝振華為北京軍區副司令員兼山西省軍區司令員、軍區黨委第一書記，由謝振華主持山西黨政軍全面工作，徹底結束了山西文革史上的「劉格平時代」。[15]

(3)**謝振華主持山西全面工作時期**(1969**年**7**月**–1974**年**4**月**)

有人說謝振華是「臨危受命」，主要是受周恩來之命；後來鄧小平在評價謝振華的工作時也說：「他對『四人幫』不感冒，他執行的是周總理的指示」。所謂周總理的指示，主要有兩個方面。一方面，是恢復秩序。謝振華上台後第一件事，就是調動二十多個團的兵力，進入全省各地、各大單位，進行軍管，按《七·二三佈告》精神，在不到一個月的時間裏，就制止了武鬥。接着，又採取兩個措施，一是清理造反派隊伍，特別是對緊跟劉格平、與軍隊作對、參與武鬥的激進造反派領袖進行了堅決的鎮壓，其中將山西革命造反派總指揮部總指揮、決死縱隊總指揮、山西省革委常委楊承孝的處決，更是引起了全省上下的震動。對沒有參與武鬥的和軍隊合作的溫和造反派頭頭則安排插隊勞動，或擔任社、縣級基層領導工作。到1970年7月通過中辦學習班的方式，讓所有的造反派都退出了歷史舞台。還下放了一萬五千到兩萬名機關幹部和大中專院校的幹部和教師。在清理造反派的同時，又大力解放幹部，在兩年多的時間裏，全省縣級以上領導幹部百分之九十以上得到複職，有的還得到提拔。這兩個方面的工作，就使得在全國最早奪權的山西，成為「否定一月革命風暴成果最早的省份之一」。所謂

15　《文革中的山西——山西文革親歷者的回憶與反思》，第322–336，337–377，380–381，407，379–380，392，387–388，481頁。

「恢復秩序」，就是全面恢復文革前的統治秩序，對在文革中試圖打破秩序的激進造反派進行了嚴厲懲罰和報復，卻又沒有觸動支持和操縱他們造反的幹部。另一方面，謝振華又以極大精力堅持恢復與發展工農業生產，經過真抓實幹，山西省1970年糧食產量第一次在歷史上突破百億斤大關，工業產值也接近歷史最高水平，大型企業都恢復了正常生產[16]：應該說，謝振華沒有辜負周恩來總理的期待。

但謝振華主政不久，就和省革委領導班子的另一種力量發生了分歧。這就談到了山西文革特有的通天人物陳永貴。文革一開始，在《中共中央八屆十一中全會公報》裏，就宣佈「農業學大寨」是毛澤東的「英明決策」，這就把大寨和陳永貴推到了一個不容置疑的地位。對本來就存在許多水分，引起眾多懷疑，以致「牆裏開花牆外香」的「大寨經驗」的態度，就成了對文化大革命的態度，甚至革命與反革命的分界線。陳永貴本人也由此登上山西和全國文化大革命的政治舞台，逐漸實現了「從勞模到政客」的轉變。山西省革委會一成立，陳永貴即被推為革委會副主任，在以後的省革委會內部的鬥爭、分裂中，陳永貴始終堅定地站在劉格平這一邊，並且有深度的介入，主要是在大寨所在的昔陽地區大搞「獨立王國」。把所有對大寨經驗有所保留、甚至支持幫助過大寨的地、市、縣三級幹部，通通作為「走資本主義道路的當權派」進行殘酷批鬥，並按照文化大革命的需要，重新總結和解釋「大寨經驗」，提出「農業學大寨，手中無權學不開」、「農業學大寨，狠鬥走資派」，「大寨的歷史就是以階級鬥爭為綱的歷史」等極左口號。同時又按照毛澤東「一大二公」的空想社會主義理想，把

16 《文革中的山西——山西文革親歷者的回憶與反思》，第481，544，483，487–492，510–515，516，522，521頁。

昔陽搞成「窮過渡」試驗田，全縣搞了大隊一級核算，還計劃建成全民所有制的縣，又破壞按勞取酬的分配原則，評「政治工分」，同時在農民中大割「資本主義尾巴」，強迫勞動，大搞勞民傷財的「改天換地」的工程。這樣的「文革化」的「大寨經驗」自然引起了普遍反感。在謝振華看來，這是對「自力更生，艱苦奮鬥」的大寨精神的背離與扭曲，是一種「過『左』的錯誤做法」。因此，在1968年8月召開的全省農業學大寨現場會議上，當陳永貴把大寨經驗歸結為「發揚大公無私的共產主義精神」，謝振華就有意識地強調了「先公後私」的精神。

這就得罪了陳永貴和他的後台，儘管周恩來曾專門就此表態支持謝振華，但「反大寨」從此成為謝振華永遠擺脱不掉的罪名。在謝振華全面主持山西工作以後，陳永貴也就成為他在革委會內部的主要反對派。[17] 此前的1973年中共十大召開，陳永貴在十一中全會上當選中央政治局委員，權力已經居謝振華之上。

到了1974年毛澤東發動「批林批孔」運動，把矛頭指向周恩來時，包括謝振華在內的按周恩來指示辦事的省委書記就成為中央文革派的首當其衝的打擊目標。江青首先抓住了1974年1月山西省參加華北地區文藝調演的劇碼《三上桃峰》，在故事發生地點和女主人公設置上大做文章，認為「桃峰」是影射「桃園」，「女」主人公即暗示王光美，據此而安上「為劉少奇翻案」的罪名，並指明這是謝振華幕後指使，江青還特意穿上軍裝看戲，表示自己也是軍人，「就是要炮轟謝振華」。在中央文革發難以後，陳永貴終於等到了與謝振華較量的機會。本來此時的陳永貴因自己的歷史問題(抗戰時期參加日偽情報組

17 《文革中的山西——山西文革親歷者的回憶與反思》，第535，537，542–543頁，第544–545，546頁。

織，擔任負責人)被揭發而處於被動地位。儘管謝振華按照周恩來「要維護大寨紅旗，作為歷史問題處理」的指示，保護了陳永貴，但陳永貴依然懷恨在心，並乘中央文革發動「批林批孔批周公批謝曹(謝振華的副手曹中南)」運動之機，充當急先鋒，在1974年3月18日中央主持的山西省委常委彙報會上首先開炮，猛擊謝振華。在會上江青當眾宣佈讓陳永貴主持對謝振華的批判。從此謝振華就實質上被罷了官，由陳永貴主持山西工作，由王謙協助(王謙在1970年即被「解放」，1973年擔任省革委副主任和省委書記)。在1974年3月召開的有兩派頭頭參加的省委擴大會議上，猛批謝振華，追問「是否上了林彪的賊船？為什麼批極左？為什麼整陳永貴的黑材料？」在謝振華寫信向毛澤東作了檢討以後，毛澤東批了四個字：「到此為止」，謝振華的時代也結束了。[18]

(4)山西文革的王謙、陳永貴時代(1974年4月–1980年10月)

從1967年一月革命風暴中作為省委第二把手被打倒，到1974年4月重新上台，而且成為了第一把手，王謙命運的大落大起，似乎象徵着山西文化大革命「顛倒與再顛倒」的歷史過程。從山西政壇自身的政治結構來看，從「晉人治晉」的衛(恒)王(謙)王(大任)時代，中經「外人治晉」的劉格平時代和謝振華時代，現在又回到「晉人治晉」的王(謙)、陳(永貴)時代，也是一個歷史的輪迴。其中也有變化，即從太嶽派(衛恒)主政到太行派(王謙)主政。不管怎樣，王謙終於實現了自己獨掌山西大權的夢想。但他還需要在全國政治結構裏重新找到自己的位置，要在中央尋求新後台。總體而言，文革前的山西，

18 《文革中的山西——山西文革親歷者的回憶與反思》，第564，575，578–579，580，586，586，590頁。

包括衛王王時代，由於歷史的原因，都屬於彭(真)薄(一波)、安(子文)體系，即劉少奇體系，這是他們在文革一開始即被打倒的主要原因。現在，自然必須改換門庭。因此王謙再度上台，當務之急就是如何獲得中央文革派的信任與支持，陳永貴自然是最好的牽線人。儘管在自己落難昔陽時，曾遭到陳永貴派的紅衛兵的殘酷批鬥，被打得口吐綠水，留下了刻骨銘心的記憶，但王謙也只能忍氣吞聲而與陳永貴結成聯盟，不是為共同的政治信念、理想，僅僅是因為有共同的政治利益。同時，王謙還不遺餘力地和支持劉格平、陳永貴，打倒自己的激進造反派組織建立聯繫，將昔日的對手變成自己統治的社會基礎，以便苦心經營一個上有後台，下有死黨，一切聽命自己的獨立王國。

但他卻忽略了民心、人心的變化。也就是說，從表面上看，七鬥八鬥，一切都回到文革前；但有一個東西是回不去的，即經歷了文革的磨難，中國人的思想變了，而且是全社會的，無論是普通民眾(工人，農民，市民，教師，學生，等等)，還是各級幹部，黨員，特別是青年人，對中國的社會、國家、政黨……都有了自己的看法，儘管自有深淺，認識也不同，但至少不會隨意聽命於某個領導，某種權威說法，而要自己「想一想」了。而且文革中形成的政治派別，只要人還在，心不死，就會以各種形式顯示自己的存在。這恰恰是只迷信權力的政治家所忽視也不懂的。於是，就出現了1974年11月山西省補選四屆全國人大代表會議上王謙落選事件，這不但引發了時為中共中央副主席的王洪文的震怒，批示說：「這是我黨歷史上罕見的共產黨不選共產黨的嚴重事件」，王謙自己也懵了。這樣的革委會成員行使自己的民主權利，是他永遠不能、也不想理解的；他考慮的是如何利用手中的權力，對反對自己的力量，特別是在這次落選事件中起了作用的溫和造反派和幹部，進行鎮壓與報復。同時變本加厲地投靠中央文革派。[19]

他也終於有了機會：1976年4月，北京發生了「四五」運動，山西也有群眾到太原五一廣場送花圈，毛澤東與中央文革派隨即發動了「批鄧，反擊右傾翻案風」運動。王謙聞風而起，召開誓師大會，帶領七萬幹部黨員，舉行聲勢浩大的火把遊行，他自己走在隊伍最前面，高喊「打倒地富反壞右總代表鄧小平」，「與鄧小平血戰到底」的口號。接着他又發動大規模的清查運動，逮捕55人，拘留118人，隔離審查14人，受到牽連和追查的竟達4萬餘人。同時繼續批判「謝曹路線」。王謙如此不顧民心民意的倒行逆施，引發了更大的反抗：在市革委大院和省委門前，先後出現了「三人大字報」和「三十二人大字報」，批評王謙打擊一大片，在幹部中引起廣泛共鳴。民怨逐漸積累，到1976年8月23日，就發生了一部分造反派工人「遊鬥王謙」的事件。據説這是「中國文革最後一個省委第一書記被批鬥的事件」。[20]

王謙則回之以更瘋狂的報復。而且是發生在1976年10月6日「四人幫」被逮捕以後的「清查四人幫」的運動中。王謙因為繼續掌控着省委的大權，也就掌握着清查運動的領導權，翻手為雲，覆手為雨，輕而易舉地將清查四人幫變成掌權派清查在野派，對反對自己的幹部與群眾進行殘酷打擊與報復，因此被稱為「倒清查」運動。王謙首先按自己的利益需要，另立清查標準與對象，一查「反大寨分子」，這自然是對陳永貴的利益回報；二查「四五」運動積極分子和張趙集團(這是一個覺醒的造反派民間組織，我們在下文會有詳盡討論)，這是將反四人幫

19 《文革中的山西——山西文革親歷者的回憶與反思》，第618–620頁。

20 《文革中的山西——山西文革親歷者的回憶與反思》，第701–702，704，708–709，710–711頁。

的力量當作四人幫來打擊的一個典型；三查「謝曹分子」，這是借機打擊自己的反對派和不同意見者。每一個打擊目標，都製造了無數的冤案：在昔陽，有141人因「反大寨」被打死、逼死；被打成張趙反革命集團成員的有300多人，被牽連的達兩千多人；因支持謝曹觀點而受到清查的省級機關幹部、廳、局一級幹部就達80多人；太原市、晉東南地區、太原鐵路局被清查對象都達一萬人。據官方公佈的報告，全省清查一萬五千人，涉及三萬五千人。[21] 論者説，這樣的全省大逮捕、大隔離、大揭批，「其規模之大，乃建國以來所罕見，實在是不亞於五十年代初的鎮反運動」。山西文化革命的「結尾」與「開頭」竟是「一樣殘酷而慘烈，一樣的無法無天」。

在鎮壓反對者、異己者的同時，王謙和陳永貴都自覺培養親信，擴展勢力範圍。陳永貴到中央工作後仍兼任山西省委書記，就竭力安排大寨人、昔陽人到省、地、市、縣擔任領導職務。王謙更是以在文革中是否支持自己和陳永貴、劉格平為選拔幹部的標準。有人談到「王謙身邊麇集着一批趨炎附勢之輩、告密者之徒。這些人對王謙惟命是從，王謙對這些人垂青器重」，「這些人已掌握了一個地區或一個部門的領導權，儘管他們幾乎成了那個地區或部門的『土皇帝』，乖謬悖理，胡作非為，什麼非法、缺德的事也敢幹，但是由於和王謙有不可告人的關係，王謙一個也不予以處理」。這是文革中所形成的既得利益集團，已經不僅僅是「宗派主義」的問題。最後由於陳永貴和王謙在鄧小平與華國鋒的權力博弈中站到了華國鋒這一邊，陳永貴在1980年8月被解除了國務院副總理的職務，王謙也在同年10月被免職，調離山西。[22]

---

21 見朱玉華：《關於山西全省清查總結報告》。

22 《文革中的山西——山西文革親歷者的記憶與反思》，第719，727–728，

(5)**霍世廉、李立功主政期間對山西文革歷史的最終處理**(1980**年**10**月**–1984**年**)

王謙繼任者霍世廉來山西前，鄧小平特地接見他，關照說：「謝振華對『四人幫』不感冒，他執行的是周總理的指示，『四人幫』比較恨他，所以『四人幫』支持陳永貴和王謙奪他的權。你到山西任第一書記、羅貴波任第二書記兼省長，到職後要重視解決這個問題」。因此霍世廉主政山西，主要任務就是為謝振華、曹中南徹底平反，為清查運動中的冤假錯案平反，解放支持謝、曹的幹部。對山西文革問題的處理也就到此為止。霍世廉雖是山西人，但和山西主流派太行、太嶽系幹部並不熟悉，他不想介入山西幹部的派系鬥爭，也不準備處理山西某些幹部(無論是劉格平派，還是王謙、陳永貴派)在文革中所犯的錯誤，以致罪行。這樣，他雖然為冤假錯案平了反，卻對冤假錯案的製造者採取了「放虎歸山」的放任態度，這就產生了極其嚴重的後果。[23]

繼任的李立功(他本人也是山西人，在山西有一定幹部人脈關係)上台以後，立即與王謙派系的幹部，也即前文所討論的文革既得利益集團聚合在一起，繼續對文革中反對王謙、陳永貴的幹部與群眾進行瘋狂報復。這回他們把握的時機是1982年、1983年和1984年中共中央連續發出《中共中央關於清理領導班子中『三種人』問題的通知》、《關於「文化大革命」期間高等院校學生造反組織重要頭頭記錄在案工作的意見》和《中共中央關於清理『三種人』若干問題的補充通知》。所謂「三種人」，是文革後主持中共中央工作的鄧小平、陳雲給文

739，741，764，790–791，723，725，793，823頁。

23 《文革中的山西——山西文革親歷者的記憶與反思》，第793，795，799頁。

革中的造反派橫加的罪名，即「追隨林彪、江青反革命集團造反起家的人」，「幫派思想嚴重的人」和「打砸搶分子」。所謂「追隨——」罪首先是違反基本事實的：造反派的造反是響應毛澤東的號召，文革初期也根本不存在「林彪、江青反革命集團」；「幫派思想嚴重」更是一個主觀隨意性極強的罪名，而更具實質性的幹部中的「幫派」卻不在追究之列；證據確鑿的「打砸搶分子」當然應該依法追究，但在實際執行中卻是將幹部子女，特別是高級幹部子女中貨真價實的打砸搶分子輕輕放過。可以說，以中共中央名義發動的這場「清理三種人」運動本身就是文革中被打倒的幹部(即所謂「走資派」)對造反群眾的「反攻倒算」。到了山西這樣的地方上，就真的成了「還鄉團」。所報復打擊的不僅是造反派中的激進派，造反派中的溫和派也一網打盡。[24] 據主管清查「三種人」運動的省委副書記透露，山西全省清查對象有2170多人；最後定為「三種人」的286人，其中的黨員一律開除黨籍；定為「嚴重錯誤」的737人，其中處以上幹部272人，一律清出領導班子；定為「一般錯誤」的819人，總共1841人。[25] 這就是包括山西文革在內的中國文革的最後結局：文革中起來造反的群眾一律受到嚴懲，文革中支持、操縱造反的幹部大都得到保護，文革中受到衝擊的幹部基本官復原職，許多人都得到重用，繼續壟斷着黨和國家權力：奉行的還是「刑不上大夫，禮不下庶人」的中國老傳統。

於是，就有了本書作者，即歷史的當事人，主要是溫和派造反派領袖與骨幹，對山西文革的總結：「十年文革，最起碼有八年是『革命幹部』(當然包括軍隊幹部)指揮着『造反派』

24 《文革中的山西——山西文革親歷者的記憶與反思》，第810，803–804，803，811–818頁。

25 見盧其勳：《回顧與反思》。

鬥來鬥去。可以說，這八年間主要是黨內幹部之間的鬥爭。這些幹部觀點和立場則是來自中央各派之間的鬥爭。」[26]

我在考察毛澤東時代的群眾性政治運動時，就發現這些運動「無論有着怎樣宏大目標，落實到基層，就往往和各單位內部的各種矛盾，複雜的人事關係糾纏在一起，成了意見之爭，利益之爭，甚至派別之爭，從而不同程度上模糊了運動的政治性，削弱了運動的政治效應，這構成了當代(中國)政治運動的內在矛盾」。[27] 我們在作了山西文革歷史的初步考察以後，也同樣發現，無論毛澤東在他的文革設計裏，如何強調要以群眾政治與獨裁政治的直接結合以取代官僚政治，高喊「群眾自己解放自己，掌握自己的命運」，到了地方文革的實踐，起決定作用、不可撼動的還是地方官僚政治，依然由幹部指揮、操縱一切；無論毛澤東為文革制定了怎樣宏偉的政治目標，舉國上下高喊着怎樣慷慨激昂的革命口號，落實到地方，就變成不同派系的幹部之間的利益之爭，群眾不過是幹部派系鬥爭的利用工具和犧牲品。

應該注意的是，文革中的幹部的變化，而這樣的變化，在文革前實際已經發生。前文說到，在文革中作為新幹部的陳永貴，有一個「由勞動模範到政客」的發展過程；應該說，這樣的發展演變是有相當的代表性和普遍性的。就山西文革政壇上

---

26 《文革中的山西——山西文革親歷者的記憶與反思》，第807頁。引文中所說「十年文革」，是沿用文革研究者比較普遍的一種看法，即把文革時間規定在1966年中共中央發佈「五一六通知」到1976年「四人幫」被捕這一段歷史。按照本書的記載，山西造反派在1970年就通過中辦學習班退出歷史舞台，那就只有四年時間。但造反派退出後仍有活動與影響，1974年王謙落選事件中就有明顯的造反派活動的身影，或許就因此而把造反派參與文革鬥爭的最後時間定在1974年，就正好是八年。

27 錢理群：《1952–1969：讀王瑤「檢討書」》，《歲月滄桑》，第183頁，東方出版中心，2016年。

最為活躍，也起着舉足輕重的作用的劉格平、王謙而言，他們原本也都是具有理想、追求的革命者。劉格平當年拒絕按照黨的上級安排在悔過書上簽字，[28] 至少說明他是具有革命氣節的；王謙在建國初期，倡導建立「農業生產合作社」，儘管可以認為是一種「農業社會主義」的空想，但不可否認他是有自己的理想追求的，說他是「山溝裏的馬列主義者」是名副其實的。[29] 但是建國後，隨着中國共產黨由革命黨變成執政黨，他的幹部也在發生微妙的變化：革命理想變得越來越遙遠、抽象，最切近、也為最實際的是執政地位擁有的權力帶來的利益。到了文革時期，對權力的追求與壟斷，就越來越自覺。因為文革過程中他們自身和家庭命運的起起落落，都證明：「有權就有一切，失去權力就沒有一切」，這幾乎成了所有文革參與者的一個共識：無論是幹部，還是造反派都是如此。文革對中國社會與政治的最大、最深遠的影響，就是它使得中國社會各階層、各利益群體都充分意識到自己的利益所在，並自覺地維護與爭取自身的利益，而關鍵就是權利的爭取和權力的爭奪。「奪權」成為文革的核心概念和中心任務，絕非偶然。像劉格平、王謙這樣的幹部就更有條件，也更加自覺地參與這樣的權力爭奪戰。他們在奪權中的無所不用其極，在掌權後不擇手段地維護與強化個人的不受監督、不受限制的絕對權力，不僅是個人的道德品質問題，也不僅是一種個人行為，而是顯示了中國共產黨的幹部的一種危險傾向，即越來越以鞏固黨自身和個人的執政地位與權力為目標，革命理想云云，就成了一種意識形態宣傳，是維護執政合法性的手段，他們自身是否真的

28　對劉格平沒有在悔過書上簽字，還有一種說法：中共中央同意簽字的指示沒有傳達到他那裏，他不知情。

29　《文革中的山西——山西文革親歷者的記憶與反思》，第 597–598，595 頁。

相信、是否準備實行都成了問題。他們中有些人在文革後，也吸取教訓積極推動改革，但也是以維護黨的執政地位與權力為前提和最終目的的。真正堅持最初的理想，不計較黨的執政利益和個人利益的黨的幹部和黨員，不是沒有，卻是越來越少，而且在黨內始終處於邊緣地位。這就意味着，執政黨正在由一個有理想與信念的黨，逐漸蛻變為既得利益集團。這也有一個歷史發展過程，文革是一個關鍵環節：我們從山西文革歷史中就可以看出，一個以幹部為核心的文革既得利益集團是如何形成的；它們如何主宰中國地方政治，形成了怎樣的中國的和地方(山西)特色。

就我們現有的考察、總結和研究，初步可以概括為以下幾個特點。

其一，它是以爭奪、維護、不斷擴大權力為中心的，並自覺運用權力，力爭個人、家族、派別利益的最大化。

其二，它自身具有極強的宗派性，是以同鄉、家族、老上級，老部下，老戰友、老同學——關係為凝聚力，抱團拉幫結派，同時有極大排他性。這是最能顯示中國宗法社會的傳統對中國當代政治的影響的。這也是山西特色，另有閻錫山治晉的現代傳統。值得注意的是前文提到的文革開創的「夫人參政」的傳統。這在以後的中國地方政治中有很大發展，家族利益日益凸顯，形成了家族政治。這樣的幫派政治、家族政治與官僚政治的結合，或者說官僚政治的幫派化、家族化，就逐漸成了文革與文革後的中國地方政治的最大特色。

其三，每一個派別都以一人為中心，強調對領袖(領導)的忠誠、絕對服從。像劉格平在文革中那樣大搞個人崇拜，王謙那樣經營獨立王國，都顯示了個人集權的特徵。

其四，但這樣的獨立王國又是有限、脆弱的，不可能發展成閻錫山那樣的「山西王」。這是因為在中國共產黨中央高度統一的領導下，是不可能出現地方軍閥勢力獨大的局面的，對地方官員中央擁有隨時調離的權力。劉格平、王謙的問題都是這樣解決的。但事實上又不能徹底解決，劉格平的勢力後來都被王謙保護下來，成為他的幹部，這都顯示了中央集權體制下的地方集權的複雜性。

其五，因此，如何處理好與中央的關係，就成為地方政治的最大問題。文革時期的這些山西幫的做法主要有二。一是千方百計在中央尋找支持和後台，劉格平被毛澤東選中，王謙對中央文革派的投靠，謝振華認真執行周恩來的指示，等等，都表現了一種本質上的依附性。但另一面，又是對毛澤東、黨中央的部署、指示，採取「為我所用」的態度，實用主義成為文革地方政治的基本倫理。

其六，在對上依附的同時，是對下的專制。文革中所有的山西統治者，從衛恒，到劉格平，到張日清、謝振華，到王謙、陳永貴，以及最後的李立功，對自己的反對派，不同意見者一律實行殘酷鎮壓。暴力成為文革地方政治的最重要的特徵。

由以上六個方面特點形成的文革地方政治，是建構性的，它既是文革前的地方政治傳統的延續，更在文革中有重要的自覺發展，最後成型，形成一個基本模式，基本格局，就對文革後的山西地方政治產生深遠的影響。近年來所揭發的山西「塌方式腐敗」，顯然是文革建構的地方政治在市場經濟條件下的惡性發展。

二、文革中的軍隊干政

一切聽從黨指揮的軍隊，顯然是黨的領導的堅強後盾，共和國統治的基石。但在文革前，軍隊主要擔負保衛國家的使命，基本上不介入、不干預國家內政。這種情況，在文革時期有了根本的改變。毛澤東先在1966年12月提出「派軍隊幹部訓練革命師生」。[30] 接着，1967年1月在準備發動「一月革命」，開展奪權鬥爭的關鍵時刻，毛澤東又明確指示：「應派軍隊支持左派廣大群眾」。[31] 這是一個前所未有的戰略部署，軍隊缺乏足夠思想準備，再加上軍隊從來以維護既定秩序為本職，具有先天的保守性，現在要他們來支持打破既定秩序的造反派，在認識上需要有一個過程，因此，開始時大都持觀望態度。山西省軍區第二政委張日清是最早公開表態支持造反派的軍隊幹部中的一個代表性人物，如前文所說，毛澤東後來選擇山西作為奪權的突破口，軍隊的支持是一個關鍵因素。張日清為首的山西省軍區也就成為全國軍隊支左的一面旗幟。從此，軍隊就深度介入了山西文革運動，成為山西文革的一大特點。而這樣的貫穿山西文革全過程的軍隊干政，大體分為四個階段。

首先是「參與奪權」。其實，最初山西省軍區黨委的絕大部分常委都不同意支持劉格平的奪權，是張日清力排眾議，堅持軍隊參與。後來張日清在《人民日報》和《紅旗》雜誌上發表文章介紹經驗說：「在聯合奪權過程中，解放軍起了很重要的作用」，「省委內的領導幹部站出來同革命派結合的時候，我們便主動同他們聯繫，支持他們站出來揭發黨內一小撮走資本主義道路的當權派，並給他們的活動提供方便，同時向革命群眾介紹他們的情況，揭露敵人造謠挑撥的陰謀。清除革命群

30　毛澤東：《關於派軍隊幹部訓練革命師生的談話》（1966年12月），《建國以來毛澤東文稿》，第12冊，第161頁。中央文獻出版社，1998年。

31　毛澤東：《對南京軍區黨委關於是否派軍隊支持造反派的請示報告的批語》（1967年1月21日），《建國以來毛澤東文稿》第12冊，第197頁。

眾對革命領導幹部的某些懷疑和不信任情緒。這樣，就為革命領導幹部參加大聯合，實現『三結合』創造了有利條件」。在奪權以後，又積極參與了劉格平對反對奪權的造反派組織的鎮壓，在支左中以支持不支持「一·二一」奪權來劃線。[32]

但張日清與劉格平的聯盟，軍隊與新政權的「蜜月」只維持了兩個月。在劉格平製造「四·一四炮轟事件」以後，張日清在革委會內部的分裂中，又站在了劉格平的反對派劉貫一、陳守中、劉志蘭這一邊，因為他也主張革委會成立後，應着力恢復秩序，而不再「繼續革命」。

他也因此和反對「一·一二」奪權的造反派中的溫和派紅聯站結成了聯盟。[33] 這樣，張日清就帶領着省軍區深度介入了山西省革委會成立後的幹部與群眾中的兩派，即挺劉派與反劉派的鬥爭，並在事實上成為反劉派的領袖，從而形成了軍隊與革委會(地方政權)的對立，這在共和國歷史上是空前的。

1967年6月上旬，在中央文革的督促下，中央軍委任命劉格平為北京軍區政治委員、山西省軍區第一政治委員。這又激發了省軍區內部的矛盾。張日清的反對派、省軍區政治部副主任就公開揚言：「從今天開始，誰反對劉格平同志就是反對偉大的人民解放軍，誰就是反革命」。張日清與劉格平、省軍區與省革委會的矛盾，實際上是反映了軍隊與中央文革派的矛盾。因此，當中央文革趁1967年武漢「五二〇」事件之機，掀起反軍浪潮時，張日清和軍隊也就成為劉格平的重點打擊對象。在前文提到的中央解決山西問題的七月會議決議上點名批判張日清「犯了方向路線錯誤」以後，劉格平迅速發動了「八月大掃蕩」，軍隊首當其衝。在省革委指令下，激進造反派組織到各

32 《文革中的山西——山西文革親歷者的記憶與反思》，第228，159頁。

33 《文革中的山西——山西文革親歷者的記憶與反思》，第229–230頁。

專市大抓「張日清的黑爪牙」，砸搶了全省90%以上的各縣武裝部，從武裝部部長到普通民兵戰士，全都成為揪鬥對象。僅晉中一地，被揪的軍分區、人武部幹部達223人。全省95個人武部，被衝砸者達89個。[34] 可以說，山西的解放軍的地方武裝系統在省革委的指使下，基本被「殲滅」了。這在全國也是罕見的。

但政治風雲突變，在1967年底召開的又一次解決山西問題的十二月會議上，又大批劉格平在山西搞資產階級獨立王國、反軍亂軍的錯誤，並決定成立新的山西省軍隊的支左領導小組，由早於1967年2、3月就調駐山西的野戰部隊69軍副軍長謝振華為組長，張日清為副組長。如前文所說，從此，山西省的文革就有了兩個領導中心：謝振華領導的省支左領導小組和劉格平領導的省革委會，從省城到地市縣，甚至各單位，他們各支持一派，各佔一方，就逐漸形成了兩個對立政權。山西軍隊對文革的介入就進入了第三個階段，形成了山西文革的新形態。一為「武裝割據」，一是「局部國內戰爭」。本書對此有如下描述：「文革中的武裝割據，不像井岡山時期類似山大王式的割據，也不像軍閥混戰時期的地域性的割據」，而是「一分為二」式的割據：「先是一個單位分成兩半，各佔一座樓或幾座樓，修成堡壘，成為各自的據點。大一點的單位，還有中立區，在中立區誰也不打誰」；「後一些時候，一個城市分成兩半，或三份。區域內勢力強的一方聯合起來打走了弱的一方，弱的一方又投奔自己一方勢力強的區域。這樣就在城市內形成了區域割據。區域內各單位形成聯防，防備對手的侵入。被趕走的一方則積極策劃，隨時準備『打回老家去』」；「再後一些時間，小的城鎮，強的一方乾脆把弱的一方驅逐出城鎮，自己獨霸天下，被逐的一方則在農村一邊打遊擊，一邊積

34 《文革中的山西——山西文革親歷者的回憶與反思》，第231，302，332頁。

蓄力量，時刻準備復辟」。這樣的武裝割據發展到極端，有些地方就形成了「跨縣跨地跨省的聯合作戰，作戰規模達到了千人以上的水平，使用的武器五花八門，有三八大蓋、七九步騎槍、七六二步槍、美國大鼻子步槍、半自動步槍、衝鋒槍、輕機槍、重機槍、高射機槍、四零火箭筒、六零炮、土坦克，直至榴彈炮。真正形成了局部國內革命戰爭」。說起國內局部戰爭中的武器，本書有這樣的概括：「沒有槍，沒有炮，解放軍那裏『搶』」，「沒有槍，沒有炮，我們自己造」，「沒有槍，沒有炮，我們民兵自己有」。這裏說的是，支持劉格平、反軍派的激進造反派或接受劉格平私自發放的武器，或襲擊軍隊、人武部、公安局明目張膽搶槍；而擁軍的造反派則從軍隊武器庫「明搶暗送」獲得武器，他們還得到武裝民兵的直接支持。同時兩派也都利用軍工廠、鋼鐵廠、機械廠的支持者自己製造武器。最後，在晉中地區，就由地革委組建八縣聯防軍即所謂「晉中野戰軍」，其指揮者與參加者都是退伍軍人，和軍隊支持的民兵武裝對抗，進行「正規化」戰爭。這都創造了文化大革命的奇觀。這樣的由地方政權與軍隊支持、發動的「內戰」，造成了大規模的傷亡，使山西又回到了「戰爭年代」，事實上許多參戰者就是當年抗日遊擊戰的老兵。[35] 文化革命的武化，最後演變為戰爭，這正是讓軍隊參與的必然結果。

而這樣的局部內戰是遍佈全國的。發展到1968年7、8月，面對屢禁不止、越演越烈的兩派武鬥，毛澤東發現造反派(無論是激進造反派，還是溫和造反派)都已經失控，決心將紅衛兵、造反派趕下歷史舞台，結束文革群眾運動。他的辦法，一是派出工人宣傳隊，用工人階級佔領上層建築領域，一是實行軍事

---

35 《文革中的山西——山西文革親歷者的回憶與反思》，第 406，407，408，409–410，414–415，416，417，421 頁

管制。這就是毛澤東在7月28日深夜接見北京紅衛兵五大領袖時所說：「背後不聽，我們這裏有個辦法，用工人來干涉，無產階級專政去干涉！」「如果有少數人不聽勸阻，就是土匪，就是國民黨，就是要包圍起來，就是要打圍剿，繼續頑抗，就要實行殲滅」。[36] 隨後發佈的，專門針對山西武鬥問題的《七·二三》佈告，就明確規定：「武力強佔地盤、拒不執行本佈告者，由人民解放軍實行軍事包圍，發動政治攻勢，強制繳械。逃跑流竄者，由人民解放軍實行追捕，歸案法辦」。已負責主持山西全面工作的謝振華立即調集了二十多個團的部隊進入山西各地、各大單位進行軍管，並對造反派進行了大規模的清理和鎮壓。儘管或許如本書作者所說，山西的清理相對溫和，沒有造成廣西大鎮壓那樣嚴重後果，但動用軍隊管制來結束文革群眾運動，還是全國統一的部署。[37]

無論如何，在文化大革命中動用軍隊干預地方、國家政治，用軍隊鎮壓群眾(政治反對派，不同意見者，不順從者)，將軍隊作為貫徹執政黨(甚至是執政黨中的某一派別)的意志的工具，還是開了一個危險的先例，這對此後中國政治的影響也是深遠的。

三、文革中群眾的分化與覺醒

以上討論強調了文革中地方幹部與軍隊的突出作用，但同樣不可忽視的，是群眾在文革中的地位與作用。

---

36 毛澤東等同聶元梓、蒯大富、譚厚蘭、韓愛晶、王大賓談話記錄(1968年7月28日)，轉引自聶元梓：《聶元梓回憶錄》，第303，295頁，香港時代國際出版有限公司，2005年。

37 《文革中的山西——山西文革親歷者的回憶與反思》，第479，481，487頁。

其實，首先起來造反，打破既定秩序的，就是普通的學生、工人。1966年6月1日《人民日報》公開發表毛澤東所說的「全國第一張馬克思主義大字報」、「北京公社宣言」的聶元梓等人批判北大黨委和北京市委的大字報；第二、三天，山西部分大學陸續有了針對校領導的大字報；到6月6日，山西省政府的門口旁邊的西牆上就出現了《山西省委和北京市委一樣》的大字報，矛頭直指山西省委：這些都是在黨中央直接號令下，群眾的自發響應。

但隨之而來的省委在教師、學生中大抓「右派」，這才把群眾「逼上梁山」，開始有了自覺的反抗。特別是在中共中央關於文化大革命的《十六條》公佈，提出要讓「群眾自己解放自己」，「要保護少數，因為有時真理在少數人手裏」以後，從1966年8月開始，山西各校各類群眾組織就像雨後春筍般湧現，並根據對省委的不同態度而分為「造反派」和「保守派」兩大派別。屬於造反派的組織到10月就聯合成立了以大學生為主的「山西紅色造反聯絡站」(簡稱「紅聯站」)；同月，又成立了以中學生為主的「山西革命造反兵團」(簡稱「兵團」)，工人造反組織「山西革命工人造反決死縱隊」(簡稱「決死縱隊」)；11月，山西當時最大的工人造反組織「山西革命工人造反兵團」(簡稱「工人兵團」)也宣告成立。此外，還有兩支由省委、省人委幹部為主的造反派組織：「七一公社」和「山西東風革命造反兵團」。這些造反派組織成立後，多次衝擊省委召開的三級幹部會，組織與省委書記的辯論會，召開「控訴以衛恒為代表的資產階級反動路線大會」，「批鬥衛(恒)王(謙)王(大任)大會」等等，在群眾中產生了很大影響，為它們後來在山西文革中的地位和作用奠定了基礎。具有保守傾向的組織，如紅衛兵中的「太原市紅衛兵糾察隊」，工人中的「山西革命工人聯合會」(簡稱「工聯」)等，相形之下，影響就小得很多，後來都很快退出了山西文革歷史舞台。[38]

以上這一段文革初期的造反歷程，和全國其他省份都大同小異。真正構成山西造反派歷史特點是在山西奪權，成立省革委會以後老造反派的分化。首先是對「一．一二奪權」的不同態度：決死縱隊、兵團等參加了奪權，紅聯站則持保留和反對態度，沒有參加奪權(但其下屬或關係密切的組織，如紅聯站太工永紅、捕獵大隊、太原市委紅旗參加奪權，總勤務站也不制止)，理由是：省委主要領導有嚴重問題，「但是否已是反革命修正主義分子，沒有足夠材料支持，還在審查之中」，沒有理由貿然奪權；「是否奪權，怎樣奪權，奪了權由誰領導，只能由中央決定，中央任命，群眾參加，不能由某幾個當權派自行宣稱」，因此「提醒全省人民要謹防政治扒手渾水摸魚」，他們實際上對劉格平等是不信任的。還有一個重要理由：「即便是奪權，也應該由紅聯站牽頭奪權」。[39] 本來，在奪權問題上存在不同意見，因而有不同態度，是正常的；但劉格平等在奪權成功並進而掌握了山西黨政大權以後，就把對奪權的態度視為對文化大革命的態度問題，甚至是「革命與反革命的分界線」，並以此劃線，將支持奪權的造反派視為依靠對象，並進一步把它們組織起來，成立「山西批劉鄧紅色造反聯絡總站」(簡稱「紅總站」)，作為自己的基本隊伍；對持保留或反對態度的造反派，如紅聯站及其附屬組織，則進行有意識的壓制以致無情鎮壓。正是在劉格平為首的省革委「以我劃線」的分化

38 《文革中的山西——山西文革親歷者的回憶與反思》，第73，77，83，84，86–88，90–95，86頁。

39 《文革中的山西——山西文革親歷者的回憶與反思》，第133–134，113，126，128頁。

政策引導作用下，山西老造反派發生了嚴重分化：以紅總站(包括決死縱隊，兵團等)為一方，紅聯站為另一方(後來兵團與紅聯站又有了合作)，山西群眾就把它們簡稱為紅總站(「紅字號大小」)與兵聯站(「聯字號大小」)，這樣的兩大派的對立，貫穿了「一·一二」奪權後的山西文革的全過程：以後，省革委會內部的分分合合，幹部的上上下下，造反派群眾組織都分為兩派：一派始終支持台上幹部，從劉格平到繼承其衣缽的王謙、陳永貴，一派則始終抵制他們的統治。與此相聯繫的，是對軍隊的不同態度，由於山西的軍隊除奪權時期與奪權初期和執政者有良好關係外，無論是張日清領導的省軍區、人武部，還是謝振華領導的69軍都處於和革委會幹部對立的地位，因此，造反派組織也自然分為反軍派與擁軍派。這樣，兩大派的分歧就集中表現為：擁劉(王、陳)和反劉(王、陳)，以及相應的反軍(張、謝)與擁軍(張，謝)。這樣的分歧，在開始時是有各自的理由的：擁劉(王，陳)反軍，是因為支持他們所執行的中央文革派的「不斷革命」的激進路線；反劉(王，陳)擁軍，是反對中央文革及其地方代表的激進路線，而支持軍隊執行的得到周恩來支持的「穩定秩序」的溫和路線。因此，這可以説是在奪權以後發生的造反派中的激進派與溫和派的分化。這在全國是有代表性的。山西的特點是激進造反派參與掌權，溫和造反派是革委會的反對派，卻得到軍隊支持。有的省份就不是如此，比如同樣是奪權較早的貴州，掌權的是溫和造反派和原來的保守派，並且始終得到軍隊的支持，因此，他們也是擁軍派；激進造反派因為認為奪權後產生的革委會「換湯不換藥」，繼續鎮壓群眾而對其持保留與反對態度，他們也因此受到新政權與軍隊的雙重壓制和持續鎮壓，直到文革後期才得到換防貴州的野戰部隊的支持。這裏，革委會——軍隊與激進造反派——溫和造反派之間，在不同省份、地區的具體關係的不同，是顯示了文革的複雜性的，應該作具體的分析。

造反派由於意見、主張，對革委會與軍隊態度的不同，發生分化，也本屬正常。問題是，在文革中，就把這樣的分歧、分化，通通納入所謂「兩個階級，兩條路線鬥爭」的軌道，變成一個吃掉一個，一個消滅一個的你死我活的生死鬥爭。在認識上也陷入了把自己的主張絕對化，甚至真理化，將一切不同於己的意見妖魔化的誤區，以及非正確即錯誤，非此即彼，非黑即白，非革命即反革命的二元對立的思維。在毛澤東和中央文革提出「文攻武衛」的極左口號指引下，兩派的派爭，就由文攻變成武鬥，最後發展為前文所說的武裝割據與局部內戰。這裏的歷史教訓是深刻的：群眾之間的意見分歧以致分化，在任何時候都會存在，只能用民主討論、協商，相互妥協的辦法來解決，絕不能變成你死我活的搏鬥，更不能付諸暴力。

群眾之間分歧與分化的產生，在觀念、主張的背後，確實存在不同利益。問題是，在文革的政治環境下，奉行的是「有權就擁有一切，無權就喪失一切」的權力邏輯，兩派的意見之爭，最後就變成圍繞奪取或維護權力的純粹利益之爭。前文說到，權力鬥爭是文革地方官僚政治的最大特點，最終文革群眾政治也必然為官僚政治的邏輯所滲透與支配，文革許多群眾組織的領袖都逐漸政客化，這恐怕不是個別現象。毛澤東曾說：「辦學習班是個好辦法」。為解決山西兩派聯合問題就辦過多次學習班。1969年8月「7．23」佈告後舉辦的那一次，把八千多名省地縣大小頭目和幹部，全部調離本縣本地，進京長住「中央學習班」，戲稱「8341部隊」。在這一次和此前歷次學習班上，為謀求本派利益，兩派頭頭都耍盡政客手段，周恩來用八個字概括：「上下派戰，陽奉陰違」。兩派都學會當年毛澤東重慶談判的辦法：「上談下打，假談真打，邊談邊打」；對學習班上中央首長的講話，斷章取義，各取所需；達成的協議也「說了不算」，毫無認真執行的誠意，有人說：這是「兩派合夥一起糊弄毛澤東和黨中央」。[40] 這樣的政客化，在某種意義上，可以說是造反派的異化，其中的教訓也是十分深刻的。

但在另一面，仍然有堅守與新的覺醒。如前文所說，造反派的最初造反，或出於朦朧的革命的理想，或者因為受到了壓制近乎本能的反抗。總的說來，他們的造反是建立在對毛澤東、黨中央的信任甚至迷信基礎上，具有很大的盲目性。因此，他們的覺醒就必須從打破迷信開始。文革正是給這些底層的造反派，特別是他們的領袖人物或骨幹，提供了一個接觸上層的機會，就自然會有自己的判斷。紅聯站的頭頭李青山在參加了七月會議目睹康生、關鋒這些中央文革的「大首長」如何在「上面顛倒黑白，混淆是非」，「我們怎麼能跟得上呢！」終於看清：「所謂文化革命，所謂群眾運動，完全是他們這些大人物定好調調，運動群眾！」結論是：「這樣的文化大革命，我們無法搞，也不能搞！」[41] 這是一個深刻的觀察，是抓住要害的；文革的本質就是「運動群眾」。看透這一點，就獲得了真正的獨立自主：用自己的眼光重新觀察一切，用自己的頭腦重新思考一切：這是一個最重要的覺醒，也可以說是覺醒的起點。

而且這些革委會的反對派，當處於被壓制的地位，被打到社會的底層，也會有意想不到的收穫。首先是因此獲得廣大市

40 《文革中的山西——山西文革親歷者的記憶與反思》，第 424–425，428 頁。參看趙瑜：《群虎入京籠——山西文革的歷史片斷》，《領導者》2015 年第 2 期。

41 《文革中的山西——山西文革親歷者的回憶與反思》，第 306 頁。

民的同情與支持。在1967年9月5日，當劉格平調動7萬人包圍困居在太原十中的七一大樓的紅聯站造反派時，數千名被稱作「馬路兵團」的群眾自發站出來保護革命小將。他們中「有街道個體工商業者，有各企業中原來的大量中間分子，有小集體和街道工商企業的職工，有基層街道辦事處的下層幹部，甚至有不知道從哪裏來的半大小子」，他們大都出於對弱者的同情，未必有多麼明確的政治主張，但確實反映了「省城民心的向背」。[42] 這對這些小將的意義，不只是鼓舞了士氣，更使他們因此與普通民眾建立了深刻的精神聯繫，站在民間底層社會的立場來觀察、思考文革，就有了一個堅實的基礎，這對這一代人的成長，自然是非同小可的。

而且不可否認，這些紅衛兵小將、造反派，在革命風暴中的摸爬滾打，雖然付出了慘烈的代價，卻也受到了磨練，見了世面，不僅鍛煉了精神意志，也增長了實踐才幹。在1970年左右被逐出文革歷史舞台以後，他們中有些人到了農村插隊，有的擔任了一定的基層領導職務，這都使他們真正接了地氣，瞭解了中國國情。由此而形成的現實關懷、民間情懷、底層眼光，意義與影響或許是更為深遠的。

應該說，到了文革中後期，運動初期的造反派發生了更具實質性的分化：有的依然沉浸在造反的亢奮裏，為自己的信念堅持戰鬥，更多的是身不由己地掙扎在革命的漩渦中；但也有越來越多的人退出運動，成了逍遙派，有的陷入頹廢，有的則另找出路；其中就有為數不少的人，轉向「地下讀書運動」，廣泛尋求精神資源，追問文革問題，思考更根本的問題。特別是1971年林彪事件發生以後，更多的人對文革產生懷疑，開始

42 《文革中的山西——山西文革親歷者的回憶與反思》，第341–342頁。

思考「中國向何處去，世界向何處去，自己向何處去」，許多後人稱為的「民間思想村落」，就這樣陸續出現。這樣的民間思想村落是遍佈全國上下的，地方的中下層的討論，因為「天高皇帝遠」，就格外自由而開放。本書着重介紹的「張趙反革命集團」就是其中的一個典型代表。

「張趙革命集團」主要成員都是紅聯站的頭頭和骨幹。「張」即張珝，文革初是太原重型機械學院學生，曾被推為紅聯站總勤務員；「趙」即趙鳳岐，太原化肥廠工人，被紅聯站推為山西省革委會委員；張、趙都是紅聯站中的強硬派的代表。被視為張趙集團的理論家的張耀明是山西大學附屬中學的學生。在1971年–1972年間，他們大都集中在太原化肥廠，下班後聚集在張珝宿舍談天說地，妄議朝政，即工人們所說，「一騙就騙到了政治局」，因此被戲稱為「裴多菲俱樂部」。以後，因為意識到中國黨內將發生大鬥爭，一場大變革正在臨近，渴望自己能投身其中，「在未來的大風浪裏當弄潮兒」，就醞釀着成立組織，並加強了對外聯絡。在與所謂「中國共產黨第二中央委員會」有了聯繫以後，就成立了太原支部。結果被人揭發而被全部逮捕，被視為反革命大案。據說江青還作了批示：「這是一個有預謀、有組織、有綱領的反革命集團，要盡快查處，並追出黑後台。」[43]

在某種意義上，可以說張趙集團的出現，確「有預謀」：如前所討論，這是這些溫和造反派中的急進派，經歷一個漫長的逐漸覺醒的過程，最後必然作出的選擇。同時，他們也確「有綱領」，有着高度的理論自覺和獨立自主性，這也是標誌着文革造反派的真正成熟的：他們因響應毛澤東的號召而造

43 《文革中的山西——山西文革親歷者的回憶與反思》，第637–638，640–642，644，626頁。

反，最後把造反堅持到底，就開始走出了毛澤東，成為毛澤東的思想與路線的懷疑者和批判者。

這就是保留下來的具有綱領性質的張耀明1974年所寫的《論現狀》的主要價值所在。

文章旗幟鮮明地指出，九大以來「黨所採取的政治路線」是錯誤的，「執行了一條違背馬列主義基本觀點，脫離中國革命實際情況的極左路線，可以說左傾機會主義路線是目前現狀的總根源」。應該說，從局部性的懷疑、不滿和抵制，到明確提出全局性的根本路線問題，這是一次思想的飛躍。

而且更有理論的批判。文章一針見血地指出：「我們的階級鬥爭理論本身就是錯誤的」。所謂「階級鬥爭為綱」、「階級鬥爭是生產發展的唯一源泉」都是「脫離實踐的空洞的理論」，完全不符合中國社會發展的實際。這就把批判的矛頭指向了作為文化大革命理論基礎的毛澤東的「無產階級專政條件下繼續革命」的理論。

文章尖銳地提出了文化革命發展到極端的個人崇拜，破壞黨內民主的問題：「黨內民主權利高度屈從於個人權威之下。以我劃線，把個人和黨看成同體，反對派一發表意見，就扣上機會主義、反黨分子帽子」，「把個人意志強加於全黨，(隨意)超越黨章行事」，就有可能「把中國變成封建帝國式的國家」，那就是真正的「復辟」。這都點中了文革中國政治的要害。

文章更集中批判了文革經濟路線：「認為只提高覺悟就會使生產力上去，與生產關係相適應，那可謂是最大的唯心主義理論」，「脫離開農民每天最迫切的肚子問題，去批判資本主義、修正主義，說穿了是搞鬼」，「不願承認物質獎勵能激發生產積極性」大搞「突出政治」鼓吹「精神萬能」是「閉着眼睛說瞎話的自欺欺人」。可以看出，這些批判都是從第一線的生產者工人和農民的立場與眼光出發的，因此，文章反復指出，「在生產隊所有制下農民幹勁不如幹自留地高，集體糧長得不如自留地好」，「工人並不同意絕對平均主義的分配方式」，「工人的積極性普遍不如過去高」，強調「只有我們在經濟實力和人民生活水平超過帝國主義時，資本主義復辟才是可以避免的。但實際上我們目前的經濟政策卻是與之背道而馳的」。

文章對文革反知識、反文化、反知識分子的思想文化路線同樣進行了尖鋭批判：「我們是在消滅知識和科學的基地。完全壓抑了知識分子發揮自己長處建設社會主義的積極性，有意用愚昧來改造知識」。[44]

這確確實實是對中央文革派所執行的毛澤東文革路線的全面批判，對這些曾經緊跟毛澤東與中央文革衝鋒陷陣的造反派是一次思想的大決裂，大解放。從另一個角度說，也是他們參與文革的最大收穫。我們在前文說到，文革的最大作用與影響，就在於使每一個社會階層、利益群體都自覺到自己的真正利益、需要所在，自覺地去追求自己的權利。如果說這些造反派，青年學生、工人和普通幹部，他們最初投身於文革時，多少有些盲目，並不清楚自己真正的需要與追求；那麼，現在經過文革的血與火的磨練，他們終於明白，自己需要和追求的，是國家經濟的發展，人民生活的改善，以及社會生活的平等，民主，個人的思想自由與獨立。應該說，到了文革後期，這已經成為中國社會各階層中的先進分子的共識。這就為文革結束後的中國改革開放奠定了思想與理論基礎。

---

44 《文革中的山西——山西文革親歷者的記憶與反思》，第 647–648，657，450，654，651–653，655，649 頁。

值得注意的，還有文章顯示它的作者的精神面貌和狀態：對現實、現狀的強烈關懷，「革命的批判精神」的堅守，高度的理論自覺，[45] 以及前文所論及的底層情結，與普通工人、農民的精神聯繫，這都顯示了文革中成長起來的這一代年輕人的可貴的精神素質。這也應該是文革付出的巨大代價得到的重要收穫。這其實是為文革後必然發生的中國改革作了人才、幹部的準備的。他們理所當然地應該成為新的歷史變革的依靠力量。於是我們又注意到了另外兩位紅聯站的領軍人物段立生(山西省委黨校政治系學生，曾被紅聯社推為省革委常委)和李輔(山西省委政研室幹部，曾作為紅聯站觀點代表進入山西省委)，他們在1970年造反生涯結束後，曾到生產隊插隊，以後又擔任過公社、縣委領導，對農民、農村的實情有了深切的瞭解，就對極左路線作了自覺的抵制。段立生還以讀者來信的形式在報上發表文章，在核算單位、自留地、農副業關係、糧食徵購等農村重大現實問題上，對極左路線提出了針鋒相對的批判，並且進行了理論的分析，認為問題的根本在於「離開我國現階段的階級關係、生產力發展水平和社員群眾的覺悟程度，主觀地出點子，辦事情」，這都觸及到極左路線的空想社會主義的本質。[46] 像段立生、李輔這樣的經過文革鍛煉，有了反思和覺醒，自覺抵制極左路線，具有理論準備與實踐經驗的青年幹部，也理所當然地應該是改革開放的動力與依靠對象。

但中國的現實卻是：理所應該，卻並不當然。這些經過文革的考驗，又對文革有了反思，終於覺醒的真正的改革力量在改革開放一開始，就被作為「三種人」被打壓了下去，而且幾

45 《文革中的山西——山西文革親歷者的記憶與反思》，第464頁。

46 《文革中的山西——山西文革親歷者的回憶與反思》，第549，557，553–554，556頁。

十年不得翻身。這樣的改革開放「理所當然」的依靠對象成為「理所必然」的打擊對象，是中國特色的改革的一大怪事。「理所必然」還是源於我們在本文中一再討論到的問題：中國社會各利益群體都從文革中吸取了教訓，並決定了他們以後的行動。黨的許多領導幹部從文革吸取的最大教訓，就是必須把維護黨的執政地位，以及由此帶來的絕對權力放在第一位，即使提出和接受改革開放，也是以維護自身的絕對權力為前提。因此他們對曾經從自己手裏奪權的造反派，是心懷深仇大恨，必定報復的；對也是總結了文革的教訓，變得更加獨立，自覺追求自己的民主權利的覺醒的造反派，更是不放心，他們需要的是永不覺醒的馴服工具。對覺醒的造反派的打擊這一事實本身，其實是顯示和預伏了中國式的改革的一個根本矛盾的，以維護既得權力作為改革的重要目標，就不可避免地產生許多問題，帶來嚴重後果。不過，這已經不是本文研究的問題，我們的討論也可以告一段落了。

2016年8月22日–9月3日

從內蒙看文革中的民族問題

——讀啟之：《內蒙文革實錄：「民族分裂」與「挖肅」運動》，高樹華、程鐵軍：《內蒙文革風雷：一個造反派領袖的口述史》，圖門、祝東力：《康生和「內人黨」冤案》[1]

少數民族地區的文革運動，是文化大革命的重要組成部分；「文革中的民族問題」是文革研究不可忽略與迴避的課題。但我對此毫無研究，也缺乏必要的知識和史料儲備，只能依據接觸到的有限研究成果，以內蒙為例，作一個簡要的複述與梳理。我看到的內蒙文革研究成果，主要是啟之、高樹華、程鐵軍、圖門、祝東力五位所著的三本書，其中啟之的《內蒙文革實錄：「民族分裂」與「挖肅」運動》，材料尤其詳盡、全面，並且具有一定的理論高度與深度，已經很難超越：我只能作真正的「文抄公」了。這是需要首先說明的。

啟之在他的著作一開始就指出：構成內蒙古自治區文化大革命的基本內容及貫穿線索的，有三大案件，即「烏蘭夫反黨叛國集團」案，「新內蒙古人民革命黨(簡稱『新內人黨』)」案，以及「二月逆流」案。[2] 其中，後果最為嚴重、影響最為

---

1 《內蒙文革實錄：「民族分裂」與「挖肅」運動》，啟之著，香港天行健出版公司，2010 年。《內蒙文革風雷：一位造反派領袖的口述史》，高樹華、程鐵軍著，香港明鏡出版社，2007 年。《康生與「內人黨」冤案》，圖門、祝東力著，中共中央黨校出版社，1995 年。本文作者依據的啟之先生的著作，是其電子版，因此，在文中的引述，都無法標明具體頁碼，請讀者注意與原諒。

2 所謂「二月逆流」案，包括三個階段。1967 年 2 月內蒙省軍區介入文革後，即支一派（以「工農兵」、「紅衛軍」、「無產者」為代表的保守派）打一派（以「呼三司」、「河西公司 818 造反團」、「紅旗總部」為代表的造反派），製造了全國第一起槍殺學生（內蒙師範學院學生韓桐）事件；在 4 月《中共中央關於處理內蒙古問題的決議》（紅八條），指出軍區「犯了方向性路線錯誤」以後，省軍區領導又在中央幾位老帥支持下，指使官兵火

深遠的是「烏蘭夫案」與「新內人黨案」，都是所謂「反民族分裂主義」的產物。可以說，「文革在內蒙就是『革』『民族分裂主義』的『命』」，民族問題無疑是內蒙文革的核心和關鍵，而且在全國頗具代表性。[3]

一、關於「烏蘭夫反黨叛國集團」

1966年5月4日至26日，按照毛澤東的部署，中共中央在北京召開了政治局擴大會議，會前的「介紹情況的座談會」，揭發了彭真的問題；會上通過了《中國共產黨中央委員會通知》即「五一六通知」，對彭真主持起草的《二月提綱》進行了全面批判，並由毛澤東親筆加上一段點題之文：「混進黨裏，政府裏，軍隊裏和各種文化界的資產階級代表人物，是一批反革命的修正主義分子，一旦時機成熟，他們就要奪取政權，由無產階級專政變為資產階級專政。這些人物，有些已經被我們識破了，有些還沒有被識破，有些正在受到我們的信用，被培養為我們的接班人，例如赫魯曉夫那樣的人物，他們正睡在我們身旁，各級黨組織必須充分注意這一點」。應該說，這是正式發出了「文化大革命」的信號。接着，林彪發表「五一八講話」，又發出了防止「發生反革命政變」的警告。

就在這樣的背景下，1966年5月21日，中共中央政治局擴大

燒黨委大樓，靜坐中南海，大鬧人民大會堂，並痛毆中央新派的軍區政委吳濤：此為鎮壓群眾，對抗中央文革的第一階段。5月16日中央軍委下令，將省軍區幾位主要負責人打成參與「二月逆流」的「反黨集團」。以後又開始了對軍區與他們支持的保守派群眾的打壓：此為「反二月逆流」的第二階段。於是，又有了1978年4月的「平反」，當年槍殺學生的兇手也從監獄裏放出。幾番反復，極大傷害了包括蒙、漢兩族的內蒙兩派群眾和軍區廣大官兵。

3 見啟之：《內蒙文革實錄：「民族分裂」與「挖肅」運動》，第一章《背景》。

會議還沒有結束的時候，華北局就在北京前門飯店召開了華北局會議，史稱「前門飯店會議」。內蒙古參加會議的除奎壁、王鐸、王再天、高錦明、權星桓等自治區黨委書記處書記，還有自治區有關部門、部分盟市、旗縣和「四清」工作團幹部143人。會議由華北局第一書記李雪峰主持。在傳達了《五一六通知》和林彪講話以後，內蒙小組就把批判矛頭直接指向時為華北局第二書記、內蒙古自治區委員會第一書記、內蒙古自治區主席、內蒙古軍區司令員兼政委的烏蘭夫。[4] 最後華北局通過的《關於烏蘭夫錯誤問題》的報告，給烏蘭夫定了五大罪名：「反對毛澤東思想，另打旗幟，自立體系」；「反對階級鬥爭，反對社會主義革命」；「對修正主義卑躬屈膝」；「以《三五宣言》為綱領，進行民族分裂活動，搞獨立王國」；「安插親信，篡奪領導權」。最後，給烏蘭夫安上「三反分子，民族分裂分子，修正主義分子，內蒙最大走資派，埋在黨內定時炸彈」五頂帽子，撤銷一切職務，軟禁在北京。據說「全國省、自治區第一書記中，烏蘭夫是最早被打倒，最早受批判，定性上綱最高的一位」。研究者分析說，這是因為「內蒙邊境四千餘里，與蘇、蒙接壤。呼和浩特離北京只有六百餘公里」，毛澤東「無法放心」。在清除了了眼皮下首善之區的北京市委這一隱患之後，就要向最近的邊境地區內蒙下手。[5]

烏蘭夫的主要罪行，讓毛澤東為首的黨中央最不放心的，就是「進行民族分裂活動，搞獨立王國」。在這一點上，毛澤東和他的主要對手劉少奇、鄧小平之間，他既要防備、又要利用的周恩來，以致林彪之間，都是高度一致的。烏蘭夫問題就

4　卜偉華：《「砸爛舊世界」：文化大革命的動亂與浩劫》，第 74，80，84，102–103 頁，香港中文大學當代中國文化研究中心，2008 年。

5　啟之：《內蒙文革實錄：「民族分裂」與「挖肅」運動》，第二章《發軔》。

是由劉少奇、鄧小平直接過問、處理的。1966年7月2日劉少奇、鄧小平代表黨中央和烏蘭夫談話時，鄧小平就直言不諱地點明以毛澤東為首的黨中央與烏蘭夫之間的分歧由來已久：「你長期是思想右傾，站在李維漢一邊。1953年就開始了。1952年平叛，1956年社會主義改造，以後的平叛，你都是右傾。1953年開始，我們就覺得你有些不對頭」。[6] 這背後顯然有一場圍繞民族問題的黨內兩種意見、方針、政策，以致兩條路線的長期鬥爭。

建國以後，烏蘭夫掌握了內蒙的黨政大權，作為一個忠誠的老黨員，他當然是代表了黨的理想、信念、意志與利益來治理內蒙，對此他是十分明確與自覺的；但他也沒有忘記自己作為「成吉思汗的子孫」，對於本民族的父老鄉親的責任與權利維護。這在烏蘭夫看來，是十分自然，理所當然的。但在黨的一元化思維與立場看，他的要同時維護黨的利益與民族利益的「雙重代表」身份卻是可疑的，很可能發展到與黨對抗。但在建國初期，這樣的矛盾還處於潛伏的狀態。烏蘭夫提出的「從實際情況出發，根據民族特色辦事」的治蒙方針，提出一系列「慎重穩進」的政策，都是得到以毛澤東為首的黨中央的支持的：因為建國伊始，維護邊疆少數民族地區的穩定，是符合穩定全國秩序的大局需要的。即使到了土地改革時期，烏蘭夫提出要實行「三不兩利」的政策，即「不分不鬥不劃階級」，「牧工和牧主兩利」，以比較緩和的方式解決牧區的牧工與牧主的矛盾，也得到中央的認可：土改屬於民主革命範疇，照顧少數民族利益是黨所允許的。烏蘭夫領導下的內蒙也確實因為

6 劉少奇、鄧小平同烏蘭夫談話記錄（1966年7月2日），收《中國文化大革命文庫》。轉引自啟之：《內蒙文革實錄：「民族分裂」與「挖肅運動」》，第二章《發軔》。

政策的「慎重」而獲得了「穩進」的發展，成為民族地區建設的一個成功範例。[7]

但正如鄧小平所說，從中央對少數民族的所謂「叛亂」實行「武裝平叛」時起，烏蘭夫的態度與表現，就引起中央的不滿與警惕。1955年清剿「川藏叛亂」，烏蘭夫就潑了冷水，提出「對少數民族打仗，是下策」的警告。以後，1958年青海部分蒙藏民提出「為民族，保宗教」的口號進行反抗，遭到鎮壓，當地寺廟全部摧毀，5萬人被殺；1959年西藏平叛，濫殺濫捕，烏蘭夫都提出了不同意見。他當然不會贊同「叛亂」，但出於對少數民族的民族性格、傳統的感同身受的理解，他更深知用鎮壓的方式處理民族問題，只會將他們推向對立面。這些平叛之舉的後果實際上也證明了烏蘭夫的憂慮。但越是這樣，毛澤東和黨中央越感到烏蘭夫與黨不是一條心，這倒是烏蘭夫所難以理解的。[8]

到了1956年進行社會主義改造，烏蘭夫按照他的一貫思路，又提出畜牧業改造「政策要穩，辦法要寬，時間要長」的方針，強調「蒙古族的畜牧是否入社，完全自願，要給畜主合理報酬」，「對牧主經濟改造，採取類似國家資本主義的辦合營牧場的辦法」。[9] 但這回，在毛澤東和黨中央看來，就是一種「右傾」的表現。劉少奇在1966年5月和烏蘭夫的談話裏，說得很清楚：「民族問題在一定時期有革命性」，但「到了社會主義階段，就應該劃階級」，強調階級鬥爭。[10] 1958年3月

7　啟之：《內蒙文革實錄：「民族分裂」與「挖肅」運動》，第一章《背景》。

8　同上。

9　同上。

10　轉引自啟之：《內蒙文革實錄：「民族分裂」與「挖肅」運動》，第二章《發軔》。

成都會議上。毛澤東更直截了當提醒烏蘭夫：「究竟吃民族主義的飯，還是吃共產主義的飯？民族，要；地方，好。但不要主義。反正應該吃共產主義的飯」。[11] 這就是說，在社會主義革命與建設時期，民族主義，特別是地方民族主義，就不再具有進步性，必須堅決拋棄。如果繼續堅持民族主義，就會走向危險的歧途。按劉少奇的解釋就是「內蒙古就是要被壓迫者團結起來，走社會主義道路。靠共產主義吃飯，不能靠民族主義吃飯，不搞內蒙古階級鬥爭，團結就沒有基礎」。這裏，實際包含兩層意思：在社會主義革命和建設時期，內蒙古這樣的少數民族地區，對內，應該實行「被壓迫者」的團結和專政，搞「內蒙古的階級鬥爭」(劉少奇說：「牧區不建立貧苦牧民專政，永遠解決不了問題」)；對外，應該強調「走社會主義道路」的共同追求與利益，而不能再談「保護少數民族權利與利益」，強調「國家認同」，而不是「民族認同」，強調具有「國家主義」內涵的「愛國主義」，而不是「民族主義」。[12] 這就十分尖銳地提出了一個理論與實踐問題：在社會主義時期，到底存不存在民族問題？還需不需要民族主義？毛澤東和黨中央的意思是明確的：社會主義時期所有的問題都是「階級問題」，不存在「民族問題」，即使有，也要按階級問題處理；民族主義只有在與世界(特別是西方國家)關係中有意義，國內少數民族的民族主義就是「民族分裂主義」。而在烏蘭夫看來，否認社會主義時期的民族問題，就是對憲法規定的「民族自治，少數民族自己管理自己」的原則的放棄與背離，是一種「大漢族主義」的表現。

11　轉引自啟之：《內蒙文革實錄：「民族分裂」與「挖肅」運動》，第二章《發軔》。

12　以上劉少奇講話，轉引自啟之：《內蒙文革實錄：「民族分裂」與「挖肅」運動」》，第二章《發軔》。

應該説，這樣的分歧，是帶有根本性的：不僅是處理社會主義國家民族問題上的完全不同的思想、理論、路線，而且形成了烏蘭夫為首的地方與以毛澤東為首的中央關係的緊張，同時更深刻影響了蒙、漢兩個民族的關係，為此後的運動——從「四清」到「文革」——的發展埋下了伏筆，種下了禍根。

但這樣的發展還需要一個過程。據啟之的研究，此後，烏蘭夫與黨中央的關係，經歷了三個階段。1958–1961年，無論是大躍進，還是人民公社運動，烏蘭夫都是緊跟毛澤東與黨中央的；烏蘭夫晚年回憶裏，總結説是因為太急於改變內蒙的落後面貌而犯了「左」的錯誤。1962–1963年，開始有了懷疑。到1964–1966年就有了自覺的抵制。在這其間，烏蘭夫的一些作為，都引起了中央的注意與警惕。其一是「文字改革」，烏蘭夫提出採用外蒙使用的以俄文字母為基礎的新蒙文，因此與外蒙語言、學術界進行了多次交流，這都成了文革中指責烏蘭夫集團「裏通外國」的罪證。其二是反對在牧區開荒，並封閉了大量新開墾地，文革中就被指責為「大搞獨立王國」。其三是針對臨省對內蒙地界的蠶食而在邊界劃分上，與鄰爭地。這都是對內蒙地方與民族利益的維護，卻因此有了「製造民族分裂」的嫌疑。

烏蘭夫真正「露崢嶸」，是在1962年4、5月全國民族工作會議上，他和李維漢等提出，民族工作出現嚴重問題，「主要是不重視社會主義革命和社會主義建設過程中的民族問題。忽視民族特點，忽視宗教問題的民族性、群眾性和由此帶來的長期性，忽視少數民族地區的經濟特點，忽視少數民族的平等權利和自治權利。對上層工作也大大放鬆。大漢族主義在一些地方有了滋長」。[13] 烏蘭夫鬱結多年的心裏話終於一吐為快，而

13　轉引自啟之：《內蒙文革實錄：「民族分裂」與「挖肅」運動》，第一章《背景》。

全都擊中要害。但也因此公開了他與毛澤東、黨中央的分歧，又是和李維漢一起提出，更犯了黨內鬥爭的大忌。1966年5月談話裏，鄧小平說他「站在李維漢一邊」，就是抓住了這一點。[14]

而且國內政治形勢又陡然大變：半年以後，毛澤東在10月、11月召開的十屆十中全會上發出「千萬不要忘記階級鬥爭」的號召，實際上提出了一條「階級鬥爭為綱」的治國路線。1963年8月，毛澤東又進一步提出了「民族鬥爭，說到底，是一個階級鬥爭問題」的明確論斷。[15] 這就把問題挑明：從此，再談民族問題，就是挑戰黨的階級鬥爭路線了。

就是在這樣的背景下，1963年中央提出，要「在牧區開展以反對現代修正主義的顛覆活動和內部民族分裂分子破壞活動為重點的社會主義教育運動」，並且提出要進行「重劃階級」的補課。烏蘭夫毫不隱晦地表示不滿：「社會主義革命時期，為什麼非劃階級不可？牧民裏腦子裏是沒有階級的，硬給人家劃階級，是主觀主義」。

於是，就有了1964年10月至11月自治區三級幹部會上的交鋒。烏蘭夫堅持要批判大漢族主義，維護民族自治權利；中央特地派來的工作組華北局書記處書記解學恭大談烏蘭夫的家鄉土旗的問題，並暗示說上面「有根子」。在這種情況下，內蒙古自治區領導班子裏就出現了反對派(主要是漢族幹部，也包括蒙古族幹部)，烏蘭夫陷入了上下夾攻的困境。

---

14 中共中央統戰部在1962年至1964年對時任統戰部部長的李維漢進行了持續兩年的批判，印發了他「在民族宗教問題上的主要言論」，毛澤東專門寫有批語，要求與李維漢劃清界限，「堅持階級立場」，「千萬不要動搖」(收《建國以來毛澤東文稿》，第11冊，第160頁，中央文獻出版社，1996年出版)。

15 毛澤東：《支持美國黑人反對種族歧視鬥爭的聲明》(1963年8月8日)，《毛澤東外交文選》，第495頁，中央文獻出版社、世界知識出版社，1994年。

烏蘭夫橫下心來，最後攤牌：在1965年11月13日自治區黨委二屆三中全會擴大會議上，他提出了「受毛澤東、周恩來啟發下」的「新理論」，即「鞏固祖國統一和加強民族團結的政治、經濟、文化三個基礎」：「政治基礎，核心是民族平等，(領導班子)一視同仁」，「經濟基礎是實行農牧結合，謀求(漢、蒙族)共同利益」，「文化基礎，核心是情感的溝通，特別是學習和使用對方的語言，形成共同的心理狀態」。他最後總結説：「民族問題就是人民問題」，「毛澤東思想是民族團結」，「突出民族問題，就是突出政治」。可以説，這是烏蘭夫將他的民族問題觀和盤托出。而在黨中央看來，卻是一次對黨的社會主義革命和建設路線的全面對抗。劉少奇在1966年7月談話裏，就給予了明確否定，指出：「政治基礎應該是社會主義政治，經濟應該是社會主義經濟，文化應該是社會主義文化。社會主義社會有階級，階級鬥爭，提三個基礎，就把方向、階級模糊起來了」。而在烏蘭夫看來，否認他的三個基礎論，本身就是大漢族主義的表現，其要害是「不承認少數民族特點，以及他們和漢族之間事實上存在的差別」，「無視少數民族的權利，損害少數民族人民切身利益」。他堅定地表示：「我和大漢族主義已經戰鬥了14年。今年60多歲了，還能鬥爭20年，非把大漢族主義鬥倒不可」。他是決心一條道走到頭了。[16]

在攤牌的同時，烏蘭夫還下令將1935年12月20日毛澤東簽署的《中華蘇維埃中央政府對內蒙人民宣言》(簡稱《三五宣言》)重新印發，要求全區幹部學習，這就成了文化大革命中他的主要罪證；本文一開始引述的華北局《關於烏蘭夫錯誤》的

16 以上均見啟之：《內蒙文革實錄：「民族分裂」與「挖肅」運動》，第一章《背景》。

報告，就是指控烏蘭夫以《三五宣言》為「綱領」，進行民族分裂活動。問題是，烏蘭夫在1965年重申《三五宣言》，引發他的強烈共鳴的，究竟是什麼呢？看來，主要有兩點。一方面強調，共產黨領導的工農紅軍與內蒙民族的生命與共的關係：「只有我們同內蒙古民族民族共同奮鬥，才能很快打倒我們共同的敵人，日本帝國主義和蔣介石；內蒙古民族只有與我們共同戰鬥，才能保存成吉思汗時代的光榮，避免民族的滅亡，走上民族復興的道路」；另一面又強調：「內蒙古人民自己才有權利解決自己內部的一切問題。誰也沒有權利用暴力去干涉內蒙古民族的生活習慣、家庭道德以及其它一切權利」，「內蒙古人民有權按自主的原則，組織自己的生活，建立自己的政府，有權和其它民族結成聯邦關係，也有權完全分立起來」，「總之，民族是自尊的，同時，一切民族都是平等的」。[17] 烏蘭夫顯然是以「共產黨人」和「成吉思汗子孫」的雙重身份、立場去看待和解釋《三五宣言》：他當然要堅持「在共產黨領導下，謀求自己民族的解放」的基本信念，但他又不能不面對在黨領導下的新中國，蒙古族正面對逐漸喪失自己的自治權利、平等地位和自尊的危險的現實。在他看來，黨不能認真兑現自己當初對蒙古民族的承諾，失信於民，也會造成黨自身的統治危機。因此，無論於黨還是於本民族，他都必須據理力爭，希望回到毛澤東在建國前自己制定的關於內蒙問題正確路線上來。但他卻萬萬沒有想到，自己堅持「成吉思汗子孫」立場，就會被黨看作是不忠誠的表現；在社會主義新時期，重申民主革命時期的黨的民族政策，[18] 更是對黨的階級鬥爭路線的

17 《三五宣言》見啟之：《內蒙文革實錄：「民族分裂」與「挖肅」運動》第一章《背景》附錄。

18 其實黨在民主革命時期的民族政策本身，也是在發展變化的。最早吸引

對抗，在挑戰黨的領導，這本身就構成了以毛澤東為首的黨中央的心腹大患，必除之而後安。

這就是在文化大革命一開始，毛澤東為首的黨中央就將烏蘭夫拋出，他成為文革最早的犧牲者之一的原因所在。值得注意的是，在前門飯店會議上，對烏蘭夫的批判，主要集中在兩個方面。一是劉少奇所指出的，「在民族問題、階級鬥爭這兩個根本問題上，烏蘭夫犯了錯誤。用民族問題取代階級問題，是資產階級路線，是代表蒙古大地主、牧主、資產階級的利益，不是代表蒙古工人、農民、貧苦牧民的利益」。鄧小平則點出了另一個要害：「去年下半年，正是我們揭露蘇修，揭得很厲害，澤登巴爾(按，時任蒙古人民共和國共產黨的領導)進一步反華的時候，你們不整反修，把反修旗幟降下來了」。[19]

烏蘭夫這一批追求民族獨立解放的內蒙革命青年的，是《中國共產黨第二次全國代表大會宣言》所提出的「民主」與「自治」的雙重理想，實行「自由聯邦制」的制度設計。按照這一設計，少數民族有權脱離漢族，建立獨立國家。因此在前引《三五宣言》裏，還談到「內蒙古民族有權建立自己的政府，有權與其他民族結成聯邦關係」。但到了1946年制定的《內蒙古自治運動統一會主要決議》，就將「自治」原則作了新的解釋：「是平等自治，不是獨立自治」，收回了獨立權，而變成了在漢族主導下統一國家內享有平等權利的區域自治，這才有了建國後的「民族分裂」罪。在1946年的決議裏，還提出「只有接受中共領導和幫助，才能獲得民族解放」的理念與原則，引人注目地強調了中共的「領導」。到1947年4月《中共中央關於對內蒙人民革命黨的對策給東北局的指示》裏，就更明確地提出：「內蒙古問題的中心，在其武裝須掌握在我黨手中，其自治政權須由我黨領導」。這已經是新中國成立的前夕。事實上新中國就是按照這樣的民族政策，實行「黨領導下的民族區域自治」的。「黨的領導」與「民族自治」兩個方面，後者是服從前者的。現在到了社會主義時期，黨的領導提出要突出階級鬥爭，淡化(實質是逐步取消)民族自治。在這樣的情況下，烏蘭夫還要突出民族自治，堅持自己入黨當初的民主、自治理想，反對大漢族主義，就「罪該萬死」了。以上引文均見啟之：《內蒙文革實錄：「民族分裂」與「挖肅」運動》，第一章《背景》。

19 劉少奇、鄧小平和烏蘭夫的講話(1966年8月)，轉引自啟之：《內蒙文革實錄：「民族分裂」與「挖肅」運動》，第二章《發軔》。

我們知道，「階級鬥爭」與「反修防修」是毛澤東的文化大革命的兩大主題；把烏蘭夫安上這兩大罪名，就把解決烏蘭夫為代表的地方民族勢力的問題納入了文革鬥爭的軌道上。烏蘭夫的問題也就集中表現在「反對大漢族主義」(實質是對抗黨中央的集中領導)和「大搞民族分裂主義」(對內，以要求民族自治對抗黨的階級鬥爭路線；對外，迎合、勾結蒙修、蘇修，以致美特、日特、國特，破壞國家統一)這兩個根本問題上，這構成了內蒙(以及少數民族地區)的文革的主要內容。我們將在下文詳細討論的挖肅「內人黨」的兩大目標：「在蒙古族中大搞階級鬥爭，大揪『叛國集團』」，實際上在批判烏蘭夫時，就已經埋下伏筆了。

毫無疑問，以解決烏蘭夫的「民族分裂問題」為中心的內蒙古的文革，是以毛澤東為首的黨中央精心策劃，一手炮製的；但不可否認和忽視的，是這場文革風暴最終能夠席捲內蒙全區，全民參與，除了極權體制本身的組織力與動員力之外，它的發動，也確實有一定的群眾基礎。這是我們必須正視與討論的問題的另一個方面。

這就說到了啟之在他的書中強調的「先在性矛盾」，即在地民族(蒙古族)與外來民族(漢族)的矛盾。蒙古族作為世世代代養育、生長在蒙古草原的土著居民，自然構成了內蒙自治區的「主體」；但隨着經濟、社會的發展，必然出現越來越多的，以漢族為主的外來移民，並最後成為草原的「多數人口」。這樣的「土地」與「人口」問題引發的生存空間的爭奪，必然導致民族利益的矛盾，一方面是蒙古族對墾荒與移民的疑懼與拒斥，另一面漢族移民也為這樣的拒斥，特別是蒙族上層對他們的壓迫感到不滿，由此而發生的蒙、漢民族衝突可以說從晚清到民國從來沒有中斷過。建國以後，儘管實行區域民族自治政策，極大地強化了蒙族的主體地位；但適應社會主義建設事業的需要，大規模的墾荒和移民，成為不可阻擋的發展趨勢，這就必然帶來內蒙人口結構上的進一步的變化。到文革前(1965年)全蒙近1300萬人口中，漢族高達1130萬，蒙族僅有144 · 5萬，其它少數民族20萬。這樣的所謂「社會主體」與「人口多數」的矛盾，就達到十分尖銳的地步。更值得注意的是，經濟建設的發展導致的文化衝突。像五六十年代的包鋼為中心的現代工業建設，既給內蒙地區的社會發展提供了走向現代化的新機遇，也讓內蒙民族知識分子感到某種民族文化的危機。這樣的生存空間的爭奪和民族文化的滲透必然激化內蒙自治區的蒙、漢兩族「先天性矛盾」，應該説到文革前已經積累到相當嚴重的地步。將前文討論的烏蘭夫的反對大漢族主義、突顯民族自治的思想與政策，置於這樣的背景下來考察，就不難看出其問題的另一面：潛伏着某種矛盾與危機。烏蘭夫強調蒙古民族的民主、自治權利，主體地位，要求在幹部選用上要以蒙族為主，在政治、經濟、文化、教育各方面，都給予蒙族以特殊照顧，無疑具有歷史的合理性；但如果將其發展到極端，特別是不能同時注意發展漢族的民主、自治權利，照顧其經濟利益，就可能形成對佔人口多數，為內蒙發展作出巨大貢獻的漢族的利益損害，造成新的不平等。啟之的書裏，就特地引述了一位漢族幹部的回憶中談到的文革前就已經孕育的種種不滿。如當時自治區的廳局級第一把手，基本上都是蒙族幹部，但他們大多是在1945年參加革命，有的還是1949年參加工作的；而擔任副職多半是從延安派來的抗戰時期的漢族老幹部，甚至是老紅軍。這就產生了漢族領導幹部的不平之感：「我們是來自治區當副官的」。一般漢族幹部則説，「我們在自治區都是孫子輩，好事沒有我的」。入黨、入團、提幹都是蒙族優先；發佈票，蒙族是雙份；農村分自留地蒙族也是漢族的兩倍。這位幹部自己的女兒在學校班級裏一直名列前茅，高考時差一分沒有錄取；而蒙族學生因為照顧幾十分，成績最差的，也全部錄取，這就引發了巨大的不滿。在這位漢族幹部看來，正是自治區「蒙族、漢族方方面面造成的差別，形成的種種矛盾，日積月累，在文革中就一下爆發出來」。[20] 而文革強調「社會平等」的意識形態，也正好為這樣的發洩和反抗，提供了最充分的正當性。

烏蘭夫作為集黨、政、軍大權於一身的內蒙最高領導人，他在對上對外努力維護地方與民族利益的同時，也有對下對內強調集中統一，以維護自己的統治權力的一面。也就是說，他所在意的，不僅有路線鬥爭，更有權力之爭。特別是前文提到在1962年以後，烏蘭夫陷入了上下夾擊的困境時，更在組織上採取了一系列措施。例如，將現有的自治區黨委常委班子的權力虛化，由親信另立「新常委」，13人中有9名為蒙人，其中6人是其家鄉土默特旗人，還包括長子布赫；同時又取消了原來的廳局，另組五大委員會，主管日常行政工作。烏蘭夫的初衷可能在借此把領導權牢牢掌控在一人之手，以便最大限度地減少阻力，更好實現自己的以維護民族自治權力為核心的「三基礎」的新思想、新路線；但他這樣的任人唯親的宗派主義的組織路線，就事實上走向極端狹隘民族主義，到了只信鄉黨、倚重妻兒的地步。就像論者所說，烏蘭夫家族事實上成了自治區的統治者：「烏蘭夫是自治區黨委書記、政府主席、軍區政委；妹夫孔飛也是政府主席(按，應是軍區副司令員)；女婿石光華和女兒雲曙碧是政府副主席；兒子布赫是原文化局副局

20　以上材料與分析，均見啟之：《內蒙文革實錄：「民族分裂」與「挖肅」運動》，《前言：千秋易過，文革罪惡難消》。

長，文教委員會主任，又是自治區新常委成員；布赫妻子烏蘭其其格是廣播局長，文聯主任；妻子雲麗文又是自治區政策研究室主任」。不僅「一家子都是高幹」，而且「土默特旗幹部產出之多，就像隔韭菜一茬接一茬」：這樣不加掩飾的家族統治，是典型的權力腐敗，自然引起漢族幹部與非嫡系的蒙族幹部的強烈不滿，引發了無休止的權力鬥爭，更引起民眾的公憤和反抗。21 這又和「反對資產階級獨立王國，反對特權階級」的文革主題正相符合：毛澤東與黨中央登高一呼，許多內蒙幹部與群眾紛紛回應，起來造烏蘭夫的反，打倒「當代王爺」、「雲家店」、「土家村」，是自有緣由的。

統治內蒙幾十年的烏蘭夫一旦倒台，引起的震動，是可以想見的。

首先是他的鄉親、遠房侄子，時任昭烏達軍分區副參謀長雲成烈聞訊趕到北京，托人給烏蘭夫捎信：「一定要頂住！」還說：「革命是有反復的，上大青山打游擊也要革命！」這自然是一時之氣話，卻也引起了「內蒙有人要政變」的流言和恐慌。[22]

更有許多小道消息迅速在民間傳開，而且漢、蒙族的傳言各不相同。漢人的說法是：烏蘭夫要搞民族分裂，和外蒙合併，建立大蒙古帝國，怕漢人不服，下令蒙人殺盡漢人，殺老不殺小，殺男不殺女，殺醜不殺俊，留下有用的漢人。蒙人則紛紛傳說：漢人要殺蒙人。這次運動就是整蒙族。先聯合東部蒙人整西部蒙人，整下土旗蒙，整完西部再整東部。[23] 這可以說是蒙、漢兩族普通民眾的文革理解與想像。有一點是共同的：這將

21　啟之：《內蒙文革實錄：「民族分裂」與「挖肅」運動》，第二章《發軔》。

22　圖門、祝東力：《康生與「內人黨」冤案》，第 17 頁。

23　啟之：《內蒙文革實錄：「民族分裂」與「挖肅」運動》，第二章《發軔》。

是一場蒙、漢兩民族之間的大廝殺，而且不幸而言中。

首當其衝的是蒙古族幹部和百姓：在「批判烏蘭夫民族分裂主義路線」的旗號下，大批蒙族幹部被鬥，軍區蒙族幹部也受到懷疑、打擊，甚至規定「作戰部、機要局等要害部門一律不用蒙族人」；在群眾中則重新劃分所謂被烏蘭夫包庇的蒙古人的成份，抄蒙人家，沒收蒙人自留地、自留畜，強迫退還「在修正主義民族政策」保護下的多吃多佔部分，破產還債，等等：人為製造、強化的民族矛盾在階級鬥爭的掩護下迅速蔓延全蒙地區。[24]

由此激發的，是從自發到逐漸自覺的蒙古族反民族迫害的反抗運動。

1966年12月23日，「土旗聯盟」(全名為「內蒙古東方紅革命造反聯盟」)成立，自稱有五、六千人，活動範圍主要在呼和浩特市區，以土默特左、右兩旗為主，絕大多數是農民。他們把矛頭指向北京前門飯店會議，認為是李雪峰背着毛主席搞的，烏蘭夫是「前門飯店資產階級反動路線的受害者」。他們曾散發《也談野牛》的傳單，寓言式的把人群分為奴隸主，奴才和野牛，自比「好鬥的野牛」，準備向奴隸主的統治發動衝擊。據介紹，「聯社的組織過程頗具農民特色：結社方式呈秘密、半秘密狀態(張三拉李四，李四保舉王五)」；宣傳中也有某種故弄玄虛的神秘色彩，如揚言「聯社總部設在北京中南海，總理、江青給俺們開了介紹信」等等。他們以農民的方式傳達了蒙古族的民意，因此也得到一些幹部、教師、工人，甚至廳、局、縣、旗級蒙族領導幹部的支持。[25]

24　啟之：《內蒙文革實錄：「民族分裂」與「挖肅」運動》，第二章《發軔》。

25　高樹華、程鐵軍：《內蒙文革風雷：一位造反派領袖的口述史》，第333–334頁。

以後還陸續發生所謂「黑信事件」。例如1967年1月內蒙古黨委斯榮發表致黨中央的公開信，指責「內蒙古是以烏蘭夫問題衝擊了無產階級文化大革命」，也同樣把矛頭指向前門飯店會議，認為會議「不像黨內鬥爭」，即違反了黨內鬥爭的原則整人，後果也很嚴重：「搞蒙古幹部太多了」，並辯解說：「反大漢族主義也不一定是反黨」。[26] 在1968年反右傾運動中這封信被重翻出來，斯榮等因此被打成「黑幫翻案集團」。儘管一再鎮壓，蒙古幹部中支持烏蘭夫民族路線的依然大有人在，成為內蒙文革的一股潛流。

而且一有機會，就會噴湧而出。1973年8月中共十大經過周恩來的多方努力，烏蘭夫重入中央委員會，當上主管民族事務的中共中央統戰部長。這自然給他的支持者以巨大鼓舞。在隨後的批林批孔運動中，原內蒙大學副校長、民族理論家和宗教學者，內蒙歷史研究所副所長牙含章，於1974年4月25日發表了《狠批林彪死黨陳伯達、李雪峰、鄭維山在內蒙地區民族問題方面的反革命罪行》的長篇演講，旗幟鮮明地提出：「內蒙是一個少數民族自治區，民族問題在這裏具有特殊重要性」，而「林彪死黨」的要害就在「他們不承認社會主義國家內部還有民族問題」。這顯然是借批林之名，在文革開始八年以後，第一次重提烏蘭夫與毛澤東為首的黨中央關於民族問題的爭論。牙含章在演說中，借批判鄭維山的「征服者」論指出，大漢族主義才是「製造民族分裂的罪魁禍首」：他們就是「要征服內蒙地區少數民族人民，剝奪毛主席和中華人民共和國憲法賦予少數民族勞動人民實行區域自治、自己管理自己的權利，取消區域自治」。演說還抓住鄭維山所謂「走遍四盟二市，沒有發現一個好幹部」的言論，着重指出了「少數民族出身的幹部

26 啟之：《內蒙文革實錄：「民族分裂」與「挖肅」運動》，第五章《挖肅（二）》。

不能當家作主」，「在內蒙黨政軍高級領導職務的蒙族幹部只剩下吳濤一人」，「盟市旗縣和各級部門第一把手無一蒙人」的問題，並對盛行一時的「誰講民族問題就認為誰是民族主義者，就是搞民族分裂，反大漢族主義就是修正主義」的怪論提出質疑：這都是文革中蒙族幹部淤積於心的不滿終於一吐為快。牙含章的演講，更對文革中以「將民族問題歸結為階級問題」為特點的大漢族主義進行了尖銳的批判，並揭示了其深厚的思想文化傳統：「一曰『嚴華夷之防』，就是對少數民族不信任，不以平等態度對待；二曰『尊王攘夷』，主張對少數民族實行武裝鎮壓，就是要征服少數民族；三曰『用夏變夷』，就是以漢族的文明去同化少數民族」。這都擊中了要害，可以說是自治區知識分子第一次對「文革中的民族問題」進行了獨立的批判。[27] 儘管牙含章後來被中央定性為「反動民族理論家」，遭到迫害；但他的講話依然在全蒙不脛而走，成為重要的歷史證詞和文革民族問題的民間總結。[28]

二、關於「新內人黨」冤案

1967年11月1日內蒙古自治區革命委員會成立，立即以「挖烏蘭夫黑線，肅烏蘭夫流毒」為首要任務。這是根據康生的指示：「他(指烏蘭夫)這條線是很粗的，上下(都有)基礎，很不簡單」。「挖黑線」就要追溯到歷史；「肅流毒」則要聯繫現實，注意現行活動。

早在1967年1月毛澤東就發出要清查混進「黨、政、軍、

27 牙含章本人是漢族，對民族問題有深切理解；他的批判是反映了蒙族知識分子和理解蒙族的漢族知識分子的共同心聲的。

28 啟之：《內蒙文革實錄：「民族分裂」與「挖肅」運動》，第九章《殘局》。

學、工廠、農村、商業內部」的「少數反革命分子、右派分子、變節分子」的號召，在全國立即掀起揪叛徒、特務之風。內蒙革委會成立後的1968年2月，《中共中央轉發黑龍江〈關於深挖叛徒工作情況報告〉》更明確提出：「堅持群眾路線，徹底清查敵偽檔案，把隱藏在各地區、各部門、各角落的叛徒、特務、裏通外國分子和一切反革命分子徹底清查出來，以根除隱患」。

就是在這樣的「挖烏蘭夫黑線」與「揪隱藏敵人」的雙重背景下，「內蒙古人民革命黨」問題就引起了注意。[29] 早在前門飯店會議上，就有人提出了「對內蒙古人民革命黨，烏蘭夫當年為何不按反動黨團處理」的問題。[30] 現在，清查內人黨(包括烏蘭夫與內人黨的關係)就成了內蒙文化大革命的新的突破口。

這裏，需要對內蒙民族解放運動和黨派政治作一個簡要的歷史回顧。其起端是1919年的「五四運動」。在啟蒙主義思潮影響下，以北京蒙藏學校為中心，培養和湧現出了一批具有自覺民族意識，又有現代民主思想的蒙族青年，他們就成為內蒙民族解放運動的領袖與骨幹，並逐漸主要形成了三種政治力量。1925年10月，在國民黨、共產黨、馮玉祥以及外蒙、蘇聯、共產國際支持下，成立了第一個內蒙現代政黨：「內蒙古國民(人民)革命黨」(簡稱「內蒙古國民黨」)，其主要領導人白雲梯深受孫中山影響，成為國民黨黨員，在1927年國、共分裂以後，就將內蒙古國民黨改組為中國國民黨的地方支部。與此同時，以烏蘭夫為代表的第二代蒙古革命青年都紛紛加入了中國共產黨，在中國共產黨的領導下，深入內蒙地區進行地下活動。在白雲梯公開投靠國民黨以後，內蒙古國民黨中的左

29　啟之：《內蒙文革實錄：「民族分裂」與「挖肅」運動》，第四章《挖肅(一)》。
30　卜偉華：《「砸爛舊世界」：文化大革命的動亂與浩劫》，第 103 頁。

翼，就於1927年將內蒙古國民黨改名為「內蒙古人民革命黨」(簡稱「內人黨」)。其最早的領導人是特木爾巴根(他也是蘇共黨員)和朋斯克，他們主持下的內人黨，是接受共產國際領導的。1932年他們的學生哈豐阿入黨並接班，內人黨就逐漸成為內蒙民族革命運動中的第三種政治勢力。在日軍佔領下，內人黨一度停止活動。到抗戰勝利以後，1945年哈豐阿重建內人黨東蒙支部，並同時成立了「內蒙古人民青年團」。在其公佈的黨的綱領中宣稱「本黨接受蘇維埃聯邦、外蒙古人民共和國之指導，以解放內蒙古人民，確立民主主義政體為目的」，「和中國共產黨緊密聯絡，互相幫助」。內人黨東盟支部成立以後，就積極籌建「東盟自治政府」，宣稱最後要實現「內外蒙合併」。1946年4月，烏蘭夫受黨中央之命，「單刀赴會」，對哈豐阿為首的內人黨進行艱難的説服工作，終於在同月召開的「內蒙古自治運動統一會議」上，宣佈停止內人黨活動，哈豐阿等也加入了中國共產黨。到1947年，哈豐阿等曾一度試圖恢復內人黨；但在中國革命即將勝利的大趨向、大形勢的推動下，又在5月放棄了獨立成黨的努力，在「內蒙古人民代表大會」上，宣佈內蒙自治政府的成立，烏蘭夫任政府主席，哈豐阿被選為副主席，內人黨也從此成為歷史名詞。在當時看來，這是烏蘭夫忠實執行黨的民族統一戰線政策的一個成果。[31]

但到了文化大革命，這就成了烏蘭夫的一大罪狀。把內人黨重新從歷史的塵埃裏挖掘出來，無非是先把內人黨定性為「民族分裂主義的政治勢力」，再將烏蘭夫定為內人黨的「黑後台」，以便證明烏蘭夫現行的民族分裂行為，是「內蒙在現代史上多次出現的分裂、獨立活動的延續」。[32] 這樣的按照現

31 啟之：《內蒙文革實錄：「民族分裂」與「挖肅」運動》，第一章《背景》。
32 啟之：《內蒙文革實錄：「民族分裂」與「挖肅」運動》，第一章《背景》。

實政治鬥爭的需要，任意解釋和篡改歷史，已經成為文革的「新常態」。

但這畢竟是歷史，並不能成為文革階級鬥爭的直接推動力。於是又要按照現實政治的需要，炮製(想像)出一個「新內人黨」。據説，在1947年以後，內人黨轉入了地下，在建國以後，特別是六十年代，更成了民族分裂、破壞國家統一的反黨反社會主義的組織。1968年2月6日，成立不久的自治區革委會負責人碰頭會上正式宣佈「新內人黨」的存在：一個服從於內蒙文革需要的反革命組織就這樣被製造出來，這算是文革的新創造。

開始時，內蒙自治區革委會的領導還有幾分謹慎與猶豫，再三強調要區分內人黨發展的三個階段。據説，1925–1936年的內人黨(包括其前身內蒙國民黨)是「資產階級民族主義政黨」，1945–1947年的內人黨是「地方民族主義政黨」，只有1947年以後的新內人黨，才是「反共反人民反社會主義的反革命組織」。因此，前兩個階段的內人黨不屬於清查範圍；「只有第三階段加入內人黨的旗縣以上幹部才算反革命，旗以下普通黨員按人民內部矛盾處理」。[33] 這樣的政策限制，顯然不能適應現實階級鬥爭的需要，隨着清查運動的推進，就完全被突破：凡和內人黨有牽連，甚至毫無關係的蒙族幹部和群眾都成為清查與打擊對象，從而顯露出這場「清查內人黨運動」的本質：這是有組織、有領導、有目的、有計劃的在蒙族人民中開展階級鬥爭，即用階級鬥爭的方式處理民族問題的典範，是以毛澤東的階級鬥爭為綱的治蒙路線，來取代烏蘭夫的以民族自治為核心的治蒙路線的一場生死較量：後來成為「新內人黨冤案」的重要性與嚴重性即在於此。

33 圖門、祝東力：《康生與「內人黨」冤案》，第137，138，144頁。

那麼，什麼是毛澤東竭力在文革中大張旗鼓地推行的「階級鬥爭的方式」呢？其前提是對所謂「階級鬥爭形勢」的兩個估計：一是「帝(國主義)、修(正主義)、反(動派)亡我之心不死，中國處於世界反華勢力包圍之中，戰爭不可避免」；二是國內傳統階級敵人(地、富、反、壞、右，以及所謂「國民黨殘渣餘孽」)與新生資產階級(走資本主義道路當權派和新生資產階級知識分子)上下勾結，實現資本主義復辟，「有三分之一的權力不掌握在我們手裏」。[34] 這是毛澤東發動文化大革命的主要依據，不僅是誇大敵情，背後更內含着一種根深蒂固的敵對思維，即把國內外一切不同於自己的力量，都看作是隱藏的敵人，必除之而後快。在這個意義上，可以說，毛澤東的文革階級鬥爭，就是在敵對思維引導下的向國內外的假想敵的一場人為搏殺，是毛澤東說的為了達到自己的目的(鞏固國內絕對統治地位與謀取世界領袖地位)的有意識地「設置對立面」。[35]

由此產生的文革時期達到極致的毛式階級鬥爭，有兩大特點。首先是整個鬥爭建立在階級鬥爭想像即假想敵的設置之上。具體到我們這裏討論的內蒙古文革中的新內人黨冤案，就是建立在三大想像的基礎上的。

第一，按照「關心民族問題，要求民族自治就是搞民族分裂」的邏輯，將所有的蒙古族幹部與群眾都視為民族分裂主義分子，烏蘭夫獨立王國的社會基礎，因而也是文革階級鬥爭的基本對象。正是這樣的「所有的蒙族人都是公開或隱蔽的階級敵人」的想像，將清查新內人黨變成了圍剿蒙古族的種族屠

34 1964年6月8日毛澤東在中央工作會議上的插話，轉引自逄先知、金仲及主編：《毛澤東傳》(下)，第1345頁，中央文獻出版社，2003年。

35 毛澤東：《在南寧會議上的講話提綱》(1958年1月16日)，《建國以來毛澤東文稿》，第7冊，第17頁。

殺。為此而大造輿論，把蒙古族描述成漢人的「不共戴天的敵人」。最典型的說法就是下文我們還會詳加討論的「揪叛國集團聯絡站」的頭頭烏蘭巴幹編造的聳人聽聞的蒙人屠殺漢人的「歷史」：「歷史上的匈奴就是蒙古人。蒙古人經常侵犯中原，燒殺搶掠。蒙古人攻下南京，(漢族的)屍體把河道都堵塞了。到了滿清，蒙古人依然統治着漢人，鮮血染紅了科爾沁草原」，還高呼口號：「為中原避難的漢族兄弟報仇」。同時還製造謠言：「內人黨的自治軍把遼河兩岸的漢人全殺光了」，其結論是指向現實的：「蒙古人過去蹂躪漢人同胞，今天又搞民族分裂」。這樣露骨的挑撥漢、蒙兩族關係，在文革的氣氛裏，是十分有效的：烏蘭巴幹演説所到之處，都引發了殘酷的武鬥。[36]

這樣，蒙族人就成了「新內人黨」冤案的主要受害者。這是錫盟西蘇旗1969年6月寫給內蒙革委會核心小組的「情況報告」：全旗挖出新內人黨及其變種組織成員，佔全旗總人數的13.45%，其中蒙族佔挖出總數的87.4%。在一些基層單位，像敖幹希裏大隊，14歲以上的蒙族，全部登記，作為清查對象。[37]還有材料，談到哲裏木盟南灣子公社韓山皋生產隊只剩下三、四戶「好人」，其餘諸戶從三、四歲孩子到六七十歲老人，都被打成新內人黨。[38] 土左旗有些純蒙村，更被污蔑成「小台灣」，強迫拆遷。如兵州鄉的馬群大隊、三間房大隊都被拆散了。還有蒙、漢族雜居村，強迫搞「三紅夾一黑」(按，「紅」指漢族，「黑」指蒙族)，把蒙族社員當敵人，當成反革命監視

36 啟之：《內蒙文革實錄：「民族分裂」與「挖肅」運動》，第四章《挖肅(一)》。

37 高樹華、程鐵軍：《內蒙文革風雷：一位造反派領袖的口述史》，第369－370頁。

38 啟之：《內蒙文革實錄：「民族分裂」與「挖肅」運動」》，第六章。

起來。在挖新內人黨運動中，當時死的，以後死的，有260人，殘1000多人，被「挖」成新內人黨的竟達一萬一千人。[39]

作為清查新內人黨運動的主要依據的「四個演變論」，則是第二個聳人聽聞的想像，即所謂「內蒙共產黨是內人黨演變過來的；共青團是內人團演變過來的；軍隊是由內人黨自治軍演變過來的；內蒙幹部也都是內人黨演變過來」。[40] 這樣的想像其實是自中央文革，在1969年2月，中央文革小組碰頭會接見滕海清時，謝富治就指出：「內人黨明裏是共產黨，暗裏是內人黨，要把它堅決搞掉」。康生也指明「內蒙軍隊裏也有內人黨，這個問題很嚴重，成了內人黨的軍隊，對這個部隊要改造」。[41] 在這樣的指導思想下，蒙古自治區的黨組織、軍隊，特別是蒙族的黨的領導、幹部、黨員、團員都成為運動的清查與打擊重點，這是建國以來的內蒙的政治運動從未有過的，也算是文革階級鬥爭的特點。1968年10月內蒙革委會《關於『內人黨』問題彙報提綱》裏，就列舉了一個名單，幾乎把所有的內蒙古自治區中共黨委和人委廳局長以上的蒙族領導都打成了新內人黨的領導與骨幹：中共內蒙黨委第一書記烏蘭夫即新內人黨主席，黨委書記奎璧、王再天是新內人黨副主席，黨委書記兼公安廳長畢力格巴圖爾、組織部長李振華、宣傳部副部長特古斯、內蒙人委副主席吉雅泰、副主席哈豐阿、副主席朋斯克、高級法院院長特木爾巴根、財政廳長金墨言、建設廳廳長烏力吉敖其爾、內蒙語言文字改革委員會主任戈瓦、對外辦事處副主任德力格爾、內蒙古大學黨委書記巴圖、副校長哲博、內蒙古師範學院黨委書記特木爾巴根……等等，都是新內人黨

39　啟之：《內蒙文革實錄：「民族分裂」與「挖肅」運動》，第五章《挖肅（二）》。
40　啟之：《內蒙文革實錄：「民族分裂」與「挖肅」運動》，第四章《挖肅（一）》。
41　轉引自圖門、祝東力：《康生與「內人黨」冤案》，第219頁。

的執行委員、中央委員或骨幹分子：這樣，以烏蘭夫為首的內蒙自治區黨委、政府就被想像成了新內人黨的領導班子。[42] 自治區以下的盟市旗縣以致公社、生產隊，也如法炮製：前文提到的錫盟西蘇旗，全旗共產黨組織都被打成新內人黨組織，85%的共產黨員都被打成新內人黨人，85%的國家幹部定為階級敵人。旗委副部(副科)級以上幹部，全部被打；公社一級幹部中，只剩下1人不是新內人黨；生產隊一級幹部，除25名屬懷疑目標外，其餘全部被打成新內人黨成員。[43] 東馬珠穆沁旗公檢法系統97.3的蒙族、97.7%的黨員、70%的幹部、96.3%的警察、97.7%的貧苦牧民、95.5%的轉業軍人，都被打成新內人黨。[44] 另一個打擊重點，是軍隊的蒙族幹部與軍人。內蒙自治區軍區三大部中，司令部被打成新內人黨160多人，後勤部217人，政治部只有200多人，被定為新內人黨的竟有195人。[45] 可以說，文革中內蒙的清查新內人黨，是對內蒙古黨、政、軍部門的蒙族領導、幹部、黨員的全面、徹底的大清洗、大迫害。

第三個大膽想像，是蘇修、蒙修特務，美、蔣、日特務已經滲透到內蒙黨、政、軍內部，在全蒙遍佈情報網，隨時準備進行顛覆、叛國活動。這完全是迎合前文提到的毛澤東發動文革的「帝修反亡我之心不死」的形勢分析、主觀臆斷。烏蘭巴托的「揪叛國集團聯絡站」就編制過一個《蘇蒙修情報系統及叛國集團分佈圖》，劃定了「民族統一黨武裝暴動地區，新內人黨、民族統一黨、內外蒙合併委員會等反動組織活動地區，逃蒙叛國集團案件發生區，地下電台、越境方向等198

42　圖門、祝東力：《康生與「內人黨」冤案》，第161–167頁。

43　高樹華、程鐵軍：《內蒙文革風雷：一位造反派領袖的口述史》，第370頁。

44　啟之：《內蒙文革實錄：「民族分裂」與「挖肅」運動》，第七章《成果》。

45　圖門、祝東力：《康生與「內人黨」冤案》，第178頁。

處標記」，還有一個《內外蒙合併圖》、《蘇修情報系統在北京活動簡圖》，都弄得煞有介事，其實全是捕風捉影，胡編亂造。[46] 但因為符合文革政治鬥爭的現實需要，就成為內蒙革委會發動清查內人黨運動的依據，1968年12月滕海清主持起草的《關於「內人黨」的彙報提綱》裏，就斬釘截鐵地宣佈：新內人黨「不僅是一個以分裂祖國，妄圖實現『內外蒙合併』的反革命組織，而且是一個與蘇、蒙修特務，美、蔣、日特務有着密切勾結的，以顛覆我國無產階級專政為目的的龐大的特務情報組織」。[47] 因此，在給蒙族黨、政、軍領導定罪時，不僅戴上「民族分裂主義者」的帽子，還指認其為「國特」、「日特」、「蘇蒙修特」、「蒙修情報員」等等。[48] 這樣，內蒙的清查新內人黨運動也就納入了毛澤東在文革中發動的「反對帝、修、反的國際鬥爭」的軌道，成為其中的一枚棋子和犧牲品。

這樣的敵人無所不在的超級想像，就把整個內蒙自治區變成了圍剿新內人黨的殺場，如當時風傳的民諺所説，「凡有人群的地方就有內人黨，內人黨比大青山的石頭還多」。[49] 經歷漫長的17個月(1967年11月–1969年4月)的打打殺殺，最後才承認，所謂「新內人黨」完全子虛烏有，這就成了歷史的大笑話。但在當事人的記憶裏，卻是無法磨滅的永遠的疼痛：這也將毛式階級鬥爭的荒誕性與殘酷性永遠銘刻在歷史上了。

文革中發展到極致的毛式階級鬥爭的第二個特點，是將階級鬥爭絕對化，自身就是目的，為了打倒假想敵，可以犧牲一切，不惜一切代價。在自治區常委班子裏，就有人公開鼓吹：

---

46 啟之：《內蒙文革實錄：「民族分裂」與「挖肅」運動》，第四章《挖肅(一)》。

47 轉引自圖門、祝東力：《康生與「內人黨」冤案》，第209頁。

48 圖門、祝東力：《康生與「內人黨」冤案》，第161–167頁。

49 高樹華、程鐵軍：《內蒙文革風暴：一位造反派領袖的口述史》，第338頁。

「即使冤枉好人，傷害自己人，也絕不手軟」，而且說得理直氣壯：「我個人絕不怕因為打擊敵人而失去準頭兒，誤傷自己同志這種錯誤。犯這種錯誤，起碼在我心裏可以自慰的是，我沒有放過敵人。我主觀上是積極革命，勇於戰鬥的，我起碼對得起共產黨員這個稱號」，還有「被誤傷也是貢獻」的高論：「被誤傷的同志階級鬥爭的覺悟是高的，他會理解革命的複雜性，他們會理解被誤傷實際上也是一種對革命的貢獻，是另一種更加偉大、光榮的貢獻。沒有他們這種偉大的犧牲精神，隱藏的敵人會繼續得逞，被誤傷的同志終究會原諒我們的」。[50] 問題是這樣的走火入魔的極端觀念，竟然成為自治區清查內人黨運動的指導思想：「只要有線索就挖下去，邊挖邊找證據，再定性」，[51]「只要有百分之三十是真的就繼續挖，挖十個有七個是假的，三個是真的；挖十個一個是真的，九個是假的，也是了不起的成績」，「把錫盟56萬人全打死，在全國也是一小撮」，「我執行毛主席革命路線，成績永遠是主要的」。[52] 把「不怕冤枉人，不怕死人」地搞階級鬥爭，說成是「執行毛主席革命路線」，看似荒唐，實際卻是以一種粗俗的方式道破了毛式階級鬥爭的某些本質的，即在階級鬥爭的需要面前，人的尊嚴、生命都無足輕重，微不足道；只要階級鬥爭需要，可以不擇手段，無法無天，為所欲為。這是很能顯示毛式階級鬥爭的反人道、反法治的根本特質的。

在這方面，文革中內蒙清查新內人黨運動，也是一個典範。其所採取的手段，主要有三，都極具文革特色。

50　高樹華、程鐵軍：《內蒙革命風暴：一個造反派領袖的口述史》，第301–302頁。

51　高樹華、程鐵軍：《內蒙文革風雷：一位造反派領袖的口述史》，第302頁。

52　圖門、祝東力：《康生和「內人黨」冤案》，第143，214，216頁。

一曰「發動群眾」，即用群眾運動的方式，來搞階級鬥爭。江青就有一個明確指示：「群眾專政指揮部是個好形式」。[53] 自治區首府呼和浩特群眾專政指揮部在1968年1月成立以後，就在全市廠礦、學校、機關、居民點進行多次大搜捕，抓了一大批所謂國民黨殘餘勢力，地富反壞右，烏蘭夫黑幫分子。這實際上就是繞開公(安局)、檢(察院)、法(院)，以群眾的名義，放開手腳，以違法的方式，搞階級鬥爭。很短的時間內，群眾專政指揮部就遍佈全區，從各盟市旗縣到公社、生產隊，到處私設刑訊室，學習班，拘押所，任意侵犯人權，大搞逼供信，強迫「妻子檢舉丈夫，兒子控告老子」。[54] 這樣的群眾專政指揮部在清查內人黨運動中更是發揮了獨特的作用。具體有三。一是提供情報。前文提到的烏蘭巴托的「揪叛國集團聯絡站」就屬於這樣的群眾專政指揮部系統，其任務就是「內查(檔案)外調(調查有關當事人)」，用合法與非法手段獲取、編造所謂證據，自稱「發現了上百個反動集團，破獲無數重大案件」，實際是「製造了數不清的冤假錯案」。二是「口誅筆伐」，製造輿論。三是大打出手，傷殘幾十萬無辜群眾。[55]

這樣的階級鬥爭中的群眾路線，實質上就是利用前文所提到的漢、蒙兩族群眾之間的矛盾，將本非對抗性的不同文化、信仰、習慣、利益分歧，人為的絕對化，激化，政治化，變成有我無你、你死我活，一個吃掉一個的生死搏鬥。同時，這也是在蒙族內部挑動群眾鬥群眾。這就是康生所說的，「蒙古族的壞人，發動蒙古族群眾揪鬥」。在清查內人黨的運動中，就

53 啟之：《內蒙文革實錄：「民族分裂」與「挖肅」運動》，第四章《挖肅(一)》。

54 高樹華、程鐵軍：《內蒙文革風雷：一位造反派領袖的口述史》，第299–300頁。

55 啟之：《內蒙文革實錄：「民族分裂」與「挖肅」運動》，第四章《挖肅(一)》。

樹立了烏蘭巴托這樣的「大義滅親」的典型，影響是十分惡劣的。啟之認為，這是中國傳統的「以漢制夷」與「以夷制夷」的現代版，這是有道理的。[56]

二曰「動用軍隊」。軍隊在內蒙文革的全過程，特別是幾個關鍵時刻都起着舉足輕重的作用。從一月革命奪權開始，內蒙古軍區就深度介入了文革中央上層和自治區的兩派鬥爭，成了對抗文革中央和鎮壓群眾的急先鋒，這在全國都是罕見的。而在清查新內人黨運動中，軍隊派駐各地、各單位的軍宣隊，都是第一線的指揮者。最後，在1969年5月，毛澤東和中央發佈24號文件，承認內蒙清查運動「擴大化」，宣佈「立即停止挖『內人黨』」以後，圍繞如何處理新內人黨案件，全區上下分裂為兩大派，局勢大亂，以毛澤東為首的黨中央，一方面使出「肢解內蒙」的殺手鐧，將全區七盟中劃出三蒙三旗，一面於1969年12月6日宣佈由北京軍區對內蒙實施全面軍管。而當鄭維山帶領北京軍區的部隊以「征服者」的姿態，進入內蒙以後，又深度介入兩派鬥爭，扮演了「全面鎮壓和全面庇護」者的角色：一方面，把新內人黨受害者視為破壞戰備、破壞民族團結的搗亂分子，重者重新繫獄，輕則以「有民族情緒」的罪名打入冷宮；另一面把在清查新內人黨運動中有大量血案，民憤極大的幹部調出內蒙，逃避法律制裁。同時，軍管部隊還在牧區大量開荒，無償拿走公私合營牧場的牲畜，進一步激化了與蒙族的矛盾。[57] 可以說，軍隊是把毛澤東「用階級鬥爭方式處理民族問題」的路線堅持到底的。在執行毛澤東的治蒙路線中，軍隊一直起到了關鍵性的作用。

三曰「暴力治蒙」。前面討論的「發動群眾」、「利用軍

---

56 啟之：《內蒙文革實錄：「民族分裂」與「挖肅」運動》，第五章《挖肅（二）》。

57 啟之：《內蒙文革實錄：「民族分裂」與「挖肅」運動》，第八章《戡亂》。

隊」最後都落實為「暴力」，這是毛式階級鬥爭的實質。啟之分析，文革中發展到極端，在清查新內人黨運動中發展得最為完備的暴力，是「結構性暴力」、「文化暴力」與「直接性暴力」三種形式的結合。新內人黨冤案的責任主體是：「以毛澤東為首的中共中央——內蒙地方革委會——由軍宣隊、工宣隊、貧宣隊、群眾專政指揮部構成的基層專政組織」，它們的行為構成了「結構性暴力」。而所謂「文化暴力」則是文革中最為盛行的「輿論先行，大批判開路」，鋪天蓋地的討伐所施加的思想暴力、語言暴力，對人的心理的壓力，情感的傷害，是極具殺傷力的。[58]「文化暴力」的另一面，是對少數民族教育的摧殘和文化同化，傷害就更為深遠。

最觸目驚心的，是直接性暴力。在大挖新內人黨的瘋潮中，出現了許多聞所未聞的肉刑。烏蘭察布盟計委主任比力格圖的牙齒被人用老虎鉗一個個拔掉，又把舌頭和鼻子割掉而死。四子王旗白音鄂博公社秘書敖日布扎木夫婦，被兇手用刮鬍刀片將身上的肉一道道割開，用食鹽糅進去，再用燒紅的烙鐵烙傷口，名曰「發肉條」。兩口子被虐殺後，剛剛五個月的孩子被活活餓死。達茂旗期委書記包國良的妻子被打成新內人黨後，兇手們用繩子拉大鋸，將其陰道和肛門拉通，終身殘廢……。[59] 在托克托縣落實政策辦公室的檔案裏，記載着清查新內人黨使用的36種刑罰：「爬肉條」（用燒紅的爐鉤子燙犯人）「烙油餅」（將燒紅的爐蓋按在犯人身上）「金鉤吊魚」（鼻上穿孔）「擰麻花」（吊兩臂旋轉打）「戴拉東」（將打場和平地用的中間帶孔的圓柱形石塊——「拉東」，用鐵絲栓住，掛在病人脖子上）「掛火爐」（將生着火的火爐用鐵絲吊在犯人脖子

58 啟之：《內蒙文革實錄：「民族分裂」與「挖肅」運動》，第四章《挖肅（一）》。

59 圖門、祝東力：《康生與「內人黨」冤案》，第 201–202 頁。

上)「炒庫倫」(庫倫音譯，內蒙農村的一種食品。這裏意指幾個人將犯人圍在中間，你打過來，我踢過去)，等等。[60] 這樣的暴行，絕非個別，而是遍佈全蒙，貫穿於清查新內人黨全過程並成為其標誌的。應該指出的是，這些施暴的兇手並非天生的惡人，是清查運動背後的鼓勵暴行的機制和意識形態，將人性中最殘暴的嗜殺性誘發出來，導致人的動物化的結果。而且，這樣的暴行是得到國家保護的，前文談到的軍隊對兇手的有意放縱，絕非偶然。有研究者因此強調，清查新內人黨運動對蒙族的暴力圍剿，是「有計劃、有領導、有步驟的國家行為」，佔支配性地位的始終是國家暴力，群眾暴力是受其倡導、鼓勵、指揮並受到庇護的。[61]

三、結局與後患

1978年4月10日中共中央《關於進一步解決好新內人黨問題的報告》裏，明確指出：「所謂新內人黨是根本不存在的，應該完全予以否定」。[62]

在此之前的1973年8月，中共十大上烏蘭夫重入中央委員會，當上主管民族工作的中共中央統戰部部長。這自然也意味着，「烏蘭夫民族分裂集團」也是「根本不存在」的。

這樣的結局是出乎所有人的意外的。它表明，內蒙文革是向「根本不存在」的敵人發動的一場「空戰」，卻為之付出了數以萬計的人的生命。這是按照意識形態的需要，用暴力來解

60　啟之：《內蒙文革實錄：「民族分裂」與「挖肅」運動》，第五章《挖肅(二)》。

61　程惕潔：《四十餘年回首，再看內蒙文革》，收宋永毅主編：《文化大革命：歷史真相和集體記憶》(下)，第744頁，田園書屋，2007年。

62　轉引自啟之：《內蒙文革實錄：「民族分裂」與「挖肅」運動》，第十章《善後》。

決黨內分歧和民族矛盾的人為製造的全面內戰。

但所有的參與者都付出了血的代價。人們注意到，在烏蘭夫重掌大權的同時，前門會議上將他打倒在地的華北局第一書記李雪峰也被奪權下台；新內人黨冤案不僅自始至終傷害了廣大蒙族幹部群眾和同情者，它的策劃者、指揮者，從滕海清到高錦明、吳濤、謝振華，以及從自治區到各盟市旗縣到最基層的各級執行者，最後也都在運動的不同階段成為清理和打擊對象：可以説無一倖免，整人與被整者同歸於盡，這就是人們所説的毛式階級鬥爭的「絞肉機效應」。

歷史將記下這血腥的數字：在新內人黨冤案中，有三十四萬六千二百二十人遭到誣陷，一萬六千二百二十二人被迫害致死，嚴重傷殘八萬七千一百八十八人。[63]

更要追問的是，這歷史的血腥重負，最後由誰承擔？

於是，就注意到兩個事實。烏蘭夫復出以後，他的家族也恢復了昔日權勢，還更上層樓：大兒子布赫最後當上全國人大常委會副委員長，小兒子力沙克也歷任赤峰市副市長、包頭市長、山西省副省長、國家體改委副主任。[64] 在內人黨平反、落實政策時，政府撥出大批款項，撫恤受害者，不想卻成了一些幹部以權謀利、蔭庇子女的機會，在補助賠償和子女工作安排上均搶佔先機，吃虧的還是無權無勢的基層幹部和普通蒙族百

63 《內蒙古自治區人民政府給中央的報告》(1980年6月25日)，轉引自啟之：《內蒙文革實錄：「民族分裂」與「挖肅」運動》，第七章《「成果」》。關於內人黨的受害者人數民間有不同説法：流亡海外的蒙古族學者巴赫認為，逮捕了80萬人，50萬人致殘，5萬人被拷打迫害而死；內蒙古大學編寫的《內蒙古自治區史》記載，有2萬7千900餘人被迫害致死，有12萬多人傷殘。有人説，被關押者有50萬以上。見程惕潔：《四十餘年回首，再看內蒙文革》，收《文化大革命：歷史真相和集體記憶》，第745–746頁。

64 高樹華、程鐵軍：《內蒙文革風雷：一位造反派領袖的口述史》，第569頁。

姓。呼和浩特市郊區的一位老實巴交的蒙族幹部在清查中本人致殘，家人被整死4人，落實政策只給了幾百元。他對來訪者說：「我們這兒，有門路的人，受了輕傷，甚至在運動中只過問了一下，都把子女安排了國營(單位)，而挨整重的傷殘者，因為沒有關係，多數安排在集體，經濟上更是寥寥無幾。這就是落實政策的甜頭和果實，你吃也罷，不吃也罷」。他總結說：「從文革開始到落實政策，給人的感覺是：整死你，算你倒楣；活下來的還是揀個便宜。如果有機會再整你，你也乾挨着。整人有人管，到解決問題就沒人管了。表面上算是落實了政策，實際就是那麼回事，直到現在，誰在管你呢？」這是一語道破了真相：「誰管你呢？」在中國現行體制下，老百姓的死活是沒有人管的，文革民族災難的承受者只能是「被侮辱、被損害的基層幹部與廣大民眾」。[65]

而且受傷的心靈是很難平息的，侮辱與損害只能激起不停息的反抗。新內人黨的冤案平反了，但後患無窮。

於是，就有了1974年以來蒙人的不斷「鬧事」。

1978年5月17日，內蒙高級法院對面的影壁上，出現了一篇署名「內人黨死難者家屬達楞哈日」(漢譯「大青山」)的長文，公開批判林彪、四人幫奉行「國民黨大漢族主義路線」犯了「屠殺少數民族共產黨人」的「滔天罪行」：在經濟上，由於「農牧民幹部多數被打擊迫害，奪了他們的生產指揮權」，導致農牧業生產「年年下降」；在文化教育上「大力推行以強制同化為主的法西斯文化科學專制主義，使少數民族文化教育科研事業走進死胡同」；在政治上「保護那些鎮壓少數民族的大漢族主義者和雙手沾滿鮮血的屠殺少數民族的反革命殺人犯」。接着又貼出1940年中共中央發佈的《國民黨大漢族

65　啟之：《內蒙文革實錄：「民族分裂」與「挖肅」運動》，第十章《善後》。

主義政策在蒙古民族中的影響》的舊文，以此對照當下現實：「大漢族主義者在蒙古實行殖民、屯墾、建省、設治，使廣大蒙人從原來保存不多、土地較肥沃的地區排擠到了荒涼沙漠地帶」，「在黑暗專制統治下沒有任何民主權利」，「窒息了蒙古民族自救更生的積極性」，「造成了廣大內蒙人對漢族深刻的仇恨與成見。由於這種仇恨與成見又造成某些地方蒙人壓迫漢人的現象，大漢族主義者激起某些蒙古族中狹隘的地方民族主義思想，使蒙漢矛盾加深」。這自然是具有諷刺意味的：當年共產黨批判、拒絕的「國民黨大漢族主義」現在又被自己繼承與發展了。而這裏談到的「漢蒙矛盾加深」，可能是文革中製造的新內人黨冤案所造成的最嚴重的後果。這是內蒙知識分子在文革後對文革中的民族問題，所作的第一個批判性的發言，因此，當時與以後都產生了重大影響。

緊接着，1979年初，又有200餘名蒙人，包括教師，學生，黨政幹部，聯名上書中共中央，要求將十年前劃出的三盟三旗還給內蒙，恢復內蒙原來區域。

1980年冬，內蒙古大學、師院、醫學院、蒙專等校數千名學生發起簽名運動，要求懲辦滕海清。兩個月後，又有6萬蒙人簽署上告信，寄國務院、人大常委和黨中央。

1981年發生了建國後最大的蒙族反抗運動。事情是由1981年8月發佈的28號文件(《中央書記處討論內蒙自治區工作問題工作紀要》)引起的。文件的一些提法引發了蒙族學生、幹部與知識分子的不滿，內蒙黨校立即貼出了「保衛民族自治權利」、「爭取民族生存」的大標語，隨即又出現了《評因周惠(按：當時的內蒙黨委書記)彙報產生的29號文件八條》等大字報。從這些大字報看，他們的不滿主要有三個方面。第一，文件肯定內蒙黨委對「民族關係處理得比較好，各民族比較滿意」；而蒙族幹部與群眾卻認為，這「純屬強姦民意」，有意掩蓋由於文革中的新內人黨冤案而導致的漢蒙兩族的緊張關係。他們尤為不滿的是，黨和政府始終拒絕依法懲治新內人黨冤案的主要策劃者滕海清，質問道：「如果蒙人上萬條生命頂不上一個漢人，我們這個主體民族還有什麼權利可言？」其二，文件雖然談到要控制流入人口，但又強調「人口從外省自然流到內蒙古去內蒙古也不要採取堵的方針」。在蒙族看來，這無異鼓勵人口流入，「內蒙人才二百萬，漢人是蒙人的9倍，流進來的都是漢人，其結果必然使我們這個主體民族有名無實。內蒙是我們蒙族自治區，我們有權利保衛自己土地，保衛自己的生存空間」。其三，文件規定：「要搞雙照顧，既要照顧二百萬人口的主體民族蒙古族方面，又要照顧一千六百萬人口的漢族和其他民族」，要實行「雙依靠，漢人離不開蒙人，蒙人也離不開漢人」，「幹部比例要雙為主。在漢族聚居區域以漢族為主，在少數民族地區以少數民族幹部為主」。蒙族則反駁説，在蒙族各方面都處於劣勢的現實情況下，「雙照顧，雙依靠，雙為主」看似公平，實施的結果必然是漢族強勢地位的不斷擴張，最後導致對蒙族的「吞噬」，即「用強迫同化來解決民族問題」。有的蒙人從文革經驗出發，對漢蒙相互「離不開」的説法特別反感：「我們蒙人憑什麼離不開漢人！離開你們，我們會少死多少人，少吃多少苦，少受多少氣！」

以上三方面的分歧，其中第二、三方面其實就是我們前文分析的漢、蒙兩族的「先在性矛盾」。在文革前就存在，文革中執政者就是利用這些矛盾，挑動漢族參與對蒙族的圍剿，因而極大加劇了漢蒙兩個民族之間的不信任，以致相互仇恨。蒙族對28號文件的強烈反應，從根本上説，是為維護自身的生存空間，政治文化上的獨立自主的權利，也確實夾雜着某些民族情緒，其內含的正是文革中的民族圍剿帶來的心靈創傷。這就是啟之所分析的，「挖肅留下的悲慘記憶，被侮辱、被歧視的民族心理，受擺佈、受愚弄的感受，弱小民族自我保護意識與狹窄過激的民族情緒混雜在一起，觸發了內蒙民族民主運動的導火線，形成文革後第一次大型學潮，第一次少數民族抗議運動」。

如在這次運動中起了先鋒作用的蒙族大學生所說：「我們這一代是在文革中長大的，父母被抓被殺，我們親眼目睹，刻骨銘心。大家最關心的就是民族問題。這關係我們這一代，關係整個民族前途，蒙古人對28號文件中的人口政策，幹部政策，滕海清問題有看法，根源就在內人黨。在十年文革，毛澤東提出『民族問題，說到底，就是階級鬥爭問題』。蒙古人只要說一句維護民族利益的話，就成了階級敵人，是搞民族分裂，就是反黨。」這清楚地表明了，1981年的民族抗議運動和文革中的清理新內人黨冤案的內在聯繫，應該是我們這裏討論的「後患」。

問題是，面對蒙族大學生代表的抗議運動，八十年代的執政者依然按照毛澤東的「民族問題就是階級鬥爭問題」的思維和方式來處理。他們很快就把抗議運動定性為「鬧事」，並且斷言：「學生後面有後台。內蒙歷來有一股勢力，以民族利益代表者為幌子，反對共產黨領導」，進而給表達不同意見的學生戴上「利用民族問題，反對四項基本原則，反對現在的黨中央」的帽子，這與文革中對民族問題的處理方式同出一轍，只是按照形勢的變化，將其納入「反資產階級自由化」的軌道。這樣，就進一步激化了矛盾，學生被迫宣佈罷課，並派出代表到北京上訪。當局依然採取高壓態勢，經過反復較量，學生最後被迫復課，隨即是毫不手軟的「秋後算賬」，學生領袖受到懲罰不說，還有二、三百廳局盟市級的蒙族幹部因同情、支持學生而去職。這樣的高壓，就使得1981年蒙族學生運動，除了要求自治的民族抗爭意義，還是一個爭取發表不同意見的權利的民主運動。如學生們所說，「鎮壓的結果，只能是離心離德。你最不願意看到的，都被壓出來了」。這就真正的「後患無窮」了。

蒙古族的抗爭也並未就此結束。1984年，四千多蒙人簽名，要求懲辦新內人黨冤案的策劃者滕海清。1985年，又有蒙族學生、知識分子繼續要求「懲辦」。1989年，內蒙各界齊聲聲援北京學生運動，加入全國範圍的民主運動，就是一個自然的結果。

在此前後，執政者又使出「安撫」的一手，從政治、經濟、文化、教育方面，對蒙古族實行優惠政策，也一定程度緩解了蒙族的不滿，但卻又引發了漢族的不滿。啟之在他的書裏引述了一位漢族網民的文章，批評「對少數民族的保護與照顧」，「其實質是對少數民族地區漢族進行歧視」，「蒙族以很少的人口比例，佔有了內蒙大部分機會和財產。蒙古族是內蒙的主體民族，少數民族和漢族是法律上平等，而事實上不平等」。在他和他所代表的一部分漢族人看來，「民族區域自治政策是失敗的」。

我們所面對的，正是民族問題的複雜性。看來，蒙、漢兩族對民族關係的現狀都是不滿意的，要真正實現人們理想的「民族和諧」，還有很長的路要走，需要新的理論創新和試驗實踐。其中一個重要方面，就是對歷史經驗的科學總結。而如啟之先生所說，要總結歷史，最終達到民族和諧，關鍵是要最大限度地恢復「歷史真相」。這也是我們今天通過內蒙這一個案，來研究和討論「文革中的民族問題」，其目的與意義所在。[66]

2016年10月5日–13日

66 以上關於清查內人黨冤案「後患」的討論，均參見啟之：《內蒙文革實錄：「民族分裂」與「挖肅」運動》，第11章《影響》。

一個中國邊遠地區的底層知識分子的文革記憶[1]

我是在貴州經歷文化大革命的，我於1960年到貴州，1978年考研究生回到北大，前後在貴州生活了十八年，也就是說，從21歲到39歲，正是一生最具有活力的歲月，我是在貴州度過的。而其中最重要的經歷就是參加了文化大革命的全過程。這同時就意味着，我是在中國的社會的底層，邊遠地區來參與、體驗文革的，這跟很多人在京城，在大城市裏的體驗是不一樣的。

一、我對文革的預感

我是文革的積極參加者，而且從頭參加到尾，沒有當過一天逍遙派，知識界恐怕很少有人像我這樣的。我之所以積極投入，一個重要原因是，文革對我來說並不突然，文革前，懵懵懂懂中，我就有一種預感，某種意義上來說，文革的某些東西是我所期待的。

這是由我當時的經歷與處境決定的。我那時在安順衛生學校教書，可以說多是非常認真地在教書，因此在學生中有很高的威信，但就是和領導搞不好關係。有一天，我們的一個校長到我們教研室來，為一件事我們發生了不同意見，就爭論起來。那個校長是個很老的幹部，因為黨內鬥爭與省委書記發生衝突被貶到我們學校，當然就不把我這樣的小小語文教員看在眼裏，還要擺出馬列主義者、老革命的架子，引經據典把我訓

1 文收《漂泊的家園》，錢理群著，貴州教育出版社，2008 年。

了一頓。偏偏我年輕氣盛，也讀了很多馬克思、恩格斯的書，自然不服氣。不服氣不說，還跑到寢室拿來一大堆馬克思主義經典原著，和這位校長據理力爭。他當然辯不過我，下不了台，就利用權勢來整我。當時我們教工團支部正在評選五好團員，本來我的呼聲很高，校長一干預，自然就沒有選上。這還不說，他還佈置同教研室的另一位語文老師來監視我，說錢理群家庭出身反動，你們要注意他的一言一行。這位老師為人非常正直，就把這件事向我透露了。所以我直到現在都和這位老師保持良好的關係，在那樣的政治環境中他能這樣做，是很不容易的。

這是我第一次和權力者、權勢發生衝突。我當然不服氣，而且因為我是學新聞的，政治上很敏感，那時已是文革前夕了，我就覺得形勢要發生變化了，可能有我這樣的平民老百姓說話的機會。於是，我決定和這位當權者鬥爭，既然你佈置人監視我，我就準備整你的「黑材料」，這位校長每次講話，只要我覺得有問題我就記下來，我認定這樣的校長儘管自認老革命，卻利用權勢整群眾，其實是反馬克思主義的。

就在我和這位校長暗中鬥爭的時候，學校來了一位新的黨支部書記，來了沒多久，就和這位校長發生了矛盾，聽說我反對校長，就找我談話，說黨是理解你，支持你的。當時我真是激動萬分：終於得到黨的支持了！但很快我又和這個支部書記發生了衝突。我這個人的性格大概有點毛病，一輩子總是不斷地和領導和權勢者發生衝突。我和領導的關係一般有三部曲：第一部，總是得到領導賞識，因為我確實能力比較強，做事也認真。第二部，因為我什麼事都有自己的想法，而且喜歡提意見，動不動就頂撞領導。把領導得罪了。於是必然有第三部：被領導整。我幾乎逃脫不了這樣一個命運。當時校黨支部準備發展一位「學習毛主席著作積極分子」入黨，開會徵求群眾意見，誰都明白這不過是走過場。就我不知天高地厚，發言反對。我一開炮，所有的老師，包括黨員都支持我，弄得支部書記很狼狽，暗地裏把我恨死了，我還蒙在鼓裏，以為黨是支持我的。

就在這時候，文化大革命爆發了。也是湊巧，當時我因為到農村勞動，得了傳染病，住在醫院裏，正發着高燒。我在報上看見毛主席肯定了北大聶元梓他們的大字報，號召群眾起來反對「走資本主義道路的當權派」，真是興奮極了：這正是我所期待的革命，毛主席為我們說話了！我立刻寫信給聶元梓們，以北大老校友的名義，表示支持，同時準備寫那位校長的大字報。結果我的大字報還沒有貼出來，那位校長就先組織寫大字報，公佈我的檔案材料，把我這個「國民黨反動派的孝子賢孫」(因為我的家庭出身)、「漏網右派」(反右運動時我被內定為「中右」)揪了出來。而且很快發生了一位女學生因為同情我而被迫自殺的事情。而在我被揪出來沒多久，校長又被揪出來了，因為他當年得罪的省委書記也趁文化大革命之機下令再度把他打下去，和他本來有矛盾的支部書記自然也借機對他下手了。

文化大革命前和一開始發生在貴州小城的這些與我有關的事情，今天回過頭來看，其實還是有某種典型意義的。它至少說明，文革的發生，是與當時的社會矛盾和黨內的矛盾相關的。我曾經說過，在討論文革的時候，有一個事實是不能迴避的，就是文革是一場全民參加的運動，所有的人，億萬人，都捲入了，這到底是怎麼回事，是必須做出解釋的。在我看來，各種人從不同動機，不同目的，不同原因捲入文化大革命，情況非常複雜，要做具體研究，具體分析。就我的體驗，處於底層的知識分子，普通工人，農民，青年學生，捲入文革，是因為他們感受到當時中國社會的一些矛盾，觸及他們的切身利益，這與上層的卷人，包含更多的權力鬥爭的成份是不一樣的。

就我所感受到的，或者說我看到的，有三大矛盾。一個是以家庭出身來決定一個人的社會地位、價值所造成的不平等。這一點我可以説是深有體會。無論是那位校長在文革前整我，還是文革一開始把我揪出來，都是抓住我出身不好這一條。其實在日常工作中，我也是受歧視的。舉一個例子：因為我跟學生關係太好了，所以學生都要求我當班主任，我自己也很想當班主任，但就不讓我當。後來我提出申請也不予理睬。到文革時這就成了我的一大罪狀，説錢理群處心積慮要和黨爭奪青年，不讓你當班主任你搶着當。這些事情今天都很難理解：現在是沒有人願意當班主任，而那時當班主任也是組織對你的信任，是一種權利，我這樣的所謂家庭出身不好的人，是沒有資格當班主任的。連談戀愛都很困難。因為家庭出身是要連累到後代的，當時什麼事情都要查三代，這種情況下，有誰願意和我這樣的父親是國民黨的高官，又跑到台灣去了的人結婚呢？一般出身不好的人都是夾着尾巴過日子，我卻偏偏不安分守己，還愛鬧事，人們都認為錢理群是很危險的，是一個不可接觸的人。所以像我這樣的人捲入文化大革命，一個重要原因，就是要反抗這樣的由出身造成的社會不平等。

我曾經和學生實行「三同」，即同吃同睡同勞動，我那個班當時有個很奇怪的名字，叫「社來社去班」。他們都是從人民公社招來的，畢業後再回到人民公社去。這些學生全部是貧下中農子女，出身都比較好，但他們卻感受到另一種不平等，就是我們今天所説的城鄉二元結構造成的對農民、農村人口的歧視：一個人的價值與社會地位，經濟待遇，取決於你出身在什麼地方：城市還是農村？所以我的這些學生，儘管家庭出身很好，但他們也捲入文化大革命，也起來造反，因為他們感受到另一種形態的不平等：城鄉二元結構造成的等級制度。

還有一類人，他們喜歡獨立思考，不是領導怎麼講他就相信什麼，還要自己想一想。而且這樣的人，能力都比較強，或許還有點狂妄，不大瞧得起基層領導，常常和領導發生衝突。而在1957年反右運動劃右派就有一條標準，就是：凡反對黨的基層領導，就是反對基層黨組織，就是反對黨，就是右派。因此，這些頂撞基層領導的人，都被看作是右派，或者有右派傾向的人。我與校長發生爭論，校長敢於派人監視我，就是根據這樣的邏輯。而我當時和校長辯論，還犯了一個大忌，就是我也來引經據典談馬克思主義。因為馬克思主義也是被壟斷的，解釋權只屬於黨的領導，像我這樣的小小教員怎麼可以隨意亂談自己對馬克思主義的理解，何況我還要引用馬克思的話來反駁領導的意見？這本身就是「打着紅旗反紅旗」。當時類似我這樣的有點獨立性，因而被基層領導視為異端或不好管教的人，是很多的，幾乎各單位都有，他們平時受到不同程度的壓抑，經常被領導穿小鞋，文革一來，他們的卷人，起而造反，幾乎是必然的。當然，更多地是被逼上梁山的：文革開始，被領導拋了出來，打成「反革命」，就只能鋌而走險，也起來造反。

二、第一次當「右派」，以及第一次獲得「解放」

因此，我們這些人在文革一開始，是作為領導眼中的「右派」被揪鬥的。而這正是當時在北京領導文化大革命的劉少奇們的指導思想：他們試圖將文化大革命變成一場新的「反右運動」。這樣，我們這些處在社會底層的普通知識分子、普通老百姓的命運，就和黨的最高層的鬥爭發生了密不可分的關係：這正是文化大革命的一個基本特點。

當劉少奇們將運動的矛頭指向我們這樣的「右派」時，毛澤東卻認為是「干擾了運動的大方向」，因為毛發動文化大革命的目標是要整「各級黨組織的走資本主義道路的當權派」，要解決「大大小小的赫魯曉夫」即黨內反對派的問題。於是，就有了毛澤東的那張著名的大字報：「在五十多天裏，從中央到地方的某些領導同志，卻反其道而行之，站在反動的資產階級立場上，實行資產階級專政，將無產階級轟轟烈烈的文化大革命運動打下去，顛倒是非，混淆黑白，圍剿革命派，壓制不同意見，實行白色恐怖，自以為得意，長資產階級威風，滅無產階級志氣，又何其毒也！」今天看來，毛澤東寫這張大字報的目的，顯然是要發動群眾，特別是受壓制的多少有些反抗思想的基層群眾，即他命名的「革命派」，來衝擊他所認為的以劉少奇為首的黨內官僚集團。這和他在1957年開始發動整風運動，幾乎是出於同樣的動機，採取的也是類似的手法。但傳達到並不知道黨內高層鬥爭背景的基層，就有了完全不同的理解。我們所具體感受到的正是毛澤東所說的「白色恐怖」：讀到毛澤東的大字報時，我的眼前所閃動的就是那位因為我而自殺的女孩子的屍體，這真是「白色恐怖」啊！因此，我對毛澤東的大字報的第一個直覺反應是，我獲得了一次解放！後來，我也果真獲得了平反，從「反革命」變成了「革命群眾」，獲得了參加革命群眾組織的權利。隨後開展的對「資產階級反動路線」的批判，特別是對馴服工具論的批判，「造反有理」及「真理有時掌握在少數人手裏」等理念的強調，對我來說，是對自己長期以來心存疑惑的許多問題的一個明快解答，是一次思想的解放。可以說，大概是1966年11月、12月，由於對「資產階級反動路線」的批判，地方各級黨組織全面癱瘓，文革前幾乎是無時無刻、無所不至的黨的全面控制突然被鬆動以至解除，突然獲得了結社、遊行、出版……的權利，我感到了空前的自由與解放。奇怪的是，這一幾乎是無人管理的時期，社會秩序卻特別的好，有人開玩笑說，連小偷也去鬧「革命」了。

這都是歷史當場的感覺與感受。今天回過頭來看，自然會有新的反省與反思。這個問題我下面再講。

三、第二次被逐出「革命隊伍」，第二次「解放」

這裏，還是先作一點歷史過程的敘述。前面已經説過，文革使我們這些底層知識分子和普通百姓的命運，和中國共產黨的上層鬥爭發生了奇異的關係。到1967年1月，毛澤東以上海的所謂「一月革命」為樣板，在全國發動了全面的「奪權」鬥爭，到了貴州安順這樣的基層，就變成了奪公章的鬧劇。而實際上，是將文化大革命引入全面內戰。我在《話説周氏兄弟——北大演講錄之一》裏，有過這樣的描述：「群眾中分裂成各種派別，各派打得你死我活，目的就是奪權，就是爭奪那個公章。每一個人的利益都跟權力聯繫在一起，這是文化大革命的一個特點。你這一派掌權了，你就是『主人』的一分子，可以享受各種權利；你這一派的對立面掌了權，你就是『奴隸』，隨時都有可能被『專政』的鐵拳剝奪一切權利。這是非常具體、非常現實的，關係着每一個人的切身利益，無法保持中立的立場，每一個人的眼睛都紅了，全盯着這個『權』。這樣，就形成了一個根深蒂固的觀念：有權就有一切，沒有權就沒有一切。這種權力崇拜經過文化大革命這樣一種全國範圍的奪權鬥爭，可以説已經滲入到不同程度捲入文化大革命潮流中的中國人靈魂深處，並且遺傳到了後代。文革在思想上對中國人民毒害最深，而且至今還在影響着人們思想與行動的，有兩個觀念。一個是這個『有權就有一切』，還有一個是『只要目的是崇高的，就可以無所不為』，不擇手段，什麼都可以做。這已經成為中國國民根深蒂固的集體無意識」。

正是在這樣的全面奪權的背景下，北京發生了眾多政治局委員「大鬧懷仁堂」，當時稱作「二月逆流」事件。按今天的說法，這是黨的高層圍繞文化大革命的合法性展開的一場鬥爭，而我們在基層的感受，則是繼文革初期之後，第二次在群眾中抓「反革命」，搞新一輪的「反右運動」，對前一段起來批判「資產階級反動路線」的造反派進行報復。我所參加的群眾組織就這樣被宣佈為「反革命組織」，頭頭被抓，而且很快影響到我自己：對立面的群眾組織突然宣佈對我的平反無效，他們拋出了一直保留着的我的「反革命罪證」，主要是我寫的一些所謂「黑詩」，其中一首是寫我的一個奇思異想：如果能夠「一筋斗翻到西雅圖」，到地球那一邊的美國去玩玩，多有趣！批判者則說，這是我的「企圖投靠美帝國主義」的「狼子野心」的大暴露。這樣的批判，在當時是很有說服力的：因為在文革中美國是被視為「天字第一號敵人」的，我居然想(哪怕僅是想像)到美國去，這自然是反動透頂，我自己都覺得難以辯解。其實在六十年代，我還有一個到歐洲旅行的夢想，幸虧我沒有公開宣揚，否則就更是反動透頂了。我的歐洲夢直到退休後，也就是四十年後才得以實現；而在當時，我卻要為自己的美國旅遊夢付出代價：第二次被逐出「革命隊伍」，被剝奪了剛剛得到的一切權利，重新成為專政的對象。

1967年2月發生的高層鬥爭，是以毛澤東的勝利結束的，於是，就有了對所謂「二月逆流」的批判與反擊，而且正式發佈中央117號文件，為在「二月逆流」中被打成反革命的群眾組織和個人平反。這樣我就第二次獲得了解放。當時的激動心情是可以想見的，文革中有一首流傳很廣的歌，開頭第一句就是「造反方覺毛主席親」，這是很能反映我當時的心情的。後來我們這一派自命為「117派」，就是對這第二次解放的紀念。正像一位文革的參與者在後來的回憶中所說，文革中人們是以「不同的社會階層的利益為前提基礎」去理解毛澤東及其思想的，有的人把毛澤東看作是其既得利益的代表及其「對『一小撮地富反壞右』的階級專政合法性」的象徵，因而對其表示擁戴崇拜；而另一些在極權統治下受到壓抑的人群卻「把毛澤東作為永生不背叛民眾的革命家領袖，作為反抗特權階層壓迫的正義帶頭人」，對於他們，「毛主席甚至是具有『革命戰友』的意味的」。在當時，我們這些受到體制壓抑，具有反抗意識的底層人的心目中，毛澤東確實是我們的「帶頭人」，或者用當時流行的說法，就是我們這些造反派的後台。——而以後的事實卻證明了：這不過是我們的一廂情願，我們也將為這樣的天真而付出代價。

四、第三次成為「反革命」，並再也不被解放

毛澤東很快就顯出了他的既得利益的代表的這一面。在所謂「一月革命」的奪權鬥爭中，有過一個新的權力機構的名稱之爭，最初準備稱作「公社」，但毛澤東提出一個問題：成立「公社」，「黨的領導怎麼辦？」遂決定成立由革命領導幹部、部隊代表與群眾組織代表三結合的革命委員會。毛澤東顯然企圖通過革命委員會的成立，恢復以黨的領導為核心的秩序。而在我們這樣的剛剛從體制壓抑中獲得某種解放的人的感

覺中，這就是要恢復舊秩序，舊體制，當然要反抗。於是，我們就成了革命委員會的反對派。而貴州是全國最早成立革命委員會的省份，是一個樣板。我們還要繼續反抗，就被視為「反對紅色政權」的「新生反革命」，就要對我們行使無產階級專政」。於是，我也就第三次飽受專政之苦，而且不再被解放了。

這是毫不含糊的真正的專政，而且是具有中國特色的。所謂中國特色，就是群眾專政。也就是說除了運用專政機構對我們實行監控之外，還組織所謂「文攻武衛」的「群眾專政部」：利用擁護「紅色政權」的知識分子，用「批判的武器」對我們進行「文攻」；又發動工人農民實行「武衛」(「武裝保衛紅色政權」)，對我們這些反對派進行「武器的批判」，行使鎮壓之權。

我就曾在一次公開鎮壓的現場，目睹這些頭戴鐵盔的以大工廠的工人為主體的「武衛」隊員，掄起鐵棍，向手無寸鐵的學生猛擊的情景。開始我還是一個旁觀者(我在大學學的是新聞，儘管畢業以後沒有從事新聞工作，卻保持着一種新聞職業的敏感與責任感，這一次就是準備去做現場記錄的)，但當我看到一位被追擊的學生從我身旁跑過，面臨危險時，就忍不住衝上前去，保護這位學生，和武衛隊員撕打起來。幸虧當時一片混亂，我和這位學生最後都逃跑出來。事後想來確實有些怕，而那現場一灘灘年輕人的血，就永遠地留在我的心上了。

五、終生難忘的逃亡

而且我自己也終於沒有逃脱。大概是1968年，學校搞清查運動，這時候工人宣傳隊與軍人宣傳隊都已經進駐學校，主掌大權——這也是毛澤東利用軍隊和工人來控制被他放出來，卻已經不再馴服的學生的一個手段。清查運動一開始，工宣隊和軍宣隊就宣佈，學校有兩股反動勢力，一股是反紅色政權，另一股就是前面說的「社來社去」班學生的造反，而這兩股潮流都跟錢理群有關，他是總後台。這兩撥學生確實得到了我的支持，這回我就在劫難逃了。——我這一輩子，總是因為和學生關係太密切，而造成許多麻煩，這也是我的宿命。而文革這一次，大概是最嚴重的。按當時的形勢分析，我很可能要被捕，於是我決定鋌而走險，逃到南京的家裏，去看看老母親，那怕是看了一眼再被抓也好。

這是我終生難忘的逃亡經歷：那是極其可怕的，是超乎一般人的想像的。

我先是坐火車逃到貴陽，本來準備坐飛機直接去北京，這樣就可以最快地逃脱追捕。但當時買飛機票、住宿都要有單位證明。我預先準備了一份假證明，這也是一個學生幫我製作的。但我這樣的知識分子，第一次用假證件，就緊張得不得了，那位售票員只看了我一眼，我就嚇壞了，以為被他看出破綻，連忙逃跑。旅館也不敢住了，貴陽火車站也不敢上，就跑到貴陽南站，在旁邊的石頭山上去露宿了一晚。那真是難熬的一夜，真沒想到自己這樣一個有理想有抱負的年輕人(當時我只有二十九歲)，竟然成了一個逃亡者，在這個社會無容身之地，實在是活不下去了。但一想到我一切都還沒有開始，連戀愛都沒有經歷過，就這麼死了，實在於心不甘，我不能自殺，就決定到北京去告狀，當時還是寄希望於毛主席的。

問題是如何盡快離開貴陽：我估計學校已經發現了我的逃亡，一定要派人到貴陽來抓我。而當時貴陽要上火車的人太多，根本擠不上去。情急之中，我決定學習《鐵道遊擊隊》裏的遊擊隊員，在火車開動的瞬間，跳了上去，緊扒着車門外的手把，整個身子都貼在上面。當時有很多人都這樣扒火車，所以車站上的人也不管。但這是非常危險的，特別是過山洞時，空間突然變得非常狹窄，而且濃煙倒流，憋氣得很，過一回山洞，全身都熏黑了。而貴州的山洞又特別多。而且長久地掛在車廂門外，稍有不慎，或支持不住，一鬆手就完了。後來車廂裏的人看我實在太可憐了，就把門打開讓我擠進去。坐下來，問身邊的人：你幹什麼的？他說：我是省公安廳的幹部，又把我嚇了一大跳：會不會是來抓我的？真的成了一個驚弓之鳥了。車到了桂林，不敢再坐下去了，就跳出來。和在車上認識的一個流浪兒童混在一起。當時社會秩序十分混亂，車上、車站上什麼人都有，我認識的這個流浪兒童，其父母好像也是廣州軍區的什麼幹部，文化革命被關了起來，他就到處流浪，自然比我有經驗，反過來照顧我。

後來我還是設法買了上北京的火車票。但沒想到火車到了鄭州，突然停下來，上來了一群戴着鋼盔的「文攻武衛」隊員，說是要檢查證件。這又把我嚇壞了，我什麼證件也沒有哇，檢查到我身上就完了，單是鐵棍一陣亂打，我就受不了了。但我又不能有任何動作，只能聽天由命了。但是奇怪，他們在離我還有一兩個位置的地方，突然不查了，下車走了。我當時心裏想：真是天助我也！——人處於完全無助的情況下，真的只有相信命運了。

我好不容易逃到我大哥那裏，卻把他嚇了一跳，因為他當時是「反動學術權威」，也在被審查，家裏還住着一個監視他的人。我這一去正是自投羅網，馬上就關起來，然後打電話給學校，學校就派來了兩個學生，把我押送回去。押送的是一個「要犯」，在武漢要換火車，找旅館，都不肯收留，只能蹲在火車站裏。今天提到武漢，我就想起當年做被押解的犯人的滋味，有一種莫名的恐懼感，這是很難形容的。

後來車到了柳州，正趕上廣西兩派武鬥，上面子彈飛舞，我們就扒在車廂的地板上，隨時都有流彈穿窗打進來的危險，那又是一番恐懼。

一路押着，押到貴州。一下車，全校「革命師生」都在那裏等着，不由分說，戴上「117黑參謀」的大牌子，走遍安順大街小巷，一路遊鬥。然後萬人大會批鬥。批鬥完了就把我關在地下室裏，半夜裏忽然被叫起來，電筒光一陣猛照，真把我嚇死了，以為要槍斃了。後來才知道這是神經戰，就是要製造恐懼。最後由於形勢變了(文革中的形勢是瞬息萬變的)，大概是強調要落實政策吧，於是又把我放了。

但我卻從此知道了什麼叫「無產階級專政」，什麼叫「中國特色的群眾專政」，那樣一種恐懼感，真正是刻骨銘心，成為我最重要的生命體驗。或許正是這樣生命的體驗，決定了我今天的基本價值立場，就是要警惕與反對任何形式的專政，要維護人的不容侵犯的自由權利，首先是「免於恐懼」的自由。

但這樣的「紅色恐怖」並沒有壓倒我，反而更堅定了我的反抗意志。儘管一直處在嚴密的監控下，幾乎成了一個「不可接觸的人」，但我仍然參加了許多地下活動，這裏又有很多故事，因為時間關係，就不多說了。就說說我的又一次死裏逃生吧。

六、死裏逃生

當時「紅色政權」對我們這些反對派，實行圍剿政策。最後把我們逼到了一個工廠，這個廠的周圍都是山，山上由全副武裝的群眾專政隊控制着——現在，他們所有的已經不是原先的鐵棍，而是由軍分區發放的機關槍。當時我參加了宣傳隊，要到被包圍的車間去演出，經過一個開闊地，只見子彈橫飛，我們那時也不知道害怕，一陣猛跑，就衝過去了。又有一次，我親眼看見一個路過工廠的人，要從封鎖線過，我勸他不要走，他說有急事，非從哪裏過，結果就中彈倒下了，我衝過去把他救回來，他因為流血過多，終於死在我的懷裏，我全身的衣服以至內衣全都被他的鮮血浸透了。

這是我第一次聞到血腥味，第一次面對無辜者的死亡。這也給我留下了刻骨銘心的記憶。我在許多文章中，都反復談到「血的歷史教訓」，就是和這樣的血的記憶聯在一起的。我之所以不能容忍對無辜者生命的剝奪，不管用了什麼名義，就是因為我曾經直接面對無辜者的死亡，任何為殺害無辜者的行徑辯解的說辭，我都從中嗅到了血腥味。

而當時我們這些紅色政權的反對派的處境卻十分險惡：封鎖圈越來越緊，有消息說，很快就要全面清剿我們困居其中的工廠，我們只得連夜逃跑。

那夜，正下着暴雨。我們就在夜色和風雨聲的掩護下，從嚴密把守的兩山之間，悄然無聲地偷越而過。這是非常驚險的一幕。——我一生經歷了不少險情，這恐怕是最危險的一次，有命懸一線的感覺，而且非常的狼狽。一出門我的鞋就掉了，而且完全不習慣於走泥濘路，走一步滑一步，還是一位青年工人把他的鞋脫下，讓我穿上，我至今還感激這位好像是沈姓的師傅，當時我們都在一個宣傳隊裏。在患難中我結識了不少工人朋友，以及其他階層的朋友，和下層社會的三教九流都有接觸，這或許對我以後的價值立場也有些影響。而那天晚上，和我一起死裏逃生的是安順三中的郭德渝老師和她的老伴賀益洪先生，我們也因此成為患難之交，生死之交。

我們逃到哪裏去呢？正好當時部隊換防，來了一支原來駐雲南的野戰部隊，或許是黨內、軍內鬥爭的緣故，他們到貴州來，就支持我們這些反對派。我們當晚就撤退到部隊的營地裏，得到了保護。後來聽說曾有滿滿一車文攻武衛隊員到我所在的學校捉拿我，幸虧我躲在兵營，才免於難。

我到了兵營不久，就寫了一首詩。詩云：「千炮轟，萬彈穿，水泡血浸烈火煉，一個個比鋼硬，比鐵堅，頂天立地堂堂英雄漢。一身單衣，一本寶書，無牽無掛，任圍追堵截，任血腥屠殺，老子只有一句話：為保衛毛主席，獻出這一百多斤又算個啥？」這裏講「千炮」、「萬彈」自然是文學的誇張，而「老子」云云，則是典型的文革語言；但彈穿、水泡、血浸、烈火煉卻是真實的。而經過這樣一些磨煉，得出的結論卻是用生命「保衛毛主席」，儘管這也是真誠的，卻包含了應該吸取的某些教訓。

七、精神的迷誤：落入另一種「專政」

剛才說到，文革打破了很多我們崇拜的東西，批判劉少奇的「馴服工具論」，破除了長期束縛我們思想的黨神話。這樣的黨迷信在反右運動以後達到了登峰造極的地步，不僅黨制訂的政策，黨的號召，黨發動的運動，不能懷疑，而且對黨的各級組織、領導，以至黨的積極分子都不能持有批評意見，否則就是反黨，就是右派。因此，每一個人只能有一個選擇，就是絕對服從黨的意志，「理解的要執行，不理解的也要執行」，要當「黨的馴服工具」，黨指向哪裏，就打向哪裏。因此，文革一開始，在所謂「造反派」與「保守派」之間，就有一場爭論：對各級黨組織及領導人可不可以懷疑，可不可以批判；是「炮轟」還是「保衛」，成了鬥爭的焦點。從表面看起來，這是對各級黨組織的評價問題，其實背後仍然是一個利益關係問題。可以這麼說，保守派中相當多的人(當然不是全部)，特別是他們中的骨幹，實際是黨領導、控制一切的體制下的既得利益者，所以他們一直宣稱自己對黨有「樸素的階級感情」；而造反派中的相當一部分人(當然不是全部)，特別是他們中的核心力量，則由於種種原因，和黨的組織、領導、積極分子有這樣那樣的矛盾，在不同程度上受到了體制的排斥或壓抑。當然，這樣的區分是就其大體而言的，實際情況比這複雜得多，不少體制的受壓者為了求得安全參加了保守派，也有不少體制的受益者也參加了造反派，有的還是其中的骨幹。像我這樣的人，參加造反派，有逼上梁山的成份，因為在保守派的眼裏，我永遠是反革命，只有造反派才同情、支持我，為我平反；同時，在參加造反的過程中，我獲得了精神的解放。

但這樣的解放卻是極其有限的，而且從一開始就是扭曲的。因為在解除了黨的神話與迷信以後，又製造了毛澤東的神話與迷信。當時的說法是，除了「以毛主席為首的無產階級司令部」之外，一切黨組織和領導人都可以懷疑。對毛澤東本人更是要「無限崇拜」，絕對服從，「理解的要執行，不理解的也要執行」，仍然是「毛主席指向哪裏，我們打向哪裏」。像我這樣的人，更是在相當時間內，成了「毛澤東主義」的信徒。

從一個意義上說，這樣的選擇並非完全出於盲從：不僅是毛澤東在文革中一再解放了我，使我感到他是代表我的利益的；更是因為毛澤東主義裏的烏托邦理想，民粹主義傾向，他的反特權、反體制的思想，以及他的不安於現狀，不拘一格，天馬行空的詩人氣質，都和我的思想、氣質有相通之處，對我有一種吸引力。但即使如此，仍不能否認與迴避我的迷誤。首先，將吸引變成迷信與崇拜，成了信徒，就是一個最大的迷誤。因為它意味着自動放棄了獨立思考權利，而這樣的權利正是知識分子的命根子。而一味迷戀於毛澤東主義中具有一定的合理性的迷人之處，而忽略、遮蔽了他思想、實踐中的專制主義，則是更大的迷誤。我在前面已經說過，將毛澤東視為「反抗特權階層壓迫的正義帶頭人」，其實是我們這些底層反抗者的一廂情願。在這個意義上，保守派對毛澤東的理解、認識是更到位的：他確實是「既得利益的代表，及其對『一小撮地富反壞右』的階級專政合法性」的象徵。他的反特權、反體制，他在文革中號召「造反」， 鼓動「大民主」，都有一個底線，就是不能危害黨專政，他自己也說得很清楚，他發動文化大革命，就是要加強「無產階級全面專政」。只要他發現造反會危及這樣的專政，他就會毫不猶豫地對響應他的號召起來造反的人，實行嚴酷的鎮壓。1957年反右運動如此，文化大革命也同樣如此。像我這樣的造反者，他可以為我們平反兩次，而當我們成了紅色政權的反對派時，他是絕不會給予平反的。我們的悲劇正在於，在我們受到了如此無情的鎮壓，反抗意志愈加強烈時，卻仍把希望寄託於毛澤東，依然將他視為「反抗特權階層壓迫的正義帶頭人」，在死裏逃生以後，依然願意為保衛他而獻出自己的生命。

這就說到了文化大革命中的造反的另一個方面的問題：這樣的底層反抗儘管有它的合理性、正義性，但感情裏有很強的狂熱和盲目的成份，是一種非理性的本能的反抗，因而很容易被利用，被誤導，走向歧途。

坦白地說，我是到文化大革命結束以後，才覺悟到這一點的。我當讀魯迅的著作，看到他在一篇題為《雜憶》的文章裏，提到「中國人所蘊蓄的怨憤已經夠多了，自然是受強者的蹂躪所致。但他們卻不很向強者反抗，而反在弱者身上發洩」，「卑怯的人，即使有萬丈的憤火，除弱草之外，又能燒掉什麼呢？」讀到這裏，我真的出了一身冷汗：文革中的造反，在某種意義上，不就是這樣的「卑怯」的「反抗」麼？我們曾受到壓抑，心中鬱積着怨憤，文革給我們提供了一個發洩的機會，但我們這「萬丈怒火」，「除弱草之外」，又真的「燒掉了什麼呢？」問題在於，在底層百姓和知識分子受到「強者的蹂躪」而產生的怨憤裏，除了憤怒，還蘊含着怨毒，前者可以引發出正大光明的反抗，而後者卻是一股邪氣，很容易被利用，引發出瘋狂的破壞。因此，魯迅提醒「點火的青年」：「對於群眾，在引起他們的公憤之餘，還須設法注入深沉的勇氣，當鼓勵他們的感情的時候，還許竭力啟發明白的理性」。而文革的點火者卻恰恰是要誘發底層受壓抑者內心的邪火，為其政治目的服務。這樣的利用與誤導，是一種精神的控制，其實是另一種形式的專政，是更為可怕而又不易察覺的。因而這樣的正當的反抗精神被利用，是更帶悲劇性的。

在我看來，文革中的着意誤導主要有兩個方面。首先，是將底層的不滿與反抗引向你死我活的對抗，這裏不僅是人為地激化矛盾，將鬥爭絕對化，拒絕一切妥協，而且將鬥爭理解為「你死我活」，一個消滅一個，包括肉體的消滅，這就在實踐中造成了文革中的殘酷的武鬥、公開的屠殺，以至全面內戰。後果是極其嚴重的。

文革中有一個盛行的口號：「把顛倒的歷史顛倒過來」。這也是毛澤東發動文化大革命的一個追求與目標。他的理論根據是「卑賤者最聰明，高貴者最愚蠢」。本來，強調「卑賤者最聰明」，對打破鄙視卑賤者的傳統觀念，破除迷信，增強底層民眾的自信，是有合理性的，並且很容易在身受等級體制壓抑的底層社會引起共鳴，在文革中自然就起到了動員他們起來造反的作用。但「高貴者最愚蠢」的命題的同時提出，就意味着將「卑賤者」與「高貴者」絕對對立起來，並引申出一系列的對抗：「學問多的人」和「文化缺少者」，「社會地位高的」和「社會地位低的」，「大知識分子」和「小知識分子」，「大人物」和「小人物」，「老古董」和「年青人」……等等(以上引語均見毛澤東著作，在文革中廣泛流傳)，毛澤東不但將二者絕對對立，而且賦予階級對抗的意義，不但在價值取向上絕對傾向後者，貶抑前者，而且號召後者起來打倒前者，「將顛倒的歷史顛倒過來」。這樣，就將底層因受壓抑的不滿引向反知識，反文化，反知識分子的歧途。文化革命中的許多暴行，就是在「把顛倒的歷史再顛倒過來」的旗幟下發生的。而所謂「把顛倒的歷史再顛倒過來」，就是魯迅一再引以為戒的中國歷代農民起義「彼可取而代之」的思路，這樣，底層的反抗，文革中的造反，就成了新一輪的「阿Q式」的造反和革命。

從另一個角度看，文革只是一個罷官運動，沒有觸及體制上的根本問題，也沒有進行任何制度建設。因此，建立起來的「紅色政權」，必然是一個新的官僚機構，或者借用魯迅的話說，還是一個大染缸，造反派進入這個體制，成為掌權者，其自身的官僚化與腐敗，蛻變為新貴，幾乎是必然的。而且在普通老百姓的眼中，這樣的靠文革造反爬上去的新貴，比之原來的老官僚更壞，因為他們是從底層陡然進入上層的暴發戶，所謂「得意便猖狂」，是更加殘暴，更加貪婪，更加不得人心的。就他們自身而言，則是一個自我的異化，壓迫他人者自己也是不獨立，不自由的。在這個意義上，像我這樣的始終處於被壓制的，邊緣地位的造反者，是幸運的：我可以始終保持底層的，民間的獨立觀察與思考。

八、「民間思想村落」困惑中的艱難探索

這樣的獨立觀察、思考與探索，發生在文革的後期，特別是林彪事件之後。林彪是毛澤東的接班人，而且是載入了黨章的，突然之間接班人成了叛徒，於是，文革中製造的許多神話，都轟毀了，我們不能不對根本問題產生懷疑，重新思考一切。正像有些學者指出的，我自己也寫文章説過，在全國範圍內就出現了許多「民間思想村落」，以青年學生為主體的小團體，用今天的話來説，就是各種沙龍散佈各地。在我的周圍，也慢慢地聚集了一批年青人。最近一位成員，寫了文章，有這樣的回憶——

「在我們這個小城的西面，在距市區不遠的滇黔公路邊，有一條小路。小路穿過一片採石場，在一條狹長山窪的田野裏蜿蜒。路的盡頭，是所學校：安順地區師範學校。學校位於一片隆起的坡地上，旁邊有座水庫，依山傍水，是個讀書的好環境。」

當時我就在這所師範學校裏教書。前不久我回到小城，故地重遊，確實感慨萬分。當年的種種情景，都一一重現。正像回憶中所説——

「有段時間，我們這一小群人——工人、職員、代課教師，以及沒有找到工作的零工，男男女女十來個，幾乎每週一次，要到那小屋裏去聚會。我們常常沿着山窪裏的那條小路，翻上幾道高而陡的土埂，帶着自備的乾糧或採辦的蔬菜，在那小屋裏呆上整整一天。由於小屋的主人不擅烹調，我們必須為他(當然主要是為自己)幫辦伙食。有時為了省事，就有自告奮勇的朋友，騎着車，專門跑到火車站的月台上，去買上一大包不要糧票的燒餅，然後就着一大鍋燒好的菜湯，一屋子人一邊

嚷嚷着，爭論着什麼，一邊就啃着手中的乾餅。以至後來為這小屋的主人送別時，我還在一首不倫不類的詩裏寫下這樣的句子：『更難忘，婁山湖畔，登吟《井崗》(指一個雪天的早晨，我們一夥人爬上附近的山崗，齊聲朗誦毛澤東的《井崗山》)；陋室聚首，魯迅文章；朝來暮往，笑語喧堂。遙望共產主義理想，眼前燒餅與清湯——』。

是的，我們在這裏，談馬克思，談巴黎公社，談那些在傳抄中見到的手稿；當然我們也談文學，談魯迅。有段時間，小屋的主人還接連數次給我們講《野草》，講《故事新編》。還講過一次莫里哀的喜劇。(因為莫里哀的喜劇是『資產階級的』，不能公開講，就只好秘密地講，找個隱蔽的地方，大家分散地偷偷溜去聽講，就像電影裏的地下工作者)。有時，為了不太招人耳目，我們乾脆到外面，沿着傍湖小路，找個清靜的地方席地而坐；或者乾脆爬上臨近的小山，在那遠避塵俗的地方，討論一些敏感的政治問題。除此之外，我們也有輕鬆活潑的時候，猜謎，打鳥，野遊，朗誦，以至什麼『碰燈籠』之類的遊戲等等。至今我仍記得，是在毛澤東去世以後，有那麼一個夜晚，在依次朗誦了郭小川的詩，盧森堡的《獄中書簡》等等之後，主人餘興未盡，竟找出一封朋友的來信中抄錄的文章片斷，當眾朗誦起來。那蒼勁渾重的男中音，從那厚實的胸膛裏發出來，伴着信中慷慨激昂的情緒，極富感染力地落在我們心上，悄悄地撥動着每個人的心弦，翻湧起陣陣難以平靜的心潮——」

在回憶中還談到了我在這些青年朋友中的印象——

「那時的錢師(這是年輕朋友對我的共同稱謂)，正處在政治和文藝的糾纏與徬徨中。一方面，他無法脱離現實，無法不被生活中那些與政治，與思想關聯度極大的問題所吸引；另一方面，他又不能忘情於他的文學研究，尤其是他的魯迅研究。因此，常陷入一種『兩條戰線作戰』的困惑和苦惱。談政治的朋友來了，他與他們談政治；搞文藝的朋友來了，他又與他們談文學，談創作；若遇有兩種朋友在場，那話題就相當繽紛了。好在他精力充沛，目光敏銳，一隻眼睛總是將文學盯得好好的。但凡文藝界有什麼動向，出現了哪些新人新作，總逃不過他的眼睛，並經常向我們推薦他的發現。記得剛剛顯露頭角的幾個作家，如克非，陳忠實，蔣子龍等，都曾受到他的推重。有意思的是，錢師當年的這種雙邊演串，過後竟也給他的治學留下烙印，形成他獨以思想分析見長的學術風格，足見當年經歷的影響。」(以上回憶見籃子：《剪不斷的思戀》、《奔突的地火——一個思想漂流者的精神歷程》)

這一群人，聚集起來幹什麼呢？從前面引述的回憶可以看出，這一群人中，只有我一個人是大學生，其餘都只受過中學、小學的教育，但都喜歡讀書，有極強的求知慾；就其身份而言，只有我一個人是中專教師，其餘都是工人，代課老師，待業的零工，是真正的底層的邊緣人，「身無分文」，卻「心憂天下」，有極強的社會關懷和承擔意識，這是典型的文革時代所培育出來的一代理想主義者，也可以依稀看見「青年毛澤東」的影響(「身無分文，心憂天下」一語即來自青年毛澤東)。儘管面臨着林彪事件引發的思想困惑和混亂，卻依然堅持共產主義理想，以更大的激情與責任感，來討論「中國向何處去，世界向何處去」，並且有了這樣的自覺：這是保留下來的當時的一封通信裏的一段話——

「中國人民無疑等待着一個巨大而翻天覆地的變革。他們都對那些曾經是非常『神聖』的油彩已經感到失望，進而……，我想這樣的變革，是需要我們來推動的。領導億萬人民群眾來創造他們自己的歷史，而掀起一個波瀾壯闊的運動，這需要一個指導思想的理論，我們做的還不夠，我們所擁有的還遠遠趕不上這種革命的需要。我們要學習，學習，再學習！學習所有人的經驗，學習馬恩列斯毛的經典著作，我們要吸取新的知識！新的力量！給馬克思主義以活的靈魂。這是我們的任務，這個任務太重大了！它需要我們——若干有着遠大抱負的人去合力完成！」(《野崖致箭飛書》)

這段話表明，當時已經到了文革的後期，我們這些人已經意識到中國將發生「巨大而翻天覆地的變革」。儘管當時誰也無法預計將會發生什麼，但「對那些曾經是非常『神聖』的油彩已經感到失望」，已經不能再按文革的路走下去，必定要有一個新的思想與社會運動，尋找新的出路，卻是大家的一個共識。不但敏感到將要發生的巨大的變革，而且覺得我們這些人有責任推動這個變革，首先要做的就是為變革作思想準備，鑄造新的理論武器。這就需要重新學習，「吸取新的知識，新的力量」。「民間思想村落」，我們的讀書小組就這樣應運而生。

問題是到哪裏去吸取新的知識，新的力量。

就在這個問題上，我們這座小城的民間思想者裏，出現了兩種不同的選擇，並且引發了不同的爭論。一些朋友把他們的目光轉向啟蒙時代以來形成的西方自由、民主、人權思潮，而我們這批人則沿着馬克思、列寧的思想蹤跡，追溯從巴黎公社到十月革命的歷史，由此進入國際共產主義運動的視域，進而深入下去，進一步接觸到伯恩斯坦、考茨基，以及托洛斯基、布哈林、盧森堡——這些所謂「修正主義思潮」。正像一位朋友在他的回憶錄裏所說，這其實是預伏着以後中國知識界的不同路向的：前者逐步「通向現代西方憲政民主的自由之路」，後者則走向了「社會民主主義」之路(參看籃子：《奔突的地火——一個思想漂流者的精神歷程》)。不過這已經是後話。

而我們這些到馬克思、列寧那裏去尋找思想資源的民間思想者，當時所面臨的首要問題是，要打破官方對馬列主義的壟斷，獲得獨立研究、思考，重新檢驗、判斷一切的權利，發展馬克思主義，創造新的思想理論的權利。於是，就有了前引回憶中提到的毛澤東去世以後的一封通信裏的這段話——

「我們這一代革命青年將遇到許多問題，是馬克思、列寧所沒有實踐過的。可以肯定，這一代革命者，不但負有進行革命實踐的任務，也有發展馬克思主義理論的光榮任務。這不是狂妄，每一個青年，只要他願意是自己成為無產階級革命事業的戰士，就要敢於想，應該想，這是唯一的科學態度。

「要用自己的眼光來檢驗一切。只能肯定正確的、合符今天階級鬥爭情況的經驗和理論，而一定要否定那些已經被發展着的歷史拋到後面去的東西。

「我們要一面清除那些廢墟上的破磚爛瓦，把前人留下來的東西一一加以審查，一面把那些能夠為我們所用的武器、工具收集起來，加以改造。有人會説我們對廢墟清除得太厲害了，對前人留下來的成果改革得太多了，他們是現狀的既得利益者；另一些人們從一開始就會指責不應該對繼承下來的現狀有所保留，他們要全盤否定前輩流血流汗留下來的所有成果，他們想在這塊土地上建設的原來是更加守舊、更加落後的醜陋建築。無論如何，我們新的戰鬥生活就是在這種種人的叫駡的喧囂聲中開始的」。

這篇通信還理直氣壯地為「非正統」與「不滿現狀」辯護——

「能夠繼承事業的，歷來不能百分之百的『正統』。歷史一再證明，號稱『正統派』的，又嚇人，又可憐，拉大旗，作虎皮，其實馬克思主義活的靈魂早就丟得精光，只剩下詞句。

「不滿有兩種：一種是希望回到過去，一種是希望創造更好的未來。如果對一切都滿足了，那麼，還搞什麼革命呢？查一查人類歷史，『不滿現狀』不也是一種偉大的動力嗎？」(曉明：《我們這一代的歷史使命》)

那一夜，或許正是這樣的公開宣示對現狀的不滿，敢於向正統挑戰的氣勢，讓我們這群人砰然心動。

這其實也是一個很好的自我命名：永遠不滿足現狀的批判者，非正統的民間的馬克思主義者。

這樣的民間馬克思主義者是出現在這樣的背景下的：一方面，馬克思主義成了國家意識形態，而這樣的國家意識形態性在文革中更是達到了登峰造極的地步，一切非馬克思主義的思想，都被宣佈為「封(建主義)、資(本主義)、修(正主義)」而予以取締，馬克思主義就獲得了獨尊的地位。而對馬克思主義的理解又是極其狹窄的，實際是獨尊「布爾什維克主義」，以至獨尊被稱為「當代馬克思主義頂峰」的「毛澤東思想」，馬克思主義的其他流派則一律被視為「修正主義」而予以根本否定，馬克思主義的創始人馬克思、恩格斯的原著事實上被置之高閣。更重要的是，由於馬克思主義成了國家意識形態，對它的解釋與發展就成了一種權利，而且必然為既得利益集團所壟斷。我與校長在對馬克思著作理解上發生分歧，竟被安上「打着紅旗反紅旗」的罪名，原因即在我對解釋權的僭越；而發展馬克思主義更是少數領袖的特權，任何人都不能問津。在這樣的情勢下，我們這批無權無勢的民間思想者，要讀馬克思主義原著，要研究馬克思主義的其他流派的思想，宣佈要「重新審視」已有的一切，並要自覺擔當發展馬克思主義的歷史使命：

這都必然被視為叛逆，是反馬克思主義、反黨，甚至是反革命的行為。後來我們才知道，我們這個讀書小組一成立，就處於當地公安部門嚴密監控下，事實上當時在全國其他地方的類似組織有的就被宣佈為「反革命小集團」，其骨幹甚至被處以極刑，這樣的結果我們是清楚的，也可以說，我們是冒着生命的危險作出民間馬克思主義者的選擇的，這樣的事發生在一個號稱以馬克思主義為指導的國家裏，似乎是不可思議的，但卻是我們當時必須面對的現實。

另一方面，由於文革的失敗，在民間思想者中日益增長着對毛澤東思想，以至馬克思主義本身的懷疑，在這樣的情況下，我們仍然堅持對馬克思主義的信念，堅持毛澤東的「無產階級專政條件下的繼續革命理論」，又顯得比較保守，不合時宜。所以，如前引通信中所說，我們當時即意識到必須兩面作戰：既要反對壟斷馬克思主義的「既得利益者」，又要警惕對馬克思主義和革命歷史的「全盤否定」。

這就說到了我們和小城裏的另外一些民間思想者的分歧。這主要集中在對文化大革命的認識上。那些深受西方自由、民主、人道主義思想影響的朋友，自然着重於對文革的非人道、反人權方面的批判，他們因此對文革持全盤否定的態度。而我們對文革的態度則比較複雜，我們也是文革中被壓抑、迫害的對象，對文革中的反人道行為，我們自己就深有體會，但我們卻把它視為「過分行為」，是「革命過程中必須付出的代價」。對此，我後來有過一個反省，在一篇文章裏，這樣寫道：自己直到八十年代才對「文革反人道、反文化」的本質，「有了更深切的認識，所謂『代價論』就發生了根本的動搖，並因為自己曾以『代價論』容忍了文革中的許多暴行而陷入深深的自責中」（《關於文革記憶與研究的通信》）。這樣的自責，不僅是為我自己認識上的局限，更是這樣的局限，還影響了我周圍的年輕人，這是我一直深感內疚的。

當時我們對文革的批判主要是它的不徹底性，未能觸及「官僚主義者階級」產生的基礎，是「一場沒有革命的革命」，我們經常引用馬克思的話說：「革命死了，革命精神萬歲」。我們當時之所以要堅持毛澤東的「無產階級專政條件下繼續革命」的理論，就是因為我們認同毛澤東的判斷：中國已經出現了「官僚主義者階級」，在我們看來，文革的「革命精神」的核心就是「反對官僚主義者階級」。因此，在前引通信裏，我們仍然強調：「我們正處在無產階級革命的一個新的階段，在新的歷史條件下，同新生的資產階級鬥，要在實踐和理論上解決革命的無產階級同新生資產階級，特別是黨內資產階級即官僚主義者階級鬥爭的問題。在此同時，還要利用社會主義制度的優越性，把我國建設成偉大的無產階級專政的強國」。也就是說，在我們看來，在毛澤東去世以後，我們這一代所要擔負的兩大使命，一是要繼續從理論與實踐上解決社會主義國家出現「黨內資產階級即官僚主義者階級」的問題，一是要進行「建設」，以充分發揮「社會主義制度的優越性」。這也可以說是我們對文革歷史經驗教訓的基本總結。

這也就決定了我們對當時中國現實政治的態度：一方面，我們對以「四人幫」為代表的「文革新貴」極度反感，在前引通信中，就有這樣一段話：「在(革命)發展中，免不了魚目混珠，泥沙俱下。除非革命不再發展，才可能使野心家和陰謀家長久地佔據領導地位。運動越深入，革命越發展，就越沒有他們的地位。正如毛主席曾經指出的那樣，在中國，這類人不可能長久，也不得安寧」。但另一方面，我們對被打倒的「走資本主義道路的當權派」也始終心存警戒：我們對恢復文革前的黨專政體制的任何意圖與做法都懷有高度的警惕。

因此，我們認為，要解決中國的問題，無論是官僚主義者階級的問題，還是進行社會主義建設的問題，關鍵是要建立「無產階級民主制」。我們當時主要的思想資源是列寧的後期思想。為此，通讀了列寧1916年末–1923年幾乎全部著作，作了詳盡的摘錄，準備系統地進行「過渡時期的政治與經濟問題」的研究，而首先討論的是過渡時期的國家形式——無產階級專政的「科學含義」問題。在《過渡時期無產階級革命的幾個理論問題——列寧後期思想探討之一》一文裏，我們反復強調一個意思：「人們常常喜歡把專政和民主對立起來，以為專政與民主是互相排斥的，專政的確立就是對於民主的否定。這是大錯特錯了。其實，專政與民主，這是對立的統一，專政本身就包含着民主」，「所謂無產階級專政，就是對於無產階級的最充分的民主。人們說的無產階級專政，就是說的無產階級民主。專政是相對於敵對階級而言。如果無產階級專政不同時就是無產階級民主，那麼，這個專政就不是(屬於)無產階級的，而只是(屬於)一小部分人的。民主也只是一小部分人的民主」。

而我們當時所理解，所追求與嚮往的民主，是馬克思、恩格斯、列寧所總結的巴黎公社民主三原則：「廢除常備軍」、「實行全面普選」、「廢除高薪制」。在一篇題為《馬列主義國家原理學習——兼評蘇聯社會主義》的文章裏，這樣強調：「國家力量的加強，並不意味着官僚機構的重疊繁複，專政不是專制，民主集中也不等於民主集權」，這裏表面上是對「蘇聯社會主義」的批判，其矛頭自然是指向文革中不但沒有削弱、反而加強了的「官僚主義者階級」的「專制」與「集權」。因此，我們對列寧後期以「改造國家機器的職能，促成官僚機構逐漸消亡」為核心的國家學說，感到極大的興趣。在文章裏一再引述：要「使所有的政權機構，從駕於社會之上的主人變成為社會服務的公僕」，「在社會主義社會裏，由工人代表組成的『某種類似議會的東西』，當然會制訂條例和監督『機構』的『行政』，可是這機構絕不是『官僚的』機構」，「為了防止這些人變成官僚，就會採取馬克思和恩格斯詳細分析過的辦法：1. 不但實行選舉制度，而且隨時可以撤換；2. 薪金不得高於工人的工資；3. 立刻轉到使所有的人都來執行監督和檢察職能，使所有的人暫時都變成『官僚』，因而使任何人都不可能成為『官僚』」。

我們當時心目中的「無產階級民主」，是高於所謂「資產階級民主」的，這樣的幾乎是先天的優越感或許妨礙了我們以更開闊的視野，更開放的心態去吸取、接受人類文明發展的一切成果，形成了某種局限。更重要的是，我們依然沒有從「無產階級專政」的思維中跳出來，我們所期待的只是「無產階級專政」前提與條件下的「民主」。正像我在為當年的年輕朋友寫的一篇書序裏所說，「那時候，不用說突破，連思想上任何一點小小的推進，都要經過痛苦的思想鬥爭與激烈的爭論。這種半是奴隸、半是掙扎的思考，是今天的年輕的讀者所難以理解的。他們看到我們當年的手稿，定會覺得陳舊而新意無多；作為當事人，只能報以苦笑：路就是這樣一步一步走過來的，最初哪怕很小的一步，也是艱難的。」

我對文革後期的民間思想村落還作了這樣的評價：「從根底上說，這是一群『非知識分子』(或謂『明天的知識分子』)(像我們小組的成員，除我一人之外，都是才讀過小學與中學的『半大孩子』)，在肩負時代已經提出的先進知識分子應當承擔的『為社會大變動熔鑄理論武器』的任務。在知識分子被迫整體性缺席的情況下，這些文化水平不高的年輕人毅然挑起重任，以體制外的民間獨立思考開啟了思想解放運動的先河，這無論如何是具有思想史的意義的。但提出的理論任務本身與擔當者的實際理論能力的巨大反差，也同時決定了文革後期的這一次『民間思想村落』的思考，『只能是一種不足月的精神分娩，一次走不到頭的思想漂流』，『他們思考的精神價值遠遠超過價值意義』」(《籃子著〈山崖上的守望〉序》)。這樣的評價自然也是適用於我們那個學習小組的。

對我個人來說，這一段經歷也是非常重要的。如果說我有什麼理論的根底的話，那就是我在文革中在馬克思主義經典原著的閱讀、研究上下過一點功夫，而且我們當時是為了尋找批判現實的理論武器去研究馬克思主義的，因此，馬克思主義在我心目中，永遠是一種批判性、革命性的學說。我至今還記得，我在讀恩格斯的《路德維希·費爾巴哈和德國古典哲學的終結》時，所受到的靈魂的震撼。恩格斯是這樣說的：「辯證哲學推翻了一切關於最終絕對真理和與之相應的人類最終對狀態的想法。在它面前不存在任何最終的、絕對的、神聖的東西；它指出所有一切事物的暫時性；在它面前，除了發生和消滅，無止境地由低級上升到高級的不斷的過程，什麼都不存在。它本身也不過是這一過程在思維着的頭腦中的反映而已。誠然，它也有保守的方面：它承認認識和社會的每一個階段對自己的時間和條件來說都有存在的理由，但也不過如此而已。這種看法的保守性是相對的，它的革命性是絕對的——這就是辯證哲學所承認的唯一絕對的東西」。這樣的徹底的批判精神，在我看來，是與魯迅精神相通的：如前所說，文革期間，魯迅著作正是我閱讀與研究的另一個重點，魯迅對「精神界戰士」和「永遠的革命者」的召喚，對於我，也同樣是刻骨銘心的。這幾乎註定了我後半生的人生選擇與學術道路。在我的第一部學術著作《心靈的探尋》裏即引述了恩格斯的這段話，作為我對魯迅思想的一種理解，這當然不是偶然的。

文革後期的這段民間思想村落的批判性思考，對我的精神氣質的影響，也許是更為深刻而重要的。記得當時我曾確定了自己的「三個座右銘」：一是魯迅引用的屈原的話：「路漫漫其修遠兮，吾將上下而求索」；二是魯迅在《慶祝滬寧克復的那一邊》(這是文革期間發現的魯迅的佚文)裏的話：「永遠進擊」；三是文革中盛傳的是毛澤東的話：「在命運面前碰得頭破血流也在所不惜」。這同樣也決定了我後半生的生命選擇與生命存在方式。

輯六

普通人的文革和文革日常生活

普通人自述中的文革

——讀《一百個人的十年》、《那個年代中的我們》、《我們懺悔》、《1966：我們那一代的回憶》[1]

這裏討論的文本，強調的是文革中的「我們」與「普通人」，這是因為文革與以往所有的革命不同之處，就在於它的全民參與性。一位文革親歷者這樣寫道：「文革烈火所以能夠一點就着，突成燎原之勢，沒有千百萬真心實意的擁護者是絕對不可能的。我在回眸文革時特別強調這個因素，而關於文革的官方文件不提這個因素，甚至不提全黨也是這樣認為的。完全歸結為個人，是無法解釋歷史的真實性的。文革的發動包括三個方面，應該是領袖主導，全黨回應，人民席捲而上，三者缺一不可。三者之外，媒體起到了呼風喚雨推波助瀾的作用」。[2] 應該說，這是一個相當全面、準確的概括。這層意思在老百姓口裏，就說得更加直接而坦率：「別嘛事都說是『四人幫』，社會上要是沒那一群一群的，光是『四人幫』，能造那麼大的孽！」[3]「『四人幫』離老百姓遠着哩，實實在在害人的，還是各地方各單位這一幫人」。[4]

這樣的全民參與，又意味着什麼呢？在文革中受盡折磨的作家夏衍有一首改作的打油詩：「聞道人需整，如今盡整

---

1 《一百個人的十年》，馮驥才著，江蘇文藝出版社，1997 年。《那個年代中的我們》(上，下)，者永平主編，遠方出版社，1998 年。《我們懺悔》，王克明、宋小明主編，中信出版社，2004 年。《1966：我們那一代的回憶》，徐友漁編，中國文聯出版公司，1998 年。

2 郝一星：《無罪的悔——文革回眸之一》，《我們懺悔》，第 412 頁。

3 《硬漢子》，《一百個人的十年》，第 263 頁。

4 《復仇主義者》，《一百個人的十年》，第 284 頁。

人。——試看整人者，人亦整其人」。5 第一句講的是文革之「道」：「人需整」確實是文革的基本理念與目標：不僅要「整」文革的革命對象：「走資本主義道路當權派」和「資產階級反動學術權威」；而且每一個人都要「整」自己，進行「鬥私批修」，改造思想。在這兩個意義上，都可以說文革就是一個「整人運動」。後兩句說的是每一個文革的參與者在運動中所扮演的角色：「整人」與「被人整」。如研究者所說，文革就是「全民的彼此惡鬥，全民的互相殘殺」，「每個人都是中央政治棋局中一枚微不足道的小棋子，結局的勝負也始終是由紅彤彤的紅方偉大旗手決定的」，「昨日的革命動力，很快就成為今日的革命對象」，「這種地位的互換，像把每個人都篩過一遍」，無人逃脱。6 對此，文革時期的北京四中學生、著名導演陳凱歌也有一個概括：「我是群氓中的一分子」，「在文革中，我吃過苦，我看別人受苦，我也曾使別人受苦」。7 還有一位當年的紅衛兵，她的文革回憶集中為一句話：「我最好的朋友落難時，我只是看客」。8 這是一個更全面、準確的概括：在文革中，每個中國人都同時是受害者，施害者與看客，無人例外。

這每一個角色，都會引發追問：怎樣和為什麼受害？怎樣和為什麼施害於人？怎樣和為什麼充當看客？這背後又隱含着什麼深層次的人性、國民性和教育、體制問題？這都是本文所要說及的話題。

---

5 沙葉新：《「檢討」文化》，余開偉編：《懺悔還是不懺悔》，第 57 頁。中國工人出版社，2004 年。

6 沙葉新：《「檢討」文化》，《懺悔還是不懺悔》，第 57 頁。

7 陳凱歌：《我是群氓的一分子》，《懺悔還是不懺悔》，第 261 頁。

8 丁珊：《我最好的朋友落難時，我只是看客……》，《我們懺悔》，第 337 頁。

我們的討論，也分為兩大部分：先談「怎樣」，作現象的描述；再問「為什麼」，作歷史與理論的溯源。寫法也是多抄材料(當事人的回憶與反思)，只作點題式的評論，也可以說是「夾敘夾議，寓分析於敘述中」。

第一部分　全民參與的「革命」

(一)「忠字化」小憶

這是文革中正在部隊當兵的吳非記憶中的「那個年代」——「當時，不光是人人胸前要佩帶越大越好的毛主席像章，所有的單位、機關、廠礦、校園、營房裏，還都要在中心及惹眼的位置上，塑起高大的毛主席像，其中既有彩色的大幅畫像，也有分別取站姿、坐姿的塑像和雕像。據説，革命群眾只要一時一刻見不到他老人家的光輝形象，就會『生活無指南，前進無方向，工作無動力，吃飯都不香……』。

『忠字化』這個説法，在那個年代，很快就被廣大群眾所自覺地實行了。人人都要一天多次引吭高唱《東方紅》、《大海航行靠舵手》等表『忠心』的歌還不算，不知是誰又創造地發明了一套『忠字舞』。所謂『跳忠字舞』就是大家集合在一處，在嘴裏唱着『敬愛的毛主席，我們心中的紅太陽……』這首歌的同時，再手舞足蹈，做出天上高懸紅日一輪，自己心窩裏崇拜領袖之類的象徵性姿勢。每天早八點，各單位上班的那一刻，是社會上約定好大跳忠字舞的準點兒，人們都得走出大門，到街道上狂舞一番。此時，經過這裏的路人也必須駐足同舞。假如他想若無其事地通過可是萬萬不能的，跳舞的人會對你怒喝一聲：『你什麼出身？對毛主席是什麼感情?!』……

大講『忠字化』語言，又掀起了大浪頭。毛主席詩詞、

『老三篇』、『最新最高指示』，本來就要求『熔化在每一個人的血液中』，就更別說必須做到張口就來了。凡是人與人之間交往，先得像地下工作『對暗號』一樣，嚴絲合縫地對上一句毛主席的話(或者是歌頌毛主席的話)，否則，你有什麼事情找人家辦，對方也不會理你。記得有一回我在石家莊，慕名去買當地很有名的『扒雞』，交了錢，對方突然說了句『翻身不忘共產黨！』。我沒細想，也沒言語，只顧伸手去接雞。不想售貨員果斷地把雞收了回去，重新厲聲吼道：『翻身不忘共產黨！』我這才恍然大悟，急中生智，高呼一句『吃雞不忘毛主席！』對方這才很鄭重地把雞遞到我手裏。……

『忠字化』登峰造極的那陣子，人們在一切場合裏，只要一開口講話，必須先引用毛主席的語錄——當時叫『最高指示』。講話不先引用語錄，或者引了語錄卻跟要講的話沒關係，都是『不忠』的表現。所以，大家張嘴第一句，總得是『毛主席教導我們說』。然而，並不是日常的每件事，老人家都作過指示的呀，這可就叫人時不時地犯難，人們只好挖空心思地查閱『紅寶書』。我所在的部隊裏，某連司務長在週末向全連彙報伙食收支帳目。他開口就來：『毛主席教導我們說：又虧了！』政治指導員頓時就火了，過去制止他：『你胡說什麼？毛主席啥時候有過這樣的最高指示？』司務長胸有成竹地說：『請大家打開《毛選》第一卷第一篇《中國社會階級分析》；『小資產階級……發財觀念極重……他們每逢年結帳一次。就吃驚一次，說：咳，又虧了！』這不是毛主席說的嗎？』直弄得全連上下哭笑不得」。[9]

當年的小學五年級學生荒也也有這樣的文革記憶——

9　吳非：《「忠字化」小憶》，《那個年代中的我們》(上)，第 11，12，13，15 頁。

「在『讓毛澤東思想佔領一切陣地』的口號鼓動下，我們這些既無能力上街造反，又無學可上的孩子們，三人一組、五人一夥地跑到公共汽車去宣傳毛澤東思想了。那時，就憑着胸前的像章、手中的語錄便可以無票上車，就可以佔領車廂，讓那些司機、售票員和大人們規規矩矩，俯首貼耳。……汽車起站，我們便揮動語錄，命令所有乘客從座位上站起來，立正站好，取出自己的語錄本，然後向車前懸掛的毛主席像做早請示。模式是，把語錄放在胸前，注目毛主席像，然後我們領呼口號，敬祝我們最最敬愛的偉大的領袖，我們心中最紅最紅的紅太陽萬壽無疆！眾人和：『萬壽無疆！萬壽無疆！』我們喊：祝偉大領袖毛主席的親密戰友、我們敬愛的副統帥林副主席身體健康！眾人和：『永遠健康！永遠健康！』請示完畢，乘客們才可落座。我們便正式開始了宣傳。……我們讀到《毛主席語錄》那一段，就命令乘客把書翻到那一頁。偶爾發現誰沒帶語錄，我們就圍了上去，質問其出身是什麼，為什麼不帶語錄，還要警告他不准再犯，因為這是對偉大領袖的最大不忠。我們就這樣度過了文化革命的初期。那時，語錄成為我們唯一的書，車廂便是我們的課堂，不管車上有多少乘客，天氣有多冷多熱，也不管嗓子多渴，只要一上車就聲嘶力竭地喊呀讀呀，有時候末班車只有司機和售票員兩個人，我們仍然要讀下去，因為這是革命態度問題」。[10]

今天來看這一切，很容易看出這樣的「忠字化」的荒謬與幼稚，但在歷史的當時，卻是極其嚴肅、認真的，而且是全民性的，無論是吳非這樣的士兵，還是荒也這樣的孩子，更有許多的知識分子，都不無虔誠地參與其間。重要的，還不是這

10　荒也：《母親，父親和我們》，《那個年代中的我們》（上），第 67，68，69 頁。

裏談到的外在的形式(跳忠字舞，唸語錄等等)，而在那滲入頭腦、心靈的信仰：把毛澤東置於拯救眾生的「上帝」的地位，對之頂禮膜拜。這是一個全民的造神運動，要創建一個具有中國特色的新宗教，即毛澤東教。所謂「中國特色」，就是將中國傳統就有的世俗帝王的政治權力(在現實中就是黨的絕對權力)和宗教教主的精神控制力結合為一體。後者是中國傳統所沒有的，卻正是毛澤東要在文化大革命中建立的，毛澤東在文革中宣稱他對「偉大領袖，偉大統帥，偉大舵手」不感興趣，而最認同「偉大導師」就是這個道理：前者只掌握政治、軍事權力，而後者卻擁有精神掌控權。這就是說，文革的新宗教運動首先是出於毛澤東的戰略目標，而得到全民的回應，則是中國老百姓的精神需要：缺乏宗教式的信仰始終是中國人精神發展中的一個問題，文革的造神就正好起到用對毛澤東的個人崇拜來作為新時代的信仰的作用。《毛主席語錄》對許多人產生那樣大的精神震攝力，就是這個道理：《語錄》就是六七十年代的中國「聖經」。既然新的造神運動是適應毛澤東取得對全民的精神控制力的需要，吳非、荒也回憶中的那些形式：無論是早請示，晚彙報，還是以毛主席語錄作為每個人表達自己和彼此交流的主要手段，都是不僅要用毛澤東思想，還要用毛澤東思維、語言來改造、滲透、支配每一個人的思想、思維、情感與語言：這才是真正的「收心與攝魂」。而吳非、荒也的回憶，還告訴我們，文革中的造神如此有效與有力，除了它也是中國老百姓和知識分子的精神需要之外，更是因為其背後的政治權力的威力：凡有不服從者，都要遭到「你是什麼出身」之類的質問，那是會招來殺身之禍的。而荒也這樣的小孩子，居然能夠讓成年人「俯首貼耳」，也是因為他們是「毛主席的紅小兵」，有毛澤東的權力支持。這樣，權力支撐下的文革新宗教運動，就造成了全民的宗教式的狂熱與精神迷亂。

需要補充的是，這樣的造神，不僅是一種信仰的需要，也同樣有利益的驅動。文革中的領袖崇拜，在接受毛澤東的控制的同時，也還有打着毛澤東的旗號，來表達自己的觀念，提出自己的利益訴求的一面。既虔誠地造神，也利用神把它當招牌：前者把毛澤東思想推向空前神聖的地位，後者又將其實用主義、形式主義化，形成了實質上的危機：這都構成了文革造神運動的複雜性，從另一個角度說，也是一種豐富性，是不可不注意的。

正因為文革新宗教運動，有着這樣複雜的因素的相互制約，它也就很難持續。前文回憶中的宗教式的狂熱，大都發生在文革初期。到文革中後期，隨着文革的問題，特別是它的專制本質逐漸暴露，首先導致的普遍的政治熱情的消退，許多人都從回應毛主席起來造反，變成了「逍遙派」，成為一個旁觀者。而前述造神運動中的許多形式主義的做法，準宗教儀式都漸漸失去吸引力，進而引起反感，而難以堅持下去。越來越多的人開始反思文革，也就必然涉及對毛澤東的評價。儘管真正走出毛澤東，還要經歷更多的曲折，許多人都是1971年林彪出逃才開始引發對毛澤東的反思的，但最初的狂熱勁兒還是過去了。更重要的，是同時發生的理想的破滅，信仰的動搖。許多人都轉向虛無主義。可以說是中國傳統的實用主義與虛無主義，最終消解了文革的新宗教運動，這都是發人深省的。

(二)一場「比誰更殘忍的競賽」

全民造神之外，還有全民殺戮。

這是天津某起重設備工廠的工人記憶裏的文革——

他們家因為是「奶奶她父母的房產」的「代理人」，文革一來，就遭罪了：「遭白眼，挨罵，有時吃着飯一塊磚頭飛進來，玻璃粉碎。我們也不敢言聲。我母親被同院的一個小伙子拿拔火罐把腦袋砸得呼呼流血。我十四歲的小弟弟叫同街的一個小伙子拿磚頭把後腦海砸破，縫了九針，當時滿臉的血呀，看不清鼻子、眼睛、嘴。有一次，我大哥犯病，夜裏喊鬧，被鄰居一個農村來的親戚，拿扁擔打得滿地滾兒，頭破了，流一地血。同院另一家看不落忍，拉着那農民叫着：『他是個精神病人，不能打呀！』他家還有個親戚，喊着：『我們打的房產主，資本家的兒子！』現在我總想，我們家沒有對不住鄰居的。我家又沒惡人，以前也沒跟誰家作過死仇。再說，房前房後還都處得挺熱乎，為嘛人都變成這樣，為嘛我們受這個？我可說句粗話了——都為了他媽的文化大革命！」[11]

一句粗話卻說出了真實：正是文化大革命改變了鄰里之間，人與人之間的關係：「親不親，階級分」，凡是出身不好或觀點不同於自己的，都是敵人。所有的人群都一分為二：不是人民，就是敵人；不是好人，就是壞人。對敵人、壞人就是要實行專政，而且是「群眾專政」，任何人都可以對宣佈為敵人的壞人任意欺侮，打罵，以致殺戮。而且還有理論，這也是毛主席說的：「好人打壞人，活該。壞人打好人，好人光榮。好人打好人是誤會，不打不相識」。[12] 可以說，這位工人院子裏的街坊對他一家大打出手，正是回應毛主席的號召，至少是得到黨和國家許可的。文化大革命也就成了「好人打壞人」以及「好人、壞人打成一團」的全民混戰。這也是毛澤東所期待的：在混戰中他就成了唯一的掌控者。

11 《硬漢子》，《一百個人的十年》，第 262，263，264 頁。

12 一般人都認為，這句話是林彪說的，其實，發明權應該屬於毛澤東。江青在 1966 年 7 月 28 日對北京市海淀區中學生的講話裏公開宣佈過。

69屆初中畢業生、內蒙古生產建設兵團的戰士任國慶，至今也不能忘懷文革期間他參與打人的情景，在收入《我們懺悔》一書的《如果能夠贖罪……》的回憶文章裏，這樣寫道——

他在遞上入團申請書不久，連部指導員就佈置他參加團黨委發動的「紅柳條教育運動」，即用紅柳條棍棒去「教育」不遵守紀律，連隊建設的破壞分子，並且說：「這次教育運動以後，連裏要發展一批團員。不要膽小，不要放不開手腳。有團黨委給你們撐腰，有黨支部給你們做主。不要怕打死人，打死了扔黃河裏，我兜着」。拿着指導員發給的粗木棍，他走進審訊室，一位他所熟悉的以偷懶全連出名的戰士劉勝利站在那裏，先是一班長宣佈罪狀：「你說毛主席崇拜魯迅，魯迅是什麼東西，毛主席會崇拜他嗎？你這就是反對毛主席！」劉勝利自然不服，還說了硬話。「劉勝利的話把我激怒了。我把木棍丟在一邊，解下了武裝帶，兩頭對折，把皮帶扣攥在手裏，朝劉勝利身上左右開弓猛抽起來，打人真過癮！我從小生性懦弱，從來怕打架。可這時，我才知道，打人竟是如此快樂的事！這不是一般的興奮，是一種令人戰慄的快感。我不知道我身上居然還潛藏着野性、獸性，或是一種虐待欲。我抽得一下比一下猛，一下比一下快，武裝帶雨點一樣落在劉勝利身上，直到我筋疲力盡為止」。「這時一班長、三班長和要求入黨入團的積極分子唯恐顯得自己立場不堅定，爭相掄起手中的木棍朝着劉勝利打起來。這時，你打得越狠，你就越革命。你越殘忍，就越愉快。你做得越壞，你就做得越好！這是一場比誰更革命的競賽！比誰更殘忍的競賽！」

任國慶回憶，「紅柳條教育運動」之外，還有「姑奶奶教育運動」，就是由女戰士上場，「女人有女人的方式：掐、摳、咬、揪是她們的絕招」，「女生們用表演《大刀向鬼子們的頭上砍去》的大刀」向「敵人」亂劈亂砍，一頓劈砍過後，「敵人」「手上、頭上、臉上全是血」。政委早在動員會上說過：「這次運動不僅要觸及靈魂，而且要觸及皮肉」，「打是疼，罵是愛，不打不愛是禍害」，「『兩個運動』是我們保持部隊旺盛戰鬥力的法寶」。不久，一排長入了黨，以後又被選送南開大學讀書。一班長、三班長和在運動中表現積極的戰士都入了團。而被打者或得了精神病，或從此一蹶不振，最後醉死街頭。[13]

這是文革暴行的一個典型：它是黨作為治國、治軍的「法寶」，一手策劃、指揮，而且是黨「兜着」的，即是以「無法無天，黨大於法」的體制為後盾、支撐的；它同時又是對人的利益和慾望(包括政治上往上爬的慾望、利益和心理、生理上的迫害欲)的誘發，利用，有意識、有組織的調動。這樣的權力與利益、慾望的結合，不僅能夠動員眾多的人參與，而且極其殘酷，無所顧忌，還蒙上聽黨的話的神聖光圈。

在這樣的「打人合法合理」的時代政治氣氛下，不僅打人，而且看打人都成為一種樂趣。一位文革期間在工廠接受勞動改造，慘遭毒打的知識分子，最感痛心的記憶，就是當他被打時，「一些人急匆匆地往打我的地方跑，還一邊喊着『打便宜人呀』。這就是革命群眾，這就是領導階級。天津人說的『打便宜人』，就是打那些只許挨打，而不許反抗的人。人與人本來沒有仇恨，但是打人畢竟是一種快樂。『打便宜人』就成了一種革命遊戲了；如果再在便宜人中順手拿一些東西，哪怕是一支金筆呢，又不是多得一些東西嗎？」他回憶說，慘遭毒打後，全廠一千多人就有不下一百人，到關他的小屋來，要

13　任國慶：《如果能夠贖罪……》，《我們懺悔》，第169–173頁。

過東西。[14] 這樣的「看客」與趁火打劫，使我們不由得想起了魯迅的《藥》，這樣的傳統是被延續下來了。而且越來越「遊戲化」了。暴行成為全民參與(直接施暴或看施暴)的遊戲，甚至狂歡，這正是文革暴力最令人震撼之處。

正像一位當年的中學生回憶中所說：「那時人都瘋了。不知哪股邪勁兒，好比小孩子做遊戲，拿假的當真的，真跟真事兒一樣」。[15] 文革中最為盛行，影響也最大的毛澤東語錄是：「階級鬥爭要年年講，月月講，天天講」。——早在1962年八屆十中全會上，毛澤東就提出了「階級鬥爭要年年講，月月講」的要求，到文革時又通過《紅旗》社論，加上了要「天天講」。[16] 這樣「年年講，月月講，天天講階級鬥爭」，不僅造成風聲鶴唳的政治氣氛，而且會激發起人們，特別是年輕人的階級鬥爭想像力，到處去尋找和發現「階級鬥爭新動向」和「隱藏很深的階級敵人」，形成精神過敏的病態。這裏說的「瘋了」和「邪勁兒」就是這樣的病態的表現。一位當年的紅衛兵回憶到，文革一開始全校學生就從一位教美術的老教師的繪畫作品裏發現了「反動標語」。「畫中的橫、豎、斜線條，被說成不同字的不同筆劃，被分析為構成這個那個字，進而又組成一句句口號」，在「想像出的反動口號中，竟然有『打倒毛主席』這樣的話」！這就真的成了文字遊戲，「拿假的當真的」，把想像出來的看作是真實存在的「反革命罪證」了。這位據說「永遠是一副與世無爭的樣子」的老教師就這麼

---

14 林希：《恩怨》，《那個年代中的我們》(上)，第 47 頁。

15 《絕頂聰明的人》，《一百個人的十年》，第 128 頁。

16 見《紅旗》社論：《無產階級專政下進行革命的武器——紀念〈關於正確處理人民內部矛盾的問題〉發表十周年》，1967 年第 10 期(6 月 21 日)。參看錢理群：《毛澤東時代和後毛澤東時代：歷史的另一種書寫》(上)，台灣聯經出版有限公司，2012 年。

因孩子的想像而陷入無產階級專政的深淵。[17] 而成年人一旦具有了階級鬥爭想像力就更為可怕。一位《北京日報》文藝部的編輯回憶說，在文革期間就收到過批判報上登過的一篇小說的文章，加上的罪名是：「用三家村[18] 的手法向無產階級發動猖狂進攻」，其罪證是：「小說的主人公叫『王革』，就是『咒罵革命死亡』；『西院大嫂』超過了『東院大嫂』，便是『西風壓倒東風』即反革命壓倒革命勢力」，這樣憑無端聯想無限上綱，讓人哭笑不得，只能置之不理，該人還不依不饒，控告編輯部「包庇壞人」。[19] 這樣的建立在想像力基礎上的階級鬥爭，今天看來，實屬兒戲，但在當時，卻會產生極嚴重的後果。一位某市外貿公司的幹部回憶說，他們單位在狠抓階級鬥爭中發動全公司職工開展了一個「憶怪事」運動，要從日常生活裏的怪事，挖出「隱藏最深的反革命分子」。於是，就有了一張《他為什麼從來不笑》的大字報，硬要從廠裏的一位政工幹部的表情裏想像出一個仇恨社會主義的階級敵人，但又找不到實際的反革命行動，最後就以「在毛主席像前笑得很難看」為名，將其定罪。[20] 這樣的用群眾運動的方式，連人的表情都不放過的階級鬥爭，是令人恐懼的。

而最為驚心的，是這樣的文革階級鬥爭病態思維，在文革後仍然深刻影響部分深受其毒的親歷者的思維，以致形成自

---

17 劉伯勤：《我的文革經歷》，《我們懺悔》，第 122–123 頁。

18 「三家村」本來是鄧拓、吳晗、廖沫沙三人的筆名，六十年代他們以此筆名，發表總題為《燕山夜話》的雜文。文革一開始，姚文元就寫大批判文章《評「三家村」》，抓住文章的片言隻語，無限上綱，攻擊鄧拓等用「含沙射影的手法」反黨。姚文元的文章可以說是文革「階級鬥爭想像力」的樣本。

19 鳳翔：《我們被人「檢舉揭發」》，《那個年代中的我們》(上)，第 102–103 頁。

20 《笑的故事》，《一百個人的十年》，第 166，167–168 頁。

我精神絞殺症。在《我們懺悔》一書裏，有一篇《病理切片一二三》，就談到一個朋友的母親，一直到二十世紀八十年代，「家裏的文革依舊如火如荼」，階級鬥爭依然「天天有，月月有，年年有」，繼續「出那些『案情簡報』，其中寫作、編輯、領導圈閱批示，全是她一個人」。這是其中一封檢舉信：「X月X日(她家保姆)從鄉下回來，帶來了好些紅棗、柿子，說在北京工作辛苦不如鄉下人自在。這個人的家庭土改時被劃過去了，很可能是階級異己分子。她最近出門時不梳洗，頭髮很亂，衣衫不整，很異常，還有異樣電話，聽口音是南方人，比較年輕，以前沒聽過這樣的聲音」。動不動懷疑家庭出身，從衣衫、頭髮、電話的「異常」尋找階級鬥爭的蛛絲馬跡，想像階級敵人：這都是典型的文革階級鬥爭思維，其要害就是其兒子所說，「必須設計出敵人，一個或幾個，並由於敵人的存在而證實自己的存在。修理家裏一干人等，挑動他們互相猜忌仇恨」。[21] 這位母親或許已經發展成了精神疾病，屬於個案；但正常人中的文革階級鬥爭思維，至今還隨處可見，應該是更值得注意的：它是隨時可能引發文革暴力的，而且還會是全民性的。

3.「我是一頭沒有人性的狼孩」

文革暴力，最讓人難以接受的，是學生打老師，子女檢舉甚至毒打父母，這都越過了基本的人倫、道德底線。人們稱之為「狼孩」現象。

這是一位文革的中學生，在他兒子十八歲要上大學時，對兒子講述的自己悔恨終生的「心的記憶」——

「那是一個特殊的年代，每一個學生，不分男生女生，誰

---

21 吳琰：《病理切片一二三》，《我們懺悔》，第375–376頁。

心裏不痛快，誰想發洩心中的鬱悶，都可以這樣或那樣的嘲笑老師」。「那時，我不喜歡數學，考試常常不及格，老師曾善意批評我，我因此懷恨在心，總想找個機會出他的醜」。那天，數學老師來上課，可我和大家都不聽他的，只大聲吵鬧。情急之中，老師大聲點了我的名。我認為自尊心受到傷害，就徑直走到老師面前，大聲說：「我今天要讓你這個資產階級的代言人，嘗嘗革命學生的厲害」，並指着他的鼻子說：「你的行為使革命學生的革命精神受到了驚嚇，影響了我們大家的革命思維能力。所以我要對你採取革命行動」。老師呆呆地看着我，怯怯地說：「我，我只想讓你們大家安靜，好上課。沒有別的意思」。我卻不容分說地拿着鋼筆，命令老師轉過身去，在他的白襯衣上寫字。老師試圖掙扎。立刻就有兩個男生躥上來，也像瘋了一樣，幫我把老師按倒在講台上，在他背上寫下一行帶有侮辱性的大字。「老師含着淚水站起來以後，我們還強迫他把後背對着全班同學。於是，所有的學生都放聲大笑。最後，我還厲聲對老師定下了規矩：每天必須穿着這件衣服來上班」。[22]

這又是一個當時還只有15歲的初一男孩記憶中的紅衛兵拷問老師的場景——

「我是趴在教室的窗戶上，只看見一位女老師靜靜地坐在一把課椅上，白白的腮上有幾顆淚珠在閃閃發光」。「『你到底說不說？』一個稚氣未脫的男紅衛兵，捋着寬寬的牛皮帶，逼問。『你要我說什麼？』她平靜地問。『住口！是我在問你！你倒問起我來了。還想反攻倒算。不老實，叫你不老實！』他一皮鞭抽在老師背上。老師渾身顫慄了一下，不覺『哎喲』了一聲。她努力坐穩身子，望着紅衛兵，平靜地說：

22　鄭白：《心的記憶》，《那個年代中的我們》(上)，第137–139頁。

『我是你的老師……』，『什麼屁老師，這些孔老二劉少奇的師道尊嚴，早就批臭批爛了，至今還死抱着不放。文化大革命還沒有觸及你的靈魂！看樣子，你是非得抱着花崗石的腦袋去見上帝了』。緊接着就是一頓皮帶。幾個紅衛兵，有男的，也有女的，他們像抽打棉花套一樣拼命地用力。我只聽見皮帶打在肉體上的聲音，卻沒聽見老師的哭喊和呻吟。」第二天就傳來消息：老師自盡了。這才知道，她的名字叫孟婉芬，是教數學的老師。[23]

面對紅衛兵對老師施行的暴力，今人會覺得不可思議，但在歷史的當時，這些孩子並沒有絲毫的不安與內疚。如一位當事人所說，「那時我們決不會認為是在迫害人，相反覺得我們很英雄，很正義，立場堅定」，我們「一直是快樂的，意氣風發」。[24] 一位紅衛兵回憶說他在抄某個老師家時，「有一種說不出的快感和成就感——我終於敢於革命了，我再不文質彬彬了(毛主席曾對在天安門上給他佩帶紅衛兵袖章的宋彬彬說『要武嘛』)！」[25] 另一位參與者分析說，「這殘忍的行為中，還帶着學生們的惡作劇的成份」。比如，將幾十條毛毛蟲放進老師褲子裏；用塑膠眼藥瓶吸涼水，往耳朵灌；三九天脱下衣服，只留背心褲衩，站在五樓窗台——孩子都覺得「好玩」，但也就在這「好玩」裏透露出了人性的兇殘！[26]

這就更加不可思議：怎麼會如此坦然地懷着幾分快意地整老師？這正是本文所要討論的。這裏只説一點。應該客觀地說，師生之間發生矛盾，本屬正常；像那位向兒子傾訴自己

23 劉鵬：《「文革」軼事》，《那個年代中的我們》(上)，第 421–422 頁。

24 《我們，陷阱中的千軍萬馬》，《一百個人的十年》，第 46 頁。

25 陸曉婭：《生命的暗夜》，《我們懺悔》，第 114 頁。

26 《唯一沒有貼封條的嘴巴》，《一百個人的十年》，第 66 頁。

的懺悔的當年的紅衛兵，因為數學成績不好受到老師批評而心存不滿，這也都可以理解。問題是，在文革中這樣的矛盾與不滿，都納入階級鬥爭的軌道：老師被視為「資產階級代言人」，和「革命學生」處於敵對的地位；那位紅衛兵說得很直白：「你影響我們革命思維能力，我就要對你採取革命行動」。這就是說，紅衛兵是以革命的名義對老師實施暴力的。只要是「為革命」，一切殘暴都有了天然的合法性與合理性。學生打老師成了「敢於革命」的表現，那種「很英雄，很正義」的感覺就是這樣產生的。把師生關係變成你死我活的階級鬥爭，這應該是文革學生鬥老師的本質所在。

當然，學生要鬥老師，也還是會有壓力的。於是就有了對所謂「孔老二、劉少奇的師道尊嚴」的批判。這是文革大批判的重要內容。儘管打着的還是「批判封建主義、資本主義、修正主義」的旗號，因此要將「師道尊嚴」歸於「孔老二、劉少奇」的名下；但其實是要向人之為人的基本倫理挑戰。破除「師道尊嚴」就是破除「人道尊嚴」：不尊重他人的尊嚴，自己就沒有了尊嚴；而沒有尊嚴感，就意味着既沒有愛，也沒有怕，做人做事就沒有底線了。人只要敢於向老師、父母下毒手，就什麼殘暴的傷天害理的事都敢做了。在任意傷害老師和父母的背後，是「文革倫理」：為了達到革命的目的，一切事都可為，一切手段都可以用。這就跨出了最危險的一步，其對我們的下一代，全體國民，以及整個民族的危害是怎麼估計也為不為過的。

文革階級鬥爭同樣引入家庭內部，支配着子女與父母的關係，並產生惡劣後果。

這都是不堪回首的記憶——

1970年2月13日夜晚，在安徽固鎮縣衛生科院內的一間小屋裏，張紅兵和他的父母全家人在一起閒談。老共產黨員的母親方忠謀突然談起她對文革的懷疑，問「為什麼毛澤東要搞個人崇拜？」並認為應該給劉少奇、鄧小平、彭德懷平反……。兒子一聽，立刻警覺起來：「這是在惡毒攻擊毛主席！我們家出現了階級鬥爭！我要捍衛毛主席！」隨即對母親展開了長達一個小時的革命大批判。母親被激怒了，高叫一聲「我立即採取革命行動！」就把家裏的毛澤東像全部撕掉、砸爛。兒子也厲聲大喊：「你放的毒，我條條記得清清楚楚！」到這個時候，一直沉默的父親(他是老新四軍，文革一開始就作為「走資派」被揪鬥，剛獲得「解放」)為了保護自己和孩子，才表態：「從現在起，我們就堅決和你這個堅持反動立場的反革命分子劃清界限！」於是父子倆把母親告發了，並宣佈離婚和脫離母子關係，算是大義滅親吧。後來母親從看守所逃出，又拒絕讓她進屋，把她送回大牢。母親於1970年4月11日被判死刑，立即執行。在赴刑場的路上，母親一路高喊：「他(毛澤東)把歷史車輪倒拉二十一年，我要把它顛倒過來！」為了表明自己的立場堅定，丈夫和兒子都拒絕收屍……

直到文革結束，重新面對歷史，兒子才終於明白，這是一位多麼偉大的母親！而自己卻親手把她送上了斷頭台！「我就是一頭沒有人性的『狼孩』！」

問題是，這一切是怎麼發生的？於是，兒子又回憶起，母親本是自己第一個引路人，在文革前，13歲時，就在母親的鼓勵下，參加課外學毛著小隊，經常學雷鋒做好事。文革一開始，就在父母的贊許下，砸碎了家裏有游龍圖案的醃菜缸，外公使用過的青花瓷筆鬥，把自己的名字改成「張紅兵」，還經縣委書記特批，成了第一批紅衛兵。父親被打倒以後，劃清界限成了理所當然的事，毫不猶豫地貼出揭發父親的大字報：

「他折斷我的玩具槍，不符合『槍桿裏出政權』的思想」。他的這一忤逆行為，父母不僅沒有批評過一句話，反而把兒子當大人看待，總是用商量的口吻和他説話。在這心智尚未發育完全的孩子的心目中，已經和大人們平起平坐，從此「直接參加文革這一國家政治性事件，成為學習『無產階級專政下繼續革命理論』、自覺地『鬥私批修』、『剷除私心雜念』的狂熱信徒」。家裏人也覺得他「日益變得無法交流，一開口就是報紙宣傳的那一套，每天背毛主席語錄，我們其他人都不能講一句不是」。母親也説他變成了一個「憨子」。多年後，他才醒悟到其中的緣由：他滿腦子想的都是「為了使中國『無產階級革命江山千秋萬代不改變顏色』，為了『讓全世界三分之二被剝削、壓迫的人得到解放』，為了『埋葬帝修反，解放全人類』的偉大理想」，「虔誠的我，不但照報紙上的話説，而且真的照着去做——『念念不忘階級鬥爭』，對毛主席最高指示『努力學習、堅決執行、熱情宣傳、勇敢捍衛』」。[27] 應該説，這樣一個徹頭徹尾、徹裏徹外的用毛澤東思想武裝起來的忠實信徒，這樣一個母親説的「憨子」(他自己的説法是真信、真做的「實誠」人)，正是文化大革命培育和需要的，而且得到了他的父母的全力支持與配合。這確實是「狼奶養大的一代」，[28]「狼奶」就是以毛澤東思想為核心的文革意識形態，文革中所有的政治、教育、宣傳、文化部門都是餵奶者，可怕可悲的是他的父母也參與了餵養。結果就是出賣自己的母親，還自以為是在實踐毛主席「念念不忘階級鬥爭」的教誨，「勇敢捍衛」毛主席革命路線。而且依然有理論説辭：「搞階級鬥爭就是要六親

27 張紅兵：《沒有地址的信——給我的媽媽方忠謀》，《我們懺悔》，第283–301頁。

28 《唯一沒有貼封條的嘴巴》，《一百個人的十年》，第66頁。

不認。馬列主義的實質就是不能有任何私情」。[29]

4. 婦女，兒童和鴿子的文革厄運

文革全民大屠戮裏，受害最重的無疑是婦女和兒童。

這裏有一篇《一對夫妻的三千六百五十天》。看起來，這是文革中經常發生的家庭悲劇：夫妻倆都是老老實實的工人，就因為在和工友閒談中，丈夫說了句「朱元璋當了皇上，把下面的功臣全幹了」這類的話，被人打了小報告。第二天，就召開全廠批鬥會，蓄意把丈夫的家庭出身由工人改成資本家，於是就有了一個「階級報復」的罪名。在台上指揮的軍代表一聲喊：「要文鬥，不要武鬥」，一群壯小伙子應聲而上，用鐵棍劈頭蓋臉一陣猛打，顯然是精心策劃的。接着就把丈夫送進了監獄，活生生的把這一對新婚六十天的小夫妻拆散了，而且一關就是十年。為什麼如此狠心？原來是軍代表看上了他的妻子：不僅因為她的美貌，更有實際的利益考慮：這位軍代表是農村兵提幹的，和大城市的姑娘結了婚，以後復員就不用回農村；而廠革委會主任為了以軍代表做靠山，保住自己的官位，也竭力攛掇。他們聯合起來威逼妻子離婚，還辦學習班「作工作」，說什麼「只有離了婚，才能回到人民中來」，「只等你的革命行動了，這是黨對你負責任」。——這又一個令人瞠目結舌的階級鬥爭案例：冠冕堂皇的「革命」名義下謀求個人私情私利，而且充分利用了手中的權力。其實，這樣的「以權謀私」倒是最能顯示文革階級鬥爭的實質的。而最讓人痛心的，是這樣的所謂「階級鬥爭」的後果，主要是由那位無權無勢的普通工人的妻子承受的：她既面對政治的高壓，深懷被「趕出人民隊伍」的恐懼，又無時不刻為身陷牢獄的丈夫擔憂，飽受

29 《一個老紅衛兵的自白》，《一百個人的十年》，第 249–250 頁。

獨自照顧半身不遂的老父、撫養剛剛出生的幼子的艱辛和經濟的窮困，更要忍受逼婚的屈辱，輿論的壓力。在這個意義上，可以說，她是把文革的苦難集於一身的。因此，在熬過了三千六百五十天的艱難日子，丈夫終於回到身邊，全家團圓以後，她被稱作「堅強的中國婦女的典型」，是理所當然的。[30]

還要說到的是文革中的女知青，特別是她們受到的性侵犯：這是許多文革敘述與研究所迴避的。在《一百個人的十年》裏，留下了這樣的難得的回憶——

在北大荒的知青農場裏，一位女知青因為怕冷，到馬號取暖，被賣奶的老職工看上了，最後懷了孕。知青和全團人都不同情，認為是丟臉的事，就處處為難：她到師部醫院打孩子時，醫院不留她住；回連隊的路上，長途車不讓她坐。一次她和一個知青吵嘴，許多人一擁而上，把她上衣撕得粉碎，故意羞辱。從此，這姑娘頹廢了，接二連三跟了好幾個，最後被團長佔為己有。這樣的事鬧出來，以後就層出不窮。有一個團的招待所所長、參謀長和團長，把許多女知青調去，說是給她們好工作，結果全部被輪姦，前後有一百多個女孩子蒙受屈辱。大家這才對那些無辜的女知青寄以同情：「她們離鄉背井，無依無靠，孤獨難熬，沒有出路而充滿絕望，才被人使用小恩小惠與手中的權力欺負與迫害。還有那些為了上大學和想離開這裏的，只好委曲求全」。文革結束，知青紛紛離開農村，又產生了新的悲劇：那些嫁給當地農民的女知青，娶了農村媳婦的男知青，因為缺乏感情基礎，又都面臨離異的痛苦，相關的農村男女青年則有被拋棄、利用的感覺。而雙方的不幸都波及到下一代。[31]

---

30 《一對夫妻的三千六百五十天》，《一百個人的十年》，第139，140，148，137頁。

31 《我們，陷阱中的千軍萬馬》，《一百個人的十年》，第49，50，53頁。

這裏所透露的女知青所受到的性侵犯，特別是利用政治權力的性侵犯；傳統觀念影響下的性歧視；以及在非常條件下的不正常的婚姻所造成的家庭悲劇，都與「文革與性」這個大題目有關，需要專作文章討論。我想強調的是，由此看到的，女性所受到的政治和性別的雙重壓迫和殘害，兩者又是糾纏在一起的。這應該是我們討論的文革暴力的一個相當重要的方面，卻是被嚴重忽略的。

還有文革中兒童的命運。

這是讓我最感到驚心動魄的文字：「整個文革壓在我的心上」。説這話的是文革開始時，某市某街道幼稚園只有五歲的孩子。因為爺爺是資本家，被抄了家，一夜之間，他成了出名的「狗崽子」，成了出身好的孩子們攻擊的對象。「走在街上，會不知從哪裏飛來一陣石塊；呆在家裏，也會忽然響起一陣兇猛的砸門聲，跟着一陣哄笑。他們還在我家的門板和外牆上，用粉筆滿『打倒資本家狗崽子XXX』的標語。XXX就是我的名字。我那時真覺得自己是整個世界的敵人。我天天躲在家裏，不敢出門，一次父親叫我去買香煙。我硬着頭皮出去，就被鄰居的孩子發現，把我拉到牆角，批鬥我。兩個人使勁架着我的胳膊，把我的腦袋往下壓，朝我喊口號，啐唾沫，回家也不敢告訴父親」。「我不願意上學。每到上課時，身邊或身後的同學就會拿鉛筆頭狠狠紮我。有一次，臨座的同學面對老師，神氣像在聽課，桌子下面卻用手使勁掐我的腿。我只要向老師告他，他就會説我陷害，説我是『階級報復』。那時的政治用語有強大的威力，我只能忍着」。「我內心已經灌滿仇恨，恨鄰居的孩子，恨同學，恨他們的家長！我實在克制不了時，就和他們對打。但吃虧的總是我。老師自然要偏向那些出身好的同學。爸爸只要知道我和他們打架，還要再狠打我一頓，怕我惹禍」。「我躲避社會，逃避一切人，尤其是我的同齡人。我感覺，大人對我沒有太多的敵意，但同齡人都與我為敵。我活得非常緊張，只有夜間自己躺在床上，才感到安全。到了白天，一走進社會，那種很強很強的恐懼感就來了。我是那樣的孤單，冰冷，無助」，「我漸漸變得非常敏感，脆弱，多疑。只要同學們說什麼，我就認為是針對我，立即作出強烈的反應來。我哪裏知道，一種後來叫我非常頭疼的性格漸漸形成了」。「我考入中學後，離開了原來的環境，已經沒有人知道狗崽子的背景了」，但我依然「不合群，不喜歡與人接近，防備心理特別重」，「膽小而敏感，總疑惑別人害我。我和他人說話時只要對方一走神，我就認為他故意不理我，歧視我，或者有意侮辱我，我會突然暴怒」。「我與同學的關係變得非常緊張，漸漸發展成真正的對立，幾乎一說話就吵嘴，一吵嘴就動手。同學們暗地給我起了一個外號，叫『死臉』。我陷入了很深的痛苦。我面對鏡子看自己的臉，差點把鏡子砸了：難道我天生就是一張毫無生氣、從無笑容的臉嗎？」[32]——這依然是驚心動魄的一問，它揭示的是，文革階級鬥爭對最應該受到小心呵護的兒童心靈的傷害，心理與性格的扭曲，無情地毀滅了孩子的童年，也幾乎毀滅了他的一生。我最感震撼處有二：成人之間的「階級鬥爭」禍及無辜的孩子；而孩子也捲入階級鬥爭的屠宰場，傷害同齡人，同時也在傷害自己。文革的全民殺戮，居然包括了未成年人，這是最能顯示其非人性的。

更叫人無法接受的，是竟然讓孩子成為殺場的陪綁者！這真是匪夷所思：市委大院牆上出現了一條「打倒毛主席」的標語，公安局查案，認為是孩子在大人唆使下寫的。當時院裏兩派鬥爭正激烈，一個中層幹部的對立面立刻插手，內定是他才

32　《死臉》，《一百個人的十年》，第 57，58，59，60，61 頁。

有八歲的兒子寫的，就把兒子抓了起來，威壓、利誘孩子交出後台，遭到拒絕後，就硬把他送到了刑場。「我給他們帶到刑場，一片大開窪地，和幾個真要槍斃的死囚排在一起，背後是大土坑，那些犯人都給綁着，沒捆我，我可嚇呆了。對面一排人拿槍對着我們，其中一桿槍對着我的臉。我忽然看見不遠一群人中有爸爸！後來才知道他們在逼爸爸，叫他承認是他叫我寫的反標。我放聲大叫爸爸，要跑過去。當時管執行的人大喊一聲：『放！』『呯』地槍響。我旁邊那排犯人突然像櫃子一樣『哐噹』全栽倒，一個腦袋打飛了，像個大血蛋飛得老遠。我嚇得原地沒動，以為自己死了。眨眨眼，動動嘴，好像全沒知覺了。只見爸爸張着大嘴朝我跑來，撲向我，一下子把我緊緊抱住。我說：『我死了嗎？』爸爸說：『沒有，孩子，你別怕。他們這是逗你玩呢，這些人都是假死！』我聽了，噗地笑了，腦袋紮在爸爸懷裏。我真的以為這一切一切都是哄我玩呢⋯⋯」。但從此我就成了「小反革命」，「我一下子長大了，也垮了。這『小反革命』像一塊沉重的大石頭在我身上背了十年！」

當事人在回顧這位段歷史時，談到後來得到平反，卻無法具體落實，彌補刑場陪綁所造成的精神創傷，說了一句沉重的話：「政治從來不對人的心靈負責」。[33] 但這也正是要害所在：中國的政治，特別是文革政治，最大的罪惡就是對人的心靈的肆意踐踏、蹂躪，而傷害到兒童，並且不擇手段，就真正罪不可赦了。

文革中的兒童，還有另一種命運：父親早逝，在工廠工作的母親突然被發配到湖北深山參加備戰工程，把只有十四歲的「我」和十歲的弟弟留在城裏的家。我一下子承擔起「當家

33　《一個八歲的死刑陪綁者》，《一百個人的十年》，第 109，110–111，112 頁。

人」的重任。「在那個特殊的年代裏，我只能避着熱鬧，加着小心，像一個家庭主婦那樣，操持着我和弟弟兩個人的米油鹽。星期天，聽說哪個菜站處理便宜菜了，我便和窮孩兒一起跑去，一兩毛錢地背回一堆。因此，我為曾經買到過的幾次極其便宜的青菜而興高采烈過很長時間，至今我都無法忘記。彷彿那是一個再也不會有的奇跡。一毛錢可以買到十斤甚至十五斤番茄。窮人家的孩兒，心裏就是這些，說不上宏圖大志，更不敢和人家去造哪門子的反。只是老老實實地過着，活着」。一年半以後，母親回來了，知道我還從每月二十幾塊的生活費中，省出錢來，給自己添衣服，為弟弟買了鞋和褲子，「盡情地哭了一場」。[34]——過去有「窮人的孩子早當家」，那是為生活所迫；文革中的「早當家」卻是政治所逼。兒童因此失去了他應享受的遊戲、學習的權利。用周作人的說法，這是人生季節的顛倒：這是另一種形式的殘酷。

難逃文革厄運的，婦女、兒童之外，還有小動物。

這同樣是痛苦的，帶着血腥的記憶——

「1966年時，我家養着一隻黃貓。一天早上，見到街道裏貼滿了紅衛兵的『勒令』。意思是要消滅民間飼養的動物，包括鴿子、鳥、魚、狗、貓等。他們威脅說，如果自己不處理，則要集中殺死，斬盡殺絕，據說養動物是資產階級生活方式和資產階級腐朽思想」。於是趕緊把黃貓放生，它又跑了回來；送到農村去，不久就聽說又跑走了，據說紅衛兵打死狗都扔到東大橋的臭水溝裏，就趕去收屍。一看，就呆住了，眼淚刷地一下流了出來：「那條由西向東的臭水溝裏像下餃子一樣，扔進了上百隻的貓。有的貓被石頭擊中，浮在水上，泛起一片血。有的貓掙扎着從河心向岸上游，有的貓被竹竿和木棍抽得拼命向河心

34　星竹：《文革隨筆》，《那個年代中的我們》(上)，第121，124頁。

游，河裏一片嘈雜，一片嚎叫，一片沸騰，一片血腥」。[35]

這是愛養鴿子的北京大爺最慘烈的記憶——

「熙熙攘攘的鴿子市上空突然響起了衝鋒號聲。只見東直門城樓上，並排站着六個紅衛兵小將。他們一手叉腰，一手舉着軍號，面向鴿子市這邊用勁吹着。還沒等鴿子市上的人明白發生了什麼事，我們已經被臂戴紅袖標的紅衛兵和工人民兵包圍了。只要看見拿鴿子的人，他們立刻衝上去，搶過鴿子就往地上摔，到處都能聽到鴿子『噗、噗、噗、噗』的聲音。一時間，東直門外，護城河邊，那方圓裏的地面上，鴿子們屍橫遍野，其情其景讓人慘不忍睹」。接着就向養鴿子的大爺們下了死命令：「下午四點以前，要不把鴿子腦袋送去，就把自己送進去」。「那天中午，我們一邊哭一邊用菜刀剁鴿子的腦袋。鴿子的鮮血把切菜的案板都染紅了」。[36]

這裏對生命的任意屠宰，是令人髮指的。而且用的又是「革命」的名義：對小動物的愛和保護居然成了「資產階級生活方式和資產階級的腐朽思想」，如一位回憶者所說，在那個年代，彷彿真善美就是資產階級思想的同義語，全在掃蕩之列」。[37]為了「興無(產階級思想)滅資(產階級思想)」，就向無辜的動物大開殺戒，而且將屠戮變成「革命的盛大節日」，到處插滿紅旗，吹着軍號。更令人痛心的是，執刑的屠夫，竟然是剛成年的青年和未成年的孩子！

可以說，文革中婦女、兒童、小動物的厄運，對生命(無論是人，還是動物)的漠視、踐踏，特別是對弱小生命的傷害，都顯示了文革反人性、反人道主義的本質。

35　劉洪：《貓之罪？》，《那個年代中的我們》(上)，第89，90頁。

36　關聖力：《屠鴿》，《那個年代中的我們》(上)，第22–23，24頁。

37　邢渤濤：《抹不掉的紅皮鞋》，《那個年代中的我們》(上)，第55頁。

5. 全民「窩裏鬥」的怪圈

有人把中國人在文革中的相互殘殺，分為兩個階段：「初期的時候還可以說是一場聖戰，那麼後來完全是一場權力戰了，一場權力的再分配了」。[38] 這樣的截然劃為兩個階段，或許有些簡單化，但如果說相互殘殺的動因和表現有兩個方面，大概是可以成立的。大體而言，紅衛兵的暴力，基本上是一種我們已經討論過的革命狂熱，虔誠地跟着領袖去殺人，和想像中的「敵人」搏鬥。而更多的成年人的相互廝殺，「實際的利益和矛盾更具有實質性」，「即使是在最狂熱的意識形態口號下，人們的行為也往往具有現實的利益動機」，[39] 是一種權力的再分配，永不停息的派系鬥爭。

這裏就有一個三次成為兩派鬥爭的犧牲品的「故事」。事情從抗戰時期開始：「我們村有兩大家族，一姓王，一姓李。我姓李。兩個家族打根兒就鬥，勢不兩立」。八路軍來了，村幹部大多姓王。我當時是兒童團長，不知天高地厚地寫文章批評村長「好煙好酒好玩錢」。這就遭來影響終生的大禍。「村長說他代表黨，反對村長就是反對共產黨。什麼人反對共產黨？國民黨特務唄」，就這麼把我內定為「特嫌」。其實就是「不能讓我這個李家人冒頭當兒童團長」，無非是安個「反黨」的罪名，把我給撤了，並且裝進了檔案。十七年後的1956年，我已經因為單位上的總支書記要提拔他的一個親戚排擠我，調離了原來的某出版社，鳴放時期出版社黨支部書記特意來公函，要我回去提意見，我給黨總支書記提了幾條，反右運動就把我打成了右派。我這才明白，根子在黨總支書記和支部

38 《一個老紅衛兵的自白》，《一百個人的十年》，第 248 頁。

39 秦暉：《沉重的浪漫——我的紅衛兵時代》，《1966：我們那一代的回憶》，第 301 頁。

書記之間有矛盾，在鳴放時支部書記因為知道我對總支書記有意見，就拿我作槍使，反右一反過來，我便成了犧牲品：我就像當年捲入家族宗派鬥爭一樣，又陷入了黨的幹部之間的權力鬥爭。到了文革，所在的新出版社的書記要整社長，就因為我與社長合作得很好，就給社長安上一條「重用右派」的罪名，把我也揪了出來，並把早已否定了的、但仍留在檔案裏的「特嫌」問題再度提了出來。這樣，「我參加革命幾十年，卻被當做反革命幾十年，翻來覆去也為沒離開『敵人』的圈兒」，原因就在每次運動我都在全然不知的情況下，捲入了派系鬥爭(或家族宗派，或黨內派別)的漩渦裏，形成了一個無以逃脱的「怪圈」。這其實是最能顯示中國式的運動(階級鬥爭)的實質的：無論是打着什麼樣的「革命」旗號，一旦落實到基層，就一定變成單位內部的與複雜的人事關係糾纏在一起的派系鬥爭，權力鬥爭。這就是「用盡精力相互傷害」的「窩裏鬥」，這是最具「中國特色」的：這是中國國民性的特點，也是中國的傳統。從古代宮廷內爭，到現代政黨內鬥，到建國後歷次運動的相互殘殺，都是如此。這位深受其害的回憶者，因此説：「文革進行了兩千年」。[40] 這是一個深刻的命題：所謂文革全民「革命」，就是全民「窩裏鬥」，依然沒有走出「內戰內行，外戰外行」的歷史怪圈：既是「政治怪圈」，更是「文化怪圈」。

在許多人的回憶裏，都談到了這樣的窩裏鬥。《一個老紅衛兵的自白》裏就談到，「我們這個學校是一個新建學校，老師們來的時候就分為三派勢力：進修學校的，工業學校的，師範大學的，各地來的領導。來一個領導帶一撥人」。紅衛兵造反，學生一鬧，「好像扔了一個炸藥包，他們(老師和領導)互

40 《文革進行了兩千年》，《一百個人的十年》，第316，317，318，326，327，328，329頁。

相幹上了。他們相互知底細，愈鬧愈大，愈升級」。我現在認識到，我們學校的這個文革，實際就是「學生的革命跟老師宗派的派性鬥爭，攪在一塊」，「我們就成了人家利用的工具，可又身不由己」。[41]

某工廠生產股的一個幹部也有這樣的回憶：因為在生產股管生產，剛大學校出來。幹事認死鉚，得罪了許多人，「這就種上了禍根」。「文革一開始，這幫子恨我的人，就找我碴兒」。正好我自己不小心把毛主席語錄寫反了：「凡是敵人反對的我們就要擁護」，叫我寫成「凡是敵人反對的我們就要反對」，這就弄成了「現行反革命」。「馬上我就給揪出來，大會小會鬥，天天挨揍。打我那幫人都是本廠平時刁鑽耍滑的工人。平時不幹活，這會兒反有活幹了，隨便打人」，「打我這些人有的是臨時工，想借着『革命』鬧一通轉正；有的在車間幹活，為的是不再當工人，到科室當幹部。沒有個人的目的，就這麼幹法，我才不信呢。文化大革命無非給大夥一個機會，各奔各的目的掙罷了。一幫人往上掙，就得有一幫子人墊背，我算是其中一個墊背的」。「他們整我，還有一個背景，就是當時那革委會的主任想拉起一幫支持他的人。我管生產算有實權的，他們想把我弄下去，叫他的人掌權。說我反革命，說我歪曲毛主席語錄不過是個藉口。幹掉一撥人就能換一個班子。好多單位都是這樣，人一換，結成死黨，再變就很難了。為嘛歷次運動整人的總在上邊，有根唄。上邊有人下邊也有人。只要他今天不犯法，你拿他沒詞，幹氣，沒轍」。這樣的上下勾連的「結成死黨」的關係網，是真正操縱包括文革在內的中國歷次政治運動的，是決定每一個人的命運的的組織基礎，

41 《一個老紅衛兵的自白》，《一百個人的十年》，第237頁。

「『四人幫』離老百姓遠着呢，實實在在害人的，還是各地方各單位這一幫人。」[42]

還有一位某市文化局下屬戲校的中層幹部，1956年被打成右派，文革中被發配到農場勞動改造，自稱「早就被撕得粉碎的人」，但始終被一個問題所困擾：1956年，他不在單位，沒貼過一張大字報，沒對領導提過任何意見，也就是沒有任何「反動言論」，卻硬生生地被打成右派，而且是「極右」；在文革中也是沒説任何話，沒做任何事，還是被鬥得死去活來。這是為什麼？直到文革結束才弄得水落石出：原來是他所在的戲校校長、文化局黨組委員和文化局長兼黨組副書記之間有矛盾，局長擔心校長這個強有力的對手和他爭權，便借着反右把校長置於死地。為了加大打擊力度，就把校長、副校長，連帶他這個中層幹部，硬捏成一個「反黨集團」。按照「第一把手決定一切」的黨的領導原則，局長認定的敵人沒有材料也可以、而且必須定罪。他就這樣不明不白、也不需要明白地當了一輩子的階級敵人。當我終於弄明白了這一切以後，不禁叫道：「我不成了人家權力鬥爭的一個犧牲品嗎？人只有一輩子，我這一輩子豈不是人家打架時隨手拋在臭水坑裏的一個石子兒？憑什麼我這樣慘？」[43]

一位文革前就下鄉的知青在回憶中談到農村裏的四清運動，特別提到村子裏的宗派關係：「整個村裏就兩姓：一是書記的姓，全姓孫；一是副書記的姓，全姓姜」，我就因為無意在姜姓人中批評了孫姓書記，就立刻遭到掌握實權的書記一派的殘酷報復，想方設法把我趕走。[44] 這是有典型意義的：不僅

42 《復仇主義者》，《一百個人的十年》，第 279，280，282，284 頁。

43 《苦難意識流》，《一百個人的十年》，第 301，303，312，313 頁。

44 《一個老紅衛兵的自白》，《一百個人的十年》，第 223，224 頁。

四清運動，農村裏的文革，宗派、家族關係都起到重要的作用。很多地方農村文革運動，實際上變成了階級鬥爭旗號下的宗族、家族內鬥。這是一個很有價值的研究課題，本文因材料不足，不能展開論述，就算是出一個題目吧。

最後要談到的是文革中後期的兩派鬥爭，發生了許多慘烈的武鬥。這裏同樣有派系鬥爭的強烈色彩。一位某市的某派頭頭「牛司令」就說得很直白：「要說我們局的兩派，都有人際關係的背景。所謂觀點，不過是藉口。這兩派以兩位局領導為分界線，誰是誰的人，互相都清楚。原先不清楚，一鬧就清楚了。一派是局裏的老人，原先的幹部班子。再一派都是後來調進來的新人，大都是政工幹部，跟隨一位後來調來的領導」。表面上爭的是「誰更忠於毛主席革命路線」，實際爭的是「跟哪位領導走」，背後就是跟着走的實際利益。一切出於宗派利益驅動，口頭高喊的「關心國家大事，都是胡扯。不得不這樣說罷了」。[45]

這真是一語道破天機：文革「革命」，落實到學校，工廠，機關，農村，都會變成單位的派系鬥爭，變成「單位專政」。其實，任何一個單位內部都充滿矛盾：不同領導之間的矛盾，領導與群眾的矛盾，不同群眾之間的矛盾，等等。這些矛盾又是與複雜的人事關係(同學、鄉親、戰友等等)糾纏在一起，構成了前文所說盤根錯節的關係網絡。在正常生活裏的單位內鬥是非政治性的，因而是可以調和，變動的。但到了文革這樣的政治運動，就要將其政治化。通常是由單位第一把手以「組織階級隊伍」為名，將聽從於他的那一派人定為「左派」即運動積極分子；而把不聽從於己或自己認為有問題的群眾，打成「右派」即革命對象。

45 《牛司令》，《一百個人的十年》，第214，213頁。

而文革的特殊性又在於，毛澤東出於打亂既定秩序的需要，支持群眾起來造基層黨組織第一把手的反，這樣，與書記有矛盾的群眾就成了「革命派」(「造反派」)，而追隨書記的群眾自然就是「保守派」。而無論「左派」與「右派」之分，還是「革命派」與「保守派」之分，都將單位原有的非政治性的內部矛盾高度政治化，變成一個吃掉一個的階級鬥爭、路線鬥爭。鬥爭的焦點，是哪一派掌握單位的領導權。這樣，在冠冕堂皇的革命口號下，實行的是權力的再分配。這關係着每一個人實際利益：掌權派就擁有一切，不掌權的就成為專政的對象。這樣的權力鬥爭就必然是你死我活，空前殘酷的。最終導致了單位內群眾和幹部的大分裂，大斷裂，把中國傳統的「窩裏鬥」推到了極致。

6.「個人有個人的活法」

當然，對造神與殺戮的全民性，也不能作絕對的理解，任何時候都會有不同於主流的個別的選擇。就像一位回憶者所說，「文革就是那個樣子，但個人也有個人的活法」。[46]

一位紅衛兵就談到他如何「走出瘋狂」成為「逃避文革的逍遙派」的。他首先承認，「文革可不是那麼容易拒絕的。那不是由於它的威力，而是它的誘惑力，文革真是壯麗迷人的呀」，當年的紅衛兵就是被革命的盛大節日所吸引，在偉大領袖的指揮下，進行革命的「聖戰」的。但他們很快就從中嗅到了血腥味。這位紅衛兵談到一次抄家，一個夥伴朝着房主(據說是一個資本家)一棒打去，「『啪』地打在嘴巴上，就看他一口血吐出來，跟着吐出許多牙來，這感覺非常可怕！我呆住了」，「完事離開時，我和那男人目光正好相碰，他張着那

46 《三個人的苦中作樂》，《一百個人的十年》，第 271 頁。

沒有牙的血嘴，像臉上一個血糊糊的洞；他的目光怔怔的，沒有內容，卻很專注，好像要記住我似的。我不由自主地刷地躲開這目光，如同犯了罪那樣，盡快逃離了這個家」。「我無法面對這些手無寸鐵的『革命對象』」，「從良心、從心靈中很深很深的地方感到我無法這樣做下去」，「這便不知不覺離開革命的『金光大道』，走向逍遙的一邊」。多年後回顧這段歷史，他還這樣對人說：「我為什麼當上逍遙派，說明白點兒，就是因為我心軟，害怕相互殘殺，害怕流血流淚。如果說我這麼做是經過多麼深刻的思考，那是騙您。在那個時代，沒有幾個人能夠獨立思考，能像今天這樣明白。何況那個時代還充滿了誘惑！只能說這是憑一種本性，也就是說文革逍遙派大多數是一些心地善良的人」。他們也因此獲得了寧靜和心安理得。[47]——這是有相當代表性的：文革中後期人們紛紛退出或遠離革命，成為逍遙派。而他談到退出的原因是「憑一種本性」，則既符合事實，更有一種深刻性：從根本說文革是違背人性的，因此，只要人的善良本性尚存，人們終會擺脫文革的誘惑，與之保持距離。這是發動者無法左右的。

另一位某市農科院的科研人員在整個文革過程中，都堅持「不做罪人，也不做紅人」的原則，「在夾縫裏求生存」，居然逃過了「整人，或被人整」的劫難。他的辦法是仗着自己出身好，沒有辮子，盡量躲到農村去試驗和推廣農民需要的除草劑，每回院裏叫去開會，就請公社或縣裏出面請假，他就在農村的政治保護傘下，「既躲過運動又幹了業務」。但他自己卻毫無幸運之感，反而自稱「沒有情節的人」，他說：「一個想為國家做事的知識分子，被迫琢磨出這樣一條路來有多可悲！我必須扭曲自己，必須裝傻，裝無能、裝糊塗，叫人看不上

47 《走出瘋狂》，《一百個人的十年》，第 380，382，385，388–389 頁。

我，對我沒興趣才行。天天打磨自己的性格棱角，恨不得把自己藏在自己的影子裏。沒情節，就是沒高潮，沒起伏，沒有任何變化。這樣的生活很乏味，很壓抑。有時覺得沒有自己，好像自己被一種強有力的東西消化了。事業成功了，自己卻消失了。這是一種很深刻的內心的苦味。但只有這樣，你才能把事情幹下去，否則就會被捲進去，成為政治的犧牲品」。——這位科技人員靠着中國傳統的「難得糊塗」的智慧，在夾縫裏求得生存，不僅成功避害還保持了自身的乾淨，也有一定代表性。但他對這樣做的代價的反思，對「很深刻的內心的苦味」的正視與揭示，或許更能給我們以震撼，更引發深思。[48]

另一位商店的店員這樣談到他在文革中「苦中作樂」的經歷和經驗：「文革時，人家說所有的人都是愈鬥愈瘦，唯有我愈鬥愈胖，精飽神足，滿面紅光。記得當時管牛棚的老K問我是用哪股子反動精神支撐着。我說我這是血壓高，血往上衝，臉色就紅，這叫迴光返照。他一聽，放心了」。「中國的事，一是別太認真，二是善於周旋，不能硬頂，硬碰硬，準吃虧。要像練太極拳那樣，硬來軟接，或者不接，一轉身，順手送走。毛主席不是還有十六個字嗎，叫作『敵進我退，敵退我追，敵駐我擾，敵疲我打』？我就是活學活用毛主席思想。你來硬的，我來軟的；你來明的，我來暗的；你窮追猛打，我蔫損找樂，不管勝負，我心裏舒服就行」。他舉了一個例子：關在牛棚時，「我當棚長。每天早晨召集那些『牛』開會時，我故意等着老K到場，突然『啪』地一拍桌子，大聲說，『今天，我們這一屋子混蛋王八蛋……』，這當然把老K也罵在裏邊了。一天，老K好像醒過點味兒來，瞪着眼問我，我離開裝得很冤枉地說：『您沒聽我說『我們這一屋子』嗎，『我們』是指牛鬼蛇

48 《沒有情節的人》，《一百個人的十年》，第349，352，354–355頁。

神，哪能是您呢！』老K沒詞了，從此天天乖乖地挨我一次罵。您說這好玩吧。可要不這麼找樂，只能犯愁、苦悶、掉淚、上吊自殺。我們棚裏死了一個小資本家，他心裏擱不住事兒，受不住了，打二樓窗戶腦袋朝下跳下來。我心想，你呀，傻瓜！人家不叫你活，你也不叫自己活？」[49]——捉弄老K的事，或許有點阿Q精神；但許多人確實是通過「苦中作樂」熬過了文革最殘酷、也最荒唐的歲月的。這也是一種「中國智慧」吧。

還有人在文革中給自己規定了兩條：「做奴隸，不做奴才」。前者是自己無可逃脫的命運，後者是自己的選擇。「做奴隸是被迫的。我剛被關進牛棚的時候，經常給弄到街上遊鬥。開始我很怕給熟人看見，怕難看，後來沒有這種擔心了。我就像奴隸時代的奴隸。奴隸的工作是兩種。一種是勞役，一種好比馬戲的猴子，供人玩耍。反抗是無效的，只有聽之任之」。「但我決不做奴才」，「決不會逢迎、諂媚、討好、告密、出賣別人。被屈辱不可恥，但奴才是可恥的」。[50]——「不做奴才」，這是一個人性的選擇，是堅守「人之為人」的底線。在文革中是對每個人的嚴峻考驗。當許多人在威逼與誘惑下都爭先為奴，並從中撈取利益的時候，做到不逢迎、不出賣，就特別難能可貴。

當然，也還有清醒的「旁觀者」。一位1957年的右派，談到他和從大學下來的右派朋友從文革一開始，就看透了一切，「絕不信那一套假馬列主義」，並給文革定了性：這是「希特勒式的法西斯犯罪」；同時也清楚自己無力阻擋，就採取「冷眼審視」的態度。一方面，「採用各種狡猾的方式周旋，檢討，裝孫子，逃避監督」，目的是保全自己，等待來日；另一

49 《三個人的苦中作樂》，《一百個人的十年》，第267，268頁。

50 《唯一沒有貼封條的嘴巴》，《一百個人的十年》，第67，68頁。

面，「不敢言而敢怒」，尋機反抗，「以信仰真理的堅強意志來維護花崗岩腦袋」。[51]

而且更有自覺無畏的思想的批判者與行動的反抗者。為此而獻身的，也大有人在。對這些文革中的「中國的脊樑和筋骨」，我們另有專門的討論。

7. **偉大的女性**

最後還要談談在文革中成為許多人度過磨難的精神支柱：那些偉大的女性。

本文多次引述的馮驥才的《一百個人的十年》，選擇《拾紙救夫》一文作首篇，自然是大有深意。文章說的是一位魯西南某縣公社小學的語文老師，在1965年社會主義教育運動中，被人揭發他在學生中講了一個「毛主席當年在湖南瀏陽被白軍追得趴在田間水溝藏身」的故事，對毛主席無限崇拜的革命群眾立刻斷定這是「赤裸裸污蔑毛主席」，就以「特大反革命案」將其逮捕入獄。這位老師辯解說，這是從書上看來的，但又說不出具體書名，這就更加上一個「故意編造」的罪名，在文革中被判八年徒刑。他老婆是個鄉下女人，剛結婚一年多，有六個月的身孕，聽說後，就到縣裏喊冤叫屈。縣領導說：「你去找，只要找到出處，我們就放人」。「鄉下女人心實，把這話揣在肚子裏，就四處找開了」。先到書店、圖書館找，找不到書，就拾印字的紙，從紙上找。「她不識字，拾到紙便請親友或小學生給她念，聽聽有沒有那故事」。「有人勸她：『你靠揀紙，哪能揀到那故事？你又不識字，天底下那麼多帶字的紙，你哪能都拾來？』可誰也說不動這女人，她依然天天提個破籃子在街上拾。只要發現一塊帶字的紙，就若獲至

51　中英傑：《右派送偽鄉長》，《那個年代中的我們》(上)，第77頁。

寶」。「孩子小時，她背着孩子拾；孩子大了，她帶着孩子拾」，「一年到頭，春夏秋冬，雨雪風寒，從沒有停止過一天。她整整拾了七八年紙。」「可是，在她爺們兒刑滿前半年的一天夜裏，灶膛裏的火，引着了她堆滿屋角的廢紙，着了大火。這女人和孩子活活燒死了」。直到文革結束，落實政策，在有關部門努力下，終於找到了解放軍出版社出版的《秋收起義和我軍初創時期》一書，其中收入了謝覺哉寫的《瀏陽遇險》。[52] 在真相大白以後，人們這才認識到這位「拾紙救夫」的農村女人的不易和價值：她雖不識字，但始終堅守兩個信念：自己的丈夫是清白的，真相總有澄清的一天。她以自己的堅定信念支撐自己，更支撐了她蒙冤受難的丈夫。在某種意義上，可以說，在文革這樣的災難面前，人們最需要的也就是這樣的信念的精神支撐。而提供支撐的，往往是女性：母親和妻子。他們看似柔弱，但卻具有堅韌的生命力量，在關鍵時刻就挺身而出。這是一種危難之中的偉大，平凡的偉大。

還有一篇孩子對母親的回憶，永遠難忘的是文革中母親的三次微笑。文革一開始，作為全省聞名的評劇演員，母親就被揪了出來，每天輪番批鬥。到了夜晚，我們都默默站在門前，驚恐不安地等待母親的歸來，而疲累不堪的母親一看見我們，那張被欺侮的臉瞬間恢復我們熟識的笑容，我們頓時就放下心來。1970年春節前，母親突然被勒令到三四百里的公社勞動改造。那個雪後的清晨，我們去火車站送別，母親依然露出「那朝陽一般的微笑」。半年後，我們父子三人趕去和母親、妹妹團聚。在村口見到母親那一身補丁的破工裝時，內心充滿了不可言狀的辛酸感覺，而母親依舊微笑。她的坦誠微笑也贏得全村農民的信任與尊重，我們全家人也在保留着善良天性的鄉親

52　《拾紙救夫》，《一百個人的十年》，第 10，11，12，14 頁。

這裏獲得了庇護。「母親的微笑就深深地印在了我那段痛苦的記憶中，這微笑是黑暗裏的一絲光亮，使年幼的我得到安慰和溫暖，這微笑伴隨我走過苦難，這微笑使我長大成人後能面對世間的一切困苦磨難」。[53]——「母親的微笑」是一個象徵，內蓄着愛與信念的堅韌的生命力量，邪惡可以猖狂於一時，最終勝利者還是母親的愛，人的本性。

第二部分　反思與反省：這是為什麼？

文革對許多中國人來說，都是一個既痛苦又難堪的記憶。在痛定思痛時，人們開始反思與自省。特別是最近幾年，提出了「我們懺悔」的命題，認為這是經歷文革這一代人的「政治責任」、「文化責任」和「歷史責任」。[54] 這是一個嚴峻的追問：文革的悲劇是怎麼發生的？在文革狂信與殺戮的背後深藏着怎樣的「中國問題」？我們每一個文革參與者的責任在哪裏？我們應該吸取哪些經驗教訓？這是一個長時期的歷史課題，我們今天的反思與反省僅是一個開始。根據現有的認識，我們將討論四個問題。

1. 教育問題

前文已經説到，紅衛兵這一代是「狼奶餵養的一代」。那麼，這是怎樣的「狼奶」？是如何「餵養」的？餵養的結果如何？這就必須談到文革前的教育問題。

讓我們回到歷史的現場。文革前，主要是1963–1966年間，

53　李霄明：《記我的母親夏青》，《那個年代中的我們》（上），第 64，61，62 頁。

54　《前言》，《我們懺悔》，第 7 頁。

在青少年中開展了五個方面的教育運動：學習毛主席著作運動，學習雷鋒運動，培養接班人的教育運動，學習國際共產主義運動論爭文件「九評」的教育運動，以及思想文化教育領域的階級鬥爭教育運動。這五大教育對這一代人的影響至深，至遠，怎麼估計也不為過。

如一位研究者所說，這些革命教育的中心是樹立「革命第一」的觀念，「把革命的價值看得高於一切，高於物質享受，高於文化、科學、藝術，高於人與人之間的美好關係，甚至高於生命本身」。[55] 為了「革命」，一切都可以犧牲：個人的利益，權利，以致生命；一切都可以越過、拋棄與不顧：人性、人情的底線，基本人倫關係；一切都可以毀壞：科學、文化、藝術、歷史文物；一切手段都可以採用，如一位歷史的當事人所說，「『神聖』地『為了……』而不擇手段，因為目的『高尚』，運動中的一切都具有天然不可置疑的道德正義性，包括視人視己如草芥的道德正義性」。[56] 很多人都說紅衛兵這一代人是「革命的理想主義者」，他們自己至今也還在堅持這一點，這似乎也有相當的道理。但是，卻很少有人追問：這是怎樣的「革命理想主義」？這種理想主義確實有「超出一己的私利」的獻身精神，因而顯得高尚而神聖；但它卻是以「革命至上」的觀念為指歸，就如論者所說，「這種理想主義並未帶來人民的福祉，科學藝術的創新，而是導致破壞與毀滅」。[57] 這樣的「革命至上理想主義」是直通文革的。

當然，關鍵還在這背後的「革命觀」。這一代人是通過學

55　徐友漁：《形形色色的造反：紅衛兵的精神素質的形成及演變》，第25頁。香港中文大學出版社，1999年。

56　吳琰：《病理切片一二三》，《我們懺悔》，第377頁。

57　徐友漁：《形形色色的造反：紅衛兵的精神素質的形成及演變》，第25頁。

習毛主席著作而接受了毛澤東的革命觀，並作為自己的行動指南的。在文革前及文革時期，有三條毛澤東語錄最為盛行，人人皆會背誦，可謂「深入人心」。

第一條，「革命不是請客吃飯，不是做文章，不是繪畫繡花，不能那樣雅致，那樣從容不迫，文質彬彬，那樣溫良恭儉讓。革命是暴動，是一個階級推翻一個階級的暴烈的行動」。這就把革命暴力化了。而且毛澤東更提倡群眾暴力，造反者無法無天的「痞子運動」：就是要「亂來」，「獨裁一切」，「站在一切人之上」，「動不動捉人戴高帽子遊鄉」，「小姐少奶奶的牙床上也可以踏上去滾一滾」，將一切敵人「打翻在地，再踏上一隻腳」。[58] 這樣的暴力革命觀不僅成為我們前文所討論的文革大殺戮的理論根據，而且深刻影響了這一代人的精神氣質，暴力崇拜之外，更有一種以粗鄙為榮、蠻橫自負的「痞子氣」。在文革中「痞子」成為「革命先鋒」是一個相當普遍的現象。一篇回憶文章就談到其所在單位的一個女雜役成了革委會副主任，「那兇殘，那野蠻，真是把中國的『貧下中農痞子』演示得十分充分」。[59] 在文革中後期的武鬥中更有流氓幫夥的參與。所謂「文化大革命」，「革命」就是暴力革命，「文化」則帶有濃重的痞子、流氓文化的色彩。[60] 這都在文革全民殺戮中有鮮明的表現。

作為文革前的革命教育重點，文革指導思想的毛澤東革命觀的第二個方面是：「誰是我們的敵人？誰是我們的朋友？這

58 毛澤東：《湖南農民運動考察報告》，《毛澤東選集》(一卷本) 第 17，16，14 頁。人民出版社，1964 年。

59 毛志成：《半生『牛蛇』史，一世恩仇錄》，《那個年代的我們》(上)，第 37 頁。

60 尤西林：《文革境況片斷》，《1966：我們那一代的記憶》，第 11–12 頁。

個問題是革命的首要問題」。[61]《毛澤東選集》第一篇《中國社會各階級分析》裏的這一段語錄，也同樣人人背誦，深入人心。由此形成的是「分清敵我」的觀念：人與人之間的關係被簡化為「不是朋友，就是敵人」的關係；一切矛盾、分歧，一切不同意見，不同利益與要求，都被視為敵我問題，必須用你死我活的階級鬥爭方式來解決。這同時也是一種「非敵即友，非革命即反革命，非紅即白」的二元對立的「敵對思維」，更要培養「仇恨至上」的「敵對感情」。這正是文革前的學習雷鋒運動的重心所在。什麼是「雷鋒精神」？核心就是「愛恨分明的階級立場與感情」。人人耳熟能詳的雷鋒語錄就是：「對待同志要春風般溫暖，對待敵人要像嚴冬一樣殘酷無情」，「共產黨號召我鬧革命，奪過鞭子揍敵人！奪過鞭子，奪過鞭子，揍敵人！」一位紅衛兵後來回憶說，雷鋒的這些話語，「是滲透我的靈魂中的」，文革中他就是像雷鋒那樣，響應共產黨的革命號召，把鞭子「殘酷無情」地抽向黨指向的「敵人」的。[62]

深入人心的，還有毛澤東的另一個革命號召：「我們的人眼睛不亮，不善於辨別好人與壞人。我們善於辨別正常情況之下從事活動的好人和壞人，但是我們不善於辨別在特殊情況下從事活動的人們」，要警惕「偽裝出現的反革命分子」，「切不可書生氣十足，把複雜的階級鬥爭看得太簡單了」。[63] 提高革命警惕性也是文革前的革命教育的重心，由此形成的是論者所說的「階級鬥爭迷信」即「把任何情況都當成階級鬥爭的表

61　毛澤東：《中國社會各階級分析》，《毛澤東選集》，第 3 頁。

62　張雁冰：《我在文革中的那些事》，《我們懺悔》，第 99 頁。

63　毛澤東：《〈關於胡風反革命集團的材料〉的序言和按語》，《毛澤東選集》第 5 卷，第 161，154 頁。

現」，而且用階級鬥爭的方式來解決；這更是一種「以階級鬥爭為出發點分析一切問題的思維模式」以及「階級鬥爭的想像力」，到處尋找與發現「在特殊情況下從事活動」的「壞人」，「偽裝出現的反革命分子」。[64] 文革前的思想、文化、教育領域階級鬥爭教育以及文革本身，在某種意義上，都可以看作是尋找與製造隱藏的階級敵人，憑藉想像進行你死我活的階級鬥爭、路線鬥爭的群眾政治實踐。一位當年景山學校的學生，在參加了據說是宣揚「資產階級人性論」的「反動電影」《二月》的批判，接受了階級鬥爭教育以後，日記裏這樣寫道：「我們太容易被表面現象所迷惑。看來，資產階級思想無時無刻不在腐蝕我們。我過去崇拜的老師竟然受資產階級影響給我們全面傳授這麼多的資產階級的東西。階級鬥爭就在我們身邊，無時無刻不在激烈地進行！」[65] 在這樣的引導下，許多學生都把自己想像成身處階級鬥爭第一線的戰士，當文革發生時，黨和毛主席宣佈，他們崇拜的老師和校長，都是「隱藏很深的階級敵人」，這些學生「像嚴冬一樣殘酷無情」地把鞭子抽向老師與校長，就幾乎是理所當然的了。

學習雷鋒運動的另一個重點，是「讀毛主席的書，聽毛主席的話，照毛主席指示辦事，做毛主席好戰士」。文革前就開始流行的革命歌曲《大海航行靠舵手》就是這樣唱的：「幹革命靠的是毛澤東思想」，這樣就把革命崇拜與領袖崇拜統一了起來，革命至上最後落實為領袖個人意志至上，「理解的要執行，不理解的也要執行」，由此造成的是一種盲從與馴服的人格。這樣的「忠誠」與前面已有討論的「反叛，仇恨」的結

64 徐友漁：《形形色色的造反：紅衛兵精神素質的形成及演變》，第 40，41 頁。

65 轉引自吳琰：《病理切片一二三》，《我們懺悔》，第 372 頁。

合，就構成了紅衛兵，特別是老紅衛兵的基本精神素質，也是紅衛兵暴行的內在精神元素。[66]

對紅衛兵，特別是老紅衛兵影響深遠的，還有「培養革命接班人」的教育。1964年6月毛澤東作了《培養無產階級的革命接班人》的講話，由此而開始了接班人教育。據說這「是老一代無產階級革命家所開創的馬克思列寧主義的革命事業是否後繼有人的問題，是將來我們黨和國家的領導權能不能繼續掌握在無產階級革命家手中的問題，我們的子孫後代能不能沿着馬克思列寧主義的正確道路繼續前進的問題」。[67] 其實質與要害是一個權力掌握在誰的手裏，第一代打下的紅色江山是否能夠千秋萬代傳下去的問題。這就為正在成長中的年輕一代提出了一個「掌握黨和國家領導權」的政治目標。研究者指出，其直接後果有三個方面。

「第一，大大地把學生導向政治，大多數學生原先以當科學家為目標，現在，他們轉而認為當接班人是最光榮的事」。關心國家大事，關心國家未來的發展道路與前途，成為這一代人最重要的精神特質，甚至成為一種思維習慣。同時喚起的是對國家、民族、黨的事業的歷史責任感。「天下者我們的天下，國家者我們的國家，我們不幹誰幹？」青年毛澤東的豪言壯語因此成為許多青年學生的座右銘。他們中的有些人就更自覺地以從事政治活動，成為政治家為自己的人生目標和理想。這些人後來都理所當然地成了文革的骨幹。第二，「加強了只看家庭出身的血統論傾向。因為不管使用了多少馬克思主義的辭藻，『接班人』這個概念和封建時代的權力繼承畢竟有相通

66 陳凱歌：《我是群氓中的一分子》，《懺悔還是不懺悔》，第262頁。

67 人民日報編輯部、紅旗雜誌編輯部：《關於赫魯曉夫的假共產主義及其在世界歷史上的教訓》，1964年7月14日《人民日報》。

之處，即『父權子承』」。事實上，對接班人問題反應最為強烈的也是革命幹部的後代，即紅二代。血統論就是他們天然接班的理論依據。本來在1957年反右運動之後，黨就在學校裏提出了「階級路線」的問題，1964年提出接班人問題，階級路線問題就變得更加突出與迫切，學生也因為家庭出身不同而發生了急劇分化。後來幹部子弟，特別是高幹子弟成為紅衛兵運動的發起者和主要骨幹，絕不是偶然的。在文革初期發生的血統論論爭，由此引發的相互殘殺，都預伏在這一時期圍繞接班人問題發生的思想動盪之中。「第三，引發或加強了學生中的權力意識和競爭傾向」。[68] 這或許是許多人參與文革的潛在的動因，也是文革殘殺的內在根源：我們已經說過，文革從根本上說，是一次權力再爭奪、再分配。開始或許並不自覺，隨着陷入愈深就愈成為一個有意識的追求與努力。

1963年9月至1964年7月，中共中央以《人民日報》、《紅旗》雜誌編輯部的名義，連續發表九篇評論文章，把國際共產主義運動中的中蘇論戰推向高潮，時稱「九評」，其對中國青年一代的影響也不可忽視。這是當時政治生活的第一等大事，前一天晚上預告第二天有重要文章發表，大家就在早上七點半守在收音機旁，或在公共場合的大喇叭下，聽中央電台當時家喻戶曉的播音員夏青和齊越，用他們特別有磁性的男中音朗讀評論文章；他們讀得深情並茂，聽眾也完全被文章的邏輯力量和語言魅力所征服。這樣的影響也有三個方面。其一，是使這一代人的政治關懷由國內擴展到世界。其意義也有兩個方面。它首先是被黨的意識形態所控制，陷入「全世界人民都生活在水深火熱之中，等待作為『世界革命中心』的中國去拯救」的主觀想像之中，是典型的做不完的「中國夢」。有些紅衛兵就

68 徐友漁：《形形色色的造反：紅衛兵的精神素質及演變》，第 31 頁。

是帶着「解放全人類」的幻想投入文革的，有的還獻出了生命。另一方面，其潛在的命題：中國是世界的一部分，中國的問題要與世界問題聯繫起來思考，對這一代思想與思維的影響也有積極的意義。文革後期的民間思想村落探討「中國向何處去」時，同時提出的就是「世界向何處去」的命題。其二，由此引發的，是這一代人中的許多人濃厚的理論興趣。特別是在最初的革命狂潮過去以後，他們「力圖在官方宣傳機器之外，獨立地闡述自己對於文革的理解」。[69] 有意思的是，他們的思考，從「九評」所提出的「社會主義國家變質」的問題開始，但得出了與「九評」代表的主流意識形態完全不同的結論，形成了文革民間思想。其三，對這一代人影響更大的，是「九評」所顯示與代表的思維方式與話語方式。我曾經把這樣的「九評」文體特點概括為「以真理、人民的代表自居」、「高屋建瓴，以勢取勝」、「華麗語言」與「調侃」、「流氓腔」的結合。[70] 文革中的紅衛兵與造反派都競相模仿這樣的對讀者、聽眾極具情感的煽動力與心理控制力的語言，形成了文革「大批判風」。

以上分析表明，經過文革前的五大教育運動，已經在中國青少年中，培育出了一整套以「主義至上」、「革命至上」為中心的觀念，素質，思維，心理，情感，語言，能力。當年的參與者在反省中，將其概括為「卡里斯瑪人格崇拜」，「敵對思維」，「暴力崇拜」，反啟蒙(人道、人性)的「仇恨情感」，「非此即彼的極端邏輯」、「二元思維」，以及「英雄話語」，「宏大話語的敘事習慣」，這同時也是能力的培

69　徐友漁：《形形色色的造反：紅衛兵的精神素質及演變》，第 110 頁。

70　錢理群：《毛澤東時代和後毛澤東時代；歷史的另一種書寫》(上)，第 407 頁。

養，「仇恨的能力、極端思維的能力、把任何小事泛化到政治意識形態上來的能力，『攻擊一點不及其餘』的批判能力」，等等。這些浸滿了「狼汁」的觀念、素質、思維、心理、情感、語言、能力教育與培養，都是在為文革作準備，在文革前「只是酵母」，「在文革中能量的爆發則膨脹得無邊無涯」，最後形成了「文革觀念、素質、思維、心理、情感、語言和能力」，造成一代人、幾代人，以致國家「精神疾病」，前文所描述的文革全民狂熱與殘暴，就是這樣的精神病狀的反映，是狼汁餵養的結果。而當年向孩子餵狼奶的老師、家長，到文革中就被餵大的狼孩活生生的吃了：這是最大的歷史嘲諷與悲劇。反思、反省者最後說，這都是在那個年代，我們自己和民族曾經有過的「心的選擇，何違之有？」而「真正的枷鎖在自己內心」。幾十年過去了，文革當年遺留的心的毒瘤我們真的割捨了嗎？[71]

2. 體制問題

文革的悲劇、慘劇，只有在我們這樣的在文革中發展到極端的高度極權國家體制下，才可能發生。在文革造神運動和全民殺戮背後，都有看得見、看不見的黨和國家不受監督與限制的權力之手的操縱。本文一開始就說，文革是「領袖主導，全黨響應，人民席捲而上」三者結合的產物，其中「領袖主導，全黨回應」就是體制的作用，而且是佔支配性地位的。而前文討論的「教育問題」，也是國家行為。

這裏需要特別指出的是，文革中的大屠戮，也主要是「中共的國家機器行為」。如研究者所說，「『暴民政治』只不過

---

71 吳琰：《病理切片一二三》，《我們懺悔》，第 371，373，375，377 頁。

是國家機器行為的一個結果和延伸」。[72] 文革一開始，公安部長就下令，公安部門不要出面制止紅衛兵的違法行為，「我們過去的許多規定都不適用了」，公安幹警要為紅衛兵抄家「當參謀，提供黑五類的情報」。也就是說，文革造反中出現的暴力行為，都是在國家保護、鼓勵，甚至唆使下發生的。1966年北京大興縣屠殺四類分子(地富反壞)及其子女，1967年的「二月大鎮壓」、「七月大鎮壓」，1968年「夏季大鎮壓」，「清理階級隊伍」，1970年「一打三反(打擊反革命分子、反對貪污浪費、反對投機倒把、反對鋪張浪費)運動」等等，無一不是對群眾的鎮壓和屠殺，都是國家機器、軍隊和政府的行為。如果把文革中的屠殺與死亡完全歸之於紅衛兵、造反派的「暴民」行為，就會對國家體制的罪責，形成有意無意的遮蔽與開脱。因此，我們對「全民殺戮」的反思、反省，以致懺悔，都應該是有限度的。如果將其推到極端，變成「人人都是罪人」，就有可能讓應對文革罪惡負責的「真正魁首」逃脱正義的審判。特別是文革的真相並沒有徹底揭開，應該對這段歷史負責的利益集團連基本的事實都予以否認的情況下，我們應該堅持「先有真相，再有懺悔，然後就有了真正的原諒、寬恕與和解」，[73] 我們的批判鋒芒應該首先指向極權體制：每一個文革的參與者自然有自己的責任，但這樣的參與是極權體制引導與強迫所致，我們對自己責任的清理，也是在更深層面上揭示體制的罪惡。[74]

本文一開始，還談到文革中「媒體起到呼風喚雨推波助瀾

72 宋永毅：《中共的國家機器行為》，收宋永毅主編：《文革大屠殺》，第16–17，19-20，24–25頁，香港開放雜誌社，2002年。

73 秦暉：《特別前言》，《我們懺悔》，第33頁。

74 參看錢理群：《特別前言》，《我們懺悔》，第20–21頁。

的作用」，這涉及文革時期極權體制的一個重要特點，值得一說。中國的極權體制，在不同時期和階段，是有不同特點的。文革的特點就是領袖獨裁與群眾專政的結合。特別是在文革初期，毛澤東為了打破既定秩序，不惜將各級黨組織掃蕩以盡，以越過專制體系的中間環節，直接發動群眾，對他認定的革命對象(主要是「走資本主義道路的當權派」和「資產階級反動權威」，以及社會上的地主、富農、反革命分子、壞分子和右派)實行專政。而毛澤東和群眾之間，又是靠媒體來連接的。毛澤東每有重要的戰略部署和號召，都首先發表在媒體上，即當時所說的「兩報(《人民日報》和《解放軍報》)一刊(《紅旗》雜誌)」上。每一個文革的親歷者，都會有這樣的記憶：報刊上一發表最新的「最高指示」，各派群眾立刻上街遊行歡呼，表示「擁護」，並立即變成行動。這樣的「登高一呼，一呼百應」是最能顯示文革專政的特點的。以「兩報一刊」為代表的媒體，就不僅是傳達資訊，而且在一定程度上起到了組織者的作用。各地方的記者站還擔負了收集情報，上通下達的重任，成了有力的專政工具。在許多人的心目中，文革中的黨報就是代表黨，是「毛主席的聲音」。一位當年的紅衛兵回憶說：「我與當時的人們一樣特別相信報紙和書，認為凡被鉛字印在紙上的就一定是對的」。[75] 而另一位知青則反省說，他在文革中就是「順着報刊的指引」，一路打打殺殺，今天指向這一撥敵人，明天又轉向另一撥「與老敵人相反的新敵人」。[76] 文革期間，媒體在黨和國家極權體系裏所發揮的特殊作用，是一個很值得研究的大題目。

有研究者對這樣的極權體系所建立的具體制度，作了更詳

75 張雁冰:《我在文革中的那些事》,《我們懺悔》,第 101 頁。

76 劉齊：《見血及其他》,《我們懺悔》,第 355 頁。

細的分析，談到了三個方面的「制度建設」。其一，「製造一個以『地、富、反、壞、右』為主體的『階級敵人』隊伍，和以他們的子女為成員的『不可信任者』隊伍，在中國社會中形成一個以階級鬥爭學說為基礎的種姓制度。與印度的種姓制度不同，統治者不斷在統治集團內部和一般群眾之中清洗出一些人落入賤民隊伍，又在賤民中樹立一兩個『棄暗投明』、『脱胎換骨』，為官方所器重的典型，使所有賤民懷着上升的希望。這種做法極為聰明與有效，它使大多數人謹小慎微、馴順服從，生怕『犯政治錯誤』而貽誤終生前途。同時又使被壓制者一心企求救贖而不至反抗」。其二，「製造出一個以政治監視為職業的政工隊伍和一批平時專打小報告，政治運動一來就興風作浪、羅織罪名、落井下石的政治打手」，這兩部分人就構成了所謂「積極分子(左派)隊伍」，成為體制的依靠力量。「在這種制度下，告密不僅不是可恥的事，反而成了一種美德，成了『爭取進步』的必要條件。判斷一個人的政治立場的關鍵是看其是否『靠攏組織』，這指的是勤於彙報自己及他人的思想和行為」。黨在每一個基層單位(學校班級，工廠車間，軍營連隊)都把群眾分為左派，中間派和右派。一頭(左派)是馴服工具，也是政治打手；一頭(右派)是遭受迫害的「階級敵人」；一般群眾(中間派)就戰戰兢兢生活在政治夾縫裏。三派都處於黨的絕對控制中。其三，「控制人的最基本的手段是檔案制度。城市裏的每一個人從中學時代起就有一個檔案。裏面詳細記載了家庭出身、社會關係、本人政治表現，以及政治運動中的結論。還有別人的告密材料。人們永遠不知道檔案裏關於自己説了些什麼，它像一個陰影終生追隨你，又像達摩克利劍懸在你頭上，當你和領導發生矛盾要挨整時，當一場政治運動來臨決定你要成為靶子時，檔案中的材料就被拋出來，成為置你於死地的利器」。[77]——以上具體制度是落實到基層的，而且涉及每一個人的利益，因此，在文革初期就成為人們造反的直接對象，燒檔案，揭發告密者，衝擊以家庭出身決定人的命運的「階級路線」，都被認為是一種「革命行動」。也同時引發了各單位內部的激烈鬥爭，前文談到的各派之間相互殘殺的「內戰」都與不同人群對這些制度的不同態度(背後又有不同利益需求)直接相關。而在文革中、後期恢復與重建秩序時，這些在文革初期受到衝擊的制度，又以新的形式建立起來，至今也還在發揮作用。

3. 人性問題

《一百個人的十年》一書的作者馮驥才在廣泛收集、記錄了文革中普通人的經歷，以及讓他戰慄的「靈魂的虐殺」，追問這一切是怎麼發生時，有一個分析：「推動文革悲劇的，不僅是遙遠的歷史文化和直接的社會政治的原因。人性的弱點，妒忌、怯弱、自私、虛榮，乃至人性的優點，勇敢、忠實、虔誠，全部被調動起來，成為可怕的動力」。[78] 在他看來，「人性的兩極都被利用，是中國人的最大悲哀」。[79]——這是一個深刻、重要的概括。

我們在前文引述過的《我最好的朋友落難時，我只是一個看客……》一文的作者，談到當朋友被揪鬥，「我當時是想要向前，卻猶豫而止步」，原因在「我害怕」：我父親是「反動學術權威」，正關在牛棚裏，「我一心努力想擠進那個『革命

77 徐友漁：《形形色色的造反：紅衛兵精神素質的形成及演變》，第 152–153 頁。

78 馮驥才：《前記》，《一百個人的十年》，第 1，3 頁。

79 馮驥才；《終結文革》，《一百個人的十年》，第 7 頁。

隊伍』中，擺脱作為一個『異己』的恐懼，只有在革命隊伍這個群體中，你才不會孤立，你才可以在那轟轟烈烈的革命行動中成為主體一員，你的恐懼才能消散。比如說，你鞭打別人你就不恐懼，而你若無權鞭打，你就隨時有被打的惶恐」。這裏揭示的是一個「只有參與或容忍打人，才能免除被打的恐懼」的無情事實與邏輯，而「恐懼是超乎一切的，強大的。在恐懼面前，理性思考、正義、人格、親情友愛——都可能遲疑、止步。就如猶太集中營裏看着別人受死無動於衷甚甘為幫手是一樣的生存恐懼下的自保」。這「生存恐懼下的自保」應該是人的本能與本性，現在卻被無情地利用來威逼人們服從強暴，並參與其中，成為幫手。「我們曾經以為有些東西是高於生命的，而這些東西很容易就被我們背叛了」，「其深層和基本原因只能是恐懼——人類共有的與生俱來的恐懼。因為恐懼，不惜躋身劊子手的行列！」[80] 可以說，整個文革狂熱、狂暴，以致整個國家的強權統治都是建立在人們的恐懼上的。如一位懺悔者所說，是「思想層面的盲從迷信和心理層面的恐懼害怕相輔相成，匯成一個巨大的衝擊波」，「裹挾了億萬民眾，也包括幾乎所有的革命幹部和知識分子」，共同完成了文革的造神與殺戮。[81]

另一位知青在自省時則說：「趨利避害是我的天性」，[82] 這大概也是人的本能與本性。「避害」當然是出於恐懼，而「趨利」大概是出於私心。儘管文革大批「私字一閃亮」，其實許多人參與文革，都有自己的個人目的，即利益的驅動。一位當

80 丁珊：《我的朋友落難時，我只是看客……》，《我們懺悔》，第 340 頁。

81 盧曉蓉：《我的懺悔——從人到『驢』的自白》，《我們懺悔》，第 258 頁。

82 張華：《趨利避害是我的天性，鬥爭觀念深入我心》，《我們懺悔》，第 273 頁。

年的紅衛兵在談到自己「告發」同學的動因，其實只有一句話：「那時候我想入團想瘋了」。[83] 而另一位知青則說：「那時的我，想得最多的是如何在文革中成為骨幹分子，猶如以往一貫的我，總想擔任主角。雖然『狗崽子』的陰影約束着我的激情，但是只要有可能表現自己的革命性，我會義無反顧」。[84] 還有一位反省者更是坦言，自己違心參與批鬥，是考慮到自己的「政治前途」。在那個時代，批鬥會上「發言不發言，發什麼內容的言，都在表現自己的政治立場」，立場錯了，就會關係到能否入黨、入團這樣的「政治前途」，更會影響畢業分配、工作安排等等實際的利益。[85] 如論者所說，極權統治的力量正是在於它對政治、經濟、物質資源的全面壟斷，對人們的生存資源的控制。也就是說，極權統治的意識形態是與人們的基本生存聯繫在一起的：服從，就一切(政治，經濟，物質)都有前途；不服從，就一切都沒有，就會失去基本的物質生存條件，以致生命。[86] 在文革中，就是利用人的「趨利避害」的本能與本性，把對政治、經濟、物質資源的壟斷、控制作用發揮到極致：一方面，用對不馴服者的生存資源的剝奪，來震懾人心；另一面，又用政治、經濟利益的誘惑，引發人們慾望的無限膨脹，以此收買人心，達到對人的嚴密控制。同時，又將這樣的慾望，用「革命」的神聖光彩包裹起來，即用革命的名義來謀取私利，滿足慾望。而如一位知青在懺悔中所說，「以革命的名義，我就有理由指定敵人；以革命的名義，我就有理由

83　老鬼：《我告發了同學宋爾仁》，《我們懺悔》，第 345 頁。

84　李斌：《一個「狗崽子」的迷惘》，《我們懺悔》，第 238 頁。

85　趙遐秋：《跟風整人的懊悔》，《我們懺悔》，第 49 頁。

86　陶東風：《盲從與利益考量——讀〈我們懺悔〉》，載《炎黃春秋》2015 年第 10 期。

對人施暴」。[87] 可以說，正是這樣的「革命名義」下的人的慾望(政治、經濟的實際利益，甚至性欲，其核心是權力慾望)不加節制的無限膨脹，導致了文革慘無人道的種種暴行。

我曾經說過，人的本性是有善有惡的，健全的社會總能夠揚善抑惡，而社會一旦出了問題，就會揚惡抑善。文革正是這樣一個揚惡抑善的時代；而文革所張揚的是人的獸性(嗜殺性)，所壓抑的是人的神性(敬畏生命)。一位北師大女附中的學生在反思「女學生打死女校長」事件時說：「在那一刻，她們不僅失去了女性的溫存善良，也失去了起碼的人性」。這是為什麼？「如今我們都已經人到中年，做了人妻人母。我們用成熟的眼光審視自己，看見了我們人性中那些醜陋的東西——私慾和野心，過分張揚的個性，強烈的表現欲，女人的虛榮心和病態的虐待狂心理，這是我們生命的毒素」。[88] 當時只有14歲的一位山東的高一學生也反省說：「惡作劇本是頑童的特徵，但欺負不能還手的弱者，體現的是人性之惡」，他在文革中就是對那些被批鬥者任性「捉弄」而「樂不可支」，被激發出的是心靈冷酷的一面。[89] 另一位反省者則說：「童年和少年，是人類最接近野獸的年齡。所以也是無知而殘暴的年齡」，而自己這一代，「這樣的人生初年，我們除了原始本性外，就只剩下被徹底洗腦後的偏執和簡單執著」。[90] 這裏揭示的，是文革青少年施暴的重要原因：這是「原始本性」與「洗腦教育」雙重作用的結果。而「洗腦教育」的實質，就是將青少年的原始本性中的愚蠢與殘暴，引向階級鬥爭的軌道，利用孩子之手，

---

87 王克明：《我打穀志有》，《我們懺悔》，第181頁。

88 馮敬蘭：《記憶的瘡疤》，《那個年代中的我們》(下)，第475頁。

89 劉伯勤：《我的文革經歷》，《我們懺悔》，第127頁。

90 高宜：《最黑暗的夜晚》，《我們懺悔》，第54頁。

殘害自己認定的「敵人」，那些被橫加「和黨爭奪下一代」罪名的校長和老師。這本身就是殘酷和卑劣的。

人們還注意到，文革中的暴行大都是集體的，如一位當年的紅衛兵所説，這是「群體之惡」：「在群體的名義下做壞事，士兵能濫殺無辜，工人能夠盜賣產品，農民能夠哄搶山林，學生能夠打罵老師……。因為是群體行為，大家都幹了，個體在群體中扮演的只是追隨者的角色，誰也不用負具體的責任。所以，在個人的心靈上也很少留下愧疚、痛苦的負面的痕跡」，事情過去，「群體中所有的參與者都盡快地把這件不愉快的事情『忘記』了」。[91]

更加觸目驚心的，是對人性善的方面的利用。《一百個人的十年》裏，有兩篇是老紅衛兵和工人造反派頭頭的自述，他們都強調「最初起來造反的都是受壓的人」，有足夠的正義性，「我們當時不是懷着卑鄙的目的參加的，當時正經八百當革命來對待的」，「以一種虔誠的心，跟着領袖去」打一場「聖戰」，自有一種神聖感。年輕一代更把自己全部青春的激情，對未來的美好想像，都投入其中。但最終卻發現落入了「不停止的翻來覆去，你上我下，你死我活」的「權力戰」中，而且退不下來。這就有了上當受騙的感覺，突然發現整個文革就是個陰謀，一個個具體的「小陰謀」外，還「套着一個很大的陰謀」，但「又不肯信：如果真是個陰謀，咱不就真的成了犧牲品？」[92] 這正是論者所説的，「世上最大的悲劇，莫過於聖徒受騙」。[93] 於是，就有了無比沉重的總結：「我們曾

---

91 胡健：《艱難懺悔》，《我們懺悔》，第140–141頁。

92 《我不願意承認是犧牲品》，《一個老紅衛兵的自白》，《一百個人的十年》，第359，247頁。第364，379頁。

93 馮驥才：為《一個老紅衛兵的自白》寫的「點評」。《一百個人的十年》，第260頁。

以童貞般的信念，赴艱蹈苦。追求過英雄主義的無英雄、生命價值的無價值、為真理而鬥爭的無真理。」[94]

4. **國民性問題**

馮驥才先生對文革還有一個總結：「文革是我們政治、文化、民族痼疾的總爆發」。[95] 痛定思痛，就不能不引發民族的自我反省，尤其是對國民性問題的深刻反思。

首先提到的是：「文革鬧劇並非如導演所言『首創』，不過只是重演和強化了歷史上有過的鬧劇。王莽、宇文邕、武則天、洪秀全們，都曾自導自演過內容與形式極其相似的鬧劇。迷信、告密、效忠、內訌、動亂、盲從，似與文革同台演出。甚至連宇文邕(北周皇帝)公開強迫和尚與尼姑性交的荒唐，都堪與文革中有過的勒令和尚與尼姑結婚媲美」，「歷史鬧劇自上而下，文革鬧劇自下而上；無不由農民的非理性理想主義作基礎」。[96] 前文提到的「文革進行了兩千年」的命題，[97] 說的也是這個意思。

談到中國國民性的弱點，人們都不約而同地提到中國人的「奴性」，並且有這樣的闡述：「自秦漢始，我們民族馴服於殘酷的封建專制政體兩千餘年。究其實質，這個封建專制政體，竟是從未脫離過奴隸制的封建專制政體。於是，奴化歷史，奴隸風俗，奴性教育，奴科學派深入普及，時代相傳，演成了根性。於是，『中國人從來沒有經歷過做人的時代，只有『做穩奴隸』的時代和『奴隸也做不得』的時代」。「扣頭、

94　岳建一：《重鑄民族靈魂》，《那個年代中的我們》（下），第 845 頁。
95　馮驥才：《前記》，《一百個人的十年》，第 3 頁。
96　岳建一：《重塑民族靈魂》，《那個年代中的我們》（下），第 847 頁。
97　《文革進行了兩千年》，《一百個人的十年》，第 315 頁。

請安、匍匐、唱諾、懇恩⋯⋯竟然數千年行之大廷，視同典禮，奉成金科玉律。種種荒誕不經、光怪陸離的愚忠行徑，也一代代尊為萬民效仿的高風亮節。滿朝皆是奴顏婢膝之官吏，舉國盡為因襲苟安之順民。在官場，必言：『大人栽培』；在民間，常曰：『小的不敢』。強權者一聲令下，無不卑躬折骨以赴之。此乃國風千古」。[98] 這樣的千古國風，在文革中，更吹遍華夏，但都打着革命的旗號：「扣頭、請安」變成「早請示，晚彙報」；「奴顏婢膝的官吏」被稱作「緊跟黨和毛主席的革命好幹部」；「因襲苟安之順民」被譽為「無限忠於黨和毛主席的革命戰士」；「大人栽培」變成「黨和毛主席的關懷、培養」；「小的不敢」變成「理解的要執行，不理解的也要執行」；「荒誕不經、光怪陸離的愚忠行徑」一律視為「革命覺悟高」的表現，等等。重要的是，由此形成的「集體無意識」：「永遠做馴服工具，永遠和政治權威，和欽定教條保持一致」，就永遠「安全」、「穩定」，坐穩了奴隸，於是「天下太平，江山永固」：[99] 這就是千百年來中國人一直心嚮往之的「太平盛世」。現在，它經過革命的包裝，成為文革所要建立的革命新秩序的實際內容，以後又經過「現代化」包裝，成為現代「中國夢」，或曰：中國式的「現代化」目標。不管如何包裝，建立「奴化中國」以實現統治的穩定的實質是不變的，文革就是建立這樣的「奴化」秩序的重要階段，其內在邏輯是一直延續下來的。

「中國從無宗教立國，而是以人代神」，[100] 這大概是中國社會的一大特點，也是中國國民性形成的重要背景。因此，

98　岳建一：《重塑民族靈魂》，《那個年代中的我們》（下），第 848 頁。

99　沙葉新：《「檢討」文化》，《懺悔還是不懺悔》，第 62 頁。

100　岳建一：《重塑民族靈魂》，《那個時代中的我們》（下），第 847 頁。

文革中所要建立的「新宗教」，是落實到人身上，成為「個人崇拜」。中國的奴性最重要的表現就是對人(從本單位的領導到最高領袖毛澤東)的依附。文革中的個人獨裁實際上是超過中國歷史上的任何帝王的，因為在儒家傳統裏，皇帝之上還有「道」，所有的「忠臣」首先是忠於「道」，因此「忠臣諷諫」的事屢有發生，皇帝也必須「納諫」。但在中國的現代極權體制，是集道統與政統於一身、政治權威統治、精神權威統治與道德權威統治於一身的「政教合一」的國家、社會、思想體系，在文革中更是發展到了極端。因此，在文革期間，人人都要寫檢討、認罪書，而毛澤東是從不像歷代帝王那樣寫「罪己詔」的。[101] 這樣的「政教合一」的體制，是要求「奴性入心」的，不僅在政治上絕對順從，而且要在思想、精神上，發自內心的馴服。這或許是更令人恐懼的。

不僅沒有宗教信仰，中國人根本就沒有真正的信仰。魯迅說，「中國的一些人，至少是上等人」，「對於神，宗教，傳統的權威」，是既不「信」，也不「從」，而只是「怕」和「利用」，「只看他們的善於變化，毫無特操，是什麼也不信從的，但總要擺出和內心兩樣的架子來」：「雖然這麼想，卻是那麼說，在後台這麼做，到前台都那麼做」。因此，魯迅把中國人(特別是「上等中國人」)稱為「作戲的虛無黨」。[102] 魯迅這裏所說，都點到了中國國民性的要害：其一，中國沒有真正的信仰，只有「怕」和「利用」。以此看文革時的毛澤東崇拜，表面上看似乎一切都絕對「信從」，而且十分「虔誠」；但就如前文所分析，實際是出於「畏懼」，更是一面造神，一

101　參看沙葉新：《「檢討」文化》，《懺悔還是不懺悔》，第 65–67 頁。

102　魯迅：《馬上支日記》，《華蓋集續編》，《魯迅全集》第 3 卷，第 346 頁。人民文學出版社，2005 年。

面把神當招牌，利用神。中國文化裏，真正起作用的是實用主義，還有魯迅這裏說的虛無主義。毛澤東的文革「新宗教運動」最後失敗，原因就在這裏。中國國民，包括中國知識分子的「善於變化，毫無特操」，在文革中是表現得淋漓盡致的，證實了魯迅的判斷，「中國一向就少有失敗的英雄，少有韌性的反抗，少有單身鏖戰的武人，少有敢撫哭叛徒的吊客；見勝兆則紛紛聚集，見敗兆則紛紛逃亡」。[103] 對照文革期間人們(包括我們自己)的表現，能不感到羞愧嗎？

其二，中國人最善於做戲。文革的種種效忠活動，包括前文所描述的學語錄，唱忠字歌，跳忠字舞，早請示，晚彙報，等等，開始或許還有點真誠，是一種「愚忠」；到後來，就越裏越成為一種做戲了。這樣的「遊戲人生」的態度，就造成了許多中國人的表裏不一，口是心非、偽善等人格缺陷，以及誰也不相信誰，缺乏基本信任，不惜以惡推測人的人際關係的惡化。這在文革中是得到惡性發展的，文革本身就是一場大遊戲，大騙局。

魯迅還說，中國是一個「文字的遊戲國」[104]，中國的漢字可以說是世界最具有靈活性的文字，同一件事情，換一種說法，就完全是另一個意思。比如說，「濫殺無辜」說成是「鎮壓反革命」；「告密」說成是「向組織彙報」；「揭發父母」說成是「劃清界限」，就都合理合法了。文革學習會上的發言，大批判文章，充斥着大話，空話，假話，套話，其實都是在玩文字遊戲。而且講者、寫者，聽者、看者，個個心裏都明白這是在演戲，但卻要一本正經地演下去，說破了，就是破壞「遊戲規則」，反而會成為「公敵」。最令人髮指的，是用革

103　魯迅：《這個與那個》，《華蓋集》，《魯迅全集》第 3 卷，第 152–153 頁。
104　魯迅：《逃名》，《且介亭雜文二集》，《魯迅全集》第 6 卷，第 409 頁。

命的言詞掩蓋殺戮的血腥，像魯迅說的那樣，「到後來，忘卻了真，相信了謊，也就心安理得，天趣盎然了起來」。[105]

沒有信仰，同時也意味着中國人對精神問題的忽略，缺少「對彼岸世界的神聖嚮往」。如一位回憶者所說，儘管文革中像濫用革命的名義一樣，我們也濫用神聖的名義，但我們真正崇拜的是「物化的神聖」。我們「從彼岸走向此岸」，熱心於在此岸建立「天堂」，進行「人間淨土化的努力」。文革的實踐恰恰證明，此岸的天堂必定是地獄，正是人間淨土化的努力，「傷害」了我們每一個人。[106] 一個缺乏神聖感，沒有敬畏之心的民族，必然是既不愛，也不怕的。這是文革的大屠戮中，人們並不困難地就越過了道德底線的重要原因。前文談到的殺害老師、把母親送上斷頭台這類傷天害理的事之所以發生，是和既不愛又不怕、沒有任何精神、道德約束直接關聯的。

彼岸關懷的缺失，使得中國這個民族特別地「現實」、「世俗」。這是一直在中國傳統文化裏佔主導地位的儒家文化的最大特點。儒家是不談鬼神的，它對非人間、非此岸世界的事情是迴避的。它關注的，只是「如何在現世活着」的問題。在這個意義上，說儒家是一種「活命哲學」是可以的。如何處理人際關係，成為儒家學說的核心問題之一。其對中國國民性的形成影響至深。儒家在人際關係中強調謙和，禮讓，和為貴，本是有積極意義的；但其背後，又有一個對既定秩序的維護的意圖。這樣就形成了以「忍」為核心的國民性格。一位文革的參與者說自己「天生有一種上當受騙的素質」，「祖祖輩輩留給我靈魂的東西」就是兩個字：「忍和善」，「忍字是心

---

105 魯迅：《病後雜談》，《且介亭雜文》，《魯迅全集》第 6 卷，第 175 頁。
106 蔡翔：《神聖回憶》，《1966：我們那一代的回憶》，第 262 頁。

上邊一把刀，刀插你心上還不吭聲」。[107] 所謂「忍」，就是忍辱負重，妥協苟且，委曲求全，得過且過。這是一種生命的惰性。有人說中國人只要還能「活下去」，不管怎麼個活法，再窩囊也要維持現狀，絕不思變革，更不要說反抗。在這種生存狀態下的「善」，不過是「無用」的代名詞。中國人就是這樣，做穩了奴隸，能夠當順民，就心安理得地活下去；但一旦「想做奴隸而不得」，就立刻走向另一個極端，成為暴民。應該說，許多人就靠「忍」這樣的內含奴性的生存智慧度過了文革的艱難歲月的。

文革中，表現更充分的，還有中國人的「好鬥」，即前文所描述的「窩裏鬥」，也可以說是暴民的胡作非為。這是表現了中國國民性的另一面的：即論者說的「陰狠」：[108] 暴戾，兇殘，玩弄權術、陰謀，為達到目的而不擇手段，這顯然有法家的影響。我們是可以用「忍」與「鬥」來概括在文革中表現得尤為突出的中國國民性的兩大特點的。而這正是反映了中國傳統文化「外儒內法」的張力結構的。

進一步的考察，還可以發現，中國國民的「忍」與「鬥」，是針對不同對象的。一般說來，都是對上、對強勢「忍」，對下、對弱勢「鬥」。因此，魯迅說，中國人即使受到「強者的蹂躪」，心中「蘊蓄怨憤」，也「不很向強者反抗，而反在弱者身上發洩」，這是最能反映人性的「卑怯」的。[109] 魯迅還指出，這樣的「對上忍，對下狠」的國民性，又是決定於中國社會的等級結構的：「有貴賤，有大小，有上下。自己被人凌虐，但也可以凌虐別人；自己被人吃，也可以

107 《說不清楚》，《一百個人的十年》，第 286，289 頁。

108 岳建一：《重鑄民族靈魂》，《那個年代中的我們》（下），第 848 頁。

109 魯迅：《雜憶》，《墳》，《魯迅全集》第一卷，第 238 頁。

吃別人。一級一級的制馭着，不能動彈，也不想動彈了」。[110] 中國國民在這樣的等級結構裏，是有雙重身份的：對上，是「奴才」，卑躬屈膝；對下，是「主人」，耀武揚威。由此形成的是「主奴互換」的雙重人格，這在文革中也表現得淋漓盡致：每個受害者，既可以甘心為奴而獲得暫時的平安，更可以在加害於他人中得到某種主人感(至少是自己還在「人民內部」的感覺)，從而獲得某種精神上的補償和滿足。而專制、極權統治也就這樣長治久安了。

而且，還有國民性中的「健忘症」。這也是令反思、反省者最感痛心與無奈的：「也許由於上千年封建政治的高壓(當然更有現當代的極權政治的嚴控——錢注)，小百姓習慣用抹掉記憶的方式對付苦難。但是如此樂觀未必是一個民族的優長，或許是一種可愛的愚昧。歷史的過錯原本是一宗難得的財富。丟掉這財富便會陷入新的盲目」。[111]

於是，就有了包括本文在內的「拒絕遺忘」的努力。

權作結尾：「文革潛入我們的血液裏」

最後，還是抄錄馮驥才先生的一段話，權作結尾——

「從歷史學的角度看，文革已經成為上個世紀的『過去』；從文化學角度看，文革依然活着。因為文革是一種特定的文化，它有着深遠的封建文化的背景。而且，它活着——不僅因為它依靠一種慣性，還因為它有生存土壤。究其根本，是因為我們一直沒有對這塊土壤徹底清除。如今文革的一代都已離開生活的主流，文革早已不在人們關注的視野之內了。本

110 魯迅：《燈下漫筆》，《墳》，《魯迅全集》第一卷，第 227 頁。

111 馮驥才：《前記》，《一百個人的十年》，第 2 頁。

來，徹底批評文革是使中國社會良性化的必不可少與至關重要的一步，但我們把這大好歷史時機耽誤過去了。時至今日，作為政治的文革已然翻過去，再不復生；但作為一種精神文化——文革卻無形地潛入我們的血液裏(那怕是對文革一無所知的年輕一代——錢注)。惡魔一旦化為幽靈，就更難於應付，因為文革仍然作祟於我們，但我們並不知道它緣自文革」。[112]

2015年12月16日–12月29日看材料，2016年2月3日–2月18日寫作

112 馮驥才：《文革進入了我們的血液》，《懺悔還是不懺悔》，第292頁。

文革日常生活四題

——讀金大陸《非常與正常：上海文革時期的社會生活》[1]

在研究文革歷史時，我始終記得文革的發動者毛澤東對文革的一個評價。在1967年夏文革高潮時，他對身邊人說：「什麼文化大革命，人們還不是照舊結婚，生孩子。文化大革命離他們遠着呢。」[2] 這是一種清醒，也是一個提醒：儘管文革攪亂了整個中國的政治、經濟、社會、文化——生活的方方面面，但社會還在運行，人民還在生活。這也是毛澤東喜歡說的話：「山上的草木照樣長」，「河裏的魚照樣游」，「女人照樣生孩子」。[3] 這其實是反映了毛澤東內心深處的矛盾的：他既想用個人意志改變中國與世界，但也清楚無法抗拒人民生活自身的邏輯。這是真正構成了毛澤東的悲劇的，但不在本文討論範圍之內。我們要討論的是：如何看待文革中普通人的日常生活？毛澤東提醒我們注意「生活照樣進行」這一面確實重要；但毛澤東說文革離人們的生活「遠着呢」則是有意的忽略，事實是文革時期的政治經濟文化對普通人的生活的滲透、干預和影響是隨處可見，而且是有意為之的。就如本書作者所說，在「非正常」的文革政治、社會生態環境下，人們日常生活照樣進行，這是「非正常中的正常」；但人們日常生活又處處受到

1　《非常與正常：上海文革時期的社會生活》(上、下冊)，金大陸著，上海辭書出版社，2011 年。

2　李志綏：《毛澤東私人醫生回憶錄》，486 頁，台北時報文化出版公司，1994 年。

3　毛澤東：《赫魯曉夫日子不好過》，《毛澤東文集》第 8 卷，359 頁，人民出版社，1999 年。

文革政治、文化的引導、干擾，文革經濟的影響而產生種種扭曲，這又是「正常中的非正常」。[4] 正是這兩個方面的張力，構成了文革日常生活的複雜性，從而引發了我們的研究興趣。

儘管早就有了這樣的研究衝動，但因為缺乏第一手材料，受生活與年齡的限制又無法自己動手發掘、收集原始材料，只能把研究計劃擱置起來。因此，當我讀到金大陸先生這本研究上海文革時期社會生活的專著時，真有若獲知音、欣喜若狂之感。這是一本真正的開創之作，它改變了偏於政治運動的向度並以北京為中心的現有文革研究格局，旗幟鮮明地提出了「社會生活的向度」和「文革區域史」研究的新方向，[5] 打開了「文革政治、經濟——地方文化(民俗、民習、民性)——市民日常生活」三維研究空間，這是能夠極大地豐富文革研究的視野與內涵的。我在這方面不能有所貢獻，就只能借用本書的研究成果，對所提供的大量第一手材料，稍作梳理，以幫助讀者更感性地進入那個特殊的年代上海普通市民的日常生活，姑且題為「文革日常生活四題」。

一、衣

本書專門寫有《上海文革時期的服飾演變》一章，討論十分周全，我只能作一些複述。

說起文革時期中國人的穿着，大概所有的人(無論中國人，還是外國人)都有兩個共同的印象：一是「一身軍裝」，一是「千人一面」：藍、黑、灰的「老三色」，中山裝、青年裝、

4 金大陸：《題記》，《非常與正常：上海文革時期的社會生活》(上冊)。

5 金大陸：《題旨和結論》，《非常與正常：上海文革時期的社會生活》(下冊)，第 432–437，437–440 頁。

軍便裝的「老三裝」。前者是北京紅衛兵首創，表現了毛澤東提倡的「要武」的時代審美風尚。上海是通過北京紅衛兵南下串聯來領略這「英姿颯爽」的風采的。大概是在1966年歲末、1967年初的革命高潮時期，上海大中學校的紅衛兵、工人造反派、財貿造反派、機關造反派都紛紛穿上軍裝，據説張春橋、姚文元來上海也經常一身戎裝。但上海人潛意識裏卻並不接受軍裝，這不僅是因為作者所説「要武」的美學情趣與上海人固有的溫潤、典雅的生活情趣多有不協，更不便説出的，是上海人早已習慣於引領服飾風尚，根本不把北京人放在眼裏，革命之風必須跟，而穿着卻是要有上海人的講究的。

於是，就有了「一身軍裝的變形」。1968–1970年上山下鄉運動掀起高潮時，當局給赴黑龍江、吉林、內蒙古的上海知青配發軍棉襖、軍大衣，知青自己也紛紛在衣服上染上草綠色，穿上「假軍裝」，以示「革命」。即使如此，也要動腦筋，將肥大的軍裝作收腰、襯領等改動，以顯示上海人的身段、風采。更有意思的是，上海兩個特殊群體的新花樣。一是革命幹部和軍隊幹部的子弟，他們的家庭此時已經受到了不同程度的衝擊，自然沒有紅衛兵時代的威風了，但心有不服，就從箱底裏翻出父輩的將校呢軍服套在身上，藉以抒發懷舊之情，又吸引小市民的眼球。他們脱下軍鞋，蹬上北京產的黑色燈芯絨鬆緊鞋(時稱「北京懶鞋」)，或上海產的高幫白色回力鞋(8元一雙，可抵市民一個月的生活費)，再配上一俩13型的雙鈴猛鋼自行車(180多元一輛，可抵一青工半年多的工資)，以顯擺自己「瘦死的駱駝比馬大」的身價。而穿燈芯絨鬆緊鞋和高幫白色回力鞋也迅速成為文革中後期上海以至全國青年的時髦打扮了。另一個群體是所謂有「流氓阿飛習氣」的小青年。他們既不甘落伍，千方百計弄來軍服，又要顯示自己的不同，就在如何搭配與穿戴上做文章。如只着上軍裝，下身是黑桿褲、黃包褲之類；軍帽是一定要戴的，但不是端端正正地戴，要麼把四周的帽檐高高托起，要麼掐出幾個尖角，甚至還有直直撐起前帽檐，模仿電影中國民黨軍官大蓋帽式樣的。既順應又反叛，這是最能顯示那個時代許多青年的心態與追求的。

而且還有對「千人一面」的化解。作者分析說，文革中「面對『千人一面』的局面，有人口服心服，便自覺地認同和歸順；有人口服心不服，便默默地等待和忍耐；甚至有人口不服心也不服，便只能在私下裏抱怨和憤懣了」，但有些上海人既不歸順，也不等待，更不抱怨，而是用自己的(也是上海人的)小聰明，在小地方作點小巧的變化，就一定程度上把它化解了。據說文革進行了一年以後，從1967年下半年開始，許多人都成了逍遙派，游離於「革命的路線鬥爭」之外，做自己的「線路活」：打毛線，裁剪衣裳，以至繡花。[6] 這其中自然有許多發明創造。其中最為人們津津樂道的，是做「假領」和「領圈」。「假領」又叫「經濟領」或「節約領」。據說是二十世紀三十年代上海貧民的發明：為謀生的需要，必須裝扮自己；但有沒有足夠的錢來購置西服裏的襯衫，或只有一件不能天天換洗，就只有做假領撐門面。大家看過《馬路天使》，應該記得趙丹扮演的男主角，看起來西裝筆挺，脫下來就露出了假領。到文革中的六七十年代假領重新時髦起來，則是為了可以不斷變化花式，給單調的服飾增加點色彩。另一項類似的發明是領圈，一種六到八寸長、兩寸寬的毛線織品，兩頭縫有揿鈕，圍在脖子上後，可以有效抵禦風寒，更可展露風韻。人們至今還念念不忘：「寒冬時節來了，女孩們戴着露指的絨線手

6　以上敘述與分析均引自金大陸：《非常與正常：上海文革時期的社會生活》（上），第 197–199，203–204，201 頁。

套，圍着彩色的絨線領圈，露出纖纖玉指和皎潔的小臉。她們梳着劉海的姿容，是我舊時記憶中最純真的影像」。[7] 這些小打小鬧小創造，顯示的是壓抑不住的人的愛美之心和上海人特有的生活智慧，是文革大一統邏輯統不住的。

人們想不到的是，六七十年代上海化纖工業的飛躍發展，又對文革服飾形成巨大衝擊。據《上海日用工業品商業志》記載：從1966–1967年上海開始生產化纖布，到1970年以後化纖絨衫褲、彈力錦腈綸褲、針織腈綸薄絨運動服、腈綸圍巾、滌綸女式兩用衫、薄型經編男襯衫等花色品種，還有滌毛涼爽呢、華達呢以及滌絲紡、特綸縐、尼絲紡等合纖印花綢均通過試製、試銷投入市場。「這些化纖混紡織品有的滑爽挺括，有的豐滿柔軟，且色澤鮮豔，手感好，牢度強，又因少收(甚至不收)布票，深受消費者歡迎成為大眾化的熱銷商品」。

1968年8月18日(恰巧是毛澤東穿着軍裝接見紅衛兵兩周年)，南京西路紅纓服裝店出售的確涼時，因爭購人多擁擠，櫥窗玻璃被擠倒，造成一死六傷的嚴重事故。[8] 人們說的文革服飾的「的確涼時代」就這樣「出乎意料地降臨了」，時間大概是在70年代初。據說「它的特徵就是奪目的潔白」，顯示的是「大方、明朗和亮麗的審美風格」，與文革前期的「要武」審美觀念下的紅、黃色一統天下，形成鮮明對比。還有這樣的描述：「人們競相穿上白色的確涼上衣招搖過市，透過半透明的布料，男人隱約可見女人的胸罩，女人隱約可見男人的乳頭或背心。與此遙相呼應的是，在所有城市的大街小巷，到處晾曬着女人的月經帶，猶如成片黃白色的海帶。這是文革時代

7 朱大可：《領與袖的紅色風情》，收《非常與正常：上海文革時期的社會生活》(上)，第222頁。

8 金大陸：《非常與正常：上海文革時期的社會生活》(上)，第206頁。

女體的奇異標誌，它們像旗幟一樣，高高飄揚在文革中國的上空」。[9] 這大概也是象徵着文革前期的禁慾主義的結束吧。

但文革政治仍沒有放鬆對人們日常生活裏的服飾的管制與引導。早在1967年6月，上海造反派就以「生活領域的階級鬥爭」為主題，舉行全市電視實況轉播大會，批鬥所謂「上海最大的走資本主義道路的當權派」陳丕顯、曹荻秋，安上的罪名就是「推行奇裝異服的吹鼓手」，「從生活領域打開缺口，妄圖復辟資本主義」。[10] 可見把階級鬥爭的邏輯滲入到人們衣食住行的日常生活中本身就是文革的目標之一。因此，當1970年以後，文革服飾開始發生前文提到的微妙變化時，文革當局立即注意到這一「階級鬥爭新動向」，連續發表文章：《「四舊」一露頭，就把它批臭；再來一次破四舊、立四新的革命群眾運動》(1970年2月7日《解放日報》)，《「新」和「奇」是敵人引人上鉤的誘餌》(1971年3月14日《工人造反報》)，《談服裝的美與醜》、《這是哪家的衣食觀》(1971年10月3日《文匯報》)，《設計新服裝，抵制奇裝異服》(1973年6月6日《解放日報》)，《發揚社會主義新風尚，堅決抵制奇裝異服》(1974年7月12日《文匯報》)，《這是哪個階級的穿着打扮，要教育青年分清兩種審美觀》(1975年8月24日《解放日報》)，《和青年談穿着問題：評「體面」》(1975年8月29日《解放日報》)，《穿着打扮上也有階級鬥爭》(1976年7月30日《文匯報》)。[11]

可以説這是文革中後期的宣傳重點，所謂「服飾問題上的

9　朱大可：《領與袖的紅色風情》，收《正常與非正常：上海文革時期的社會生活》(上)，第221–222頁。金大陸：《非常與正常：上海文革時期的社會生活》(上)，第207頁。

10　金大陸：《非常與正常：上海文革時期的社會生活》(上)，第200頁。

11　《1969–1976年上海報刊關於批判「奇裝異服」專題文章目錄》，收《非常與正常：上海文革時期的社會生活》(上)，第225–227頁。

階級鬥爭」抓得很緊很緊，一刻也不鬆懈。而且還有行動。1971年就組織了四萬多人次紅衛兵，出動二千三百多人次上海民兵，上街開展「抵制奇裝異服」的大規模宣傳教育活動。[12]

在全力打壓「奇裝異服」的同時，還有「正面引導」。這就是1974年江青趁着批林批孔運動之機，自上而下地推進的「服裝革命」。她組織人參照唐宋以來各朝代宮女服，設計出「開襟領裙衣」，聲稱是所謂「國服」，公開號召「女幹部、女黨員、女團員帶頭穿，女同志都要穿」。有人後來批判江青推行「國服」和她吹捧呂后一樣，都是「其篡黨奪權的前奏曲」。殊不知這種「開襟領裙衣」，一件用料九尺，上古(唐代和尚領)下洋(百褶裙)，領子有五層之多。這樣的外形蓬鬆肥碩，穿着悶熱拖遝，而價格不菲的「國服」，很自然地就遭到市場的拒絕。據説上海生產了一萬八千件「江青服」，僅售出二千件。[13] 而這樣的中西元素簡單拼貼的做法，更為心靈手巧的上海女青年所鄙棄，她們自行設計出帶有白色小翻領和飄逸的腰帶的「非江青式連衣裙」，在街上翩翩而行，構成了文革晚期上海街道的一道風景。[14] 這大概是江青發動「服裝革命」所未能料及的後果吧。

而對「奇裝異服」的打壓，也只能收一時之效，時過境遷，又死灰復燃。我們倒是可以從一次次反復的批判與內部通報裏，看到歷史當時的某些真實情況。比如，1973年輕工業局團代會反映：一些女青年開始燙髮，有的排了六個小時的隊，並引發爭論，厭惡、羨慕的都有。同年報刊裏提到的「奇裝異

12 金大陸：《非常與正常：上海文革時期的社會生活》(上)，第210頁。

13 金大陸：《非常與正常：上海文革時期的社會生活》(上)，第207–208頁。

14 朱大可：《領與袖的紅色風情》，收《非常與正常：上海文革時期的社會生活》(上)，第222–223頁。

服」類型就有：「又長又闊又大」的上裝，「又短又包又小」的褲子；大尖領、大貼袋、大紐扣；女式透明尼龍襯衫，男式大格子府綢襯衫，喇叭褲等等。1975年7月市服裝鞋帽公司在上海繁華市區南京東路、淮海中路、四川北路和西藏路設崗觀察，報告説約兩小時內路過上述地段的婦女有1095位穿裙子，裙長在膝蓋以上一二寸的佔55%，膝蓋以上三四寸、甚至五六寸的超短裙佔16%。1976年的類似調查則報告，在中百一店門口，僅15分鐘內，就有40多個穿「奇裝異服」的人走過，其特點是：長(襯衫包住臀部)、尖(如燕尾領、大尖角領)、露(穿薄型透明襯衫，內係深色胸罩)、髗(一身深咖啡、深藍色衣服)等。還報告説：「從北京東路外灘到南京東路外灘，在二百米距離中就有六百隊青年男女談戀愛」，將近二百對「動作不正常」。[15] 我們也終於明白，所謂「奇裝異服」不過是年輕人要展現自己的身姿、形態之美，故意追求新奇，作出異類姿態而已。除了前文已經説到的人的愛美之心外，也還有要自由選擇自己的生活方式的本能，是對文革對個人生活無所不在、無所不至的干預的反制，是另一種形態的「不合作」。有意思的是，在這樣的出於人性本能的反彈(還談不上有意識的反抗)面前，文革統治者反而束手無策。

因此，1972年上海紅代會申請第二次上街打壓奇裝異服，卻沒有了下文；到1974年春節前夕紅衛兵準備深入里弄再幹一場，也被緊急勸阻。[16] 這當然也反映了到文革後期當局已陷入困境，再也無力與無心干預民眾日常生活了。在統治邏輯與老百姓日常生活的客觀邏輯的對峙中，最後勝利的是後者而非前者，這本身就是耐人尋味的。

---

15 金大陸：《非常與正常：上海文革時期的社會生活》(上)，第212–214頁。

16 金大陸：《非常與正常：上海文革時期的社會活動》(上)，第213頁。

還要說一個有意思的話題：文革時期的服飾的外來影響。本來文革是關起門來鬧革命，知識分子和普通百姓與國外的一切聯繫都被強制隔斷，似乎談不上「外來影響」。但對外部世界的好奇心也依然壓制不住，民間社會也有足夠的智慧從嚴密統治網裏尋找空隙。比如1968年7月16日新華社發統稿：《蘇修墮落，美帝喝彩——蘇聯阿飛服裝在美展出博得大老闆歡心》，說在華盛頓舉辦的「蘇聯時裝設計展覽會」中，有模仿西方瘦腿褲和超短裙設計的「宇宙世紀」裝、「革新」裝，還有沙皇時代的「俄羅斯貴族」式服裝。這本來是反修、批修的陳詞老調，但機靈者卻從中讀出了世界服飾發展的新潮流。後來，上海「阿飛」們中盛行瘦褲腿、超短裙，顯然與這樣的從不同渠道傳來的新資訊有關。文革中偶爾也放映一些內部「供批判」的外國電影和記錄片，如本書提到的《赫魯曉夫訪問美國》、《列寧在一九一八》，人們爭相觀看，其中目的之一就是「貪婪地觀看其中的大廈、小車、衣裝和舞蹈」。[17] 最富戲劇性的是，1974年，菲律賓總統馬科斯夫人伊梅爾達訪華。她身穿白色聳肩露背裝，向毛澤東舉止優雅地伸出了玉手，而動作遲緩的毛，出乎意外地用嘴唇行了一個吻手禮，弄得伊梅爾達熱淚漣漣。這個激動人心的場面，被拍成新聞紀錄片，在全國到處放映。「偉大領袖的紳士派頭，令廣大民眾頓時心猿意馬起來」。首先作出反應的還是上海人。一周以後，上海西區的街道上就出現了一個轟動一時的場面：「一位聰明美麗的神仙姐姐，穿上按報紙照片剪裁的伊梅爾達服，裸露着性感的玉背，婀娜地走在從五原路到烏魯木齊路的馬路上，身後尾隨着上千個看熱鬧的行人」，神情興奮，「猶如親眼目擊了外星人的入侵」。十五分鐘後，巡邏的武裝民兵把她帶走了。嚴刑拷

17 金大陸：《非常與正常：上海文革時期的社會活動》（上），第 201 — 202 頁。

打後被判了刑，上海坊間迅速流傳着關於她的種種傳説。有人説她在獄中上吊自殺，有的稱她被一位地方官員救出後去了香港。還有説她是某高官的私生女，盛裝出行的目的，是要蓄意傳出某種特殊信號，等等。論者説：「這是關於時尚女子的神秘傳奇，它奔行在最高領袖日漸衰老的年代，像一首美豔而淒涼的歌謠」。[18]

在我們這裏討論的服飾史裏，也具有象徵意義：一個高度統一、又充滿空隙的文革時代的結束，一個開放而多元，新潮不斷的新時代的開始。

二、食

再説「食」，看看文革時期上海市民的餐桌。

先看這一組數據：文革期間上海糧食產量呈穩定遞增的局面，1976年的產量比1966年多達65.98萬噸，增長率達35.4%；糧油憑票定量供給和價格都處於穩定狀態，但各種名目的糧食補貼(如夜餐補助糧)則直線上升，1975全年高達近五萬八千噸。絕大多數人民公社菜地面積有所增擴，到1976年郊區菜田達18.7萬畝；1966–1976年蔬菜總體供應水平在每天人均吃菜370–420克，供銷是正常的。在1964年6月1日至1976年7月15日上海豬肉一直敞開供應；1976年7月16日–1979年10月，才實行按人定量、憑票供應。整個文革期間上海豬肉的年市場供應與人均消費量均穩步上升，後者從每月2斤提高到4斤。商業消費品零售價格的指數也維持大致不變的狀態，而十年間社會消費品總額從1966年的28.72億元到1976年的49.98億元，確有相當幅

18　朱大可：《領與袖的紅色風情》，收《非常與正常——上海文革時期社會生活》(上)，第223–224頁。

度的增長。而食品類的支出佔消費支出總額的比例，從1966年的56.1%到1976年的50.5%，只下降了5.6%。[19]

本書作者從以上資料中，得出兩個結論。一，文革期間，上海市民的生活基本是穩定的，也可以說，是「生活在『低工資—低物價』的構造中，在『收入—消費』平衡中，基本保持了低水平的重複」。這就意味着，儘管發生了文革的政治大動亂，但普通市民的生活秩序基本上沒有打亂，沒有發生大起大落。二，食品支出總額佔消費支出的總額的比重，即所謂恩格爾係數只有小幅度下降則表明文革時期「社會經濟狀況，尤其表現在民生方面，並沒有明顯的改善和進步」。而按照聯合國糧農組織的標準，恩格爾系數在50–59%即為「溫飽」，就此可以認定，「文革期間的上海市民生活，既沒有經受災害，也沒有享受富裕，其總體生活水平處在溫飽線上」。[20] 作者這兩個結論都很平實，卻很重要。它用有根有據的數字，消除了許多人對文革的誤讀：文革中中國經濟與百姓生活並沒有到「崩潰的邊緣」，但也沒有做到豐衣足食：上海屬於經濟最發達的地區，從全國範圍看，文革期間中國老百姓總體生活水平恐怕還在溫飽線之下。

接着的問題是：在文革的政治、經濟的大混亂裏，為什麼還能保持飲食供應的基本穩定，從而基本維護了老百姓日常生活的正常秩序？

談到上海文革期間的糧油蔬菜肉食供應，首先要説的，是「全國調運」。這是計劃經濟的一大特色：全國一盤棋，糧食、食油等生活必需品實行統一調配。而北京、上海這樣的中

19 金大陸：《非常與正常：上海文革時期社會生活》（下），第54，65–66，3，25，125，144，115頁。

20 金大陸：《非常與正常：上海文革時期社會生活》（下），第114頁，116頁。

心城市更是無論如何也要保證的重點。在六十年代的三年困難時期，就有這樣的說法：「上海是中華人民共和國的，是我們社會主義建設的命根子，上海不能讓它發生問題」。正是遵循這條作者所說的「政治至上和計劃為重的路線」，文革十年向上海調運了大量糧食，每年高達20億斤以上，最高年份為1966年的31億多斤，佔全市供應的87.654%。1973年全國天南地北(南有廣東、福建，北有黑龍江、吉林)共有15個省向上海調糧，最多的是臨近上海的浙江、江西、安徽。有了這樣的高度集中的計劃管理體制作保障，即使外省調入困難，也要動用國家庫存彌補缺口。1974年度，就調動了國家庫存糧食4545萬公斤。[21] 上海市區菜場三分之二的豬肉也是由外省提供，[22] 這是前文提到的文革大部分時間上海豬肉基本敞開供應的主要原因。可以說，在整個文革時期「全國保上海」的計劃是得到持續而有力的執行的。而上海也以生產的大量高質量的輕工業產品支援了全國。

上海糧食供應市場上，外調糧食之外，還有一定量的進口糧。1966至1976年度，上海口岸就進口外麥150萬噸。有意思的是，國家外貿計劃的變動，也直接影響了上海市民的日常生活。文革中國家實行「以出養進，增加糧源」糧食進出口貿易政策，1973年國務院還決定利用國際市場大米價格上升(1噸大米可換2噸小麥)的有利時機，從國家儲備中撥出100萬噸大米增加出口，以換回更多的小麥。在這樣的國家外貿政策指導下，文革十年間，上海的麵粉年銷售量平均達到近34萬噸。「吃麵粉」便成了一個政治任務。以致當時上海許多家庭都學會了擀麵條、煮菜湯爛糊面、蒸饅頭等家務活，擀面餅、下面疙瘩等

21　金大陸：《非常與正常：上海文革時期社會生活》(下)，第57–59頁。

22　金大陸：《非常與正常：上海文革時期的社會生活》(下)，第127頁。

則成了家常便飯。吃米飯不吃麵食的南方人生活習慣也就悄悄改變了。但文革政治卻要塗抹上意識形態的色彩，強調多吃麵粉是「支持當前的無產階級文化大革命，支援世界革命」云云。[23] 這樣的政治說教很快就被遺忘，上海人飲食習慣的微妙變化卻保留了下來。

不可忽視的，自然還是上海本地的生產與供應。於是，就注意到上海糧油、豬肉的生產、收購，一律實行「超產超購獎勵」政策。如1971年即規定對超購糧食加價30%，1972年起超購油菜籽加價20%，社員自留地種植油菜籽售給國家則加價30%，這都極大地調動了郊區農民生產與交售糧油的積極性。在生豬飼養與銷售上也都獎贈購物券和獎售飼料。如1966年規定出售肉豬，每頭獎勵布票2公尺(1967年改為1公尺)，飼料15公斤，1971年規定，交售70斤白肉的肥豬，每頭獎原糧30斤，每超出標準1斤，獎售糧油副產品2斤。正是優惠政策導致了有效生產。文革十年間，上海生豬年飼養量從1966年的300多萬頭，上升到1975年的600多萬頭，這是上海文革期間相當一段時間豬肉能夠敞開供應的又一個重要原因。[24] 很顯然，這都是自覺運用價值規律，實行物質獎勵。這就與文革時期提倡「政治掛帥」，大批「利潤掛帥」、「金錢掛帥」的意識形態宣傳，形成鮮明對照，而且就發生在「四人幫」(江青、張春橋、王洪文、姚文元)直接控制下的上海。這確實耐人尋味：大概可以看出，文革中的極左派儘管在權力鬥爭中可以大唱「寧要社會主義的草，不要資本主義的苗」這類高調，但一旦他們自己掌握了權力，需要發展生產、保證供應，以促進社會和統治的穩定

23 金大陸：《非常與正常：上海文革時期的社會生活》(下)，第59–61頁。

24 金大陸：《非常與正常：上海文革時期的社會生活》(下)，第55，56–57，131–133頁。

時，還是得遵循市場經濟的某些基本規律與法則。這大概也是不以人的意志為轉移的吧。

本書作者在分析上海豬肉市場穩定的原因時，還談到城市對農村養豬業的支持。本來，上海作為人口聚集的大型城市，其源於公共飲食行業、單位伙食團和居民群三個方面的飲食下腳(上海人稱「泔腳」)，歷來作為城市副飼料供給農村養豬。文革時期就借助文革運動群眾的模式，在全市範圍開展了「收集飲食下腳，支持農村養豬業」的群眾運動，在里弄裏發展飼料義務收集員，設置泔腳缸，達到最廣泛的社會動員和參與，陡然將城市飼料收集從2萬多公斤提升到4萬多公斤。[25] 本書在談到蔬菜供應時，也談到在1974年開展的「把方便送給千家萬戶」的「優質服務運動」，菜場組建供應小組下里弄定期供應產品，以解決淡季和時鮮菜供應問題。應該說，這樣的文革時期的群眾運動，都帶有極強的政治性和意識形態性，自然有「空幻張揚」的一面，但不可否認也會在一定時間、範圍內給市民、農民帶來某種實惠，對生產與供應有「實際推進」的一面。[26] 而其所展現的政府機構的相關部門動員和組織力量，也許是更值得注意的。

以上幾個方面，從生產、供應的全國統一調動，到外貿計劃的調整，到制定政策調動郊區農民生產和銷售積極性，到服務工作的組織、動員，都顯示了「國家管理」的「在位」。就像作者所分析，「文革作為特定的政治運動，甚至出現造反、奪權、武鬥等一系列非常社會狀態形態，但國家管理作為一種權力構成和權力運作，不僅在位，更是始終行使着職能」。國家管理的在位，顯然是文革時期上海的糧油、蔬菜、食品——

25 金大陸：《非常與正常：上海文革時期的社會生活》(下)，第137–139頁。
26 金大陸：《非常與正常：上海文革時期的社會生活》(下)，第31–33頁。

生產、供應能保持穩定正常的重要原因和保證。[27] 這一結論也很重要，因為它解除了對文革的另一個誤讀：文革雖然對某些國家機構形成巨大衝擊，但並沒有導致政府的全面癱瘓，就總體而言，國家管理仍在正常進行，上海因為權力始終在「四人幫」掌控下，再加上原有的基礎，管理更是相當的有效。

當然也不能低估文革期間的極左政治和意識形態對生產、銷售與日常生活的影響。一個突出的例子，就是「菜農不吃商品糧」的口號的提出，給上海經濟作物的生產與供應帶來的極大混亂。據説「菜農不吃商品糧」的理論依據有三，一是落實毛澤東在「五七指示」提出的「消滅社會分工」的烏托邦理想，打破菜農、果農與糧農的分工，以從根本上消滅商品的流通；二是響應毛澤東「大種糧食」的號召，擴大糧食生產，縮小蔬菜、水果、棉花、油菜籽……的種植面積；三是落實「政治掛帥」，批判「鈔票掛帥」，即所謂「寧願多收一百斤糧，不要多賺一百元錢」。[28] 這樣的理論與實踐的荒謬是顯見的，當時就有一位名叫王申酉的上海華東師範大學的學生，對此提出尖鋭批判，指出這樣的「消滅分工，消滅差別」的主張，是一種「空想社會主義」，根本背離馬克思主義的科學社會主義，並且必然變成形式主義，「在上海實質上沒人聽」。[29] 只有依靠國家權力強制推行，後果卻十分嚴重：1970年全市郊區蔬菜種植面積減少了5萬畝，佔規劃面積的四分之一，立刻造成城市供應緊張。1973–1975年間，幾乎每年要有幾十天到一百多天上市量低於2500噸的最低需要，有些日上市量只有500–1000

27　金大陸：《非常與正常：上海文革時期的社會生活》（下），第78，80頁。

28　金大陸：《非常與正常：上海文革時期的社會生活》（下），第8–11頁。

29　王申酉：《供詞》，《王申酉文集》，第63，80–81頁，香港高文出版社，2002年。參看錢理群：《一個青年馬克思主義者的命運——讀〈王申酉文集〉》。

頓。這就導致每天會有百萬人為排隊買菜而起早摸黑。1973–1976年淡季時，只能按戶憑證供應，有時居民要三四天才能輪流買到一次鮮菜。1975年起，社會上一度颳起「搶菜風」，在市郊結合部一些無業流民結隊搶劫，毆打農民。不僅蔬菜，水果也因瓜田面積嚴重壓縮而短缺，這構成了老上海人最慘重的文革記憶：「我至今也忘不了老百姓不燒到38度的體溫，沒有醫院開出的證明，不得買西瓜的年月」。家禽、鮮蛋供應也同樣嚴重短缺：文革十年平均消費水平為每年每人1.15隻雞，3.73公斤雞蛋。其他日常生活用品也嚴重短缺，上海市民對此反應格外強烈，以致文革十年不斷發生各種搶購之風，如1967年初搶購煤球和手錶等高級商品，7月搶購煤球和大米(因全國武鬥引發)，10月搶購毛巾(因不要布票)。到1967年底，則出現搶購香煙、火柴、肥皂等小商品的風潮。[30] 面對如此強烈的社會反彈，當局也不能不作出調整。據說在主管生產、供應、日常生活的國務院總理周恩來、副總理李先念的干預下，上海市革委會不得不收回「菜農不吃商品糧」的口號，改為「糧菜雙豐收」，甚至倒過來要求「多種菜」，據說保障城市供應也是「政治的需要」。[31] 這是能夠説明一個基本常識的：任何政治力量不管持怎樣激進的政治觀念，一旦實際執政，並希望鞏固自己的統治，就不可能不考慮民生的要求，並根據人民的生活需要，對自己的政治主張與舉措，作出調整與讓步。這也再一次證明，普通百姓的生活邏輯自有一種力量，是任何統治者都不能忽視的。

影響上海市民生活的，還有水資源的污染。50、60年代上

30 金大陸：《非常與正常：上海文革時期的社會生活》(下)，第13，19，26，47，106，153，111頁。

31 金大陸：《非常與正常：上海文革時期的社會生活》(下)，第14頁。

海黃浦江水質尚好，到文革前的1966年漁產品年產量還在1萬噸左右。但從70年代開始，黃浦江自龍華以下水質污染嚴重，魚蝦基本絕跡，1976年以後基本停止黃浦江的捕魚生產。一些內河也因為鄉鎮工業的興起和化肥、農藥的使用，也普遍遭受污染。與此同時，對海洋漁業資源破壞性濫捕(文革時期憑藉先進的聲納探魚、燈光誘圍技術，動輒就是「日產量40萬斤」)，到1974–1976年產量就急劇滑落。這都導致上海水產品趨於脱銷的邊緣，菜場水產品攤排隊最早，隊伍最長，居民意見紛紛。從1972年開始不得不實行憑票供應，而且上海水產品價格比之周邊的南京、杭州都要高，許多上海市民都利用出差、探親到江浙一帶搶購。但由於上海市在文革中採取的基本凍結水產品價格的政策，虧損由財政補貼，因此，水產品零售價格總體要比禽蛋、豬肉等副食品便宜。這樣，對上海一般收入的家庭來説，如果紅燒肉是餐桌上的「富貴菜」，白斬雞屬「珍貴菜」，那麼，清蒸帶魚、紅燒烏賊大概就是上海市民餐桌上相當適宜的葷菜了。[32]

我們已經説到了文革時期的上海市民餐桌。於是，又注意到這樣的介紹：因為各類副食品供應短缺，「上海市民不僅將豆製品當作鮮菜之外的調製食品，更當作改善生活的時尚食品。一鍋豆腐菜葉羹可以是家庭餐桌上難得的歡喜；一碟芹菜炒乾絲可以是單位食堂裏多日的緊俏，以致為了在夏天買到粉皮，在冬天買到豆腐，不得不三更半夜起床排隊」。[33] 而且還有這樣的回憶：「在二十世紀70年代的前後，上海人年三十的傍晚，在新式里弄的幾家合用廚房裏，石庫門民居煤球

32 金大陸：《非常與正常：上海文革時期的社會生活》(下)，第159，163，172–173頁。

33 金大陸：《非常與正常：上海文革時期的社會生活》(下)，第51頁。

爐紅火的灶披間中，放眼望去，端的是：冷盤中佈置的是風乾的醬肉、鹹肉、白切肉、白斬雞；砂鍋裏煮的是筍乾或霉乾菜紅燒肉；鐵鍋裏煎的是黃魚或帶魚；待下鍋的熱炒是，烤麩素雞、金針菇、黑木耳、花生米、黃芽菜與肉絲混炒的『爛糊肉絲』，清炒黃豆芽與油豆腐、家常豆腐加蒜加葱，雪裏蕻鹹菜炒冬筍……」。看起來，這似乎全是「小康社會」的場景，「其實，那時滬人過年，準備年貨費時要達月餘。這『大魚大肉』四字，肉要靠每人每月半斤數兩肉票的攢積，魚則分大戶小戶論條供應」。[34] 在供應緊缺的文革非正常歲月裏，上海人仍然如此苦心積攢、精心準備，無論如何也要擺出一桌正常年月應該有的「像個樣子」的年夜飯，這既是我們一再說及的生活智慧，更表現了一種生命的韌性和傳統習俗的力量。

這也是對上海人固有的生活習慣的堅守：既然食品供應量不足，就在食品製作的精細化、花式化上作足文章。於是就有了外地人很難理解的「半兩糧票」的故事。文革期間依然遍佈上海大街小巷的飲食店、食品店，流通的就是這樣的小額糧票，出售的全是量小質精的小點心。上海人最喜歡去的百年老市場豫園，到處可見南翔饅頭、糯米糖粥、麵筋百葉、雞鴨血湯，一度斷檔的常州小麻糕、杭式麵包、鴿蛋圓子也逐漸恢復了供應。與此同時，文革期間上海糖果、酒、茶都有快速的增長，並不斷推出新產品。1976年的糖果年產量高出1966年的兩倍；新出產的太妃奶糖、花生牛軋糖、大白兔奶糖都譽滿全國，並外銷歐美、東南亞，1972年尼克松訪華周恩來還將大白兔奶糖作為禮物贈給美國代表團。文革十年上海市內酒的銷量竟翻了兩番，還開發了上海曲酒、上海特曲、青梅煮酒，

34　吳曉明：《饕餮之夜》，原載 2004 年 1 月 26 日《新民晚報》。轉引自金大陸：《非常與正常：上海文革時期的社會生活》(下)，第 122 頁。

天鵝、燈塔、海鷗特製啤酒等新產品。從1967年起上海茶葉一律敞開供應，龍井、祁紅、茉莉花茶都暢銷一時。上海文革中開發生產的樂口福麥乳精、火腿罐頭、紅燜魚罐頭、蘑菇罐頭也都暢銷國內外市場。[35] 這都表明，即使是在文革「生活革命化」的時代氣氛和壓力下，上海市民依然習慣性地、也不無頑強地追求生活裏的小享受、小樂味，從而在力所能及的範圍內提高自己的生活質量，並通過上海產品在外地的銷售，引領着全國老百姓的消費與生活。

三、行

最具文革特色的「行」，無疑是「大串聯」。

而且這是由「偉大領袖」毛主席親自倡導的。1966年6月10日，在杭州召開的中央常委擴大會議上，毛澤東首次提出：全國各地學生要去北京，應該贊成，應該免費，到北京大鬧一場才高興呀！毛澤東還説，不要如喪考妣，亂就亂它一陣子，我聽説哪裏亂了，我就高興：這個亂，是亂了敵人，亂了走資本主義道路的當權派。8月18日，毛澤東身穿綠軍裝，首次在天安門廣場接見百萬來自全國各地的紅衛兵，高興地説：「這個運動規模很大，確實把群眾發動起來了」。十天以後，在同《人民日報》負責人談話時，毛澤東又説：現在學生「已經超出了學校的範圍，超出了本單位、本市、本地區」，「現在學生心不在一鬥二批三改。我們領導上，在報紙宣傳上，硬要把學生拉到這個方面去，這是違反學生的潮流」。毛澤東直截了當地表示大串聯這種方式，有利於把文化大革命的風暴從

35　金大陸：《非常與正常：上海文革時期的社會生活》（下），第63–64，100–105頁。

北京迅速地推向全國，並瀟灑地説：「讓他們去嘛，留些人輪流看家就行了。他們要出個介紹信，就統統開，管他是左派右派。文化革命委員會的人要去，也可以讓他們去」，「對外來的學生，要給他們搞伙食。有人説，沒有房子住。哪裏沒有房子住？房子多得很，這是藉口」。正因為毛澤東有了這樣的態度，在8月31日第二次接見紅衛兵大會上，周恩來就代表中央宣佈「全國各地大學生的全部和中學生的一部分代表，分期分批到北京來」。9月5日中共中央國務院又正式發出《通知》，強調「來京參觀一律免費坐火車」，「在京時的經費由國家財政開支」。這就把「坐車不要錢，住宿不要錢，吃飯不要錢」的免費「大串聯」運動推向了高潮。而且目的地不只是北京，這是「以北京為軸心，以各大省會城市為連貫的天南地北」大流動。論者説，這「不僅是文革運動的卓詭，恐怕在人類遷移史上也屬特異的絕殊」。[36] 這裏有一個上海的統計資料：1966年8月至12月，四個月內，就接待了400多萬來自全國各地的紅衛兵；當日接待人數最多的是11月22日，高達99萬人。1966年全國在校大學生有53.4萬人，中專生47萬人，中學生為1249.8萬人，共1390萬人。[37] 這意味着，所有的大學生和將近三分之一的中學生(包括中專生)都因大串聯從全國各地來過上海。這確實是史無前例，也無後者的。

可以説，這是毛澤東推動文化大革命的一個重大戰略部署，有極強的政治目的與意圖，就是要「放出小鬼造反」，讓大中學生衝破「學校，本單位、本市、本地區」的限制，在全國範圍內掀起革命風暴，打亂既定秩序，越亂越高興。同時，

36　金大陸：《讀毛澤東關於「大串聯」的談話史料》，收《非常與正常：上海文革時期的社會生活》(上)，第98–99，97頁。

37　金大陸：《非常與正常：上海文革時期的社會生活》(下)，第64，97頁。

不可否認，這也包含了毛澤東對青少年對外部世界的好奇心，渴望「行走四方」的心理的一種深刻理解，說不定也引發了他自己當年作為內地青年被環境的封閉所困，希望「到遠方去」的欲求的記憶。此外也還有讓青少年在「經風雨，見世面」中鍛煉成長的意圖。可以說，大串聯是領袖的政治需要與青少年的心理成長需求的契合，本身也是極富想像力的。

因此，從一開始，大串聯就塗抹了濃重的政治色彩，具有極強的革命性：不僅串聯的目的是為了拜見革命領袖，把毛主席發動的文化大革命的火種播到全國，而且參加大串聯本身也是一種政治權利，是「準不準備革命」的標誌與象徵。因此，最初的串聯僅限於「紅五類」，非紅五類的學生都被排斥在外。前文提到的王申酉雖然是工人出身，但因為他在文革前就被定為「反動學生」，到了北京，也和另一位資本家出身的同學一起，被禁止參加接受毛主席檢閱的遊行。這樣，爭取參加大串聯也成了一場鬥爭，多次出現了衝擊車站、攔車、臥軌的群體事件。[38] 學生們參加串聯，到北京自然是為了見毛主席，向造反在先的各大學取經，整天忙着抄大字報；到上海，也是來仰望、感受這座城市的革命傳統。甘肅師範學院一串聯紅衛兵日記裏，就這樣寫道：「上海，我在小學的教科書上就認識你了。今天，我來到你的身邊，請你告訴我：毛主席參加的中國共產黨第一次全國代表大會是在哪裏開的？五卅慘案的血是在哪裏流的？南京路上好八連的戰士又在哪裏站的崗？」[39] 因此上海在接待全國各地的紅衛兵時，就有意識組織他們進行各

---

38 參看金大陸：《上海紅衛兵外出大串聯之一》，《非常與正常：上海文革時期的社會生活》(上)，第 102–118 頁。

39 《好啊，毛主席的紅小兵》，1966 年 12 月 17 日《文匯報》。轉引自金大陸：《非常與正常：上海文革時期的社會生活》(上)，第 75 頁。

種革命串聯活動，如出席勞模座談會，集體參觀萬噸水壓機，還有市內徒步行軍參觀。報導說，「隊伍來到肇嘉浜路，這裏林蔭夾道，馬路寬闊。當紅衛兵得知這裏原來是勞動人民聚居的棚戶區，是有名的上海『龍鬚溝』，便關心地問原先的棚戶到哪裏去了？當得知已遷到新建的工人新村時，都高興地笑了」。每天，中共一大會址門前更是「人如潮湧，朗讀《毛主席語錄》的聲音響徹雲霄」。[40] 這樣，大串聯成了對青少年進行革命和社會主義教育的大課堂，更是「革命的盛大節日」。

但在濃厚的革命氛圍裏，年輕人仍不忘在革命串聯的間隙裏，到自己嚮往已久的風景區如北京的長城、頤和園，上海的虹口公園順便一遊，這是出於好玩的本性，是很自然的。但串聯次數多了，革命熱情逐漸減弱，串聯的目的與追求就發生了微妙的變化。一位紅衛兵回憶大串聯中「三進山城(重慶)」的歷史時，就談到，第一次是為了尋找因讀《紅岩》而早已嚮往的渣滓洞裏的革命英雄，自己也借此投身革命，整天忙着抄大字報，收集傳單，開座談會，往家裏傳送革命資訊。第二次也說是要進行「革命串聯」，心裏真正想的是從重慶回上海的路上「過三峽」，而且真的被三峽風光「溶解」了。又發現同在船上的革命師生，有的從峨眉山來，有的遠去西雙版納，更有西行敦煌，個個帶着照相機，同時不忘採購當地的土特產：吸引大家的已不再是革命，而是大自然和地方風物了。第三次去目的就更單純：陪同一位年齡稍大的朋友「去重慶找在北京串聯時相好的女朋友」。[41] 這樣的從接受外在的革命鼓動的影

40 金大陸：《非常與正常：上海文革時期的社會生活》(上)，第 76，79，77 頁。

41 金大陸：《三進山城——我的大串聯之二》，收《非常與正常：上海文革時期的社會生活》(上)，第 127–128，130 頁。

響，到聽從接近大自然、追求愛情的內心呼喚的變化，是很值得注意的。

1967年3月19日，中共中央作出《決定》，正式宣佈停止全國大串聯。在此前後，還是陸續有學生作「最後的串聯」，而且多採取「徒步串聯」的形式，目的是「熟悉農村，熟悉社會，熟悉地理」，還有一種說法，就是「飽覽祖國大好河山，領略工農戰天鬥地的革命風采，激發熱愛祖國、建設祖國的豪情壯志」。而真正落實得了的，只是「熟悉地理」，「飽覽祖國大好河山」。[42] 留下的是這樣的記憶：「經過6天的長途跋涉，我們來到杭州，停留3天」，「於是，我們遊西湖：迎着溫暖的陽光在蘇堤徜徉，冒着初春的小雪在斷橋觀景，等日頭西斜看雷峰塔夕照……；於是，我們走靈隱、登六和塔；在飛來峰上，手捧紅寶書留影；在錢塘江大橋上，抒發革命豪情……」。以後又步行70餘里，來到富陽。「我們走的是山路，一會兒背水臨山，一會兒又沿江傍山；山外青山，層層疊翠，在霧氣籠罩下，山略帶藍灰色，越走越朦朧。由於晚霞的映照，江水泛起赤橙黃綠青藍紫的色彩，行人、船隻、桅桿、山峰的倒影，映在江面上，如同一幅驚世駭俗的山水畫」[43]：這已經很難說是革命串聯，而實在是誘人的旅遊了。

大串聯結束了，但這樣的「徒步旅行」卻保留了下來：當這些紅衛兵成為知青，他們依然習慣性地四處遊走，並超越一般意義的旅遊，成為一種精神生活方式。如一位當年的知青、今天的詩人所說，「『徒步』一詞在毛時代已從古典山水遊中

42 金大陸：《非常與正常：上海文革時期的社會生活》(上)，第144，137，164頁。

43 陳軍：《從上海到上饒——步行串聯紀實》，轉引自金大陸：《非常與正常：上海文革時期的社會生活》(上)，第164頁。

脱出，獲得了另一種獨特的現代性美感，即重精神輕物質的美感。它甚至成為了我們成長中的某種必須的儀式：如早年的紅軍長征，文革中紅衛兵大串聯，以及蕭索的七十年代，那時一個人連坐長途汽車或火車去見一位朋友也會讓他陡升起一種與政治密切相關的徒步的緊張和複雜的情感和尊嚴」。[44] 另一位當年的青年工人、今天的學者也這樣説到他的一個朋友在文革中的「浪跡天涯」：「出發時號稱只帶了五塊錢，沿途多半靠混車、蹭票、扒車而行」，「幾乎每週有一信寄我，信中記載所行遇之奇事。大凡風物人情、遺痕古跡、絕詞妙文，皆詳錄之」，「最後在雲南滇池遇上了心上人，就留下不走了」。「這是『路上派』的先鋒」，「實際上是在『尋求』。他們尋求的特定目標是精神領域的。雖然他們一有藉口就橫越全國來回奔波，沿途尋找刺激，他們真正的旅途卻在精神層面。如果説他們似乎逾越了大部分法律和道德的界限，他們的出發點僅僅是希望在另一側找到信仰」。[45]

從具有強烈的時代政治性的革命串聯，到個人娛樂性的旅遊，到精神探索性的遊走：文革中的一代青少年就是這樣「行走」在祖國大地上。這對他們一生的生命成長的影響是深遠的。

4、收藏與交易

這裏討論的，是同樣發生在文革時期的毛主席像章和宣傳品製作、交換的意義演變。

44　柏樺：《始於 1979——比冰和鐵更刺人心腸的歡樂》，《七十年代》第 522 頁，香港牛津大學出版社，2008 年。

45　趙越勝：《驪歌清酒憶舊時——記七十年代的一個朋友》，《七十年代》，第 293–294 頁。

先說毛主席像章。上海從1966年下半年開始興起毛澤東像章熱，到1969年中國共產黨第九次代表大會召開，達到最高潮。1970年以後，隨着知青下鄉、政治形勢、社會心理的變化，就逐漸消歇。據有關記載，上海1966年第四季度供應毛澤東像章近4000萬枚。1967年供應達1.3億枚。1967年–1969年「九大」召開時，上海三個定點生產的工廠共製作2.05億枚毛澤東像章。[46] 如此大規模的生產，恐怕也是空前絕後的。最初，同樣具有極強的政治性。這是一種對領袖表達「愛載戴和效忠」的方式，既發自內心，更有政治表態的意味。上海工人造反派代表王秀珍就有1967年5月1日在天安門城樓當面向毛主席獻「一月革命勝利萬歲」紀念章的回憶：「毛主席接過紀念章，慈祥地笑着說：『給我這麼多啊！』我急着說：『不多呀！上海一千萬人民，一人一個的話，就拿不了啦！』毛主席又高興地笑了起來，說『謝謝，謝謝！』毛主席和我握了握手，我馬上說：『我們敬祝毛主席萬壽無疆！萬壽無疆！』毛主席繼續往前走，我緊緊跟着毛主席，一邊走一邊喊：『我們緊跟毛主席！我們緊跟毛主席！——』」。[47]

人人都搶着戴毛主席像章，就成了「時尚」，一種革命標誌。甚至有的電影院檢票進場時，還得查看是否佩帶毛主席像章。特別是大串聯使紅衛兵每到一地，都會得到一枚或數枚，人人佩帶毛主席像章就蔚然成風。

個人擁有的多了，就發現了毛澤東像章的「收藏」價值。研究者說，這樣的收藏價值是客觀存在的：「從材質看，有金屬類，如鋁、銅、合金等，非金屬類，如塑膠、陶瓷、有機玻

---

46 金大陸：《非常與正常：上海文革時期的社會生活》，第 196，176–177 頁。

47 王秀珍：《永遠緊跟毛主席》，原載《支部上海》1967 年第 17 期，轉引自金大陸：《非常與正常：上海文革時期的社會生活》(下)，第 197 頁。

璃、大理石等。從工藝看，有機製和手工等。從類別看，有對章、套章、系列章等。從圖形看，先多以圓形的毛澤東正面或側面的頭像為主，後出現方形、矩形、心形、旗形、船形、書形、火炬形、燈籠形、五角星形等不同式樣，且鑄刻着紅旗、松柏、紅太陽、向日葵等圖案和『忠』、『東方紅』、『為人民服務』、『大海航行靠舵手』、『敬祝毛主席萬壽無疆』等標語」，「還有的像章或者為某次事件如上海『一月革命』，某個會議如『十九大』而製作」，「有的則屬於紀念章系列，如韶山、井岡山、遵義等主題為『革命聖地』的徽章」。[48] 如本書作者所說，這是「從一個非常時期裏孕育出的社會時尚和社會的審美情趣，尤其是在古玩、集郵等均遭遇『革命』的情形下，以『熱愛』和『崇敬』的名義收藏毛澤東像章，實際上是人們審美情趣的轉移」，「就收藏和審美本身而言，它卻是一種延續」，而且在這一過程中，就會出現更帶專業性的毛澤東像章的收藏者，從關注其政治內容轉向「像章的種類、圖案、造型和品相」。[49]

當毛澤東像章的意義和功能由政治表態逐漸轉為「收藏」以後，就自然有了「交換」的需求。1967年2月12日《解放日報》就發表群眾來信指出，當前市區十多處像章交換場所，「從早到晚聚集大批人群」，「像(火車)北站天目路至河南路一段，南京路江西路至河南路一段等都已經嚴重影響了交通」。而非盈利的「交換」是極容易發展為以盈利為目的的「交易」，變成為利益驅動的經濟活動，並必然出現投機倒把這樣的違法行為。就有人揭發，出現了製造毛澤東像章非法經

48 王懿麟：《文物知識與鑒賞》，香港中華國際出版社，2002 年。轉引自金大陸：《非常與正常：上海文革時期的社會生活》(上)，第 178 頁。

49 金大陸：《非常與正常：上海文革時期的社會生活》(下)，第 179–180 頁。

營的「地下工廠」，某人先後替19個單位加工13萬枚紀念章，通過抽頭的方式牟利600餘元。這在猛批「資本主義道路」的文革意識形態看來，自然是不能容忍的。《解放日報》在刊登群眾來信的同時，還發表短評，指出「這裏又是一場階級鬥爭」。[50] 但儘管有關部門一再發表公告，要嚴懲「非法生產、套購、轉手盜賣和盜竊者」，卻依然屢禁不止。原因就在於文革時期越演越烈的「開後門」都要用送像章、紀念章來開路，因此，無論工廠企業、事業單位，以致部隊機關，都要插手毛主席像章、紀念章的生產和銷售，這就成了滋生文革腐敗的一塊土壤。[51]

文革期間的毛澤東像章的生產與流通，就這樣經歷了「效忠—時尚—收藏—交換—交易」的過程，從崇高的政治演變為經濟的腐敗。但它最終形成的收藏價值卻保留至今，成為九十年代以後逐漸盛行的收藏熱的先河，從而表明了歷史的延續性。

與此相類似的，還有文革時期的宣傳品。文革中除了官方報刊和市革委會批准的市級工人、學生組織和高校群眾組織的報刊外，還有大批基層群眾組織自發編印的油印小報。在最初階段，這三大類型的報刊，都同樣擔負着傳達以毛主席為首的「無產階級司令部」的聲音，宣傳文革意識形態的政治任務。群眾性報刊(無論是官方批准的，還是自發的)都以刊登毛主席未公開發表的著作、中央首長講話，以及全國各地的文革消息、動向等內容，吸引着被文革喚起了極大的政治熱情的工人、學生(包括外地串聯的學生)、市民，形成了巨大的讀者

50　金大陸：《非常與正常：上海文革時期的社會生活》(下)，第180–181，182–183頁。

51　金大陸：《非常與正常：上海文革時期的社會生活》(下)，第184–185，190–191頁。

群。像中學紅代會編印的《紅衛戰報》，上藝市編印的《文藝戰報》每期印數都高達4.5萬份，上體司的《體育戰報》、上海政法系統的《政法戰報》印數也有3萬份。

如此廣大的需求量，使具有商業意識的上海人立即敏捷地發現了其中的市場價值。首先作出反應的是基層群眾組織自發的油印、鉛印小報，它們悄悄地改變內容，由傳達中央精神轉向發佈小道消息和內部秘聞，如「劉亞樓(原空軍司令)之死」、「陳丕顯(原上海市委書記)與雪茄煙」，各地武鬥慘狀等等，以滿足上海小市民窺秘與尋求刺激的心理，據説有些老工人看了就直截了當地反應説，這與「舊社會的黃色小報有什麼兩樣？」而且很快就形成了小報交易市場：據説「在南京路等地每天都有一堆一堆賣小報的人，從早到晚，風雨無阻，真可謂成了一個買賣小報的市場」。這類群眾組織的小報，買賣收入多用於組織活動。於是又有了純粹個人牟利的私人小報，實際上是一種「地下刊物」。一個典型案例，是東風中學高二某學生帶着幾個中學生編印的鉛字版《文革通訊》，每週2期，每期2萬份，僱傭200多名小學生到淮海路、南京路等鬧事地段叫賣，扣除成本外，每期收入達100–200元，這在當時是一個可觀的利潤。這樣的經營眼光、手段和收效，都顯示了上海人(哪怕是中學生)的「靈光和聰慧」。[52]

這樣，文革期間的群眾小報，至少有相當部分也經歷了由政治性向商業性的變化。這樣的變化，和前述毛澤東像章、紀念章由政治功能向收藏功能的變化是同步的。它們都可以豐富我們對文革中的政治與經濟關係的複雜性的認識，並讓我們具體感受上海這一中國經濟中心城市，它的深厚的商業文化傳統

52 金大陸：《非常與正常：上海文革時期的社會生活》(下)，第232–233，240，243，244–245，249，252頁。

對上海市民思維、心理、生活、行為方式以及整個城市社會的深刻影響，即使在政治壓倒一切的文革時期也依然如此。

2016年5月4日–5月11日

「逍遙派」與文革日常文化生活

儘管我們從一開始就說，文革是一個全民性的運動，但也總有沒有或基本上沒有直接捲入運動中的人，也就是說，從運動一開始，就有逍遙派的存在，以至有「逍遙派紅衛兵」的稱呼：他們可能參加某個紅衛兵組織或外圍組織，但基本上採取消極的，甚至不介入的態度。這裏有一份《文革期間廣州中學紅衛兵的派別劃分表》，其中透露了一個很有意思的訊息：中學生對文革的態度，介入程度，是和他們的家庭出身直接相關的。60%「反動階級」出身的，50%「中間階層非知識分子」家庭出身的，都是逍遙派紅衛兵；「革命幹部」家庭出身的，「工人階級」家庭出身的，只有8%和26%是逍遙派，卻有73%和40%參加了保守派紅衛兵；而「中間階層知識分子」家庭出身的，32%是逍遙派，有61%是造反派紅衛兵。[1]——當然，這樣的統計帶有很大的估算成份，不過，根據自己參與文革的經驗，我覺得還是大體反映了實際情況的。

而我們在這裏要討論的，主要是1967年夏季以後，也就是文革經歷了第一年的狂熱，各個派別，特別是造反派發生大分裂，出現了規模越來越大的武鬥，在這樣的情勢下，出現了越來越多的逍遙派

逍遙派的出現，有兩方面的意義。

首先，它反映了普通民眾，也包括青年學生對革命的厭倦

---

1 《毛主席的孩子們：紅衛兵一代的成長與經歷》，渤海灣出版公司，1998年出版，179頁。

情緒，在某種程度上也是對文革無休止的鬥爭的一種抵制。用老百姓的話說，就是「不跟你玩了」。實際上，到了文革中後期，大多數人都逐步自覺不自覺地退出了文化大革命，文革初期的全民族參與的局面已經結束。文化大革命越來越陷入權力鬥爭，老百姓就退出看表演了。當然也還有為數不多的激進革命者，還在堅持自己的革命理想，實際上已經成為政治反對派，當時都轉入半公開、半地下的活動。後來，他們中許多人也逐漸退出了直接行動，而轉入地下讀書和批判性思考，這就最終和那些我們下面要討論的思考型逍遙派合流了。

逍遙派出現的另一個意義，是人們開始關心自己的日常生活，物質利益，關心個人興趣，開拓個人發展空間。於是出現了遍佈全國，五花八門的小聚合，類似今天的小沙龍。大家為某種共同興趣聚集一起，或讀書，或繪畫，或彈琴，或學外語，或練武功，還有專做木工，打傢具的，等等等等。這些活動從表面上看，都是沒有政治性的，但卻實際形成對革命至上、集體至上、精神至上、鬥爭至上的文革主流意識形態的一個抵制與消解。

在這裏要討論的，是文革中人們日常生活的意義。這是很多不瞭解大陸情況的朋友感到很難理解的：文革那樣一種無所不至的控制下面，在極其嚴密、達到精緻程度的「網」的籠罩下，老百姓怎麼活下來，我們這些人怎麼活下來的。我曾在一次關於共和國歷史的討論會上作了這樣的回答——

「控制自然是有效的，但人們也總能從嚴密的控制中尋找到某些空隙，並以中國平民百姓特有的生活智慧，盡量地加以擴大，從而為自己，以及家人獲得某種生存的空間。這種生活智慧自然是令人心酸的，但也表現了一種堅韌的生命力，這正是中華民族文化中所固有的，並且是深紮在中國普通民眾的精神結構的深處，它在共和國歷史(也是文革歷史——補注)裏事實上是構成了對體制控制的反抗，對控制的總體有效性形成了無形的破壞和削減，它不顯山露水，甚至不易被察覺，卻極其頑強，而且最終勝利者仍然是這平民百姓的生活邏輯，或者說歷史總是要回到這塊土地上的大多數人的生活邏輯上來」。[2]

應該說，「文革中的日常生活」是一個非常有意思的研究課題，可惜至今還少有這方面的研究成果。不過這些年已經陸續出版了一些回憶性的著作。我看到的就有《紅底金字：六七十年代的北京孩子》，《生於60年代》、《生於70年代》、《七十年代》等書。因為沒有專門研究，就只能就這些書中所提供的材料，作一個簡單的敘述性的介紹，多少增加一點感性認識吧。

在這些歷史當事人的回憶中，說到當年的生活，首先談到的自然是物質生活的貧困：「那年代，原本什麼都要拿票才能買到東西，什麼東西都是限量配給供應，比如油、比如糧食、比如雞蛋、比如豆製品、比如早點、比如餅乾、比如布、比如肥皂、比如香煙……」，「那些票證是特殊時期的特殊產物」。於是，這些生於60年代的城市裏的孩子最深刻的童年記憶，就是在「天濛濛亮的冬天的早上」，替媽媽到肉食品供應站排隊，用積攢下來的肉票買肉。「想到能吃到香得會掉舌頭的肉菜」，即使在寒風中等幾個小時，也興奮不已。[3] 農村孩子的記憶裏，難忘的是四季的野食：春天吃榆樹錢兒；夏天女孩吸喇叭花裏的蜜，男孩烤知了、馬蜂；秋天吃白菜心、青蘿

2　錢理群：《在〈一個平民百姓的回憶錄〉座談會上的講話》，文收《生命的沉湖》，三聯書店，2006年。

3　布衣依舊：《糧票油票豆製品》，《生於六十年代》，漢語大詞典出版社，2004年。108頁，113頁。

萄；冬天沒得吃，就吃柴禾垛垂下的冰溜子；「盼到過年了，年夜飯是很葷的，我往死裏吃，拼命吃，有一年竟撐得吐了，難受好久」。[4]

但貧困的物質生活裏，自有在思想控制的狹縫裏對文化生活的不懈追求。許多人都談到「看電影」成為那時代的精神盛典。據說看電影有三類：電影院裏看，必須預售，排隊；內部禮堂看內部片，這是一種特權，需要開後門，搞關係；只有在露天廣場上看，才真正是全民(全村，全廠，全校，全連隊)狂歡。看的自然是「紅色經典」，除「樣板戲」電影《紅燈記》、《智取威虎山》、《紅色娘子軍》等之外，還有文革前拍攝的《渡江偵察記》、《南征北戰》、《平原遊擊隊》、《地道戰》、《地雷戰》等清一色的戰爭影片，文革中拍攝的《閃閃的紅星》、《青松嶺》、《海霞》、《難忘的戰鬥》更是轟動一時。《難忘的戰鬥》是毛澤東看的最後一部電影，據說銀幕上伴隨高昂雄壯的歌曲，出現人民解放軍進入剛攻克的某城市，受到市民們熱烈歡迎的場面，毛澤東看了竟動了感情，先是陣陣抽泣，隨即失聲大哭。[5] 自然還有為數不多的外國電影，除了作為批判用的日本電影(如《山本五十六》、《啊，海軍》)，少量斯大林時代的電影(如《列寧在十月》、《列寧在一九一八》)外，主要是「友好的社會主義國家」的電影，當時就流傳一個順口溜：「阿爾巴尼亞電影是莫名其妙，羅馬尼亞電影是摟摟抱抱，朝鮮電影是又哭又笑，越南電影是飛機大炮」，其中由金正日編劇的《買花姑娘》，據說是「哭暈了全中國人民，每一座電影院都在抽泣」。這裏的「全國人民」

4 老李偶爾在線：《農村小孩的四季寫食主義》，《生於六十年代》，119–121頁。

5 逄先知、金沖及主編：《毛澤東傳》(下)，1781頁。

的全稱敘述，絕非誇大，那時的中國人是沒有不看電影的，連最邊遠的山區，都會有電影隊爬山越嶺去放映。因此，這些電影是深刻地影響了文革中的中國人，特別是年輕一代的思想情感，以至價值取向的，電影裏的台詞，甚至滲透到下意識裏，成為日常生活的代用語，一種特殊的交流語言，如當時還是「大院裏的孩子」，後來成為著名作家的王朔所言：「你要不懂，就沒法跟我們相處」。直到今天，如果你念一句《閃閃的紅星》裏的經典台詞：「我胡漢三又回來了」，就會引起所有的文革的經歷者的會心一笑。[6]——順便說一句，文革中的日常語言，是一個很有研究價值的題目，黃子平寫有《七十年代日常語言學》一文(收《七十年代》)，可參看。

這大概也是今人所難想像與理解的，文革中，中國的孩子，可能還有他們的父母，普通工人、市民的主要精神食糧，電影之外，就是「小人書」即連環圖畫書，以至有這樣的說法：「小人書造就了這麼一代人」。這也不奇怪，文革中古今中外的經典都被禁，年輕一代只有通過小人書來接觸中國與世界文化傳統了。何況連環圖畫還有娛樂休息的功能，據說毛澤東本人在工作之餘就是看小人書。[7] 周恩來因此在七十年代還專門佈置要編寫小人書，在批林批孔運動中還出了一批儒法鬥爭題材的小人書，《楊家將》、《三國演義》、《水滸》、《岳飛傳》等小人書風行一時。此外，《小英雄雨來》、《海

6　劉仰東：《紅底金字：六七十年代的北京孩子》，中國青年出版社，2005年出版，149–159頁。布衣依舊：《紅色電影時代：〈閃閃的紅星〉》，《紅色年代的其他影片》，《印象中的外國電影》，文收《生於六十年代》，181–215頁。

7　參看李光彩：《張玉鳳談毛澤東》，載《悦讀》18卷。張玉鳳回憶說，毛澤東「看正書看累了看閒書，看大書看累了看小人書」，「處理公事之外，他迷上了看《三國演義》連環畫冊，看得津津有味，這也是他休息腦筋的獨特方式」。

島女民兵》、《雞毛信》，以及根據高爾基三部曲改編的《童年》、《在人間》、《我的大學》也一時熱銷。如當年小人書迷，今天的著名電視主持人崔永元所說：「小人書帶我們遨遊遠古，觸摸歷史。有趣的是，孔孟之道進入我們的視野，都是從畫頁上喪魂落魄的孔老二開始的」，「在孩子的眼中，小人書裏的戰爭少了幾分慘烈和殘酷，取而代之的是幾分俏皮，幾分浪漫」。[8]

看電影外，一個重要的娛樂活動，就是唱「革命樣板戲」。當時中央文革和國務院還專門下達文件，要在全國普及樣板戲。在文革的體制下，中央一聲令下，全國所有的城鄉都組織了演出樣板戲的宣傳隊，再加上電影、廣播、電視的反復強制性播放，連不熟悉戲曲的男女老少都能哼唱幾句樣板戲。有意思的是，對文革中這一「全民唱樣板戲」的文化與精神現象，人們有着完全不同的記憶和反應。著名作家巴金在他的《隨感錄》裏曾說，他一聽到樣板戲就心驚肉跳，成為典型的記憶創傷，這引起了許多經歷了文革的文化專制的知識分子的共鳴。[9] 但對文革中還是江西一個小山村的初中生，現在在澳大利亞任教的高默波來說，這卻是他「在農村最好的記憶之一」。他說：「樣板戲的京劇應該說也是文化生活，而且是大多數人的文化生活」，「我們用本地的方言、本地的傳統戲曲曲調來改演京劇。移植很成功，我們不但在本村演出，還應邀

8　劉仰東：《紅底金字：六七十年代的北京孩子》，168–179頁。

9　巴金《隨感錄》裏專門寫了一篇《「樣板戲」》，寫到他的「樣板戲」記憶：「在我的夢裏那些『三突出』的英雄常常帶着獰笑用兩隻大手掐我的咽喉，我拼命掙扎，大聲叫喊」，並且表示：「在大唱『樣板戲』的年代裏，我受過多少奇恥大辱，自己並未忘記」，「也許是我的過慮，我真害怕1966年的慘劇重上舞台」。見《巴金全集》16卷，人民文學出版社，1991年出版，682頁，683頁。

到其他幾個高家村去表演」，「這些活動不但大大豐富了當地的文化生活，而且加強了社團和公共活動意識。農民第一次用自己的語言、自己熟悉的曲調上台演戲，都興奮得很」，「而且他們全都認真地讀劇本，也提高了識字和閱讀能力」，「令人意想不到的是，這樣的活動還開闢了年輕人自由戀愛的先例」，「在那個年代，這給年輕人帶來了很多歡樂的時光」。[10]

唱戲之外，還有唱歌。那個時代，幾乎所有的年輕人，特別是知青，都有自己的手抄的歌本。從許多人的回憶中，可以發現當時傳抄的歌曲，主要有三類，一是文革前的中外電影歌曲和民歌(如《洪湖赤衛隊》、《怒潮》、《柳堡的故事》、《劉三姐》，以及印度電影《流浪者》的插曲，《敖包相會》、《跑馬溜溜的山上》等民歌)，蘇俄歌曲(如《莫斯科郊外的晚上》、《喀秋莎》、《三套車》等)，以及少量英美和港台的歌曲(如《魂斷藍橋》、《藍色的街燈》、《尋夢園》、《苦咖啡》等)。前兩類和知青這一代人所接受的教育是一致的，顯示了毛澤東時代的社會主義文化、民間文化，以及俄羅斯文化的深刻影響。而「從英美到港台的一路」，則似乎「來自另一種文化」，顯示的是「另一種別樣的生活」。如一位當時的北京工人，後來的著名學者這樣談到他最初接觸這些歌曲時的感受：「這些歌裏少了蘇俄歌曲中渾厚憂鬱、崇高壯烈的情緒，多了纏綿悱惻、男嗔女怨的小資情調，更個人，更世俗」。[11] 這裏提供的資訊是很有意思的：這一代人除了通過閱

10　高默波：《啟程——一個農村孩子關於七十年代的記憶》，《七十年代》，86–87 頁。

11　趙越勝：《驪歌清酒憶舊時——記七十年代我的一個朋友》，《七十年代》，277–281 頁。參看籃子：《月光下的歌聲》、《流逝的音符——關於〈南京知青之歌〉》，文收《山崖上的守望》，福建教育出版社，1999 年出版，45–46 頁。

讀，還通過音樂，或許還有美術，突破文革的禁區，與西方現代文化和港台文化發生精神聯繫。

當時在雲南的北京知青，後來的著名作家阿城的回憶，則揭示了這樣的與西方、港台文化聯繫的另一個特殊途徑，即「聽敵台」。從玩礦石收音機到玩半導體收音機，有條件的還玩音響，這也是文革中的許多青年，特別是知青的一個愛好。[12] 玩熟了，自然要聽境外廣播。在雲南這樣的邊遠地區，就更有條件，也無人管。據阿城說，「聽敵台，並非只是關心政治消息，而主要是娛樂」。他記得聽澳洲台播台灣的廣播連續劇《小城故事》，「圍在草房裏的男男女女，哭得呀。尤其是鄧麗君的歌聲一起，殺人的心都有」。聽美國之音，英國BBC，也主要是聽音樂會實況轉播，儘管遠隔千萬里，卻有現場的空氣感。其結果是：「聽敵台，思維材料就多了。思維材料多了，對世界的看法就不一樣了。對世界的看法不一樣了，就更覺得度日如年了」。[13]

以上所說的，都是文革中年輕一代的日常文化生活。而其他社會階層的生活，卻因他們自身少有回憶，也只能還是從年輕人的回憶裏，略窺一二。

這是1974年回城作工的學者蔡翔的描述：「1976年的上海，已經很生活化了，政治很近，但又很遙遠。老人們想着在農村中的孩子，年輕人想着戀愛和結婚。那時的工人，好像沒有什麼消費習慣，長了兩隻手，就是來幹活的。自行車壞了，下了班就在廠裏修，廠子裏都是現成的材料，回到家，有個什麼活，順手都幹了，都是在工廠裏學的手藝。在廠裏，木工和

12　劉仰東：《紅底金字：七十年代的北京孩子》，135–149 頁。

13　阿城：《聽敵台》，《七十年代》，香港中文大學出版社，2009 年出版，139–140 頁。

油漆工是最受歡迎的。當然，還有電工。早早都攏上了關係，想着結婚的時候，給打套傢具，鋪個電線什麼的。我後來結婚，傢具是自己打的，房間也是工友們相幫着刷的。都是現成的工匠，喊一聲，就都來了」。[14]

當時正在湖南一個公社茶場插隊的作家韓少功則有這樣的回憶：「在地上勞動的時候，尤其聚在樹下火坡下工休的時候，聊天就是解悶的主要方法。農民把講故事稱為『講白話』，一旦喝過了茶，抽燃了旱菸，就會叫嚷：來點白話吧，來點白話吧。農民講的多是鄉村戲曲裏的故事，還有各種不知來處的傳説，包括下流笑話。等他們歇嘴了，知青也會應邀出場，比方我就講過日本著名女間諜川島芳子的故事，是從我哥那裏聽來的，頗受大家歡迎」。於是又有了這樣一番議論：「這些閒聊類似説書，其實是中國老百姓幾千年來重要的文明傳播方式。在無書可讀的時候(如文革)，有書難讀的時候(如文盲太多)，口口相傳庶幾乎是一種民間化彌補，一種上學讀書的替代。以至很多鄉下農民只要稍稍留心，東聽一點西聽一點，都不難粗通漢史、唐史以及明史，對各種聖道或謀略也毫不陌生」。[15]

據父親是一位著名學者的李大興回憶，1972年，中國社會科學院的老知識分子紛紛從勞動改造的外地回來，他們的集中居住區北京永安南里頓時熱鬧起來，「當時就有人説，『一下子冒出了好多遺老』。一個瘦小的老者踽踽獨行，母親告訴我，那就是俞平伯先生。俞先生住十號樓五單元，好像是為取牛奶，我才常看到他毫不起眼的身影。後來讀有關他的回憶文章，方知那時老先生時常在家和朋友唱崑曲，自得其樂。暴風

14　蔡翔：《七十年代——末代回憶》，《七十年代》，329–330頁。

15　韓少功：《漫長的假期》，《七十年代》，570頁，571頁。

驟雨過後，是高壓下的沉悶。外面的革命世界表面上如火如荼，永安南里卻多少有些孤島氣息。」「在家偷着樂的，不止俞先生」，母親因看病而結識的住在九號樓的陳紱先生，是清流名臣陳寶琛曾孫，「當時還不過四十多歲，長身俊朗、玉樹臨風」，「衣着考究，談吐優雅」，「他十分健談，往往是開過方子後清茶一杯，菸不離手，侃上兩三小時方翩然而去。不久，陳先生便成了我家麻將桌上的常客，他牌打得極好，還拉一手胡琴」。[16]

這都是文化大革命歷史的有機組成，在文革敘述中是不可或缺的。

還要強調底層人民生活與倫理在文化大革命中的意義。

講兩個故事。一個是1957年的右派和鳳鳴的文革遭遇。她被強制遣送回鄉監督勞動。她的房東老大爺就召集全家開會，鄭重宣佈：「這位大姊是落難之人，我們全家要善待她。」[17] 這就是說，儘管體制已經把和鳳鳴宣判為「反革命」，但在體制控制力稍弱的農村底層社會，父老鄉親卻不把她看作「敵

16　李大興：《明暗交錯的時光》，《七十年代》，550–551頁。詩人灰娃也有類似的「小沙龍」的回憶：「往往是我的小客人進屋後，我煮上一壺濃香咖啡，或者沏紅茶。我總要往滇紅茶中放幾滴乾紅酒，一點冰糖，一片鮮檸檬，調製成美味可口的飲料，隨後即把門窗關得嚴嚴實實，拉上窗簾。之後，我們便開始聽音樂。抄家之後，只剩下三張唱片：有德沃夏克的《D小調大提琴協奏曲》，德彪西的《海與風的對話》，柴可夫斯基的《悲愴》和《第一鋼琴協奏曲》。這幾張唱片反復聽，到後來，一些段落已被有的孩子背熟了」。「春，夏，秋三季，我們還常常到郊區去遠足」，「在樹叢，草地，寺廟，農家，也在開滿雪白梨花的果園和散落羊群的路邊，開心地玩、唱、說笑。那年月遊人稀少，偌大天地間彷彿只有我們」。見《我額頭青枝綠葉：灰娃自述》，人民文學出版社，2010年出版，140–141頁。——其實這樣的「沙龍」，在文革後期是遍佈全國的。我的貴州家裏，岳母是老派上海人，也經常聚會，喝咖啡，唱西洋歌曲。

17　參看錢理群：《「活下去，還是不活？」——我看紀錄片《和鳳鳴》》，文收《拒絕遺忘：「1957年學」研究筆記》。

人」。這表明無論統治的力量多麼強大，在普通老百姓這裏還是自有衡人看事的標準，即通常所說「老百姓心中都有一桿秤」。老大爺說要善待「落難之人」，更是典型的民間倫理，民間戲曲早就演繹出許多動人故事，代代相傳，滲透到了民族心靈深處。即使在文化大革命這樣的統治嚴密性達到極致的時期，也依然在民間社會發揮作用，並神奇地保護了和鳳鳴這樣的體制的「敵人」，讓他們在農民的民間倫理那裏找到了精神的庇護所，在有限的空間裏，獲得了人的尊嚴，頑強地活了下來。

再講一個貴州安順小城的故事。故事的主人公宋茨林是縣城中學的高材生，但在文革之前，就因為家庭出身的原因，高考時沒有被大學所錄取。在城裏待不下去，就作為「知識青年」到了農村，文革開始時他正在屯堡村寨勞動。那裏卻保留着重視文化教育的傳統。於是，那個「身材瘦小得像猴子一樣」的支部書記，不管城裏的學校早已停課鬧革命，卻立志要恢復村裏的小學，並讓宋茨林當老師。這就使得農村的孩子有機會接觸到他們所不瞭解的城市現代文化。譬如宋老師每天都要刷牙這件小事，就讓孩子們驚羨不已。宋茨林讀書時喜歡俄文，就教孩子唱俄文歌曲，在似懂非懂的鄉村少年面前展現另外一個世界。後來宋茨林又來到深山野林裏去教書，住在一個叫胡家灣山上的野廟裏。廟前有五棵參天的白果樹。而且聽到了「怪樹成精」的傳說，還真的體驗了「白衣的女人神出鬼沒」的恐怖。他因此而頓悟了民間文化的神秘性。更有意思的是，鄉民們紛紛傳說宋老師不怕鬼，而村寨裏的老人的解釋卻更為神奇：「讀書人是孔孟子弟，頂天立地，怕哪樣？硯台可以打鬼，毛筆可以殺鬼。天無忌，地無忌，秀才無忌！」這背後的「文化崇拜」讓這位年輕老師大為震動。他因此而進入民間文化的「小傳統」，它以一種民間價值理念、思維和行動邏輯存在於普通百姓日常生活中，具有超穩定性，即使文化大革命這樣的空前的社會大動盪也未將其根基動搖。這樣，當作為大傳統的文化典籍在城市裏的破四舊運動中被焚燒、毀滅的時候，是民間小傳統將文化血脈保存了下來。正是身置在這革命之外的「化外之境」，在偏遠農村的「化外之民」的庇護下，宋茨林得以在深山古剎裏，一面向農村裏的莘莘學子傳授知識，一面挑燈夜讀，心接民族、人類文明傳統，並因此找到自己的精神家園：這稱得上是文化大革命中的「亂世文化奇觀」。這也是文化大革命的重要方面，理應進入我們的歷史敘述。[18]

我們的討論，也許扯遠了一點，卻很重要。但現在，我們還要把話題拉回來，談文革中的逍遙派。其中有兩個群體，需要單獨談談。

一是前面已經提及的所謂「思考的，有追求的逍遙派」。當年北大化學系的高材生，今天的著名學者金觀濤説得很好：「每一個經歷過『文革』的中國人在精神上都是文革的參與者，區別僅在於參與的方式。」他這樣談到自己：「我的參與方式很特別，一切事變在我的心中都變成了哲學。從此，我開始了那長達二十年的哲學沉思——最初從陶醉在思想解放中的歡愉之情開始，接着就迎來了漫長的苦悶和彷徨時期，它包括那一次又一次在理性主義的黑暗中探索最後重新去尋找光明和理性歷程」。金觀濤還談到，「『文化大革命』是中國當代史上最痛苦也最重大的事件。它是中國尋找現代化道路以及追求它自身理想所經受的各種轉變中最令人感到迷惑的事件。

18　參看錢理群：《「土地裏長出來的散文」——讀宋茨林〈我的月光我的太陽〉，兼談〈黔中走筆〉》，收《漂泊的家園》，貴州教育出版社，2008 年。

作為當時處於革命中心地帶——北京大學的大學生，又自認為是一個馬克思主義理論家的我，最富有挑戰性的問題莫過於如何在理論上解釋和把握這場運動」，這構成了他幾十年探討哲學問題的原初動力。也正是為了進行根本性的思考，就必須與實際運動保持適當的距離，這就是金觀濤和他有着同樣或類似追求的紅衛兵選擇逍遙派的原因。金觀濤描述説：「1967年的夏天，外面發生着武鬥，而我卻躺在竹床上反反復復苦讀黑格爾的邏輯學」。有意思的是金觀濤的結論：「如果沒有『文革』，或者『文革』推遲在十年以後發生，我都只可能是一個科學家，而不會走上思考歷史、人生和哲學的道路」。[19] 這大概是有一定代表性的：以後八十年代中國最活躍的，今天佔據了主流地位的學者、作家、藝術家都是這樣孕育在文革中、後期的逍遙生活裏的。

這裏還有一個例子。當年的初中生、今天的著名作家韓少功，他的探索人生之路是從1967年秋「偷書」開始的：「停課仍在繼續。漫長的假期似無盡頭。但收槍令已經下達，革命略有降溫，校圖書館立刻出現了偷盜大案」，「一個沒有考試，沒有課程規限，沒有任何費用成本的閱讀自由不期而至，以至當時每個學生寢室裏都有成堆禁書」。還有這樣的趣聞：一位同學膽大包天到省城最大圖書館偷上萬元的進口畫冊(他當時正迷戀美術)，因而被判刑一年監外執行，一位老法官竟然對他私下感歎：我那兒子要是像你這樣愛書，我也就放心了啊！韓少功説，這是「隱秘的民間宣判」：「哪怕在大批知識分子淪為驚弓之鳥的時代，知識仍被很多人暗暗地惦記和尊敬，一個偷書賊的服刑其實不無光榮」。韓少功後來用「偷書，搶書，換

19 金觀濤：《二十年的追求：我和哲學》，收《我的哲學探討》，上海人民出版社，1988年出版，5頁，8頁，10頁，5頁。

書，説書，護書，教書，抄書，騙書，醉書」來概括他在文革中、後期的「逍遙讀書」的經歷，這自然也是具有代表性的：直接影響了八十年代「文藝復興」的精神、文化的傳遞、承襲，正潛移默化於其中[20]。

講到「換書」，就順便説説文革中的特殊市場交易，即所謂「黑市」，它的特點是以物易物，不經過現金的環節，黑市的經營者主要是青少年，當年的紅衛兵，今日的逍遙派。據韓少功回憶：「毛主席像章一時走紅」，「一個碗口大的合金鋼像章，可以換三四個瓷質像章或竹質像章」；「像章熱減退，男生對軍品更有興趣，於是一頂八成新軍帽可換十幾個像章」；「再過一段，上海回力牌球鞋成了時尚新寵，尤其是白色回力幾成極品，至少能換一台三級管收音機外加軍褲一條」；「一旦讀書潮暗湧，圖書也可入場交換。比如一套《水滸傳》可換十個像章或者一條軍皮帶。俄國油畫精品集或舒伯特小提琴練習曲的價位更高」。[21]黑書行情的變化，折射出的是青少年日常生活興趣的變化，大概到了文革後期，讀書就成為一時之追求了。

這樣的逍遙讀書，當具有某種組織形態時，就成了文革後期的「民間思想村落」。這裏要略説一點的，是文革後期的「地下文學」。這樣的地下文學其實是有兩部分的。一部分是所謂「民間口頭文學」，它產生於前面已經提到的田頭小憩，以及很多回憶中都提到的車間、炕頭的閒聊，知青朋友之間的聚會中，帶有很大的自娛自樂的性質，有的有所本(大都是傳統的或現代通俗小説)，更多的是即興創作。逐漸就出現了一些「故事王」，練就一方名嘴，「走到哪裏，都被知青迎來

20 韓少功：《漫長的假期》，《七十年代》，562–584 頁。

21 韓少功：《漫長的假期》，《七十年代》，568–569 頁。

送往。尤其是農閒時節，大會寂寞難耐，經常備上好菜排着隊請他，把他當成了快樂大本營」。[22] 這些即興創作，在流傳過程中，不斷被加工，成了集體創作，並且風行全國。其中影響最大的有《梅花黨》、《一雙繡花鞋》這樣的「間諜偵探小説」，《少女的心》、《曼娜回憶錄》這樣的「色情小説」，其實都是二十世紀三四十年代通俗小説類型的復活，正適合民間趣味，也是對文革主流革命文學的一種反彈。同時盛行的知青歌曲，也有濃厚的感傷、悲涼情調，[23] 是文革主旋律的不和諧音。因此，這些民間創作都遭到了殘酷的鎮壓，知青歌曲的代表作《南京知青之歌》的作者竟判了十年徒刑，連貴州安順小城，我的一位年輕朋友的哥哥就因為刻印《少女之心》而被槍斃。

地下文學藝術的另一部分是「文革地下文學藝術沙龍」所創作的多少具有前衛性的現代詩歌，現代小説和現代藝術作品。最著名的有北京分別以趙一凡、徐浩淵為核心的沙龍，上海小東樓沙龍，貴州以黃翔、啞默等為核心的貴陽沙龍等。七十年代被稱為「文革新詩第一人」的食指，八十年代影響一時的詩人北島、芒克、多多、黃翔，都產生於這樣的文學沙龍裏。[24]

文革逍遙派還有一個重要群體，就是所謂「大院裏的孩

22 參看韓少功：《漫長的假期》，《七十年代》，571 頁。楊健：《文化大革命中的地下文學》也有類似記載，347–349 頁。

23 知青歌曲的代表作《南京知青之歌》的歌詞：「跟着太陽出，伴着月兒歸，沉重地修理地球」，「未來的道路多麼艱難，曲折又漫長，生活的腳印深淺在偏僻的異鄉」，配上感傷、悲涼的曲調，全國各地的知青無不為之動容。見楊健：《文化大革命中的地下文學》，116–128 頁。參看籃子：《流逝的音符——關於《南京知青之歌》》，《山崖上的守望》，45–48 頁。

24 參看《文化大革命中的地下文學》相關部分；北島：《斷章》，徐浩淵：《詩樣年華》，均收《七十年代》。

子」。姜文導演，根據王朔小說改編的《陽光燦爛的日子》，所反映的就是大院孩子的文革生活，和他們那一代人的文革記憶，和人們通常看到的「血淋淋」的文革很不一樣，卻也是真實的。所謂「大院」，主要指北京軍隊和國家機關的大院，「一般是融工作、生活、教育、娛樂設施於一體的綜合性場所。它們都有圍牆和嚴密的警備保安制度而與城市的其他區域相互隔離，是一個個具有院落特徵的相對自足的空間」，這是「一種權力空間與實體空間高度統一的場所」。於是，「大院與胡同」就成了1949年建國以後北京城市結構的象徵，「分別指稱北京的國家性與地方性，政治權力和日常生活，神聖性與世俗性」，在中國的各大中城市也都有這樣的規模不等的「大院」。但文革中，大院的主人——軍隊與地方的領導幹部，突然成了被衝擊的對象，「大院的孩子」也突然被拋棄到邊緣位置，「他們經常遊逛於北京大街小巷之中，在『莫斯科餐廳』喝酒或在王府井聚會；他們說一種基於北京方言的，由政治意識形態術語與胡同俚語相結合的新型語言。還有打群架或追逐女孩」，並且有專門名詞，叫「拍婆子」。也有表明身份的服裝，據說進入七十年代以後，四個兜的的確良上衣(幹部服)長期領導服裝潮流，泛稱「國防綠」，俗稱「板兒綠」；衣服怎麼穿，也有講究，比如穿五枚扣子的制服，要害在於第一枚扣子不能扣，最好袖子往上挽兩圈，再配上球鞋中的「大哥大」——白色「回力」牌高腰籃球鞋，就完成了一個「城市浪蕩者」的形象。但他們從來沒有放棄「接班人」的身份幻想，也經常做着在中蘇開戰，或者乾脆是世界大戰爆發的時候充當英雄的夢，因此，他們即使已經落魄，也始終保持對「胡同孩子」的優越感和隔膜感，以至隱隱的仇恨。大院的孩子和胡同的孩子的惡戰時有發生，更多的是不同大院的孩子之間的內鬥。其中的領袖人物，往往稱為「頑主」。「未來國家主人」與「城市遊蕩者」的雙重身份，對這一代「大院的孩子」少年成長期的精神影響是深刻的，他們中的一些人已經成為今天中國社會中重要的力量，回顧文革中的這段逍遙、遊蕩生活裏精神歷程，是格外有意義的。[25]

逍遙派思潮也有它的負面，同樣不可忽略。它是對革命的絕望和厭倦的產物，背後隱含着的是信仰的破滅。正像張中曉所指出的那樣，信仰的破滅是極容易導致虛無主義和感官沉溺的。[26] 因此，在文革中後期，隨着逍遙派思潮的氾濫，虛無主義和及時尋樂的享樂主義的思潮，也悄悄在中國大陸出現。有的人認為，自己把青春白白地獻給了革命，迫不及待地希望得到補償，就產生了瘋狂攫取的慾望，這就是為什麼在文革結束，改革開放的八、九十年代，中國迅速地從精神至上轉變為精神虛無，物欲橫流，從集體至上，一切為公轉變為個人至上，不擇手段地為私人謀利的內在邏輯。看起來是八、九十年代突然發生，其實它的前因早在文革中後期的六、七十年代就已經埋下了。這是一條非常重要的線索，也應進入我們的文革歷史敘述。

25　徐敏：《王朔和文革後期的城市遊蕩者——以〈動物兇猛〉為例》，文載《上海文化》2009 年 3 期。參看《紅底金字：六七十年代的北京孩子》，268–269 頁，270–271 頁，302–308 頁，309–313 頁。

26　張中曉：《無夢樓全集》，126 頁，183–184 頁，武漢出版社，2006 年。

從文本看文革思維與話語

文革的一大特點，是不僅有文革觀念，體制，還有文革思維，文革話語，並創造了特殊的文革文體，這都體現在各種文革文本裏。未曾親歷者，或許可以通過這些文革文本的閱讀，進入文革時代氛圍和情境之中。我們採取的辦法是選摘部分文本，或提供背景，或略作解說，但也僅供參考而已。

一、大字報

1966年5月16日通過的《中國共產黨中央委員會通知》即《五一六通知》，宣佈了文化大革命的正式開始。在《通知》的啟示下，5月25日北京大學哲學系聶元梓等七名教員在北大校園大飯廳東牆上貼出了一張大字報——

宋碩、陸平、彭佩雲在文化大革命中究竟幹些什麼

現在全國人民正在以對黨對毛主席無限熱愛、對反黨反社會主義黑幫無限憤怒的高昂的革命精神掀起轟轟烈烈的文化大革命，為徹底打垮反動黑幫的進攻，保衛黨中央，保衛毛主席而鬥爭。可是北大卻按兵不動，冷冷清清，死氣沉沉，廣大師生的強烈革命要求被壓制下來，這究竟是怎麼回事？原因在哪裏？這裏有鬼。請看最近的事實吧！

事情發生在五月八日發表了高矩的文章，全國掀起了申

討「三家村」的鬥爭高潮之後，五月十四日陸平(北京大學校長、黨委書記)急急忙忙的傳達了宋碩(北京市委大學部副部長)在市委大學部緊急會議上的「指示」。宋碩說，現在運動「急切地需要加強領導，要求學校黨組織加強領導，堅守崗位」，「群眾起來了，要引導到正確的軌道上去」，「這場意識形態的鬥爭，是一場嚴肅的階級鬥爭，必須從理論上徹底駁倒反黨反社會主義的言論，堅持講道理，方法上怎樣便於駁倒就怎樣做。要領導好學習文件，開小組討論會，寫小字報，寫批判文章。總之，這場嚴重的鬥爭，要做的很細緻，很深入，徹底打垮反黨反社會主義的言論，從理論上駁倒他們，絕不是開大會所能解決的」，「如果群眾激憤要求開大會，不要壓制，要引導開小組會，學習文件，寫小字報」。

陸平和彭佩雲(北京市委大學部幹部，北京大學黨委副書記)完全用同一腔調佈置北大的運動。他們說：「我校文化大革命形勢很好」，「五月八日以前寫了一百多篇文章，運動是健康的——運動深入了，要積極引導」，「現在急切需要領導，引導運動朝正確的方向發展」，「積極加強領導才能引向正常的發展」，「北大不宜貼大字報」，「大字報不去引導，群眾要貼，要積極引導」等等。這是黨中央和毛主席制定的文化革命路線嗎？不是，絕對不是！這是十足的反對黨中央、反對毛澤東思想的修正主義路線。

「這是一場意識形態的鬥爭」，「必須從理論上徹底駁倒反黨反社會主義的言論」，「堅持講道理」，「要做的細緻」。這是什麼意思？難道這是理論問題嗎？僅僅是什麼言論嗎？你們要把我們反擊反黨反社會主義黑幫的你死我活的政治鬥爭，還要「引導」到哪裏去呢？鄧拓和他的指使者對抗文化大革命的一個主要手法，不就是把嚴重的政治鬥爭引導到「純學術」的討論上去嗎？你們為什麼到現在還這麼幹？你們到底是什麼人？

「群眾起來了，要引導到正確的道路上去」，「引導運動向正確的方向發展」，「要積極引導才能引向正常的發展」。什麼是「正確的道路」？什麼是「正確的方向」？什麼是「正常的發展」？你們把偉大的政治上的階級鬥爭「引導」到「純理論」「純學術」的圈子裏去。不久前，你們不是親自「指導」法律系同志查了一千五百卷書，一千四百萬份資料來研究一個海瑞「平冤獄」的問題，並大肆推廣是什麼「方向正確，方法對頭」，要大家學習「好經驗」嗎？實際上這是你們和鄧拓一夥黑幫製造的「好經驗」，這也就是你們所謂「運動發展是健康的」實質。黨中央、毛主席早已給我們指出的文化大革命的正確道路、正確方向，你們閉口不談，另搞一套所謂「正確的道路」、「正確的方向」，你們想把革命的群眾運動納入你們的修正主義軌道。老實告訴你們，這是妄想！

「從理論上駁倒他們，絕不是開大會所能解決的」，「北大不宜貼大字報」，「要開小組會，寫小字報」。你們為什麼這樣害怕大字報？害怕開申討大會？反擊向黨向社會主義向毛澤東思想猖狂進攻的黑幫，這是一場你死我活的階級鬥爭，革命人民必須充分發動起來，轟轟烈烈，義憤申討。開大會，出大字報就是最好的一種群眾戰鬥形式。你們「引導」群眾不開大會，不出大字報，製造種種清規戒律，這不是壓制群眾革命，不准群眾革命，反對群眾革命嗎？我們堅決不答應！

你們大喊，要「加強領導，堅守崗位」，這就暴露了你們的馬腳。在革命群眾轟轟烈烈起來響應中央和毛主席的號召，堅決反擊反黨反社會主義的黑幫的時候，你們大喊：「加強領導，堅守崗位」。你們堅守的是什麼「崗位」，為誰堅守「崗位」，你們是些什麼人，搞的什麼鬼，不是很清楚嗎？直到今天，你們還要負隅頑抗，你們還想「堅守崗位」來破壞文化革命。告訴你們，螳臂擋不住車輪，蚍蜉撼不了大樹。這是白日做夢！

一切革命的知識分子，是戰鬥的時候了！讓我們團結起來，高舉毛澤東思想的偉大紅旗，團結在黨中央和毛主席的周圍，打破修正主義的種種控制和一切陰謀詭計，堅決、徹底、乾淨、全部地消滅一切牛鬼蛇神，一切赫魯曉夫式的反革命修正主義分子，把社會主義革命進行到底。

保衛黨中央！

保衛毛澤東思想！

保衛無產階級專政！

哲學系聶元梓 宋一秀 夏劍豸 楊克明 趙正義 高雲鵬 李醒塵

一九六六年五月二十五日[1]

這是被毛澤東稱為的「全國第一張馬列主義的大字報」，也可以說是文革大字報開先河之作。我們是可以從這張大字報入手，來理解文革的。它的開文革先河的意義有三。

首先，其最引人注目之處，在於它把矛頭指向了自己所在單位(北大)的領導(校長，黨委第一書記)及其上級主管領導(北京市委大學部)。這在當時是犯了黨專政的大忌的。在1949年以後建立，1957年反右運動以後極度強化的黨的一元化領導

1　文收聶元梓：《聶元梓回憶錄》，第119–121頁，香港時代國際出版有限公司，2005年。

結構裏，從中央到地方各級黨委，以致基層單位第一書記具有總管一切的絕對權力，由此形成了「批評任何一級黨組織負責人，就是反黨，反革命」的鐵的專制邏輯。黨發動的歷次政治運動，都是各級黨委直接掌控鬥爭的領導權，打擊黨所確定的鬥爭對象，在各基層單位落實下來，就是整黨的第一把手認定的不馴服者或有問題的人。聶元梓等的大字報所批判的北大和北京市黨委所實行的「加強領導，堅守崗位」的方針，其實是延續了黨領導政治運動的慣例，在某種程度上，正是要將文化大革命納入反右運動的軌道。而這恰恰違背了毛澤東發動文化大革命的意圖：毛的目的是要「整黨內走資本主義道路的當權派」，讓各級黨組織繼續掌控運動的領導權，就無異於與虎謀皮，不僅會遇到頑強的抵制，而且還會被轉移鬥爭方向。因此，此刻聶元梓等起來批判地方和基層黨組織「加強領導，堅守崗位」，就是正中下懷。[2] 毛澤東立即予以堅決支持，並通過以「人民日報評論員」的名義發表在6月2日《人民日報》的《歡呼北大的一張大字報》一文，把問題挑明——

「陸平以北京大學『黨委書記』的身份，以『組織』的名義，對起來革命的學生和幹部，進行威嚇，說什麼不聽從他們這一撮人的指揮就是違犯紀律，就是反黨。——請問陸平，你們所說的黨是什麼黨？你們的組織是什麼組織？你們的紀律是什麼紀律？事實使我們不能不做出這樣的回答，你們的『黨』不是真共產黨，而是假共產黨，是修正主義的『黨』。你們的組織就是反黨集團。你們的紀律就是對無產階級革命派實行殘酷無情的打擊。……

2　許多人都認為聶元梓等的大字報，是從康生那裏得知毛澤東的意圖而寫，甚至是康生有意組織的；但聶元梓在其回憶錄裏，則強調並非受到康生等的指示和授意，是自己對中共中央「五一六通知」的精神的領會，結合和陸平長期矛盾而寫出的。（見《聶元梓回憶錄》第 122 頁，123 頁。）

對於無產階級革命派來說，我們遵守的是中國共產黨的紀律，我們無條件地接受的，是以毛主席為首的黨中央的領導。(毛澤東在審批時，於此處加了一句：「危害革命的錯誤領導，不應當無條件接受，而應當堅決抵制，在這次文化大革命中廣大革命師生及革命幹部對於錯誤的領導，就廣泛地進行過抵制」)。毛澤東思想，是我們各項工作的最高指示。毛主席關於社會主義階級和階級鬥爭的學說，關於在意識形態領域中興無滅資的無產階級『文化大革命』的指示，是我們必須遵循的。凡是反對毛主席，反對毛澤東思想，反對毛主席和黨中央指示的，不論他們打着什麼旗號，不管他們有多高的職位，多老的資格，他們實際上是代表了被打倒了的剝削階級的利益，全國人民都會起來反對他們，把他們打倒，把他們的黑幫、黑組織、黑紀律徹底摧毀」。[3]

這樣，就在全黨、全國人民面前，宣佈了兩個「黨」的存在：在「毛主席為首的黨中央」之外，還有一個「修正主義的『黨』」。更重要的是，由此而宣佈了新的黨的領導原則和紀律：只有「以毛主席為首的黨中央的領導」才代表黨的領導，必須無條件地服從；只有毛澤東思想才是「各項工作的最高指示」，必須無條件地執行和遵守；凡反對毛主席，反對毛澤東思者，都是革命的對象。

聶元梓等人的大字報第二個引人注目之處，在關於「大字報」與「小字報」之爭。這實際上是一個「如何進行文化大革命」的問題。陸平等強調「北大不宜貼大字報」，「要引導開小組會，寫小字報」，也是始終把群眾置於黨的控制之下的傳統作法；但毛澤東發動文化大革命，就像他後來在與阿爾巴尼

3 《人民日報》評論員：《歡呼北大的一張大字報》，原載 1966 年 6 月 2 日《人民日報》。轉引自《聶元梓回憶錄》，第 133–134 頁。

亞領導人談話中所説，卻要尋找一條「公開地、全面地、由下而上地發動廣大群眾來揭發我們的黑暗面」的方法和道路。[4] 大字報就是在這樣的需求下，得到了空前的重視，後來發展成所謂「四大自由」，即「大鳴，大放，大字報，大辯論」(以後又加上「大串連」)，這也就是人們所説的「大民主」，以擺脱現有的組織、制度、紀律、方法，直接發動群眾，打亂既定秩序。毛澤東下令將聶元梓大字報在《人民日報》公開發表，並用「評論員」的名義，將自己的意圖直接公之於眾，而繞開了各級黨組織：這本身就體現了一種全新的運動方式。如一位研究者所説，這樣，在運動開始階段，就出現了兩種「黨的聲音」：「一種聲音來自上級黨組織」，「另一種聲音來自毛澤東」，是通過《人民日報》(以後又加上《解放軍報》和《紅旗》雜誌，即所謂「兩報一刊」)發表的。於是，就出現了「你聽誰的：聽黨委，還是聽報紙的？」的問題，最初的群眾中的所謂「造反派」和「保守派」就是這樣形成的。[5] 而大字報就成為自下而上的響應毛澤東的號召，造各級黨組織的反，並形成群眾專政的最有力的武器。

聶元梓等人的大字報第三個引人注目之處，在於其顯示的文革思維與話語方式：「黨中央毛主席早就給我們指出的文化革命的正確道路、正確方向，你們閉口不談，另搞一套所謂『正確的道路』，『正確的方向』你們想把革命的群眾運動納入你們的修正主義軌道。老實告訴你們，這是妄想！」這裏，首先是「我們」與「你們」的二元對立，非此即彼，而且是你

4　毛澤東：《同卡博 · 巴盧庫的一段談話》(1967 年 2 月 8 日)，收《建國以來毛澤東文稿》第 12 冊，第 220 頁，中央文獻出版社，1998 年。

5　徐友漁：《形形色色的造反——紅衛兵精神素質的形成及演變》，第 146，147 頁。香港中文大學出版社，1999 年。

死我活，一個吃掉一個，這就內含着一個暴力邏輯：只要將不同於己的人置於「我們」之外的「你們」行列，就可以置之於死地，以後就發展為文革中的兩派殘酷武鬥。其次是認定「我們」因為站在「黨中央毛主席」這一邊，就先天地正確，掌握真理，是「無產階級革命派」，怎麼說怎麼做，都天然合理；而「你們」代表了修正主義，怎麼說、怎麼說做都註定有罪。這是一種更為可怕的專制邏輯。這樣的以暴力與專制為內核的二元對立思維模式，是以毛澤東的階級鬥爭、無產階級專政的理論為內在依據的，反映的是毛澤東式的思維方式。這同時也是一種居高臨下，以勢取勝，咄咄逼人的話語方式：「你們為什麼到現在還這麼幹？你們到底是些什麼人？」這樣的話語是極具情感的煽動力與心理的控制力的，也正是毛澤東式的話語方式的最大特點。用毛澤東式的思維方式與話語方式來改造全黨、全國人民的思維與話語，也是文革所要實行的毛澤東個人獨裁的重要方面。

這樣，聶元梓們的大字報，就不僅在文革的打擊對象、運動方式上，而且在思維方式、話語方式上，都符合於毛澤東發動文革的意圖，如前文所說，這是「正中下懷」。毛澤東終於從後台走到前台，直接表態了。於是，就有了1966年8月5日毛澤東的大字報——

炮打司令部——我的一張大字報

> 全國第一張馬列主義的大字報和人民日報評論員的評論，寫得何等好啊！請同志們重讀這一篇大字報和這個評論。可是在五十多天裏，從中央到地方的某些領導同志，卻反其道而行之，站在反動的資產階級立場，實行資產階級專

政，將無產階級轟轟烈烈的文化大革命運動打下去，顛倒是非，混淆黑白，圍剿革命派，壓制不同意見，實行白色恐怖，自以為得意，長資產階級的威風，滅無產階級的志氣，又何其毒也！聯繫到一九六二年的右傾和一九六四年的形「左」而實右的錯誤傾向，豈不是可以發人深省的嗎？

毛澤東

一九六六年八月五日[6]

這是文革點題之筆：把批判鋒芒直接指向「從中央到地方的某些領導同志」，即所謂「以劉少奇、鄧小平為首的資產階級司令部」，這是與「毛澤東為首的無產階級司令部」相對立的：大字報提及的「1962的右傾和1964年的形『左』實右」都是劉少奇對抗毛澤東的「鐵證」，文革就成了「兩個司令部的決戰」。更值得注意的，這裏顯示的毛澤東的戰略與策略：本來劉少奇、鄧小平在文革初期的所作所為不過是沿襲了黨發動歷次政治運動的慣用手法，毛澤東當年發動的反右運動不也就是「圍剿革命派，壓制不同意見，實行白色恐怖」嗎？如研究者所說，這是黨專政的「共同的罪惡」，現在毛澤東卻將其全部「諉之於敵手」，而把自己打扮成「維護正義」的旗手，受迫害群眾的解放者，「借助群眾的力量打倒對手」。這正是毛澤東發動文革的特殊策略：「皇帝」和「平民」聯合打倒「貴族」，「上帝」直接召喚「教徒」，共同攻擊「教士」腐敗。[7]也可以說，這是掃蕩「中間階層」(黨官僚和知識分子)，實行

6 《建國以來毛澤東文稿》，第12冊，第90頁，中央文獻出版社，1998年。

7 徐友漁：《形形色色的造反：紅衛兵精神素質的形成及演變》，第162，146頁。

「領袖獨裁」和「群眾專政」的直接結合。[8] 為了達到這樣的目的，毛澤東同樣使用極具煽動力的語言：「長資產階級的威風，滅無產階級的志氣，又何其毒也！」這是有意將群眾的不滿引向仇恨，納入所謂「資產階級與無產階級的階級鬥爭」的軌道，竭盡煽風點火之能事，毛澤東的這句名言，很快就成為文革批鬥會上的流行語，風靡全國，並且成為文革「大批判話語」的一種範式。

二、致敬、效忠信

從1967年開始，全國各地紛紛成立革命委員會，成立、慶祝大會上必發出《給毛主席的致敬信》，大唱頌歌，大獻忠心，於是，就成了一種文體，有固定的模式與語言表達方式：這是「大批判體」之外最重要的「頌歌體」——

> 在這無產階級革命派最盛大的節日裏，我們歡呼，我們歌唱，千萬顆紅心迸發出一個共同的聲音：毛主席萬歲！萬歲！萬萬歲！
>
> 毛主席啊，毛主席！當我們回顧我國革命的光輝歷程時，千言萬語傾訴不盡我們對您的無限忠誠，千歌萬曲表達不出我們對您的熱情歌頌，浩蕩的大海容納不下我們對您的無限崇敬和無限熱愛。
>
> 是您把馬克思列寧主義和工人運動結合起來，締造了偉大的中國共產黨，創造性地發展了馬克思列寧主義；

8　錢理群：《毛澤東時代和後毛澤東時代：歷史的另一種書寫》（下冊），第120頁。台灣聯經出版有限公司，2012年。

是您點燃了井岡山上的星星之火，開闢了中國革命的勝利航程；

是您指揮中國工農紅軍跨過萬水千山，實現了舉世聞名的兩萬五千里長征；

是您在永垂史冊的遵義會議上，結束了「左」傾機會主義路線在黨內的統治，奠定了中國革命的勝利基礎；

是您在革命聖地延安，指引着抗日戰爭前進的方向；

是您統帥浩浩蕩蕩的人民軍隊開進北京，為古老的都城帶來了春天；

是您在天安門廣場升起了第一面五星紅旗，締造了偉大的人民共和國。

您使災難深重的祖國從黑暗走向光明，像巨人一樣地出現在世界的東方，給世界人民帶來了勝利的希望，像一輪紅日噴薄而出，照亮了全世界無產階級和被壓迫民族的解放道路。

毛主席啊，毛主席！為了保衛社會主義江山千秋萬代不變色，您親自發動和領導了史無前例的無產階級文化大革命，率領我們開始了新的長征。

是您英明地發現和熱情支持了威鎮世界的紅衛兵運動，在您的無產階級革命路線指引下，紅衛兵小將們為無產階級文化大革命創建了不朽的功勳；

是您在北京檢閱了來自五湖四海一千多萬文化革命大軍，成為國際共產主義運動史上的偉大創舉；

是您堅決支持無產階級革命派向黨內最大的走資本主義道路當權派發動總攻擊，吹響了無產階級文化大革命新的偉大戰役的進軍號。

毛主席啊毛主席，您是我們的最高統帥，您是我們最英明的舵手，我們永遠跟着您鬧革命，永遠跟着您在大風大浪裏奮勇前進！誰敢反對您，誰敢詆毀您的光輝思想，誰敢對抗您的無產階級革命路線，我們就造他的反，就把他打倒，叫他永世不得翻身！

——《北京市革命委員會成立和慶祝大會給毛主席的致敬信》(1967年4月20日)[9]

昆侖山高，您光輝的形象更比昆侖山高；青海湖深，您天大的恩情更比青海湖深。以祁連森林作筆，用青海湖水當墨，也寫不盡我們對您的無限感激，無限敬仰！我們永遠永遠祝願您老人家萬壽無疆！萬壽無疆！

「革命方知北京近，造反更覺毛主席親」。毛主席啊，毛主席！在陰雲迷霧的白色恐怖中，我們日日夜夜仰望着您光輝的形象，我們滿含熱淚無限深情地一遍又一遍高唱：「抬頭望見北斗星，心裏想念毛澤東」。

天大地大不如您老人家的恩情大，爹親娘親不如您老人家親！我們又怎能不千遍萬遍地歡呼：毛主席萬歲！萬歲！萬萬歲！

——《青海省革命委員會成立和慶祝大會給毛主席的致敬信》(1967年8月12日)[10]

我們堅決把最大的努力用在學習毛澤東思想上，把最大的忠誠用在貫徹毛澤東思想上，把最大的熱情用在宣傳毛澤東思想上，把最大的勇敢用在捍衛毛澤東思想上。我們

9 文收《那個年代中的我們》(下)，第857–858，861頁。遠方出版社，1998年。

10 《那個年代中的我們》(下)，第864，866頁。

一定把您的思想偉大紅旗舉得高高的，讓江西的天是毛澤東思想的天，地是毛澤東思想的地，人是毛澤東思想武裝起來的人。天紅地紅人更紅，江山萬代紅彤彤。我們要肩負起時代賦予我們的歷史使命，讓毛澤東思想普照全球，光耀萬代！

——《江西省革命委員會成立和慶祝大會給毛主席的致敬信》(1968年1月5日)[11]

我們生為捍衛您而戰鬥，死為捍衛您而獻身。為捍衛您，我們刀山敢上；為捍衛您，我們火海敢闖。海枯石爛，我們忠於您光輝思想的紅心永不變；地動山搖，我們高舉您的光輝思想的偉大紅旗不動搖！

——《甘肅省革命委員會成立和慶祝大會給毛主席的致敬信》(1968年1月24日)[12]

毛主席啊，毛主席！世界已進入以您的思想為偉大旗幟的新時代。您是當代無產階級最偉大的天才，您是國際共產主義運動的燈塔。您是世界人民心中永遠不落的紅太陽。我們要永遠胸懷祖國放眼全球，迎着世界革命的風雷，緊緊地跟着您，奔向光輝燦爛的共產主義前方。

——《吉林省暨長春市革命委員會成立和慶祝大會給毛主席的致敬信》(1968年3月6日)[13]

毛主席啊，毛主席！千里草原當琴盤，萬條清泉作琴

11 《那個年代中的我們》(下)，第874–875頁。

12 《那個年代中的我們》(下)，第881頁。

13 《那個年代中的我們》(下)，第885頁。

弦，天山兒女用十三個民族最美好的語言編成歌，支支歌兒獻給您。

毛主席啊，毛主席！我們怎能忘記，在您民族政策的光輝照耀下，我們實現了民族區域自治。在您偉大思想哺育下，大批少數民族幹部在階級鬥爭的巨浪中鍛煉成長，民族敗類妄圖分裂祖國的罪惡陰謀，一次一次地被我們粉碎。以您為中心的各族人民的團結，猶如天山勁松，萬古長青。

毛主席啊，毛主席！我們各族人民的指導思想，是您的偉大思想。我們各族人民的領導核心，是以您為主，林副主席為副的無產階級司令部。我們各族人民的共同道路，是您指引的社會主義、共產主義道路。山可崩，地可裂，天山兒女意志堅，誓死捍衛祖國統一，誓死捍衛民族團結，誓死捍衛您親自締造的社會主義江山。

——《新疆維吾爾自治區及烏魯木齊市革命委員會成立和慶祝大會給毛主席的致敬信》(1968年9月5日)[14]

這樣的頌歌，在語言上有兩大特點。

一是語言的絕對化。這裏有「最字體」：「最高統帥」，「最英明的統帥」，「最大的天才」，把毛澤東推向神的地位。然後以「最大的努力」，「最大的忠誠」，「最大的熱情」，「最大的勇敢」對之頂禮膜拜。這都是適應建立毛澤東和毛澤東思想的絕對權威的政治需要所創造的語言範式。

還有「無限體」：「無限忠誠」，「無限崇拜」，「無限熱情」，「無限感激」，「無限敬仰」：把對毛澤東的忠心表達到極端。進而指天發誓：「生為捍衛您而戰鬥，死為捍衛您

14 《那個時代中的我們》(下)，第 896，893–894，898 頁。

而獻身」；「海枯石爛，我們忠於您的紅心不變」；「地動山搖，我們高舉您的思想偉大旗幟決心不動搖」。這樣的永遠不變、永不動搖，生死相隨的絕對忠誠，是文革毛澤東崇拜的核心，最後歸結，最終建立的「政治規矩」。

二是語言的華瞻與誇飾。這裏有氣勢恢宏的比喻、象徵：「紅太陽」：「世界人民心中永遠不落的紅太陽」；「您一輪紅日噴薄而出，照亮世界無產階級，被壓迫民族的解放道路」；「大海」：「浩蕩的大海容納不下我們對您的無限崇敬和無限熱愛」；「大風大浪」：「我們永遠跟着您在大風大浪裏奮勇前進」；「天，地」：「天大地大，不如您老人家恩情大，爹親娘親，不如您老人家親」，「天是毛澤東思想的天，地是毛澤東思想的地，人是毛澤東思想武裝起來的人」，「天紅地人更紅，江山萬代紅彤彤」。「北斗星」：「抬頭望見北斗星，心中想念毛澤東」。有研究者指出，這些比喻、象徵，大都是有神話原型的，而且成了「套語」。這是與文革要建立對毛澤東的宗教式個人崇拜的政治需求相適應的。[15]

還有借用當地風景、風情的起興、象徵：「昆侖山高，您光輝的形象更比昆侖山高；青海湖深，您天大的恩情更比青海湖深」；「千里草原當琴盤，萬條清泉作琴弦。天山兒女要用十三個民族最美好的語言編成一支支頌歌獻給您」。這就是借助於民間和民族的民歌手法來唱頌歌了。

15　參看王家平：《紅衛兵詩歌研究》第 3 章《紅衛兵詩歌的神話原型》，第 6 章《套語式寫作與象徵型詩歌》。台灣中華發展基金管理委員會、五南圖書出版公司，2007 年。

三、學毛著講用稿

在整個文革過程中，都強調學習毛主席著作，這是用毛澤東思想改造與統一全黨、全國人民的思想的文革目標所決定的。除了個人閱讀、學習外，全國各地，每一個單位，都不斷舉辦毛主席著作學習班，講用會，湧現出了一大批「學習毛主席著作積極分子」，這是文革政治生活裏最重要的內容。由此而產生了文革新文體：「學毛著講用稿」。

這裏選錄的講用稿，是新疆阿克蘇軍分區政治部主任李永歡大校提供的，他當時正在地方商業部門參加「支左」工作，是地方講用會上的發言稿。在1997年向《天涯》雜誌提供這篇講用稿時，有一個《附言》：「重讀二十六年前的講用稿，我驚詫二十四歲時的自己。那麼不難推測，當我們今天遠離了那個時候，尤其是對那個時代一無所知的青少年，讀到這篇講稿時，對當年文風的套路與模式，語錄引言的密集，也會感到驚詫，並由此產生某種思考」。

一分為二看後進和「難」字鬥(1971年)

我是1970年3月進駐食品公司支左的。當時這個公司的階級鬥爭十分尖銳、複雜，毛主席的偉大戰略部署受到嚴重干擾，結果革命無人抓，生產無人管，是聞名州內外的老大難單位，要改變面貌是難上加難呀！面對這種形勢，我心裏也像十五隻吊桶——七上八下不安寧，害怕新功立不了，還要犯大錯。這時，部隊黨委及時對我進行了工作，要我帶着問題學習毛主席關於「越是困難的地方越是要去，這才是好同志」的偉大教導，提高了我攻克老大難的革命勇氣。我想：共產黨員最終目的是實現社會主義，而共產主義的道路是偉大而艱巨的，共產黨員從來就不是安逸的。「明知征途有艱險，越是艱險越向前」，這才是共產黨員的品德。怕困難就是形而上學的觀點。要革命哪能沒有困難呢？

一分為二看工作和「鬆」字鬥

偉大領袖毛主席教導我們：「舊過程完結了，新過程發生了。新過程又包含着新矛盾，開始了它自己的矛盾發展史」。階級鬥爭沒有停息，革命沒有終點站。因此，一分為二看工作，時時和「鬆」字鬥，是繼續革命的重要問題。

革委會成立初期，當時領導班子內資產階級派性還沒有徹底克服，經常出現「一人一把號，各吹各的調」的情況。當時我思想上很矛盾。從道理上講，也懂得幹什麼事情都必須搞群眾運動，但又怕放手發動群眾會引起派性回潮，更不好收拾。所以就來了個「果斷決定」，把群眾代表一律靠邊站，僅和幾個幹部搞「小合唱」。我們變成了聾子、瞎子、啞巴，這是什麼問題呢？毛主席教導我們說：「我們應當相信群眾，我們應當相信黨，這是兩條根本的原理，如果懷疑這兩條原理，那就什麼事情也辦不成了」。我們的心豁亮了。相信不相信群眾，走不走群眾路線，這是個重大原則問題，是兩條路線鬥爭的反映。我認識到：新班子的「新」，不在於人員的更新，而是要新在自覺執行毛主席革命路線上。如果背離了毛主席革命路線，新班子還會走上舊班子的老路，「新」就要向「舊」轉化，對群眾採取不相信的態度，就是這種轉化的開始。

毛主席指出：「有許多東西，只要我們對它們陷入盲目性，缺乏自覺性，就可能成為我們的包袱，成為我們的負擔」。由於執行了毛主席的革命路線，鬥批改運動發展比較快，為此，上級領導不斷進行表揚，我們事蹟登了報紙上了電台。這時，我覺得半年辛苦沒有白費，無形中鬆了一口氣，放鬆了階級鬥爭，忽略了路線教育。在我的影響下，部分領導成員也陷入盲目性，工作開始浮起來。階級鬥爭出現了新反復，無政府主義也有所回潮，特別是一個下屬單位發生了觸目驚心的浪費事件，深深觸及我的靈魂，認識到，我們稍一鬆勁，一切錯誤的東西就會馬上找上門來，決定立即開門整風。

這次整風對我教育很深刻，認識發生了飛躍，我把自己的思想體會在領導班子內進行了講用，大家一致表示：幹一輩子革命，要抓一輩子階級鬥爭，決心做到六個不停：發動群眾永不停，路線教育永不停，革命批判永不停，對敵鬥爭永不停，落實政策永不停，革命步伐永不停。[16]

文革中的學習毛主席著作運動是有固定的套路的，這就是林彪倡導的「帶着問題學，活學活用，學用結合，急用先學，立竿見影」。這樣的學習必然帶有濃厚的實用主義色彩，而且還有兩個預設前提：思想問題可以依靠讀書解決；而毛主席的著作，毛澤東思想能夠包醫百病，解決人們所有的思想問題和現實問題，並取得立竿見影的效果。這兩者都屬於主觀臆斷。這樣的「學用結合」，最後必然走向自欺欺人的形式主義，變成一種政治表態，甚至政治表演。

這樣的講用文本自然也有固定模式，成為一種「套話」。主要有三部曲：現實生活遇到什麼問題——帶着問題讀毛主席著作，或想起毛澤東的某條語錄——讀了以後豁然開朗或恍然大悟，問題也迎刃而解。最後還加上幾句學習體會，無非歌頌毛澤東思想的英明偉大，等等。這同樣具有表態與表演性。只不過顯得分外虔誠而已：有的人或許真的是虔誠的。

16 選自《邊緣記錄：〈天涯〉民間語文精品》，第 402–405 頁，南海出版公司，1999 年。

四　日常生活文本

用毛澤東思想統帥一切，指導一切，改造一切，在文革中是貫徹得相當徹底的，以至於滲透到人們的日常生活中。一些生活文本，也打上深深的毛澤東思想的印記，也可以說是文革胎記。

這是一份集體宿舍的公約，題目卻叫——

寢室革命化五條

一，無限崇拜毛主席，每天早晨起床後，集體敬祝毛主席萬壽無疆，朗讀毛主席語錄。

二，「老三篇」(按，指毛澤東三篇著作：《為人民服務》、《紀念白求恩》、《愚公移山》)天天讀，做到背得熟，記得牢，用得好，「鬥私批修」，搞好思想革命化。

三，大唱毛主席語錄歌，大講大好形勢，大談文化大革命，把政治空氣搞得濃濃的。

四，設立語錄牌，每天值班生選用有針對性的毛主席語錄，對照行動，互相檢查。

五，經常講評，開展批評與自我批評，做到一週一彙報，半月一交流。

第五宿舍123室[17]

這裏所規定的「集體敬祝」、「背老三篇」、「唱語錄歌」、「對照檢查」、「講評，彙報，交流」都是真實發生

17　載華東師大紅衛兵上海新師大師《新師大戰報》第14期(1967年12月9日)，轉引自王家平：《紅衛兵詩歌研究》，第035頁。

的，成為學校、工廠、生產隊、軍營，以致家庭的日常生活方式。開始時，或許還有幾分虔誠，後來依然落入形式主義，也成了表態與表演。

校園贈言

學生畢業，同學分別時，總要相互「贈言」：每個學生出身的人大概都會有這樣的經歷和經驗。但在文革中這樣的「贈言」卻有了新的模式——

> 「我們主張積極的思想鬥爭，因為它是達到黨內和革命團體內的團結使之利於戰鬥的武器。每個共產黨員和革命分子，應該拿起這個武器」。「無數革命先烈為了人民的利益犧牲了他們的生命，使我們每個活着的人想起他們就心裏難過，難道我們還有什麼個人利益不能犧牲，還有什麼錯誤不能拋棄嗎？」
>
> 梁雅錦同志，希望你永遠聽毛主席的話，讀毛主席的書，拿起批評和自我批評這個武器，大膽地給別人提意見，積極開展思想鬥爭，這樣才能進步的(得)更快。更多和同學談思想，多接近組織，爭取早日入團！
>
> 你的同志李萍

> 「人類的歷史，就是一個不斷從必然王國向自由王國發展的歷史。這個歷史永遠不會完結。——人類總得不斷地總結經驗，有所發現，有所發明，有所創造，有所前進。停止的論點，悲觀的論點，無所作為和驕傲自滿的論點，都是錯誤的」。
>
> 梁雅錦同志，讓咱們好好讀毛主席的書，用主席的觀

點，用辯證法看問題，一分為二，看到本質，多和同學們接近，關心同學，「一人紅，紅一點；一對紅，齊向前；大家紅，紅一片；全連紅，四好連；全軍紅，鋼鐵堅；全國紅，紅滿天」。

你的同志張小艾[18]

這裏最引人注目的，自然是一開始就大段引述毛主席語錄，這大概是文革文本的一個特點：許多人的書信，以至日記，更不用說下文討論的檢討書，表態書等等，都以毛主席語錄開頭，這幾乎成了文革時尚。似乎人們已經不會用自己的語言説話，而一律用毛主席語錄來表意以致表情。

五、新聞報導

毛澤東領導黨和國家的一大特點，是特別注重宣傳，其中新聞報導又是一個重點。這一特色，在文革中更是發揮到了極點。如前文所説，毛澤東甚至繞過各級黨組織和國家機關，直接由中央一級的「兩報一刊」來傳達自己的聲音，號召和動員群眾；然後又通過遍佈各級的新聞報導來製造輿論，引領群眾。這裏選用的就是文革期間的某基層工廠的小報上關於「批林批孔運動」的報導——

大打批林批孔的人民戰爭，向林彪和孔老二猛烈開火

本報訊徹底砸爛孔家店，挖掉林彪路線的祖墳。連日來，我廠大打批林批孔的人民戰爭，廣大職工緊緊抓住林彪和

18 摘自《邊緣記錄：〈天涯〉民間語文精品》，第436–437頁。

孔老二妄圖開歷史倒車的要害問題，向這對黑師徒猛烈開火。

工人階級是批林批孔的主力軍。在鬥爭中，我廠職工認真學習毛主席、黨中央關於批林批孔的指示，學習《人民日報》社論《把批林批孔鬥爭進行到底》，掌握批修武器。他們有的訪貧問苦，有的用自己在舊社會的苦難遭遇，聯繫孔丘要復禮、林彪要復辟的謬論和罪行，狠批孔孟之道，狠批林彪路線的極右實質，深挖修正主義路線的老根。到七日為止，短短的幾天內，我廠就出現了大批判組五十三個，召開各種類型的批判會八百七十次，寫出批判稿三千一百餘篇，舉辦批林批孔展覽會七個，有二千七百餘人參加了骨幹訓練。運動來勢之猛，規模之大，發展之快，都證明了毛主席最新戰略部署已經深入人心。運動中，群情激憤，鬥志昂揚，爭筆，爭墨，爭寫，爭批。有的同志在作大手術前，有的在產假中，有的因公出差前，都要求上戰場，口誅筆伐打豺狼。類似這樣的情況，在我廠層出不窮。[19]

這裏的「新聞報導」，最矚目之處在於，作為新聞的基本要素的「事實」的弱化：僅有一些數字，是根據各車間層層上報湊合而成的，明顯的是虛報；還有一些沒有實名實姓的「有的」如何「有的」又如何的無法查實的概括敘述。真正構成新聞中心的是「狠批林彪路線的極右實質」的中央意圖和「工人階級是批林批孔的主力軍」的主流觀念。這樣的罔顧事實，以灌輸中央和上級精神為指歸的新聞報導是典型的假大空的宣

19　摘自劉齊：《見血及其他》，《我們懺悔》，第358–359頁。中信出版社，2014年。

傳，寫作者、讀者都不會相信。唯一的意義，是做給上級看：表明本廠的運動「來勢猛，規模大，發展快」，以便過關而已。為達到這一目的，就不惜「聽風是雨，大言不慚，裝腔作勢，套話連篇」，「言不由衷」，做盡了「表面文章」。[20] 而這也正是文革中的新聞報導的普遍特色。

六，紅衛兵、知青詩歌

紅衛兵詩歌盛行於1966–1968年間，通過在紅衛兵小報刊登與廣場朗誦廣泛傳播，具有極強的政治性與集體性，表達的是紅衛兵的群體意志。主要有兩種類型：頌歌與造反歌。這裏選摘的主要是造反歌：這是能夠顯示文革中的年輕一代精神氣質的某一側面的。

革命造反歌(北大附中紅旗宣傳隊)

拿起筆，作刀槍，集中火力打黑幫。
革命師生齊造反，文化革命當闖將。

忠於革命忠於黨，刀山火海我敢闖。
革命後代舉紅旗，毛澤東思想放光芒。

歌唱毛主席歌唱黨黨是我的親爹娘。
誰敢向黨來進攻，堅決把它消滅光！

殺！殺！殺！——嘿！[21]

20　參看作者後來的反思。見劉齊：《見血及其他》，《我們懺悔》，第360–361頁。

21　選自楊健：《中國知青文學史》，第49頁，中國工人出版社，2002年。

這是文革初期最為流行的紅衛兵歌曲。其可注意處有二。一是全歌以「忠於革命忠於黨」，「毛澤東思想放光芒」為主旋律，這是最能顯示紅衛兵詩歌的「歌頌」與「造反」兩大主題的內在統一的：造反是為了保衛黨，保衛毛主席，黨中央、毛主席指向哪裏就在哪裏造反。其二，全歌充滿火藥味：以「拿起筆，作刀槍，集中火力打黑幫」起唱，以「殺！殺！殺！——嘿！」的刺殺動作作結。而且還不止於表演，更轉換為造反行動：紅衛兵小將就是高唱這首《革命造反歌》，在學校向老師大打出手，衝向社會，大破「四舊」，抄家，「橫掃牛鬼蛇神」，製造紅色恐怖的。因此，這樣的造反歌是有血腥氣的。

紅衛兵歌謠

鐵窗難鎖革命心，造反更覺毛主席親。
只要中國不變色，老子死了也甘心。

（江蘇，1966–1967）

關不盡，抓不絕，老子死了兒子接！
胸懷一輪紅太陽，哪怕斷頭灑鮮血！

《四川，1966–1967》[22]

毒打、圍攻領教過，最多不過砍腦殼。
要想老子不革命，石頭開化馬生角。

（四川）

22　選自楊健：《中國知青文學史》，第5，6頁。

麵包饅頭算老幾，老子餓死不要你。
雄文四卷快拿來，革命小將要真理。

（湖北）[23]

紅衛兵造反派曾經一度受到壓制，於是，就有了這一組表達為捍衛造反派心目中的「革命」和「真理」，「不怕饑餓、毒打、圍攻，不怕死」的英雄主義豪情的歌謠。尤可注意的，是其所採取的歌謠的形式，像「石頭開花馬生角」這樣的起興句都可以明顯地看到民歌的影響。而處處可見的，更是文革前在青年中廣泛流傳的《革命烈士詩鈔》的影響，紅衛兵造反派也是以革命先烈的繼承人自居的。至於開口閉口「老子」，更是顯示了文革語言粗鄙化的特點。

東方紅，
趕快動。
不動，
就沒東方紅。
小動小片紅，
大動大片紅。
革命要你動，
要你頂風往前衝，
你要當好急先鋒。
待到山花爛漫時，
你再躲叢中。
現在不能躲，

23 選自楊健：《文化大革命中的地下文學》，第25頁，新華出版社，1993年。

只能老是動，
老是往前衝。
消除顧慮重重，
趕快動。
迎接滿城風雨，
滿城紅。
動呀動，動動動。
動——動——動，
一直動到滿天紅。

(1966年9月，署名：社員，很想動)[24]

這是一首很有意思的紅衛兵歌謠：它表達了年輕一代內心的青春騷動，以及動盪時代所喚起的改變現狀，革命、破壞的衝動。

生殺權走資派緊緊握住，
狠打擊工農兵何等殘酷。
補考生寒暑假不准回家，
起五更睡半夜六神無主。
記公式背定理頭昏腦暈，
從抽象到抽象一盆漿糊。
分分分考考考害人好苦，
多少人受它害做它奴僕。
爭名利爭地位私迷心竅，
不學工不學農不辨五穀。

---

24 原載1967年2月17日北京地質學院《東方紅報》第131期。選自岩佐昌暲、劉福春編：《紅衛兵詩選》，日本中國書店，2001年。

啥革命啥政治置於腦後，
到頭來全變成精神貴族。
分分分考考考罪莫殊深，
全是為封修復辟服務。

(北京師範大學紅衛兵)[25]

這也是別有意味的：對文革前分數掛帥，摧殘人的教育制度的不滿，應該是文革中紅衛兵造反的重要內在原因，或許還能引起今天的年輕人的某種共鳴。但不可忽視的，這樣的正常、並具有某種正當性的不滿，被納入了文革反對「封(建)修(正主義)復辟」的意識形態軌道，就導致了殘酷報復老師、校長的造反暴力。

造反派的脾氣

革命是暴動，不是請客吃飯，不是做文章，
要革命，就不能吞吞吐吐，像小腳女人一樣。
什麼溫情主義，什麼折衷主義，
隨大流，統統滾蛋！
我們就是敢闖敢幹，這叫什麼——
造反派的脾氣！

革命就是造反。
要造反，就敢於刺刀見紅。
對準那些舊世界的混蛋

25 原載1967年12月19日北京師範大學《井岡山》，選自《紅衛兵詩選》，第117–118頁。

打他個人仰馬翻。
我們不要什麼烏紗帽
也不要拍馬屁。
什麼頂頭上司，什麼面子不面子，
統統見鬼去吧！我們的骨頭就是硬的。
這叫什麼？——造反派的脾氣。

幹革命，就不怕流血犧牲。
什麼「真右派，假左派」，
「反革命分子」，「小牛鬼蛇神」。
一切帽子來吧，來吧，統統來吧！
污蔑，謾罵，圍攻，毆打，
所有的高壓政策，都用上吧！
我們照樣頂天立地——我們照樣大喊大叫，
造反造反，就是要造反！
這叫什麼？——造反派的脾氣。

我們宣傳毛澤東思想，
他們不給廣播，不給油印，
不給交通工具，我們就採取革命行動，
接管過來，造反，就是有理。
整我們的黑材料不給，
我們就搶，搶出來
給那些姓「保」的看看。
這叫什麼——造反派的脾氣。

硬的不行，給我們軟的，

搞什麼經濟主義，增加點工資，
來點福利，呸！
造反派不感興趣。
你們挑動群眾鬥群眾，
煽動工人罷工，我們就奪你的權！
有毛主席給我們撐腰，
天塌下來，我們頂！
這叫什麼？——造反派的脾氣。

誰敢反對毛主席，
我們就砸爛他的狗頭！
什麼院長、書記，什麼部長、市長，
誰反對毛澤東思想，
我們就造誰的反，
罷他娘的官，奪他娘的權！
為了保衛毛主席，為了保衛
毛主席的革命路線，我們
天不怕，地不怕，拋頭顱，
灑鮮血，同那些混蛋拼到底！
這叫什麼？——造反派的脾氣。

(中國科學院紅衛兵革命造反司令部)[26]

這裏最引入注目的，自然是「造反派的脾氣」。這正是文革中風靡全國的毛澤東「造反有理」的理論與召喚的直接產物，也可以視為「造反派宣言」。其中，既隱含了藐視權威，

26 原載1967年5月30日北京《紅衛兵報》第21期。選自《紅衛兵詩選》，第82–84頁。

打亂既定秩序的造反欲求，「頂天立地」、「敢闖敢幹」、「不怕流血犧牲」的英雄氣概，更充滿了反對「折中主義」旗號下的極端思維與行動，反對「溫情主義」(人道主義)「革命就是暴動」蠱惑下暴力崇拜和衝動，還有點「敢於刺刀見紅」，「砸爛狗頭」的流氓地痞氣，這都構成了文革中造反派紅衛兵的精神氣質。

放開我，媽媽

面對武老譚[27]的大屠殺，媽媽拉着我，不讓我到學校去，怕被「百匪」殺害。我對她說：

放開我，媽媽！
別為孩兒擔心受怕，
我們的戰友遍天下，
「百匪」的長矛算得了啥！
我決不作繞梁呢喃的乳燕，
終日徘徊在屋簷下，
我要作迎風破浪的海燕，
去迎接暴風雨的沖刷！

放開我，媽媽！

27 1967年7月武漢發生造反派與保守派兩派的大規模武鬥。所謂「百匪」是指武漢地區「保守派」組織「百萬雄師」，他們得到武漢軍區的支援，「造反派」將軍區的領導稱為「武老譚」即武漢地區的「譚震林」，曾為國務院副總理的譚震林被認為是1967年2月部分反對文革的中央、軍隊領導人「大鬧中南海」的所謂「二月逆流」的代表人物。在「二月逆流」之後，包括武漢地區在內的全國各地都發生了當地的軍隊鎮壓造反派的流血事件。武漢地區造反派因此將鎮壓他們的軍區領導稱為「武老譚」。

你可記得哥哥和爸爸?!
為無產階級的勝利，
二十年前爸爸犧牲在蔣該死[28]的屠刀下。
而今天，今天，
在兩個階級決戰的關鍵時刻，
哥哥高舉工人戰鬥隊的戰幟，
在殷紅的血泊中倒下。……

想一想吧，媽媽，
活着的人該幹些啥。
難道父兄的鮮血能夠白流嗎?!
難道能讓武老譚把革命造反派屠殺?!
難道毛主席的革命路線不要捍衛?!
難道能讓資產階級重新統治我們國家?!
革命者頭顱從來不低下，
頂天立地的英雄從來不怕水龍、皮鞭和屠殺！……
不奪取無產階級文化大革命的徹底勝利，
兒做千秋雄鬼死不還家！

(鋼二司新華農)[29]

這首產生於1967年武漢地區大規模武鬥中的政治鼓動詩，在收入《寫在火紅的戰旗下——紅衛兵詩選》(首都大專院校紅代會《紅衛兵文藝》編輯部編，1968年12月由北京人民教育印刷廠印刷，印行三萬冊)以後，迅速在紅衛兵中流傳，並在傳播

28 指蔣介石。

29 原載《江城壯歌》，鋼二司武漢水利電力學院、鋼工總東方紅兵團，1967年10月編印。選自《紅衛兵詩選》，第235，236頁。

過程中出現了許多「修改本」，足見其影響。這或許是因為詩中所表達的「我決不作繞樑呢喃的乳燕，終日徘徊在屋簷下，我要作迎風破浪的海鷗，去迎接暴風雨的沖刷」的理想，引起了那一代人的共鳴。但他們真正為之獻身的，卻是一個想像中的「毛主席的革命路線」的「捍衛戰」，實際是一場不同意見群眾中之間的相互殘殺的「內戰」，這就把紅衛兵造反被利用的荒謬性與悲劇性暴露無遺。詩的作者和讀者或許是真誠的，卻不能不引起瞭解了真相的後來人的無限感慨。

南京知青之歌

藍藍的天上，白雲在飛翔，美麗的揚子江畔是可愛的南京城，我的家鄉。啊，彩虹般的大橋，直上雲霄，橫斷了長江，雄偉的鐘山腳下是我可愛的家鄉。

告別了媽媽，再見吧家鄉，金色的學生時代已轉入了青春史冊，一去不復返。啊，未來的道路多麼艱難曲折又漫長，生活的腳印深淺在偏僻的異鄉。

跟着太陽出，伴着月亮歸，沉重地修理地球是光榮神聖的天職，我的命運。啊，用我的雙手繡紅了地球，繡紅了宇宙，幸福的明天，相信吧一定會到來。

告別了你呀，親愛的姑娘，揩乾了你的淚水，洗掉心中憂愁，洗掉悲傷。啊，心中的人兒告別去遠方，離開了家鄉。愛情的星辰永遠放光芒。

寂寞的往情，何處無知音。昔日的友情，而今各奔前程，各自一方。啊，別離的情景歷歷在目，怎能不傷心，相逢奔向那自由之路。

(詞曲：任毅)[30]

30 轉引自楊健：《文化大革命中的地下文學》，第117頁。

如果說紅衛兵詩歌表達的是文革那一代年輕人，在運動初期響應毛主席號召起來造反的壯志與迷惑；那麼，知青之歌就傳達了他們在文革中後期的更大的失落與迷惘。此歌的作者任毅是南京五中的高中畢業生，1968年到江蘇江浦縣一個公社的生產隊插隊。在最初的新鮮、興奮過去以後，就陷入了極度彷徨之中。1969年的五月的一個晚上，知青們聚在一起，彈着吉他唱一首《流浪人歸來》的歌曲：「流浪人歸來，愛人已離去」，「內心無比淒涼，我活着為什麼？應該怎樣活？我不敢想，也不願想。前途在哪裏？」這時有人建議曾經參加過南京市中學生藝術團的任毅寫一首「我們知青自己的歌」。熬了一個通宵，任毅寫出了一曲《我的家鄉》，並規定了演唱基調：「深沉，緩慢，懷念家鄉的」。後來任毅回憶說，當他寫下了「告別了家鄉，再見吧媽媽」，「金色的學生時代」已經「一去不復返」，「沉重地修理地球」是「我的命運」時，心情很沉重，同時又覺得吐出胸中塊壘，「有一種很複雜的心情」。這首歌裏掩飾不住的感傷、悲愴，勉力為之的振作，大概說出了許多知青的心聲，於是迅速流傳開來，以至有「憑着這首《知青之歌》，你可以到處找到朋友，找到吃，找到住」的說法。在傳播過程中，許多知青都主動作修改補充，這裏選錄的第四、五段，宣洩告別女友的痛苦，表達對「自由之路」的嚮往，都是後加，原作所無的。這樣，《南京知青之歌》最終成了一個集體的創造。

但它也因此招來厄運：1969年8月，莫斯科電台以《中國知識青年之歌》為題，播放了這首歌。一個月後，南京街頭出現了批判文章，將其定性為「反動歌曲」，「唱出了帝修反想唱的聲音」。1970年2月作者任毅被捕入獄，並判十年徒刑。這樣的結局出乎意外，卻也是能夠反映文革地下文學的命運的。[31]

七、檢討、請罪書

> 在我沒有檢討我的嚴重罪行的時候，我首先向我們偉大領袖毛主席請罪！向毛主席的親密戰友、我們的林副主席請罪！向毛主席派來的親人——工人、解放軍毛澤東思想宣傳隊請罪，向革命群眾請罪！……我深切感到，革命群眾的每一句話、每一個聲音、每一個眼神，對我都有無限督促與鞭策的力量。我一定不辜負革命群眾對我的挽救與教育，珍惜每一分鐘，每一秒鐘，用自己的最大決心狠觸自己的靈魂，深挖自己的犯罪的一切行為和思想，以便早日開始我的第二次生命，回到毛主席的革命路線上來。
>
> （郭小川）[32]

在「文化大革命」中的檢查(摘要)

1 關於我的資產階級學術思想和文藝思想

解放以來我出了十本書和發表了許多篇文章，這些東西不但是充滿了資產階級學術思想和文藝觀點的毒草，而且明顯地是和我的政治立場相聯繫，是通過學術形式為修正主義政治路線和資本主義道路服務的。

我寫的許多有關魯迅的文章，都是從根本上歪曲了魯迅的。我所熱衷宣揚的是魯迅的文學修養、學術成就、藝術水平等等，把他説成是一個偉大的學者和作家，而不談最

31 參看楊健：《文化大革命中的地下文學》，第116–128頁。
32 選自郭小川《檢討書》。

根本的在於他是一個偉大的革命家，他的一切活動都是為了革命這個目標服務的。我歪曲和褻瀆了他這個偉大的名字，這是和我政治上的反動立場密切聯繫的。

我的《中國新文學史稿》在五四時期誇大陳獨秀的作用，三十年代誇大瞿秋白、周揚、夏衍等人的功績，吹捧的完全是一條與毛主席革命文藝路線相對立的路線；而它在解放以後的出版和講授，當然也只能是為劉少奇反革命修正主義路線服務，為資本主義復辟製造輿論。

所有以上這一切歸結到一點，就是我的文藝觀點都是直接違背毛主席文藝思想的。我為了紀念毛主席的《講話》發表二十周年而談自己學習體會的(文章)，今天看來，其中的許多觀點都是歪曲地理解了《講話》的精神的，完全是一篇打着紅旗反紅旗的毒草。

解放以來二十年中，我在意識形態領域內就是充當了這樣一個資產階級思想的吹鼓手的可恥角色，對黨和人民犯下了嚴重罪行，這完全是由我的資產階級反動立場決定的。

2　我是怎樣貫徹修正主義教育路線的

在教學工作上，我同樣貫徹了修正主義教育路線，對同學產生了直接的有害影響。我忠實地貫徹修正主義的「研究生培養條例」和「師資進修培養規劃」，給他們開書單，要求寫讀書筆記，結果當然是以所謂業務來拖住學生政治上的進步，引導他們走上埋頭讀書、只專不紅的資產階級道路。我自己所走的道路就是一個走白專道路的「活榜樣」，它對青年人起了某種「誘導」的作用。而且我曾經把他們所寫的文章加工修改、介紹到《新建設》等刊物上發表過，使他們出了名，拿了稿費，這無疑是促使他們向着資產階級方向滑下去的重要因素。這充分説明我是牢固地站在修正主義教育路線一邊，扮演了一個替資產階級爭奪青年、培養資產階級接班人的可恥角色，對黨和人民犯下了嚴重的罪行。

(王瑤)[33]

認罪書

最高指示

我國有七億人口，工人階級是領導階級。要充分發揮工人階級在文化大革命中和一切工作中的領導作用。

我是一個一貫反黨反社會主義的右派分子。解放以後，一直反對工人階級領導。在《文匯報》時，一貫反抗黨的領導，排斥工農出身的革命幹部，招降納叛，重用牛鬼蛇神，實行資產階級專政，推行資產階級辦報路線，向黨和人民猖狂進攻，犯了滔天罪行。在這次無產階級文化大革命中，又跳出來陰謀右派翻天，以反對資反路線為名，惡毒攻擊工人階級出身的領導幹部，把矛頭指向無產階級專政。偉大領袖毛主席最新指示：「實現無產階級教育革命，必須有工人階級領導，必須有工人群眾參加，配合解放軍戰士同學校的學生、教員、工人中決心把無產階級教育革命進行到底的積極分子實行革命的三結合。工人階級要在學校中長期留下去，參加學校中全部鬥、批、改任務，並且永遠領導學校」。我初步學習了這一最新指示

33 收《王瑤全集》第七卷《竟日居文存》，第 358–371 頁，河北教育出版社，2000 年。

後，竟在「思想彙報」上放毒，説什麼工人階級領導學校的鬥、批、改，思想上還能想得通，工人階級永遠領導學校，則感到「意外」。這一違抗最高指示的嚴重罪行，充分暴露我反對工人階級永遠領導上層建築的反動思想和罪惡意圖。真是罪該萬死，敬向毛主席請罪，向工人階級請罪，向革命群眾請罪。

認罪人徐鑄成68.10.26[34]

在文革中形成的所謂「檢討文化」，也可以叫「請罪文化」，即「做不完的檢討，贖不盡的罪」。這首先是針對知識分子的：在毛澤東的思想、文化體系裏，知識分子是具有「原罪」的：不僅知識分子的獨立批判精神罪不可赦，知識本身即有毒，充滿「封(建的)、資(產階級的)、修(正主義的)」的病菌，知識的傳授也是「和黨爭奪青年」。逼迫知識分子檢討，目的就是要從精神上徹底打垮知識分子，清除其對社會，特別是對青年的影響，使他們完全臣服於自己。

這樣的檢討文化、請罪文化，自然就有固定的文字模式。研究者説，檢討書和八股文一樣，也有「八段」，即「錯誤事實、性質分析、歷史根源、社會根源、思想根源、階級根源、努力方向、改正措施」。「試帖詩在結尾處必須歌頌聖上，讚頌吾皇萬歲；檢討書也必須在開頭寫上主席語錄，如頂上懸劍，利刃逼人」。這樣的被迫的檢討、認罪，「為了過關，亂戴高帽，借認罪以表達臣民的絕對忠誠」。[35] 但也並非沒有縫隙，像王瑤和徐鑄成的檢討、認罪，就是在上綱上線的大帽子下，竭力保留了某種真實，這就有了「翻案」的可能。如王瑤

34 徐鑄成：《徐鑄成自述：運動檔案彙編》，第150頁，三聯書局，2012年。

35 沙葉新：《「檢討」文化》，《懺悔，還是不懺悔》，第60頁。

對陳獨秀的高度評價，對魯迅文學成就的讚揚，對學生業務能力的精心培育，當人們走出意識形態的迷誤，都自會有客觀的評價。而徐鑄成的滔天大罪，也不過是對毛澤東「工人階級佔領上層建築」的理論略有保留，聽者稍加思考，也不難得出自己的結論。其實，這樣的檢討、認罪，都是自欺欺人，無論是檢討請罪者，還是接受者，也都心知肚明，最後，就成為表演了。

我們這裏選錄的詩人郭小川的檢討，還有一個特點：請罪對象除毛主席、林副主席外，還有「毛主席派來的親人」軍宣隊和工宣隊，以及「革命群眾」。這表明，檢討認罪者面對的是前文所説的「領袖獨裁」與「群眾專政」的雙重壓力，領袖崇拜之外，還有群眾崇拜，這都是很能顯示文革特色的。

八、思想彙報

「思想彙報」也是文革重要文體：按照文革的理念，忠於黨和毛主席的一個重大標誌，就是經常、及時、無保留地向黨組織彙報自己的思想。這裏選摘的是一位中學生向學校黨支部的思想彙報——

> 我思想上有許多非無產階級的作風，行動中也有許多非無產階級的東西。……要是讓它們發展下去，我會成為人民的叛徒，革命的對象！……剛上初一時，那是我國農業受災，經濟最困難的一年，全國人民都在咬緊牙關渡經濟困難關，我卻經不住考驗，用在路上檢到的飯票拿到食堂買吃的，偷了機關合作社的點心(每次一塊)……現在認識到，我的種種行為是可恥的，是剝削階級損人利己的做

> 法！……階級敵人爭奪我們年輕一代的主要入手點就是我們追求物質享受講吃穿。今天我吃了一塊不正當取來的食物，就丟了一些無產階級的風格，助長了資產階級的骯髒思想！——在階級鬥爭的社會中，階級鬥爭是到處都在激烈進行着。一個喪失了階級立場的人是經不住考驗的！在大風大浪中站不住，要倒向階級敵人一邊去。
>
> （一位北京景山中學的學生）[36]

這裏向黨袒露自己不說，誰也不會知道的隱蔽的「罪惡」，可以算是徹底向黨交心了。這也有固定的模式：交代錯誤、罪惡事實；然後主動分析性質、原因、後果，總結經驗教訓。

還有一類「思想彙報」是強制性的：一旦成為革命對象，作為「階級敵人」被揪了出來，關進了「牛棚」（「牛鬼蛇神」集中地，有類似牢獄的監禁功能），就是必須每天或定期寫「思想彙報」——

> 首先，敬祝我們心中最紅最紅的紅太陽、最最敬愛的偉大領袖毛主席萬壽無疆！萬壽無疆！！萬壽無疆！！！這一周在反省自己的罪行時，重讀了偉大領袖毛主席《在延安文藝座談會上的講話》和《林彪同志委託江青同志召開的部隊文藝工作座談會紀要》；由於自己的執行文藝黑線的「工作」和創作中所犯的罪行，正是這兩個光輝文獻所一再嚴正批判過的許多資產階級、修正主義文藝觀點的實踐，讀起來分外親切，彷彿偉大領袖毛主席、敬愛的江青同志，就站在我的面前，批評我，斥責我，促我覺悟。我

36 轉引自吳琰：《病理切片一二三》，《我們懺悔》，第369頁。

慚愧，我痛恨自己辜負了毛主席的培養教育。只有投胎換骨地改造，才有可能真正回到毛主席的革命路線上來。

(詩人邵燕祥)[37]

開頭的敬祝詞也是一個模式，而通篇全是無話找話說，空洞無物，無非是表示悔恨與忠誠而已。

九、表態書

文革中每個人都時時面臨站隊問題：站在毛主席還是劉少奇這一邊？站在哪一個派別一邊？等等，都需要表態。毛澤東的每一個指示，毛澤東為首的司令部每一個決策、行動，支持不支持，也要表態。甚至每一次批鬥會，對被批判者採取什麼態度，更必須表態。所有這些表態都會決定自己的命運，或排在「人民」之列，起碼獲得人身安全，或劃作「敵人」，飛來橫禍，都決定於表態是否「正確」。這樣也形成了論者所說的「表態文化」。[38] 表態話語有的態度鮮明，言辭激烈；有的則煞費苦心，着意含糊其辭，決定於各人的不同立場與選擇。

也有強制性的表態。每揪出一個「敵人」，他的親屬、朋友，都必須表態，能否劃清界限，也決定其命運。這是對人性、人情的底線的挑戰，自有一種殘酷性。這裏選載的，就是北京殘疾青年趙一凡，因為在文革中和青年朋友一起讀書，討論，被認為是「地下沙龍」的領袖而被捕。他的父親是文字改革委員會的一名幹部，在文革中也是審查對象。兒子被捕後，在寫給單位黨支部的信中被迫表態——

37 邵燕祥：《思想彙報》(1969年3月2日)，《人生敗筆》。

38 沙葉新：《表態文化》，收《懺悔還是不懺悔》。

文改會黨支部：

我現在書面報告我兒子趙一凡被捕審查和我對他教育不夠的問題。

上月28日晚上，我在熟睡中被叫醒起來，見有民警和便衣公安人員數人進來對我說，我對兒子教育不好，我兒子趙一凡犯有反革命性質的罪行，現在被捕了。這事由他自己負責，但我要和他劃清界限。……

這件事對我如同晴天霹靂一樣震驚！這幾天來，我正在用心學習四屆人大文件，學習關於無產階級專政的文章，學習毛主席關於理論問題的重要指示，不料階級鬥爭的敵人就在自己兒子身上出現！這對我是何等沉重的教訓！

我是共產黨員。對於犯有反革命性質罪行的兒子，當然要和他劃清界限。我完全相信和期待我們的專政機關會把他的犯罪事件審查清楚，使他無法逃避，徹底交待，重新做人。(下略)

趙平生1975年2月13日[39]

請注意這句話：「我是共產黨員」。寫信者面對的就是「站在黨這邊，還是站在被黨宣佈為『反革命』的兒子這邊」的選擇與表態。黨員與父親的雙重身份，就決定了這類表態書在文字上的煞費苦心：既要明確表示「劃清界限」，承擔「教育不夠」的責任，又要注意掌握分寸，字斟句酌。如反復強調兒子犯有「反革命性質的罪行」，而非直接指認為「反革命分子」；雖然也說了要兒子「徹底交待，重新做人」這樣的狠話，同時又說期待專政機關「審查清楚」，這都有言外之意，但又抓不住把柄。這樣的隱含難言之痛的文字，讓人心酸。

39　轉引自徐曉編：《民間書信》，第303頁，安徽文藝出版社，2000年。

十、檢舉、告密報告

「檢舉揭發別人」是文革階級鬥爭的一個絕對要求，據説這是是否忠於黨和毛澤東，做「階級鬥爭的急先鋒」的重要標準。文革的目的，就是要把每個人都綁在階級鬥爭的戰車上，相互殘殺，既是受傷害者，又是傷害他人者；每個人都和製造階級鬥爭的體制糾纏在一起，既是體制的迫害對象，又是體制的合作者。這樣的「合作」本來為人們所不齒，現在蒙上了階級鬥爭的神聖光圈，就變成一種「政治正確與光榮」了。於是，就理直氣壯地有了「檢舉、告密報告」這類新文體。這裏選載的就是團河勞改農場的勞教分子對右派杜高(著名劇作家和評論家)的檢舉揭發——

中隊長：

杜高和章亞航關係很好，特別是66年春節的時候，經常在一起用俄文談論一些文學作品，在這個時候章亞航還借給杜高許多本俄文書籍。——杜高從醫院回來以後，章亞航經常到我們組找杜高談話，一談就到深夜11–12點。

最近當章亞航逃跑以後，開會時杜高作了一次和章亞航關係的檢查，會上也有人給他提意見之後，他書面地做了比較系統的檢查批判。在寫這篇檢查批判的時候徵求意見，甚至每寫一段都叫姜崇武給修改，用這個方法探聽姜崇武對他的情況的瞭解，以便蒙混過關。雖然杜高在檢查中談到給章亞航糧票，借過錢和東西，這都是表面現象，而他們之間的秘密談話中的事情還沒有檢查出來。

另外，杜高和原三余莊的反改造分子每個人每件事大大小小都有聯繫，這説明了杜高這個人思想中有一定問題。——
以上報告作為政府參考。

張XX5月21日(1966年)[40]

由於自己也是勞教分子，因此，檢舉信用詞和寫法就有了幾分曖昧：表面看只談事實(事實也是似是而非)，不作分析，卻處處暗示杜高與逃跑犯章亞航有非同尋常的關係，甚至暗示杜高是「反改造分子」的指使者，最後又聲明所作報告僅供政府「參考」。既投石下井，又不留把柄，足見檢舉者的用心良苦與自己也擺脱不了的不安和恐懼。

昨天(1.28)晚飯後學習前休息時間，杜高在組裏聊他過去在朝鮮見到的事。他聊得很多，其中問題不少，我聽到如下幾個問題：

(1)杜高説：「本來志願軍的後勤工作有許多民工參加，後來這些民工全都逃跑了。他們哪裏見過這樣的戰爭！他們都怕得要命，一個單位的民工常常在一夜之間就跑得一個不剩，所以後來就不用民工了」。

這種言論是對中國人民的污蔑，是完全違背毛主席「人民戰爭」思想的。……

(2)杜高説：「板門店正在談判的時候，蘇聯的火箭炮喀秋莎運到了，我們用火箭打美軍，四十里之內一片火海，燒得它沒有辦法，第二天趕快就在停戰書上簽了字。」

這是嚴重的錯誤。這裏把朝鮮停戰的決定因素説成是蘇修的火箭炮決定的。這完全違背了毛主席「決定戰爭勝負

40 選自《一紙蒼涼：杜高檔案原始文本》，第368頁，中國文聯出版社，2004年。

的是人不是物」的教導，同時這是公開為蘇修張目。杜高的上述修正主義觀點起了很不好的作用。當時有好些人政治嗅覺不靈，如陳平、周盛雨等都沒有注意到他談話中的問題。

楊X1969.1.29日[41]

這是檢舉報告的另一種類型：報告的全是日常生活裏的隨意閒談，卻無限上綱為嚴重政治問題，還順便稍帶了「政治嗅覺不靈」的人。這是揭發別人來顯示自己的革命覺悟與高度警惕性。陷害他人以自救：每次告密，都是人性惡的方面的誘發。

十一、獄中書信

文革的一個特點，就是冤獄遍地，普通人隨時都可能成為犯人，也就留下了許多獄中書信。這一封的寫信人是天津某機械廠的工人，就因為說了「朱元璋當了皇上，把下面的功臣全幹了」這類的話，被人檢舉揭發，以「惡毒攻擊罪」關進了大牢，就有了這封寫給老婆的家信——

毛主席語錄：世界觀的轉變是一個根本的轉變

XX（妻子姓名）好：

我每次看到信皮上總有眼淚，信紙上也含着你的身影，我也曾下決心好好改造，但我總把你的關懷不是作為改造的動力而是作為壓力，錯誤地對待自己的罪行不認識，有思想不向政府講，和個別人亂説，經隊長耐心教育不聽，

41 選自《一紙蒼涼：杜高檔案原始文本》，第378–379頁。

反恨隊長。就是這樣隊長還耐心地教育我。我對不起政府隊長的教育，對不起你時時惦念的心情，更對不起無知的、只知道找爸爸玩的孩子……我聽從政府隊長的教育，他們是我真正的親人，他們會教導我沿着毛主席指引的「只要改惡從善，都有自己的前途」光明大道前進。我再也不會像犯罪前那樣胡來。隊長看到你的來信，立即教育我，要我多替家裏考慮，為的是叫我們快點團聚。今後我一定在隊長教育下好好學習有關文章，結合姚文元的《論林彪反黨集團的社會基礎》，找出我當初犯罪時的階級根源，社會根源。論危害，看影響。當然我的水平有限，尤其是世界觀還是資產階級的，所以希望你多多幫助。……

想念我那孩子的病，可曾見好？咱爸病怎樣？咱媽病怎樣？

XXX(丈夫姓名)

1975年3月8日[42]

最為觸目的，自然是家信開頭也要抄毛主席語錄。這是因為獄中寄出的信件都要經過監獄隊長的審查，他們才是獄中家書的第一讀者。作者自己後來對文本有這樣的解讀：「您看這信不是純粹寫給隊長看的決心書嗎？讓我找階級根源，我根本就是工人，出身也是工人，哪兒來的資產階級根源？我沒犯罪愣叫人認罪，自己批，我那點文化水平，上綱上線也得有水平。現在想想那時也是沒法，不讓隊長高興點，他就不讓你和家裏人見面。這手兒我最受不了。不過，您要細心瞧，有些話

42 摘自《一對夫妻的三千六百五十天》，馮驥才：《一百個人的十年》，第152–153頁。江蘇文藝出版社，1997年。

還是夾在那裏邊了，瞧出來了嗎？」[43]

這又是一個共和國冤案：某大學一年級學生因為對一位被領導逼死的工友表示同情，就被打成右派。他的年僅十八歲的弟弟深受刺激，就總找茬跟領導打架。領導說：「我要把你打成右派」，弟弟說：「我不信」。這就抓他幾句落後話，真的給他弄個右派，還送進了監獄。在文革中備受折磨，最後被活活打死。父親從他屍體身上，發現寫給老婆的一封信貼在肚皮上——

> 桂英：
>
> 我實在餓壞了，快給我送點吃的來吧！我要饅頭、大米飯、菜團子、大餅卷油條、肉包子、炸醬麵、炸魚、炸蝦、炸果仁、煮螃蟹、燉肉、炒雞蛋、燒豆腐、鍋貼、餃子、糖包子、炒蝦仁、爆肝尖、葱爆肉、醬牛肉、豬頭肉、涮羊肉、回鍋肉、麻花、燉雞、燉鴨子、燉肘子、獨麵筋、炒肉片、煎餅、燴餅、燴大腸、紅燒羊肉、紅燒牛肉、紅燒豬肉、紅燒鴨子……如果沒有，提兩個糖餑餑來也行。快點吧！快點吧！求求你了！……[44]

提供這封信的那位首先被打成右派的哥哥，多年後這樣回憶說：「我父親把那信上寫的吃的東西一樣一樣念出來時，我的心快成粉末了。我父親唸過後，腦袋頂着炕沿，肩膀猛烈向上一聳一聳，好像哪兒在疼，卻不吭聲。我們只掉淚，都一聲不吭。乍屈死一個人連聲兒也不吭呢？乍就這麼能忍受呢？你

---

43 《一對夫妻的三千六百五十天》，《一百個人的十年》，第153頁。

44 摘自U市C縣某中學語文教師：《說不清楚》，《一百個人的十年》，第294–295，294–295頁。

說？」這位哥哥還說：「這封信任何作家都想不出來，恐怕連托爾斯泰、曹雪芹他們也寫不出來」。[45] 這確實是一個超乎人的想像，真實得讓人恐怖的獨一無二的文本。

十二、遺書

文革中不間斷的鬥爭、運動，從初期的「橫掃牛鬼蛇神」，到中後期的「清理階級隊伍」，等等，每一次都會發生被揪鬥者自殺的事件。有的寫有遺書，卻很難保留下來。少數留存的遺書，今天讀來依然觸目驚心。

一位某市兒童醫院的醫生，他們家因為將祖傳的一間房子出租，被戴上「資本家」的帽子，在運動一開始就被抄家，她和父母三個人被關在家裏，由不斷闖進來的一撥又一撥的紅衛兵連續批鬥了三天三夜，因不堪屈辱而決定自盡，並留下了寫給哥哥的遺書——

> 我們是人民公敵，為了不讓周圍的人受毒，堅決從社會上除掉，無產階級文化大革命萬歲！
>
> 你們堅決走革命的道路，是我們害了你們。
>
> 爸爸，媽媽和妹妹[46]

自認罪名之外，申明自己是自行「除掉」，同時不忘高喊「無產階級文化大革命萬歲」：這都是要表明，自己不是為了對抗文化大革命而死。這可能是實情，更是為了不會連累仍然

45 U市C縣某中學語文教師：《說不清楚》，《一百個人的十年》，第295，294頁。

46 摘引自《我到底有沒有罪》，《一百個人的十年》，第74，76頁。

活着的親人。接着囑咐生者要「堅決走上革命的道路」，用意也在於此。希望一切苦難因自己的死而結束：這大概是所有的自盡者在結束生命時的最後一刻的想法，其情可哀也可憫。

任友二弟：

我對黨是一貫忠誠老實，對工作是勤懇(的)：深挖了一月後找不出反黨、反社會主義的言行。從6月13日鬥了我一夜，從7月25日(起)天天在鬥，人也多，又猛烈，又把(我)押起，我實在乘(承)不起了，我準備去死。既然我是牛鬼蛇神，自己來把我這毒草鋤了，把我這牛鬼蛇神掃了，對黨對人民才有利，才不危害黨，才不危害人民。並説明幾項如下。請你知道！請你辦一辦！

1 自殺原因

(1)運動中不分清是非善惡，光把我鬥，年老了乘(承)不起，又痛苦，又氣憤，只有死路一條。

(2)三伏天天氣太熱，我是個「火體子」，熱得要命，吃不得，睡不得，沒辦法生活下去。

(3)病(疾)病多、疾病重，我1960年起照片有(一)「類風濕病」，「腰椎骨質增生，骨橋形成」，腰痛猶如腰部斷了一樣。(二)高血壓頭昏頭脹痛。(三)眼病：晶體混濁，玻璃體混濁，經常眼脹痛，視物不清。(四)肝腫大三指(不是肝炎)，胸部及肝區痛。這四種是主要的，其他還有些小病，如大小便不調，心煩躁，心跳等(病案早交高主任的)。疾病到伏天氣溫更高更重，這些都是慢性病無法支持，無法治療。

這三種原因，鬥爭我是主要的，無法解決，只有死了算了。我不是頑抗，不是不為黨着想，不是不為弟弟兒女着想。奈何以上三種原因逼迫着我，所以只有一死而已。

2. 屍體處理：可找搬運站運到江陽鋪和你大嫂葬一起，那塊地是李先杞們私人的墳山，是荒起的，不妨礙生產。如果組織不允許，任何哪裏都可以葬。

2. 遺物處理：(一)我的醫書和雜誌和政治書籍全部送與醫院，作為圖書室大家閱讀，只有辭源三本(小的二本，大的一本)是烈士周聚五送我的，你是個教師，又是烈士的好學生，特送給你參考使用，永作紀念(紀念周烈士)；(二)衣物全部送給你穿；(三)鋪蓋(臥具)全部交給李素梔使用(也可分給一點素梅)。小東西你和素梅素梔大家用。

哥王壽民遺書66.7.29早上[47]

只知道遺書的作者是位醫生，他以醫生的冷靜與嚴謹縝密，一一交代清楚：從「自殺原因」(有三條之多)到「屍體處理」、「遺物處理」，並撇清一切可能的誤解(「不是對抗，不是不為黨着想，不是不為弟弟兒女着想」)，然後從容離去，最終維護了自己的尊嚴：這一切都令人震撼。

十三、上訪信

文革中冤情無數，而且沒有任何法律的保護。只能寄希望於上級部門的「清官」出面主持公道，這大概也是中國傳統。於是就有了無數「上訪信」，大都石沉大海，有的還因此遭到打擊、懲罰。

文革結束後，1978年底至1979年初，文革中積壓下來的知

47　《受迫害醫生遺書》(1966)，收《邊緣記錄：〈天涯〉民間語文精品》，第223–224頁。

青問題，有一次總爆發，出現了大規模的請願潮。[48] 為平復風潮，知青集中的雲南等省派出了工作組。於是，就有了這一封上訪信——

省委工作組：

懷着難以訴説的心情，向你們訴説一點心裏話。——

(首先)要説清楚，只要是有一點血氣的青年，他都想為祖國，為人類做出貢獻，都不想一生碌碌無為的，都有着一定的理想抱負。而今天卻都鬧着要回家，回城市，這個原因為何？我認為，有不少人，他們對艱苦生活並不在乎，而是在於思想不能自由，精神受到摧殘，理想不能實現，專長不能發揮，心情不能舒暢，因此不得不設法改善一下環境，幻想能改變目前狀況，以求達到為人類作點貢獻的目的。……

一次接一次的運動，十年來沒有間斷過。從林彪到四人幫(被)打倒，舞台上換了不少人物，可是我們農場的元老們總是穩坐太師椅。他們照樣發知青財，搜刮民脂民膏，迫害打擊姦污知青，使知青受盡了磨難。有些知青含冤自殺了。有些知青性倔犯罪了，有的知青沉默了，也有些女知青為離開這「無人權，只有受奴役受苦難」的地方，把自己的肉體賣給了比自己大十歲、八歲的素不相識的男人。

他們可以任意成立一個組織，用來監視毆打知青，橄欖壩四分場的工糾隊和七分場的打腰隊就是專門毆打知青的組織之一。他們可以任意毆打知青至傷至殘。他們要給人記個處

48　參看潘鳴嘯：《失落的一代：中國的上山下鄉運動(1968–1980)》，第134–155頁，香港中文大學出版社，2009年。

分或大過，就像主人隨便打自己的狗一鞭一樣容易。

再拿自己作比喻。為揭發一個權勢者的短，就可以在刑事上找不到差錯的情況下，從平日玩笑和牢騷中斷章取義地湊幾句，並列成了政治犯罪之名。……我在雙反運動初期以前還是組長。可就在雙反運動中突然成了反革命般的人物。因此我對農場這一切確有不滿的看法。也因為如此，對農場現狀不滿就可以說你是對社會不滿，對個別幹部有意見就是攻擊黨。因此可見農場的這幫元老官員們就是這樣維持這個農場王國的。我如說：他們是官官相護，是一點不會過分的。

總之，我認為造成知青不安邊疆的原因，在生活方面的因素不是主要的，主要是人權被侵犯、被剝奪，精神和肉體被折磨、被摧殘。我敢說，造成知青不安與邊疆，造成今天知青運動的結果，根本就是這些奉行四人幫路線的發知青財、迫害知青的幹部們。……

我以千百萬知青之一者，希望你們省委工作組是知青的包青天，能為我們申怨(冤)出氣，能理解知青的心情和願望，將那些至今還奉行四人幫路線的老爺們徹底地投進埋葬四人幫的墳墓裏去，解放我們知青的精神和思想，解脫我們的苦和難。為四個現代化踢開拌(絆)腳石，也是為知青和知青的家長親人辦了好事，也算是為人民立了一功。

此致

革命敬禮！

橄欖壩農場三分隊基建隊職工：陳海康

1978年12月17日[49]

49 《知青上訪信》第三封，《邊緣記錄；〈天涯〉民間語文精品》，第259–262頁。

這封信仍然延續了將上級視為「包青天」的傳統思路，但卻不再唱頌歌，不再說「假，大，空」的盲從之言，而是直言不諱地說了真話：知青問題的實質是「人權被侵犯、被剝奪，精神和肉體被折磨、被摧毀」，而且指明問題的關鍵，是知青農場幹部的墮落與腐敗。這都意味着年輕一代已經開始走出了文革觀念、思維與語言。這或許就是這些上訪信的意義所在吧。

十四、上書

向皇帝上書，也是中國的傳統。下至黎民百姓上至大員朝臣，從理論上說都有權上書。上書不僅是申述冤情，反映社會問題，表達民情民意，更有進諫，包括直接批評皇帝的功能。在文革的嚴峻的言論環境下，也有人冒死上書。研究者曾編有《位卑未敢忘憂國：文化大革命上書集》，[50] 其中就收集了黨的各級幹部、民主黨派人士、知識分子、工人、農民的上書，而且是貫穿文革始終的。儘管這些上書在語言表達上不免有文革的印記，但其觀念、思維卻是充溢着對文革的反思，這樣的民間文本和我們前面討論的文革主流文本，形成了一個張力。

致毛澤東同志的萬言書

毛澤東同志：

請你耐心地把我寫的讀一遍。

你具有政治家的涵養，你可能會以冷漠的置之不理來

50 該書由余習廣主編，有兩個版本：國內版由湖南人民出版社於 1998 年出版；海外版由香港泰德時代出版有限公司於 2006 年出版。後者收文更多。

對待我的這些淺薄的胡言，把它當成「小知識分子」的無知。你具有思想家的情操，你也可能被我們寫的這些「叛逆」性言辭激怒，大發雷霆。

你(我說你們)將怎樣來處理我呢？

如果對我提出的種種問題採取冷漠的置之不理，卻把我當成反革命(要知道，「反對毛澤東」就是反革命呀！)分子抓起來，那麼我，別說是蹲監獄，即是死也不懼。因為我是無私的，我的一生屬於人民的，反過來，對於你卻顯示了無能。

如果你認為有必要將這篇文章公之於世(這種可能很大，但這樣做，或者不利於我國思想的統一及對外戰爭)，讓群眾來批判，把我批跨批臭，我是會被鬥跨鬥臭的，我不會跟群眾辯論，群眾現在無限崇拜你、信仰你，當然要反對這篇反對你的文章。不過，群眾將來是會判斷是非的，我被鬥跨鬥臭了，戴上反黨反社會主義的帽子，而後到某地去勞動改造，這我都不拒絕。我沒有個人的前途，我只是想把我身上的每一條筋，每一根都獻出來，給共產主義，給世界革命。

我的現住址：遼寧省，丹東市，寬甸縣，牛毛塢初級中學

傅世安

1966年7月15日

附：論「文化大革命」的革命(摘要)

文化大革命進行有半年多了。這是革命嗎？是革命。舊文化的命被革了，像始皇帝坑除了百家一樣。但文化不會被坑除。始皇帝的意志只是橫行一時。始皇帝之後，文化

又繼續發展了，不是繼續舊的百家，也不是遵照始皇帝的意志，而是在新的方向向前發展了。

辯證法告訴我們，在對事物的肯定的理解中，要看到它的否定。事物在向前發展，發展中包含着內在的矛盾。這個矛盾在發展到頂點之後，更使原來的事物解體，產生出新的事物。始皇帝的使命完成了，他也便逝去了。他的聲望達到了高點，他打倒了一個敵人又一個敵人，他踏着一個階又一個階的梯子到了樓上，他的基礎也隨着被撤掉了。

毛澤東，正是這樣。他所處的地位使他看不到這一點，他被尊嚴和虛榮迷住了。

然而，這是事實，這是客觀存在，不是赫赫威勢所能掩蓋的，更不是對馬克思主義正統的自居所能抹煞的。這個「龐然大物」不過是一隻「紙老虎」、豆腐老虎。

難道馬克思曾說過宇宙中每一事物是永恒的和神聖的嗎？沒有，因為這是違背辯證法的。

請看這形而上學的語句——

「我們一定要把毛澤東思想接過來，傳下去，讓我們的子孫萬代永遠對毛澤東思想無限熱愛，無限信任，無限崇拜。從而保證我們的國家五代十代永遠革命、永不變色——」(《我們無限信仰毛澤東思想》)

再看：「毛澤東思想是開天闢地以來最偉大的真理——」(《無產階級文化大革命萬歲》)

「毛澤東思想是當代馬克思列寧主義的頂峰，是當代最活的馬克思列寧主義。毛澤東同志的理論和實踐，如同日月經天，江河行地」。(同上)

還有：「沒有毛澤東思想，就沒有新中國」。(同上)

「毛澤東是中國共產黨的締造者，是中國革命的締造者……」(《我們無限信仰毛澤東思想》)

毛澤東思想是革命的呀！把一種革命的思想説成是永恆的，這是多麼荒謬、不革命的思想呀。……毛澤東思想本來是革命的，違背它也即是修正主義。認為毛澤東思想要千代萬代傳下去，這既是違背馬克思主義，又是違背「革命的」毛澤東思想。革命的思想應該自覺地意識到自己的歷史性，不能把自己神聖化。革命的思想應該知道，自己現在建立的一套是暫時的，經過一個階段就不適用了，就要廢除，否則它就要阻礙歷史的發展。

歷史是擋不住的，它要向前發展，把革命的車輪拆卸在一家的門前是辦不到的。

千代萬代的傳下去，怎麼可能呢？秦始皇也曾經以為他的子孫要千代萬代地傳下去呀！

不能把一種思想看作是「開天闢地以來」的最偉大的真理——如果可以的話，也只能是對過去——因為任何真理都是歷史的需要產生的，一方面是當時社會條件的產物，另一方面是人類思想發展的繼續，任何被當做真理的思想都不是永恆的，更不能把它絕對化。毛澤東同志本來是偉大的，他的思想本來是真理，但是現在，他把自己的思想神聖化、絕對化、永恆化起來，他要否定自己。

的確，他是偉大的革命領袖，他的功績是不可抹煞的。但是，他的功績是有限的，這個限就是不能超過人民群眾。如果認為他是革命的一切的締造者，沒有他就沒有一切，這就是忘了群眾的作用。

秦始皇帝正是把自己看成了空前，所以他才絕後。……

作為馬克思主義的發展的毛澤東思想是革命的，但是它現在僵化了、固滯下來了，因此許多問題上向唯心主義和實用主義轉化了。

第一，過分強調了主觀能動的反作用，忽略了客觀世界的決定作用。……無限制地強調精神的主觀能動作用，就是唯心史觀。只從積極有用出發而不考慮客觀規律的條件許可就是實用主義。在理論上願意說什麼就是什麼，今天這樣說，明天又那樣說。在實踐上願意作什麼就作什麼，早上頒佈的法令晚上就把它廢除掉。……過分強調主觀能動性就產生了不顧群眾願望過分強調領袖的作用。他在向群眾發出號召的時候沒想到群眾是在一種壓力下故造聲勢，還是出於覺悟來大力回應呢？

不顧客觀規律，為所欲為，最後要受到現實的報復。不顧群眾的意願，發號施令，最後要遭到群眾的反對。

第二，他在應該的強調政治的統帥作用的同時，將政治和業務的關係作了唯心主義的解釋。……形而上學的用「政治是目的」的唯心主義解釋，代替了一切，這能夠使人心服嗎？

毛澤東的教育群眾，一是從實用主義出發用教條束縛群眾的方法，二是使人無知識，不瞭解真相的方法。……

文化大革命就是要改造人的世界觀，建立毛澤東的思想權威，用這一思想權威攻佔舊的個人主義的知識陣地。知識被否定了，無知幫助了毛澤東思想權威的建立，幫助了忘我的建立。……現階段的教育所以輕視知識性的內容，是因為害怕群眾有了豐富的知識，有了獨立思考能力，影響對主席思想的崇拜。不許群眾通過其他途徑得到思想，一切思想都要毛澤東選集將他們的頭腦充滿，這是辦不到的。……

此次文化大革命中群眾起來打倒了專家的權威，領導的權威，學生起來打倒了教師的權威。服從誰呢？以誰為是非標準呢？只許是主席一人。——領袖以為只要自己的思想正確就可以了，群眾只應該馴服的行動，而且這樣才能保證領袖思想的貫徹。——

我們現在的問題是一切批評都被當成是反對領袖。所謂批評當然是提出了不同意見，以邏輯推之，不同意見就是違背毛澤東思想的，違背毛澤東思想就是反革命，誰還敢批評呀?我們過去曾經把批評黨的幹部當作是反對黨，我們現在是把批評領袖當成是反對黨，反對黨則是反對人民。——

文化大革命的意義是深遠的，但文化大革命不能終止革命，文化大革命本身還要革命。

毛澤東思想是革命的，但這種思想不能終止革命，不能以不革命來對待這種革命的思想，毛澤東思想本身還要革命。對毛澤東思想的批判就是革命，對毛澤東思想的否定就是革命。批判和否定實際就是繼承。——

毛澤東思想是社會歷史的產物，它有始也有終。它產生的時候起過偉大的作用，它走向極端的時候就要阻礙社會歷史的發展。它正確的時候，我們把它奉為權威，它錯誤的時候，就要破壞這種權威。——

傅世安

1966年7月3日[51]

51 傅世安：《致毛澤東同志的萬言書》，收余習廣主編：《位卑未敢忘憂國：文化大革命上書集》，第35–36，38–41，41–43，44，47，48–51，52頁。香港泰德時代出版有限公司，2006年。

上書者是遼寧寬甸縣牛毛塢中學的語文、歷史、政治教師。他說他從小就對共產黨、毛主席有着深深的信仰，是反右鬥爭、大躍進、大饑荒，改變了他的觀念，成為他獨立思考和叛逆的起點。為尋找精神出路，1962–1966四年間，他博覽古今中外歷史、文學經典，着重研讀了馬克思、恩格斯、列寧、斯大林、毛澤東的原著幾十卷。文革一開始，他就以馬克思歷史唯物主義和辯證唯物主義的觀點，進行獨立觀察與思考，很快就發現了許多問題，並對當時盛行的假話、官話、套話極度反感，因此與周圍的人爭論不休。他覺得無人理解自己，就決定直接上書毛澤東，希望毛澤東將他的文章公之於世，引起全社會的討論，那怕因此遭受囹圄之苦，也在所不惜。上書傳到中央文革小組組長陳伯達那裏，立即被判定為「嚴重的反革命事件」，因此被捕入獄，判十七年徒刑。[52]

可以看出，上書的作者在文革剛開始的1966年7月，就對毛澤東和他所發動的文化大革命持批判和反思的態度。他所質疑的，不是毛澤東與文革本身，他絕不否認文化大革命的意義和毛澤東思想的革命性，這是能夠顯示他自己對於革命、對於毛澤東的基本認同的；他反對的是將毛澤東思想「神聖化、絕對化、永恆化」，唯心主義、形式主義化與實用主義化，這其實都是本文所討論的文革觀念、思維與話語的要害。而由此產生的反知識、反權威的傾向，剝奪公民批評、質疑權利，言論自由的專制主義，更讓上書者寢食難安。在他看來，這一切實際構成了文革與毛澤東思想自身的危機，並且預言：這個正在走向反面的文革與毛澤東思想，看起來是一個「龐然大物」，其實「不過是一隻紙老虎，豆腐老虎」，最終難逃「秦始皇把自

52 余習廣：《「拯救祖國」》，收《位卑未敢忘憂國：文化的大革命上書集》，第72，79–80，82，92，95頁。

己看成空前，所以他才絕後」的命運。他的結論是：「文化大革命的意義是深遠的，但文化大革命不能終止革命；毛澤東思想是革命的，但這種思想不能終止革命」，「對毛澤東思想(和文革)的批判就是革命」，「批判和否定實際上就是繼承」。應該說，這些觀點及其背後的思維方式，話語方式，都是對文革觀念、思維與話語的自覺批判，並且是大大超前的，至今還具有啟示意義。這也是提示我們，文革思維與話語及文本，其實是有兩個相反相成的方向，並構成一種張力的。我們在關注與着重討論佔主流地位的文革文本、思維、話語時，不可忽視另一種反叛性的民間思維、話語與文本，它們往往是被壓抑，以致鎮壓，今天依然被遮蔽的。

意味深長的，是這位文革民間思想者，在文革結束，獲得平反，也得到一定肯定的時候，卻對來訪者說，他當年上書，「說好聽的，那是自己年輕血性的衝動，捨生取義；說得不好聽，那是書呆子天真無知的愚蠢！」他這麼說，是出於對中國國民性和體制的絕對失望：「一個奴性的民族，必須出產專制的暴君」，「中國的老百姓不過是為統治者和輿論所左右的群氓，如果歷史可以重新選擇，他絕不會再走上書這條路的。那是年輕人一腔熱血一時衝動的作為！」[53] 對這樣的自我懷疑與否定，深刻的失望，其背後的現實與歷史的原因的探討，是本文討論範圍之外的另一個話題，卻也很有意思。

2015年12月30日–2016年1月1日，
1月7日–1月10日，1月28日–2月2日，先後歷時13天。

53 余習廣：《「拯救祖國」》，《位卑未敢忘憂國：文化大革命上書集》，第72頁。

後　記

一

經過一年零四個月的努力，這本《爝火不息》終於寫下最後一個字，我長長地吐了一口氣。記得2015年7月，我一搬進養老院，就迫不及待地着手寫這本書，在此之前，已經陸續寫了幾篇，現在是要集中精力將其完成。這是我的一個心債，也可以說是又一座「心上的墳」。我一生經歷了歷史與心靈的三大「事件」：1957年，十八歲時親歷「反右運動」；1966年，二十七歲遭遇「文化大革命」；1989年，五十歲經歷「天安門運動」。每一次運動都有無數犧牲者，我算是「倖存者」。倖存者就有了「寫下這一切」的責任。在全部寫出之前，我永遠不得安寧。

我要寫的是「民間思想研究三部曲」。第一部《拒絕遺忘：「1957年學」研究筆記》已於2007年由香港牛津大學出版社出版；本書是第二部，也將由牛津大學出版社出版；接下來，就要寫第三部《未竟之路：80年代民間思想研究筆記》。可以看出，我主要是從「民間思想」的角度去切近我所要回顧、總結的歷史的。這是反映了我的「共和國史觀」的。我在《毛澤東時代和後毛澤東時代：歷史的另一種書寫》的「後記」裏，有過這樣的明確表述：「事實上存在着兩個中國、兩條不同的發展路線：一個是毛澤東領導的、佔主流地位的中國，另一個則是儘管被鎮壓、被抹殺，卻始終頑強存在的『地下中國』；一條是在現實上實現的毛澤東的發展路線，另一條是與之相對立，儘管沒有現實化，卻存在着合理性的發展路線。而所謂『毛澤東時代』就是兩個中國、兩條發展路線，相互博弈，反抗、鎮壓，再反抗、再鎮壓的過程」。因此，所說的「民間思想」就具有了三個特徵，即思想的異端性，傳播方式的民間性(不是通過國家的公共傳媒公開發表，而是用大字報、私人書信、日記、傳單等方式在民間流傳)以及作者受壓制、鎮壓的命運。這就意味着，選擇「民間思想」的角度來描述共和國歷史，就是選擇了一個「自下而上」地看中國的視角，同時也意味着建立一個不同於主流意識形態，甚至是反主流的價值標準與系統。我不想否認這樣的研究路線對現行正統研究的反叛性，但在具體進入時，也時刻提醒自己：所謂「兩個中國，兩條思想路線」、「官方與民間」的對立，也是相對的，它們不僅相互對抗，相互制約，而且相互影響，相互滲透。就以本書討論的文革時期的民間思想而言，由於毛澤東在文革初期提出一個「倡導群眾政治，鼓勵造反，以打擊官僚政治，推行巴黎公社式的民主」的政治設想，給予群眾以相當的言論、出版、結社自由，這就使得文革初期的民間思想大都是在毛澤東的號召、激發下產生，並具有相當的合法性和公開性。隨着運動的深入，民間思想者逐漸「走出毛澤東」，並表現出越來越強烈的異端性，反叛性，終為毛澤東所不容，而遭到殘酷鎮壓。民間思想的傳播也越來越進入秘密、半秘密的狀態。越是到文革後期，民間思想越來越具有為「文革以後」的中國變革作思想、理論準備的目的與作用。因此，到了文革結束後的改革開放的「新時期」，文革民間思想的許多成果，例如提倡「民主與法制」，呼喚「思想啟蒙」，主張「農村體制改革」等，都被執政者所接受，甚至成為八十年代的官方主流意識；但同時，文革民間思想中更加激進的部分，如倡導「以防止官僚特權，保證勞動者權利」為核心的國家政治體制全面改革，則被拒絕，並繼續處於被壓制的非法地位，最後成了「思想上的失蹤者」。這都反映了「民間與官方，異端與主流」關係的複雜性與豐富性：正視、揭示這一切，正是我的「民間思想三部曲」研究的自覺追求。

二

這樣的追求主要體現在本書第四輯「文革民間思潮」的五篇(組)文章裏，確實構成了本書的主體，但似乎並不能涵蓋全書的內容。這其實是反映了我在寫作過程中整體構思的一個重要變化的：開始是確實嚴格按照「文革民間思想史」的設想與要求寫的，但寫着寫着就發展成了一個現在大家看到的「文革史」的架構。這其實是我的學術研究上的更大、也更自覺的一個追求：我總是有一種「創建研究的總體結構與研究模式」的衝動。記得當年在研究周作人，寫《周作人論》時，就給自己規定了一個「對周作人的思想、學術、文學的方方面面，他對現代文學史、文化史、思想史貢獻的多個側面，有一個全面的展現」的目標和任務，在書中提出了一系列具有生長點的研究課題，並盡自己的努力，作出最初的概括，追求的是「着眼總體設計的開拓性研究」，而不在意「深耕細作」。這就有可能充分發揮自己視野比較開闊，具有學術想像力的優勢，即使因此而帶來「大氣而不精細」的弱點，也在所不惜。(參看《有缺憾的價值：我的周作人研究》，收《一路走來——錢理群自述》)。這回就更是這樣：我明知寫文革史的主客觀條件都不具備，是一個我所力不從心的學術夢想；但我無法擺脱它的誘惑，更覺得總要有人來作這樣的嘗試，即使失敗，不周全，漏洞百出，不倫不類，也算是一個開始。於是壯起膽子，將自己能夠想到的文革研究應該有的方方面面，都作了開拓性、試驗性的研究，試圖建立一個結構。共分六大部分，也是本書的六輯。其一，「1957–1966年政治、社會思潮」，這是「文革前史」的研究，也可以説是「文革發生學研究」，側重在思想、文化的側面，回答「紅衛兵怎樣養成」這一饒有興味的問題。其二，「紅衛兵運動和知青運動」。其三，「工人造反派運動及其他」，這是對構成文革歷史主體部分的研究。所謂「其他」，寫了兩個人們很少關注，卻很有意思的話題：「在華外國人對文革的參與、觀察與反思」、「監獄裏的文革反對派」。其四，「文革民間思潮」，這是本書文革觀察的特殊視角和重點。其五，「地方、少數民族地區與基層文革」，這是針對文革研究往往集中於北京、上海這樣的漢族中心地區，忽略文革的地方性與民族性的缺憾提出的，這是一個極待開拓，有極大研究空間的領域。其六，「普通人的文革和文革日常生活」，這也涉及對文革的理解：文革的空前絕後之處，就是它的全民參與性。「文革中，每個中國人都同時是受害者、施害者與看客」，這背後深層次的人性、國民性和教育、體制問題，應該是「文革反思」不可迴避的問題，是文革研究必須追問與探討的。而「文革日常生活」的討論，則可以使我們對文革的認識複雜化與豐富化：不僅有文革滲透、干預、影響了人們的日常生活，即「正常中的非正常」的這一面，也還有「人們日常生活照樣進行」的「非正常中的正常」的這一面。文革日常生活話題的引入，可以糾正將文革只作單一的政治化解讀的弊端。或許以上六個方面的展開，可以使文革研究更加立體化。即使這樣，恐怕也還難以窮盡文革研究的領域。比如，「文革中的農村」與「文革中的軍隊」就是兩個有極大研究價值的方面，本書對此也有涉及，但由於材料的不足，未及展開，只能有待來者。

也是由於材料的限制，我所做的，都是個案研究，即所謂「以小見大」。例如「1957–1966年政治、社會思潮」這麼一個大題目，是從「1957–1966：《中國青年》十年」這樣一個具體課題進入的；考察「知青運動」也是抓住知青之間的「民間書信」以展現其「心路歷程」。這其實是一種文學研究的方式。本書依然延續了我這些年一直在進行的「用文學的方法研究、書寫歷史」的試驗：更注重歷史的個體性，具體性，以及精神性，追求歷史場景、細節的感性呈現，以及具有生命體溫的文字表達。這樣的注重文學性的歷史寫作，也是由自己的預設讀者所決定的。我的書是寫給兩種人看的：首先是對那段歷史完全不瞭解、又有興趣的年輕人，就需要通過「講故事」把他們引入歷史情境以至現場；其次是歷史的當事人，也要通過具體呈現而引發他們的歷史記憶。記得我在《拒絕遺忘：「1957年學」研究筆記》的《後記》裏引述張中曉先生的話，表示自己心嚮往之的是「尋常的敘述因素與尊嚴的思辨」的「藝術的結合」，思想性與可讀性的結合，「不僅給人多聞博識，同時給人以深刻和純真的樂趣」：現在初心不變，這樣的努力依然貫穿於本書的寫作中。

由此決定了本書的敘述文體：更加自覺地借鑒我所熟悉的周作人的「文抄公」文體。幾乎每一篇文章都大量抄錄歷史原始文本和研究者提供的具體史料，盡量減少分析與議論，把自己的主體感受、認識隱含在敘述結構的背後，當然也會「偶露崢嶸」，點到即是，不作過多的發揮。這樣的文體選擇，既是學術追求，也是一種寫作策略：和《拒絕遺忘》一書不同，本書寫作時並沒有太多的獨立的史料儲蓄與準備，而且是在養老院裏閉門寫作，也不能直接查找史料，只有更多的借助於已有的研究成果，包括史料的發掘與整理，許多文章實際上只是「讀書筆記」，大量的抄錄也有不得已的成份。這也是我一直在說的：我的研究只具有「有缺憾的價值」。

三

歷史有時也會重複：「三部曲」第一部《拒絕遺忘》於2007年出版，正值反右運動五十周年；本書於2016年完稿，也正是文革七十周年。坦白地說，我在2015年開筆時，並沒有意識到這一點；寫到2016年，不斷聽到圍繞五十周年紀念的種種新聞，這才引發了許多思考，並逐漸自覺意識到本書的現實意義。現實關懷與主體的反省性，本也是我的學術研究的動力與特點，本書的寫作從一開始就是出於對自己親歷的文革的反省。我因此在本書中特意收入了一篇自述：《一個中國邊遠地區的底層知識分子的文革記憶》，文中就談到我是文革全程參與者，沒有當過一天「逍遙派」：文革一開始就被打成「漏網右派」，以後就參加造反派，而且一反到底，最後成了「民間思想村落」的組織者。開始時是因為受到壓制，被動地捲入運動，以後逐漸走向自覺，思考與追問社會弊端背後的深層次問題，接受了毛澤東的「官僚主義者階級」的思想，從而形成了自己的「文革問題」：「為什麼社會主義國家會出現新的社會不平等，出現特權階級？如何防止與解決？」這個問題幾乎糾纏我一生，文革沒有解決，埋下新的禍根；以後越發嚴重，以致今天的中國，依然面臨新的兩極分化，新的特權資本。究其原因，不僅有根本的制度問題，也有文革的影響。我在《普通人自述中的文革》裏，特地引述了作家馮驥才的一段話：「時至今日，作為政治的文革已然翻過去，再不復生；但作為一種精神文化，文革卻無形地潛入我們的血液裏(那怕是對文革一無所知的年輕一代——錢注)。惡魔一旦化為幽靈，就更難於應付，因為文革依然作祟於我們，但我們並不知道它緣自文革」。意識到這一點，本書的寫作，越到後來就越具有強烈的反思、反省性。或者說，越來越接近本書中提到的顧準在文革中的寫作的追求：「既期待對現實產生影響，又要有自我的保護與思想的超越，最好的『技巧』，就在『歷史』與『當代』之間找到契合點」，「前者顯現在水面上，而後者深藏在水底下，這是需要認真辨認的」。細心的讀者自會體察，不必多說。這篇「後記」也就此打住。

最後還要感謝幾位先生對本書寫作的幫助：丁東、啟之、李輔、盧叔寧、孫怒濤幾位或提供史料，或糾正錯誤，更給了我許多鼓勵，在這裏一併表示衷心的謝意和敬意。特別要說的是，李浴洋等北京大學的在讀博士生和北京高校幾位年輕學者，認真閱讀了本書的初稿，還專門召開了一整天的學術討論會，這讓我十分感動：我的書，本是為青年朋友而寫，他們的回饋，對我的意義，自不待言：我更加堅信，文革問題是幾代中國人都無法迴避的，文革研究也必然在年輕一代中延續下去，我的研究不過是「拋磚引玉」而已。

2016年11月21–22日，30日定稿。